2016

JILIN FINANCIAL YEARBOOK

吉林财政年鉴

JILIN FINANCIAL YEARBOOK

2016

(总第十五期 GENERAL SERIAL NO.15)

吉林省财政厅 编

COMPILED BY PROVINCE FINANCE BUREAU

吉林人民出版社

JILIN PEOPLE'S PUBLISHING HOUSE

图书在版编目(CIP)数据

2016吉林财政年鉴 / 王慧群主编.
长春:吉林人民出版社,2016.12
ISBN 978-7-206-13397-8

Ⅰ.①2…
Ⅱ.①王…
Ⅲ.①地方财政—吉林—2016—年鉴
Ⅳ.①F812.734-54

中国版本图书馆CIP数据核字(2016)第302382号

2016吉林财政年鉴

主　　编:王慧群
责任编辑:周立东　　封面设计:何立春
吉林人民出版社出版 发行(长春市人民大街7548号　邮政编码:130022)
印　刷:吉林省海德堡印务有限公司
开　本:710mm×1000mm　　1/16
印　张:33　　字　数:200千字
标准书号:ISBN 978-7-206-13397-8
版　次:2016年12月第1版　　印　次:2016年12月第1次印刷
定　价:300.00元

《吉林财政年鉴》编委会

《吉林财政年鉴》编辑部

目录
Contents

第一部分 重要财经文选

第二部分 全省财政工作概况

第三部分 地方财政工作概况

长春地区财政工作概况

吉林地区财政工作概况

四平地区财政工作概况

辽源地区财政工作概况

通化地区财政工作概况

白山地区财政工作概况

松原地区财政工作概况

白城地区财政工作概况

延边地区财政工作概况

第四部分 财政统计资料

第五部分 全省国民经济和社会发展统计资料

第六部分 财经法规制度选编

第一部分
CHAPTER1

重要财经文选

Important Documents Of Economy And Finance

在吉林省经济工作会议上的讲话

省委书记 巴音朝鲁

（2015年12月28日）

这次会议的主要任务是，全面贯彻落实党的十八大和十八届三中、四中、五中全会以及中央经济工作会议精神，认真总结2015年经济工作，分析研判当前经济形势，科学部署2016年经济工作，努力推动全省经济持续健康发展，奋力实现“十三五”良好开局。关于明年经济工作，超良同志将作具体部署。这里我根据省委常委会讨论的意见，强调一些重点问题。

一、关于我省经济工作面临的形势

今年以来，面对错综复杂的国际国内环境和艰巨繁重的改革发展稳定任务，全省上下深入贯彻习近平总书记系列重要讲话精神，特别是习近平总书记、李克强总理在我省视察时的重要讲话精神，认真落实“四个全面”战略布局，一手抓“稳增长”，一手抓“调结构”，坚持“加减乘除”一起做，着力提高发展质量和效益，经济运行呈现出总体平稳、稳中有进、稳中有好的发展态势，一些新的亮点正在点燃吉林老工业基地振兴发展的新希望。一是经济增长保持合理区间，经济增速逐季上升，由一季度的5.8%提高到二季度的6.1%、三季度的6.3%，预计全年可增长6.5%左右，实现年初确定的预期目标。二是经济结构不断优化升级，预计全年规上工业和服务业增速分别达到5.2%左右和8.5%以上，粮食生产再获丰收，产量达到729.4亿斤，比去年增长23亿斤。战略性新兴产业逆势上扬，医药健康、装备制造、电子信息等新兴产业增加值预计分别增长13.2%、14.9%、13.9%。三是发展动力得到明显增强，有效需求不断释放，预计全年固定资产投资增长12%以上、社会消费品零售总额增长9.2%以上，民营经济、中小企业得到长足发展。四是深化改革不断向纵深迈进，完成87项改革任务、出台157个改革文件，国有企业、民营经济、简政放权、市场活力等重要领域和关键环节改革取得积极进展。五是保障民生取得积极成效，城乡居民收入预计分别增长7.5%和8%以上，社会大局保持和谐稳定。在国际经济环境复杂多变、国内经济下行压力加大、各类风险挑战明显增多、老工业基地深层次矛盾凸显的大背景下，取得这样的成绩十分不易，必须给予充分肯定。

今年主要目标任务的完成，标志着“十二五”规划可以胜利收官。省委十届六次全会对此作了总结。这里，我想用主要指标完成情况讲讲“十二五”时期我省经济社会发展取得的重大成就。从经济指标看，地区生产总值年均增长9.4%左右，奋力跨入了万亿元阶段；地方级财政收入迈上千亿元台阶；社会消费品零售总额由3 504.9亿元上升到6 640亿元，年均增幅达13.8%。从产业指标看，粮食产量由568.6亿斤增加到729.4亿斤，支柱产业增加值占规模以上工业增加值比重年均增长2.08个百分点，三次产业比重由12.1:52:35.9调整到11:52.5:36.5。从社会指标看，城乡居民收入年均增长10.1%和13.8%，城镇每年新增就业50万人，农村贫困人口由143万人减少到83.9万人，人口城镇化率由53.4%上升到55.35%。这些数据表明我省在“十二五”期间，在综合实力、产业升级、城乡发展、民生改善等方面都取得了重大进展和巨大成就，标志着我省站在了新的发展历史起点上。这些成绩，是党中央正确领导，全省上下团结一心、顽强拼搏、真抓实干的结果。

同时，我们也要看到，由于多方面因素影响和发展条件变化，我省经济发展仍然面临一些突出矛盾和问题。主要是，经济下行压力大，稳增长任务十分艰巨；结构调整正处在关键阶段，市场化程度不高、民营经济比重较低、服务业发展滞后；统筹衔接关联改革、有效落实改革举措还需下更大功夫，经济社会发展的内在动力和活力还没有充分释放；农村脱贫攻坚任务繁重，社会事业欠账较多，安全生产不稳定因素仍然存在，等等。近期主要表现为“四个下降、两个严峻、一个偏低”，“四个下降”就是工业重点行业企业增速下行、工业企业利润下降、外贸进出口降幅持续加大、房地产开发和销售均呈下降态势，“两个严峻”就是部分要素和先行指标形势严峻，“一个偏低”就是财政收入增速仍然偏低。我们必须高度重视这些突出矛盾和问题，采取有力措施加以化解，防止其影响经济社会发展全局。

2016年是“十三五”的开局之年，也是全面建成小康社会决胜阶段的开局之年，做好经济工作意义十分重大。刚刚闭幕的中央经济工作会议，习近平总书记全面分析了国际国内经济形势，明确提出了明年经济工作的总体要求、主要目标和重点任务；李克强总理全面总结了今年经济工作，具体部署了明年经济工作。习近平总书记、李克强总理的重要讲话，对于我们做好明年乃至今后一个时期经济工作，具有重要的指导意义。我们一定要把思想和行动统一到党中央、国务院的正确判断和战略部署上来，更加积极主动地认识、适应和引领新常态，更加坚定信心、振奋精神、埋头苦干，努力开创我省经济工作的新局面。

科学研判和把握当前形势，是做好我省经济工作的前提。纵观国际国内经济形势，依然错综复杂，但总体于我有利，我省仍面临大有可为的战略机遇。从不利条件看，世界经济仍将延续疲弱复苏态势，不确定性、不稳定性较大，地缘政治风险、恐怖主义威胁等挑战因素增多，出现突然性事件的可能性也比较大，国际安全形势比较紧张，国际关系复杂程度前所未有；我国经济增速换档、结构调整阵痛、动能转换困难相互交织，有效需求乏力和有效供给不足并存，经济下行压力还在加大。从有利条件看，美国等一些发达国家的宽松货币政策转向正常化，一些新兴市场国家加快经济发展转变、推进结构性改革，全球大宗商品价格从泡沫化状态回归常态，这些将对全球经济产生举足轻重的影响，为今后一个时期世界经济复苏奠定良性基础；我国经济总体运行平稳，经济发展长期向好的基本面没有变，经济韧性好，潜力足、回旋余地大的基本特征没有变，经济持续增长的良好支撑基础和条件没有变，经济结构调整优化的前进态势没有变。就我省而言，尽管经济增速不高，但经济运行中呈现出很多亮点。从三次产业看，工业缓中趋稳，服务业稳步向好，粮食生产再获丰收；从发展动力看，投资和消费平稳增长，重点领域改革有实质性进展，市场活力不断增强，特别是民营经济、中小企业长足发展；从结构调整看，战略性新兴产业逆势上扬，装备、医药、冶金和建材等产业保持较好发展势头；从科技创新看，重大技术取得突破，中国标准高速动车组下线，“吉林一号”卫星成功发射，一批科技成果正在转化；从民生改善看，47项民生实事扎实推进，城乡居民收入分别增长7.5%和8%以上，均高于GDP增长，社会大局保持和谐稳定。应该说，我省正处在发展方式转变、结构优化升级的重要关口，处在体制机制改革、发展活力蓄积的重要关口，处在优势充分释放、动力加快转换的重要关口，正进入转方式调结构的关键期、建机制增活力的攻坚期、新优势新动力的形成期、补短板建小康的决战期。今年习近平总书记、李克强总理分别来我省视察工作，为我省经济社会发展精准把脉、指明前进方向；国家高度重视东北老工业基地振兴，相继出台一系列政策予以支持和倾斜；国家“一带一路”战略的深入实施、中韩自由贸易协定取得实质性进展等利好因素，这些都为我省提供了难得的新的历史发展机遇。我们要清醒地认识到，面临的挑战不可低估，但发展的机遇必须抓住，前进的信心决不能动摇。我们完全有理由相信，随着我省发展方式转变、经济结构不断优化、发展动力持续转换、改革开放深入推进，新的发展动力必将快速形成，新的发展活力必将充分释放，新的发展空间必将延深开拓。全省上下一定要保持战略定力、增强发展自信，牢固树立创新、协调、绿色、开放、共享发展的新理念，坚持变中求新、变中求进、变中突破，把原有的基础优势利用发挥好，把改革发展中形成的新生优势抓住释放好，把未来可能迸发出来的潜在优势对接准备好，推动我省经济实现更高质量、更有效益、更加公平、更可持续的发展。

二、关于明年经济工作的总体思路

明年全省经济工作的总体要求是：全面贯彻党的十八大和十八届三中、四中、五中全会以及中央经济工作会议精神，深入贯彻习近平总书记系列重要讲话特别是视察吉林重要讲话精神，坚持以“四个全面”战略布局为引领，牢牢抓住国家新一轮振兴东北老工业基地的重要机遇，牢固树立和贯彻落实创新、协调、绿色、开放、共享的发展理念，主动适应经济发展新常态，坚持改革开放，坚持稳中求进工作总基调，坚持稳增长、调结构、惠民生、防风险，突出发挥“五个优势”、推进“五项举措”、加快“五大发展”，紧紧围绕去产能、去库存、去杠杆、降成本、补短板五大任务，着力推动转型升级，着力培育新的发展动能，着力增强持续增长动力，着力保障改善民生，努力促进经济社会平稳健康发展，确保实现“十三五”时期经济社会发展的良好开局。

省委考虑，明年全省经济社会发展的主要预期目标是：地区生产总值增长6.5%～7%，地方级财政收入增长2%以上，居民消费价格指数涨幅3%，单位GDP能耗下降3.2%，城乡居民人均可支配收入与经济增长同步，城镇新增就业50万人，城镇登记失业率控制在4.5%以内。

把我省明年经济增长确定为6.5%～7%这个区间目标，与全国的目标一致，这样既考虑到与中央目标相衔接、相呼应的问题，又考虑到发挥指标的积极引领作用和增强信心的预期作用；既考虑到完成指标的现实基础和支撑条件，又考虑到为结构调整、深化改革，为保障改善民生、防范化解各类风险留有合理的空间余地。这是在充分考虑宏观经济形势变化、权衡各种因素后作出的决策，符合我省发展实际、符合市场预期，尽管难度很大，但经过努力是完全可以实现的。

认识新常态、适应新常态、引领新常态，是当前和今后一个时期我国发展的大逻辑。在这次中央经济工作会议上，习近平总书记着重强调要引领经济发展新常态，并对新常态“怎么看”和“怎么干”做了深刻论述。明确指出，一是在推动经济发展上要更加注重提高发展质量和效益，把抓经济工作、检验经济工作成效，从过去主要看增长速度有多快转变为主要看质量和效益有多好；二是在稳定增长上要更加注重供给侧结构性改革，在适度扩大总需求和调整需求结构的同时，着力加强供给侧结构性改革，实现由低水平供需平衡向高水平供需平衡跃升；三是在实施宏观调控上要更加注重引导市场行为和社会心理预期，善于把握消费和投资行为背后的市场预期和社会预期，在提高宏观调控科学性的同时，提高宏观调控艺术性；四是在调整产业结构上要更加注重加减乘除并举，引导增量，主动减量，发挥创新引领发展第一动力作用，把人才作为支撑发展的第一资源，加快形成以创新为主要引领和支撑的经济体系和发展模式；五是在推进城镇化上要更加注重以人为核心，促进有能力在城镇稳定就业和生活的农业转移人口举家进城落户，把推进城镇化回归到推动更多人口融入城镇这个本源上来；六是在促进区域发展上要更加注重人口经济和环境空间均衡，根据主体功能区定位，着力塑造要素有序自由流动、主体功能约束有效、基本公共服务均等、资源环境可承载的区域协调发展新格局；七是在保护生态环境上要更加注重促进形成绿色生产方式和消费方式，坚定不移走绿色低碳循环发展之路，构建绿色产业体系和空间格局，引导形成绿色生产方式和生活方式，促进人与自然和谐共生；八是在保障改善民生上要更加注重对特定人群特殊困难的精准帮扶，把钱花在对特定人群特殊困难的针对性帮扶上，使他们有现实获得感，使他们及其后代发展能力得到有效提升；九是在进行资源配置上要更加注重使市场在资源配置中起决定性作用，重视和善于激发微观主体活力，政府要集中力量办好市场办不了的事，履行好宏观调控、市场监管、公共服务、社会管理、保护环境等基本职责；十是在对外开放上要更加注重推进高水平双向开放，坚持引进来走出去并重、引资引技引智并举，提高对外开放的层次和水平。这“十个更加注重”，是对发展的认识、理念的一次重大跃升，是对发展的方法、措施的一次深刻变革，是指导我们做好当前和今后一个时期各方面工作的科学指南。全省上下一定要认真落实总书记要求，科学认识新常态、主动适应新常态、积极引领新常态，顺势而为、锐意改革、大胆创新。要突出体制机制创新，把解决体制机制问题作为老工业基地振兴的治本之策，深化供给侧结构性改革，简政放权、培育市场，转变职能、优化环境，加快形成一个同市场完全对接、充满内在活力的体制机制。要突出结构优化升级，把发展实体经济、培育有核心竞争力的优秀企业作为制定和实施经济政策的出发点，坚持“加减乘除”一起做，做好“有中生新”和“无中生有”两篇大文章，走出一条富有吉林特色的结构调整和转型升级之路。要突出质量效益，加快推动发展由主要依靠投资拉动向消费、出口、投资“三驾马车”协同拉动转变，由粗放向集约转变，由主要依靠增加物质消耗向主要依靠科技进步、管理创新转变，由追求速度、规模向追求质量、效益转变。要突出开放带动、创新驱动，主动融入“一带一路”建设，加快形成全方位大开放格局，聚焦创新驱动，营造创新环境、激发创新热情，加快形成以创新为主要引领和支撑的经济体系。要突出统筹协调，统筹城乡、区域、经济与社会、人与自然和谐发展，推动我省经济发展迈上质量更好、效益更佳、持续性更强的新台阶。

三、关于明年经济工作的重点任务

关于明年经济社会发展，中央提出，在战略上要坚持稳中求进、把握好节奏和力度，在战术上要抓住关键点，即抓好去产能、去库存、去杠杆、降成本、补短板这五大任务。提出要积极稳妥处置“僵尸企业”，把其作为化解产能过剩的“牛鼻子”，通过兼并重组、债务重组乃至破产清算，实现市场出清，用今天的“小震”化未来的“大震”；提出要帮助企业降低成本，开展降低实体经济企业成本行动，降低制度性交易成本、人工成本、企业税费负担、社会保险费、企业财务成本、电力价格和物流成本，使优质企业增强竞争力；提出要化解房地产库存，按照加快提高户籍人口城镇化率和深化住房制度改革的要求，通过加快农民工市民化，扩大有效需求，打通供需通道，消化库存，稳定房地产市场；提出要扩大有效供给，保持有效投资力度，把脱贫攻坚同扩大有效供给、化解产能过剩有机结合起来，支持企业技术改造和设备更新，培育发展新产业，补齐软硬基础设施短板；提出要防范化解金融风险，主动释放信用违约风险，有效化解地方政府债务风险，加强全方位监管，坚决守住不发生系统性和区域性风险的底线。这些是明年中央经济工作的战略重点和主攻方向，内涵极其丰富，蕴含很多政策点，必将为我们带来新的政策利好和发展机遇。我们一定要认真消化理解，科学谋划部署，抓紧跟中央部委沟通对接，尽快制定具体落实措施，确保把中央的要求部署及早转化成我省的工作实际，务求取得实实在在的成效。从吉林实际出发，要重点做好以下几项工作。

1、着力保持经济稳定增长。稳增长既是当务之急，更是长远之需，要通过稳增长为调结构争取时间和空间，通过调结构为稳增长培育新的发展动能，真正实现良性互动、互促共进。稳定经济增长，要更加注重抓趋势、抓重点、抓市场。更多关注那些发展势头好、成长型的产业和企业，抓好培育扶持，助推成长发展；突出重点企业、重点行业和重点地区，加强运行组织和协调服务，切实帮助解决实际困难和问题；围绕市场需求，提高产品质量，加大市场开拓力度。稳定经济增长，要更加注重投资、消费、出口“三驾马车”协同发力。在扩大有效投资、发挥投资关键作用的同时，要更加有效地发挥消费的基础作用，积极培育新型消费，着力扩大传统消费，加快发展新的消费模式，推动消费结构升级；要发挥出口的促进作用，优化出口结构，加快培育对外经济新优势。稳定经济增长，要更加注重供给侧结构性改革。大家知道，经济运行追求的是需求与供给的总量平衡。因为需求是原生性的，长期以来我们注重从需求侧出发管理经济，认为这样可以引导供给侧自然实现优化。但在当今第三次产业革命浪潮的冲击下，供给侧创新带来的变量与影响不可小视，供给侧实现更新换代会创造更大的需求。苹果产品、互联网金融等许多案例证明，供给侧一旦创新成功，市场上已不是一呼百应,而是一呼万应、一呼亿应。这次中央强调要大力加强供给侧结构性改革,是适应和引领经济发展新常态的重大创新,是适应国际金融危机发生后综合国力竞争新形势的主动选择,是适应我国经济发展新常态的必然要求。我们要在适度扩大总需求和调整需求结构的同时,着力加强供给侧结构性改革,依托我省特有优势创新、创造供给,努力生产出更多科技含量高、质量高、附加值高的产品,提高供给质量和水平。

2、着力转方式调结构增效益。产业结构优化升级是转方式调结构的主攻方向、核心任务。要围绕推动产业融合发展、集群发展和高端发展,坚持多措并举,"加减乘除"一起做,深入推进产业发展"四大工程",做好"有中生新、无中生有"两篇文章。省委十届六次全会提出明年要在服务业发展、现代农业发展、工业结构调整上实现新突破。这里我再强调一下产业间的融合发展问题。产业融合是产业发展的高级阶段,是社会生产力进步和产业结构优化的必然趋势。随着工业化、信息化的深入发展,一二三产业的边界逐步趋于模糊,产业之间的渗透融合日益活跃,不断推动整个产业结构的高端化、合理化。我们要顺应这一趋势,在产业融合发展上多下功夫。一是依托我省农业、工业基础优势,推动服务业与农业、制造业深度融合,补齐服务业短板。充分发挥我省农业资源和产业优势,积极推动城市服务下乡,加快构建以生产流通服务、科技服务、信息服务和金融服务为主的农村生产性服务业体系,大力发展休闲农业、观光农业、体验式农业为主的农村生活性服务业。立足我省工业基础优势,重点发展研发设计、第三方物流、融资租赁、信息技术服务、节能环保服务、检验检测认证、电子商务、服务外包、售后服务等生产性服务业。同时,积极发展健康、教育、养老、旅游等服务业。二是加快信息技术与生产制造融合,塑造传统产业新优势。支持农业生产的信息技术服务创新和应用,发展农作物良种繁育、农业生产动态监测、环境监控等信息技术服务,建立健全农产品质量安全可追溯体系。以智能制造为重点,加快新一代信息技术与制造技术深度融合发展,建立智能制造产业联盟,加快发展智能制造装备与产品,鼓励将数字技术和智能制造技术广泛应用于产品设计和制造过程,丰富产品功能,提高产品性能。运用互联网、大数据等信息技术,积极发展柔性生产方式,促进大规模传统生产向个性化定制生产转变,满足多样化、个性化消费需求。三是稳步推进原有优势产业内部融合发展,进一步做大做强支柱产业。推动汽车、石化、农产品加工业等原有支柱产业向集聚化、配套化发展。依托行业龙头企业,推动行业内产业链上下游整合,延伸企业产业链,提升产品附加值。创新是内生发展动力的主要生成点,创新驱动是转方式调结构的基础动力。要推动新技术、新产业、新业态蓬勃发展,推动产学研结合,瞄准世界科技前沿,形成一批重大创新成果。推进科技成果产业化,强化对创新的激励和创新成果应用,使创新成果变成实实在在的经济活动,形成新的产品群、产业群。加快创新体制机制改革,加大对新动力的扶持,培育良好的创新环境。衡量发展质量和效益,就是投资有回报、产品有市场、企业有利润、员工有收入、政府有税收、环境有改善。产业融合发展的目的,就是要通过技术进步、组织创新、产业创新等途径提高全要素生产率,实现利润和效益的最大化。

3、着力推进区域协调发展。统筹东中西"三个板块"建设,是省委、省政府为促进区域全面协调发展作出的重大战略部署。现在看,布局优化、良性协同、特色各异的态势越发显现。下一步,要在"三个板块"协调发展、联动发展上下功夫,构建既各具特色又紧密联系、既独立完整又协调有序的区域发展格局。一是密切东中西区域经济合作。加强龙头企业与配套产业的衔接,延伸产业链,培育产业集群,构建若干条横跨东中西部的产业带。突出长吉一体化,打造形成长春至四平、至松原、至辽源通化白山的经济走廊。二是推进以人为核心的新型城镇化。按照"大城市要提质、中心城市要扩能、县城和特色城镇要加快"的思路,提高城镇规划、建设和管理水平,推进东中西部大中小城市和小城镇协调发展。促进有能力在城镇稳定就业和生活的农业转移人口进城落户,加快居住证制度、住房、土地等方面的改革,释放城镇化在稳定劳动供给、扩大房地产消费、推动服务业转型方面的更多潜力。三是加强公共资源均衡配置。以保障和改善民生为指南，共同推动城镇公共服务向农村延伸，促进区域基础设施、教育医疗、就业创业等社会事业公平发展。四是强化资源环境齐抓共管。统筹实施区域性生态建设和环境保护工程，促进人与自然、经济社会绿色与可持续发展，建设“美丽吉林”。五是创新区域一体化体制机制。打破区域间行业准入、人才引进、税费征收等方面的限制，加快推进市场一体化进程，提高资源要素配置效率与效益。

4、着力推进现代农业建设。农业是我省最大的基础和优势。要站在同工业化、信息化、城镇化同步发展的高度，围绕发展规模效益型和生态友好型现代化大农业，加快推进现代农业产业体系、现代农业生产体系、现代农业经营体系“三个体系”建设，推动农业大省向农业强省转变。推进现代农业建设，核心还要加快转变农业发展方式，提高农业质量、效益和竞争力。目前，我省农业存在的一个突出问题就是整体效益不高。要向结构要效益，调整优化种养结构和农作物区域布局，加快构建粮经饲三元种植结构。要向规模要效益，积极稳妥推进土地适度规模经营，构建集约化、专业化、组织化、社会化相结合的新型农业经营体系，提高农业规模化、集约化生产水平。要向科技要效益，健全农业科技创新体系，提升农业科技成果推广应用水平，充分发挥科技对农业发展的引领和支撑作用。要向品牌要效益，大力发展绿色农业、循环农业、特色农业和品牌农业，不断提升吉林农产品的知名度和美誉度，进一步提高市场份额。要向改革要效益，深入推进农村综合改革，健全农业社会化服务体系，激发农村内部活力和调动农民积极性，为农村发展提供强大动力。

农业和生态密不可分，只有优良的生态环境，才能发展优质高效的现代农业。我们一定要牢固树立绿色发展理念，深入实施生态建设行动计划，扎实推进山水林田湖生态保护和修复工程，进一步巩固提升我省生态资源优势。近一时期我省雾霾天气频发，群众意见比较大。我们常对外讲吉林的自然生态好，如果雾霾问题长期得不到解决，我们生态建设的成绩就会遭到质疑，吉林的对外形象也会受到影响，必须高度重视、综合施策，尽快见到成效。我省是粮食大省，也是秸秆产量大省。秸秆是重要的生物质资源，应用前景广阔，决不是“垃圾”，更不应成为雾霾的重要帮凶。要在秸秆转化利用上下更大功夫，强化政策支持，加大试点力度，积极探索转化模式，努力提高秸秆的利用值和利用率。

5、着力加强基础设施建设。基础设施建设既是扩大有效供给的重要内容，也是未来发展的重要支撑；既是转型升级的推动力量，也是民生改善、脱贫攻坚的必要条件。必须进一步加大建设力度，创新投资模式和运营机制，充分调动各个方面积极性，不断提高基础设施对经济社会发展的支撑能力。要加快高速公路、铁路、机场等项目建设，尽快实现“县县通高速、县县通铁路、市市通高铁”目标和“一主多辅”机场格局。我省农村公路“村村通”工程建设得比较早，又缺乏科学有效的养护机制，目前集中破损的比较多，要及早采取应对措施，加大力度修整完善，保证农村公路畅通。要加快水利基础设施建设，尽快启动松花江全流域治理工程。要加快推动“气化吉林”，加快新型能源建设。要推进“数字吉林”工程，加强信息技术推广应用和信息资源开发管理。要加快实施城市二次供水和地下管网工程，加快道路、供气、供热、供电和污水垃圾处理等市政公用设施建设，提高城市综合承载能力和公共服务水平，明天我们还要召开城市工作会议，对这方面工作进行部署。

6、着力保障和改善民生。习近平总书记强调，抓民生也是抓发展。越是困难时期，越要保持清醒认识，越要高度重视民生、全力保障民生、有效维护稳定。要进一步加大工作力度，全面解决好就业、扶贫、教育、医疗、社会保障、食品安全等热点难点问题，坚决把基本民生保住，把社会大局稳住。就业是民生之本。随着全面深化改革向纵深推进，转方式调结构不断提速升级，很可能会造成部分职工下岗失业、收入降低等问题。这是我们必须要经历的阵痛、必须要付出的代价。解决就业，不能靠保护“僵尸企业”和过剩产能等方式饮鸩止渴，要实施更加积极的就业政策。一方面，鼓励以创业带就业。对于大学生、返乡农民工、退役军人等不同群体，要有针对性地进行创业引领、帮扶，努力增加新的就业岗位供给，扩大群众增收渠道。另一方面，重视以培训促就业。发展的转型升级,必然要求人力资源的匹配升级。要加大人力资本投资,强化教育和职业培训,不断提高劳动者综合素质,更好适应创新带来的新变化、新需求,解决供需不匹配的结构性失业问题,为我省转型发展提供更高质量的人力资源支撑。扶贫开发也是重中之重。要按照中央和省委的工作部署,把工作做扎实、作出成效,坚决打赢这场攻坚战,兑现我们向党和人民作出的庄严承诺。民生与发展犹如鸟之两翼,不能只盯着发展忽略民生,也不能搞民粹主义影响发展。在实际工作中,既不能“苦穷”,也不能“摆阔”,要尽力而为、量力而行,拿出“一分钱掰成两半花”的精神,突出精准、多用“滴灌”,真正用好有限的财政资金,办好急需该办的民生实事。

四、关于加快推进改革开放

破解发展难题、增强发展动力,必须全面深化改革,加快构建充满活力、富有效率、更加开放、有利于振兴发展的体制机制。党的十八届三中全会以来,我们按照中央决策部署,紧密结合吉林实际,推出一系列重要改革举措,关键要抓好落地执行。要完善改革执行方式,防止以文件落实文件,把鼓励基层改革创新、大胆探索作为抓改革落地的重要方法,以实际行动推进改革。要抓好改革试点,统筹考虑试点的规模、范围和时限,做到合理安排、有序推进,同时注意及时总结试点经验,尽快在面上推开。要加强统筹协调,既要把握好宏观,又要统筹好中观和微观,协调各专项小组、相关单位和部门,处理好各方面利益关系,进一步提高改革推进的协同性。要强化改革督察,创新督察机制,加大督察力度,做到改革推进到哪里,督察就跟进到哪里,确保各项改革任务按照规定时限完成。总之,就是要始终坚持以敢啃硬骨头、敢涉险滩的精神推进改革举措落地,使改革不断见到实效,使群众有更多获得感、发展有更多新动能。

市场经济意识不强,市场主体活力不足,是制约吉林振兴发展的重要因素。抓改革落地,向改革要动力、要活力,首先要从培育市场、放活市场中想办法、找出路,真正使市场在资源配置中起决定性作用。这方面,我们的目标是要加快形成一个企业自主经营、公平竞争,消费者自由选择、自由消费和要素自由流动、平等交换的现代市场体系,最大程度激发微观主体活力。而实现这个目标,根本还要在转变政府职能、提高政府效能上做文章,使政府有所为、有所不为,真正由无所不包而又越位、缺位、不到位的全能政府转变成有限有为的政府。要持续深入推进简政放权,在继续取消和下放行政审批权限的基础上,更加注重考虑市场主体的真实感受,重点解决好放权不同步、不协调、不到位等问题,着力打通“最后一公里”,让群众和企业真正感到束缚少了、办事方便了、市场空间大了,让简政放权的效力得到切实体现。要不断提升政府履职能力,以严格的组织架构、决策机制和行政程序为保障,进一步强化和提升在宏观调控、市场监管、公共服务、社会管理、保护环境等方面的能力,集中力量办好市场办不了的事情。

作为老工业基地,我省国有资产比重大、国有企业数量多,国企改革能不能取得实质性进展,直接影响结构调整、转型升级,影响经济发展的整体质量效益。特别在当前经济下行压力加大、市场需求增长乏力、产能过剩矛盾突出的情况下,迫切需要通过进一步深化国企改革激发市场活力、释放发展潜力。要积极稳妥发展混合所有制经济,优化国有企业股权结构,完善治理机制,增强国有企业内在活力、市场竞争力、发展引领力和抗风险能力。要优化国有资本布局结构,坚持分类实施国有企业改革,推动国有资本向关键性、战略性、基础性、先导性行业和公共服务等领域集中,尤其是竞争类中不具备优势、产能过剩的行业和领域,该退出的要有序退出。要完善国有资产管理体制,坚持政企、政资分开,加快推动省属国有企业与管理部门脱钩,推进经营性国有资产集中统一监管。以管资本为主改革国有资本授权经营体制,采取划转、合并、分立、重组等多种方式,改组组建国有资本投资、运营公司。要建立改革成本分担机制,加大政策支持力度,加快解决分离企业办社会职能和厂办大集体等历史遗留问题,帮助企业卸下包袱、轻装上阵。在我省国有企业中,也不乏一些资不抵债、扭亏无望的“僵尸企业”。对这些企业不能搞保护主义、靠补贴输血的办法勉强维持,能兼并重组的要加快兼并重组,无法兼并重组的要坚决依法破产,实现市场出清。

我省发展的薄弱环节是民营经济，但最大潜力也在民营经济。这些年，我们把发展民营经济摆上突出位置，推动民营经济大发展、快发展，民营经济增加值占全省GDP的比重已达52.3%，民间投资占全省固定资产投资比重已达73.1%，上缴税金占地方财政收入的57.2%，成为全省经济增长的主要动力之一。但也要清醒地看到，我省民营经济整体发展水平还相对滞后，尤其是在当前经济环境下又遇到了生产经营压力增大、融资难融资贵、市场低迷等困难，迫切需要通过综合配套改革破解发展瓶颈，增强发展的内生动力和后劲。要继续深化商事制度改革，废除对民营经济各种形式的不合理规定，做到“法无禁止即可为”。要大力优化营商环境，推动建立公平开放透明的市场规则，让各类市场主体平等参赛、平等竞争，持续推动大众创业、万众创新。要加大金融创新力度，鼓励和引导民营企业进行股份制改造，支持民营企业上市，畅通金融对实体经济的支持渠道。要引导支持企业不断加大研发投入力度，努力掌握关键核心技术和自主知识产权，在对传统产业改造提升的同时，加快培育以创新驱动为核心的新优势。要抓好示范试点，扎实推进长春市民营经济综合配套改革试验区建设，努力形成更多可复制的试点经验，带动全省民营经济加快发展。

对外开放方面，我们的战略十分明确，就是要依托长吉图开发开放战略，深度融入国家“一带一路”建设，兼顾“向东”和“向南”两个方向，加强面向东北亚的国际合作，主动融入环渤海经济圈，对接京津冀协同发展，加快形成更大范围、更高水平、更深层次的全方位对外开放大格局。实际工作中，要收拢五指、攥紧拳头，在重点领域、关键环节上实施重点突破。要在畅通对外通道上寻求新突破，加强沿边开放通道、中蒙国际大通道、内陆开放通道、“长满欧”国际铁路货运通道、东南部开放通道、空中开放通道6条国际物流大通道建设，努力构建贯通东西、连接南北、互联互通的对外开放通道网络。要在发展外向型产业上寻求新突破，积极调整装备制造、石化、农产品加工等支柱优势产业结构，推动现有产能、产品扩大出口，加大招商引资工作力度，组织开展好“台资企业吉林行”、“世界500强企业走进吉林”等活动，积极引进资金、技术和人才，引进核心产业项目和重大支柱项目，为扩大开放提供坚实的产业支撑。要在加强开放平台建设上寻求新突破，以珲春国际合作示范区建设为抓手，提升珲春开放窗口功能，以长春新区建设为抓手，打造吉林中部内陆开放高地，进一步突出特色、完善设施、强化功能，带动各类国家级、省级开发区及特色产业园区转型升级，提高开放平台集聚、辐射和带动能力。要在做大对外贸易规模上寻求新突破，大力推动跨境电商、服务贸易加快发展，抓住俄罗斯远东开发、中韩自贸协定正式生效等机遇，推动企业开展对俄、对韩经贸合作，扩大国际产能合作，带动优势产业走出去。要在对外开放体制机制创新上寻求新突破，围绕提高通关便利化水平、搭建外贸公共服务平台、金融创新等积极开展先行先试，创造可复制、可推广的经验，更好地带动全省改革开放。

五、关于要把握好的几个重大问题

推动发展既是个老问题，也是个常讲常新的问题。不同发展阶段，不同形势要求，发展的原则遵循、侧重点也不尽相同。当前看，我们必须切实把握好以下几个重大问题。

1、要牢牢抓住发展这个第一要务。对吉林而言，核心任务、当务之急非常明确，就是谋发展。这是大势所趋，是吉林所处发展阶段的必然要求。能不能解决现有问题、实现蜕变转型，根本要靠发展。现在是我们发展最要劲的时候、最难得的机会，如果稍有放松，很可能就功亏一篑、前功尽弃。当然，这个发展，重在“图强”，不在“体大”，要以增强核心竞争力为导向，不能饥不择食走老路。要坚持解放和发展生产力，坚持社会主义市场经济改革方向，重点解决好市场体系不完善、政府干预过多和监管不到位问题，不断提高我省经济发展的市场化程度和水平。需要强调的是，现在我们从严治党、以零容忍态度反腐败，从根本上来说，有利于维护市场秩序、优化发展环境、发展法治经济，是在为经济健康发展扫清障碍、保驾护航。

2、要切实调动各方面积极性。众人划桨开大船。要大力营造加快发展的浓厚氛围，把全社会各方面的积极性、创造性调动起来、激发出来，形成振兴发展的强大动力。关键是要抓好三个群体，企业家、人民群众和党员干部。企业家是推动经济发展的重要力量。要着力改善我省发展软环境，营造公正透明的营商环境和浓厚的重商氛围，塑造成吉林的名片和底蕴，培养、吸引更多企业家在吉林、来吉林置业创业、竞争发展。人民群众是经济发展的力量之源。民间有高手。要创造宽松的环境、公平的机会，让他们能够有空间大展身手。要建立完善激励机制，让他们有动力竭尽所能。要改进服务方式，提高管理效能，激发社会创新创造活力。党员干部是推动发展的中坚力量。要调动好干部的两个积极性。一是“放权”的积极性。不利于发挥市场机制作用的，要主动放权，该交给市场的给市场，该交给社会的给社会，不能错位越位。二是干事的积极性。要给那些行得正站得直、敢担当敢负责、能吃苦肯干事的干部撑腰鼓劲，在全省上下形成你追我赶、奋力争先的良性竞争局面。

3、要坚持把抓落实作为永恒的主题。说一千、道一万，归根结底就是“干”。没有实干，一切都是空谈。没有实绩，一切都是白干。全省上下要振奋精神，既要拿出拼搏实干的冲劲，更要拿出锲而不舍的韧劲，全力以赴落实好省委、省政府决策部署，同心协力打赢振兴发展攻坚战。要强化责任落实，把目标任务、工作要求层层分解，明确责任主体，加强督促检查，强化组织推动。要建立健全抓发展、促落实、出实效的制度机制，加大正面激励效力，完善容错纠错机制，强化监督追责力度，确保干部抓落实有明确之责、无推诿之机，有强大动力、无后顾之忧，真正让能干事干成事的人得到实实在在的激励，让那些不作为、慢作为、虚作为的人受到严肃问责和处理，形成人人抓落实的鲜明导向和生动局面。

4、要着力提高舆论引导能力。经济发展离不开信心的支撑，社会预期对经济社会稳定发展越来越重要。要进一步突出舆论引导作用，特别是针对各种以偏概全、唱衰东北经济的声音，切实提高舆论引导能力，打好主动仗、掌握话语权，为我省振兴发展营造良好舆论氛围。要准确把握新闻传播和维护稳定的规律特点，稳妥应对和处置敏感事件，主动发声、正面引导，澄清是非、以正视听。要坚持实事求是原则，有成绩要理直气壮地说，有问题也要开诚布公地讲，不文过饰非，不虚报夸功，彰显我们的自信心，增强我们的公信力，真正团结带领全社会与我们一道，同心协力加快推动我省新一轮振兴发展。

各级党委要更好地适应新常态、引领新常态，与时俱进改进党领导经济工作的观念、体制、方式方法，切实加强党对经济工作的领导。要强化问题导向。推动发展的过程，就是解决问题的过程。各级领导干部要增强问题意识、强化问题导向，瞄着问题去，追着问题走，在解决新问题中，增强新本领，在处理硬骨头时，增强魄力担当，不敷衍、不推诿、不上交，切实把解决问题作为履职尽责、抓发展抓落实的重要抓手，不断开创本地本部门发展新局面。要坚持底线思维。必须明确党规党纪和国家法律允许干什么、禁止干什么，时刻紧绷这根弦，把它变成自身习惯和行动自觉，决不能越雷池一步，以发展的名义突破底线。必须注意防范经济风险，根据本地本部门情况，设好目标、做好监测，保持经济运行始终处在合理区间，坚决防止出现失速失控、发生系统性区域性风险等问题。必须强化风险管控，建立预警预测机制，增强抵御自然灾害、处置突发事件和危机管理能力，始终保持社会大局和谐稳定。要增强法治理念。社会主义市场经济本质上还是法治经济。过去，一些地方和部门习惯于靠行政命令等方式管理经济，用超越法律法规的手段来抓发展。这不仅对经济秩序造成破坏，使发展的制度性成本大为增加，更与发展市场经济背道而驰。各级领导干部要带头学法、模范守法，自觉提高运用法治手段深化改革、推动发展、化解矛盾、维护稳定的能力，坚持用法治的思维和办法调控和治理经济，使我们对经济工作的领导更符合规律、更适应新常态、更有成效。

同志们，明年是我省经济社会发展进程中十分关键的一年。做好明年经济工作意义非同寻常、任务艰巨繁重。让我们紧密团结在以习近平同志为总书记的党中央周围，坚定信心，锐意进取，砥砺奋进，扎实工作，全面做好改革发展稳定的各项工作，为实现全面建成小康社会目标而努力奋斗！

在吉林省经济工作会议上的讲话

省长　蒋超良

（2015年12月28日）

刚才，朝鲁书记作了重要讲话，从战略和全局高度，深刻分析了我省经济工作面临的形势，明确提出了明年全省经济工作的总体要求、主要目标、重点任务和保障措施，我们要认真学习领会，抓好工作落实。下面，我就贯彻中央经济工作会议精神，落实朝鲁书记重要讲话要求，讲三点意见。

一、关于今年经济工作的回顾

今年我们经受了错综复杂经济形势的挑战和考验，克服了经济运行中的诸多困难，经历了一系列具有历史性、标志性的大事、喜事。今年3月，习近平总书记在全国“两会”期间参加吉林代表团审议，7月中旬又亲临我省视察，并分别发表了重要讲话，为吉林新一轮振兴发展指明了方向。李克强总理4月上旬到我省视察调研，就老工业基地振兴和加快发展，提出了明确要求和殷切希望。在习近平总书记、李克强总理重要讲话精神的指引和鼓舞下，在省委的坚强领导下，全省上下坚持稳中求进工作总基调，认真落实“四个全面”战略部署，保持战略定力，增强发展自信，奋力攻坚克难，全省经济社会平稳健康发展，取得了可喜成果。预计地区生产总值增长6.5%左右，地方级财政收入增长2%左右，固定资产投资增长12%以上，社会消费品零售总额增长9.2%以上，城镇居民人均可支配收入、农民人均可支配收入分别增长7.5%和8%以上。

一是经济增长呈现缓中向好的新态势。今年以来，经济增长“前低后高”。一季度、上半年、前三季度和全年，全省GDP分别增长5.8%、6.1%、6.3%、6.5%左右。二是动能转换出现新格局。经济结构“四降四升”：传统产业增速下降，战略性新兴产业产值增长10.5%左右；工业比重下降，服务业比重提高0.3个百分点；重工业比重下降，轻工业比重提高1.6个百分点；国有经济比重下降，民营经济占全省经济总量的比重提高约1.4个百分点。三是“三农”工作又有新突破。粮食总产量达到729.4亿斤，增长3.2%，粮食总产、单产、商品率、调出量以及人均占有量继续居全国前列。主要粮食作物生产综合机械化作业水平突破80%，畜牧业、园艺特产业对农民增收的贡献率明显提高。四是开放水平有了新提升。主动融入国家“一带一路”战略，提出并实施长吉图向东开放和面向环渤海向南开放双翼共进，“长满欧”国际货运班列正式启动，扎鲁比诺万能海港项目进展顺利。五是创业就业取得新成效。大众创业、万众创新正在成为稳定经济增长、扩大社会就业的新引擎。经济增长内生动力有所提高，个体工商户和私营企业户数同比增长7.6%、19.8%。

一年来，我们围绕稳增长、调结构、促改革、惠民生、保稳定、防风险，扎实做好各项工作。

一是坚持定向精准调控，实现了经济运行稳中有进、稳中有好。今年以来，我省经济下行压力一直很大。我们坚持把稳增长放在更加突出位置，出台了一系列政策举措。春节后一上班省委就召开推动新一轮振兴发展落实年“八千人大会”，开展项目“大巡检”活动，定期对重点企业、重大项目进行调度，全力保持经济平稳运行。千方百计稳工业，帮助重点企业渡过难关，工业经济增长逐季回升，预计全年规模以上工业增加值增长5.2%左右。充分发挥投资关键作用，突出抓好工业技改、棚户区改造等“五大工程”和交通水利能源基础设施等“四大工程包”建设。开通运行被誉为“东北最美高铁”的长珲城际铁路，打通了东北腹地的“东西大动脉”。我省获批成为全国唯一城市地下综合管廊建设试点省，获得国家资金支持10亿元，15个城市建成廊体24.8公里。白城市成为全国首批16个海绵城市建设试点市之一，各项工程已经启动。积极培育信息消费、信用消费等热点，电子商务交易额预计突破2 500亿元。加快“走出去”步伐，加强国际产能合作，支持一汽在非洲等地建设7个海外生产基地，大成集团在美国、欧洲设立两个技术引进、产品销售基地。深入实施创新驱动战略，物联网、新材料等一批科技成果实现转化。

二是大力促进结构性改革，实现了新动能的加快孕育。牢牢把握稳增长与调结构的平衡点，在稳住经济增长的同时，结构调整出现积极变化。突出产业转型升级，继续巩固“老三样”，加快培育“新四样”，新兴产业占工业增加值比重提高3个百分点。成功发射“吉林一号”卫星，标志着我国航天遥感应用领域商业化、产业化迈出重要一步。拥有自主知识产权的时速350公里中国标准动车组正式下线，成为我国高端装备制造的“金字招牌”。旅游、金融等现代服务业加快发展，服务业增加值增速始终高于工业，全年增长8.5%以上。完善市场准入等措施，民营经济占经济总量的比重达到52.5%左右。区域发展更加协调，加快建设西部生态经济区，抓好河湖连通等重点工程，湿地面积增加600平方公里。中部创新转型核心区总体规划正式出台，创新转型路径更加清晰。全面启动东部绿色转型发展区，东部城市空气优良天数比例超过70%。抓好新农村建设，实施新型城镇化、扩权强县等试点，城乡统筹发展取得积极进展。

三是加快推进农业现代化，实现了农业基础进一步巩固。认真落实习近平总书记“率先实现农业现代化，争当现代农业建设排头兵”的指示，出台了总体规划。着力抓好粮食稳产增产，加强农业基础设施建设，高标准农田面积达到2 000万亩。加快农业科技创新，推广测土配方施肥、航化作业等增产增效技术，建成625个粮油高产万亩示范片。打造“吉林大米”品牌，大米平均销价提高7%以上，带动农民增收14亿元左右。推进农业结构调整，畜牧业、林业、渔业、园艺特产业稳步发展，启动4个国家级粮改饲和种养结合模式试点。扎实开展农村综合改革。土地经营权抵押贷款试点扩大到37个县(市)。国家整省推进农村土地确权试点全面启动。土地流转面积比重提高3个百分点。农村集体经营性建设用地入市试点稳步开展。启动供销合作社综合改革试点。

四是全面深化改革开放，实现了内生动力明显增强。以推进简政放权、放管结合、优化服务为核心，突出抓好具有标志性、关联性的重大改革举措，制度红利进一步释放。省市县三级政府权力清单全部建立并公布。省级行政审批项目同比减少17.5%。全省公安派出所出具的证明由51种下调到9种。行政效率进一步提升，审批时限压缩了50%。深化商事制度改革，10月份实施“五证合一、一照一码”模式以来，进一步完善了大众创业、万众创新的制度环境，新登记企业增长24.1%，平均每天生成275户企业。国资国企改革稳步推进，制定了改革总体意见和配套措施，推动国资管理体制由管人、管事、管资产向管资本转变。国有林场改革总体方案获得国家批复。金融体制改革深入推进，农村金融综合改革试验区正式获批，上升为国家战略。探索国有资本运营新模式，成立了东北亚国际金融投资集团。全省金融机构各项贷款余额增长18%左右。财税改革不断深化，政府债务置换、存量资金盘活等取得新成效。进一步扩大对外开放，突出长吉图开发开放先导区战略，铁路、口岸等基础设施建设步伐加快，启动实施了长吉产业创新发展示范区。加大招商引资力度，成功举办第十届中国—东北亚博览会、“民企吉林行”、“央企走进吉林”等活动，引进域外资金和实际利用外资分别增长16.1%和12%。

五是坚持把民生作为“指南针”，实现了百姓生活水平的稳步提升。高度重视保障民生，解决关系群众切身利益的突出问题，确保了民生托底。全面完成了47项民生实事，兑现了向全省人民的承诺。突出对高校毕业生等重点群体的就业帮扶，促进更加充分的就业。城镇登记失业率为3.5%，低于年度目标1个百分点。率先在全国建立重特大疾病保障机制，企业退休人员养老金调整幅度超过10%。启动了保障性安居工程“三年行动计划”，开工率达到100.3%，基本建成15.2万套，40多万居民受益。实施了788个基础设施和产业扶贫项目，完成年度脱贫任务。解决了98.1万农村人口饮水安全问题。协调发展社会事业，加强安全生产，推进平安吉林建设，保持社会和谐稳定。

今年工作取得的成效，保证了“十二五”规划胜利收官。过去五年，我省地区生产总值跃上万亿元的新台阶，年均增长9.4%左右，经济结构和发展质量也出现许多可喜变化，“十二五”规划确定的28项指标，除进出口总额、高速公路建设等指标外都已完成。这些成就为“十三五”开好局、起好步打下了坚实基础。

一年来，各地、各部门主动适应经济新常态，振奋精神，奋发有为，克难奋进，做了大量卓有成效的工作。同时，我们也清醒地看到，全省发展还面临不少困难和问题。一是经济增速不稳定、结构调整步伐不快、动能转换较慢相互交织。经济下行压力仍然较大。工业经济回升态势还不巩固，部分先行指标趋紧，一些传统产业转型升级较慢，发展困难较多，新兴产业仍未成长为发展支柱，部分行业产能过剩问题仍然突出，PPI已经连续42个月下降。实体经济发展不足，企业成本上升、亏损增加。二是投资后劲不足、出口持续下滑。房地产等重点领域投资回落，重大项目后续支撑乏力，投融资体制改革创新不够，融资难、融资贵问题还很突出。出口下降态势仍在延续，出口额同比降幅超过20%。三是财政收支矛盾凸显。财政收入增速偏低，一些市(州)、县(市)财政收入负增长，而财政支出刚性很强，保障民生、支付工资和养老金压力增大，财政平衡收支面临不小难度。四是政府服务亟待加强，发展环境需要进一步改善。同时，安全生产不稳定因素仍然存在，等等。这些问题，必须持续发力，切实加以解决。

二、关于明年经济社会发展重点目标和总体考虑

省委提出，明年经济工作总体要求是：全面贯彻党的十八大和十八届三中、四中、五中全会以及中央经济工作会议精神，深入贯彻习近平总书记系列重要讲话特别是视察吉林重要讲话精神，坚持以“四个全面”战略布局为引领，牢牢抓住国家新一轮振兴东北老工业基地的重要机遇，牢固树立和贯彻落实创新、协调、绿色、开放、共享的发展理念，主动适应经济发展新常态，坚持改革开放，坚持稳中求进工作总基调，坚持稳增长、调结构、惠民生、防风险，突出发挥“五个优势”、推进“五项举措”、加快“五大发展”，紧紧围绕去产能、去库存、去杠杆、降成本、补短板五大任务，着力推动转型升级，着力培育新的发展动能，着力增强持续增长动力，着力保障改善民生，努力促进经济社会平稳健康发展，确保实现“十三五”时期经济社会发展的良好开局。

省委确定2016年全省经济社会发展的主要预期目标是：地区生产总值增长6.5%～7%，地方级财政收入增长2%以上，居民消费价格指数涨幅3%，单位GDP能耗下降3.2%，城乡居民人均可支配收入与经济增长同步，城镇新增就业50万人，城镇登记失业率控制在4.5%以内。

(一)确定明年经济社会发展目标体系的基本考虑。明年目标的确定，省委、省政府十分重视。总的原则是按照中央经济工作会议精神，为保证经济运行在合理区间，提高调控的弹性和科学性，同时衔接好“十三五”规划的各项指标。经过反复测算，多方权衡，确定了上述目标体系。主要考虑：

一是为结构调整留有空间。调整结构需要一

定速度支撑，过高过低都不行。速度过低，调结构缺乏基础；速度过高，调结构缺少空间。适应经济新常态，关键是不能单纯追求速度，更要在调结构上下功夫，促进产业迈向中高端，反过来才能支撑中高速增长。保持中高速增长、迈向中高端水平，必须在稳增长与调结构之间找到平衡点。确定增长6.5%～7%的目标，既立足经济发展阶段性特征，又统筹当前和长远，考虑了为调结构创造条件。

二是为供给侧结构性改革提供保障。"三期叠加"背景下出现的一些问题，表面看是经济增速下降、市场需求不足、产品价格下跌、企业效益下滑等，但从根子上看，是深刻的供给侧、结构性、体制性矛盾叠加所致。化解矛盾的根本办法，在于推进供给侧结构性改革，目的是提升全要素生产率，提高供给体系质量和效率，创造新供给，释放新消费，引领新需求，从而增强市场主体活力、壮大实体经济。推进供给侧结构性改革，去产能、去库存、去杠杆、降成本、补短板，需要一定的发展速度做支撑。因此，确定增长6.5%～7%的目标，考虑了加大结构性改革力度的需要。

三是为保障改善民生、财政增长夯实基础。抓发展就是抓民生。保障和改善民生，必须保基本、补短板、兜底线。明年确定的就业、收入等民生目标，没有作大的调整，为此需要6.5%～7%的增速相匹配。城镇新增就业目标确定为50万人，主要是考虑产业结构调整因素，就业系数的弹性扩大，这个增速能够满足需求。保障城乡居民收入稳定增长，也需要保持这样的增速。明年，国家将降低企业税费负担，进一步正税清费，我省税收有结构性、政策性减收因素，同时金融业持续发展，医药健康、装备制造等产业潜力较大，有望形成税收增量，确定这个增速，既能保障财政预期增长，又能兜住民生底线。

四是为防范化解各类风险创造条件。当前，稳增长是基础，调结构是根本，防风险是底线，三者是辩证统一的。如果风险不能有效防范和化解，那么经济发展就没有稳定的宏观环境，调结构也难以取得预期成效。尤其要看到，现在的各类风险矛盾在叠加和形成共振，经济社会发展进入了一个风险高发的窗口期。受世界、全国大环境和我省小气候的影响，我省发展中的风险也在积累和释放。如果不加快发展，巩固经济发展的基本面，保证6.5%～7%的经济发展速度，守住防风险的底线就是一句空话。

五是为增强社会和市场对吉林振兴发展的信心营造氛围。为适应经济新常态，更好推动新一轮振兴发展，确定这样的经济增长预期目标是必要的，6.5%是底线，7%是高线，主要是为调动各方面积极性，坚定发展信心，引导社会和市场预期。同时，也与国家确定的经济增长预期目标、与如期实现全面建成小康社会目标相衔接，符合我省三次产业支撑条件。根据测算，明年一产预计保持常年水平，增长4%左右；受产能过剩、需求不足等影响，二产增长5.5%左右；随着去库存加快，房地产可能迎来新的转机，三产增长9%以上，可以支撑预期目标。当然，经济增长率有0.5个百分点的弹性空间，是指导性的。在实际中，要主动作为，实事求是，争取完成得更好一些。

刚才，朝鲁书记强调，虽然我们面临的挑战不可低估，但发展的机遇必须抓住，前进的信心决不能动摇。只要我们坚定信心，把省委的决策部署一以贯之地抓下去，就一定能够全面实现预期目标。

（二）做好明年经济工作，必须把握三个关键。在经济发展新常态下，如果不遵循科学规律，不抓住关键环节，发展就难以持续。坚持发展理念，就是牢固树立"五大发展"理念，以创新发展培育新动能，以协调发展促进结构优化，以绿色发展改善生态环境，以开放发展实现合作共赢，以共享发展增进人民福祉，更加注重提高发展质量和效益，保持合理的经济增速，从过去主要看增长速度有多快转变为主要看质量和效益有多好，不断开拓振兴发展新境界。破解发展难题，就是坚持问题导向和效果导向，选准突破口，集中力量解决长期积累的体制机制和结构性问题，重点在制度上、政策上营造宽松的市场环境，逐步改变传统的需求层次结构、产业组织方式、资源配置和市场营销模式，不断激发市场主体活力。厚植发展优势，就是充分发挥我省良好的工业基础、农业、沿边近海、生态资源、科教等"五个优势"，推进和落实"五项举措"，形成新的增长点，为吉林振兴赢得"先发优势”。同时，我省具有明显“后发优势”，要奋力后发赶超，缩小发展差距，与全国同步进小康。

（三）做好明年经济工作，必须深化和统一四个认识。

一是坚定发展信心，解开旧情结、树立新理念。当前，部分同志对速度的理解，停留在过去的思维定式上，沉浸在过去两位数增长的回忆中，对新常态下速度换挡既有焦虑，又很茫然，幻想用老办法再现高增长。对新常态下的中高速增长背后的深刻内涵一知半解，对引领新常态下的发展还停留在口头上、口号中。这个旧情结不解开，就很难克服困难、闯过关口，引领经济迈上新台阶。端正思想认识，关键是树立新理念，立足我省优势和潜力，加快调整经济结构、转变发展方式和培育新的动能。省委去年以来以“三个五”等一系列重大战略部署开启了振兴发展的新布局，成为指导我省经济工作的新理念、新要求。我们要坚定不移地贯彻落实，坚持发展第一要务，咬定目标不放松，为走出一条质量更高、效益更好、结构更优、优势充分释放的发展新路创造良好条件。

二是拓展发展路径，打破旧思维、引领新常态。在经济新常态下，有的地方和干部表现出不适应，缺少创新举措，老办法不管用、新办法不会用，面对市场变化、产能过剩、债务约束、依法行政等新要求束手无策。有的已经形成“路径依赖”，习惯于拼资源、拼投入、拼政策，靠投资驱动、要素驱动，存在等靠要的思想；有的一谈发展就是扩产能、无条件给政策，靠行政思维抓经济。凡此种种，都是旧思维跟不上新常态的表现。新常态必须有新思维、新办法，不能坐着等、站着看。必须变中求新、变中求进、变中突破，认识要到位，适应要主动，引领要有为，多想一些管用有效的办法，确保取得新突破。

三是增强发展动力，破除旧体制、培育新动能。我省作为老工业基地，新旧动能正处在转换的艰难进程中。新动能培育不足、转换不快，实质都与体制机制矛盾密切相关。我省国有经济比重大，是推动振兴发展的重要依靠力量，但受限于原有国资管理体制，雄厚的国有资本难以发挥应有的控制力和竞争力。同时由于国有资本的“挤出”效应，民营经济难以实现大发展、快发展。我省科技优势明显，但受制于转化体制制约，科技成果就地转化率不高。新动能必须生成在新体制之上，新体制决定着新动能的孕育和转换。必须横下一条心，以构建新体制为牵引，深化重点领域改革，为培育新动能提供良好的制度环境。

四是优化发展结构，升级老产业、厚植新优势。我省汽车、石化、农产品加工等传统产业供给能力比较强，一些产业的产能已近峰值。由于传统支柱产业经济体量大，尽管目前增速放缓，但仍占绝对比重。必须运用科技和“互联网＋”“＋互联网”等，推进传统产业调整转型和改造升级，创造和厚植新优势。同时，战略性新兴产业尽管增速较快，但由于规模不大，一时还难以起到支撑作用。在产能过剩的条件下，产业结构必须优化升级、吐故纳新，从过去增量扩能为主转向调整存量、做优增量并举。既改造升级传统产业，又加快培育新兴产业，不能顾此失彼。必须遵循科学规律，做好结构调整的加减乘除法，推动经济平稳健康发展。

三、关于明年经济工作的重点任务措施

对明年经济工作，朝鲁书记已作了全面部署，核心是供给侧结构性改革，重点是“六个着力”，加快推进改革开放和需要把握好的“四个问题”。我们要认真抓好落实，确保取得成效。这里，我再讲一下重点任务措施。

第一，坚定不移稳增长。明年，稳增长仍是经济工作的重中之重。必须坚持底线思维，改善有效供给，扩大有效需求，确保经济稳定增长。

（一）要全力稳定工业经济增长。从我省来看，企业生产经营困难等问题突出，稳工业压力仍然较大。必须采取有效措施，坚决遏制工业经济下滑。一要突出重点企业。稳住了重点企业，稳工业就有了底气。要强化精准服务，逐户研究解决订单、资金等实际困难。现在一汽集团等驻吉央企发展势头向好，要全力支持。明年一汽大众奥迪Q工厂一期等项目基本建成。为争取尽快摆脱困境，帮助吉化落实新增原油加工量110万吨安排。支持长客公司切实抓好俄罗斯高铁、120列以色列轻轨等订单的落地。推动地方企业做大做强，支持修正、东宝等医药健康、装备制造领域龙头企业发展。二要启动实施三大专项行动。按照国家统一部署，我省集中抓好改善消费品供给、降本增效、制造业升级3个专项行动，并力争取得突破。各市（州）和相关部门要抓紧提出实施消费品质量提升工程、推动企业开发适销对路产品、加强品牌建设的意见和实施方案。要深入开展企业降本增效专项行动，尽快研究制定降低企业成本的具体方案，实行收费清单管理模式，真正为企业减轻负担。发挥我省优势，全面落实“中国制造2025”，尽快启动航空航天、无人机、机器人等高端装备制造重大工程的实施。三要化解过剩产能。针对我省部分传统产业产能过剩问题，抓紧制定去产能的处置方案，在债务处置、人员安置等方面研究综合性措施办法，运用市场化手段，加大钢铁、煤炭等行业过剩产能化解力度。特别是对资不抵债、扭亏无望的“僵尸企业”，要解决好债务处置、人员安置、社保欠费补缴等问题，坚决依法破产和兼并重组。四要加强要素供应保障。科学研判趋势，搞好调度调控，确保油气等要素保障。协调金融机构支持服务实体经济，降低企业融资成本。搞好闲置土地清理，保障企业用地需求。开展工业稳增长调结构增效益行动，抓好监测分析，稳定工业经济运行。

（二）要充分发挥投资“定海神针”作用。中央提出推进供给侧结构性改革，并不是放弃需求拉动，而是供给和需求两端发力，着力解决供给侧结构、体制机制和补“短板”的问题。从我省来看，供给侧补“短板”的任务十分繁重。要优化投资结构。关键要提高投资的有效性和精准性，不搞重复建设，不新增过剩产能。目前我省基础设施投资比重只占17%，低于全国两个百分点，同时在科技创新、生态环保、改善民生等方面还有很多“欠账”。必须把投资的重点放在重大项目上，突出解决征拆难、融资难、落地慢等问题，进一步补齐“短板”，推动“五大工程”“四大工程包”等重大项目取得突破，明年全省固定资产投资增长10%左右。一是强化基础设施“短板”。项目投资需求大，又不会形成过剩产能，要加大投资力度。我省境内松花江流域综合治理工程是“十三五”时期我省一个标志性项目，要抓住机遇，积极争取国家批复，并纳入“十三五”规划，尽快启动实施。城市地下综合管廊工程要全面推进，确保开工建设160公里。启动长春市等6个省级海绵城市建设试点。伊通河百里生态长廊工程要加快实施，建成两岸吐口截污等重点工程。河湖连通工程要全面开工，再增加3亿立方米蓄水能力。要突出铁路网、高速公路网、油气管网、通讯信息网、城乡配电网等设施建设，明年要开工长春轨道交通北湖线一期工程，确保长春地铁1号线等建成运行。新开工东丰至双辽等3个高速公路项目，新增通车里程481公里。拓展发展路径，搞好军民深度融合发展。着重在边境地区推进完善电力通讯等边防设施、加快铁路建设、提高边防公路等级等方面的军民融合发展。完成白城机场通航前的筹备工作。加强谋划沟通，争取国家及早启动特高压电网建设，开工建设扎鲁特变电站吉林配套工程。搞好中部城市引松供水等22项重点水利工程，力争完成投资100亿元。二是加大工业技改力度。这既是提升现有产能技术层次的有效途径，也是增加投资的重点领域。要加快企业技术改造升级，提高市场竞争力。我省战略性新兴产业投资只占制造业投资的5%，进一步扩大比重。抓好长客高速动车检修基地等重大项目，技改投资占工业投资比重达到60%以上。国家即将启动一批智能制造等重点项目，要加快申报，争取有更多项目纳入国家规划。三是扩大公共产品和公共服务。要作为投资重点，继续抓好市政道路、老旧管网改造、供排水等项目，进一步提升服务水平。继续抓好棚户区改造工程，与国开行等搞好对接，探索政府购买存量商品住房作为棚改安置房等模式，明年要改造完成17万户。要完善项目储备库和建设库。紧跟国家政策导向和产业方向，明年谋划储备亿元以上项目1 600个，实施转化率要超过30%，确保投资和项目建设接续。要创新投融资体制机制。拓宽补“短板”投入渠道，探索形成市场化、可持续的投入运营机制。重点推出一批有吸引力的项目，通过特许经营、PPP等模式，稳定投资收益。

（三）要加快消费升级。目前，个性化、多样化消费成为主流。要研究采取措施，激活消费需求，促进消费升级。明年全省社会消费品零售总额增长9%左右。一要培育消费热点。随着人民群众生活水平提升，养老健康、医疗保健、文化休闲等领域需求旺盛，要进一步放宽市场准入，增加有效供给，提高服务质量。探索设立进口商品直销中心，增强中高端消费供给能力，吸引域外消费回流。要创新模式和业态，加快智慧商圈和智慧特色街区建设，扩大电商覆盖面。明年要完成8个国家级电商综合示范县（市）建设，电商综合服务平台覆盖300个城市社区。二要研究推出消费政策。目前，省里已出台支持住房消费、体育消费等政策，要抓好落地。围绕绿色、信息等新消费领域，研究出台支持意见，鼓励引导消费。我省农村消费增长空间很大，要制定针对性措施，鼓励欧亚等大型零售企业到县乡设立商贸中心，释放农村消费潜力。三要增强消费能力。关键是增加收入。紧跟国家政策动向，调整收入分配，完善最低工资标准调整机制、职工工资正常增长机制，稳步上调城乡低保标准。四要改善消费环境。完善商贸物流体系，建设长春市国家级商贸物流节点城市，推动延吉等省级物流集聚区发展。加强社会诚信体系建设，打击侵犯知识产权和制售假冒伪劣商品等违法行为，营造良好消费环境。

（四）要切实提高经济运行调控的精准性。在新常态下，经济运行趋势性变化多，必须创新调控方式，建立精准调控机制，推动调控措施落地，确保经济运行在合理区间。一要完善调控政策。今年省里出台了28条稳增长措施办法，取得较好成效。要继续总结完善，突出破解重点问题，加大调度调控力度，再研究出台一批管用、有效的政策。同时，盯紧国家政策走向，做好政策储备。二要发挥财政资金"四两拨千金"作用。明年，国家将实行积极的财政政策和稳健的货币政策，赤字规模比今年有所增加。要积极沟通，争取更大支持。今年省财政用于精准调控的资金近30亿元，起到了较好作用。要克服财政收入增速放缓等困难，增加精准调控资金，通过贷款贴息等方式，真正发挥引导作用。三要加大去库存力度，重点是房地产、粮食和汽车。房地产去库存要"四箭齐发"：一是扩大需求，深化户籍制度改革，解决好农民进城落户难问题；二是结合棚户区改造，加大货币化安置和政策性安置力度，有效释放住房刚性需求和改善性需求；三是降低购房成本和购房门槛，取消限购政策，协调银行合理降低购房贷款利率和住房按揭贷款的首付比例，尽快研究松绑住房公积金的政策意见，降低税费，合理增加住房补贴；四是鼓励和支持房地产开发企业适当降低商品住房价格，支持解决融资难问题，同时根据去库存的进度调节土地供应。粮食去库存要抓住国家玉米临储价格调整的契机，加快粮食库存的消化和转化，从供给端发力，支持玉米加工企业脱困，优化产品结构，降低企业财务成本、流通成本，适当增加对粮食加工企业的补贴，完善粮食去库存政策措施；加快畜牧业发展，增加玉米过腹转化。汽车去库存要重点帮助一汽等企业，抓住国家1.6升及以下小排量乘用车购置税减半征收等机遇，加快销售现有存量汽车，重建销售体系。完善政府补贴、政府采购措施意见，支持自主品牌、新能源节能汽车的生产和销售。同时，还要抓好水泥、钢铁等其他产业去库存。

第二，坚定不移推动重大改革举措落地。改革是激发发展活力的重要途径。要按照省委部署，围绕破解体制性和结构性难题，实施一批具有标志性、引领性的重点改革，确保改革措施真正落地。一要打好国资国企改革攻坚战。制定国有企业功能界定分类、布局和结构调整等意见办法，完善"1+N"配套政策。推进经营性国有资产集中统一监管，加快推动省属企业与管理部门脱钩。首批选择农业、林业、旅游等领域组建国有资本投资运营公司。推进国资监管机构职能转变，研究制定监管清单和责任清单。妥善解决国企改革历史遗留问题，协助驻吉央企做好"三供一业"分离移交。完善国有林区改革实施方案，启动国有林场改革试点，确保2017年全面完成。二要推进金融改革创新。尽快启动国家批准我省开展的农村金融综合改革试验区建设，明年在白城、松原、梨树、龙井等地开展相关试点，创新金融产品和服务，探索可复制可推广模式。支持长春东北亚区域性金融服务中心建设。大力推进省属金融企业重组，加快吉林信托、省农信社等金融机构改革。抓住股票发行注册制度改革契机，扎实推进企业上市，抓好公司债、企业债发行，促进企业调整债务结构，提高直接融资比重，降低企业融资成本。明年新增上市挂牌企业3户。三要加快财税体制改革。建立健全财政约束机制，盘活财政存量资金。目前,有的市县财政存量资金还没有完全盘活,要强化措施,真正把“趴在账上”的钱盘活用好,防止二次沉淀。全省政府债务风险总体可控,要加强和改善政府债务管理,明确偿债责任和风险防控责任,纳入预算管理,真正把存量债务降下来。积极推广政府购买公共服务,抓紧制定第2批目录,增加扶贫等内容,提高财政资金使用效益。按照国家统一部署,结合“营改增”推进,理清省里与市(州)、县(市)财权和事权关系,合理确定分成比例,调动各方面积极性。统筹推进社会保障、医药卫生、国有农垦农场、事业单位、价格市场化等重点领域改革。

第三,坚定不移推进结构调整和转型升级。结构问题是制约发展的核心症结,必须加强结构性改革,强化创新支撑,突出产业结构、区域结构、所有制结构等重点方面,进一步激发活力。

(一)要深入实施创新驱动战略。创新是引领发展的第一动力,也是调结构的重要支撑。要挖掘创新潜力,打造新的经济增长“发动机”。一要抓好重大标志性科技支撑项目。围绕“吉林一号”卫星,搞好数据运用商业化,打造航空航天数据信息产业和高端装备制造产业集群。推动工业机器人在汽车、石化等领域应用,明年产值要大幅度增长。发挥我省专用无人机及载荷国内领先优势,做大无人机产业,产值要增长50%以上。二要强化企业主体地位。现在看,我省企业在创新链条中的主导作用不突出。要建立新材料、关键零部件首批次应用保险保费补偿机制,支持企业与科研院所对接,深度参与创新过程。三要完善创新平台和机制。国家技术转移东北中心已落户我省,要加快建设,强化辐射带动作用。新建3~5个院士工作站、10个中试中心。发挥省高校产学研引导基金作用,推进“两所五校”科技成果转化试点,加快一批高校科研院所科技成果省内转化。四要落实“互联网+”行动计划。这方面有很大空间。要完善基础设施,深入实施“宽带吉林”工程,确保网络“提速降费”政策落地。推进云计算、大数据等项目建设,形成产业集群。加快在金融、汽车电子制造、电子商务等领域应用,进一步催生新业态、新模式,提升制造智能化。加强辽源等“智慧城市”、信息惠民示范城市创建。抓好互联网农业、物联网养殖基地等项目,推动现代农业发展。

(二)要加快产业结构优化升级。重点是继续抓好“四大工程”,有中生新、无中生有,推动产业融合发展、集群发展和高端发展。汽车产业要抓住市场刚性需求增长的契机,优化产品结构,发展自主品牌、节能和新能源汽车,提升关键零部件配套能力。尽快启动一汽大众DY经济型轿车项目,加快奔腾系列纯电等新能源汽车产业化。石化产业要充分利用需求不足等市场倒逼机制,坚持大化工发展方向,拉长精细化工产业链,加快发展碳纤维等化工新材料,提高终端产品附加值。完成吉化汽柴油质量升级,推进吉神化工30万吨环氧丙烷等项目达产。农产品加工业要用好玉米临储政策调整的机遇,稳步推动企业重组,支持精深加工,加快长春大成老厂区搬迁改造等项目建设。搞好酒精集团兼并重组,提高产能集中度。医药健康产业成长性好,市场空间大,要利用国家改革药品审评审批制度的有利时机,盘活我省丰富的药号资源,保持快速发展势头。突出抓好40户创新主导型企业,推动通化东宝基因重组人胰岛素等项目实施,新增5个产值超10亿元的大企业。装备制造业要巩固长客城市轨道客车等优势,加快国家轨道客车系统集成工程技术研究中心等项目建设。搞好吉林市航空产业园,推进通用航空产业发展。立足换热装备、农业机械、工程机械等产业基础,推动传统装备制造业高端化发展。旅游业发展面临大众旅游消费增加等机遇。要实施“旅游+”行动,与农业等融合发展,培育休闲农业等业态,完善旅游基础设施,整合开发旅游产品,推动旅游业提档升级。积极推进图们江三角洲国际旅游合作区开发建设。战略性新兴产业是抢占未来发展制高点的“重器”,必须加快发展。要深入实施9大行动计划,培育发展新材料、生物医药、高性能医疗器械等新兴产业。明年高技术制造业增加值要超过650亿元。

(三)要打好服务业发展攻坚战。服务业兴旺发达,是现代经济的重要特征。我省服务业整体处在“产业微笑曲线”的中间环节,竞争力和附加值较低。要在摆位上更加突出,措施上更加精准,坚决打赢服务业发展攻坚战。一要突出生产性服务业发展。目前，全省生产性服务业增加值占GDP的比重低于全国平均水平。要围绕汽车、轨道客车等产前、产中、产后环节，突出研发设计、金融、信息技术等领域，发展形式多样的生产性服务业。明年，生产性服务业比重要提高两个百分点。同时，推动生活性服务业向发展型、现代型转变。二要扩大服务贸易规模。这是我省的亮点，近年来增速超过30%。要抓住中韩自贸区协定生效实施的机遇，逐步开放市场，扩大信息咨询、动漫游戏、创意设计等服务贸易规模，建好长春、吉林、延边等服务贸易园区，真正把我省打造成东北亚服务贸易的重要节点。三要完善服务业体系。现在，省里已经明确了24个重点发展领域，要发挥比较优势，力争取得新突破。物流业主要靠制造业物流支撑，占比74%左右。要依托汽车等产业，推进长吉图综合物流园等项目建设，提升物流业发展水平。随着人口老龄化加快，健康养老市场非常广阔，要抓好养老示范中心等项目，采取服务外包等方式实施公建民营。四要强化保障措施。重点在用电、用水、用地等方面出台优惠政策，逐步消除对服务业生产要素价格的歧视。省里决定增加专项资金和产业投资引导基金规模，推动服务业持续健康发展。

（四）要推进区域协调发展。全省区域布局已全面展开，要按照省委部署，统筹推进东中西“三个板块”，进一步拓展发展空间。东部绿色转型发展区要继续实施内联外通、生态恢复等五大先导工程，规划的41个投资10亿元以上项目要全部开工。深化与恒大等战略投资者合作，提高矿泉水、人参等品牌影响力。中部创新转型核心区要编制实施方案，加快产业转型、城市转型，打造产业发展等五大高地。搞好长吉产业创新发展示范区建设，争取长春新区获批。西部生态经济区要继续实施好河湖连通等工程，抓好向海湿地生态移民试点。推进循环经济试点项目，建设新型能源基地。

（五）要突出发展民营经济。这是调整所有制结构的重要任务。要完善民营经济发展机制。争取把长春市、通化市纳入东北振兴国家民营经济改革试点范围，探索发展新路子。启动“中小企业入规升级”专项行动，提升民营企业层次和规模，明年培育规模以上企业650户。要推进创业孵化基地建设。打造新的孵化平台，明年新增省级创业孵化基地20户以上，基地总量达到200户。要落实相关政策。以民营企业的感受为第一标准，开展民营经济服务活动，送政策上门、送服务到家。深入清理并废除对民营企业的歧视性政策，进一步减轻企业负担。

第四，坚定不移加快农业现代化建设。立足我省基础，以建设现代农业产业体系、现代农业生产体系、现代农业经营体系为抓手，全面启动农业现代化建设规划，提升农业发展整体水平。一要抓好粮食生产。稳定粮食播种面积，正常年景下粮食产量达到680亿斤。搞好种植业结构调整试点，籽粒玉米种植面积调减300万亩。主要粮食作物生产综合机械化作业水平提高两个百分点以上。继续加强大米品牌建设，切实搞好粮食收储。二要大力发展畜牧业。当前，畜牧业发展面临人力成本高企、环保约束加大等制约，必须搞好标准化、规模化养殖。要扎实推进无规定动物疫病区和畜牧业全产业链建设，突出抓好600个标准化养殖示范场。现在，生猪价格持续在赢利区间，要搞好市场调节，合理安排生产，确保平稳运行。三要努力增加农民收入。开拓增收渠道，在稳定经营性收入的同时，重点支持农民盘活承包经营土地、林地、草场等资源，增加财产性收入。加强农民职业培训，实施创业富农行动，确保农民收入持续稳定增长。四要着力改善农村环境。继续实施新农村“千村示范、万村提升”工程，启动新一轮410个重点村建设。推进农村环境综合整治，加快改造农村危房，改造农村厕所10万户。促进公共服务向农村延伸，改善农村生产生活条件。五要深化农村综合改革。继续搞好农村土地确权整省推进试点，引导土地流转，规模经营面积占比力争提高3个百分点。创新农村集体经济组织管理体制和运行机制，开展好相关试点。推进特色农业保险试点，扩大保险覆盖面。六要统筹推进县域经济发展。启动县域经济转型升级示范工程，推动资源深度开发，增强产业支撑能力。总结扩权强县改革试点经验，进一步下放管理权限，力争在行政管理体制、户籍制度、城乡建设用地等方面实现突破。

第五，坚定不移扩大双向开放。吉林作为内陆省份，开放不足始终制约着振兴发展。必须深度利用"两个市场""两种资源"，坚持高水平双向开放，不仅"请进来"、也要"走出去"，尤其要加快"走出去"步伐，不仅对外、也要对内，不仅稳出口、也要抓进口，不仅引资、也要引技引智。一要扩大向东向南开放。主动融入国家"一带一路"战略，着力推进长吉图战略向东开放和面向环渤海向南开放双翼共进，争取国家在通道畅通、平台建设、开放合作政策等方面给予支持。突出基础设施互联互通，争取中朝圈河跨境江桥竣工通车，推进扎鲁比诺万能海港等项目。主动对接辽宁沿海经济带和京津冀经济圈，加快南部大通道建设，着力打造"白通丹经济带"。力争设立韩国产业园，推进珲春国际合作示范区等平台建设。二要推动国际产能合作。充分利用国家政策机遇，完善服务体系，推动我省汽车、轨道客车等优势产能"走出去"，进一步开拓第三方市场。加快俄罗斯农牧业产业园区等5大境外园区建设，实施境外矿产资源等21个重点项目。支持一汽、长客等加快建设海外生产基地，华峰能源等项目要建成投产。明年全省对外投资增长15%。三要稳步发展对外贸易。放大轨道客车、汽车等品牌影响力，优化出口商品结构。启动出口基地提升工程，推动企业扩大以技术、品牌为核心的综合竞争优势，进出口要实现恢复性增长。同时，利用国际大宗商品价格走低的有利时机，扩大能源、资源类商品以及新技术、关键设备等进口。四要加强招商引资。继续抓好"民企吉林行""央企走进吉林"等重大活动签约项目落地，提高项目履约率和资金到位率。组织好"台资企业吉林行"和"世界500强企业走进吉林"等经贸活动。明年实际利用外资、引进域外资金分别增长10%和12%。

第六，坚定不移加强生态环境保护和城市工作。良好生态是我们的优势，也是城市生命体的有机构成。要树立"绿水青山就是金山银山"的理念，加大生态环境保护力度，加强城市工作，建设美丽吉林。

强化生态环境保护。目前，全省生态系统绷得很紧，稍有不慎，就会遭到破坏。必须牢固树立绿色发展理念，把握好发展与环保的平衡点。一要抓好大气污染防治。当前雾霾天气频发，群众反映强烈。必须下决心治理。明年要加大黄标车和老旧机动车淘汰力度，搞好秸秆转化利用，淘汰地级市建成区内80%以上的10蒸吨以下燃煤小锅炉。加快重污染天气监测预警系统建设，细化工业企业限产停产等措施，PM10年均浓度要同比下降3%以上。二要深入推进节能降耗。我省重化工业比重大，必须突出高耗能行业，严格执行节能评估和审查制度，合理控制能源消费总量。开展重点用能企业节能低碳行动，加快推广新技术、新装备，实施节能技术改造工程，带动节能环保绿色产业发展。三要加快水污染防治。落实好国家重点流域水污染防治规划，推进重点建制镇污水处理厂、污水收集管网建设，地级以上城市全部实现饮用水水质达标。加快东辽河、伊通河等支流整治，建立污染防治长效机制。四要推进重点生态工程建设。启动实施生态建设行动计划，搞好东部长白山森林生态系统修复、中部黑土地保护治理、西部草原"三化"治理、林地清收还林等工程，持续恢复生态功能。

扎实做好城市工作。城市是经济、科技和教育中心，城市建设与经济建设相辅相成。要按照中央和省里部署，抓好工作落实。一要构建科学城市布局。目前，我省形成了以长吉为中心的城市布局。在此基础上，要进一步科学规划，完善体系。依托中部城市群，与哈长城市群搞好战略对接、规划衔接、产业承接。打造长春大都市区，构建吉林大都市区，加快长吉一体化进程，撬动中部城市群崛起。二要推进农业人口市民化。市民化的根本是加强公共服务保障。要实施城乡户口一体化管理和居住证制度，保障进城农民工享受劳动就业、公共服务等权益。省里已经制定户籍改革意见，要细化具体落户政策，解决流动人口自愿进城问题。三要加强基础设施建设。我省城市基础设施相对滞后，要完善道路、供电等设施，增强承载能力。继续实施城区老工业区、独立工矿区搬迁改造，搞好腾退区域开发，改善城市环境。

第七，坚定不移保障和改善民生。坚持托底民生，尽力而为，量力而行，扎实办好民生实事，既确保民生链正常运转，又为经济发展创造空间。继续稳定扩大就业。落实积极的就业政策，突出高校毕业生、下岗职工、转移农民工等群体，加强就业创业指导服务，多渠道开发就业岗位。扩大失业保险政策实施范围，支持企业稳定就业岗位。全面提升社会保障水平。搞好科学测算，合理提高城乡居民和企业退休职工养老金水平。对部分县市养老金发放可能出现的缺口，要采取措施，坚决防止拖欠。探索调整低保标准确定机制，稳步推进城乡低保统筹发展。建立困难残疾人生活补贴和重度残疾人护理补贴制度。打好打赢脱贫攻坚战。明年要脱贫30万人，确保0.36万贫困群众搬得出、能致富。落实好帮扶活动方案，在资金筹措、项目建设等方面拿出有效措施。完善各类考核办法，将减贫实绩作为主要指标，推动工作落地。着力建设"健康吉林"。重点是创新发展医疗卫生事业，建立覆盖城乡的分级诊疗制度，县域内就诊率达到90%以上。从明年起连续5年每年定向培养100名乡村医生，解决乡村医生短缺问题。

第八，坚定不移强化安全发展、守住安全底线。安全是发展的基础条件。现在看，我省这方面任务艰巨，必须牢牢守住底线，推动实现安全发展。一要突出抓好安全生产。强化岗位责任，加强煤矿、非煤矿山、危险化学品、道路交通、消防等领域隐患排查整治，坚决遏制重特大事故发生。现在，全省地铁、管廊等地下工程多，要完善监管措施，防止发生冒顶、坍塌事故，保证施工安全。二要加强食品药品安全监管。完善可追溯监管体系，明年新增15个食品药品安全示范县和示范园区，确保群众饮食用药安全。三要开展信访积案化解活动。全面落实信访责任，积极探索网络受访、联合接访等途径，着力解决信访突出问题，力争实现信访总量、集体访数量、进京非正常访数量"三下降"。四要强化社会治安综合治理。加快建设立体化防控体系，严厉打击严重刑事犯罪活动，提高应急处置能力。同时，深入实施兴边富民行动，支持民族地区加快发展。完善边境联合管控运行机制，确保边境安全稳定。五要主动化解和处置经济领域发生的风险。受经济下行影响，经济领域的风险进一步暴露和显现，必须提前稳妥防范。当前一些地区发生的非法集资也波及到我省。对此，我们应主动做好防控，按照属地原则，落实好防控风险的主体责任。同时，要防止企业出现资金链断裂、放大金融风险。要坚持未雨绸缪，对涉及职工工资发放、困难职工生活和农民工工资拖欠等问题，要有应对之策，坚决守住底线，确保社会稳定。

第九，坚定不移提升政府服务水平。经济社会要发展，政府服务必须要加强。要深化简政放权、放管结合、优化服务改革，完善监督制约机制，增强放权的协同性、监管的有效性、服务的便利性。明年要组织"回头看"活动，对取消和下放事项实施情况进行检查，防止出现"中梗阻"和"最后一公里"问题。完善权力清单、责任清单、负面清单和财政专项资金管理清单，建设吉林政务服务网，行政审批保留项目全部进入政务大厅办理，提高办事效率和服务水平。深入实施"五证合一、一照一码"等改革，探索开展"证照分离"试点，建成企业信用信息公示"一张网"，初步实现工商登记全程电子化。要坚持以"三严三实"要求抓好经济工作。一打纲领、一百个规划、一千个承诺，不如一张优秀的成绩单。新常态下要破除旧思维，过去需求旺盛，经济顺周期时，喊喊口号GDP就能上来；现在是新常态、逆周期，喊口号、讲承诺不可能有好的成绩单，也难以引领新常态。新常态要有新内涵，要着力在提升质量、效益和全要素生产率上取得实效。对经济工作，必须求真务实，来不得半点虚假，更不能年复一年看着问题说空话。坚持以"严"的标准和"实"的作风，勇于担当、善于担当、体现担当，真正把经济工作抓实，把措施落实，实现没有水分的增长。要营造良好发展环境。在经济下行压力不减的情况下，发展环境尤为重要。各级政府要把"点子"打在服务上，努力营造良好的法治环境、政策环境。加大考核督查问责力度，坚决整治虚作为、不作为、慢作为、乱作为等问题，真正做到廉洁干事、真心服务，为经济社会发展创造有利条件。

做好明年经济工作，事关"十三五"起步开局，意义重大，任务艰巨。让我们紧密团结在以习近平同志为总书记的党中央周围，在省委的坚强领导下，坚定信心，攻坚克难，确保全面完成各项目标任务，为推动吉林振兴发展做出新的更大贡献！

在吉林省城市工作会议上的讲话

省委书记 巴音朝鲁

（2015年12月29日）

这次会议的主要任务是，深入贯彻落实中央城市工作会议精神，总结近年来全省城市工作取得的成绩和经验，研究部署当前和今后一个时期全省城市工作。今年，中央经济工作会议期间套开的中央城市工作会议，是时隔37年之后，中央针对新时期城市工作面临的新形势、新任务，着眼全面提升城市工作水平召开的一次十分重要的会议。习近平总书记的重要讲话，对新时期我国城市工作的基本形势、大政方针和主要任务进行了深刻阐述和全面部署，指明了一条具有中国特色的城市发展道路，描绘了我国城市发展的宏伟蓝图，具有十分重大的现实意义，必将产生深远的历史影响。李克强总理的重要讲话，阐述了城市在经济社会发展中的主导作用，对当前和今后一个时期的重点任务进行了具体部署，具有重要的指导意义。我们要深入学习领会总书记和总理的重要讲话精神，结合实际，抓好落实，开创我省城市工作的新局面。关于城市工作的具体任务，一会儿，超良同志还要具体部署，这里，我讲几点意见：

一、充分认识做好城市工作的重大意义，进一步明确新时期我省城市工作的指导思想

城市是经济社会发展到一定阶段的产物，是人类的杰作、进步的标志、文明的象征，也是现代化的必由之路。我们必须充分认识做好城市工作的重大意义。一是必须把城市工作放到经济社会发展的大格局中来认识。城市是经济、政治、文化、社会各方面活动的中心，极大地推动了经济社会发展，已经成为现代化建设的重要引擎。当前，我们正处在适应和引领经济发展新常态的关键时期，城市对于稳定增长、转型升级具有至关重要的作用。从需求侧看，城镇化率每提高1个百分点，平均拉动投资增长3.7个百分点，拉动消费增长1.8个百分点；从供给侧看，城市在资源配置效率、创新驱动发展等方面有着巨大优势，将有力地推动供给侧结构调整。同时，城市的发展将引起社会结构的变化，对于加强社会建设也具有至关重要的作用。二是必须把城市工作放到工业化、信息化、城镇化和农业现代化的大进程中来认识。推动这“四化”是我国社会主义现代化建设的战略任务，关键是要做到统筹协调、相互促进、同步发展。其中，城市这一块，是新型工业化的重要载体、实现农业现代化的重要途径，也是信息化发展的主要战场。要把城市工作进一步突出出来，找准统筹“四化”的切入点、推动工作的着力点。三是必须把城市工作放到区域合作竞争的大背景下来认识。城市是集聚人口、资源和产业的最大平台，也是各类资源要素和社会活动最集中的地方。目前，我国经济总量的80%左右在城镇产出，劳动力的51%在城镇就业，消费的86%在城镇实现，投资的90%以上在城镇发生，信贷的66%在城镇投放。京津冀、长三角、珠三角三个城市群,已经成为我国最具竞争力的地区。可以说,哪里的城市发展得快、发展得好,哪里的实力就强。一定意义上,当今时代的竞争,很大程度体现为城市之间的竞争。四是必须把城市工作放到全面建成小康社会的大目标下来认识。随着城镇化的发展,城市人口规模将进一步扩大。如何让城市居民特别是新市民的物质生活更加殷实富裕、精神生活更加丰富多彩,共享现代化发展成果,同步实现全面小康,是一个重大而紧迫的现实课题。五是必须把城市工作放到巩固党的执政地位、完成党的执政使命的高度来认识。城市在党和国家工作全局中占有十分重要的地位。改革开放以来,我国经历了世界历史上规模最大、速度最快的城镇化进程,城市发展波澜壮阔,取得了举世瞩目的成就。诺贝尔经济学奖得主、美国经济学家斯蒂格利茨曾经预言,影响21世纪进程的有两件大事:一个是美国的高科技,一个是中国的城市化。现在,我们正在推进国家治理体系和治理能力现代化,农村这一端是重中之重,城市这一端则举足轻重。总之,我们一定要充分认识城市工作的重要性,下更大的功夫把城市建设得更好、发展得更好、治理得更好,充分发挥城市促进经济社会发展的“乘数效应”,在未来的发展竞争中抢占先机、赢得主动。

在充分认识城市工作重要性的同时,我们也要清醒认识城市工作的复杂性,把握城市工作的内在规律。世界城市化发展历史表明,城市化是一把“双刃剑”。城市搞好了,能够释放巨大的能量;搞不好,就要付出巨大的代价。有一本书《城市化的世界》中指出,“城市化极可能是无可比拟的光明前景所在,也可能是前所未有的灾难的凶兆。未来会怎样,取决于我们今天的所作所为。”一些拉美国家的城市发展就出现了很大问题,乃至陷入了“中等收入陷阱”。近年来,我省城市工作取得了显著成绩,2014年,我省城镇人口达到1 509万,是1978年的2倍;城市建成区面积增加到1 580.1平方公里,比1978年增加了2.4倍。同时,也存在一些不容忽视的问题,发展方式还比较粗放,城镇化质量不高,产业支撑不强,保障能力不足,城市结构不尽合理,并且已经开始出现交通拥堵、环境恶化等“城市病”。对于这些问题,我们一定要深入研究,加大力度,认真解决。从西方发达国家城市化演进规律看,城市化过程分为三个阶段:一是起步阶段,城市化率低于30%;二是加速阶段,城市化率在30%~70%之间;三是成熟阶段,城市化率高于70%。当前,我省城镇化率已经超过50%,正处在城镇化加速发展的中后期,也是转型发展的关键期,对城市工作提出了更高的要求。必须深入贯彻落实“五大发展理念”,坚持“以人民为中心”的思想,坚持城市发展与经济发展相互促进,坚持农村人口向城市集聚、农业用地向城市建设用地转变相互匹配,坚持城市规模同资源环境承载能力相互适应,建设和谐宜居、富有活力、各具特色的现代化城市,走出一条符合中央要求、体现客观规律、具有吉林特色的城市发展道路。

二、突出重点任务,推动全省城市工作再上新台阶

习近平总书记的重要讲话,明确指出了新时期城市工作“五个统筹”的基本思路。李克强总理从规划、建设、管理三个方面,提出了十二项重点工作。我们要结合实际落实好。当前和今后一个时期,要突出抓好以下五个方面重点任务:

1、切实优化城镇体系布局,进一步发挥对经济社会发展的重要支撑和引领作用。根据国家城镇体系规划,我们提出了“强化中部、构筑支点、区域联动”的空间策略和“一群三组团”、“两轴一环”的城镇体系格局。现在看,这个规划完全符合中央关于城镇化发展的大政方针、符合我省经济社会发展实际,也符合此次中央城市工作会议精神。我们要紧紧抓住城市发展的新机遇,把推动规划落实与我省东中西部“三大板块”发展,与“一带一路”战略、东北亚区域合作、长吉图开发开放,与积极融入京津冀城市群、哈长城市群等有机结合起来,切实统筹空间、规模、产业结构,力求取得新的实质性进展。根据我省大中小城市和小城镇的发展实际,我曾经讲过三句话:大城市要“提质”、中心城市要“扩能”、县城和特色城镇要“加快”。这是当前和今后一个时期我省推动城镇体系建设,促进大中小城市和小城镇协调发展的总要求。大城市要“提质”,就是长春、吉林两个大城市要进一步更新城市工作理念,更加注重提升产业层次、完善城市功能,更加注重城乡统筹、协调发展,更加注重资源节约、环境友好,更加注重以人为本、改善民生,推动城市发展由外延扩张型向内涵提升型转变。要大力推进基础设施、旧城改造、市容市貌、环境质量、生态景观、科学管理、文明城市等重点任务,突出预防和解决"城市病",在改善城市品质、提升城市品味、塑造城市品牌上下更大的功夫,建设具有国际水准的现代化大都市。要借鉴京津冀城市群的有效做法,进一步加快长吉一体化,增进两市之间的内在支撑和联系,努力实现功能布局互通共接、产业发展互荣共进、基础设施互联共享。要充分发挥长吉两市对周边城市乃至全省的辐射带动作用,切实提高我省中部城市群在哈长城市群中的能级和份量。中心城市要"扩能",就是要进一步加快区域中心城市建设发展,大力推进市政基础设施和公共服务设施建设,全面提高城市的综合承载能力和吸引力。这几年,我们一些城市的新区建设比较快、亮点也比较突出,在今年的大巡检中,大家都体会到了这些变化。但必须特别注意,加强新区建设不是让大家脱离实际片面扩大城市规模,核心是要推动城市的功能性扩容,把新区打造成为项目的平台、开放的窗口、产业的高地、市民的乐园。县城和特色城镇要"加快",就是要推动县城和特色城镇进一步加快步伐,更好地发挥在我省城镇体系中的独特作用。现在,我们同发达省份的差距很大程度上体现在县城,无论是经济发展还是城镇建设,县城的空间都比较大。县城在城镇化中具有比较明显的优势,相对大中城市而言,农民进城门槛低,容易融入进去;相对其它城镇而言,产业基础较好,承载能力较强,对于完善城镇体系、统筹城乡发展、解决"三农"问题都具有重要的推动作用。近年来,我省一些县城发展得比较快,要以更长远的眼光、更科学的方法、更扎实的工作推动加快发展,特别是处在重要节点的县城要进一步发挥引领作用。发展特色小城镇,是我省城镇化的一个亮点和特色。我们重点推动的22个特色示范小城镇试点,不仅城镇发展取得了明显成效,而且探索出了9种可复制、可推广的模式。这几年,我省小城镇探索了一些有效途径,其中核心的一个是突出特色,一个是产业立市。要坚持以发展特色产业为基础,着力打造人参镇、温泉镇、旅游镇、生态镇、矿泉水镇等特色城镇,促进健康发展。现在,有许多新兴小城镇在主打特色牌,一些是以旅游、绿色为特色,也有一些是以创新创业、要素集聚为特色,都有很大的发展空间和潜力。要简政放权。扎实推进18个重点镇扩权试点,赋予它们部分县级经济社会管理权限,进一步增强发展活力。要打造品牌。我们的一些小城镇有产业支撑、有资源条件、有发展基础,已经具备了成为国际知名小镇的潜质。要精心规划建设,努力打造吉林特色小城镇的品牌。比如,二道白河镇,地处长白山脚下,森林资源丰富,生态环境优美,拥有国家5A级景区,是国际生态论坛永久会址,年游客接待量达到300万人次,形成了旅游、文化、生态、矿泉水四大优势产业。这几年,长白山管委会坚持"让森林走进城市、让绿脉连接发展、让人类融入自然"的发展理念,实施了一批文化景观工程、园林市政工程、旅游休闲工程,着力打造山水林城相融、低碳节能慢行、人文气息浓郁的绿色城市形态,成功走出了一条旅游城镇化、城镇景区化、景区国际化的发展道路,被评为"特色城镇化建设示范镇"、"国家新型城镇化试点",并获得了"中欧绿色和智慧城市奖"。现在,二道白河镇的发展思路越来越宽,已经跟世界上20多个著名特色城镇结成联盟。在去年召开的全省城镇化工作会议上,我讲了自己的愿望,就是希望用三到五年的时间,在吉林大地上能够有一批特色鲜明的小城镇脱颖而出。我相信,按照这个方向走下去,二道白河镇一定能成为知名度很高、顶级的国际化的特色城镇。我也相信,吉林还会有很多特色鲜明、有产业支撑、有品味、有内涵的小城镇不断涌现出来。

产业是城市发展的基础和支撑。要大力发展立市、兴市、强市的主导产业。立足资源禀赋、产业基础、区位优势和发展水平,因地制宜地发展具有比较优势的特色产业,下功夫把高端、高质、高效、高潜力的产业培育好、发展好。要加大项目建设力度。精心谋划好"十三五"发展,各方面工作都要有实实在在的项目作支撑。长白山保护开发区谋划"十三五"重大项目,旅游产业、文化产业、特色资源产业、矿泉水产业、重大基础设施5个大类、100个重大项目,总投资额1 055亿元,很令人鼓舞。要加快结构调整。重点搞好服务业发展攻坚,退二进三、强三助二,带动城市经济社会发展转型。要优化发展环境。切实帮助各类企业和创业者解决实际困难,让他们更好、更顺、更加充满信心地进行营商活动,让城市成为创业的乐园、创新的摇篮。要发挥带动作用。进一步强化城市对农村的反哺功能,发挥大城市对中小城市的带动作用,加快形成城乡一体发展、大中小城市互促共进的格局。

让人口融入到城镇,是推进城镇化的本源,也是城市工作的核心。目前,我省城市在吸纳人口方面存在不容忽视的问题。从农村劳动力转移情况看,现在,我省城镇化率是54.8,2002年以来,年均提高只有0.3个百分点,而同期全国年均提高1.3个百分点,明显落后于全国平均水平,并且呈现出缓慢下降的趋势。尽管我们的户口迁移政策已经放得很宽,但今年以来,全省向城镇转人口只有7.2万人。当然,我们也不能简单与全国进行比较,要尊重城市发展规律,我省更多的是城市提质的问题。从人口外流情况看,前阶段,国内一些媒体对东北人口外流情况做了不少报道,有的甚至提出东北面临人口危机。有媒体报道,根据第六次全国人口普查,我省也属于人口净流出省份。对于这个问题,无需过度渲染,不能把一个复杂的社会问题简单化,同时也不能掉以轻心,要从经济社会发展全局的高度,判断深层次影响,分析深层次原因,采取综合性、系统性、针对性强的措施,提高城市的人口吸纳能力,以产兴城,以城聚人,使我们城市的人气、财气都旺起来。

2、全面提升城市规划、建设、管理水平,进一步提高城市发展质量和综合承载能力。习近平总书记深刻指出,规划科学是最大的效益,规划失误是最大的浪费,规划折腾是最大的忌讳。布局决定格局,格局决定结局。规划是城市工作的指南针、方向盘,必须高起点、高水准地搞好。一要突出战略性和前瞻性。立足当前、着眼长远、聚焦未来,决不能规划批准之日就已经落后了。吉林是生态大省和农业大省,与其它省份相比很有个性。我省的城市规划尤其是特色城镇的规划,一定要充分体现吉林的自然属性、地域元素和人文基因,注重把我们特有的田园风光、关东风貌、民族风情融入到城市。对于城市规划来讲,越是自然就越是和谐,就越有生命力、吸引力和竞争力。不能盲目追求所谓"洋气","自然美"才是真"洋气"。比如,人们从一个快节奏的城市到了二道白河镇就开始了"慢生活",感受到了自然,也感受到了气派,越是特色的越是世界的。我们不反对邀请一些国内外的专家、高手来做规划,但更要让吉林土生土长的设计家们来参与。很可能外来专家对不同城市的设计是一样的,这也是出现千城一面的重要原因。二要突出科学性和系统性。综合考虑城市功能定位、文化特色、建设管理等各方面因素,做到统一衔接、功能互补、相互协调,探索"多规合一",防止"各自为政",让城市在一张蓝图的引导下有序发展。三要突出严肃性和约束性。规划一经确定就要严格执行,一茬接着一茬干,防止出现换一届领导、改一次规划的现象。要依法严肃查处违反规划的行为,各项约束性指标要雷打不动,各种控制线要落地生根。增强规划工作的公开性,是提高规划质量、严格规划执行的重要手段。要让企业、市民参与进来,使规划工作更多地接接地气,更好地方便群众监督。

城市建设创造城市的有形躯体,是支撑城市发展运行的基础。要紧紧围绕提升功能,突出补齐短板,更加注重集约高效,更加注重地上地下统筹,全面提高城市建设水平。建筑质量问题,社会各界高度关注,人民群众深恶痛绝。要牢固树立精品意识,每一个项目、每一道工序、每一件材料,都要把质量放在最前头。要狠抓工程质量治理,大力加强全过程质量监管,全面实行主体责任,严格落实责任终身追究制。百年大计,质量第一。城市各类建筑的质量,无不涉及到群众的生命财产安全。无论什么时候发生、什么人造成质量事故或者严重质量问题,都要严肃追究责任,决不允许出现"短命工程"、"豆腐渣"工程。

"三分建设、七分管理"。规划、建设得再好,管理和服务跟不上,也会搞得一团糟。要完善城市管理和服务,大力提升城市治理水平,努力创造更加安全健康、便利有序、和谐文明的环境,让人民群众在城市中生活得更放心、更舒心、更顺心。

一要法治化。把城市管理纳入法治轨道,每个工作环节都要流程清晰、责任明确、有章可循。必须严字当头、持之以恒、坚持不懈,使城市管理进入法治化的新常态。二要精细化。牢固树立城市管理无小事的理念,紧紧围绕百姓需求,从细处挖,往精处做,建立全覆盖、无缝隙的精细化管理体系,用城市管理的细节成效赢得人民群众的满意。"天下难事,必做于易;天下大事,必做于细"。把那些锅碗瓢盆、油盐酱醋、吃喝拉撒的事情办好并不容易,这是责任,也是水平。三要科学化。积极推进网格化管理,"千根线"织成"一张网",把管理的触角延伸到城市的每个角落。大力推进"智慧城市"建设,在继续推动辽源市试点工作的同时,进一步利用信息化手段,提高全省城市管理的科学化水平。四要人性化。总书记深刻指出,"城市的核心是人,关键是12个字:衣食住行、生老病死、安居乐业"。人民对美好生活的向往,是城市管理的目标。要坚持亲民、爱民、便民、利民,多站在群众的角度思考问题,多听取群众的呼声和建议。一本叫做《天大的小事》的书,介绍了不少国内外先进城市的精细化、人性化管理措施。比如,为了治理"城市牛皮癣",他们做了一个可拆卸、可更换的板,专供人们贴小广告,反而较好地解决了这个问题。要坚持文明执法,疏堵结合、以疏为主,惩防并举、以防为先,让群众感受到一个城市的温度和管理的智慧。

安全是城市工作的一条硬杠杠。无论规划、建设还是管理,都要本着对历史和未来负责的态度,把安全放在第一位,落实到城市工作的各个环节、各个领域。要突出抓好城市各类设施建设、运行、使用的安全监管,全面排查老旧建筑安全隐患。要健全抗震、抗洪、排涝、消防、地质灾害等应急指挥体系,增强抵御自然灾害、处置突发事件和危机管理的能力,形成全天候、系统性、现代化的城市运行安全保障体系。要广泛动员社会力量,共同维护公共安全,加快形成全社会联防共治的城市公共安全保障格局。近年来,在城市安全管理方面发生了一些事故,教训很深刻。一定要认真负起责任,通过精细化、法治化管理切实解决各类城市安全隐患。一旦发生了重大事故,责任是逃不掉的,甚至是负不起的。

3、着力提高城市的宜居性,努力建设广大市民幸福美好的共同家园。亚里士多德说,"人们来到城市,是为了生活;人们居住在城市,是为了生活得更好"。城市由人而生、因人而存,"以人民为中心"是城市全部工作的根本出发点和落脚点。要把握好生产、生活、生态的内在联系,促进生产空间集约高效、生活空间宜居适度、生态空间山清水秀,营造宜业宜居宜游的好环境。

要优化城市内部布局。这是提升发展质量、解决突出问题、提高城市综合竞争力的根本措施。城市空间布局直接关系城市发展质量,影响房价、交通、生态等城市人居环境和竞争力,处理不好就会滋生和助长"城市病"。比如:居民区布局过于集中,会造成道路"潮汐式"拥堵;比如:商业、医疗、教育等公用设施分布不合理,会增加市民的出行;再比如:城市景观、绿地分布不均,城市建设空间过于局促,会造成市民缺乏足够的公共活动场所,等等。要以方便市民生活为核心目标,推动城市功能的改造和提升,使住宅、商业、办公、文化等不同功能区相互交织、有机结合,尽量减少城市内部不必要的人口移动。要以主体功能、混合用地为重要原则,让市民工作、生活、就学等与居住地尽可能近、出行尽可能短。同时,切实提高城市的通透性和微循环能力。要根据城区人口规模和需求,配置相应功能的公用服务设施,满足人们出行、入学、就医、开展文化活动等需求。

目前,我省还有10个城区老工业区,产能落后、设施老化、污染严重、安全隐患突出、棚户区集中连片。要进一步加大城区老工业区搬迁改造工作力度,以产业重构、城市功能完善、生态环境修复和保障改善民生为重点,着力破除城市内部二元结构,把老工业区建设成为经济繁荣、功能完善、生态宜居的现代化城区。搬迁改造过程中,要高度重视工业遗产的历史价值,加强工业遗产保护再利用,特别是那些有价值、有特色的历史建筑一定要保护好。我省还有100多万林区、农垦区、国有工矿区群众,持有城镇户口却居住在深山老林、过着农村生活。要有计划、有步骤地实施生态移民,加大基础设施建设力度,加快推进棚户区改造,切实解决这部分群众的"半城镇化"问题。

要提升基础设施和公共服务水平。我省城市

基础设施欠账比较多，基础差、底子薄，很多低于全国平均水平。全省城市人均道路面积14.6平方米、城市生活污水处理率90.1%、城市生活垃圾无害化处理率61.9%、城市人均公园绿地面积12.1平方米、城市燃气普及率91.9%、城市供水普及率93.7%，分别比全国平均水平低4.7个、0.08个、29.9个、7.9个、2.6个、3.9个百分点。要全面加强供水、供热、供气、排水、道路等城市基础设施建设，突出抓好二次供水改造等重点工程，切实补齐短板，提升城市基础设施的总体水平。明年，全国要开工建设城市地下综合管廊2 000公里，建设海绵城市也要全面推开。今年，超良同志亲自抓地下综合管廊工程，已经开工94公里，启动和建设很快，在全国比较靠前。明年我们还要开工160公里，计划到2020年开工建设1 000公里，投资规模达到1 000亿元。白城市被国家列为首批海绵城市试点，已经完成投资10亿元，明年还要重点推进长春、吉林、通化、松原、延吉等海绵城市建设。据测算，地下综合管廊的投资拉动系数为1.86，按目前5年完成1 000亿元投资计算，将累计形成2 860亿元的投资。这是我们完善城市基础设施的重大机遇，也是扩大有效投资、化解过剩产能的重要机遇。一定要牢牢抓住，搞好对接，加快推进。同时，要全面提高城市教育、文化、卫生、养老等各类公共服务水平，加快推进基本公共服务均等化。

要完善住房保障体系。顾名思义，“宜居”离不开住房。要按照中央的要求部署，以市场为主满足城镇居民多层次住房需求，以满足新市民住房需求为主要出发点，以建立购租并举的住房制度为主要方向，深化城镇住房制度改革。棚户区是城市的“伤疤”。据了解，2016年和2017年，国家安排我省的改造任务有30多万套。各相关部门要加大工作力度，创新方法举措，确保完成国家下达的任务，让城市困难群体早日过上好日子。棚户区改造一定要为民负责。去年，有的地方完不成工作任务，就弄虚作假，套取资金，影响极其恶劣。对此，各级党委、政府和相关部门要高度重视，严格管理，强化督察问责。

要加强城市环境治理。大力推进城市洁净工程，着力解决“垃圾围城”等突出问题，着力加强环境卫生综合整治，着力构建工作长效机制，给人民群众一个干干净净、清清爽爽的工作生活环境。今年7月，全国城市环卫保洁工作现场会推广了宁夏中卫市的“以克论净、深度清洁”的经验。中卫市保洁能做到“两个5”：道路每平方米尘土不重于5克，地表垃圾停留时间不超过5分钟。达到这样的水平很不容易，要认真学习借鉴先进经验，努力把我们的城市环境治理好。

要预防和治疗“城市病”。当前，随着城市的发展，一些“城市病”已经开始显现，有的已经比较严重地影响了城市的发展后劲和人们的生活质量。比如，交通拥堵。我省机动车保有量已经突破490万辆，而且主要集中在长春市和经济相对发达的城市，高峰时段城市干路网平均行程车速远低于20公里/小时，已经成为城市发展的“切肤之痛”。比如，雾霾问题。雾霾天气发生频次大幅增加，污染程度不断加重，成为老百姓的“心肺之患”。以长春市为例，今年11月6日至9日，连续出现严重污染天气，其中11月8日，空气质量指数达到最高数值500，出现“极重污染”。“城市病”的成因比较复杂，“治病”要按照城市的经络、脉搏和肌理综合施策，既要“对症下药”，也要“头痛医脚”，使城市布局更加科学合理、功能更加宜居宜业、产业更加绿色节能、管理更加精细到位。尚未“发病”的城市要未雨绸缪、超前谋划，治病于未发，避免走城市发展的弯路。

要着力建设幸福社区。扎实推进基层基础建设，充分发挥基层党组织的政治核心和战斗堡垒作用，引导政府公共资源向基层社区倾斜，引导志愿者等社会工作力量参与城市管理，加强矛盾纠纷化解，倡导邻里守望相助，共同建设美好家园。

要提高城市文明程度。文明是城市的灵魂。现在不文明的现象还不少，要深入开展创建文明城市活动，全面提升市民文明素质，营造良好的社会风尚，展示城市的精神风貌。要增强城市的包容性，创造接纳新市民的人文环境，给予他们足够的尊重、更多的关心，帮助他们提高对城市的适应能力，让他们尽快融入城市生活。人们文明素质的提高，需要长期的浸润涵养。要坚持从小事抓起，持之以恒，久久为功。

城市宜居不宜居，市民最有发言权。要尊重

市民对城市工作决策的知情权、参与权、监督权，健全社会公众满意度评价和第三方考评机制。要让企业和市民一起参与管理城市事务、承担社会责任，真正实现城市共治共管、共建共享。

4、大力加强城市特色风貌塑造，切实打造城市形象和品牌。城市的实力不单是规模，根本是质量、关键在特色、主要看气质。齐白石先生说，“学我者生，似我者死”。千城一面、千楼一面，影响的不仅是城市观瞻，更影响城市的综合竞争力。要依托我省老工业基地、农业大省、生态大省和边疆省份等突出优势，挖掘特色、释放特色、发展特色，着力打造一批地域特色鲜明、自然景趣相宜、民俗风貌浓郁的魅力都市，增强我省城市的吸引力和竞争力。

要加强城市和建筑设计。全面开展城市设计，从空间立体性、平面协调性、风貌整体性、文脉延续性等各方面，统筹城市建筑布局，协调城市景观，使城市错落有致、相得益彰。全省各地在城市设计上，都有很好的优势和特色。比如，长春市，上个世纪30年代开始实施伪满“新京”规划，借鉴了19世纪巴黎的改造模式，“宽马路、四排树、圆广场、小别墅”是人们对长春城市风貌的特有记忆。人民大街两侧各1公里范围内，以胜利公园为起点向南共分布着19个公园。新民大街是“国家历史文化名街”，是长春最具文化底蕴和风貌特色的绿色长廊。吉林市，“四面青山三面水，一城山色半城江”，建城300余年，是历史民族文化与时代先进文化相融合的历史文化名城。四平市，从1909年的车站发展至今已经历时百年，形成了独特城市肌理和城市气质。辽源市，是一座因煤而生的资源型城市，东辽河、龙首山等自然山水勾勒了一幅“水在山中、山在城中、城在山水中”的独特城市景象。通化市，玉皇山与南山相对楔入城市，蜿蜒的浑江穿城而过，形成了独具魅力的条带状城市空间形态，打造了“一江、两带、五园、十景”的滨江景观。白山市，自然山体与浑江水系构成了城市发展的本底，形成了“水韵长白”的突出特色。松原市，空间格局疏朗、大气、通透，有完整的滨江生态景观轴线与滨江功能活力地带，是一座充满石油文化与民族风情的特色城市。白城市，清光绪13年就设立了洮南府，日伪时期基于平齐铁路规划布局，城市空间和景观风貌呈现出平原城市特有的形态特色。延吉市，群山环绕，布尔哈通河穿城而过，生态环境优越，民族特色突出。一定要立足这些优势和特色，把城市规划设计好。习近平总书记深刻指出，“建筑是富有生命的东西，是凝固的诗、立体的画、贴地的音符，每一个建筑都在穿行的岁月里留下沧桑的故事。”要把提高建筑设计水平和建设质量进一步突出出来，创造出更多的民族建筑精品。这次中央城市工作会议对建筑方针进行了修订，要正确把握建筑设计方向，始终坚持精益求精，力求落地一个建筑、成为一个精品、增添一个景点。要把“坚固”作为一个核心要素，努力打造经得起历史检验和群众评说的百年基业。现在，有些地方的建筑过于追求标新立异，不仅怪模怪样，而且影响实用功能。特色，不是求洋求怪，不为吸引眼球，不能搞脱离大众审美和实际需要的所谓“新、奇、特”。

要彰显历史和文化特色。我省历史文化资源丰富，许多城市都有非常珍贵的历史印记和文化内涵。要坚定文化自信，深入挖掘、倍加呵护我们的历史街区、工业遗产、城市记忆，让文化基因注入城市发展，建设底蕴厚重的人文城市。

要打造绿色和生态品牌。良好的生态是吉林最大的品牌。我省东中西三大板块特色鲜明，东部群山环抱、水碧天蓝，中部江河相济、林田相间，西部草茂粮丰、湿地广袤。要坚持以自然为美，加强森林城市、花园城市建设，把好山、好水、好风光融入城市，让绿色为市民养眼洗肺，让自然使城市返璞归真。“天育物有时、地生财有限，而人之欲无极。”城市建设的每个细节，都要充分考虑对自然和环境的影响，真正使城市建设与生态环境有机结合，人与自然和谐共生。特别是旅游产业基础好的城市，要将生态资源、产业特质与城市发展紧密融合起来，把景区变成城市的客厅，让城市在景区里投影，实现产业、景区、城市的良性互动。

要切实加强城市经营。以前，很多都是在经营土地，现在，我们更要经营品牌。特色品牌体现城市的价值，无论城市大小，都是一张巨大的招商广告。要加大对城市风貌特色、品牌形象的宣传力度，强化市场运作，努力把吉林的特色城市品牌叫得更响、传得更远，对内提高凝聚力，对外扩大影响力，催生出更大的经济和社会效益。

5、深化城市领域各方面改革，进一步释放城市工作的动力和活力。城市改革涉及方方面面，当前的重点是推进规划、建设、管理、户籍等方面改革，为城市工作创造良好的制度环境和体制机制保障。这里，我重点强调两项改革：

投融资模式改革。城市建设投入很大，各级财政难以全部承担，并且存在比较大的债务风险。因此，在保持一定的政府投入强度，并积极向国家争取的同时，必须加快推进投融资模式创新。当前的重点是，推行政府和社会资本合作模式(PPP)。现在，我们已经建立了PPP项目库，有25个项目进入了国家项目库，地下综合管廊建设已经运用这种模式解决了部分建设资金。但总的看，进展效果还不够理想，主要是有合理回报的项目还不够多、回报机制还不够明确、政策衔接还不够通畅。要按照国家有关政策要求，兼顾好公共利益与投资收益之间的平衡，给社会资本吃上“定心丸”。

户籍制度改革。当前，我省农业转移人口在城镇落户的意愿还不够高，据省公安厅抽样调查，1300名符合进城落户条件的农民工中，愿意在城镇落户的只有438人，仅占33.7%。除了就业、教育、医疗、社保等因素以外，农民不愿放弃附着在农村土地上的各项权益是最主要的原因。要按照中央统一部署，进一步深化户籍制度改革。一方面，要重点提高居住证的含金量，保障持有人在就业、教育、医疗、文化、证照办理等方面与当地居民享受同等待遇。另一方面，要把户籍制度改革与农村产权制度改革结合起来，维护好进城落户农民的土地承包经营权、宅基地使用权、集体收益分配权，将农民的户口变动与“三权”脱钩，调动农业转移人口进城落户的积极性。

三、加强和改善党对城市工作的领导，进一步提高做好新时期城市工作的能力

做好新时期的城市工作，是我们必须深入研究的重大课题，也是对我们党执政能力的重大考验。必须加强和改善党的领导，不断提高工作水平。

1、要高度重视，强化责任。各级党委要充分认识城市工作的重要地位和作用，像重视农村那样重视城市，像抓“三农”那样抓城市工作。主要领导要亲自抓，建立健全党委统一领导、党政齐抓共管的城市工作格局。城市党委和政府是城市工作的责任主体，要根据国家和省里确定的目标要求，制定本市现代化行动方案。街道、社区党组织是党在城市工作的基础，要以建设服务型党组织为抓手，带动社会自治组织、社区社会组织建设，通过加强服务，进一步贴近群众、团结群众、引导群众。要建立健全考核评价和监督问责机制，将城市工作纳入经济社会发展综合评价体系和领导干部政绩考核体系，推广现代绩效管理和服务承诺制度，加快建立城市工作行政问责制度。

2、要加强培训，提高本领。现在，不少干部的思想观念和知识结构还不完全适应新时期城市工作的要求。要加快培养一批懂城市、会管理的干部，用科学态度、先进理念、专业知识去建设和管理城市。各级领导干部要加强城市相关知识的学习，尽快学会弄懂城市建设和管理这门科学，掌握城市工作的规律，提高城市工作的能力。各级行政学院培训课程中要增加城市工作的内容，教育引导各级领导干部千方百计谋求城市健康发展、增进市民福祉。要加强城市专门人才培养，支持高等院校开设城市设计专业，加强规划师、建筑师、工程师队伍建设，为城市发展提供有力的智力支撑和人才保障。

3、要脚踏实地，真抓实干。新时期城市工作十分系统庞杂，任务艰巨繁重。一般化的认识，一般化的领导，一般化的抓法，干不好城市工作。越是复杂的工作越要善于抓，越是困难的工作越要敢于抓，越是细致的工作越要认真抓，以优良的作风取得扎实的成效，把我们的城市规划好、建设好、管理好、发展好。

同志们，做好城市工作，事关全局、事关长远，任务艰巨、责任重大。我们要更加紧密地团结在以习近平同志为总书记的党中央周围，深入贯彻落实党的十八大和十八届三中、四中、五中全会精神，按照“五位一体”总体布局和“四个全面”战略布局，贯彻创新、协调、绿色、开放、共享发展理念，努力开创我省城市工作新局面，为加快新一轮振兴发展、实现全面建成小康社会宏伟目标作出更大的贡献！

在吉林省城市工作会议上的讲话

省长　蒋超良

（2015年12月29日）

刚才，朝鲁书记作了重要讲话，对贯彻落实中央城市工作会议精神，新时期我省城市发展的重大意义、主要任务以及加强党对城市工作的领导，进行了全面阐述和部署。大家要深入学习领会，认真抓好落实。

下面，我再讲几点意见。

一、牢牢把握城市发展规律，充分认识和发挥城市在吉林振兴发展中的支撑、辐射和带动作用

城市是人类智慧的结晶、文明进步的标志，是各类要素资源最集聚、社会活动最集中的地方，与经济社会发展息息相关。从2003年实施振兴东北战略以来，我省50%以上的人口生活在城镇，越来越多的人享受着城市文明的成果。目前，我省80%左右的经济总量、47.6%的就业、85%以上的消费和投资来自城镇，城镇已经成为人口集中、资本集聚、产业集群的中心。当前和今后一个时期，深入推进新型城镇化，全面做好城市工作，对加快吉林振兴发展具有重大意义。

第一，强化城市辐射带动功能，是加快新一轮振兴发展、确保如期全面建成小康社会的重要支撑。城市是推动振兴发展的重要载体。一个国家和地区的竞争，首先是城市综合实力的竞争。没有城市的快速发展，吉林就难以实现真正全面振兴。经过多年的发展，到2014年，我省城镇人口达到1 509万，是1978年的2倍；城镇化率达到54.8%；城市数量增加到28个，比1978年增加19个；城市建成区面积达到1 580.1平方公里，比1978年增加了2.4倍。实践证明，城镇已经成为吉林振兴发展的主战场。现在已进入全面振兴发展关键时期、全面建成小康社会的决胜阶段，"十三五"时期我省经济年均增速达到6.5%以上，实现这个目标，必须释放城镇化潜力，发挥其对扩大内需、推进供给侧结构性改革的重要作用。2014年，我省城镇居民人均可支配收入达到2.3万元，是农民的2.2倍，人均消费支出达到1.7万元，是农民的2.1倍。如果一个农民真正成为城镇居民，不仅可以带动44.4万元的投资，还能释放16万元的消费潜力。未来几年，我省每年有20多万转移人口进入城市，加快吉林特色城镇化，推进稳增长、调结构，必须打好城市发展这张"牌"。同时，建设现代农业，加快城乡发展一体化，同样需要发挥城市的引领和带动作用。

第二，全面解决各种"城市病"，是推动吉林新型城镇化建设、促进城市持续健康发展的迫切要求。经过几十年发展，我省城市格局更加完善，现代化程度进一步提升，但总体质量不高，各种问题日益凸显。作为老工业基地，我省城镇居民居住条件不高，棚户区已经成为最大的"城市病"，有的城市"一边高楼林立，一边棚户连片"，加剧了城市内部二元结构矛盾。一些城市交通拥堵、环境污染等"城市病"突出，城市居住环境恶化，居民幸福指数下降。规模城镇化超越了人口城镇化，一些城市"摊大饼"扩张，有的中小城市缺乏产业支撑。全省常住人口城镇化率虽然已经达到54.8%，但是户籍人口城镇化率只有46.7%，许多进城务工人员长期生活在城市，但还享受不到"同城待遇”。这些问题严重制约了吉林新型城镇化建设,对城市可持续发展造成不利影响,必须抓紧解决。

第三,优化城市总体布局,是拓展发展新空间、促进东中西部区域协调发展的关键所在。完善城市总体布局,构建城市支撑体系,对贯彻新的发展理念、推动区域协调发展至关重要。实施东北老工业基地振兴战略以来,我省中部地区率先崛起,初步形成了以长吉为核心的中部城市群,辐射带动周边中小城市,对全省发展起到了关键作用。去年以来,省委做出区域协调发展重大决策部署,统筹推进东部绿色转型发展区、中部创新转型核心区、西部生态经济区建设,既有利于缩小区域差距,推动协调发展,又能在新常态下,拓宽新的发展空间。构建互促共进、互为依托的区域格局,必须更好发挥城市的主导作用,提供源源不断的发展动力。

第四,培育城市特色风貌,是保护和传承历史文化、提升吉林振兴发展软实力的重大举措。历史文化是城市的标记,决定着城市的特有气质。近年来,有的城市为了追求现代化气息,割断文脉,远离传统,拒绝回归,缺乏文化底蕴支撑,最终成为“空中楼阁”。有的城市搞大拆大建、拆旧仿旧,搞“山寨版”建筑,建“仿古式”街区,抹掉了大量珍贵的历史文化记忆。有的城市定位模糊,盲目跟风,建筑“千楼一面”,城市“千城一面”,没有鲜明特色,缺乏“精气神”。这些做法,既浪费了资源,又动摇了城市的文化根基。我省历史文化资源丰富,必须在城市发展中赋予历史文化内涵,烙上吉林特色文化的印记。

总之,在吉林振兴发展的新起点上,我们要贯彻中央城市工作会议精神,落实省委部署,牢固树立创新、协调、绿色、开放、共享发展理念,转变城市发展方式,推动城市持续健康发展,努力打造一批绿色宜居、生态和谐、充满活力、特色鲜明的现代化城市,走出一条吉林特色的城市发展道路。

二、突出关键环节,切实抓好当前和今后一个时期的城市工作

城市工作是一项系统工程,重点涵盖规划、建设和管理。必须坚持以规划为引领,以建设为支撑,以管理为保障,统筹三者关系,着力打造城市“生命体”。

(一)充分发挥规划的引领作用,描绘城市发展的“蓝图”。实现城市科学发展,规划是先导。搞好城市规划,既要与国家和区域规划相协调,又要考虑城市自身特点,同时还要统筹好城市建筑、城市文化等方方面面。必须坚持高品位,充分认识和自觉顺应城市发展规律,全力抓好规划制定、实施,绘制好城市的“成长坐标”。

第一,依托新型城镇化搞好城市规划。城市工作是城镇化的重要方面。现在,省里已经制定了《吉林省新型城镇化规划(2014—2020年)》,为城市发展布好了“棋盘”。我们还编制完成了长吉图等区域城镇体系规划。这些都是我们编好城市规划的重要基础。一要抓好科学布局。我省区域特征明显,生态资源承载能力各不相同,这是城市规划的重要考量。目前,我省形成了以长吉为中心的城市布局。在此基础上,要立足优势特色、资源禀赋等,进一步科学规划,完善格局。通过规划引领,力争经过几年努力,形成大中小城市协调发展、较为合理的空间布局。二要完善城市群规划。国家正在推进哈长城市群规划建设,这与我们密切相关。要抓住用好相关政策,与哈长城市群搞好战略对接,加快推进长吉一体化,不断提升知名度和影响力。要立足实际,探索扩大中部城市群覆盖范围,将吉林、四平、辽源、松原等扩展为重要节点,统一进行规划,推动差异化发展。同时,规划好延龙图、西部城镇组团发展。三要调控城市规模。城市不在规模大小,关键在于质量。目前全省共有28个城市。要分类施策,努力实现错位发展。长春、吉林两个大城市要注重优化质量,塑造品牌,提升城市品味。区域中心城市和县城要注重特色,不能盲目做大,重点要推动“内涵式”发展。

第二,提升城市规划的前瞻性、操作性、权威性、系统性。城市规划是“写在大地上的艺术”,如果出现缺陷和问题,必然造成永久的遗憾。要突出前瞻性、操作性、权威性和系统性,确保真正发挥作用。一要强化前瞻性。城市发展是一个长期过程,有自身规律。要综合考虑城市发展基础、未来方向等因素,遵循现代城市发展规律,搞好城市定位,制定出一个符合实际、符合规律、符合群众需要的规划，给未来发展留下空间和余地，引领建设“百年城市”。二要强化操作性。规划最终要落实，必须“接地气”，绝不能“挂在墙上”“画在纸上”。现在，有的城市规划过于超前、过于宏观，就规划编规划，最后成为“盆景”。要立足城市发展现实需要和阶段性特征，统筹当前和长远，分阶段、分类别搞好规划，确保规划真正符合实际、便于操作。三要强化权威性。当前，受短期利益驱使，更改、违背规划的现象时有发生。国家明确规定，要严格遵守控制性详规，用5年时间全面清查并处理城市建成区违法建筑。对我们而言，既要落实好国家部署，坚决清理违法建筑，又要以惩戒机制倒逼规划落实，全力遏制新增违法建设，切实把规划权威树起来。四要强化系统性。现在，通过法律授权编制的规划至少有80多种，其中60%以上对城市空间有影响，规划自成体系、互不衔接，甚至相互冲突。这个问题必须认真解决，借鉴海南等地“多规合一”试点经验，选择几个地区开展试点，共编一个规划，共享一张蓝图，保持规划的协调性、兼容性、互补性，真正实现各美其美、美美与共。

第三，探索开展城市设计。城市设计是落实城市规划、打造城市特色的重要途径。目前，全国还没有形成相对成熟的城市设计制度。要研究探索，力争取得突破。一要推行整体设计。国家明确，今后城市新区建设要全面推行城市设计。要抓好落实，推动长春市纳入国家城市设计首批试点，探索城市设计内容与规划编制管理体系的对接模式，为全省城市设计积累经验。我省老城区较多，也要通过设计，搞好有机更新，解决城区环境品质下降、空间秩序混乱等问题，推动老城区“旧貌换新颜”。二要突出文化特色。文化是城市的灵魂，城市是凝固的文化。城市设计必须注重继承和创新，通过规划使历史街区、文化建筑、文明标志与城市建设融为一体，积淀厚重的城市文化底蕴，弘扬地域特色文化，提升城市文化内涵，真正使文化成为城市发展的“标签”。三要打造建筑精品。建筑是城市形象的浓缩和标志。这次中央城市工作会议，明确提出了“适用、经济、绿色、美观”的新时期建筑方针。必须真正落到实处，彰显吉林特色、民族风情和时代风貌，形成独特的风格和统一的主色调，把“坚固”作为一个核心要素，既满足建筑使用功能，又体现节约高效、低碳环保理念，做到建一项工程，添一个亮点，增一处特色，真正打造一批经得起历史和时间检验的经典建筑。

（二）充分发挥建设的支撑作用，打造城市发展的“躯体”。在经济新常态下，加快城市建设，既能改善城市面貌，又能拉动有效投资，扩大消费需求，增加就业岗位，可谓“一举多得”。要突出补齐“短板”，提升城市建设质量，完善城市功能，打造美好幸福家园。

第一，切实加强城市基础设施建设。基础设施是城市发展的“命脉”。这方面我省欠账较多，已成为制约城市持续发展的“瓶颈”。要加大投入力度，坚持“地上地下”两手发力，努力形成适度超前、互相衔接、满足未来需求的功能体系，提升城市承载能力。

突出抓好地上基础设施建设。对建成区城市空间形态及功能进行改善，走出一条以存量开发为主的内涵式增长道路。一要推进海绵城市建设。今年，白城市获批成为全国首批16个试点城市之一，目前各项工程已经启动实施，累计完成投资10亿元。要进一步加快建设进度，总结积累经验，为全省探索路子。现在，国家出台了支持海绵城市建设具体指导意见。要抓住机遇，力争更多城市纳入国家试点。今后，全省城市新区、各类园区、成片开发区要全面推进海绵城市建设，通过发挥城市建筑、道路、绿地和水系等生态系统对雨水的吸纳、蓄渗和缓释作用，真正让城市与自然融为一体。二要完善城市道路交通体系。主要是解决“路”和“车”的问题。目前，全省城市人均道路面积低于全国0.7平方米，完善路网任重道远。要以解决交通拥堵、出行难、停车难等问题为重点，加快建设快速路、主次干路和支路搭配合理的道路网系统，以及停车场等设施，提高道路通达性和出行便利性。继续实施“便民交通”工程，突出大公交建设，明年全省新增更新公交车500辆，长春、吉林、通化实现城市公交一卡通互联互通。三要加快城区老工业区搬迁改造。这是我省城市发展的一块“伤疤”。加快改造步伐，既能改善城市环境，又能实现产业“退二进三”。近年来，吉林哈达湾老工业区搬迁改造作为国家试点，探索积累了一些经验，要搞好总结推广。抓好长春宽城区等城区老工业区整体搬迁改造，进一步提升城市发展品质。

突出抓好地下基础设施建设。如果说地上是城市的“面子”，地下就是城市的“里子”。城市发展既要重“面子”，更要重“里子”，实现协调发展。一要搞好城市地下综合管廊建设。现在，城市“马路拉链”问题比较突出，地下管线敷设“没完没了”，建设城市地下综合管廊已经迫在眉睫。今年，我省获批成为全国唯一城市地下综合管廊建设试点省，15个城市已经开工建设。要继续推进实施，探索好建设模式、融资模式和盈利模式，提升管廊使用效能，引导各类管线统一入廊，实现管线建设与道路建设同步。明年要开工建设160公里，完成投资170亿元，同时探索完善综合管廊运行机制。二要推进地下管网改造升级。地下管网是城市的“生命线”。我省城市地下管网年久失修，仅老旧供热管网、供水管网就超过8 000公里，既影响民生，又存在安全隐患，必须进行改造。去年，省里计划通过3~5年完成现有城市地下管网改造，要坚定不移抓下去。明年力争完成2 400公里，“十三五”期间全面改造完成，切实保障城市安全运行。

第二，加快推进城镇棚户区和危房改造。住房问题涉及百姓切身利益。这项工作不仅有利于保障和改善民生，也是推进城市建设的内在要求。近年来，我们做了大量工作，受到群众广泛欢迎。现在，我省还有很多城镇棚户区和危房需要改造，担子仍然不轻。要加大工作力度，下大气力加快推进。一要明确改造任务。今年，国家提出了“三年行动计划”，改造各类棚户区1 800万套。我们结合实际，计划从2015~2017年改造48万户，届时将有130万左右的城市居民住房条件得到改善。今年已完成16.7万户，明后两年需要改造30多万户，基本完成现有棚户区改造任务，其中明年要改造完成17万户。这要作为“硬承诺”，必须按时、按质、按量完成。二要创新方式方法。目前，我省房地产库存较高。要完善措施办法，打通棚改与房地产去库存的有效通道，既满足市民住房需求，又为房地产发展创造条件。要与金融机构搞好衔接，探索货币化补偿、政府购买存量商品住房作为棚改安置房等模式，力争更大突破。三要强化融资保障。城镇棚户区和危房改造资金需求量大，必须拓展融资渠道，坚持多元融资。现在，国家对城镇棚户区改造的补助标准为户均建设成本的6%左右。要积极争取国家支持，满足改造资金需要。同时，要落实与金融机构签订的贷款协议，争取更多资金支持。

第三，着力推动城市绿色发展。近年来，随着城市发展步伐加快，部分城市生态环境遭到不同程度破坏。必须坚持绿色发展理念，构建绿色生产方式、生活方式和消费模式，提升城市绿色发展水平。一要突出建设生态城市。良好生态是城市最好的“名片”。我省在这方面具有明显优势，很多城市坐落在水旁、山上、林中，生态内涵丰富。省里已编制完成了城市生态建设规划，要认真落实，突出抓好四平国家级生态文明先行示范区等相关试点，遵循自然规律，打破高强度开发、高密度建设的传统模式，保留和扩大自然生态空间，让绿水青山成为城市的“金山银山”。二要强化大气污染防治。当前雾霾天气多发，污染加重，群众反映强烈。必须下决心治理。现在看，燃煤小锅炉是影响城市空气质量的重要因素，要加快淘汰步伐，明年要淘汰地级市建成区内80%以上的10蒸吨以下燃煤小锅炉。要切实搞好秸秆综合利用，加快重污染天气监测预警系统建设，PM10年均浓度要同比下降3%以上。三要实施城市生态工程。保护城市生态，必须有重大工程支撑。今年，我们重点实施了长春伊通河百里生态长廊等工程，就是要改善城市生态环境。要继续推进，力争尽快建成。松花江流域涉及多个城市，现在我们正谋划推进我省境内松花江流域综合治理工程，要争取尽快启动实施，建设一批湿地公园、沿江景观带等绿色“生命线”，让松花江成为吉林城市的“金丝带”。全面落实《水污染防治行动计划》和水资源“三条红线管理”，实施清洁水体行动计划，全力消除城市建成区黑臭水体，加快建设城镇污水处理设施和配套管网，覆盖率要超过90%，污水处理率达到国家标准。四要推进城市垃圾资源化利用。我省是全国建筑垃圾管理与资源化利用试点省，目前已经形成实施方案，正在加快推进。要完善垃圾处理设施建设，基本建成建筑垃圾、餐厨废弃物等回收和再利用系统，打造循环型城市。推进垃圾焚烧发电和分类处理工程建设，实现生活垃圾资源化利用，确保城市生活垃圾无害化处理率保持在90%以上。

第四，不断提高城市建设标准和质量。城市的美化、绿化和亮化等，哪一项都离不开标准和质量。一要推动建造方式创新。过去，以手工作业为主的传统模式，质量安全隐患突出，资源消耗较大，难以适应现代城市快速发展需要。现在，省里正在培育发展建筑业等新的支柱产业，要利用当前我省水泥、钢材等建材产能富余、价格较低的有利时机，积极推广钢结构等现代建筑模式，既支撑现代城市建设，又促进建筑业转型升级。二要搞好建筑节能。我省冬季供暖期长，建筑耗能量大。必须把建筑节能摆上重要位置，推进既有建筑节能改造，进一步降低能耗。开展建筑节能试点，推广绿色新型建材，在风能、太阳能、地热等综合利用方面探索经验，推动建筑节能、绿色建筑、住宅产业化等协调发展。三要强化质量安全监管。城市安全是安全发展的重要任务。要坚持精准监管，每一个项目、每一个环节、每一件材料，都要符合质量标准，从源头上把好安全质量关。要严格落实质量安全终身责任制，对城市安全事故必须依法依规严肃追究责任。

（三）充分发挥管理的保障作用，畅通城市发展的“血脉”。城市管理是一门科学和艺术。现在，与发达地区相比，我们的硬件设施差距不大，但在城市管理等“软件”方面落后很多。要坚持以人为本，创新管理方式，加强精细化管理，着力打造宜居宜业宜游的现代化城市，让群众生活得更方便、更舒心。

第一，加快建设智慧城市。在信息化时代，打造智慧城市，是“互联网+”的重要内容。近年来，我省在辽源等地开展了相关试点，在数字城管、平安城市等方面积累了一定经验。要继续推进试点工作，打造维系城市运营的“智慧大脑”。一要完善宽带网络基础设施和服务体系。这是智慧城市建设的前提条件。现在我省还有很大空间。要加快城市信息基础设施建设，深入实施“宽带吉林”工程，加快全光纤宽带网络建设，确保网络“提速降费”政策落地。特别要强调的是，要创新网络基础设施建设管理方式，推进统一建设、专业运营，防止一哄而上，避免重复建设，形成完整的城市管理数据库。二要推进信息数据共享。城市系统非常复杂，需要各方面信息数据支撑。现在，很多信息分置，整体利用率不高。要着力破解，搞好顶层设计，集成有效利用，充分发挥信息“快车”作用，强化对城市工作的保障。三要加快信息产业发展。智慧城市建设，不仅有利于城市工作，同时也为信息产业发展创造了条件。近年来，通过建设智慧城市，我们引进了IBM、大唐移动等一大批知名公司，建设了云计算、大数据和灾备中心等一批项目。要创新思路办法，以产业发展为城市建设提供支撑，以城市建设引领产业发展，实现相互促进，共同发展。

第二，推进基本公共服务均等化。落户城市，享受公平的公共服务，是流动人口的梦想。这要作为政府的工作方向，采取切实有效措施，增加更多公共产品和公共服务供给。一要深化户籍制度改革。国务院已经颁布了居住证暂行条例，涉及义务教育等6大基本公共服务和7项便利措施，含金量非常高。我们要抓好落实，加快实施居住证制度，保障进城农民工享受劳动就业、公共服务等权益。今年年初，省里已经制定了户籍改革意见，要对照国家要求，完善具体落户政策，解决流动人口自愿进城问题，推动更多流动人口从暂住转为居住，实现安居乐业。二要创新公共服务供给方式。公共服务包罗万象，仅靠政府提供容易“失灵脱节”。必须研究新方式，确保科学配置，有效服务。省里正在探索政府向社会购买服务模式，已经制定了第一批购买服务指导性目录，要进一步扩大范围，把基本公共服务等事项交由社会承担，实现公共服务主体多元化。三要完善财政投入机制。提供均等化公共服务，在短时间内将大量增加落户城市政府的支出。现在，中央明确提出财政转移支付、中央基建投资安排等与农业转移人口市民化挂钩，调动城市政府吸纳转移人口的积极性。要落实好中央政策，探索政府、企业、个人共同承担落户成本的办法，逐步降低人口转移成本。

第三，进一步加强城市公共管理。中央城市

工作会议明确提出，树立“四个意识”，即树立“管理即服务”的意识、“法制化管理”意识、“全周期管理”意识、“合作性管理”意识。这为我们做好城市公共管理工作提供了遵循，要落实到工作实践中。一要创新公共管理体制。这是城市公共管理的治本之策。近年来，我们开展了一些试点，进行了深入探索。特别是吉林市被国家列为城市管理综合行政执法试点城市，取得了一些经验。要进一步探索完善，整合执法资源，下移执法重心，寓服务于管理和执法之中，推动形成现代城市管理综合执法体制。同时，要继续抓好松原、梅河口等省级试点，探索各层级城市公共管理模式。二要加强城市公共安全管理。我省作为老工业基地，一些城市重化工企业集中，特别是随着城市流动人口不断增加，传统和非传统的安全因素交织，安全管理任务十分艰巨。要结合实际，探索完善公共安全管理网络，抓紧编制“上下贯通、条块结合、纵向到底、横向到边”的城市安全网。我省供水、供热、供电、供气等方面相对滞后，容易发生安全事故。要加强安全维护，搞好管网改造，畅通城市生命线系统。目前，全省建成了88支城市应急救助队伍，应急救援网络初步形成。要进一步配备好救灾设备和队伍，加强城市应急避难场所和设施管理，确保城市安全有序运行。三要着力提升市民素质。市民是城市的“窗口”，城市公共管理离不开“你我他”。要引导广大市民增强“主人翁”意识，自觉整改不良行为，主动参与城市管理，共同建设美好家园。特别是对新市民，要以城市精神熏陶，以包容心态接纳，创造良好的人文环境。要坚持“软引导”和“硬约束”并重，依法惩处违法违规行为，提升市民文明素质。

三、坚持改革创新，完善城市发展体制机制

改革创新既是发展的动力，也是城市工作的动力。当前，城市工作面临的困难和问题，必须通过改革创新来破解。这方面，我们要坚定不移，敢啃硬骨头，敢涉险滩，全面推进城市改革创新，为城市发展提供体制机制保障。

（一）进一步向城市放权。近年来，我们大力推进简政放权、放管结合、优化服务，取消和下放了一大批行政审批事项，激发了发展活力。要继续加大放权力度，对涉及城市管理的事项进行梳理，力争再下放一批。现在，省里正在组织开展扩权强县，赋予了部分县（市）地级市的管理权限，城市发展效果非常明显。要继续抓好相关工作，鼓励有条件的县（市）按城市标准规划管理，提升城市发展层次。

（二）进一步破解城市建设资金难题。资金是城市发展的基础，必须拓宽渠道。要坚持市场化导向，推行PPP等模式，推出一批具有稳定收益的项目，引导更多社会资本参与城市建设。要加大财政资金投入，在存量资金使用、政府债务置换等方面向城市发展倾斜。加大城市政府筹资自主权，推行基础设施资产证券化。中央明确，对城市基础设施建设给予投资补助，发改、财政等部门要主动搞好对接，积极争取国家支持。

（三）进一步强化依法依规治理。现在，我省城市规划建设领域只有11个地方性法规，在城市管理等方面还有很多空白。要健全地方性法规体系，完善全省立法计划，突出城市地下空间开发利用等规章，力争尽快出台，确保城市规划建设管理有法可依。要完善重大决策法定程序，涉及城市发展的重大事项、重点项目、重要问题，都要依法依规进行决策，提高决策法治化水平。对违法行为要加大查处力度，发挥震慑作用。标准就是规矩。目前，我省共发布了工程标准145项。要严格执行，围绕城市发展新需求，在应急防灾、节能减排等方面制定新的标准，保障城市发展质量和安全。

（四）进一步强化人才智力支撑。城市发展关键靠人，没有高素质的人才，就难有高水平的城市。国家十分重视城市发展人才队伍建设，明确提出设立规划建筑成就奖，激励和表彰作出贡献的规划师、建筑师、工程师。我们要做好申报评选等工作，力争取得突破。要注重城市管理人才的引进、培养和使用，建设一支复合型、多专业、高水平的城市管理队伍，提高对城市发展的智力支撑。

做好城市工作任重道远、意义重大。让我们在省委的坚强领导下，锐意进取，开拓创新，扎实工作，全面提高城市规划建设管理水平，推动新型城镇化健康发展，为加快吉林新一轮振兴发展、如期实现全面建成小康社会目标作出新的更大贡献！

吉林省2015年国民经济和社会发展统计公报

省统计局

（2016年3月21日）

2015年是"十二五"规划的收官之年，也是吉林振兴发展中极不平凡的一年。面对错综复杂的国内外环境和经济下行压力不断加大的困难局面，全省各族人民在省委、省政府的坚强领导下，迎难而上、主动作为，把稳增长、调结构、促改革、惠民生、保稳定、防风险贯穿于经济社会发展的各个方面，农业生产喜获丰收，经济总量迈上新台阶，结构调整成果显现，质量效益不断提升，社会发展和谐稳定，各项事业成绩喜人，实现了"十二五"的圆满收官，为"十三五"经济社会发展，决胜全面建成小康社会奠定了坚实基础。

一、综合

国民经济稳步增长。实现地区生产总值14 274.11亿元，按可比价格计算，比上年增长6.5%。其中，第一产业增加值1 596.28亿元，增长4.7%；第二产业增加值7 337.06亿元，增长5.6%；第三产业增加值5 340.77亿元，增长8.3%。三次产业的结构比例为11.2:51.4:37.4，对经济增长的贡献率分别为6.9%、47.4%和45.7%。按常住人口计算，全省人均GDP达到51 852元（按年平均汇率折合8 327美元），比上年增长6.5%。

全省民营经济实现增加值7 336.9亿元，占全省地区生产总值的比重为51.4%；民营经济实现主营业务收入32 634.2亿元，比上年增长8.8%。万元GDP综合能耗降低率为10.69%；规模以上工业万元增加值综合能耗降低率为14.4%。

图1:2011～2015年地区生产总值及其增长速度

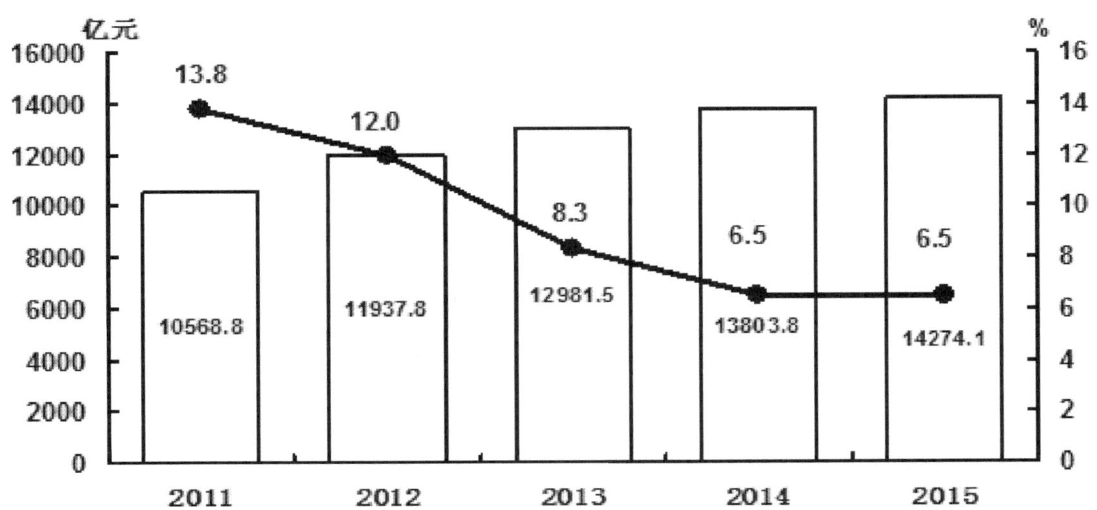

图2:2015年地区生产总值中三次产业增加值占比

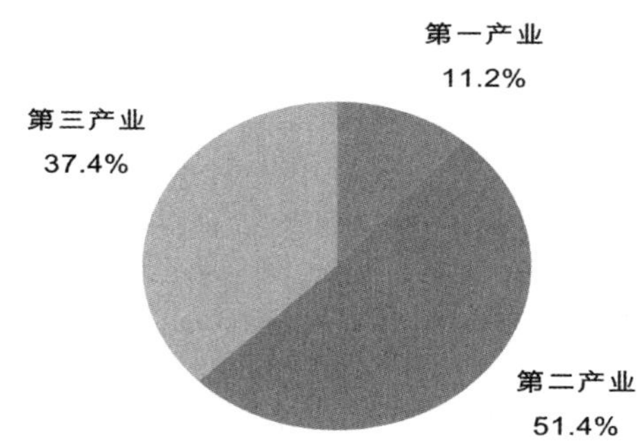

2015年,全省居民消费价格总指数为101.7(以上年为100,下同),价格总水平同比上涨1.7%。其中,农村居民消费价格总指数为101.6,上涨1.6%;城市居民消费价格总指数为101.7,上涨1.7%。农业生产资料价格指数为100.2,上涨0.2%;工业生产者出厂价格指数为95.3,下降4.7%;工业生产者购进价格指数为96.6,下降3.4%;固定资产投资价格指数为97.6,下降2.4%。

表1:2015年居民消费价格总指数

上年=100

指标	全省		
		城市	农村
居民消费价格总指数	101.7	101.7	101.6
食品	102.0	101.9	102.4
其中:粮食	101.7	102.3	100.8
烟酒及用品	103.1	102.7	103.6
衣着	103.2	102.9	104.3
家庭设备用品及维修服务	100.4	100.2	100.9
医疗保健及个人用品	103.0	103.1	102.7
交通和通信	98.9	98.8	99.2
娱乐教育文化用品及服务	100.4	100.4	100.4
居住	101.5	102.1	99.7

全年完成全口径财政收入2 144.0亿元,比上年下降2.0%,完成地方级财政收入1 229.3亿元,增长2.2%。其中,全年完成税收收入867.1亿元,下降2.0%;完成营业税收入242.1亿元,增长5.8%。税收收入占地方级财政收入的比重为70.5%,比上年减少3个百分点。全年完成地方财政支出3 217.1亿元,增长10.4%。其中,社会保障和就业支出462.3亿元,增长18.5%;科学技术支出41.4亿元,增长13.6%;医疗卫生支出245.8亿元,增长19.1%;节能环保支出117.7亿元,下降16.1%;教育支出477.6亿元,增长17.3%。

二、农业

全年实现农林牧渔业增加值1 644.6亿元,比上年增长4.7%。其中,实现农业增加值926.3亿元,林业增加值66.8亿元,牧业增加值578.5亿元,渔业增加值24.6亿元,农林牧渔服务业增加值48.3亿元。

粮食再获丰收。全年粮食作物播种面积7 617万亩,比上年增加116万亩,增长1.5%。全年粮食总产量3 647.0万吨,增产3.2%。其中,玉米产量2 805.7万吨,增产2.6%,单产7 383.6公斤/公顷,下降0.1%;水稻产量630.1万吨,增产7.2%,单产8 272.2公斤/公顷,增长5.2%。

图3:2011～2015年粮食产量

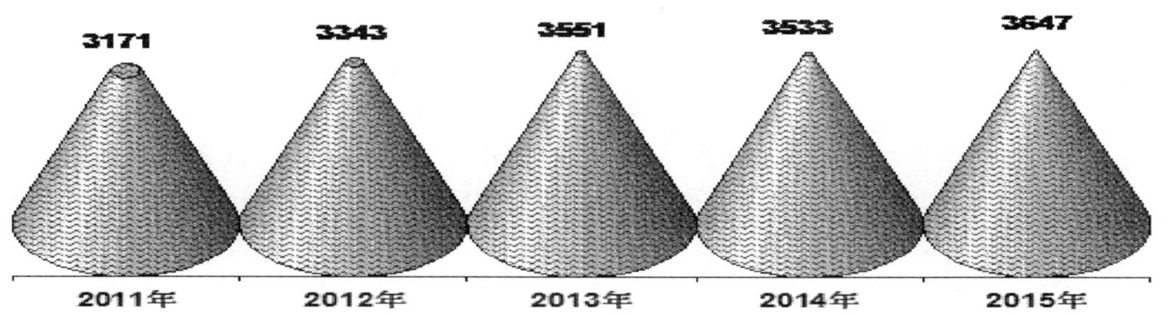

全年猪、牛、羊、禽肉类总产量255.8万吨，比上年下降0.4%。其中，猪肉产量136.0万吨，下降3.1%；牛肉产量46.6万吨，增长1.3%；羊肉产量4.8万吨，增长6.4%；禽肉产量68.4万吨，增长3.8%。禽蛋产量107.3万吨，增长8.9%。生牛奶产量52.3万吨，增长6.1%。年末生猪存栏972.4万头，下降2.8%；全年生猪出栏1664.3万头，下降3.3%。

表2:2015年主要农副产品产量及其增长速度

指标	单位	产量	比上年增长(%)
粮食总产量	万吨	3 647.0	3.2
蔬菜及食用菌总产量	万吨	860.0	-1.8
猪、牛、羊、禽肉类总产量	万吨	255.8	-0.4
禽蛋总产量	万吨	107.3	8.9
生牛奶总产量	万吨	52.3	6.1
水产品总产量	万吨	19.5	2.7
猪存栏	万头	972.4	-2.8
牛存栏	万头	450.7	4.6
羊存栏	万只	452.9	10.2
家禽存栏	亿只	1.7	10.0
猪出栏	万头	1 664.3	-3.3
牛出栏	万头	303.2	1.2
羊出栏	万只	388.5	7.9
家禽出栏	亿只	3.9	3.8

截至2015年末，全省农机总动力达到3 152.5万千瓦，比上年增长8.0%。主要农业机械与设备数量比上年末均有增加，其中拥有大中型拖拉机52.14万台、节水灌溉机械4.01万套，分别增长6.5%、1.8%。农田水利建设进一步加强，农田有效灌溉面积和旱涝保收面积分别达到179.09万公顷和103.11万公顷。全年农村用电量达到49.60亿千瓦时，增长1.7%。

三、工业和建筑业

2015年，规模以上工业增加值6 054.63亿元，比上年增长5.3%。其中，轻工业实现增加值1 956.59亿元，增长6.7%；重工业实现增加值4 098.04亿元，下降0.2%。分经济类型看，国有企业实现增加值1 115.48亿元，增长16.8%；集体企业实现增加值19.08亿元，增长13.8%；股份制企业实现增加值4 088.61亿元，增长10.0%。

表3:2015年规模以上工业增加值及其增长速度

指标	工业增加值(亿元)	比上年增长(%)
总计	6 054.63	5.3
轻工业	1 956.59	6.7
重工业	4 098.04	-0.2
在总计中:国有企业	1 115.48	16.8
集体企业	19.08	13.8
股份制企业	4 088.61	10.0

全年规模以上工业中,汽车制造产业实现增加值1 456.38亿元,比上年下降14.0%;石油化工产业实现增加值720.12亿元,增长13.9%;食品产业实现增加值1 068.37亿元,增长4.0%;信息产业实现增加值133.38亿元,增长13.6%;医药产业实现增加值533.78亿元,增长12.2%;冶金建材产业实现增加值742.19亿元,增长4.7%;能源产业实现增加值107.76亿元,下降4.2%;纺织产业实现增加值129.25亿元,增长3.4%。六大高耗能行业共实现增加值1 238.55亿元,增长3.4%。高技术制造业实现增加值577.30亿元,增长12.6%,占规模以上工业增加值的比重为9.5%。装备制造业实现增加值630.43亿元,增长13.0%,占规模以上工业增加值的比重为10.4%。

表4:2015年主要工业产品产量及其增长速度

产品名称	单位	产量	比上年增长(%)
原油	万吨	665.48	0.2
饲料	万吨	807.38	1.7
精制食用植物油	万吨	73.27	-5.7
软饮料	万吨	986.30	18.5
卷烟	亿支	584.00	-0.2
发酵酒精	万千升	173.02	9.6
布	万米	3 640.33	-18.3
大米	万吨	1 119.03	4.7
原油加工量	万吨	947.34	-3.6
焦炭	万吨	372.15	-17.0
硫酸(折100%)	万吨	71.28	10.7
乙烯	万吨	66.68	-6.1
合成氨(无水氨)	万吨	49.66	9.7
化肥	万吨	57.11	49.8
合成橡胶	万吨	15.00	-15.3
中成药	万吨	34.73	-13.9
化学药品原药	万吨	0.65	6.9
化学纤维	万吨	30.21	-15.6
水泥	万吨	4 041.09	-13.1
机制纸及纸板	万吨	76.37	18.8
钢材	万吨	1 152.45	-17.2
光电子器件	亿只	12.40	9.2
动车组	辆	896	1.8
城市轨道车辆	辆	1503	28.8
汽车	万辆	224.88	-11.8
其中:基本型乘用车(轿车)	万辆	163.13	-10.5
汽车仪器仪表	万台	69.41	-2.8
发电量	亿千瓦小时	731.27	-6.4

全年规模以上工业企业实现利润1 171.46亿元，比上年下降16.4%。其中，汽车制造产业实现利润611.11亿元，下降21.9%；医药产业实现利润156.64亿元，增长25.2%；高技术制造业实现利润168.56亿元，增长23.7%；装备制造业实现利润137.56亿元，增长6.3%。

全年规模以上民营工业企业实现增加值3 401.62亿元，比上年增长13.8%，增幅高于全部规模以上工业平均增长水平8.5个百分点；实现利润639.04亿元，增长9.3%。

全年全社会建筑业实现增加值927.06亿元，比上年增长8.0%，占全省地区生产总值的比重为6.5%。

四、固定资产投资

固定资产投资增速放缓。全年全社会固定资产投资12 704.27亿元，比上年增长12.0%，人均投资达到46 142元。其中，非农户的固定资产投资为12 508.59亿元，增长12.6%。

在固定资产投资(不含农户)中，第一产业投资540.69亿元，比上年增长25.2%；第二产业投资7 019.57亿元，增长11.3%；第三产业投资4 948.33亿元，增长13.2%。

全年完成工业投资6 815.82亿元，比上年增长11.9%，对全省固定资产投资(不含农户)增长的贡献率为51.6%。全年民间投资达到9 108.92亿元，增长13.3%，占固定资产投资(不含农户)比重达到72.8%，比上年提高0.4个百分点。

表5:2015年分行业固定资产投资(不含农户)及其增长速度

行业	投资额(亿元)	比上年增长(%)
农、林、牧、渔业	540.69	25.2
采矿业	532.66	5.4
制造业	5 819.97	14.1
电力、热力、燃气及水生产和供应业	463.18	-4.5
建筑业	203.75	-4.4
批发和零售业	593.37	18.2
交通运输、仓储和邮政业	955.52	22.7
住宿和餐饮业	104.25	3.2
信息传输、软件和信息技术服务业	191.20	69.7
金融业	36.73	-35.2
房地产业	1 098.18	-11.7
租赁和商务服务业	196.86	69.1
科学研究和技术服务业	119.03	-3.9
水利、环境和公共设施管理业	938.78	14.5
居民服务、修理和其他服务业	86.20	12.5
教育	111.52	-3.9
卫生和社会工作	112.83	33.7
文化、体育和娱乐业	112.46	39.4
公共管理、社会保障和社会组织	291.41	85.8

全年新建项目完成投资4 806.91亿元，比上年增长17.1%；扩建项目完成投资1 821.42亿元，下降0.6%；改建和技术改造项目完成投资3 889.34亿元，增长11.7%。

全年完成房地产开发投资924.24亿元，比上年下降10.3%。本年房屋竣工面积1 287.40万平方米，下降18.2%；商品房销售面积1 491.85万平方米，下降5.7%。其中，销售住宅面积1 304.82万平方米，下降6.0%。

五、国内贸易

全年社会消费品零售总额6 646.46亿元，比上年增长9.3%。按消费形态统计，商品零售额5 891.29亿元，增长9.0%；餐饮收入额755.16亿元，增长11.4%。按经营地统计，城镇消费品零售额5 870.17亿元，增长9.0%；乡村消费品零售额776.29亿元，增长11.6%，乡村消费品零售额增长幅度分别高于全省平均水平和城镇2.3和2.6个百分点。

图4:2011～2015年社会消费品零售总额及其增长速度

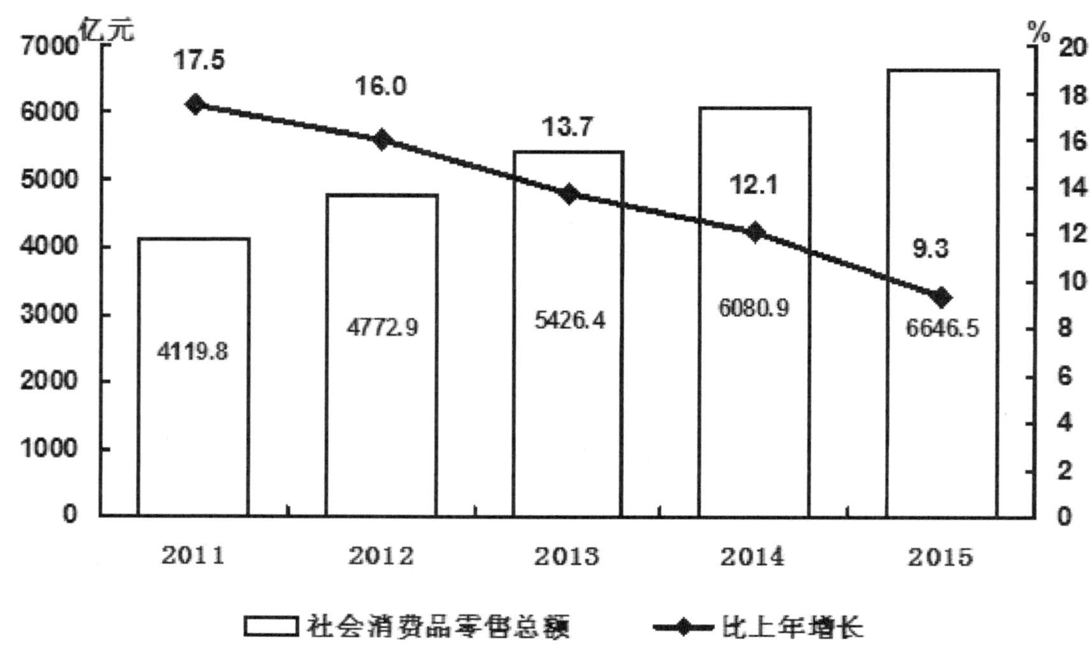

表6:2015年社会消费品零售总额及其增长速度

指标	社会消费品零售总额(亿元)	比上年增长(%)
社会消费品零售总额合计	6 646.46	9.3
按消费形态分:		
商品零售	5 891.29	9.0
餐饮收入	755.16	11.4
按规模分:		
限额以上	2 481.26	5.2
限额以下	4 165.20	10.9
按经营地分:		
城镇	5 870.17	9.0
乡村	776.29	11.6

在全省限额以上企业商品零售额中，体育、娱乐用品类比上年增长14.9%；家具类增长14.2%；粮油、食品、饮料、烟酒类增长11.2%；中西药品类增长10.4%；建筑及装潢材料类增长9.5%；文化办公用品类增长9.1%；服装、鞋帽、针纺织品类增长8.8%；化妆品类增长8.2%；日用品类增长7.3%；通

讯器材类增长6.1%；家用电器和音像器材类增长6.0%；书报杂志类增长5.5%；金银珠宝类增长4.9%；石油及其制品类比上年下降1.8%；汽车类下降1.6%；其他类增长12.5%。

六、对外经济

全年实现外贸进出口总额189.38亿美元，比上年下降28.2%。其中，出口总额46.54亿美元，下降19.5%；进口总额142.84亿美元，下降30.7%。

表7：2015年进出口总额及其增长速度

	金额（亿美元）	比上年增长（%）
进出口总额	189.38	-28.2
出口总额	46.54	-19.5
其中：一般贸易	29.97	-22.9
加工贸易	11.69	-3.9
进口总额	142.84	-30.7
其中：一般贸易	131.08	-33.2
加工贸易	4.82	-17.0

图5：2011～2015年进出口总额

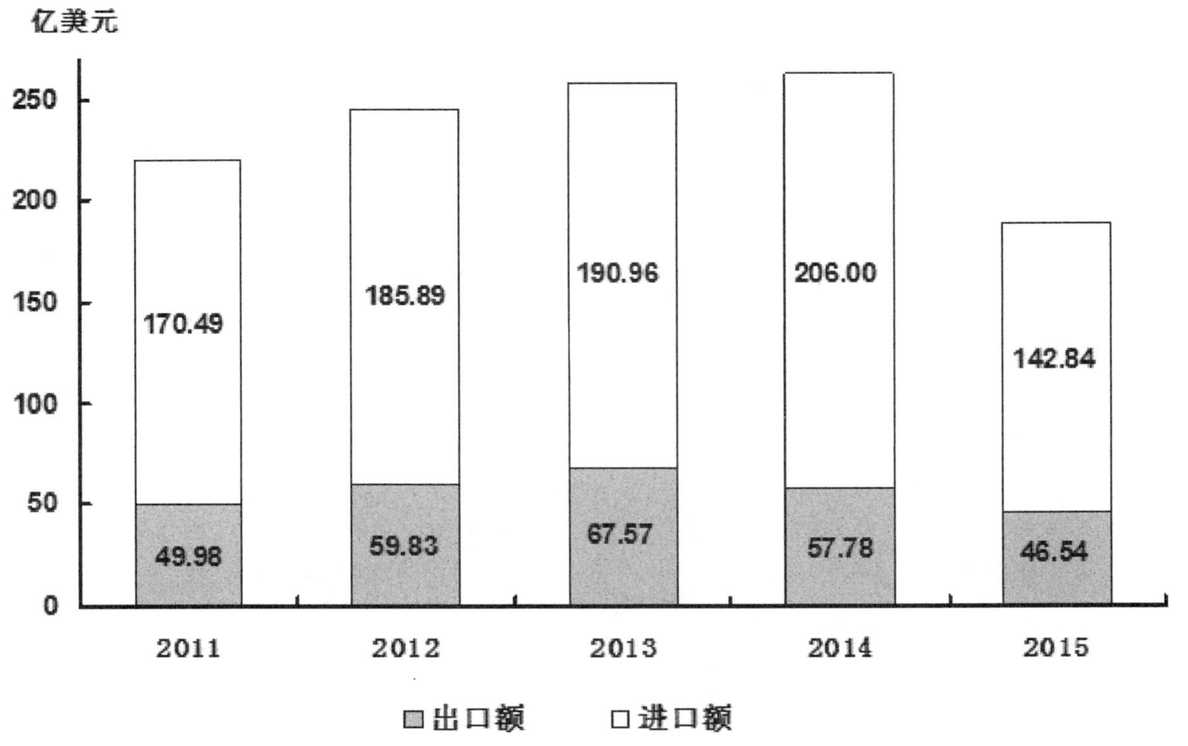

全年实际利用外资85.72亿美元，比上年增长12.0%，其中，外商直接投资21.27亿美元，增长8.2%。全年实际利用外省资金6 829.83亿元，增长16.1%。

七、交通、邮电和旅游

2015年，全省各种运输方式完成货物运输周转量1 797.04亿吨公里，比上年下降3.5%；货物发送量5.36亿吨，增长1.1%。全年各种运输方式完成旅客运输周转量477.51亿人公里，增长

1.0%；旅客发送量3.48亿人，下降2.0%。民航集团全年共保障运输起降航班8.57万架次，完成旅客吞吐量1 059.58万人次。

截至2015年末，全省铁路营业里程达到4 877.4公里。公路总里程9.7万公里，其中，等级公路总里程8.98万公里，占公路总里程的92.6%；有等外公路7 239公里，占公路总里程的7.4%。全省公路总里程中，有高速公路2 629公里，占公路总里程的2.7%。

2015年末，全省民用汽车保有量达到318.24万辆，比上年末增长12.5%。其中，全省私人汽车保有量279.63万辆，增长12.1%；私人轿车保有量169.51万辆，增长15.7%。

图6：2011～2015年民用汽车保有量及其增长速度

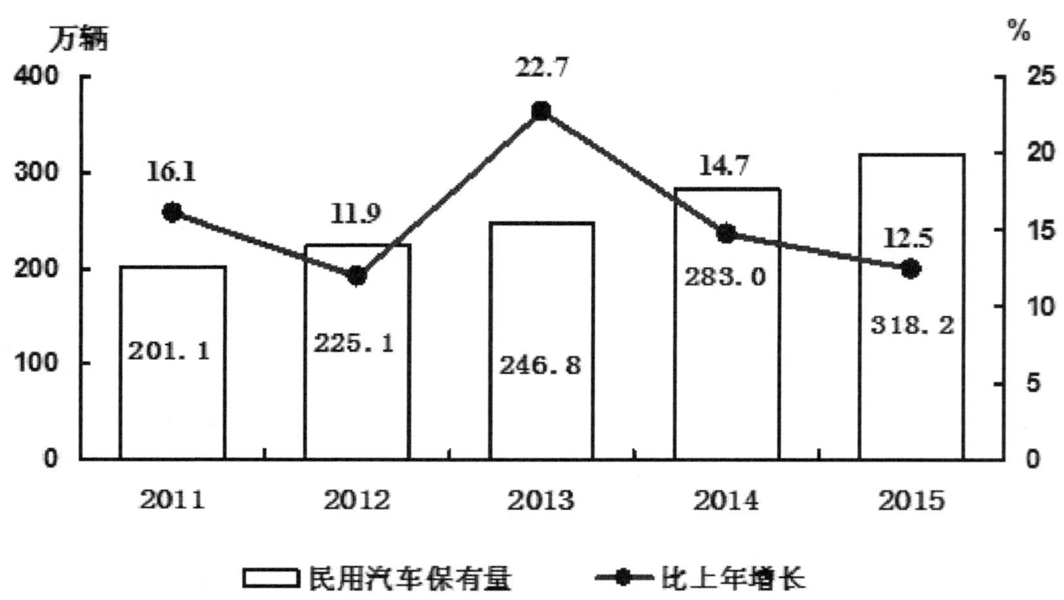

2015年末，全省长途光缆线路长度23 877.0公里。全年完成邮电业务总量389.43亿元，比上年增长18.7%。其中，邮政业务总量36.13亿元，增长17.8%；电信业务总量353.3亿元，增长18.8%。邮政业全年完成邮政函件业务1 923.40万件，下降36.6%；包裹业务量94.76万件，下降27.3%；快递业务量9 017.05万件，增长35.8%；快递业务收入16.96亿元，增长29.8%；汇票160.70万笔，下降42.8%；累计订销报刊2.89亿份，下降2.4%；邮政储蓄平均余额860亿元，增长6.1%。

截至2015年末，全省电信业局用交换机容量591.2万门，比上年末减少294.5万门；固定电话用户572.3万户，其中，城市电话用户447.3万户，农村电话用户125.0万户，固定电话普及率20.8部/百人。移动电话用户2 604.1万户，其中，3G移动电话用户822.7万户。移动电话普及率为94.7部/百人，下降0.2%。互联网络宽带接入用户426.4万户，增长2.8%。移动互联网用户1 793.3万户，其中手机上网用户1 720.3万户。

2015年，全省接待国内外游客14 130.90万人次，比上年增长16.4%。其中，接待国内游客13 982.80万人次，增长16.5%；接待入境游客148.10万人次，增长7.6%，其中，接待外国游客129.21万人次，增长7.7%；港澳台同胞18.90万人次，增长6.5%。全年旅游总收入2 315.17亿元，增长25.4%。其中，国内旅游收入2 269.55亿元，增长25.7%；旅游外汇收入7.24亿美元，增长7.2%。截至2015年末，全省有旅行社1 032家，其中分社308家。星级以上饭店215家，其中五星级宾馆5家；全省拥有国家A级旅游景区242家，其中5A级旅游景区5家。

八、金融、证券和保险业

2015年末，全省境内金融机构本外币存款余额18 683.80亿元，比年初增加2 046.36亿元，其中人民币存款余额18 499.59亿元，增加1 988.68亿元；金融机构本外币贷款余额15 308.84亿元，比年初增加2 609.40亿元，其中人民币贷款余额15 203.11亿元，增加2 611.66亿元。农合机构人民币贷款余额1 907.7亿元，增加325.45亿元；人民币个人消费贷款余额112.65亿元，增加23.47亿元。

表8:2015年年末金融机构本外币存贷款余额及其增长速度

	年末数(亿元)	比上年末增长(%)
本外币各项存款余额	18 683.80	13.1
人民币各项存款余额	18 499.59	12.8
本外币各项贷款余额	15 308.84	20.6
人民币各项贷款余额	15 203.11	20.8

图7:2011～2015年金融机构本外币存贷款余额

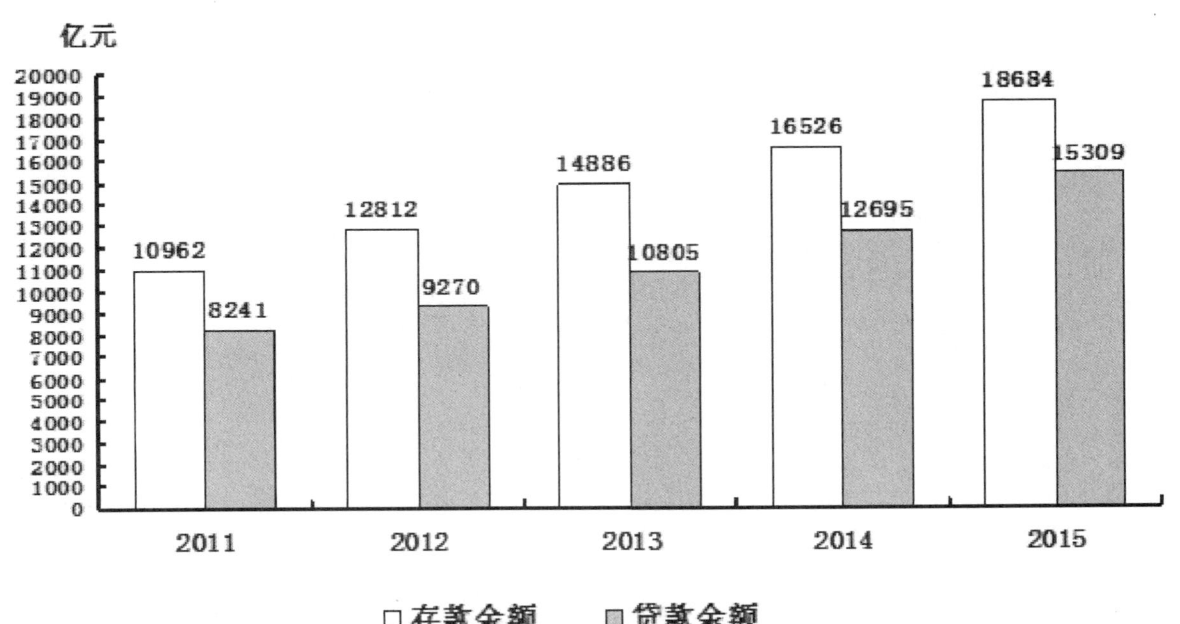

截至2015年末，全省共有境内上市公司40家，与上年末持平。全年证券市场股票、基金交易总量41 208.10亿元。

截至2015年末，全省有各类保险公司经营主体32家，全年原保险保费收入431.32亿元，比上年增长30.7%。其中，寿险收入270.78亿元，增长41.1%；健康险和意外伤害险收入39.96亿元，增长31.3%；财产险收入120.57亿元，增长12.0%。全年原保险赔付额126.54亿元，增长12.9%。其中，寿险业务给付52.70亿元，增长12.9%；健康险和意外伤害险赔款及给付12.24亿元，增长10.4%；财产险业务赔款61.44亿元，增长13.4%。

九、科学技术和教育

截至2015年末，全省有中国科学院和中国工程院院士24人。全省已建成国家级重点实验室12个，省部(吉林省与科技部)共建重点实验室3个，省级重点实验室59个，省级科技创新中心(工程技术研究中心)118个。

2015年，全省国内专利申请量14 800件，授权量8 878件，分别比上年增长24.0%和32.6%。其中，发明专利申请量6 154件，增长17.0%；发明专利授权量2 240件，增长57.0%。2015年度（自2014年11月1日至2015年10月31日）登记省级科技成果837项。全年有10项科研成果获得国家科技奖励；23项获得省科技进步一等奖；81项获得省科技进步二等奖；121项获得省科技进步三等奖；5项获得省科学技术发明一等奖；2项获得省科学技术发明二等奖；7项获得省科学技术发明三等奖；7项获得省自然科学一等奖；18项获得省自然科学二等奖；19项获得省自然科学三等奖。全年共签订技术合同2 419份，实现合同成交额26.46亿元。

2015年末，全省共有产品质量检验机构85个，其中，国家检测中心16个。全省认证机构1个，有7 358户企业通过了自愿性认证，颁发证书15 740张。有法定计量技术机构114个，强制检定计量器具239.42万台，比上年增长2.9%。全省现行有效吉林省名牌产品694个，吉林省质量奖44个。地理标志先进企业158户。全年共监督抽查工业产品33种，668个批次，产品质量合格率97.0%。

2015年，全省气象部门累计发布各类气象灾害预警信号6012次，手机短信预警信号累计覆盖1亿人次。全年共开展飞机人工增雨作业85架次，跨区域飞机增雨作业14次，地面人工增雨918次，累计增水33.2亿立方米。开展人工防雹作业1 269次，保护了4万平方公里的农田免受雹灾损失。截至2015年末，全省共有37个地震台站，其中，包含11个火山观测站。全省共有26口地震前兆观测井。

2015年，全省小学4 493所，招生20.6万人，在校生128万人。初中1181所，招生18.1万人，在校生59.6万人。普通高中学校239所，招生13.5万人，在校生40.6万人。中等职业教育学校289所，招生4.5万人，在校生13.4万人，毕业生5.3万人，其中，获得职业技术证书的人数为3.2万人。另有职工技术培训学校（机构）2 772所，注册学生数42.2万人。幼儿园4 174所，入园（班）幼儿23.5万人，在园（班）幼儿46.4万人。特殊教育学校47所，在校生6 015人。

2015年，全省有研究生培养单位21个，全年招收研究生1.9万人，在学研究生5.8万人。有普通高校58所，其中，普通本科院校37所（包含6所独立学院），普通专科（高职）院校21所；全年招收普通本、专科学生17.5万人，普通本专科在校生63.3万人，比上年末增加1.4万人。全年成人高校本专科共招生7.1万人，在校生18.1万人。

2015年，全省各级各类民办学校3 527所，在校生59.2万人。其中，民办普通高等学校（含独立学院）16所，在校生14.6万人；民办普通高中26所，在校生3.4万人；民办中等职业学校71所，在校生1.3万人；民办初中39所，在校生7.2万人；民办小学23所，在校生5.7万人；民办幼儿园3 352所，在园儿童27.1万人。此外，另有其他非学历民办教育培训机构1 233所，注册在学人数约12.3万人。

独立设置少数民族幼儿园88所，学前教育少数民族在园儿童2万人；少数民族小学81所，小学少数民族在校生8.7万人；少数民族初中56所，初中少数民族在校生4.4万人；少数民族普通高中24所，普通高中少数民族在校生3.7万人。中等职业教育中少数民族在校生0.7万人。高等教育中少数民族在校生10.4万人。

十、文化、卫生和体育

截至2015年末，全省拥有文化馆78个（包括群众艺术馆），艺术表演团体40个，公共图书馆66个，博物馆76个，全年博物馆参观人数达915万人次。

2015年全年出版图书2.69万种（套），其中，新出1.35万种，定价总金额41.88亿元。报纸全年总印数8.35亿份，定价总金额9.20亿元。期刊全年总印数0.92亿册，定价总金额5.54亿元。年末广播人口综合覆盖率达到98.64%；电视人口综合覆盖率达到98.76%。有线广播电视用户数为595.06万户，其中，数字电视用户数达到541.56万户。

截至2015年末，全省有卫生技术人员15.90万人，其中，执业医师和执业助理医师6.73万人，注册护士6.07万人。医院和卫生院拥有医疗床位13.53万张。全省有乡镇卫生院776个，床位1.75万张，卫生技术人员1.90万人。全省所有县（市、区、开发区)均实行了新型农村合作医疗,覆盖率达100%。有1 327.39万农民参加了新型农村合作医疗,参合率达99.7%,全年共筹集资金63.85亿元,新农合可支配资金57.21亿元,已有688.55万人次从中受益,支付补偿资金53.50亿元,占年度新农合筹资总额的93.52%。全年报告法定传染病发病人数58 381例,报告死亡194例。农村卫生厕所普及率达到76.54%。

2015年,全省在国际、国内重大体育比赛中共获得金牌81枚、银牌88枚、铜牌90枚。全年共培训审批社会体育指导员9 980人,其中,国家级180人,一级600人,二级3 100人,三级6 100人。"五个一"工程建设共资助全民健身中心2个、体育馆4个、体育场3个、体育公园(健身广场)13个,为135个乡镇(含街道)、1 181个行政村(含社区)配建了全民健身器材。创建国家级校外活动中心1个,青少年体育俱乐部12个。

十一、人口、人民生活和社会保障

2015年末,全省总人口为2 753.3万人,比上年末净增加0.94万人,其中城镇常住人口1 522.9万人,占总人口比重(常住人口城镇化率)为55.31%,比上年末提高0.5个百分点。全年出生人口16.16万人,出生率为5.87‰;死亡人口15.23万人,死亡率为5.53‰;自然增长率为0.34‰。人口性别比为101.77(以女性为100)。

表9:2015年年末人口数及其构成

指标	年末数(万人)	比重(%)
全省总人口	2 753.3	—
其中:城镇	1 522.9	55.31
乡村	1 230.4	44.69
其中:男性	1 388.7	50.44
女性	1 364.6	49.56
其中:0—14岁	329.5	11.97
15—64岁	2 114.3	76.79
65岁及以上	309.5	11.24

2015年,全省城镇常住居民人均可支配收入达到24 901元,同比增长7.2%;城镇常住居民人均消费支出为17 973元,同比增长4.8%。农村常住居民人均可支配收入达到11 326元,同比增长5.1%;农村常住居民人均消费支出为8 783元,同比增长7.9%。城镇恩格尔系数为25.8%,农村恩格尔系数为29.0%。

图8:2011～2015年城镇和农村常住居民人均可支配收入

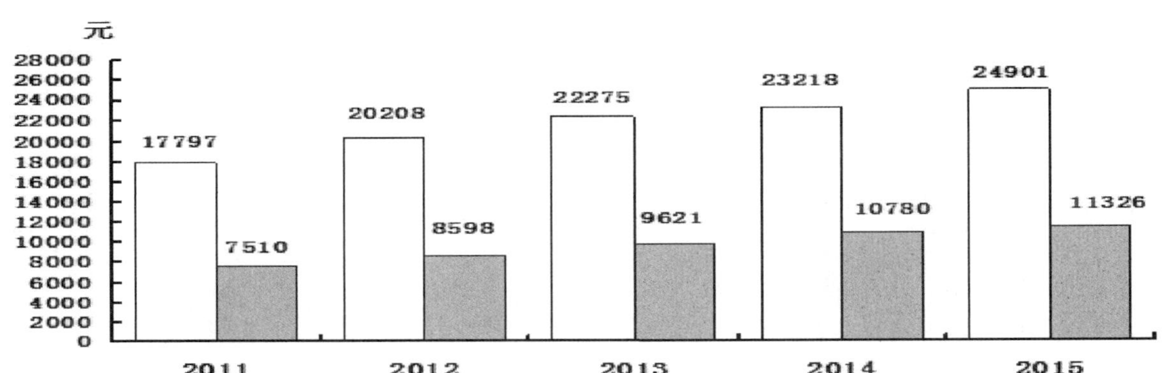

截至2015年末，全省城镇基本养老保险覆盖总人数达到693.2万人，比上年末增加17万人，增长2.5%。其中，参保职工419.9万人,比上年末增加4.4万人，增长1%。全省城镇基本医疗保险参保人数达到1 380.5万人，比上年末增加0.58万人，增长0.04%。其中，职工医疗575.8万人，居民医疗804.7万人。工伤保险参保人数达到435.6万人，比上年末增加21.0万人，增长5.1%。生育保险参保人数达到367.5万人，比上年末增加0.58万人，增长0.15%。失业保险参保人数达到261.2万人，比上年末增加2.5万人，增长1%。

2015年，全省共筹集城乡低保资金49.57亿元。城市低保月标准和月人均补助水平分别达到403元和339元，比上年增长8.33%和10.06%；农村低保年标准和年人均补助水平分别达到2 719元和1 552元，增长9.20%和15.13%，有效保障了全省155万城乡低保对象的基本生活。全年共筹集医疗救助资金6.89亿元，资助救助城乡困难群众156.74万人，直接救助80.8万人次。全年财政共下拨救灾资金1.32亿元，妥善安排了278万人次受灾群众的基本生活。2015年，省财政列支农村五保供养补助经费7 153万元，目前，全省共保障农村五保供养对象11.3万人，其中，集中供养对象2.4万人，分散供养对象8.9万人，集中供养对象年人均补助标准为4 900元，分散供养对象年人均补助标准为3 300元。

十二、环境保护和安全生产

2015年，全省化学需氧量(COD)排放量72.42万吨，比上年下降2.53%；氨氮排放量5.14万吨，下降3.13%；二氧化硫(SO_2)排放量36.29万吨，下降2.51%；氮氧化物排放量50.17万吨，下降8.66%。

继续实施国家《重点流域水污染防治规划(2011—2015年)》及《吉林省主要流域水污染防治规划(2011—2015年)》。其中，松花江流域共187个规划项目，规划投资110亿元；辽河流域共67个规划项目，规划投资61亿元。截至2015年底，上述规划中松花江流域已实施建设的规划项目共154个，完成投资55.2亿元；辽河流域已实施建设的规划项目共52个，完成投资8.7亿元。

全省空气质量总体保持稳定，按照《环境空气质量标准》(GB3095—2012)评价，全省城市环境空气质量优良天数比例为73.7%。

全省20条主要江河的74个监测断面中达到水质控制目标要求的监测断面52个，占断面总数的70.3%。其中，Ⅰ～Ⅲ类水质监测断面45个，占断面总数的60.8%。

全省主要城市17个集中式饮用水源地水质状况良好。其中，地表水源地15个，地下水源地2个。Ⅰ类水质的水源地1个，Ⅱ类水质的水源地6个，Ⅲ类水质的水源地10个，与上年相比，主要城市饮用水源地水质保持稳定。

截至2015年末，全省拥有各类自然保护区51个，其中，国家级自然保护区20个，省级自然保护区23个，市、县级自然保护区8个。自然保护区总面积254.09万公顷，占省域国土面积的13.56%。

2015年，全省共发生各类事故13 711起，比上年减少2 472起；死亡1 462人，比上年减少死亡人数35人。其中，全省工矿商贸企业发生事故97起，增加6起；死亡106人，比上年减少死亡人数4人。全省亿元国内生产总值生产安全事故死亡人数为0.102人，比上年下降6.4%；工矿商贸企业就业人员10万人生产安全事故死亡人数为1.397人，下降6.9%；道路交通事故万车死亡人数为2.832人，下降5.1%；煤矿百万吨死亡人数为0.915人，下降5.9%。

说明：

[1]本公报中数据均为初步统计数。部分数据因四舍五入的原因，存在分项与合计不等的情况。

[2]地区生产总值、各产业增加值绝对数按当年价格计算，增长速度按可比价格计算。

[3]六大高耗能行业分别为：化学原料及化学制品制造业、非金属矿物制品业、黑色金属冶炼及压延加工业、有色金属冶炼及压延加工业、石油加工炼焦及核燃料加工业、电力热力生产和供应业。

另：本公报中使用的部分数据来源于相关部门提供的部门统计数据，其他数据均来自吉林省统计局。

吉林省政府工作报告

2016年1月26日在吉林省第十二届人民代表大会第五次会议上

省长 蒋超良

各位代表：

现在，我代表省政府，向大会作政府工作报告，请予审议，并请省政协各位委员提出意见。

一、2015年工作回顾

2015年是吉林振兴发展中极不平凡的一年。面对经济下行压力不断加大的困难局面，在习近平总书记、李克强总理视察吉林重要讲话精神的指引和鼓舞下，在省委的坚强领导下，全省各级政府和广大干部群众一道，攻坚克难，奋力拼搏，经历了一系列具有历史性、标志性、关键性的大事、要事、喜事，经济社会发展取得可喜成绩。

——经济增长缓中趋稳。全省地区生产总值增速呈现“前低后高”态势，一季度、上半年、前三季度和全年分别增长5.8%、6.1%、6.3%、6.5%，总量达到14 274.1亿元。规模以上工业增加值达到6 054.6亿元，增长5.3%。克服产品价格持续下行、企业效益下降等困难，地方级财政收入仍达到1 229.3亿元，增长2.2%。固定资产投资完成12 704.3亿元，增长12%。社会消费品零售总额完成6 646.5亿元，增长9.3%。节能减排完成年度目标任务。

——动能转换初见成效。战略性新兴产业产值达到3 510亿元，增长10.1%。服务业增加值实现5 340.8亿元，增长8.3%，占GDP比重提高1.2个百分点。工业结构中轻工业比重提高1.6个百分点。民营经济占全省经济总量的比重超过50%，个体工商户和私营企业户数分别达到136.2万户、25.8万户，分别增长7.6%、19.8%。

——粮食生产再获丰收。克服干旱等灾害影响，粮食产量达到729.4亿斤，稳居全国第4位。粮食单产继续位居全国首位。

——开放水平不断提升。主动融入国家“一带一路”战略，提出并实施长吉图向东开放和面向环渤海向南开放双翼共进，“长满欧”国际货运班列正式启动，扎鲁比诺万能海港项目进展顺利。

——人民生活持续改善。城镇居民人均可支配收入达到24 901元，增长7.2%；农民人均可支配收入在国家玉米临储价格下调的情况下，仍然达到11 326元，增长5.1%。城镇新增就业52.5万人，比计划目标多2.5万人。同口径实现27.2万人脱贫。城镇、农村低保标准分别达到月人均403元、年人均2 719元，分别增长8.3%、9.2%。企业退休人员养老金标准人均达到1 935元/月，增长12.5%。城乡居民基本医疗保险补助标准达到380元，增长18.8%。

一年来，我们围绕稳增长、调结构、促改革、惠民生、保稳定、防风险，扎实做好以下主要工作。

（一）坚持定向精准调控稳定经济增长。我们把稳增长放在突出位置，出台了一系列政策举措，落实省委推动新一轮振兴发展落实年“八千人大会”精神，开展项目“大巡检”活动，定期对重点企业、重大项目进行调度，实现了经济运行稳中有进、稳中有好。千方百计稳工业，工业经济增长逐季回升。充分发挥有效投资关键作用，抓好工业技改、棚户区改造等“五大工程”和交通、水利、能源基础设施等“四大工程包”建设，重大项目无论是数量还是质量都有大幅提高。长春至珲春城际铁路开通运营，长春至四平改扩建等4条高速公路建成。我省获批成为全国唯一城市地下综合管廊建设试点省，15个城市建成廊体24.8公里。白城市成为全国首批16个海绵城市建设试点市之一，各项工程全面启动。积极培育信息消费、信用消费等热点，四平电子商务产业园等获批成为国家示范基地，全省电子商务交易额突破2 600亿元。加强国际产能合作，长客公司美国马萨诸塞州地铁制造基地开工，支持一汽建设7个海外生产基地。深入实施创新驱动战略，新认定摆渡创新工场等23个新型孵化器，一大批创新主体生成涌现。

（二）坚持多点发力促进结构性改革。围绕孕育新的动能，加快推进结构调整。突出产业转型升级，医药健康、装备制造业产值分别达到2 029.2亿元、2 423.4亿元，分别增长13.5%、11.4%。成功发射“吉林一号”商业卫星组星，拥有自主知识产权的时速350公里中国标准动车组正式下线。旅游业总收入达到2 315.2亿元，增长25.4%，“十一”黄金周期间旅游收入增幅居全国首位。全省民航进出港航班达到8.6万架次，旅客吞吐量达到1 059.6万人次，分别增长13%、16.3%，增幅居东北地区首位。开展小微企业专项扶助活动，民营经济主营业务收入增长8.8%。统筹推进区域协调发展，加快建设西部生态经济区，启动向海湿地移民试点，抓好河湖连通等重点工程，湿地面积增加600平方公里；中部创新转型核心区总体规划正式出台，创新模式、转型路径更加清晰；全面启动东部绿色转型发展区，开工建设59个投资10亿元以上项目，东部地区发展进一步提速。深入实施新型城镇化，在启动4个国家首批试点的基础上，又有抚松县、梨树县、林海镇纳入国家第二批试点。开展18个扩权强镇试点，向带动县域加快发展具有引领作用的一批县（市）进一步放权，县域经济预计完成8 430亿元，占全省经济总量的比重达到59.1%。

（三）坚持推进农业现代化。落实习近平总书记重要指示，全面启动农业现代化建设规划实施。完善农业基础设施，大力改造中低产田，高标准农田面积达到2 000万亩，新增和改善节水灌溉面积320万亩。加快农业科技创新，建成625个粮油高产万亩示范片。农作物耕种收综合机械化水平突破80%。打造“吉林大米”品牌，大米平均销价提高7%，带动农民增收14亿元。启动4个国家级“粮改饲”和“种养结合”模式试点。改善粮食仓储设施，新增有效仓容100亿斤。“粮食银行”试点取得初步成效。抓好新农村建设，建成108个美丽乡村。全面启动农村土地承包经营权确权登记颁证工作。土地经营权抵押贷款试点扩大到37个县（市）。土地流转面积比重提高3个百分点。农村集体经营性建设用地入市试点稳步开展。启动供销合作社综合改革试点。延边州获批成为全国农村综合改革试验区。

（四）坚持全面深化改革开放。落实省委部署，突出抓好政府承担的标志性、关联性重大改革。推进简政放权、放管结合、优化服务改革，省市县三级政府权力清单全部建立并公布，政府权力运行更加规范。全省公安派出所出具的证明由51种下调到9种，出台了30项激发社会创造创新活力、助推振兴发展的政策措施。行政效率和服务质量进一步提升，审批时限整体压缩50%。事中事后监管体系不断健全，监管工作标准和流程更加规范。深化商事制度改革，实施“五证合一、一照一码”模式以来，大众创业、万众创新的制度环境进一步完善，新登记企业达到2.48万户，增长36.2%，平均每天生成275户企业。国资国企改革稳步推进，制定了改革总体意见和配套措施。推动大成集团完成重组。全面启动厂办大集体改革，森工、吉煤集团分离办社会职能试点进展顺利。国有林场改革总体方案获得国家发改委、林业局联合批复。金融体制改革深入推进，国务院正式批准在吉林省开展农村金融综合改革试验，并作为国家金融改革创新战略推进。探索金融资本投资运营新模式，成立东北亚国际金融投资集团，村镇银行基本实现全覆盖。全年社会融资2 709.8亿元，金融机构新增贷款2 609.4亿元，增长20.6%。新三板挂牌企业增加34户，资本市场直接融资1 226.3亿元，比上年翻了一番。财税改革不断深化，政府购买服务、存量资金盘活、政府债务置换等取得新成效。长春产学研协同创新机制试点深入开展。县级公立医院综合改革实现全覆盖。突出长吉图开发开放先导区战略，铁路、口岸等基础设施建设加快，积极推进长吉产业创新发展示范区建设，珲春—扎鲁比诺—釜山航线正式开通。成功举办第十届中国—东北亚博览会、"民企吉林行"、"央企走进吉林"等活动，引进域外资金、实际利用外资分别达到6 829.8亿元、85.7亿美元，分别增长16.1%、12%。吉林对外影响力和知名度不断提升。

（五）坚持民生工作优先。着眼托底民生，解决关系群众切身利益的突出问题，承诺的47项民生实事全部完成。在财政收支矛盾突出的情况下，用于民生的支出2 583亿元，占比达到80.3%，提高1.2个百分点。突出对高校毕业生等重点群体的就业帮扶，城镇登记失业率为3.5%。率先在全国建立医疗保险重特大疾病保障机制。启动了保障性安居工程"三年行动计划"，开工17.5万套，开工率达到100.3%，基本建成15.2万套，40多万居民受益。解决了98.1万农村人口饮水安全问题。社会事业协调发展。34个县（市、区）通过国家义务教育基本均衡发展验收。中小学校长教师交流全面启动，"大学区"管理覆盖91%的城市义务教育学校。各级博物馆、公共图书馆、文化馆等免费开放工作顺利开展。省科技馆新馆建成并投入使用。医疗救治体系逐步完善，传染病防治水平进一步提升，中医药事业持续健康发展。全力维护社会稳定。国家安全生产综合改革试点任务基本完成，安全生产形势总体稳定。食品药品安全形势持续平稳向好。连续35年无重大森林火灾。及时就地化解社会矛盾，信访受理总量、进京非正常上访数量分别下降40.4%和71.8%。推进平安吉林建设，严防暴恐现实危害，命案破案率达到99.8%。完善党政军警民合力治边机制，边境安全基础不断夯实。双拥共建取得新成果，军政军民关系更加密切。援藏、援疆工作深入推进。广播电视、新闻出版、外事侨务、民族宗教、人防、体育、老龄、妇女儿童、残疾人、地方志等各项事业全面发展。

（六）坚持加强民主法治和政风建设。扎实推进依法行政，提请省人大常委会审议地方性法规草案4部，制定政府规章5件。办理人大代表建议和政协委员提案567件。长春市、白山市行政复议权改革试点稳步推进。政务公开不断深化，政务服务网加快建设。深入开展"三严三实"专题教育，作风建设取得实效。保持了机构编制"零增长"、楼堂馆所"零开工"。整治乱收费、乱摊派等问题，发展环境进一步优化。严格督导追责问效，层层传导抓落实压力。推进政务督查与效能监察、执法监督、行政问责、专业审计有机结合，敲钟问响，推动了各项政策部署落地生根。反腐倡廉工作取得积极成效，以新风正气赢得人民群众广泛赞誉。

2015年工作取得的成效，标志着"十二五"规划胜利收官，确定的主要指标全面完成。主要是"跃上三个台阶，完成两个翻番，实现一个超越"。"跃上三个台阶"，就是地区生产总值年均增长9.4%，跨上万亿元台阶；地方级财政收入迈上千亿元台阶；粮食产量由568.6亿斤增加到729.4亿斤，登上了700亿斤台阶。"完成两个翻番"，就是"十二五"累计实现经济总量比"十一五"翻了一番；民营经济主营业务收入比2010年翻了一番。"实现一个超越"，就是城乡居民收入分别增长11%和12%，跑赢了GDP增速。这些成就标志着我省站在新的发展起点上，为"十三五"开局起步打下了坚实基础。

这些成绩的取得来之不易，是党中央、国务院坚强领导的结果，是全省广大干部群众主动作为、团结拼搏的结果，各个方面付出了极为艰辛的努力。我代表省政府，向全省各族人民，向人大代表、政协委员，向各民主党派、工商联、人民团体和社会各界人士，表示最崇高的敬意！向解放军驻吉部队、武警官兵和公安干警，中直各单位，向港澳同胞、台湾同胞、广大侨胞以及所有关心和支持吉林发展的海内外朋友，表示最诚挚的感谢！

在总结成绩的同时，我们清醒地看到，我省对新常态的趋势性变化认识不足、适应不够、主动引领不强，依然面临严峻困难和挑战。从经济发展看，经济增速不稳定、结构调整步伐不快、动能转换较慢相互交织。工业持续回升艰难，一些传统产业转型升级缓慢，新兴产业仍未成长为发展支柱，部分行业产能过剩问题突出。企业成本上升、亏损增加。投资缺乏后劲。受国际市场和经济结构调整影响，进出口下降态势仍在延续。财政收支矛盾突出，平衡收支难度很大。从社会领域看，不稳定因素依然较多，安全生产隐患不少，大气污染和雾霾治理等生态环境保护任务繁重，农民持续增收乏力，一些涉及群众切身利益的民生问题还需要下大力量解决。从全面深化改革看，一些关联性改革推进不快，落实不力，改革红利没有充分释放。从政府自身建设看，政府服务亟待加强，发展环境需要进一步改善。对上述问题，必须持续发力，切实加以解决。

二、2016年工作总体安排

今年，政府工作的总体要求是：以党的十八大和十八届三中、四中、五中全会以及中央经济工作会议精神为指导，深入贯彻习近平总书记系列重要讲话特别是视察吉林重要讲话精神，认真贯彻省委十届五次、六次全会和省经济工作会议部署，坚持以“四个全面”战略布局为引领，牢牢抓住国家新一轮振兴东北老工业基地的重要机遇，牢固树立和贯彻落实创新、协调、绿色、开放、共享的发展理念，主动适应经济发展新常态，坚持改革开放，坚持稳中求进工作总基调，坚持稳增长、调结构、惠民生、防风险，突出发挥“五个优势”、推进“五项举措”、加快“五大发展”，紧紧围绕去产能、去库存、去杠杆、降成本、补短板五大任务，着力推动转型升级，着力培育新的发展动能，着力增强持续增长动力，着力保障改善民生，着力实施依法治省，努力促进经济社会平稳健康发展，确保实现“十三五”时期经济社会发展的良好开局。

2016年经济社会发展主要预期目标是：地区生产总值增长6.5%～7%，地方级财政收入增长2%以上，单位GDP能耗下降3.2%，化学需氧量等排放量完成国家下达任务。居民消费价格涨幅3%左右，城乡居民人均可支配收入与经济增长同步，城镇新增就业50万人，城镇登记失业率控制在4.5%以内。

这些目标，是立足实际和可能，衔接全面建成小康社会和“十三五”规划的各项指标，经过反复比较、综合权衡后确定的，既保证经济运行在合理区间，提高调控的弹性和科学性，又保障供给侧结构性改革、民生改善、财政增长，为调结构、防风险、增强社会和市场信心创造条件。我们一定全力以赴，克难攻坚，力争完成得更好一些。

做好今年政府工作，必须遵循科学规律，坚持发展理念，破解发展难题，厚植发展优势，推动吉林新一轮振兴发展。按照中央要求，根据省委部署，牢牢把握以下几点。第一，贯彻发展理念。适应和引领经济新常态，关键是落实五大发展理念。只要我们坚持把发展作为第一要务，进一步解放思想，坚定发展理念，保持发展定力，提振发展信心，集中力量解决长期积累的体制机制和结构性问题，就一定会走出一条质量更高、效益更好、结构更优、优势充分释放的发展新路。第二，拓展发展路径。在经济新常态下，发展面临速度换挡节点、结构调整节点、动力转换节点，传统路径已经难以为继。必须打破旧思维，认识新常态，坚持变中求新、新中求进、进中突破，发挥优势与释放潜能同步推进，投资驱动与创新驱动“双轮发力”，引领好经济新常态。第三，增强发展动力。作为老工业基地，我省新旧动能转换艰难，新动能培育不足。我们必须坚定不移推进供给侧结构性改革，有效配置生产要素，提高供给体系质量和效率，增强供给结构对需求变化的适应性和灵活性。突出国资国企体制机制改革，发挥好国有资本的控制力、竞争力和影响力。深化科技体制改革，充分发挥我省科技优势，提高科技成果就地转化率，真正把发展基点放在创新上。第四，优化发展结构。我省传统产业供给能力较强，尽管增速放缓，但仍占绝对比重。必须强化科技创新，运用“互联网+”等新模式，推进结构转型和产业升级。要遵循产业树规律，升级老产业，加快培育战略性新兴产业，厚植新优势，从过去增量扩能为主转向调整存量、做优增量并举，做好结构调整的加减乘除法，增强发展的整体性协调性，推动经济平稳健康发展。第五，坚持发展宗旨。保障和改善民生是政府的最大责任，也是发展的归宿。要坚持把民生作为“指南针”，着力解决关系群众利益的根本问题，确保民生托底，促进社会公平正义。第六，改善发展环境。发展环境取决于政府服务能力和工作效率。必须转变政府职能，提高服务质量，加快建设法治政府，为培育各类市场主体、推动新一轮振兴发展创造良好条件。

着力抓好以下重点工作。

（一）下大力量稳定经济增长。着眼适应经济新常态，坚持底线思维，增强调控精准性，推动工业经济发展，强化投资、消费重要作用，确保经济稳定增长。

着力稳定工业经济增长。开展工业稳增长调结构增效益行动，抓好监测分析，加强要素供应保障，坚决遏制工业经济下行。突出重点企业，强化精准服务，逐户研究解决开拓市场、融资等困难。全面启动实施改善消费品供给、降本增效、制造业升级3个专项行动。针对钢铁、水泥、煤炭等行业产能过剩实际，切实做好去产能各项工作。对资不抵债、长期亏损、扭亏无望的“僵尸企业”，做好市场出清工作。

充分发挥投资关键作用。在推进供给侧结构性改革的同时，强化投资补短板作用。全省固定资产投资增长10%左右。一是突出基础设施项目。继续推进“五大工程”“四大工程包”等项目，确保取得实质性进展。全面启动我省境内松花江流域综合治理工程。推进城市地下综合管廊工程，确保开工160公里。加快伊通河百里生态长廊工程建设。全面开工河湖连通工程，力争增加3亿立方米蓄排水能力。加快白城海绵城市建设。突出铁路网、高速公路网、油气管网、信息通信网、城乡配电网等设施建设。抓好长春至白城铁路等项目，开工长春轨道交通北湖线一期等工程，确保长春地铁1号线等建成运行。新开工东丰至双辽等3个高速公路项目，续建靖宇至通化等9个项目，新增通车里程481公里。实施边防公路重点路段升级改造，推动军民融合发展。搞好松原机场、长春龙嘉国际机场二期扩建工程，推进白城机场通航前的筹备工作，加快延吉机场迁建前期工作。开工建设特高压扎鲁特变电站吉林配套工程。搞好中部城市引松供水等22项重点水利工程，力争完成投资100亿元。二是突出技改项目。优化产品结构，提高市场竞争力。抓好长客高速动车检修基地等项目，争取启动小卫星、无人机等智能制造项目，扩大战略性新兴产业投资比重。技改投资占工业投资比重达到60%以上。三是突出公共产品和公共服务相关项目。抓好市政道路、供排水等工程，全面提升服务水平。推进棚户区改造，全年改造完成13万套。

促进消费转型升级。发挥新消费引领作用，培育形成新供给、新动力。全省社会消费品零售总额增长9%左右。加快培育消费热点。深入推进市场化发展养老服务产业国家试点，放宽养老健康、医疗保健等市场准入。探索设立进口商品直销中心，增强中高端消费供给能力，吸引域外消费回流。深化与阿里巴巴、京东等知名电商合作，加强启明信息、欧亚易购等电商平台建设，打造智慧商圈和智慧特色街区，完成吉林市国家级电商快递协同发展试点城市和8个国家级电商进农村综合示范县（市）建设，电商综合服务平台覆盖300个城市社区，快递乡镇网点覆盖率达到100%。进一步推出消费政策。落实支持住房消费、体育消费等政策，围绕绿色、信息消费等新兴领域研究出台支持意见。制定扩大农村消费的措施，鼓励欧亚等大型零售企业到县乡设立商贸中心，释放农村消费潜力。切实增强消费能力。根据国家政策，调整收入分配，完善最低工资标准调整机制、职工工资正常增长机制。持续改善消费环境。健全商贸流通体系，建设长春市国家级流通节点城市和吉林市、延吉市区域流通节点城市。完善社会诚信体系，打击侵犯知识产权和制售假冒伪劣商品等违法行为，营造良好消费环境。

提高经济运行调控的精准性。创新调控方式，完善精准调控机制，增加精准调控资金，充分发挥财政资金“四两拨千斤”作用。房地产去库存要综合施策：一是扩大需求，深化户籍制度改革，解决好农民进城落户难问题；二是结合棚户区改造，加大货币化安置和政府回购商品房等政策性安置力度；三是降低购房成本和购房门槛，取消限购政策，协调银行合理降低购房贷款利率和住房按揭贷款的首付比例，研究松绑住房公积金政策，降低税费;四是鼓励和支持房地产开发企业适当降低商品住房价格,帮助解决融资难问题,同时根据去库存的进度调节土地供应。粮食去库存要落实国家消化和转化库存政策,从供给端发力,支持玉米加工企业脱困,降低企业财务成本、流通成本,继续对粮食加工企业给予适当补贴,完善粮食去库存政策措施;加快畜牧业发展,增加玉米过腹转化。汽车去库存要重点帮助一汽等企业,抓住国家1.6升及以下小排量乘用车购置税减半征收等机遇,加快销售现有存量汽车,重建销售体系。完善政府补贴和政府采购措施意见,支持自主品牌和新能源、节能型汽车的生产销售。

(二)下大力量深化重点领域改革。按照省委部署,实施一批具有标志性、引领性的重点改革,确保改革措施真正落地。一是打好国资国企改革攻坚战。既积极推进,又稳妥操作,切实维护社会稳定。实行国有企业功能界定分类、布局和结构调整,完善配套政策。推进经营性国有资产集中统一监管,加快省属企业与管理部门脱钩。先在农业、林业、旅游等领域组建国有资本投资运营公司。转变国资监管机构职能,制定监管清单和责任清单。妥善解决国企改革历史遗留问题。配合和协助驻吉央企做好"三供一业"分离移交。全面启动国有林区和地方国有林场改革。二是推进金融改革创新。启动农村金融综合改革试验,在长春、白城、松原、梨树、龙井等地开展相关试点,探索可复制可推广模式。加快吉林信托、省农信联社等金融机构改革。抓住股票发行注册制改革契机,推进有条件企业上市,用好公司债、企业债等融资工具,力争直接融资达到900亿元,新增上市挂牌企业3户。加快建设长春东北亚区域性金融服务中心。推进设立省扶贫开发建设投资有限公司。发起设立吉林人参交易中心。三是加快财税体制改革。完善预算激励约束机制,盘活财政存量资金,提高财政资金使用效率。积极防范和化解政府债务风险,继续做好债务置换和利用市场化工具,改善政府债务管理。扩大政府购买公共服务范围,制定第二批目录。按照国家统一部署,做好"营改增"和"营改增"后收入调整测算工作,推进省与市(州)、县(市)事权和支出责任制度改革。四是协调推进商事制度、社会保障、医药卫生、国有农垦农场、事业单位、价格机制、供销合作社、企业信息公示等重点改革。

(三)下大力量推进结构调整优化。搞好结构性改革,强化创新支撑,突出产业结构、区域结构、所有制结构等,进一步激发活力。

深入实施创新驱动战略。一是抓好重大标志性科技支撑项目。引导企业加大研发投入,加快推进"吉林一号"卫星商业化和产业化,全力打造民用航天数据信息和高端装备制造两个产业集群。抓好吉林通用机械有限公司20台套机器人的生产。结合军民融合发展,支持长春光机所和长光集团推进专用无人机产业化,无人机产业产值增长50%以上。二是支持吉林大学建设世界一流大学,支持东北师大和长春光机所、应化所抓好国家相关重点实验室的申请和创办工作,力争在高分子复合材料、新药创制、动力电池、激光通信、稀土资源利用等科研领域取得突破。扶持重点省属高校发展,提高科研攻关能力。三是完善创新平台和机制。搞好国家技术转移东北中心建设,强化辐射带动作用。新建3~5个院士工作站、10个中试中心。继续推进"两所五校"科技成果转化试点,加快科技成果省内转化。建设50个重大科技项目研发人才团队,培育一批科技小巨人企业。四是落实"互联网+"行动计划。实施"宽带吉林"工程,确保网络"提速降费"政策落地。充分利用我省地理环境、气候条件和电力供应的优势,加快推进云计算、大数据、空间地理信息集成、灾备中心等项目,形成新的产业集群。搞好辽源等"智慧城市"、白山"宽带中国"示范城市等创建。

加快产业结构优化升级。坚持有中生新、无中生有,推动产业融合发展、集群发展和高端发展。汽车产业重点优化车型结构,推进奔腾系列纯电等新能源汽车产业化。投放新迈腾等10款新车型,实现省属产销230万辆。石化产业坚持大化工发展方向,支持吉林化纤年产5千吨竹长丝等项目建设,完成吉化汽柴油质量升级,吉化新增原油加工量110万吨。推进油气勘探重点转向吉林东部地区,吉林油田油气产量当量超过500万吨。农产品加工业重点加快长春大成老厂区搬迁改造,推动建设中粮3万吨聚乳酸等生物化工项目,搞好酒精集团兼并重组,提高产能集中度。

医药健康产业重点盘活全省丰富的药号资源，突出抓好40户创新主导型企业，培育5个产值超10亿元的大企业，支持通化国家级医药高新区等建设。装备制造业重点建设国家轨道客车系统集成工程技术研究中心、吉林市航空产业园等项目，支持长客公司抓好俄罗斯高铁等订单落地，推动换热装备、农业机械等传统装备制造业高端化发展。旅游业重点实施“旅游+”行动，培育休闲农业等业态，启动组建吉林航空公司，推进图们江三角洲国际旅游合作区开发。全年接待游客增长17%，旅游总收入增长25%。战略性新兴产业深入实施9大行动计划，培育发展新材料、新一代信息技术、生物医药、高性能医疗器械等新兴产业。高技术制造业增加值实现快速增长。

集中力量打好服务业发展攻坚战。抓紧出台加快服务业发展的实施意见。围绕汽车、轨道客车等产前、产中、产后环节，加快发展研发设计、信息技术等生产性服务业，生产性服务业比重提高两个百分点。着力发展文化、健康等行业，推动生活性服务业向发展型、现代型转变。利用中韩自贸协定生效实施的机遇，扩大信息咨询、动漫游戏、创意设计等服务贸易规模，建好长春、吉林等服务贸易园区。推进长吉图综合物流园等项目建设，提升物流快递业发展水平。放宽准入条件，全面开放市场，积极引进国内外资本进入金融保险业，加快现代金融服务业发展。落实用电、用水、用气与工业同价政策，降低服务业生产要素成本。增加财政投入，推动服务业持续健康发展。

推进区域协调发展。落实省委要求，统筹推进东中西“三个板块”，进一步拓展发展空间。深入实施东部绿色转型发展区战略，搞好内联外通、生态恢复等五大先导工程，滚动实施100个投资10亿元以上重大项目。推进资源精深加工，提交和发现矿产地24处。深化与恒大等战略投资者合作，提高矿泉水、人参等品牌影响力。全面启动中部创新转型核心区建设，编制具体实施方案，推进产业转型、城市转型，加快建设长吉产业创新发展示范区，以国家级长春新区获批为契机，搞好哈长城市群、中部城市群建设。继续推进西部生态经济区发展，抓好向海湿地生态移民试点，启动实施一批循环经济试点项目，打造新型能源基地。

加快发展民营经济。坚持把民营经济作为推进供给侧结构性改革、增强发展活力的重要力量，进一步做优做强。完善民营经济发展机制，优化发展环境，争取把长春市等纳入东北振兴国家民营经济改革试点范围。启动“中小企业入规升级”行动，提升民营企业层次和规模，培育规模以上企业400户。新设省级创业孵化基地20户以上。实施“万名创业者、万名小老板”和技能人才培训计划，确保培训3万人。全面提升“吉商”企业家整体素质，推动民营经济发展壮大。

(四)下大力量统筹城乡发展。立足农业大省实际，坚持“四化同步”，加快城乡发展一体化。

加速推进农业现代化。深入落实率先实现农业现代化总体规划，全面提升现代农业发展水平。围绕树立大农业、大食物观念，尽快捕捉大商机。加快现代农业产业体系建设，突出抓好粮食生产，严守耕地保护红线，稳定粮食播种面积，正常年景下粮食产量达到680亿斤。搞好种植业结构调整试点，籽粒玉米种植面积调减300万亩。继续推进“粮安工程”建设，提升“吉林大米”品牌形象。打造120个国家级农业标准化示范区。扎实推进无规定动物疫病区和畜牧业全产业链建设，抓好600个标准化养殖示范场，支持雏鹰集团400万头生猪、皓月集团200万头优质肉牛“养加销”一体化等项目建设，确保生猪、肉牛生产平稳运行。加快现代农业生产体系建设，启动粮食生产全程机械化整体推进示范省建设，机械化作业水平提高两个百分点以上。实施大中型灌区配套改造等，建成高标准农田200万亩。加快现代农业经营体系建设，培育专业大户、农民合作社等新型经营主体，完善农业社会化服务体系，搞好农村土地确权整省推进试点，规模经营面积占比力争提高3个百分点。做好第三次全国农业普查。启动创业富农行动，支持农民盘活承包经营土地、林地等资源，进一步提高财产性收入比重。继续实施新农村“千村示范、万村提升”工程，启动新一轮410个重点村建设，改造农村危房4万户、农村厕所10万户，继续推动农村环境污染整治。实施县域经济转型升级示范工程，抓好资源深度开发，增强产业支撑能力。推进扩权强县改革，全面提升县域核心竞争力。

扎实做好城市工作。认真落实中央和全省城市工作会议部署，加强城市规划建设管理，探索走出吉林特色城市发展道路。着力打造长春、吉林大都市圈，加快长吉一体化进程。与哈长城市群搞好战略对接、规划衔接，将吉林、四平、辽源、松原等扩展为重要节点。实施好7个国家新型城镇化试点、省级示范城镇和扩权强镇试点等，适时总结推广经验。积极推进城市设计工作，争取长春市纳入国家城市设计试点。全面实施城乡户口一体化管理和居住证制度，保障进城农民工享受劳动就业、公共服务等权益。进一步细化具体落户政策，解决流动人口自愿进城问题。引导社会资本参与，完善道路、给排水等城镇设施，增强承载能力。实施吉林市哈达湾等城区老工业区、独立工矿区搬迁改造，改善城市环境。城镇的美化、绿化和亮化水平、管理水平要有大幅度提升。

（五）下大力量提升双向开放水平。发挥沿边近海优势，深度利用"两个市场""两种资源"，坚持高水平双向开放，不仅对外、也要对内，不仅"请进来"、也要"走出去"，推动形成对外开放新体制。一是扩大向东向南开放。主动融入国家"一带一路"战略，推进长吉图战略向东开放，积极参与中蒙俄经济走廊建设。争取中朝圈河至元汀界河公路大桥建成通车，继续实施扎鲁比诺万能海港等项目。抓好珲春国际合作示范区等平台。对接辽宁沿海经济带和京津冀经济圈，加快南部开放大通道建设，推进四平、辽源、铁岭、通辽经济协作区，打造"长平经济带""白通丹经济带"。二是推动国际产能合作。支持汽车、轨道客车等优势产能"走出去"，加快建设海外生产基地，开拓第三方市场。推进俄罗斯农牧业产业园区、中赞现代农业产业合作园区等5大境外园区建设，实施境外矿产资源开发等21个重点项目。三是稳步发展对外贸易。启动出口基地提升工程，完善12个境外营销展示中心区域化市场功能，进出口实现恢复性增长。建立外贸综合服务平台，提高边检口岸通关效率，完善进出口便利化服务。发展对俄、对朝边境贸易。扩大能源、资源类商品以及新技术、关键设备等进口。四是全力搞好招商引资。继续抓好重大活动签约项目落地，提高资金到位率。突出重点产业、重点园区等，实施精准招商，组织好"台资企业吉林行""世界500强企业走进吉林"等经贸活动。实际利用外资、引进域外资金分别增长10%和12%。

（六）下大力量搞好生态环境建设。树立绿色发展理念，落实节约资源和保护环境的基本国策，加大生态环境保护和建设力度，推进人与自然和谐共生，打造美丽吉林。一是集中治理大气污染。启动清洁空气行动计划，淘汰地级以上城市建成区内80%以上的10蒸吨以下燃煤小锅炉。加大黄标车和老旧机动车淘汰力度。搞好秸秆综合利用。加快重污染天气监测预警系统建设，进一步细化工业企业限产停产等措施，PM10年均浓度同比下降3%以上。二是深入推进节能降耗。突出高耗能行业，严格执行节能评估和水资源论证等审查制度，实施地热、光伏、风电等清洁能源替代工程，合理控制能源、资源消费总量。三是加快水污染防治。实施清洁水体行动计划，持续改善松花江、辽河流域水质。推动城镇污水处理设施和配套管网建设，全力消除城市建成区黑臭水体。地级以上城市全部实现饮用水水质达标。加快伊通河、条子河等主要支流水污染防治。推进新立城水库等重点湖泊生态环境保护试点工作。四是搞好生态工程建设。启动实施生态建设行动计划，推进东部长白山森林生态系统修复、中部黑土地保护治理、西部草原"三化"治理、林地清收还林等工程，持续恢复生态功能。

（七）下大力量保障和改善民生。省委确定，今年实施十六个方面48项民生实事，确保民生链正常运转。

扎实搞好基本民生。实现城镇零就业家庭援助率100%。新建省级农民工返乡创业基地20个。大学生就业能力提升培训项目覆盖"双困学生"1万人。为农村义务教育学校装备3 000个多媒体教室。在6个县级中医院建设中医药特色老年健康中心。为全省行政村每月放映公益电影1场。硬化行政村文化小广场200个。送演出下基层4 000场。

突出保障底线民生。稳步提高企业退休人员基本养老金待遇水平。推进医疗保险跨省异地就医即时结算。城乡低保标准不低于上年度城镇居民人均可支配收入的20%和农民人均可支配收入的30%,15个贫困县农村低保标准适度提高比例。为30万人(次)残疾人提供康复救助、康复训练和服务。将劳动保障、婚姻家庭、教育医疗等与民生紧密相关的事项纳入法律援助范围,实现应援尽援。继续推进"暖房子"工程建设,实施既有居住建筑供热计量及节能改造500万平方米,同步综合整治老旧小区200万平方米。坚决打好脱贫攻坚战,坚持精准扶贫、精准脱贫,确保完成30万人脱贫任务。

着力解决热点民生。加快大型燃煤锅炉除尘改造和脱硫脱硝设施建设,加强工业企业烟粉尘排放治理,烟粉尘排放达标率达到95%以上。培树15个食品药品安全示范县(市、区)和示范园区。启动农村饮水巩固提升工程。光纤到户覆盖家庭950万户,新增100个行政村通固定宽带。长春、吉林、通化实现城市公交"一卡通"互联互通。新增更新常规城市公交车500辆。建设村级"一站式"服务群众平台3 000个。

(八)下大力量加强社会建设。协调发展社会事业。坚持教育优先发展,加快发展普惠性学前教育,全面推行中小学校长教师交流和"大学区"管理,做好新一轮义务教育均衡发展县(市、区)申报验收工作,积极推进普通高中课程改革。优化职业教育布局结构,建设一批职业教育实习实训基地。推进高教强省建设,下放高校办学自主权,加快高校分类管理和省属本科高校转型发展。做好吉林市国家公共文化服务体系示范区创建工作,搞好文艺精品创作和优秀传统文化传播。广泛开展全民阅读活动。继续推进省文化活动中心、省美术馆、省档案馆、东北抗日联军纪念馆建设。中国长春光学科学技术馆开馆运营。推动健康吉林建设,加强传染病、慢性病和地方病防治,完善中医药健康服务体系。启动实施普遍两孩政策。普及群众体育运动,提升竞技体育水平,建设冰雪体育运动强省。深入实施兴边富民行动和"百村万户"致富工程,搞好少数民族特色村镇建设,支持延边等民族地区和民族事业发展。依法加强宗教事务管理。加快军民融合深度发展,提升国防动员建设水平。加强拥军社会化体系建设,搞好双拥模范城(县)创建。推进老龄、妇女儿童、慈善、残疾人等事业,抓好人防、测绘、侨务、档案、地方志等工作。

维护社会和谐稳定。落实安全发展长效机制,推进法规警示教育、责任落实等"五大体系"建设,突出煤矿、危险化学品、道路交通、消防安全等重点领域,加大隐患排查和打非治违专项整治力度,坚决遏制重特大事故发生。搞好防汛抗旱、森林草原防火、地震防灾减灾等工作。强化食品药品安全监管,打造吉林饮食用药安全放心品牌。开展信访积案化解活动,着力解决信访突出问题。加快建设立体化治安防控体系,严厉打击暴恐犯罪、严重刑事犯罪、电信网络新型犯罪等活动。强化科技管边控边,提升边境联合防控效能。落实属地责任,积极防范非法集资等风险蔓延。加强应急管理,提高突发事件防范应对能力,确保公共安全和社会稳定。推进覆盖城乡的公共法律服务体系建设。开展全民法治宣传教育,营造良好法治环境。

三、关于《吉林省国民经济和社会发展第十三个五年规划纲要(草案)》的说明

2016～2020年是我省经济社会发展第十三个五年规划时期。根据中央精神和省委建议,省政府组织有关部门,通过开展重大问题研究、征询社会各界意见以及专家咨询论证等,编制完成了《纲要(草案)》,已提请大会审查。下面,我就主要问题作简要说明。

(一)"十三五"时期经济社会发展的指导原则和主要目标。坚持新的发展理念,就是坚持创新、协调、绿色、开放、共享的发展理念,坚定不移地贯彻省委作出的突出发挥"五个优势"、推进"五项举措"、加快"五大发展"战略。把握四个原则,即坚持问题导向和目标导向相结合、坚持发挥优势和补齐短板相结合、坚持立足当前与谋划长远相结合、坚持市场主导与政府引导相结合。这些原则必须全面把握,贯穿于吉林振兴发展全过程。"十三五"时期经济社会发展主要目标:到2020年实现GDP和城乡居民收入比2010年翻一番,物价水平保持在合理区间。区域发展更加协调。结构调整取得实质进展。民生改善持续加强。改革开放全面深化。生态文明建设取得新进展。

(二)"十三五"时期的重点任务。《纲要(草案)》对我省"十三五"时期振兴发展的各项工作作了全面部署，明确了重点任务。

1.关于经济发展的重点任务。我省作为欠发达省份，必须坚持把发展作为第一要务，推动经济中高速增长，产业迈向中高端水平。《纲要（草案）》强调，深入实施创新驱动战略，增强发展内生动力。突出科技创新核心地位，推进形成以创新为主要引领和支撑的发展模式。以供给创新促进需求扩大，形成供给和需求两端发力的增长动力新机制。推进“互联网+”行动，拓展信息经济空间。完善基础设施，提高交通运输、能源供应、水利设施保障能力。加强生态文明建设，让吉林的天更蓝、山更绿、水更清，人居环境更优美。

2.关于结构调整和转型升级的重点任务。“十三五”期间，我省调结构、促转型任务十分艰巨。《纲要（草案）》提出，推进工业转型发展，形成具有持续竞争力和支撑力的产业体系。打好服务业发展攻坚战，打造服务业集聚区。争当现代农业排头兵，率先实现农业现代化。推进大众创业、万众创新，优化民营经济发展环境，到2020年民营经济比重达到55%左右。促进东中西区域协调发展，积极稳妥推进新型城镇化，有序推动农业转移人口市民化，加快城乡一体化进程。

3.关于改革开放的重点任务。改革开放是实现吉林振兴发展的必由之路。“十三五”期间，要破除制约振兴发展的体制机制障碍，处理好政府与市场的关系，努力形成充满活力的体制机制。《纲要（草案）》强调，打好国资国企改革攻坚战。推进农村综合改革。实施国有林区林场改革。切实转变政府职能，激发市场主体活力。加快文化体制等领域改革。我省作为内陆省份，开放不足始终制约着振兴发展。必须统筹沿边开放与内陆开放、对外开放与对内合作，扩大对外经济技术合作，畅通对外通道，打造开发开放平台，构建全方位开放合作新格局。

4.关于社会建设和民生改善的重点任务。加强社会建设，着力改善民生，既是人民群众的期盼，也是全面建成小康社会的重要标志，同时还为拓宽发展空间、应对下行压力提供支撑。《纲要（草案）》提出，提升治理能力，构建和谐社会。加快法治吉林建设，推进军民融合发展。加强精神文明建设，打造文化强省。坚决打赢脱贫攻坚战，切实增强扶贫实效。保障和改善民生，促进发展成果共享。积极应对老龄化趋势，推动人口均衡发展。

四、进一步加强政府自身建设

在经济发展新常态下，全面完成今年和“十三五”时期目标任务，对各级政府提出了新的更高要求。我们要加快推进政府职能转变，着力建设学习型、实干型、团结型、廉洁型、法治型政府，为推动新一轮振兴发展提供坚强保障。

（一）着力提升政府服务效率。创新政府管理方式，继续深化简政放权、放管结合、优化服务改革，承接好国家下放的行政审批事项，确保接住用好。对简政放权进行“后评估”，推进权力真正下放到位，探索解决好职能交叉等问题，坚决防止出现“中梗阻”现象，真正以政府权力的“减法”换取市场活力的“乘法”。充分借助信息技术手段，探索运用大数据等，建立标准化、程序化的市场监管体系。完善权力清单、责任清单、负面清单和财政专项资金管理清单，行政审批保留项目全部进入政务大厅办理。推进“互联网+政务服务”模式，加快建设政务服务网。推行行政审批和公共服务告知承诺制、限时办结制，简化办事程序，全面提高便民服务效率。

（二）着力提升依法行政水平。各级政府及其工作人员必须自觉遵守法律，依法履职尽责。贯彻落实国家《法治政府建设实施纲要（2015—2020年）》，加快制定“十三五”期间我省建设法治政府的实施意见，按年度分解建设任务，分阶段、分层次推进，在市县政府开展相关试点。制定重大行政决策程序规定，健全集体决策体制机制。探索政府立法起草主体多元化，提高公众参与度。严格规范行政执法行为，加强对依法行政的绩效考评，确保政府各项工作在法治框架内进行。

（三）着力提升从严治政标准。进一步精简会议和文件，厉行勤俭节约，“三公”经费只减不增，机构编制只调不加，楼堂馆所只修不建。自觉接受人大法律监督、工作监督和政协民主监督，认真办理人大代表建议和政协委员提案。加强审计监督和行政监察，发挥行业协会等社会监督作用，对公共资金、国有资产、国有资源等重点领域从严监管，实现审计监督全覆盖。巩固党的群众路线教育实践活动和“三严三实”专题教育成果，尊崇党章，认真执行《中国共产党廉洁自律准则》和《中国共产党纪律处分条例》，强化纪律和规矩约束，严格落实“两个责任”。按照中央和省委部署要求，全面做好党风廉政建设和反腐败工作，坚决查处各类腐败行为，以反腐败的新成果取信于民。

（四）着力提升推动落实能力。强化责任担当，始终保持良好精神状态，结合实际创造性开展工作。探索建立健全激励机制，树立干事创业的良好导向，坚决整治不作为、乱作为、不会为等问题，努力形成层层负责、人人担当的抓落实格局。深入基层调查研究，确保各项工作措施更加接地气、更加符合实际。加大督促检查力度，通过第三方评估等方式，打通政策落实“最先一公里”和“最后一公里”，提高政府公信力和执行力。

各位代表！

全面建成小康社会的号角已经吹响，新一轮振兴发展的伟大征程全面开启。让我们更加紧密地团结在以习近平同志为总书记的党中央周围，在省委的坚强领导下，在省人大及其常委会的有力监督下，团结和带领全省各族人民，牢记使命，胸怀担当，勠力同心，为加快吉林老工业基地全面振兴而努力奋斗！

关于吉林省2015年预算执行情况和2016年预算草案的报告

2016年1月26日在吉林省第十二届人民代表大会第五次会议上

省财政厅

各位代表：

受省政府委托，现将2015年预算执行情况和2016年预算草案提请省十二届人大五次会议审议，并请省政协各位委员提出意见。

一、2015年预算执行情况

2015年，全省各地各部门全面贯彻党的十八大、十八届三中、四中、五中全会和习近平总书记、李克强总理视察吉林重要讲话精神，按照省委对财政经济工作的总体部署和省十二届人大四次会议批准的预算，坚持稳中求进工作总基调，全面贯彻落实积极财政政策，实施定向精准调控，持续保障和改善民生，不断深化财税改革，有效保障各项重点支出，努力推动吉林经济社会平稳发展。

（一）预算收支情况

1.一般公共预算。

收入：省级一般公共预算收入307.67亿元，完成预算的105.4%，比上年增长15.1%（若考虑地方教育附加等政府性基金预算收入转列一般公共预算因素，可比增长5.5%）。其中，增值税55.33亿元，下降0.4%；营业税121.18亿元，增长12.8%；企业所得税45.67亿元，下降6%；个人所得税10.95亿元，下降2.3%；专项收入34.3亿元，增长181.3%（主要是地方教育附加等政府性基金预算收入转列一般公共预算增加的收入）；行政事业性收费13.93亿元，下降35.8%（主要是国家和省取消部分收费项目、降低收费标准影响）。

支出：省级一般公共预算支出2 201.56亿元，完成调整预算的95.5%（主要是部分项目支出需要按用款进度拨款，当年没有形成支出），增长9.9%。其中：省本级支出658.67亿元，完成调整预算的91.9%，增长0.6%；省对市县税收返还和转移支付支出1 542.89亿元，完成调整预算的97.1%，增长14.5%。一般公共服务支出47.48亿元，下降22.2%（主要是省以下工商质监单位下划市县管理和压缩一般性支出）；公共安全支出64.14亿元，增长11.2%；教育支出157.54亿元，增长20%；科学技术支出22.11亿元，增长22.6%；文化体育与传媒支出34.77亿元，增长28.2%（主要是吉林电视台偿还到期贷款本息增加的支出）；社会保障和就业支出316.37亿元，增长9.7%；医疗卫生与计划生育支出123.95亿元，增长15.5%；农林水支出297.3亿元，增长27.2%。

平衡情况：省级一般公共预算收入307.67亿元，加上地方政府一般债务收入549.54亿元、中央补助收入1 735.54亿元、市县上解收入74.64亿元、上年结余和调入预算稳定调节基金等197.3亿元,省级财政收入总计2 864.69亿元。省级一般公共预算支出2 201.56亿元,加上地方政府一般债务还本支出38.39亿元、地方政府一般债券转贷市县支出448.79亿元、上解中央支出5.32亿元、补充预算稳定调节基金及结转下年支出等170.63亿元,省级财政支出总计2 864.69亿元。省级实现财政收支平衡。

汇总省级和市县预算执行情况,2015年全省地方级财政收入1 229.29亿元,完成调整预算的100.3%(主要是受经济下行影响,部分市县调整了年初预算),增长2.2%。其中,增值税134.41亿元,下降3.8%;营业税242.05亿元,增长5.8%;企业所得税134.88亿元,下降5.8%;个人所得税34.11亿元,下降2.3%;行政事业性收费77.79亿元,下降9.9%。2015年全省一般公共预算支出3 217.1亿元,完成调整预算的92.9%,增长10.4%。其中,一般公共服务支出247.13亿元,下降2.5%;公共安全支出168.87亿元,增长9.2%;教育支出477.57亿元,增长17.3%(主要是调整工资,以及加大职业教育支持力度增加的支出);科学技术支出41.39亿元,增长13.6%;文化体育与传媒支出73.01亿元,增长19.4%;社会保障和就业支出462.28亿元,增长18.5%(主要是提高养老保险财政补助标准和离退休费发放标准增加的支出);医疗卫生与计划生育支出245.81亿元,增长19.1%(主要是提高新农合、城镇医保等医疗保障财政补助标准增加的支出);节能环保支出117.7亿元,下降16.1%(主要是上年国家清算暖房子工程奖补资金较多的影响);农林水支出408.61亿元,增长32.4%。

2015年全省一般公共预算收入1 229.29亿元,加上地方政府一般债务收入549.54亿元、中央补助收入1 735.54亿元、上年结余收入和调入预算稳定调节基金等519.75亿元,全省财政收入总计4 034.12亿元。2015年全省一般公共预算支出3 217.1亿元,加上地方政府一般债务还本支出420.98亿元、上解中央支出5.32亿元,补充预算稳定调节基金、调出资金和结转下年支出等390.66亿元,全省财政总支出为4 034.06亿元,全省财政收入总计与全省财政总支出相抵,净结余650万元。

2.政府性基金预算。

收入:2015年省级政府性基金收入72.99亿元,完成预算的84.9%,下降30.3%。其中,国有土地使用权出让收入10.38亿元,下降55.3%。省级政府性基金未完成预算及收入同比减少,主要是受房地产市场低迷,土地需求减少的影响。

支出:2015年省级政府性基金支出123.3亿元,完成调整预算的73.5%,下降16.1%。其中:省本级支出42.56亿元,完成调整预算的65.2%,下降6.9%;对市县转移支付支出80.74亿元,完成调整预算的78.8%,下降20.3%。政府性基金支出完成预算比例偏低,主要是个别重大项目需按施工进度拨款,当年未形成支出。

平衡情况:2015年省级政府性基金收入72.99亿元,加上专项债务收入215.46亿元,上年结余收入、中央补助收入和市县上解收入等95.97亿元,省级政府性基金收入总计384.42亿元。2015年省级政府性基金支出123.3亿元,加上政府债务转贷支出195.9亿元,债务还本和调出资金等31.24亿元,省级政府性基金总支出为350.44亿元。基金收入总计与基金总支出相抵,年终结余33.98亿元。

汇总省级和市县预算执行情况,2015年全省政府性基金收入367.15亿元,完成预算的64%,下降39.7%。其中,国有土地使用权出让收入259.41亿元,下降43%;车辆通行费34.48亿元,增长3.9%;城市基础设施配套费收入19.43亿元,下降20%。2015年全省政府性基金支出442.67亿元,完成调整预算的79.4%,下降29.7%。其中,城乡社区支出365.1亿元,下降30.4%;交通运输支出36.8亿元,增长2.5%。

2015年全省政府性基金收入367.15亿元,加上地方政府专项债务收入215.46亿元,上年结余收入、中央补助收入和调入资金等335.41亿元,收入总计918.02亿元。2015年全省政府性基金支出442.67亿元,加上地方政府专项债务还本支出185.46亿元,调出资金145.2亿元,基金总支出为773.33亿元。基金收入总计与基金总支出相抵,年终结余144.69亿元。

3.国有资本经营预算。

2015年省级国有资本经营收入1.97亿元,完成预算的125.7%，增长2.7%。其中，利润收入1.47亿元，增长6.5%；股利、股息收入0.5亿元，下降8%。2015年省级国有资本经营支出1.72亿元，完成预算的100%，下降7.5%。

2015年省级国有资本经营收入1.97亿元，加上上年结余0.15亿元，收入总计2.12亿元，与国有资本经营支出1.72亿元相抵，结余0.4亿元。

4.社会保险基金预算。

2015年省级社会保险基金收入89.16亿元，完成预算的100.5%，下降5.8%。其中，企业职工基本养老保险基金收入75.15亿元，下降11.9%（主要是为保障市县养老金发放，增加对市县基本养老保险基金的财政补助，省本级的财政补助收入相应减少）；失业保险基金收入4.06亿元，增长28倍（主要是2015年起省级统一代收原由属地管理的省直行业失业保险费增加的收入）；城镇职工基本医疗保险基金收入7.93亿元，增长6.4%；工伤保险基金收入1.75亿元，增长17.4%；生育保险基金收入0.27亿元，增长8%。

2015年省级社会保险基金支出96.83亿元，完成预算的104.2%，增长18.1%。其中，企业职工基本养老保险基金支出85.26亿元，增长16.6%；失业保险基金支出3.1亿元；城镇职工基本医疗保险基金支出7.16亿元，增长5.1%；工伤保险基金支出1.15亿元，下降36.8%；生育保险基金支出0.16亿元，下降20%。2015年省级社会保险基金收入与支出相抵，缺口7.67亿元，按规定动用历年滚存结余弥补。

汇总省级和市县预算执行情况，2015年全省社会保险基金收入834.8亿元，完成预算的100.1%，增长9.1%。其中，企业职工基本养老保险基金收入555.23亿元，增长6.9%；失业保险基金收入23.81亿元，下降11.2%（主要是2015年3月起失业保险征缴费率由3%下调到2%影响）；城镇职工基本医疗保险基金收入115.96亿元，增长14.5%；工伤保险基金收入15.05亿元，增长15.9%；生育保险基金收入5.64亿元，增长11.9%；城乡居民社会养老保险基金收入29.61亿元，增长37.4%；居民基本医疗保险基金收入89.5亿元，增长14.6%。全省社会保险基金支出851.07亿元，完成预算的102.3%，增长18.8%。其中，企业职工基本养老保险基金支出615.82亿元，增长19.1%；失业保险基金支出13.58亿元，增长18.7%；城镇职工基本医疗保险基金支出99.42亿元，增长21.3%；工伤保险基金支出9.53亿元，增长2.8%；生育保险基金支出4.16亿元，下降3.5%；城乡居民社会养老保险基金支出26.48亿元，增长64.5%；居民基本医疗保险基金支出82.08亿元，增长7.2%。2015年全省社会保险基金收入与支出相抵，缺口16.27亿元，按规定动用历年滚存结余弥补。

（二）地方政府债务情况

2014年末，全省地方政府债务余额2 772.59亿元，其中一般债务1 833.90亿元，专项债务938.69亿元。2015年，根据国家核定的地方政府债券发行规模，我省通过公开招标和定向承销方式发行地方政府债券765亿元（置换债券583亿元，新增债券182亿元），其中一般债券549.54亿元，专项债券215.46亿元。当年，省和市县政府使用置换债券和财政资金等偿还到期政府债务本金780.67亿元，通过政府与社会资本合作模式（PPP）等方式消化存量债务0.99亿元。截止2015年末全省地方政府债务余额2 755.93亿元（一般债务1 911.03亿元，专项债务844.9亿元），比国家核定我省2015年末地方政府债务限额3 018.7亿元（一般债务限额2 050亿元，专项债务限额968.7亿元）低262.77亿元。

（三）落实省人大预算决议及主要工作情况

过去一年，在省人大依法监督和省政协大力支持下，各级政府认真贯彻落实国家宏观调控政策和省十二届人大四次会议决议，加快推进财税体制改革，加强预算管理，提高财政资金使用绩效，各项工作取得新成效。

1.促进全省经济平稳增长。2015年，全省上下坚持稳中求进工作总基调，精准调控，攻坚克难，全力应对经济下行压力。一是认真落实税费优惠政策。落实营改增试点、小微企业税收优惠等结构性减税政策，加大清费减负工作力度，取消、停征行政事业性收费64项，降低部分项目收费标准，当年减轻企业和社会负担近40亿元。二是支持重点项目建设。通过发行地方政府债券、争取中央支持等多种渠道，筹措拨付资金484.2亿元，支持水利、铁路、公路、机场和社会事业等重点项目建设，推进城市地下综合管廊、海绵城市等国家试点项目，提升城市综合承载能力，促进新型城镇化和长吉图开发开放先导区建设。三是支持企业改革和发展。筹措拨付资金14.3亿元，深入推进厂办大集体改革和企业分离办社会，支持解决国企改革遗留问题。筹措中小企业和民营经济发展引导资金、基金7.8亿元，重点支持孵化基地和创业园区建设、健全人才培养体系、降低企业融资成本等，推动民营经济更好更快发展。四是创新财政资金投入方式。省级支持经济发展资金中，以贴息、股权投资、设立投资引导基金、事后奖补等间接方式投入的比例达到31%，财政资金引导和带动金融和民间资本投入的能力进一步提升。

2.切实保障和改善民生。2015年，全省财政用于民生方面的支出占全部财政支出的80.3%，比上年提高1.2个百分点，确保47项民生实事的全部完成。一是支持创业就业。筹措拨付资金31.2亿元，支持公益性岗位援助、实训基地和高校毕业生创业平台建设等，着力促进就业困难人员、高校毕业生、农民工等特殊群体就业。二是完善养老保险制度。筹措拨付资金181.5亿元，确保了271万企业离退休人员养老金及时发放和调待政策落实。筹措拨付资金21.4亿元，确保城乡居民基础养老金发放和提高补贴标准。同时，多渠道筹集资金，认真落实养老保险制度改革和工资调整政策，积极推动各项工作有序推进。三是加大对低收入群体扶持力度。筹措拨付资金49.2亿元，确保城乡低保补助资金发放和提高补助水平。筹措拨付资金10.4亿元，确保了灾区困难群众、优抚对象等人员抚恤和生活补助及时足额发放。四是支持改善群众居住生活条件。筹措拨付资金98.7亿元，其中争取开发银行贷款78.7亿元，支持开展棚户区、农村危房改造、公共租赁住房建设等保障性安居工程和"暖房子"工程建设。筹措拨付资金17.1亿元，支持城市二次供水改造工程和农村饮水安全工程建设。五是促进养老服务产业发展。按照国家部署，积极探索建立以市场化、商业化方式支持养老服务产业发展的体制机制和有效模式。

3.落实各项强农惠农政策。一是支持提高农业综合生产能力。筹措拨付资金98.3亿元，重点用于支持农业综合开发、农业基础设施建设、农业科技推广、农村人居环境建设、农业产业化经营和高标准农田建设等。二是认真落实对农民的各项补贴政策。筹措拨付资金131.1亿元，用于粮食直补、农资综合补贴、良种补贴、农机具购置补贴、增产技术补贴、农业保险保费补贴等，调动农民种粮积极性。三是积极做好扶贫开发。筹措拨付资金8.4亿元，重点支持实施贫困村整村推进、贫困片区扶贫开发、少数民族地区兴边富民行动等。继续实施精准扶贫，把贫困人口数量作为分配资金的主要参考因素，将财政专项扶贫资金项目审批权限全部下放市县管理。四是深入推进农村综合改革。筹措拨付资金10.5亿元，推进村级公益事业一事一议财政奖补工作，开展建制镇示范试点和"美丽乡村"建设试点等农村综合改革工作。继续在全省48个市、县（区）推行粮食直补资金担保贷款工作，全省新增发放贷款14.8亿元，惠及8.1万农户。

4.促进各项社会事业协调发展。一是支持教育优先发展。筹措拨付资金157.5亿元，支持学前教育发展，改善贫困地区义务教育办学条件，提高中职和高中国家助学金补助标准，建立公办高中生均公用经费财政补助定额制度和中职学校生均公用经费奖补制度，进一步提高省直属本科和高职高专生均拨款水平等。二是深入推进医药卫生体制改革。全省财政医疗卫生投入235.7亿元，完善城乡医保制度，将城乡居民基本医疗保险财政补助标准由上年的人均320元提高到380元；支持提高城乡医疗救助标准，初步建立疾病应急救助制度；支持县级公立医院改革全面启动，巩固完善基层医疗卫生机构运行新机制；进一步提高基本和重大公共卫生服务项目标准，保障医改各项重点工作稳步推进。三是支持推进科技创新。筹措拨付资金10.2亿元，落实科技研发投入政策，完善财政补助、风险投资等投入机制，创新财政支持模式，探索委托和后补助等支持方式。四是支持文化繁荣发展。筹措拨付资金34.8亿元，支持实施送戏下乡、全民阅读、农村电影公益放映等文化惠民工程，继续落实公益性文化场馆免费开放财政补助政策，支持文化体制改革、文化产业发展和扶持优秀文艺作品创作生产等。

5.扎实推进财政体制改革。按照《吉林省深化财税体制改革实施意见》，稳步推进各项财税改革任务。一是深化预算管理制度改革。按照《关于深化预算管理制度改革实施意见》确定的改革框架体系，改进年度预算控制方式，完善政府预算体系，细化预算信息公开内容，推进预算绩效管理，启动编制中期财政规划，规范省对下转移支付制度，各项改革任务扎实推进，全面规范、公开透明的预算制度体系初步建立。同时，按照国家要求，加大财政存量资金清理盘活力度，建立了覆盖全省的结余结转资金定期清理机制，财政存量资金规模得到有效控制。二是加强地方政府性债务管理。制定印发《关于加强政府性债务管理的实施意见》，进一步健全完善借用还一体化的政府债务管理机制。扎实开展存量债务清理甄别工作，摸清了我省政府债务底数。积极处置存量债务，做好地方政府债券置换存量债务和债券发行有关工作，有效防范和降低财政金融风险。三是积极推广运用PPP。制定印发《关于我省开展政府和社会资本合作工作的实施意见》，组织开展PPP专题培训，建立了全省PPP项目库，目前入库项目57个，项目总投资约951.4亿元，其中11个PPP项目被列入国家示范项目目录。四是推进政府购买服务。出台了《吉林省政府购买服务管理办法》，明确了政府购买服务应遵循的基本原则、购买主体和承接主体、购买内容、购买方式及程序、预算及财务管理、绩效和监督管理等内容。

总的看，2015年在多重不利因素叠加影响下，财政仍保持平稳运行来之不易。这得益于省委的坚强领导和科学决策，得益于省人大、省政协及代表委员们的监督指导和大力支持，是全省上下团结拼搏、担当奉献、精准发力的成果。但同时，我们也清醒地认识到，当前仍然存在一些需要着力解决的矛盾和问题：受经济下行和结构调整等因素影响，财政收入中低速增长常态化，但稳增长、调结构、惠民生等支出仍呈刚性增长，收支平衡难度越来越大；财政更加深刻地介入各方面体制机制构建，通过改革化解多方面矛盾的任务复杂繁重；政府举债空间有限与经济社会发展融资需求较大的矛盾突出，防范潜在风险任务艰巨等等。这些矛盾和问题，都需要我们统筹兼顾，综合施策，尽快破解。

二、2016年预算草案

2016年是“十三五”规划的起步之年，是推进供给侧改革的攻坚之年，也是全面深化财税体制改革的关键一年，编制好2016年预算，对于贯彻落实国家各项方针政策和省委重大决策部署，努力保持全省经济持续健康发展、社会和谐稳定，具有十分重要的意义。

（一）2016年预算安排指导思想和基本原则

2016年预算安排的指导思想是：全面贯彻落实党中央、国务院决策部署和省委十届三次、四次、五次、六次全会精神，坚持稳中求进、改革创新，贯彻实施积极的财政政策，加快推进财税体制改革，进一步落实减税降费等政策措施，促进振兴发展积聚新动能，取得新突破；充分发挥财税政策促进产业结构调整、经济转型升级和培育发展新动力的重要作用，大力支持大众创业、万众创新；加大财政资金统筹使用力度，盘活存量、用好增量，优化财政支出结构，重点保障基本民生支出，从严控制一般性支出；加强政府债务管理，有效防范财政风险。

预算编制遵循的基本原则：2016年预算编制坚持“主动作为、精准发力、有保有压、讲求绩效”的原则，按照全省经济工作会议的决策部署，进一步改变思维定势，转变工作重点，主动适应经济发展新常态，努力发挥财政职能作用，增强保障能力。一是收入预算充分考虑完成指标的现实基础和支撑条件，努力与经济发展水平相适应，与财政政策相衔接，实事求是、积极稳妥。二是支出预算优先保障基本民生支出及国家和省确定的重大工作部署，严格控制和压缩“三公”经费等一般性支出，继续实施精准调控，大力支持推动供给侧结构性改革，着力转方式、补短板、防风险、促开放，提高发展的质量和效益。三是同中期财政规划相衔接。积极推进中期财政规划管理，对涉及民生支出、重点项目、重大工程增加支出、以及提高标准的一些重大政策，纳入三年规划统筹考虑，确保财政可持续发展。四是将地方政府债务分门别类纳入全口径预算管理，防范和化解债务风险。五是完善政府预算体系，加大财政资金统筹使用力度。六是创新财政投入方式,发挥财政资金“四两拨千斤”作用,更好发挥财政资金对民间资本投入的拉动作用。

(二)2016年收支预算安排

按照预算编制的基本原则,对2016年一般公共预算、政府性基金预算、国有资本经营预算和社会保险基金预算安排如下:

1.一般公共预算。

2016年省级财政收入316.9亿元,比上年增加9.2亿元,预期增长3%。加上中央税收返还和提前下达转移支付收入、市县体制上解收入、调入预算稳定调节基金、调入转列一般公共预算的政府性基金结余资金等,省级收入总计1 828.87亿元。扣除上解中央支出等,省级财政支出安排1 805.25亿元,增长2.8%(不包括上年结转支出和执行中国家追加的一次性专项补助,下同)。其中:省本级支出安排617.35亿元,增长0.9%;省对市县税收返还和转移支付支出安排1 187.9亿元,增长3.8%。

省级财政支出主要安排情况:一般公共服务支出47.16亿元,增长4.4%;公共安全支出81.03亿元,增长11.6%;教育支出133.06亿元,增长3.5%;科学技术支出19.26亿元,增长2.8%;文化体育与传媒支出20.8亿元,增长3.7%;社会保障和就业支出270.02亿元,增长0.7%;医疗卫生与计划生育支出110.92亿元,增长2.3%;农林水支出191.81亿元,增长2.8%;交通运输支出101.98亿元,增长10.1%;资源勘探信息等支出28.39亿元,增长6.4%;商业服务业等支出9.11亿元,增长33.8%;住房保障支出38.42亿元,增长2.9%;粮油物资储备支出23.57亿元,增长10.1%。

汇总省级预算和市县预算,2016年全省地方级财政收入1 253.88亿元,比上年增加24.59亿元,预期增长2%。加上中央税收返还和提前下达转移支付收入、调入预算稳定调节基金、调入转列一般公共预算的政府性基金结余资金等,全省财政收入总计2 878.46亿元。扣除上解中央支出等,全省财政支出安排2 837.53亿元,增长2.5%。

2.政府性基金预算。

2016年省级政府性基金收入74.49亿元,比上年增加1.5亿元,预期增长2.1%。加上上年结余收入33.98亿元、中央提前下达转移支付收入4.88亿元,省级政府性基金收入总计113.35亿元。扣除调出资金5.58亿元、结转下年支出等23.18亿元,省级政府性基金支出84.59亿元,比上年减少38.71亿元,下降31.4%。其中,省本级支出39.21亿元,下降7.9%;对市县转移支付45.38亿元,下降43.8%。

汇总省级预算和市县预算,全省政府性基金收入362.09亿元,比上年减少5.06亿元,预期下降1.4%。加上上年结余收入144.69亿元、中央提前下达转移支付收入4.88亿元,全省政府性基金收入总计511.66亿元。扣除调出资金54.25亿元、结转下年支出50.17亿元,全省政府性基金支出407.23亿元,比上年减少35.44亿元,下降8%。

3.国有资本经营预算。

2016年省级国有资本经营收入2.37亿元,比上年增加0.4亿元,预期增长20.3%。加上上年结转收入0.4亿元,省级国有资本经营收入共计2.77亿元。剔除调入一般公共预算0.25亿元,省级国有资本经营支出相应安排2.52亿元,比上年增加0.8亿元,增长46.5%。

汇总省级预算和市县预算,全省国有资本经营收入3.27亿元,比上年增加0.25亿元,预期增长8.3%。加上上年结余收入0.82亿元,全省国有资本经营收入总计4.09亿元。剔除调入一般公共预算0.45亿元,全省国有资本经营支出3.64亿元,比上年增加1.32亿元,增长56.9%。

4.社会保险基金预算。

2016年省级社会保险基金收入255.12亿元,比上年增加165.96亿元,预期增长186.1%。其中保险费收入163.55亿元,财政补贴收入86.15亿元,利息收入5.26亿元。省级社会保险基金支出271.97亿元,比上年增加175.14亿元,增长180.9%。收支相抵,本年缺口16.85亿元,使用以前年度滚存结余弥补。

汇总省级预算和市县预算,全省社会保险基金收入1 030.21亿元,比上年增加195.41亿元,预期增长23.4%。其中保险费收入638.14亿元,财政补贴收入373.89亿元,利息收入12.6亿元。全省社会保险基金支出1 104.4亿元,比上年增加253.33亿元,增长29.8%。收支相抵,本年缺口

74.19亿元，使用以前年度滚存结余弥补。

以上预算安排的具体情况，详见《吉林省2015年预算执行情况和2016年预算(草案)》。

(三)2016年地方政府债券发行限额

为加快地方预算执行进度，提高债务资金使用效率，经国务院批准，财政部提前下达我省2016年第一批地方政府债务新增限额182亿元，其中一般债务新增限额152亿元，专项债务新增限额30亿元；核定我省2016年置换债券发行规模上限898亿元，一般债券和专项债券的发行比例由我省根据拟置换的一般债务与专项债务的比例自行确定。按照规定，新增债务限额拟举借的债务不列入年初预算，待国家正式下达后编制预算调整方案，报省人大常委会批准后发行和使用，分别列入一般公共预算和政府性基金预算。

(四)2016年省级财政支出主要政策

1.支持扩大有效投资，着力转方式调结构增效益，促进经济稳定增长。一是筹措安排资金139.87亿元，支持交通路网、松花江流域综合治理和西部河湖连通等重点领域基础设施建设，推进保障性安居工程、农村饮水安全、农村危房改造、地下管网建设、城市地下综合管廊等民生工程和新型城镇化建设，增加公共产品有效供给，提高城市综合承载能力和公共服务水平。二是筹措安排资金29.14亿元，支持重点产业发展，突出发展民营经济和战略性新兴产业，推动产业融合发展、集群发展和高端发展，加大对产业结构调整和工业技改的支持力度，建立精准调控机制，提高经济运行调控的精准性，通过稳增长为调结构争取时间和空间，通过调结构为稳增长培育新的发展动能。三是筹措安排资金23.15亿元，通过设立引导基金、产业基金、政府和社会资本合作(PPP)融资支持基金等市场化方式，创新投融资模式和运营机制，发挥财政资金“四两拨千斤”的作用，调动各方面的积极性，为基础设施建设和经济发展助力。四是筹措安排资金3.68亿元，支持长吉图开发开放先导区、兴隆综合保税区建设，实施航线运力补贴，推动对外贸易发展、跨境电子商务发展和招商引资，对中国驰名商标、吉林省著名商标和名牌产品生产企业给予奖励。五是筹措安排资金7.34亿元，推动开发区转型升级，支持长白山重点项目和向海国家级自然保护区核心区生态移民试点工程建设，推进区域协调发展。六是筹措安排资金12.95亿元，支持重点发展生产性服务业，积极发展健康、养老、旅游等服务业，完善服务业体系，打好服务业发展攻坚战。七是筹措安排资金2.13亿元，支持农村金融综合改革示范区建设、金融总部基地建设和现代金融服务业多元化发展，引进金融机构，鼓励信贷投放，加强金融监管，实行土地收益贷款贴息。

2.完善社会保障制度，切实保障和改善民生，促进社会和谐稳定。一是筹措安排资金37.13亿元，推进机关事业单位养老保险制度改革，提高城乡居民基础养老金发放标准和城乡低保、基本医疗保险补助标准，实施城乡居民大病保险和困难群体临时救助，加大对优抚对象等人员抚恤及生活补助，提升社会保障水平。二是筹措安排资金9.42亿元，推动基层医疗卫生制度和县级公立医院改革，加强基层卫生人才培养，加大基本公共卫生服务和卫生健康服务投入。三是筹措安排资金35.36亿元，解决国有企业老工伤人员工伤保险、早期改制国企退休人员参加职工医疗保险、森工集团老国企退休职工医疗保险问题和森林公安机关工资套改等历史遗留问题，对中央下放煤炭企业关闭破产移交办社会职能改革进行补助，推进国有林区和国有林场改革，打好国企改革攻坚战。四是筹措安排资金3.97亿元，支持抓好安全生产，开展隐患排查整治，加强食品药品安全监管，强化社会治安综合治理，实行信访救助和司法救助。

3.加大教育科技文化投入，统筹教育发展，推动科技创新。继续把教育、科技作为财政支出的重点领域予以保障。一是筹措安排资金16.87亿元，合理配置义务教育教学资源，推进城乡义务教育均衡发展，改善农村义务教育薄弱学校基本办学条件，保障农村中小学教师工资补贴待遇，推进义务教育学校标准化建设，支持扩大改善学前教育资源。二是筹措安排资金1.2亿元，对普通高中给予经费补助，对普通高中家庭经济困难学生给予资助。三是筹措安排资金提高普通高校生均拨款水平，对长白山学者、技能名师给予经费补助，支持部属高校高端科技创新平台和重点学科建设，扶持民办高校发展，加大对特殊教育和职业教育发展的支持力度，加快推进高教强省建设。四是筹措安排资金10.45亿元，支持科技创新、人才引进开发和应用技术研究与开发，推动产学研结合，促进科技成果产业化，推动科技创新与经济社会发展深度融合。五是筹措安排资金4.61亿元，支持吉林省文化活动中心和省美术馆建设，强化公共文化服务体系建设，加大文化惠民和体育事业投入。

4.健全财政支农政策，促进"三农"发展，加强生态环境保护。一是筹措安排资金37.31亿元(含基金安排的高标准农田建设15.8亿元)，支持高标准农田、千亿斤粮食生产能力田间工程、小型农田水利建设，支持农业综合开发、实施农作物增产技术、机械化保护性耕作、农机深松深翻作业，推动农业生产体系建设和农业产业化，促进粮食生产和畜牧业发展。二是筹措安排资金8亿元，推进土地适度规模经营，构建集约化、专业化、组织化、社会化的新型农业经营体系，促进农业科技进步，对县域金融机构涉农增量贷款给予奖励，加大农业保险保费补贴力度。三是筹措安排资金15.36亿元，推进农村综合改革，开展农村宅基地和集体建设用地使用权和农村土地承包经营权确权登记，实施农村环境综合整治和农村厕所改造，发展新型农村集体经济，促进体制机制创新，建设美丽乡村。四是筹措安排资金8.27亿元，加大扶贫资金投入力度，建立扶贫资金稳定增长机制，拓宽融资渠道，创新推进方式，实施精准扶贫和易地扶贫搬迁，打好打赢脱贫攻坚战。五是筹措安排资金8.4亿元，推动林业发展及资源生态保护，支持节能减排、生态保护、大气污染防治以及各类建筑节能降耗，促进新能源的应用推广。

5.严格控制一般性支出，建设节约型政府。严格执行中央和省委关于厉行节约、反对浪费的有关要求，从严从简，勤俭办事业，建设节约型机关。对"三公"经费等一般性支出继续从严控制和压缩。2016年省本级预算安排"三公"经费比2015年压缩1.4%，对其他一般性支出继续从严掌握安排。

三、开拓创新，扎实工作，确保完成2016年预算

2016年，各项财政改革发展任务异常繁重。我们将认真落实省委的各项决策部署，在省人大依法监督和省政协大力支持下，强化改革意识、创新意识、担当意识，振奋精神，攻坚克难，扎实工作，努力完成全年预算任务。

(一)增收节支，切实提高财政保障能力。2016年，影响收入增长的各项因素仍将继续存在，部分因素影响程度还将进一步加深。房地产去库存压力较大，工业产品价格持续走低，国际国内市场需求不振，重点税源企业效益下滑，组织收入工作面临前所未有的困难。为确保完成收入预算，一方面着眼经济发展新常态，深入研究推进供给侧改革的财政定向精准调控措施，大力支持稳定经济增长和结构调整优化，切实增强经济持续发展能力，努力培植后续财源。另一方面加强对财政收入走势的预研预判，在不折不扣地落实好各项结构性税费减免政策基础上，依法依规加强税收和非税收入管理，努力提高财政收入质量，逐步建立财政收入稳定增长的长效机制。同时，坚持勤俭办事业，实行源头严控，继续严格控制和压缩一般性支出，继续盘活存量、用好增量，加大结余结转资金统筹使用力度，按照促进基本公共服务均等化的总体要求，进一步向以改善民生为重点的社会建设倾斜财力，全力保障教育、"三农"、科技、就业和社会保障、医疗卫生、保障性安居工程、文化等重点支出需要。

(二)精心组织，扎实推进财税体制改革。加快建立完善全面规范、公开透明的现代预算制度。推进全口径政府预算管理，将政府收支全部纳入预算，建立政府性基金、国有资本经营预算调入一般公共预算的机制，扩大国有资本经营预算编制范围，逐步提高国有资本经营收益上缴比例。加强社会保险基金预算管理，健全完善基金收入征缴、支出约束、保值增值等制度机制。加大预决算公开力度，进一步细化公开内容，规范公开程序，除涉密信息外，所有涉及使用财政资金的部门(单位)全部公开预决算。推进中期财政规划管理，编制财政重大项目三年滚动规划，并与财政"十三五"规划有效衔接，对涉及财政支持的重大政策，建立科学论证机制，增强财政政策和支出安排的前瞻性和可持续性。优化转移支付结构，提高一般性转移支付规模和比例，进一步清理、整合、规范专项转移支付，研究建立财政转移支付同农业转移人口市民化挂钩机制。按照国家统一部署，妥善落实“营改增”、个人所得税、消费税、资源税等税制改革任务，做好税基调整测算等工作。在国家的改革总体框架内，深入研究和推进省以下各级政府间事权和支出责任划分改革。同时，坚持财税改革与其他改革协同推进，充分发挥财税改革在全面深化改革中的基础和支撑作用，使财税改革与国企改革、金融改革等各领域改革相互衔接、相互协调，形成共同推进的合力。

（三）盘活存量，努力提高财政资金使用效益。统筹预算编制、执行、结余结转资金管理，建立和完善盘活存量资金的约束和激励机制，存量资金的定期清理机制，编制项目支出预算和安排专项转移支付，都要统筹以前年度结转资金。继续按照预算法和其他有关规定清理收回结转资金，加大清理盘活力度，收回的存量资金统筹用于发展急需的重点领域，优先保障定向精准调控、偿还和化解到期政府债务、民生实事和民生工程等重点支出。切实加强预算执行管理，狠抓重大项目、重点科目和重要部门预算执行，切实减少年末结余资金数额，降低结转资金比例。同时，将绩效管理理念融入预算管理全过程，进一步健全完善预算绩效管理机制。

（四）强化管理，有效防控债务风险。进一步加强和规范政府债务管理，对已经纳入限额管理的债务，切实抓好债务管理各项政策的落实，做实债务限额管理，严格按照《预算法》规定在限额内依法举债。完善预算管理机制，将政府存量债务还本付息纳入预算，根据批准的限额编制预算调整方案，建立地方政府债务限额及债务收支情况随同预算公开的常态机制。妥善处理存量债务，继续做好债券发行和债务置换工作，严格将置换债券资金用于偿还符合条件的政府债务。大力推广应用PPP模式，通过特许经营、股权合作、财政补助、调整价格等政策，带动社会资本进入公共服务领域，提高公共服务供给质量和效率，有效缓解政府主导型项目的融资压力，减轻债务负担。加强风险预警，加大对高风险地区和行业风险化解的监管和指导力度。同时，强化借、用、还一体化的债务管理机制建设，加强债务监管，防止各种形式的变相、违规举债，避免隐形债务风险。

各位代表，2016年是我省经济社会发展进程中十分关键的一年。做好各项财政管理改革工作意义重大、任务艰巨。我们将在省委的坚强领导下，严格按照省十二届人大五次会议的决议和要求，坚定信心，锐意进取，砥砺奋进，扎实工作，努力完成各项目标任务，为加快吉林老工业基地全面振兴发展做出更大的贡献！

在全省财政工作视频会议上的讲话

刘长龙

（2016年3月10日）

同志们：

这次全省财政工作会议是省政府同意召开的。会议的主要任务是：贯彻落实全国财政工作会议和省委十届五次、六次全会、全省经济工作会议、全省“两会”精神，总结回顾2015年和“十二五”期间全省财政工作，分析研判“十三五”财政改革发展形势，安排部署2016年财政工作重点任务。省委、省政府对财政工作高度重视，朝鲁书记、超良省长和广滨常务副省长在听取财政工作情况汇报和省级预算安排意见时，都对做好今年和今后一个时期财政工作提出了明确要求，我们要认真学习领会，全面贯彻落实。下面，我讲三个方面的意见。

一、关于2015年及过去五年全省财政工作

2015年，面对经济下行压力不断加大的困难局面和前所未有的减收增支压力，全省各级财政部门在省委、省政府的坚强领导下，坚持稳中求进工作总基调，主动适应经济发展新常态，全面贯彻落实积极的财政政策，实施定向精准调控，切实保障和改善民生，不断深化财税改革，努力保障各项重点支出，在稳增长、调结构、促改革、惠民生、保稳定、防风险等方面做了大量卓有成效的工作。

（一）财政收支实现平稳运行。2015年，经过全省上下共同努力，全省经济增长缓中趋稳，经济运行稳中有进、稳中有好。在此基础上，全省财政部门加大增收节支工作力度，密切配合国税、地税等征管部门，切实强化收入征管，大力挖掘增收潜力，努力做到应收尽收，不收过头税，财政收入实现平稳增长。全省一般公共预算地方级财政收入1 229.3亿元，比上年增加25.9亿元，增长2.2%。同时，牢固树立过紧日子思想，认真贯彻落实中央和省委、省政府关于厉行节约、反对浪费等各项规定和要求，从严控制“三公”经费等一般性支出，大力清理盘活存量资金，调整优化财政支出结构，集中财力保障民生等重点支出需要，2015年全省一般公共预算财政支出完成3 217.1亿元，增加303.9亿元，增长10.4%。其中，教育、社会保障和就业、医疗卫生与计划生育、农林水等民生和重点支出均保持两位数增长。

（二）努力促进经济稳定增长。一是认真落实税费优惠政策。努力克服收入增速放缓等诸多困难，认真落实营改增试点、小微企业税收优惠等结构性减税政策，加大清费减负工作力度，取消、停征行政事业性收费64项，降低部分项目收费标准，全年为企业和社会减轻税费负担50亿元。二是支持重点项目建设。通过省级预算安排、发行

地方政府债券、争取中央财政支持、使用开发银行和国际金融组织贷款等多种渠道，大力筹措资金，支持水利、铁路、公路、机场等重点项目建设，推进城市地下综合管廊、海绵城市等国家试点项目，提升城市综合承载能力，促进新型城镇化和长吉图开发开放先导区建设。三是支持企业改革和发展。深入推进企业分离办社会，支持解决国企改革遗留问题。加大中小企业和民营经济发展引导资金、基金的统筹力度，大力支持孵化基地和创业园区建设、健全人才培养体系、降低企业融资成本，推动民营经济更好更快发展。四是创新财政资金投入方式。省级支持经济发展资金中，以贴息、股权投资、设立投资引导基金、事后奖补等间接方式投入的比例达到31%，财政资金引导带动金融和民间资本投入的能力进一步提升。

（三）认真落实各项强农惠农政策。一是支持提高农业综合生产能力。大力支持农业综合开发、农业基础设施建设、农业科技推广、农业产业化经营和高标准农田建设，支持发展现代农业。二是认真落实对农民的各项补贴政策。妥善落实粮食直补、农资综合补贴、良种补贴、农机具购置补贴、增产技术补贴、农业保险保费补贴等各项惠农补贴政策，保护和调动农民种粮积极性。按照国家要求，将农资综合补贴集中20%，用于农业信贷担保机构建设，完善产粮大户和农业专业合作组织信贷条件，促进农村土地流转，推进农业集约化、规模化发展。三是积极做好扶贫开发。支持实施贫困村整村推进、贫困片区扶贫开发、少数民族地区兴边富民行动等。继续实施精准扶贫，把贫困人口数量作为分配资金的主要因素，将财政专项扶贫资金项目审批权限全部下放市县管理。四是扎实开展农村综合改革。推进村级公益事业一事一议财政奖补工作，开展建制镇示范试点和美丽乡村建设试点等农村综合改革工作。继续在全省48个市、县（区）推行粮食直补资金担保贷款工作。

（四）切实保障和改善民生。大力调整优化支出结构，努力加大民生投入，着力织密织牢民生保障网，全省财政用于民生方面的支出占全部财政支出比重达到80.3%，比上年提高1.2个百分点，确保了省委、省政府承诺的47项民生实事全部兑现。一是支持创业就业。认真落实各项就业扶持政策，健全完善困难群体就业帮扶长效机制，支持公益性岗位援助、实训基地和高校毕业生创业平台建设等，着力促进就业困难人员、高校毕业生、农民工等特殊群体就业。二是完善养老保险制度体系。积极筹措资金，确保271万企业退休人员养老金及时发放和调待政策的落实。顺利实施机关事业单位基本工资调整和养老保险制度改革，实现了不同性质单位养老保险统一的制度模式。城乡居民基础养老保险制度运行平稳，基础养老金在国家每月提高15元的基础上，再提高5元，达到月人均75元。三是加大对低收入群体扶持力度。城乡困难群众、优抚对象等抚恤和生活补助政策及时足额兑现，城乡低保保障标准分别达到上年城镇居民人均可支配收入的20%和农村居民人均纯收入的25%，补助水平分别达到城市月人均339元，农村季人均388元，分别比上年提高31元和51元。四是支持改善群众居住生活条件。统筹使用预算资金、政府债券资金、国家开发银行贷款，大力支持开展棚户区改造、农村危房改造、公共租赁住房建设等保障性安居工程和“暖房子”工程建设。继续加大对城市二次供水改造和农村饮水安全工程建设的资金支持力度。五是促进养老服务产业发展。按照国家以市场化方式发展养老服务产业试点工作的要求，制定了《吉林省开展以市场化方式发展养老服务产业实施方案》，设立了吉林省养老服务产业政府引导基金，积极探索以市场化、商业化方式支持养老服务产业发展的体制机制和模式。

（五）促进各项社会事业协调发展。一是支持教育优先发展。支持学前教育发展，扩大普惠性学前教育资源。落实城乡义务教育经费保障政策和集中连片特困地区乡村教师生活费补助政策，支持改善贫困地区义务教育办学条件和提高办学水平。提高中职和高中国家助学金补助标准，建立公办高中生均公用经费财政补助定额制度和中职学校生均公用经费奖补制度。进一步提高省直属本科和高职高专生均拨款水平，2015年分别达到1.5万元和1.2万元以上。二是深入推进医药卫生体制改革。完善城乡医保制度，健全大病救助体系，将城乡居民基本医疗保险财政补助标准由上年的人均320元提高到380元；支持提高城乡医疗救助标准，初步建立疾病应急救助制度；支持县级公立医院改革全面启动和市级公立医院改革试点，巩固完善基层医疗卫生机构运行新机制；进一步提高基本和重大公共卫生服务项目标准，保障医改各项重点工作稳步推进。三是支持推进科技创新。落实省委、省政府关于"十二五"期间财政科技研发经费年均增长20%以上目标要求，进一步加大省级科技研发投入，完善财政补助、风险投资等投入机制，创新财政支持方式，探索采取委托和后补助等市场化方式支持科技研发和成果转化。四是支持文化繁荣发展。实施送戏下乡、全民阅读、农村电影公益放映等文化惠民工程，继续落实公益性文化场馆免费开放财政补助政策，支持文化体制改革、文化产业发展和扶持优秀文艺作品创作生产等，进一步繁荣公益文化事业。

（六）扎实推进财税体制改革。按照《吉林省深化财税体制改革实施意见》，稳步推进各项财税改革任务。一是深化预算管理制度改革。以省政府文件印发了《关于深化预算管理制度改革实施意见》，确定改革政策框架体系。完善政府预算体系。将政府收支分门别类全部纳入"四本预算"并上报省人代会审查。将政府性基金预算中应统筹使用的地方教育附加、文化事业建设费等资金列入一般公共预算。从编制2015年省级预算起，改变原来农业、教育、科技、文化、卫生计生等重点支出法定和政策性增长的做法，实行项目化管理。推进预算信息公开。经省人代会审查批准的《关于吉林省2014年预算执行情况和2015年预算草案的报告》按时向社会公开。省级上报人代会审查的部门预算及"三公经费"财政拨款预算，除涉及国家秘密的部门外，按照规定的格式和内容及时向社会公开。推进预算绩效管理改革。扩大专项资金和重点项目支出绩效评价试点范围，2015年试点项目由2014年的8项增加到15项。在对省编办等15个部门继续进行整体支出绩效评价试点的基础上，将省文化厅等25个部门纳入试点范围。盘活财政存量资金。按照国家要求和财政部具体工作部署，以省政府文件印发了《关于进一步做好盘活财政存量资金工作的通知》，建立了覆盖市县财政和省直部门的结余结转资金定期清理机制。经过全省各级财政部门的共同努力，我省财政存量资金规模大幅度减少，2015年底比2014年底下降79.7%。启动实施中期财政规划管理。按工作安排，以省政府文件印发了《吉林省人民政府关于实行中期财政规划管理的意见》，对我省中期财政规划编制程序、编制规划的主体和分工、主要内容及编制规划的基本要求等做出明确规定。二是加强地方政府性债务管理。以省政府文件印发了《关于进一步加强政府性债务管理的实施意见》，进一步健全完善借用还一体化的政府债务管理机制。扎实开展存量债务清理甄别工作，摸清了我省政府债务底数。积极处置存量债务，做好地方政府债券置换存量债务和债券发行有关工作，有效防范和降低财政金融风险。三是积极推广运用PPP。以省政府文件印发了《关于我省开展政府和社会资本合作工作的实施意见》，开展了PPP专题培训，建立了全省PPP项目库，目前入库项目57个，项目总投资约951.4亿元，其中11个PPP项目被列入国家示范项目目录。四是推进政府购买服务。出台了《吉林省政府购买服务管理办法(暂行)》，明确了政府购买服务应遵循的基本原则、购买主体和承接主体、购买内容、购买方式及程序、预算及财务管理、绩效和监督管理等内容。

去年是"十二五"的收官之年。"十二五"时期，经全省上下共同努力，圆满完成了财政"十二五"规划的各项任务，全省财政实力不断壮大，财政改革不断深化，财政管理水平不断提升，为全省经济社会发展做出了重要贡献。回顾"十二五"财政改革发展，主要有以下六个突出特点：

第一，财政收支实现平稳增长，财政实力不断壮大。"十二五"期间，全省地方级财政收入总量达到5481亿元，是"十一五"的2.6倍，年均增长15.3%。财政收入规模从2012年起站稳千亿元台阶后不断扩大，2015年全省地方级收入比"十一五"期末翻了一番。"十二五"期间，全省财政支出总量达到1.35万亿元，是"十一五"的2.2倍，年均增长12.5%。2015年全省财政支出是"十一五"期末的1.8倍。在收支规模不断扩大的同时，收支结构进一步优化。收入方面，2015年地方级财政收入占全口径财政收入的比重达到57.3%，比2010

年提升7.4个百分点；“十二五”期间，省级、市（州）级、县级收入占全省收入的比重，分别为22.8%、48%和29.2%。与“十一五”期间相比，省级占比下降3.11个百分点，市县占比分别提升1.56和1.55个百分点。支出方面，一般性支出得到有力控制，因公出国（境）经费、车辆购置及运行费、公务接待费持续减少。2015年，全省一般公共服务支出占财政支出比重为7.7%，比2010年下降3.4个百分点。

第二，财政政策资金调节作用不断强化，促进经济发展卓有成效。坚持服务大局，始终把促发展作为财政工作的重要任务，优化资源配置，大力支持稳增长、调结构。“十二五”期间，全省各级财政多渠道筹措资金，努力争取中央财政支持，扶持支柱优势特色产业发展、战略性新兴产业培育、服务业提速升级、中小企业加快发展、企业自主创新，以及铁路、交通、水利等重点项目建设，全省累计投入支持经济发展方面的资金5 011亿元，占全部财政支出的37%，有力地支持了全省经济实现平稳较快发展。同时，认真落实国家和省各项结构性减税和普遍性降费政策，取消和停征行政事业性收费116项，降低收费标准12项，有效减轻了企业和社会负担。

第三，坚持民生优先，支持解决关系群众切身利益的突出问题。“十二五”期间，全省各级财政围绕增加就业、完善社会保障制度、健全城乡社会救助体系、提高教育经费保障水平、加大科技研发支持力度、推进医药卫生体制改革、支持保障性安居工程建设、促进农业增效和农民增收、推动文化繁荣发展等人民群众切身利益问题，千方百计调整优化支出结构，努力提高资金保障水平，支持办好一大批民生实事，有力促进了社会和谐和人民生活持续改善。“十二五”期间，始终坚持把新增财力的70%以上用于保障和改善民生，全省累计投入民生资金1.1万亿元，年均增长13.5%，高于财政支出平均增长水平1个百分点。

第四，财税体制改革不断深化，基础和支撑作用日益凸显。按照国家和省委、省政府的统一部署，扎实推进各项财税改革。一是深化预算管理制度改革。改进年度预算控制方式，完善政府预算体系，细化预算信息公开内容，推进预算绩效管理，启动编制中期财政规划，规范省对下转移支付制度，全面规范、公开透明的预算制度体系初步建立。同时，按照国家要求，加大财政存量资金清理盘活力度，建立了覆盖全省的结余结转资金定期清理机制，财政存量资金规模得到有效控制。二是贯彻落实国家税制改革政策。营改增由点到面，逐步扩大到交通运输业、电信业、邮政业和部分现代服务业；石油、天然气和煤炭资源税从价计征改革扎实推进；认真落实促进小微企业发展的增值税、营业税和企业所得税优惠政策，减轻小微企业税费负担。三是规范政府债务管理。相继制定印发加强政府性债务管理的实施意见，以及地方政府性债务收支计划编制、债务举借核准管理、债务偿债准备金管理、风险预警指标监测管理等配套办法。建立绩效考核评价机制，在《吉林省市（州）政府绩效管理考评办法》和《吉林省县域考评办法》中“增加地方政府性债务风险预警指标”，把政府性债务作为一项硬指标纳入政绩考核。

第五，加强财政基础工作，财政管理水平明显提升。深入贯彻实施新《预算法》，全面推进依法理财，加强财政法制建设，大力开展普法宣传，强化法治理念，进一步提升依法理财水平。省财政制定出台了内部控制基本制度，内控机制不断完善，财政内部管理水平不断提升。国库集中收付制度改革进一步深化，省市县三级全部建立国库集中支付管理系统，县级以上预算单位国库集中支付制度改革实现全覆盖。政府采购电子化建设稳步推进，政府采购实施范围和规模不断扩大。省级国有资本经营预算编制范围扩大到50家，实现了单独编制和规范运行。“十二五”期间，省级国有资本经营预算收入实现12.8亿元，安排支出12.5亿元，有力支持了国企改革和发展。财政监督水平全面提升，财政收支管理监督和会计监督等各项日常监督工作扎实开展，贯彻落实中央“八项规定”、严肃财经纪律和“小金库”专项治理等专项检查取得显著成效。标准化财政所创建工作深入开展，乡镇财政管理进一步加强。财政信息化建设步伐进一步加快。财政投资评审和农业综合开发项目评估成果逐步扩大。全面贯彻落实会计政策法规、准则、制度、内部控制规范，会计人才培养、考试评价等服务体系进一步健全。注册会计师、资产评估师行业监管力度不断加大。财政罚没收入、外债资金管理、水利建设基金筹集使用管理和财政票据管理工作不断加强。全省财政系统机关党建、创先争优、党团活动和财政文化建设扎实有效,机关运转、后勤保障、老干部服务、财政科研和新闻宣传等工作都取得了新的成绩。

第六,深入推进党风廉政建设,切实转变工作作风。按照中央和省委的统一部署,全省各级财政部门扎实开展党的群众路线教育实践活动,省级和各市(州)财政部门深入开展"三严三实"专题教育,通过开展活动,财政干部职工精神面貌、作风建设、工作态度焕然一新,为进一步做好财政工作、推进财税体制改革积聚了正能量。深入推进党风廉政建设和反腐败工作,强化"两个责任",制定了《省财政厅党组关于进一步落实党风廉政建设主体责任的实施办法》和《落实驻厅纪检组监督责任的实施意见》,进一步明确厅党组和驻厅纪检组在党风廉政建设中的责任,为进一步抓好党风廉政建设提供制度保障。认真学习贯彻《中国共产党廉洁自律准则》和《中国共产党纪律处分条例》,教育广大党员干部牢固树立党章党规党纪意识,坚持把纪律和规矩挺在前面,守好纪律底线,使遵规守矩成为习惯。

"十二五"财政工作的圆满收官,为"十三五"开好局、起好步打下了坚实的基础。这些成绩,是省委、省政府正确领导的结果,是全省广大财政、财务干部职工开拓进取,改革创新,担当奉献的结果,是各地各部门,特别是税务部门,积极支持,共同努力的结果。在此,我代表省财政厅党组向全省财政、财务干部职工表示诚挚的敬意!向关心、理解、支持财政工作的各级领导,各部门、各单位,表示衷心地感谢!

"十二五"时期,财政工作的成绩来之不易,积累的经验弥足珍贵。通过实践,我们提高了运用中国特色社会主义理论和习近平总书记系列重要讲话精神指导和推动工作的能力,提高了把财政工作放在经济社会发展大局中去思考、去谋划的能力,提高了贯彻落实中央和省委省政府决策部署的能力,提高了依法理财和处理复杂问题的能力。归结起来,以下几个方面值得我们思考和体会:

第一,财政发展必须树立服务大局的理念。随着我国经济发展进入新常态,经济由高速增长转为中高速增长,财政发展要适应这种形势变化,就必须坚持服务大局,始终把促发展作为财政工作的重要任务,超前谋划、主动服务,着眼服务于吉林老工业基地振兴大局,充分发挥财政在资源配置、宏观调控、收入分配方面的职能作用,更加重视支持供给侧结构性改革,加快经济发展转变方式,提升经济发展质量和效益。

第二,财政发展必须树立市场在资源配置中发挥决定性作用的理念。财政资金的支出方向和方式直接体现了政府职能,转变政府职能要求我们思考财政资金如何与社会资本相结合,实现既定的社会经济发展目标。财政的功能和定位应尽可能减少对市场配置的直接干预,简政放权,改革资金分配方式,通过推广应用PPP、政府购买服务等市场化手段,由直接面向微观主体转变为发挥撬动功能和为社会资本创造提供更多、更好公共服务的机会,激发市场活力。

第三,财政发展必须树立促进基本公共服务均等化的理念。财政的重要职能是促进基本公共服务均等化,这是确保国家长治久安、建设现代国家治理体系和提升治理能力的重要体现。在安排财政支出时,必须注重对公共服务的全覆盖,促进城乡公共资源均衡配置,健全城乡基础设施投入长效机制,把社会事业发展重点放在统筹城乡发展和缩小城乡基本公共服务差距上,努力推动基本公共服务的均等化。

第四,财政发展必须树立用改革来化解矛盾和解决问题的理念。深化改革是发展的强大动力,要通过改革加快健全完善相关体制机制,破除旧有体制机制的束缚。财政工作要擅于用改革的办法解决发展中存在的矛盾和问题,创新财政投入的方式、方法,最大限度的激发和增强各级财政部门、各预算单位和市场主体的活力和动力,调动各方面的积极性、主动性和创造性,努力提高资源配置效率,加快建立现代财政制度。

在肯定成绩的同时,我们必须清醒地看到,财政改革发展仍面临诸多困难和问题。主要是:受经济持续下行影响,财政收入增速偏低,一些市(州)、县(市)财政收入出现负增长,保民生、保工资和养老金发放的压力增大，财政收支矛盾加剧，财政平衡收支面临较大难度；财政介入各方面体制机制构建程度不深，有的改革措施落得不实，通过改革化解多方面矛盾的任务复杂繁重；政府举债空间有限与经济社会发展融资需求较大的矛盾突出，防范潜在风险任务艰巨等等。朝鲁书记在全省经济工作会议上强调，“虽然我们面临的挑战不可低估，但发展的机遇必须抓住，前进的信心决不能动摇。只要我们坚定信心，把省委、省政府的决策部署一以贯之地抓下去，就一定能够破解矛盾和问题，实现预期目标”。我们要按照朝鲁书记的指示精神，高度重视财政面临的困难和问题，深入研究，综合施策，努力加以解决。

二、当前和今后一个时期财政改革发展面临的形势

科学分析和判断经济形势，是做好财政工作的重要前提。中央经济工作会议、全国财政工作会议、全省经济工作会议和全省“两会”，都对今年的财政经济形势都作了深入分析。中央经济工作会议提出，积极的财政政策要加大力度，实行减税政策，阶段性提高财政赤字率，在适当增加必要的财政支出和政府投资的同时，主要用于弥补降税带来的财政减收，保障政府应该承担的支出责任。全国财政工作会议指出，要创新和完善财政宏观调控，加快财税体制改革，清费立税，增收节支，优化结构，提高绩效，重点保障基本民生支出，压缩其他支出，大力推动供给侧结构性改革，适度扩大总需求，着力转方式、补短板、防风险、促开放，提高发展的质量和效益，增强持续增长动力。全省经济工作会议和全省“两会”，对今年我省稳增长、落实改革举措、推进结构调整和转型升级、农业现代化建设、扩大双向对外开放、生态环境保护和城市工作、保障和改善民生、安全发展和提升政府服务水平等重点工作进行了详细部署，提出了明确的目标和要求。我们要认真学习领会，真正把思想统一到中央和省委、省政府的分析判断和决策部署上来。

总的来看，今后一个时期我们面临的减收增支因素仍然很多，收支矛盾呈加剧态势。按照全省人代会批准的2016年预算草案，今年全省地方级财政收入预期增长2%左右。我省“十三五”规划中明确，未来五年地方级财政收入年均预期增长5%左右，可以说财政部门面临的压力非常大，任务异常艰巨。从全国层面看，在经济发展新常态和“三期叠加”的背景下，国民经济供给侧驱动增长的条件发生重大变化，需求侧政策边际效应递减，结构性矛盾导致全要素生产率增速趋降，经济下行压力依然较大，需要着力解决经济增长动力转换问题，而这个问题的解决有赖于供给结构的优化、升级，需要加快推进供给侧改革。习近平总书记在中央经济工作会议上用“加减乘除”四则运算通俗易懂地布局了供给侧改革这一新举措，其中在做好“减法”的内容中就明确提出了几项具体的减税措施。这些政策，在降低企业成本的同时，客观上也会影响财政增收。从目前政策出台情况看，今年5月1日“营改增”将全面实施，结构性减税政策进一步加大力度，各级财政都面临巨大的政策性减收压力。同时，财政支出刚性增长的趋势没有改观，稳增长、调结构、促改革、惠民生、保稳定、防风险等增支需求仍然较大，财政部门要加快补短板，适应新常态，加大对产业结构调整、保障基本民生、基础设施建设等投入，财政支出保障任务十分繁重。从我省层面来看，今年，我省财政收入形势将更加严峻，存在诸多结构性、政策性减收因素，进一步增收的空间有限。支柱产业中汽车制造业面临研发成本高和市场竞争激烈的双重挤压，利润空间被大幅压缩，汽车产业对财政收入的拉动作用明显减弱。房地产业短期内复苏乏力，房地产投资下滑，商品房成交量萎缩，去库存压力较大，房地产税收面临巨大减收压力。原油、煤炭、铁矿石等资源价格走势低迷，采矿业收入负增长态势仍将延续。特殊增收措施基数较大，清欠及资产处置等一次性收入减少。财政收入已迈上千亿元台阶，每一个百分点的增长，实现难度也较过去明显增大。同时，在全省加快推进吉林老工业基地振兴发展的关键时期，稳定经济增长、保障工资和养老金发放、环境治理和保护、提升城市综合承载能力等政策性增支刚性增强，资金需求巨大，财政收支矛盾异常突出。从改革层面来看，财税体制改革的任务复杂艰巨。在全国财政工作会议上，财政部对深化财税体制改革进行了多方面的具体部署，全面推开营改增改革，积极推进个人所得税改革，完善消费税制度，全面实施资源税从价计征改革，清理取消相关收费基金；完善全面规范、公开透明的现代预算制度；加大四本预算统筹力度，实行中期财政规划管理；全面推进预算绩效管理；稳步推进政府会计改革，建立权责发生制政府综合财务报告制度改革；继续盘活存量资金等。这些改革，许多顶层设计方案已经明确，需要我们认真研究政策，保持清醒头脑，克服思维惯性，切实转变理念观念，提前研究谋划，积极稳妥推进实施。

尽管当前和今后一个时期财政工作面临诸多困难，但同时一定要看到积极因素和有利条件。一是我省发展面临重大政策机遇，国家出台了振兴东北老工业基地的若干意见，在我省开展农村金融改革、城市地下综合管廊建设等国家级试点，将促进我省经济社会实现持续健康发展，为改善财政状况创造有利条件。二是财税体制改革、国企改革、金融改革等各领域改革不断深入，制度供给的不断创新，对于宏观经济环境的改善和增强微观经济主体活力都将起到积极的推动作用，财政可持续发展能力将进一步增强。三是我省产业转型升级步伐不断加快，汽车、石化、农产品加工等原有支柱产业优化升级，医药健康、高端装备制造和新材料等战略性新兴产业的潜力不断释放，以及大众创业、万众创新正在成为稳定经济增长、扩大社会就业的新引擎。这些都有望形成新的收入增长点。四是股权投资基金、产业投资引导资金、PPP、政府购买服务等市场化财政投入方式的广泛运用，财政资金的放大、引导、撬动作用将进一步显现，财政提供公共产品和公共服务的能力将进一步提升。

总的来看，“十三五”时期，财政工作任务繁重艰巨，挑战与机遇并存。各级财政部门既要未雨绸缪，准确把握形势，正视面临的困难；又要审时度势、增强信心、冷静应对，主动适应经济发展新常态和推进供给侧结构性改革，切实转变理财观念，努力做好当前和今后一个时期财政工作。在推进工作中，要重点把握好以下四个原则：

一是要把握好定位清晰，有所为有所不为的原则。分清政府与市场的边界，充分发挥市场在资源配置中的决定性作用。坚持公共财政的基本定位，科学界定财政支出范围，重点解决好财政“越位”和“缺位”问题。二是要把握好统筹平衡，突出重点的原则。统筹财政预算资金、地方政府债券、财政存量资金等政府财力资源，重点保障经济结构调整和民生改善重点领域、重点项目资金需要，优先支持科技创新、战略产业发展、基本民生等补齐短板工作，提高发展的协调性和平衡性。三是要把握好立足当前，着眼长远的原则。既要考虑年度预算安排，也要考虑与中期财政规划以及财政“十三五”规划的关系，体现跨年度预算平衡机制的要求。既要考虑当前财政部门自身的管理，也要考虑财政角色定位的转变，积极推进财税体制改革，不断创新财政制度供给，服务和推进供给侧结构性改革。四是要把握好效率与公平兼顾的原则。不断探索绩效管理的新途径，进一步提高财政支出效益，更加注重存量调整和效率优先，确保财政资金发挥最大效益。同时要发挥好财政在促进社会公平正义方面的职能作用，加大对公共产品和服务的投入，加强社会弱势群体托底保障工作，更大范围增强人民福祉。

三、2016年财政工作主要任务

今年全省财政工作的指导思想是：全面贯彻全国财政工作会议和省委十届五次、六次全会精神、全省经济工作会议和全省“两会”精神，牢固树立创新、协调、绿色、开放、共享的发展理念，大力推动供给侧结构性改革，紧紧抓住国家新一轮振兴东北老工业基地的重要机遇，贯彻实施积极的财政政策，充分发挥财政在优化资源配置、维护市场统一、促进社会公平和基本公共服务均等化等方面的职能作用，着力支持稳增长、促改革、调结构、惠民生、防风险，深化财税体制改革，增收节支，盘活财政存量资金，提高财政资金使用效益，调整优化财政支出结构，规范政府债务管理，健全财政内控机制，努力促进全省经济社会平稳健康发展，确保“十三五”时期财政改革发展实现良好开局。

重点做好以下七个方面的工作：

（一）强化收支管理，增强财政保障能力。2016年，影响收入增长的各项因素仍将继续存在，部分因素影响程度还将进一步加深，组织收入和保障重点支出面临前所未有的困难。一方面，要主动适应经济发展新常态,深入研究推进供给侧改革各项政策措施,增加精准调控资金,充分发挥财政资金"四两拨千斤"作用,促进经济稳定增长和结构调整优化,切实增强经济持续发展能力,努力培植后续财源;加强对财政收入走势的预研预判,在不折不扣地落实好各项结构性税费减免政策基础上,依法依规加强税收和非税收入管理,努力提高财政收入质量,逐步建立财政收入稳定增长的长效机制。另一方面,要坚持勤俭办事业,实行源头控制,继续严格控制和压缩一般性支出,严格执行中央和省委关于厉行节约、反对浪费的有关要求,从严从简,勤俭办事业,建设节约型机关。对"三公"经费等一般性支出继续从严控制和压缩。2016年省本级预算安排"三公"经费比2015年压缩1.4%,对其他一般性支出继续从严掌握安排。按照促进基本公共服务均等化的总体要求,进一步向以改善民生为重点的社会建设倾斜财力,全力保障教育、"三农"、科技、就业和社会保障、医疗卫生、保障性安居工程、文化等重点支出需要。同时,要继续强化支出预算执行管理,加快重点项目资金拨付,切实提高资金使用效率。

(二)着力支持转方式、调结构、增效益,促进全省经济平稳发展。一是支持实施创新驱动战略。更加注重科技创新的核心作用,强化普惠性政策支持,健全完善支持企业研发投入、高校和科研院所科技成果转化、科技创新平台建设共享、"大众创业、万众创新"、培养创新人才和产业技术人才等方面的补助和奖励政策,建立激励引导机制,促进科研同市场对接,创新成果同产业对接,创新项目同现实生产力对接,提高科技成果省内转化率,让创新真正落实到催生新的增长点上,创新成果真正变成实实在在的产业活动。同时,继续增加财政对科技风险投资基金的注资,带动金融资本和社会资本扶持我省科技型中小企业发展。二是支持扩大有效投资。支持交通路网建设、松花江流域综合治理和西部河湖连通等重点领域基础设施建设;推进长吉图开发开放先导区、保障性安居工程、农村饮水安全、农村危房改造、地下管网建设、城市地下综合管廊等民生工程和新型城镇化建设,增加公共产品有效供给,提高城市综合承载能力和公共服务水平。三是支持产业结构优化升级。结构性问题是制约发展的核心症结,产业结构优化升级是转方式调结构的主攻方向、核心任务。财政部门要在财税政策制定和资金安排上,大力支持国有企业改革攻坚,推进厂办大集体改革、国有林场林区改革,妥善解决国企改革历史遗留问题,推进剥离企业办社会职能和优化重组。筹措安排资金支持解决国企改革过程中涉及特困人群切身利益等特殊问题。国有资本经营预算资金优先用于支付必要的改革成本和解决历史遗留问题。加大投入力度,支持打好服务业攻坚战,促进服务业与各产业融合发展,加快补齐服务业短板。今年省级预算安排服务业发展专项资金5亿元,通过省产业投资引导基金参股设立服务业子基金,采取市场化方式运作,吸引和带动金融和社会资本增加服务业投入。四是创新财政资金投入方式。探索通过设立引导基金、产业基金和社会资本合作(PPP)融资支持基金等市场化方式,创新投融资模式和运营机制,发挥财政资金"四两拨千斤"的作用,调动各方面的积极性,为基础设施建设和经济发展助力。五是支持发展现代农业。以建设现代农业产业体系、现代农业生产体系、现代农业经营体系为着力点,进一步加大涉农资金统筹使用力度,集中资金支持现代农业生产经营的关键环节和领域。大力支持农业生产技术体系、农业科技成果推广应用和农村劳动力培训,充分发挥科技对农业发展的引领和支撑作用。大力支持绿色农业、特色农业和品牌农业建设,提升吉林农产品知名度和市场竞争力。加大农业保险支持力度,取消产粮大县财政保费补贴配套,调动产粮大县参保积极性,提高农业生产者抗风险能力。六是认真落实各项强农惠农政策措施。妥善落实好国家农业支持保护补贴改革等政策,搞好新旧政策衔接,确保各项惠农补贴政策足额兑现。支持打好脱贫攻坚战,进一步加大省级专项扶贫资金投入力度,从2016年起,省级财政专项扶贫资金连续5年每年增加1亿元,5年共增加15亿元。同时,通过调整优化相关专项资金支出结构,每年筹措安排资金5亿元,专项用于脱贫工作,最大限度向贫困县、贫困村、贫困人口倾斜,促进精准扶贫、精准脱贫。七是建立精准调控机制。研究出台财政支持经济发展的相关政策措施，提高经济运行调控的精准性，通过稳增长为调结构争取时间和空间，通过调结构为稳增长培育新的发展动能。

（三）统筹做好各项民生保障工作，努力促进社会和谐稳定。一是继续加大民生投入。按照“存量调整、增量倾斜”原则，调整优化财政支出结构，重点向民生领域倾斜，确保省委、省政府承诺的48项民生实事全面兑现。二是推进创业就业。认真落实大众创业、万众创新各项政策措施，继续支持实训基地建设、职业技能培训、公益性岗位开发，完善城镇零就业家庭就业援助机制，促进困难群体实现稳定就业。及时拨付省级创业专项资金，支持大学生创业孵化基地建设和对初创企业实施财政补贴。三是完善社会保障制度。推进机关事业单位养老保险制度改革，同步建立职业年金制度，确保机关事业单位应保尽保、参保人员足额缴费。提高城乡居民基础养老金发放标准和城乡低保补助标准，适时调整部分优抚对象等人员抚恤和生活补助标准，提升社会保障水平。四是努力支持改善人居环境。继续支持各地开展地下管网改造、供热基础设施、市政道路、农村人居环境建设和农村饮水安全等项目。支持棚户区、公共租赁住房、农村危房改造等保障性安居工程建设。

（四）努力推动各项社会事业协调发展。一是支持教育优先发展。进一步完善义务教育经费保障机制，落实国家提出的从2016年春季学期开始对城乡义务教育学校（含民办学校）按不低于国家统一确定的生均公用经费基准定额给予补助，适当提高寄宿制学校和规模较小学校补助水平；支持普及高中阶段教育，逐步分类推进中等职业教育免除学杂费，率先对建档立卡的家庭经济困难学生实施普通高中免除学杂费，实现家庭经济困难学生资助全覆盖；支持扩大改善学前教育资源，提高普通高校生均拨款水平，加大对特殊教育和职业教育发展的支持力度；继续推进高校财政拨款绩效评价工作，根据评价结果实行差异化拨款，引导高校内涵发展，建设一流大学和高水平大学。二是推进医疗卫生体制改革。整合城乡居民医保制度，提高基本医疗保险财政补助标准，由年人均380元提高到420元。实施城乡居民大病保险和困难群体临时救助制度。支持中医药产业发展，推动基层医疗卫生制度、县级公立医院改革及城市公立医院改革试点工作，加强基层卫生人才培养，加大基本公共卫生服务和卫生健康服务投入，基本公共卫生服务经费标准由人均40元提高到45元。三是推动科技创新。支持科技创新、人才引进开发和应用技术研究与开发，推动产学研结合，促进科技成果产业化，推动科技创新与经济社会发展深度融合。四是促进文化繁荣发展。加大文化惠民工程投入，积极支持文化体制改革，推进公共文化服务体系建设。

（五）深入推进财税体制改革。一是加快建立完善全面规范、公开透明的现代预算制度。推进全口径政府预算管理，将政府收支全部纳入预算，建立政府性基金、国有资本经营预算调入一般公共预算的机制，扩大国有资本经营预算编制范围，逐步提高国有资本经营收益上缴比例。加强社会保险基金预算管理，健全完善基金收入征缴、支出约束、保值增值等制度机制。同时，进一步健全完善预算绩效管理机制，将绩效管理理念融入预算管理全过程。二是进一步规范和改革省级专项资金管理。2016年省级专项资金项目精减压缩50%，并实行清单管理；规范使用范围，严格按照预期目标确定资金的使用范围和对象；改革使用方式，对竞争性领域和公益性基础设施建设领域的专项资金，改变行政性分配方式，主要采取股权投资、PPP、购买服务等市场化运作模式，发挥筑渠引资作用；对不适合实行市场化运作模式的专项资金，在事前明确补助机制的前提下，采取贴息、先建后补、以奖代补等事中和事后奖励方式，调动补助对象的积极性；健全完善绩效评价制度，做到花钱问效，低效问责。三是加大预决算公开力度，进一步细化公开内容。规范公开程序，除涉密信息外，所有涉及使用财政资金的部门（单位）全部公开预决算。四是推进中期财政规划管理。编制财政三年滚动规划，并与财政“十三五”规划有效衔接，对涉及财政支持的重大政策，建立科学论证机制，增强财政政策和支出安排的前瞻性和可持续性。五是优化转移支付结构。改革完善省对市县转移支付制度，逐步提高一般性转移支付规模和比例，清理、整合、规范专项转移支付，健全定期评估和退出机制。六是妥善落实好国家税制改革政策。按照国家统一部署，妥善落实“营改增”、个人所得税、消费税、资源税等税制改革任务，做好税基调整测算等工作。七是继续盘活存量，加大结余结转资金统筹使用力度。统筹预算编制、执行、结余结转资金管理，建立和完善盘活存量资金的约束和激励机制，存量资金的定期清理机制，继续按照预算法和其他有关规定清理收回结转资金，加大清理盘活力度，加快已收回存量资金安排使用进度，编制项目支出预算和安排专项转移支付，都要统筹以前年度结转资金，统筹用于发展急需的重点领域，优先保障定向精准调控、偿还和化解到期政府债务、民生实事和民生工程等重点支出。八是进一步加强和规范政府债务管理。妥善处理好加强政府债务管理和有效利用政府债务限额空间及采用市场化手段增强政府主导公益性项目融资能力的关系，切实做到防风险，促发展。对已经纳入限额管理的债务，要切实抓好债务管理各项政策的落实，做实债务限额管理，严格按照《预算法》规定在限额内依法举债。完善预算管理机制，将政府存量债务还本付息纳入预算，根据批准的限额编制预算调整方案，建立地方政府债务限额及债务收支情况随同预算公开的常态机制。继续加大采取市场化手段处理存量债务工作力度，继续做好债券发行和债务置换工作，严格将置换债券资金用于偿还符合条件的政府债务；加强风险预警，加大对高风险地区和行业风险化解的监管和指导力度。同时，强化借、用、还一体化的债务管理机制建设，强化债务监管，防止各种形式的变相、违规举债，避免隐性债务风险。九是合力做好相关领域改革工作。在国家的改革总体框架内，深入研究和推进省以下各级政府间事权和支出责任划分改革。积极推动政府会计改革。推进政府采购融资担保试点工作。同时，坚持财税改革与其他改革协同推进，充分发挥财税改革在全面深化改革中的基础和支撑作用，使财税改革与国企改革、金融改革等各领域改革相互衔接、相互协调，形成共同推进的合力。

（六）全面推进财政内部控制制度建设，切实提高风险防控能力和管理水平。加强财政内部控制制度建设，是落实党的十八届四中全会精神建设法治政府的客观要求，是深化财税体制改革、优化财政治理、推进依法理财的重要内容和手段。财政部对此项工作高度重视，去年12月份，专门出台了《财政部关于加强财政内部控制工作的若干意见》，对内部控制制度建设进行具体部署。按照财政部的部署，省厅已经建立了内部控制的基本制度，近期还将制定印发8个专项内部控制办法，今年上半年将完成内部控制制度的建设工作，并推进实施。各地财政部门也要高度重视，抓紧推进。领导班子尤其是主要领导要牢固树立内部控制理念，积极推进内部控制建设，亲自部署、亲自推动、亲自过问、亲自督办。一是推进内部控制制度体系建设。坚持突出重点、整体推进，构建内容协调、程序严密、配套完善、有效管用的制度体系。将业务、流程进行分类，抓住重点环节和控制节点，分析存在的业务风险和廉政风险，按照分事行权、分岗设权、分级授权的要求，综合运用不相容岗位分离控制、授权控制、归口管理、流程控制、信息系统管理控制等方法进行有效防控。内部控制制度尚未建立和不健全的市、县财政部门，要于2016年年底全面完成内部控制制度的建立和实施工作。二是推进财政内部控制执行体系建设。要建立及时有序的风险事件应对机制、公平有效的内部控制考评机制和严格的检查问责机制，根据风险事件的不同等级，制定对应的惩戒措施，坚持有责必问、问责必严，强化结果运用，将单位和个人内部控制制度执行情况与评优评先挂钩，全面提升管理成效。三是加强内部控制信息化建设。要逐步将内部控制制度、操作规程、控制活动、控制措施等固化融入业务系统、专项平台和办公自动化系统，建设覆盖财政各业务系统的内部控制监督管理工作平台，对财政运行全过程进行有效监控。

（七）加强党风廉政建设，努力践行“三严三实”。反腐倡廉建设事关财政事业兴衰成败，既是推进财政事业健康发展的内在要求，也是从机制上、源头上防治腐败，推进国家治理体系和治理能力现代化的重要举措。更要注重把纪律和规矩挺在前面，进一步增强政治意识、大局意识、核心意识、看齐意识，不断提高依法理财、科学理财水平。一是要强化政治担当，始终与党中央保持高度一致。要坚决拥护和贯彻落实中央和各级党委、政府的决策部署，始终牢记并传承党的优良传统，保持政治定力，强化政治担当，态度坚决、意志坚定地与腐败现象作斗争。二是要明确职责，切实履行好党风廉政建设主体责任。认真落实“一岗双责”要求，把党的领导、从严治党体现在日常管理监督中，小错提醒、警钟长鸣，抓早抓小，使咬耳扯袖、红脸出汗成为常态；抓好班子，带好队伍，层层传导压力，努力打造一支清正廉洁、务实高效、敢于担当的财政干部队伍。严管是厚爱，要摒弃当“老好人”、怕得罪人的思想，对干部要真抓真管，对违纪和腐败行为要敢于亮剑。三是践行三严三实，做遵规守纪的表率。领导干部要切实发挥好以上率下的作用，带头学好用好新修订的《中国共产党廉洁自律准则》和《中国共产党纪律处分条例》等党内法规，把自己摆进去，做到懂法纪、守底线、知敬畏、存戒惧，特别是要把政治纪律和政治规矩刻印在心里，体现在每项工作中。要树立正确的权力观和政绩观，对权力心存敬畏，以党的要求为根本要求，以人民需要为根本需要，用好手中权力，进一步增强财政干部为民服务的意识。

同志们，做好今年财政工作，事关全省财政“十三五”起步开局，意义重大，任务艰巨。希望各级财政部门在省委、省政府的领导下，坚定信心，攻坚克难，强化担当，主动作为，确保全面完成各项目标任务，努力开创财政工作新局面，为推动吉林全面振兴发展做出新的更大贡献。

2016吉林财政年鉴

第二部分
CHAPTER2

全省财政工作概况

Survey Of The Province's Finance

综合财政工作

一、做好全省机关事业单位工资调整工作。一是落实国家工资标准调整政策。经省政府研究同意，会同省人社厅向人社部、财政部上报《关于调整吉林省机关事业单位工作人员基本工资标准和增加离退休人员离退休费有关情况的请示》，拟定吉林省调整机关事业单位工作人员基本工资标准和增加离退休人员离退休费的3个方案，并获得审批同意。根据《吉林省人民政府办公厅转发省人力资源和社会保障厅省财政厅关于调整吉林省机关事业单位工作人员基本工资标准和增加机关事业单位离退休人员离退休费三个实施方案的通知》配合省人社厅做好全省调整机关事业单位职工工资资金测算等工作。二是落实县以下机关公务员职务与职级并行制度。配合省人社厅研究制定县以下机关建立公务员职务与职级并行制度的实施意见。根据《吉林省县以下机关建立公务员职务与职级并行制度的实施意见》，在全省县以下机关建立公务员职务与职级并行制度。三是落实乡镇机关事业单位工作人员工作补贴制度。会同省人社厅印发《关于吉林省乡镇机关事业单位工作人员实行乡镇工作补贴的通知》，并做好资金测算工作。

二、推进农村综合改革工作。一是积极开展一事一议财政奖补工作。筹措、分配、下达一事一议财政奖补资金8亿元，积极支持全省村级公益事业建设。二是继续开展美丽乡村建设试点工作。筹措安排省财政奖补资金5 000万元，会同省综改办支持德惠市等12个县市继续开展美丽乡村建设试点工作。三是加强中国传统村落保护工作。根据国家和省相关规定，分配下达临江市花山镇珍珠门村松岭屯、六道沟镇三道阳岔村，图们市月晴镇白龙村、石岘镇水南村4个村传统村落保护资金600万元。四是开展建制镇示范试点工作。会同省农村综合改革办公室、省发改委和省住建厅通过采取部门评审和专家评审相结合的方法，确定延吉市朝阳川镇、长春市经济技术开发区兴隆山镇为省示范试点建制镇，并分配下达2014年和2015年建制镇示范试点补助资金8 000万元。五是开展深化国有农场办社会职能改革工作。参照国家的办法，研究制定《吉林省国有农场办社会职能改革省财政奖补资金管理办法》，筹措建立国有农场办社会职能改革省财政奖补资金，在一定期限内对开展工作的市县给予定额奖补。按照省综改办批复的各地方案及提供的有关数据，分配下达国有农场办社会职能改革省财政奖补资金1.07亿元。

三、推进政府购买服务工作。一是会同省民政厅、省工商局制定印发《吉林省政府购买服务管理办法(暂行)》，明确政府购买服务应遵循的基本原则、购买主体和承接主体、购买内容及指导目录、购买方式及程序、预算及财务管理、绩效和监督管理等。二是为有序引导社会力量参与服务供给，进一步推广和规范全省政府购买服务工作，会同省民政厅转发《财政部 民政部关于支持和规范社会组织承接政府购买服务的通知》，大力推广政府购买服务，激发社会组织活力。三是积极开展政府购买棚户区改造服务工作。为推动棚户区改造，缓解市县政府在棚户区改造方面的筹资压力，采取政府购买棚改服务的方式，以市县为主体，通过单独授信、单项运作，积极争取国家开发银行棚户区改造贷款。配合省住建厅制定出台《关于利用开行贷款支持全省棚户区改造项目建设工作的实施意见》，对政府购买棚户服务模式的具体范围、购买主体、承接主体、资金来源等做出规定。配合省住建厅组织开展对市县政府购买棚改服务工作业务培训，并邀请省开发银行结合评审要求对具体流程进行指导讲解，使市县对政府购买棚改服务工作有了详细了解。同时，及时转发财政部《关于做好城市棚户区改造相关工作的通知》，对市县财政部门做好政府购买棚改服务工作提出了具体要求。督促各市县按照培训内容和文件要求认真准备材料，并及时报送开发银行审核。全年棚户区改造贷款需求593.4亿元。其中，吉林、白山、松原、梅河口和农安已通过开发银行审核，截至10月末已取得开发银行贷款10亿元；长春、辽源、四平、延边州、通化市和长白山管委会的申报材料正在评审中。

四、切实推动城镇保障性安居工程建设。一是结合各市县实际，配合省住建厅分解下达各地廉租住房补贴、城市棚户区改造、公租房等保障性住房任务。二是对全省各市县2014年保障房完成情况和2015年保障计划情况进行集中汇审，经专员办审核后上报财政部。三是努力筹措补助资金20.7亿元。其中，争取国家补助资金19.7亿元，省级财政安排资金1亿元。四是做好一期开行贷款资金管理工作。截至10月末，共发放贷款78.5亿元，有效缓解了市县政府的资金压力。

五、积极推动事业单位改革。一是参与审核拟划入生产经营类事业单位名单，谋划推进省直生产经营类事业单位改革工作。二是积极宣传吉林省事业单位分类改革工作。按照财政部要求，在全国财政综合工作会议上作了《规范创新机构编制管理 严格控制财政供养人员增长》主题发言，并报送吉林省开展分类推进事业单位改革工作总结，及时向国家反映吉林省分类推进事业单位的进展情况、经验做法、存在的问题以及相关工作建议。三是配合省编办做好中央编办到吉林省调研工作。为积极探索化解编制矛盾的有效途径，详细向中央编办调研组介绍吉林省在推行员额经费管理方式的主要做法及取得的初步成效，争取在国家层面给予认可。四是按照从严从紧控制机构编制的要求，配合省编办做好省直事业单位机构编制管理工作。

六、认真做好其他各项工作。一是认真研究拟订财政发展"十三五"规划。成立财政发展"十三五"规划编制领导小组，明确各处室责任分工，对吉林省财政"十二五"情况进行全面总结，提出未来五年财政发展思路及工作方法。经过反复修改完善，完成财政发展"十三五"规划初稿。二是落实住房公积金管理政策。及时落实国家各项住房公积金管理政策，促进全省房地产市场健康发展。按照《住房公积金管理条例》的相关规定，对省直公积金分中心和电力分中心下达2015年管理费用指标，审核2016年预算。配合省住建厅对全省公积金中心进行监督检查，督促各中心加强管理，提高风险防控，提高各公积金中心管理水平。三是认真做好住房货币化补贴发放工作。全年共发放住房补贴资金5.66亿元，易地调入省直单位厅级干部购房补贴55万元。

（姜红旗）

财税法制建设工作

一、扎实推进财政制度建设。一是加强立法协审工作。全年审核财政部、省人大、省政府法制办等部门转来的法律、法规、规章草案征求意见稿62件次，会同厅内有关处室、单位对草案中财政相关内容提出修改意见37条，并按要求积极参加立法协调会。二是完善规范性文件管理。加强厅内有关处室、单位起草的规范性文件印发前的合法性、合规性审核，结合实际认真提出修改意见。严格执行规范性文件备案、公开等规定，及时向省政府法制办报备规范性文件5件。组织开展全厅规范性文件清理工作，纳入清理范围规范性文件199件，其中继续执行119件，废止71件，失效9件。三是整理汇编财政法律制度。对财政部门组织实施的现行有效的18件全国人大及其常委会颁布的法律和国务院颁布的行政法规进行仔细整理并汇编成册，供厅内各处室、单位及市县财政部门工作、学习使用。积极更新、不断充实省财政厅财政法规数据库，及时录入相关法律、法规、规章和规范性文件。

二、全面规范财政行政执法行为。一是规范财政行政权力运行。根据国家和省有关要求，多次对涉及财政的行政审批事项进行梳理，并制定了有关事项的商事制度改革后续市场监管办法，确保财政行政审批合法、规范。开展建立责任清单工作，逐一厘清全厅51项行政职权对应的责任事项，明确省财政厅主要职责以及与相关部门的职责边界，并对3项保留和下放的权力事项制定了加强事中、事后监管的制度措施。二是加强财政行政执法监督。组织厅内有关人员参加省政府法制办举办的新进行政执法人员培训、考试和通用法律知识教员培训班，对新进行政执法人员进行资格审查和信息录入。开展财政行政执法监督检查，结合工作实际制定行政处罚案卷评查基本标准，对全省50个市县财政局2013～2014年的行政处罚案卷进行检查。研究起草《吉林省财政厅法律风险内部控制办法》，办理厅内其他处室、单位提出的法律咨询事项31件，为财政履职尽责提供法律支持和保障。三是切实做好行政复议、行政应诉和国家赔偿费用管理工作。认真学习贯彻新修订行政诉讼法，研究制定《吉林省财政厅行政复议和行政应诉工作规则》，进一步规范案件办理的流程和工作机制。协调厅内有关处室、单位妥善处理9起行政复议答复案件、4起行政应诉案件，与有关部门、律师积极沟通，做好答复、参加庭审等工作。受理两起省检察院提出的国家赔偿费用支付申请，认真咨询律师和专家，准确掌握相关案情和赔偿计算标准，并依法拨付国家赔偿费用。

三、积极开展财政法治宣传教育。一是组织财政干部开展法律学习。举办全省财政系统学习贯彻新预算法视频专题讲座，邀请财政部条法司许大华司长主讲，组织厅领导及厅内各处室、各单位副处级以上领导干部和各市县财政局全体干部3 100余人参加了专题讲座。积极开展“12·4”国家宪法日暨全国法制宣传日普法活动，以宪法为主题在厅门户网站设置普法专栏，方便厅内干部职工学习宪法。订购并向厅内各处室、单位及市县财政部门发放《全国财政“六五”法制宣传教育验收题库》，并组织全省财政干部认真学习。二是全面做好财政“六五”法治宣传教育考核验收工作。按照《吉林省财政“六五”法制宣传教育考核评比办法》及考核验收方案和计分标准，组织全省各市县开展自查总结，并对各市县进行实地检查验收和普法考试。按照《全国财政“六五”法制宣传教育考核评比办法》及考核验收方案和计分标准，认真开展省财政厅自查工作，仔细整理工作资料，精心制作“六五”普法工作纪实图片册和宣传片，积极组织厅内干部职工参加普法考试，配合财政部完成对吉林省财政“六五”法治宣传教育的期末检查验收工作。

（宋 骁）

行政审批工作

一、践行服务宗旨，提高审批效率。全年共受理和办结行政审批项目481件，其中，“即办件”比重为63%，审批项目提前办结率100%，群众满意率100%。一是加快受理进度。在优化服务的基础上，不断提高审批质量和服务水平，做到接待热情，服务耐心，审核快速，办事高效。在行政许可项目试行网上申报、网上审核的同时，对其他服务项目做到一次性告知、一次性补充材料，减少办事群众往返负担。二是加快审批速度。对符合政策规定的申报项目，在新的审批流程和压缩后的审批时限内尽快进入审批程序。“即办件”做到及时受理和审核，尽快履行审批程序，经领导批准后马上给予批复。“限时件”做到在法定时限内尽快履行审批手续，不延误公示时间，不延误报批时间，不延误公告时间，做到在法定审批时限内提前办结。三是提高服务质量。对前来办理行政审批业务和咨询其他财政业务的群众，都能热情主动、耐心细致地做好接待、解释和协调工作，受到了群众的一致好评。据不完全统计，全年共接待咨询其他财政业务的办事群众100多人次，接听咨询审批业务和其他财政业务的电话200多次。四是强化服务功能。进一步更新、完善每一项进厅行政审批项目的设立依据、申报条件、审批流程和材料要件等服务承诺信息，将所有信息固化到省政务大厅全流程行政审批系统，通过现代技术手段对审批事项进行公布和监督，保证行政权力规范运行。通过吉林省政务公开网和全流程行政审批业务管理系统，向社会公开省财政厅行政审批办公室工作职责、岗位设置以及工作人员信息。编制财政行政审批权力清单和责任清单，及时变更已经取消或下放的审批项目的审批层级，并将保留的行政审批项目向社会公开，公开所有行政审批项目的设立依据、申报条件、申报材料、审批程序、审批时限等内容；公开进入政务大厅办理的行政审批项目目录、办事指南和行政审批事项的受理及办理情况。上述做法方便办事群众随时在网上进行查询申报，利于全社会对财政行政审批事项的监督，得到了社会各界和办事群众的认可和称道。

二、创新服务方式，优化审批流程。在省审改办和省政务大厅的统一部署下，对行政审批事项的梳理工作进行“回头看”，重点对能够为办事单位提前办结的事项进行梳理，大力精简无谓要件和繁琐手续，切实缩短办事时限，实行事项编码管理，规范事项的名称、条件、材料、流程和时限等，编制标准化政务服务事项目录，为实现信息共享和业务协同，提供无差异、标准化的政务服务奠定基础。一是选择行政事业单位收费项目审批、会计师事务所设立审批、资产评估机构设立审批以及境外会计师事务所来内地临时办理审计业务审批4个审批项目进行试点，在互联网上探索建立行政审批信息服务平台，初步实现行政审批项目网上申报和内部管理系统办理的有效对接，为办事群众提供了互动便捷的审批服务渠道。申报人可以在网上(QQ群)将申报材料进行上传，窗口审批人员可以在网上直接对申报材料进行审核，并适时与办事群众进行沟通，极大的方便了办事群众。对申报材料缺失以及不符合要求的事项，工作人员根据政策要求在网上及时提出需要补充的材料和完善申报的意见，使申报人员按照要求及时补充和完善，使申报材料能够一次性达到申报受理的要求，解决了办事群众尤其是外地群众往返申报的负担，切实提高了办事效率。二是针对会计师事务所和资产评估机构设立两个审批项目需要确认合伙人是否专职执业以及在近三年执业中是否受过行政处罚等需要厅内业务处室和行业协会提出证明意见的问题，采取“先电话沟通确认，后发函履行手续”的办法，及时向省注册会计师和资产评估师等行业主管部门以及厅内相关处室进行口头确认，在得到确认符合规定条件的情况下，直接将申报材料在有关网站上进行公示，公示期间与相关处室和单位履行相关函复手续，减少了公文旅行占用时间，缩短了审批时限，受到了办事群众的普遍欢迎。同时，对政府采购非公开招标方式以及采购外国货物、工程、服务审批事项，实行“急事急办、特事特办”的原则，提速办理，为全省科研、教育等重点项目以及其他特殊需要提供了保障。三是将省直行政事业单位银行账户审批项目纳入快速审批通道，实行“即办件”管理，对符合规定的申报项目除特殊情况外一律实行当日办理；对外地服务对象，一经受理，立即进行审核，采取补办手续等方式，做到即到即办，进一步压缩了审批时限，方便了办事群众。

三、端正服务态度，突出便民利民。一是规范窗口服务，牢固树立“高效、优质、廉洁、便民”的服务理念，逐项编制审批项目办事指南、示范文本，在窗口公示“八公开内容”和投诉电话。大力推行一次性告知、政务公开、首问负责、延时服务、弹性工作、网上预约和电话回访制度。要求窗口工作人员规范着装、文明用语、微笑服务。把审批窗口的全部审批事项纳入公众评价系统，及时收集群众的意见建议和满意度评价，主动接受办事群众监督，有针对性的改进窗口服务工作。二是广泛征求办事群众意见，倾听办事群众心声。针对财政行政审批服务方式、服务效率、服务质量和服务态度等可能存在的问题，当面征求办事群众意见，除每次办结审批项目后用电子评价设备征求意见外，还利用工作座谈等方式征求办事群众对审批工作的看法，深入了解群众所思所愿和服务情况，鼓励办事群众分享办事经验，吸收他们对改进和完善审批工作以及工作作风等方面提出的建设性意见或建议，汇聚众智改进服务，利用社会公众和办事群众的互动来倒逼审批制度改革。三是正视工作中存在的问题，深入查找窗口服务中存在的不足。对办事群众所提出的意见和建议，逐项进行对照检查和梳理研究，并以“有则改之，无则加勉”的态度深刻自省自查，尽快提高服务水平，改进服务态度。同时，以“整顿作风、改进服务”为主题开展学习讨论，切实提高对窗口作风建设的认识，切实强化服务意识，端正服务态度，找出影响工作质量和效率的突出问题，深挖根源，深入研究，加以改进。四是切实转变作风，提升服务效能。对于能够及时改正的态度和认识问题，本着立说立行、边查边改的原则，立即改正，立见实效，取信于民。对于需要整改的审批业务问题，及时向分管厅领导汇报，争取领导的重视和支持，提出改进意见。并通过积极采取针对性强和行之有效的措施和办法，减少审批环节，压缩审批时限，切实改进审批工作，真正做到便民利民。

（谭树林）

税政关税管理工作

一、继续推进营业税改征增值税试点工作。自2013年8月1日开展交通运输业和部分现代服务业营改增试点工作起，相继开展了铁路运输、邮政业和电信业营改增试点工作。2015年，全省营改增试点纳税人10.75万户（一般纳税人0.99万户，小规模纳税人9.76万户）。目前总体情况运行良好,效果已经初步显现,对于进一步完善财税体制,促进经济结构调整,加快经济发展方式转变,更好地支持企业发展起到了积极的推动作用。

二、继续贯彻落实小微企业税收优惠政策。按照《财政部 国家税务总局关于暂免征收部分小微企业增值税和营业税的通知》、《财政部 国家税务总局关于小型微利企业所得税优惠政策有关问题的通知》规定,自2013年8月1日起,对增值税、营业税纳税人中月销售额不超过2万元的小微企业或非企业性单位暂免征收增值税和营业税;自2014年10月1日起对月销售额2至3万元的增值税小规模纳税人免征增值税,对月销售额2至3万元的营业税纳税人免征营业税。2015年,全省共有111.24万户次小微企业享受增值税优惠政策,免征增值税0.66亿元;32.44万户次纳税人享受小微企业营业税优惠政策,免征营业税0.34亿元。按照《财政部 国家税务总局关于小型微利企业所得税优惠政策的通知》规定,自2015年1月1日起,对年应纳税所得额低于20万元(含20万元)的小型微利企业,其所得减按50%计入应纳税所得额,按20%的税率缴纳企业所得税。按照《财政部 国家税务总局关于进一步扩大小型微利企业所得税优惠政策范围的通知》规定,自2015年10月1日起,对年应纳税所得额在20万元到30万元(含30万元)的小型微利企业,其所得减按50%计入应纳税所得额,按20%的税率缴纳企业所得税。2015年通过实施小微企业所得税税收优惠政策,使企业实际减轻负担0.9亿元。

三、积极推进资源税费改革。自2010年起吉林省相继实施了原油、天然气、煤炭资源税费改革,将征收方式由从量定额征收改为从价定率征收。2015年,按照财政部和国家税务总局的部署开展了资源税费调研工作,在调查研究的基础上,对水资源税开征情况提出了建议,对金和钼等矿产品相关收费、产量、销量、价格销售收入、成本利润等情况进行了统计分析,并结合吉林省实际提出了从价计征的改革建议。

四、继续加强增值税管理。为加强吉林省固定业户总分支机构汇总缴纳增值税管理,会同省国税局制定《固定业户总分支机构汇总缴纳增值税管理办法》,明确汇总缴纳增值税申请及审批流程,确定预征率。有效降低了企业的税收负担,拓展了企业的未来发展空间。

五、扎实开展第三方涉税信息采集工作。为加强涉税信息采集,堵塞征管漏洞,提高税收征管质量,协调省直各厅、委办局,协助地税局开展第三方涉税信息采集应用工作。目前,通过风险识别和等级排序,使涉税信息应用取得明显成效。2015年,通过评估核查有问题企业,查补税款近10亿元。

六、积极开展调研测算工作。一是开展了天使投资在内的种子期、初创期等创新活动相关税收政策的调研工作。对吉林省现有的税收政策现状、存在问题进行分析,提出建议,并上报财政部。二是开展了耕地占用税立法的调研工作,对吉林省近五年耕地占用税收入、纳税人确定问题、征收范围界定及征收环节等存在的问题提出建议。三是认真完成国务院督查工作中涉及省财政厅的工作任务。6月,国务院督查组到吉林省,开展国务院重大政策落实情况实地督查工作,其中"减税降费政策落实情况"工作由省财政厅牵头,税政关税处主办,通过与省国税局和省地税局积极沟通、密切合作,在较短时间内保质保量完成了工作任务,形成了《吉林省减税降费政策落实情况》上报省政府。四是认真开展公益性捐赠税前扣除资格的公益性社会组织认定管理工作。根据《财政部 国家税务总局 民政部关于公益性捐赠税前扣除有关问题的通知》及相关文件规定,会同省国税局、省地税局和省民政厅对全省21户公益性社会组织的公益性捐赠税前扣除资格予以认定。五是开展高新技术企业认定管理工作。根据《科技部 财政部 国家税务总局关于印发<高新技术企业认定管理办法>的通知》及相关文件规定,会同省科技厅、省国税局和省地税局完成全省29户高新技术企业的拟认定工作,并上报国家认定办公示。六是完成2014年度税式支出测算工作。按照《财政部关于做好2014年度税式支出测算工作的通知》的要求,会同国税局、省地税局联合下发《关于做好2014年度税式支出测算工作的通知》,涉及全省212项税收优惠政策,影响税收收入额260亿元,覆盖全省所有市(州)、县(市、区)。

七、认真做好预算经费管理工作。一是加强预算编制、决算管理,认真做好"三公"经费和部门预(决)算信息公开的指导、督导、审核把关工作。二是做好地税系统财政拨款结余结转资金的清理工作,切实提高资金使用效益。三是核拨2014年度全省省级财政应负担的代扣代收代征税款手续费。四是核拨2014年度全省地方教育附加手续费。

(代英超)

预算管理工作

一、做好财政收支预算编制工作。一是按照国务院和财政部有关精神,拟定2015年预算编制指导思想和原则,起草省政府和省财政厅关于2015年预算编制工作的通知,在汇总省本级和市县预算的基础上,测算全省公共财政预算增减收及增支因素,编制2015年全省公共财政预算。二是科学合理编制2015年省级预算。继续加大对"三农"、教育、科技、医疗卫生、就业和社会保障、农林水等民生重点领域和重点项目资金的投入力度,有力促进国家有关民生等政策和省政府承诺的民生实事的落实。牢固树立过"紧日子"思想,认真贯彻落实中央和省厉行节约、反对浪费有关规定,大力压缩一般性支出,坚持勤俭办一切事业。对党政机关楼堂馆所建设和未经批准的办公用房维修改造项目一律不予安排资金,对经清理审查后的机关事业单位业务技术用房续建项目,从严控制预算,大幅度压缩会议经费,严格控制信息化建设项目和节庆、论坛、展会等支出,严格执行机关事业单位资产配置标准,在2014年基础上进一步压缩2015年"三公"经费预算安排。

二、加快预算执行进度。及时审核各部门和单位的用款计划及政府采购申请计划。加快下达转移支付预算,对据实结算类项目(含非税收入安排项目),分期下达预算,或者采取先预付后结算的方式下达市县。对中央下达的转移支付和省级预算安排对市县的转移支付,严格按照预算法规定,及时分解下达。

三、积极盘活财政存量资金。以省政府办公厅名义印发《关于进一步做好盘活财政存量资金工作的通知》,在全面贯彻落实国家政策精神和工作部署的基础上,结合新《预算法》和预算管理制度改革有关要求,针对各地、各部门预算管理中的薄弱环节和存在问题,对进一步做好盘活财政存量资金工作创新管理方式,提出了更严格的要求。截至年底,全省财政存量资金比2014年底减少79.7%。

四、积极开展清理规范税收等优惠政策工作。按照《吉林省人民政府关于清理规范税收等优惠政策的通知》,会同相关部门建立清理规范税收等优惠政策工作的协调机制,共同研究推进开展清理规范工作,制定下发《吉林省清理规范税收等优惠政策工作方案》,组织推动各部门和省以下各级政府开展清理规范税收等优惠政策工作。会同有关部门组成3个验收工作组,深入部分市县对清理的各项优惠政策等进行现场核查,并提出完善或整改的意见或建议。

五、全面推进预算信息公开。将省本级预算、省级部门预算、省本级"三公"经费汇总预算及部门"三公"经费预算信息全部向社会公开。上报省人代会审查的113个部门预算,除3个涉密部门外,其余110个全部向社会公开。全省各市县也按要求向社会公开了政府预算、部门预算、汇总"三公"经费预算和部门"三公"经费预算。

六、扎实推进预算绩效管理工作。扩大部门项目支出绩效管理试点范围,省级选取适量的部门项目开展全过程预算绩效管理。扩大专项资金和重点项目支出试点范围,省级试点项目由2014年的8项增加到15项。同时,对部分重点项目开展绩效管理试点。推进部门整体支出绩效评价试点,在对省编办等15个部门继续进行试点的基础上,新增省文化厅等25个试点部门,试点部门总数达到40个。完成2014年纳入试点的15个部门整体支出绩效评价工作。制定了《吉林省中介机构参与省级预算绩效评价工作规程》和《吉林省市县预算绩效工作考核办法》。拟定了2015年吉林省省级预算绩效评价委托中介机构代理业务付费标准。开展了预算绩效管理远程网络培训。

七、改革和完善转移支付制度。以省政府名义印发了《吉林省人民政府关于改革和完善省对市县转移支付制度的意见》,建立了一般性转移支付稳定增长机制，逐步将一般性转移支付占比提高到60%以上。对中央和省出台增支政策形成的财力缺口，原则上通过一般性转移支付调节。清理整合专项转移支付，建立健全定期评估和退出机制，规范和改进专项转移支付分配和使用，逐步取消竞争性领域专项转移支付。

八、积极推进预算管理制度改革。按照吉林省深化财税体制改革实施意见确定的时间表和路线图，积极推进建立全面规范、公开透明的预算管理制度。一是进一步深化预算管理制度改革。以省政府名义印发了《关于深化预算管理制度改革的实施意见》，从预算编制、执行、决算、监督、公开等各个环节，对加强预算管理提出了明确要求。二是完善政府预算体系，实行全口径预算管理。以省政府办公厅名义印发了《吉林省人民政府办公厅关于完善政府预算体系实行全口径政府预算管理的意见》，“四本预算”全部纳入预算管理，反映政府收支全貌，将政府性基金预算中应统筹使用的地方教育附加、文化事业建设费等9项政府性基金转列一般公共预算，相关支出优先用政府性基金安排，逐步提高国有资本经营收益上缴比例，建立国有资本经营预算调入一般公共预算机制。三是推进财政资金统筹使用。以省政府名义印发了《吉林省人民政府关于推进财政资金统筹使用的实施意见》，从改进项目预算管理，优化整合重点支出，改进部门预算管理机制，完善政府预算体系，建立跨年度预算平衡机制，清理规范各类收入，清理盘活各领域财政存量资金，强化预算管理基础工作，加强政府债务预算管理，优化转移支付结构等方面，全面推进财政资金统筹使用。四是不断创新财政投入方式，提高资金使用效益。全年运用贴息、股权投资、投资基金等方式投入资金30.8亿元，占专项资金（基金）总额的36%。

九、认真做好其他各项工作。一是启动实行中期财政规划管理工作。以省政府名义印发了《吉林省人民政府关于实行中期财政规划管理的实施意见》，结合2016年预算布置，就相关内容、具体程序和编报流程等进行了周密部署，全面启动了中期财政规划编报工作。二是做好地方政府债券纳入预算工作。经国务院批准，财政部核定吉林省2015年新增地方政府债券发行额度182亿元，其中一般债券152亿元，专项债券30亿元。结合年初预算安排和市县资金需求，编制预算调整方案并报省十二届人大常委会第十七次会议审议批准通过。三是积极争取国家支持。2015年，中央给予吉林省转移支付补助比2014年增长8.7%。四是调整完善财政管理体制。全面落实财力下沉的财政体制，支持市县加快发展。通过对县（市）下放省共享收入、对中心城市省级以上开发区省共享收入税收返还等财政支持政策，向市县倾斜财力，对提高市县财政保障能力，促进市县经济发展发挥了重要作用。

（徐春伊）

国库管理工作

一、认真做好预算执行分析工作。一是加强预算执行调度，全力保持财政收入平稳增长。努力克服经济下行压力较大、支柱产业效益下滑、房地产市场低迷、落实国家和省结构性税费减免政策等因素综合影响，积极完善财政收入动态分析机制，科学判断和把握收入形势，及时发现潜在问题，提出应对措施。通过充分挖掘增收潜力，强化收入组织调度，全省财政收入实现上半年转正，下半年增幅逐月提升，圆满完成年初预算。二是深入开展预算执行分析，准确把握收支变化趋势。密切关注财政经济运行状况，积极参与研究财政支持经济保增长所应采取的政策措施。结合宏观经济形势以及党和国家重大经济决策的贯彻落实情况，全面分析影响财政收支的因素。协调相关部门，测算下年度全省财政收入增减因素，提出收入计划安排意见。预算执行分析工作得到财政部的认可，在地方财政预算执行分析评比中获得二等奖。

二、扎实推进国库集中支付电子化改革。根据国库集中支付电子化管理全国推广电视电话会议精神，按照国家的统一要求，在省级开展了国库集中支付电子化管理改革试点，实现了财政与人行、代理银行之间的各项业务电子化管理。按照“循序渐进、先易后难、分步实施、积极稳妥、注重实效、不断完善”的原则，要求四平市、白城市、德惠市、农安县、梨树市等地开展国库集中支付电子化管理改革试点，并取得了阶段性改革成果。

三、扎实开展财政资金拨付、动态监控等国库基础工作。一是认真执行各项规章制度，按照规定的拨款审批程序，及时拨付各项财政性资金。在国库资金紧张的情况下，发挥职能作用，努力筹措调度资金，按照最低确保的预算顺序，保证机关事业单位职工工资、社会保障资金、救灾资金、扶贫资金、粮食综合直补资金的优先调度，保障事关全省稳定大局的资金需要。配合相关业务处室完成粮食风险基金借款、社保并轨资金贷款、国债转贷资金、采煤沉陷区综合治理项目贷款等各类借款的拨付、还本付息等工作。二是加强预算管理、强化动态监控。全年通过预算执行动态监控系统查出疑似违规支付2 758笔，确认违规并止付87笔，涉及金额258.9万元，强化了预算约束和资金的安全。三是做好财政总预算会计制度培训工作。组织全省财政总会计人员进行集中培训，确保财政总预算会计制度顺利实施。

四、积极做好工资统发管理工作。一是稳步开展全省工资统发管理工作。全年实行工资统发单位1.70万个，统发人员83万人，年度统发工资、离退休费336.2亿元。代扣代缴职工个人所得税0.2亿元、住房公积金11.7亿元、医疗保险金3.9亿元。二是有序推进省直工资统发工作。全年省直实行工资统发的机关、事业单位250个，统发人员2.1万余人，年统发资金12.1亿元。代扣代缴职工个人住房公积金5 494万元，个人所得税717.7万元，医疗保险金1 505.9万元。三是不断提高工资统发质量。针对工资政策的改革及时调整，做到政策、制度清晰明确，审核、管理准确到位。不断完善工资数据库，提高人员工资数据管理的真实性和准确性。

五、圆满完成决算上报工作。圆满完成2014年度财政总决算、部门决算的编审、上报工作，在财政部组织的评比中总决算荣获一等奖，部门决算荣获三等奖。为全面完成2014年度的财政决算编报工作，结合吉林省实际，对会计制度、报表口径、编报要求和软件操作等方面进行系统培训，有效提高了决算审核质量。积极落实预算法有关要求，加强决算批复与公开。

六、试编政府综合财务报告工作。根据国务院印发的《国务院关于批转财政部权责发生制政府综合财务报告制度改革方案的通知》，经省政府同意并下发了《吉林省人民政府关于批转省财政厅吉林省权责发生制政府综合财务报告制度改革实施方案的通知》。为2017年编制2016年度政府综合财务报告做好转发文件、开展课题研究、参加和组织培训等前期准备工作。

七、全面完成地方政府债券发行兑付任务。有效应对地方政府债券改由地方政府自发自还的新规定，通过加强组织领导、制定方案、出台办法、细化规则、组建承销团队、开展债券信用评级等一系列具体工作，扎实推进债券发行工作。经报请财政部统筹安排，通过财政部国债招投标系统，采用公开招标形式，分五批、30期成功发行2015年吉林省政府一般债券、专项债券、定向承销发行（置换）一般债券、定向承销发行（置换）专项债券共计765亿元。其中，采用公开招标发行二批、12期607亿元，定向承销发行三批、18期158亿元。同时，积极做好以前年度省政府债券还本付息工作。

（周 洋）

政法管理工作

一、加强预算管理，保障政法部门重点工作。一是根据政府购买服务目录，对省司法厅年初部门预算中法律援助、普法宣传、安置帮教和人民调解等重点工作，实行政府购买服务，提高资金使用效益。二是研究取消法定或强制性收费后，监狱、戒毒司法警察培训的经费保障问题。三是继续做好基础工作。为提高经费管理水平，组织全省公检法司部门填报政法经费保障统计报表和政法装备统计系统，完善基础资料，掌握各地政法经费保障、办案支出，装备管理、人员构成等基本情况。

二、完成国防支出责任任务。一是按照财政部的部署，对吉林省各级财政部门支持国防领域的经费情况进行统计分析，并结合国防领域中央与地方事权责任划分的有关问题进行深入研究，形成了吉林省国防领域财政支出责任的调研报告，为国防领域政府间事权与财权的划分提出了合理建议。二是按照省委常委议军会议确定的有关事项，对省军区营区并入城市供热管网、省军区组织市（州）军地联合演练所需经费问题研究提出了意见，报经省政府审批后，及时下达资金，保障了各项任务的落实。

三、合理分配边防派出所等单位公安业务经费。为加强公安边防派出所等执法单位业务经费管理，科学合理地分配资金，选取人均财力、执法人数两项因素，通过因素法计算分配资金，保证资金分配的公平与公正，有效保障了边防部队基层执法单位执行公安业务的经费需要。

四、积极推进全省林业法院检察院管理体制改革。针对吉林省林业法院检察院改革进展情况及延边林区法检改革的具体问题，根据有关政策规定，研究提出了符合林业法院检察院改革后的经费保障意见，为进一步研究确定吉林省林业法检两院改革政策提供了合理建议。

五、完成省以下法院检察院经费实行省级财政统一管理工作。一是制定印发《关于省以下法院检察院经费纳入省级财政管理有关具体事项的通知》，为省以下法检两院经费上划省级管理做好相关基础工作。二是根据部门决算及有关政策规定，通过与市县财政部门反复认真核对，完成省以下法院检察院财力基数上划工作。三是根据上划的经费支出基数，预拨了省以下法院检察院的第一季度经费，保障了法院检察院运转的经费需要。

六、认真做好部门预算、决算的审核工作。一是根据部门预算"三上三下"的审批程序，积极协调厅内相关处室和部门预算单位，细化预算编制，加大审核力度，审核项目资金，保障重点工作，提高部门预算的准确率和年初预算的到位率。二是完成部门决算的审核汇总工作。指导督促各单位进行账务处理，解答疑难问题，汇总资料，审核数据，保质保量地完成了决算汇总工作。

七、做好2015年部门预决算信息公开及"三公"经费信息公开工作。为进一步推进省级部门预决算信息公开工作，经省政府批准，面向社会公开省本级预算及"三公"经费财政拨款预算信息、省本级决算及"三公"经费财政拨款决算信息。截至目前，政法处分管的16个省级一级预算单位除去7家涉密单位外，均按照省委、省政府统一要求向社会公开了2014年预决算及"三公"经费财政拨款预算信息。

八、配合做好各项审计工作。一是按照审计署、财政部专员办审计要求，结合工作实际，及时准确地提供相关资料，积极配合完成审计工作。二是按照同级审计要求，做好同级审计的配合工作，及时提供相关所需资料，做好沟通配合工作。

九、做好其他日常工作。一是按照厅内统一安排，收回2013年及以前年度16家单位结余结转资金1.81亿元。二是测算并汇总政法处管理的16家省直行政单位职工死亡一次性抚恤金及丧葬费情况，依据《关于国家机关工作人员及离退休人员死亡一次性抚恤金发放办法的通知》，共核定一次性抚恤金及丧葬费1 903.82万元。三是测算并下达政法处管理的16家省直行政事业单位新增人员追加经费2 558.92万元。

（卢 茜）

党政群团管理工作

一、认真做好部门预算、决算的审核工作。一是根据部门预算"三上三下"的审批程序，积极协调厅内相关处室和部门预算单位，细化预算编制，加大审核力度，审核项目资金，保障重点工作，提高部门预算的准确率和年初预算的到位率。二是完成部门决算的审核汇总工作。指导督促各单位进行账务处理，解答疑难问题，保质保量地完成了决算审核工作。

二、及时做好2015年部门预算信息公开及"三公"经费信息公开工作。为进一步推进省级部门预算信息公开工作，经省政府批准，面向社会公开省本级"三公"经费财政拨款预算信息。截至目前，党政群团处分管的41个省级一级预算单位按照统一要求向社会公开了39个部门（不含省委办公厅和省专用通信局）及所属预算单位2015年"三公"经费财政拨款预算信息。

三、积极开展绩效考评工作。一是做好2014年省直绩效考核。配合省绩效办研究2014年绩效考评办法，确定绩效考评范围、标准，做好绩效奖励发放工作。二是做好省政府工作部门及党群工作部门绩效管理考评工作。按照省公务局、省直机关党工委关于开展2014年度省政府、省党群工作部门绩效管理考评工作要求，由省财政厅负责对“部门经费管理”项目制定考评内容和标准，分值为2分。为做好此项工作，会同厅国库处、省预算编审中心结合工作实际，对省直行政机关单位部门预算编制和部门决算两方面进行考评并提供考评分值，将考评结果分别报送省公务局和省直机关党工委。三是做好部门预算单位整体绩效及项目绩效考评，重点对省编办等单位和15个重点项目2014年执行情况进行绩效评价。

四、提前完成省政府重点工作任务。根据省委《关于整体推进全省村级组织规范化服务建设的实施意见》要求，根据省委组织部提供的分配方案，提前完成了原定于2016年对全省3 000个村级组织建设完成“一站式”服务群众平台、每个村级组织1万元的重点工作任务，于5月28日以吉财行指[2015]365号文件下达了3 000万元资金。

五、认真制定出台相关政策规定，推进厉行节约反对浪费。一是为加强和规范会议定点管理，根据财政部印发的《党政机关会议定点管理办法》，制定出台了《吉林省党政机关会议定点管理实施细则》，并认真组织实施2015～2016年全省会议定点饭店采购工作。二是根据财政部印发的《中央和国家机关差旅费管理办法有关问题的解答》通知要求，结合吉林省各部门差旅费执行时遇到的具体问题，出台了《吉林省省直机关差旅费管理办法有关问题的解答》。三是为进一步提高差旅费标准的科学性和有效性，根据财政部印发的《关于调整中央和国家机关差旅住宿费标准等有关问题的通知》和《关于细化完善省内差旅费标准有关问题的通知》要求，出台了《关于调整吉林省省直机关差旅住宿费标准等有关问题的通知》。

六、积极推进全省公务用车制度改革工作。一是按照国家批准的《吉林省公务用车制度改革总体方案》，配合相关部门做好吉林省公务用车（含执法执勤用车）改革工作，测算公务补贴发放标准。二是根据厅内职责分工，负责执法执勤用车改革工作。按照吉林省公务用车制度改革总体方案要求，上报《关于执法执勤用车制度改革的落实意见》，经省政府批准，拟分两个阶段进行全省执法执勤用车制度改革。第一阶段开展省本级各部门一般执法执勤用车改革，由省财政厅对省本级各部门提出的一般执法执勤用车保留数量进行审核，由省公务用车制度改革领导小组批准实施。第二阶段拟开展市、县级一般执法执勤用车改革，由各地公务用车改革领导小组上报方案，经省财政厅审核后由省公务用车制度改革领导小组批准实施。

七、配合做好审计及存量资金理清收回工作。一是按照审计署、财政部专员办审计要求，结合工作实际，及时准确地提供相关资料，积极配合完成审计工作。二是按照同级审计要求，做好同级审计的配合工作。三是做好2013年及以前年度结余结转资金收回工作。经与国库处、政府采购办及分管单位核实，2012年收回结余结转资金2.39亿元（其中，采购资金1.35亿元），2013年收回结余结转资金1.33亿元（其中，采购资金5 033.72万元）。

八、加强对旅游产业发展引导资金的管理。支持重点景区公共服务设施建设，特别是星级厕所、观光木栈道等建设项目，扶持旅游新业态转型升级，支持具有示范效应的乡村游、冰雪游等特色旅游产品开发，引导和推动全省旅游业发展。

九、合理安排少数民族发展经费，促进民族团结进步。进一步完善少数民族发展专项补助资金保障机制，落实少数民族政策，促进少数民族贫困地区发展，支持开展民族团结进步创建工作，及时处理少数民族和民族地区突发性敏感性问题，进一步促进少数民族文化发展。

十、坚持做好其他日常工作。一是做好“两会”经费跟踪保障，开展“两会”经费支出研究，分析开支情况和支出结构，创新新常态下“两会”经费保障工作的新思路。二是进一步加强省直机关事务管理局经费保障，严格楼堂馆所建设和办公用房清理。停止新建楼堂馆所，将机关办公用房保障重点逐步转向维修改造、公共机构节能改造以及省直部门安全隐患整改工作。三是测算并汇总上报13个预算单位省直行政单位职工死亡一次性抚恤金及丧葬费情况，依据《关于国家机关工作人员及离退休人员死亡一次性抚恤金发放办法的通知》，共核定一次性抚恤金及丧葬费1 236.08万元。四是提前做好全省大学生村官和“三支一扶”大学生生活补助的发放工作，分别下达

1 307.3万元和460.56万元。五是做好省工商、质监部门下划后续工作，结合2014年下划后又增加的部分进行补充下达下划基数4 439.85万元（工商部门3 590.31万元，质监部门849.54万元）。

（潘泰峰）

教科文财务管理工作

一、进一步优化配置教育资源，大力支持教育优先发展和公平发展。一是支持学前教育发展。拨付资金4.5亿元，支持实施第二期学前教育三年行动计划（2014～2016年），改扩建公办幼儿园，奖补普惠性民办园，鼓励城市多渠道、多形式办园，扩大普惠性学前教育资源。二是支持推进城乡义务教育均衡发展。拨付资金23.8亿元，落实城乡义务教育经费保障各项政策。拨付资金12.6亿元，支持实施义务教育重点民生项目，全面改善贫困地区义务教育薄弱学校基本办学条件，改善农村初中及留守儿童寄宿条件，为农村义务教育学校配备班班通多媒体教学设备系统。拨付资金3.7亿元，支持继续实施中小学教师国培、省培计划和"特岗教师"计划，通过"三区"人才计划支持城市退休教师到农村任教，以及推进落实集中连片特困地区乡村教师生活费补助政策。三是支持高中教育发展。拨付资金0.9亿元，按每生每年500元的标准，建立公办高中生均公用经费财政补助定额制度，省财政根据制度的建立和落实情况按45%予以奖补。拨付资金1.3亿元，落实高中国家助学金政策，并将高中国家助学金补助标准由年生均1 500元提高到2 000元。四是支持加快发展吉林特色现代职业教育。建立中等职业学校生均公用经费奖补制度，制定中职学校生均公用经费标准，规定各地公办中职学校生均公用经费标准原则上不低于3 000元（含免学费补助），省财政根据各地落实情况给予奖补4 093万元。拨付资金6.8亿元，支持实施职业教育改革发展重点项目，支持省级示范性职业院校、品牌专业群和示范专业建设、开展中高职业教育衔接试点、优质职业院校与企业共建覆盖专业大类的省级示范性实习实训基地，以及职业院校教师素质与教学能力提高计划等。拨付资金2.1亿元，落实中等职业学校国家免学费和助学金政策，将国家助学金补助标准由年生均1 500元提高到2 000元。五是支持高等教育强省建设。进一步提高省直属本科和高职高专生均拨款水平，确保实现"2015年分别达到1.5万元和1.2万元以上"的目标。拨付资金18.8亿元，支持高校学科、专业及实验室建设，科研课题研究、高端科技创新平台建设和科技成果转化，公共服务体系建设，"长白山学者"、"长白山技能名师"、引进高层次人才和师资培训，以及扶持民办高校发展等。拨付资金6.2亿元，落实国家奖学金、励志奖学金、助学金、助学贷款等资助政策，支持实施高校"双困"毕业生就业能力帮扶培训计划。

二、进一步加大科技研发投入，大力支持科技创新和推进科技计划管理改革。一是进一步增加省级科技研发投入，落实省委、省政府在《关于深化科技体制改革加快推进科技创新的实施意见》中提出的"十二五"期间省和市县财政科技研发经费年均增长20%以上的目标要求，全年拨付资金达到10.2亿元。二是配合省科技厅研究制定深化科技计划管理改革方案。深入贯彻落实国务院《关于深化中央财政科技计划（专项、基金等）管理改革方案》，积极推进科技计划管理体制的改革，建立目标明确和绩效导向的管理制度，形成职责规范、科学高效、公开透明的管理机制。三是进一步加强财政科技经费监管，创新科技经费监管手段，强化过程监管，完善多层次内外结合监管体系。完善科研项目的预算编制和评估评审制度。创新财政支持模式，在完善财政补助、风险投资等投入机制的同时，探索委托和后补助等支持方式。四是支持科学技术普及和社会科学研究。进一步加大省级科普经费投入，落实"到2015年省本级科普经费达到年人均0.45元"的要求。支持全民科学素质行动建设计划、"社区科普益民计划"、"科普惠农兴村计划"、"千街万米科普画廊"建设和开展农村科技富民科普超市试点。落实国家推进科技馆免费开放政策。安排省哲学社会科学基金、省社科院科研专项经费和地方志文献资料征集保护经费等，支持加强社会科学领域研究。

三、进一步繁荣公益文化事业，大力支持文化体制改革和文化产业发展。一是支持加快构建现代公共文化服务体系。拨付资金1.92亿元，支持实施农村文化大院小广场、送戏下乡、全民阅读、农村电影公益放映等重点文化惠民工程。拨付资金0.6亿元，支持农村文化建设，对开展经常性农村文体活动和改善农村文化设施条件给予补助。拨付资金1.1亿元，落实公益性文化场馆免费开放财政补助政策，支持改善基础设施和提高服务水平。拨付资金0.81亿元，支持改善省属和市县广播电视转播台站基础条件，开展中央广播电视节目无线数字化覆盖试点。二是支持体育事业协调发展。拨付资金1 300万元，深入落实全民健身条例，支持实施全民健身计划。拨付资金1 000万元，落实大型体育场馆免费或低收费开放财政补助政策。研究落实鼓励发展体育产业、促进体育消费的财政政策措施。安排资金5 000万元，支持实施建设冰雪运动强省，支持实现市（州）滑冰馆全覆盖、加强群众性滑雪场及学校冰雪场地等冬季运动设施建设，以及开展重大群众性冰雪健身活动。三是支持文化遗产保护和优秀文艺作品创作生产。拨付资金2.86亿元，支持重点文物、非物质文化遗产保护、少数民族文字出版发行和电影电视译制工作等。安排资金2 000万元，扶持优秀文艺作品创作生产，支持鼓励各级各类文艺单位艺术创新，提升文化创作生产活力。四是支持文化体制改革和文化产业发展。继续落实支持经营性文化事业单位转企改制和发展的各项政策措施。拨付资金1.25亿元，采取项目补助、贷款贴息、奖励等方式，支持优质文化产业项目、吉剧振兴发展，以及促进文化创意和设计服务与相关产业融合发展等。五是拨付资金3 300万元，支持国家重点档案抢救保护、省档案馆馆藏档案数字化、市县档案馆基础条件、强化地震监测能力等建设工作。

（周 宁）

经济建设财务管理工作

一、创新方式，积极发挥财政资金引导作用。一是采取多种专项资金方式支持项目建设。省级财政改变各项专项资金以往投资补助的单一投入方式，通过贷款贴息、股权投资、事后奖补等间接方式支持项目建设的比例已达到30%以上，比2014年增长近5个百分点，进一步提升了引导和带动金融和民间资本投入的能力。二是为充分调动市县政府做好城市基础设施建设工作的积极性和主动性，省级财政设立奖补资金，根据各地项目建设完成情况，对市县实行激励性奖补。全年共安排地下管网和城市二次供水改造工程奖补资金24亿元，引领带动市县财政和社会资金投入近200亿元，有效地提升了供水、供气、供热等城市综合保障能力。三是理顺公路系统预算管理体制。会同省交通运输厅对市县调整公路管理体制所需经费进行测算，研究制定了《关于调整完善市县公路管理机构预算管理体制的意见》，完成了经费划转工作。

二、突出重点，推动省级重大项目加快实施。一是支持重大项目建设。围绕省委、省政府的重大决策部署，积极筹措落实高速公路、铁路、重大水利等重大项目建设资金154.1亿元。其中，通过增加省级预算专项安排、调剂成品油转移支付使用等渠道，筹措高速公路建设资金63.5亿元，加大高速公路资本金投入，重点支持长春至双辽、集安至通化等多条高速公路建设。拨付铁路建设资金20亿元，加快推进吉珲铁路客运专线、辽源至长春等铁路项目建设。筹措资金10亿元，推进机场建设，支持长春龙嘉机场二期扩建工程等开工建设。拨付重大水利建设资金46亿元，支持中部城市引松供水等重大水利基础设施建设。筹措拨付资金18.7亿元，积极推进全省地下综合管廊建设工作，现已建成24.5公里。二是加大安全生产支持力度。筹措拨付资金2 567万元，对符合规定关闭的煤矿（矿井），按照30万元/万吨给予奖励。筹措拨付资金7 500万元，加大安全生产专项资金向市县倾斜力度，重点支持煤矿企业瓦斯防治和能力建设。三是落实工业用电奖励政策。按照省政府《关于实施定向精准调控稳定经济增长的若干意见》，继续实施工业用电奖励政策，适度提高奖励标准，扩大奖励范围。筹措拨付资金7.9亿元，对相关企业超过基础用电量部分，予以用电奖励。

三、加大投入，全力保障民生工程建设。全年筹措拨付资金80.1亿元，圆满完成了保障性住房建设、暖房子工程建设、饮水安全及污染防治等11项省委、省政府确定的重点民生实事。一是完成保障性住房建设。筹措下达补助资金35.9亿元(中央补助31.7亿元,省级配套资金4.2亿元)。二是完成暖房子工程建设。筹措落实“暖房子工程”建设资金29.2亿元(中央财政奖励资金7.7亿元,省级财政补助资金21.5亿元)。实施既有居住建筑供热计量及节能改造面积1 454平方米,撤并小锅炉304座,改造管网1 507公里,工程建设现已基本竣工。三是完成农村饮水安全建设。筹措下达补助资金7.05亿元(中央补助5.24亿元,省级配套资金1.81亿元),全省当年建设项目已全部完工。

四、以点带面,支持节能减排和环境保护。一是继续实施农村环境连片整治整镇推进。会同省环保厅严格项目和资金管理,加快项目建设。筹措拨付资金3 000万元,对环境连片整治效果明显、环保设施运行较好的村屯予以奖补。二是大力推进合同能源管理。完善用能企业与节能服务机构对接平台,鼓励各地采用合同能源管理方式对供热系统、给排水、道路照明、大型建筑等基础设施实施综合节能改造。会同省发改委组织第三方审核机构对2015年申报国家财政奖励的合同能源管理项目进行现场审核,积极申请国家补助资金。三是开展建筑废弃物综合利用试点。筹措拨付资金1 200万元,通过财政奖补等方式,开展建筑废弃物综合利用试点,推动全省建筑节能减排工作。四是加大污染治理和环境保护支持力度。筹措拨付资金3.43亿元,重点支持松花江、辽河等重点流域污染防治,着力推进查干湖、松花湖湖泊生态环境保护工程建设。

五、稳步推进,做好城镇化和长吉图战略实施工作。一是支持城镇化建设工作。安排省级城镇化建设引导资金2.85亿元,配合省发改委积极做好项目申报、评审和资金下达等工作。二是做好长吉图战略实施工作。安排省级专项资金10.2亿元,继续支持长吉图战略发展。及时修订《吉林省长吉图国际通道建设补助资金管理办法》,会同省长吉图办认真做好2016~2018年长吉图国际通道建设补助资金项目的申报工作。

六、完善制度,强化财政经建资金管理。一是加快预算执行。对已明确项目的省对市县专项转移支付,4月中旬前全部下达市县;年初已落实项目的省级专项资金4月底前已下达拨付,预留用于解决年度预算执行中新增支出的专项资金9月底前已全部下达。通过加快项目申报和资金拨付进度等方式,有效提高了预算执行的均衡性和时效性,减少了预算资金跨年结转。二是盘活财政存量资金。按照《吉林省财政厅加强预算执行管理激活财政存量资金工作方案》,认真核对、清理并有效利用省直部门结余结转资金6.2亿元,切实发挥了沉淀资金的使用效益。三是加强专项资金管理。会同有关部门制定了《吉林省城市地下综合管廊建设资金管理办法》、《吉林省电采暖试点项目奖励补资金管理办法》等3个资金管理办法,组织了52项国家和省专项资金评审论证会,聘请评审专家1 489人次,对提报的3 865个项目进行了评审,审定项目2 201个,审定金额近240亿元。纳入审委会的专项资金已全部按期完成申报。四是注重项目绩效评价。将“十三五”规划编制等13项部门预算项目资金纳入绩效评价范畴,按要求全部完成绩效目标管理、运行监控和评价管理有关工作。将分管的17家一级预算单位部门预算信息在门户网站或新闻媒体上全部公开。五是做好转办件及审计检查工作。全年累计办结国家和省政府转办文件512件,办结率达到100%,答复部门意见374件,印发指标文件448件;迎接审计和国家检查核查45次,提供文件和表格760余份。

七、注重党建,切实提升干部队伍素质。一是抓好党风廉政建设。深入学习中央、省委和厅党组提出的落实“两个责任”加强党风廉政建设和反腐败工作的要求,深刻认识落实主体责任的重大意义。健全完善内部权力运行机制,梳理岗位职责和风险点,严格执行工作程序、工作纪律和业务流程,深入推进廉政风险防控。二是继续推进作风建设。坚持不懈落实中央“八项规定”精神,持之以恒纠正“四风”,认真开展专项整治,不断巩固和扩大教育实践活动成果,完成建章立制要求,确保作风建设常态化、长效化。三是强化业务培训。组织市县财政部门和省直单位,开展经建资金管理和制度建设培训,进一步提高了基建项目财务管理水平。四是开展基层帮扶活动。带领党员贴近基层、走进群众，组织党员到汪清县复兴镇六道村开展扶贫帮扶活动，到曙光街道东大社区慰问困难群众、参加社区活动，通过实践切实提升为群众服务的意识。

（王 鹏）

农业财务管理工作

一、有效落实强农支农政策。一是认真落实惠农补贴政策。筹措拨付资金7.5亿元，实现玉米、水稻、大豆、小麦、棉花良种补贴全覆盖。筹措拨付资金15.1亿元，完善购机补贴政策，扩大补贴对象和机具种类。积极支持在30个粮食生产大县开展全程农机化示范区建设。截至年末，全省农机总动力已达到3 152.5万千瓦，农机化综合作业水平达到82.5%，同比分别比2010年提高46%和21.5%。二是积极落实耕地保护提升补助政策。筹措拨付资金1.2亿元，支持在部分粮食主产县(市)实施深松深翻作业补贴试点，完成作业任务面积600万亩。筹措拨付资金2.4亿元，支持实施测土配方施肥、增施有机肥试点、保护性耕作推广等项目建设。三是积极落实农业技术推广补助政策。筹措拨付资金1.3亿元，支持等离子种子处理技术、农田灭鼠、玉米螟生物防治、地膜玉米覆盖等重大增产技术推广，促进了粮食生产节本增效。筹措拨付资金1亿元，支持农业高产创建示范活动。

二、全力支持现代农业发展。一是支持农田基础设施建设。筹措拨付资金12.8亿元，支持西部干旱半干旱地区县（市）开展节水增粮行动，发展高效节水灌溉。筹措拨付资金3.7亿元，支持大中型灌区节水配套改造项目23个，完成渠道衬砌375.1公里，渠道沟道整治40.1公里，渠系建筑物1 631座。筹措拨付资金3.0亿元，支持各县（市）实施小型农田水利建设及维修养护项目。筹措拨付资金1.8亿元，支持防汛抗旱、山洪灾害防治和人工影响天气等工作，提高水利和气象防灾减灾能力建设。二是支持畜牧业、农业产业化和特色产业加快发展。筹措拨付资金6.4亿元，重点支持畜禽良种培育、引进和扩繁，重大疫病防控、无规定疫病区和标准化规模养殖小区等项目建设，不断推动吉林省传统牧业向现代牧业转变。筹措拨付资金0.8亿元，运用贷款贴息、项目和投资补助等方式，扶持大成集团、皓月集团等省级农业产业化重点龙头企业扩大规模和提质增效，促进了全省农产品加工业快速发展。筹措拨付资金0.5亿元，支持实施棚膜蔬菜建设工程。筹措拨付资金0.4亿元，支持人参、林蛙和梅花鹿等产业发展项目60多个。三是积极支持农业适度规模经营发展。筹措拨付资金2.5亿元，支持全面开展农村集体土地承包经营权确权登记颁证工作，为促进土地流转、发展适度规模经营奠定基础。筹措拨付资金0.7亿元，采取项目补助和贷款贴息方式，重点支持全省200多个各类农民专业合作组织开展技术引进和培训、品种培育、设备购置和信息网络等项目建设。筹措拨付资金0.6亿元，培训农村劳动力10万人以上，带动大批农民应用优良品种和实用技术实现增收致富。

三、扎实推进林业和草原生态建设。筹措拨付资金28.5亿元，支持天然林保护、退耕还林和森林生态效益补偿等林业重大工程建设，巩固全省林业重点生态工程建设成果。筹措拨付资金10.7亿元，支持开展森林抚育、植被恢复、清收林地还林、集体林权制度改革、林业有害生物防治、野生动物损害赔偿等林业重点工作，完善了造林、林木良种和森林抚育补贴政策，支持了森林资源保护和林业防灾减灾机制建设。大力支持省森林警察部队和林业公安队伍建设，为护林养林和实现吉林省连续35年无重大森林火灾作出了积极贡献。筹措拨付资金2.7亿元，扎实推进草原生态保护奖励补助工作，促进牧区半牧区草原生态恢复。

四、积极支持实施扶贫开发。筹措拨付资金8.4亿元，重点支持实施西部干旱盐碱沙化片区和东部高寒山区集中连片特困地区扶贫攻坚工程，加大对少数民族地区发展和兴边富民行动的扶持力度，采取担保、小额信贷贴息、购买服务和村级互助等多种形式支持推进扶贫开发工作，完成了省政府确定的年度农村贫困人口脱贫任务，使全省农村贫困人口减少到83.9万人，贫困发生率下降到5.4%，困难群众生产生活条件和总体收入水平稳步提高。

五、不断加强财政支农资金监管。一是进一步推进财政支农资金整合。深入开展以县为主的支农资金整合试点工作。确定4个县(市、区)为省级试点县,采取以奖代补的方式支持试点县(市)围绕当地发展规划,发展特色产业,开展支农资金整合,取得了明显成效。二是进一步推进财政支农机制创新。对扶贫、水利等重点专项资金,实行因素法、公式法分配,逐步下放项目的审核权限,调动了市县和基层的积极性;对林业、牧业等方面专项资金采取先建后补、以奖代补、贷款贴息和担保等间接支持方式,进一步规范和完善了财政支农工作机制。三是进一步强化基础管理工作。切实加强制度建设,制定印发了农业、水利和林业等方面专项资金管理办法,切实用制度“管人、管事、管钱”。切实规范部门预算管理,改进和完善预算编制和执行,进一步加快支农资金支出进度。从项目申报、资金分配、组织实施和资金运行等各个环节入手,全方位加强专项资金管理,加强资金监督检查,组织全省强农惠农资金专项清理和检查,积极配合做好同级审计工作。切实推进绩效考评工作,进一步规范和完善财政专项扶贫资金、现代农业生产发展和地方国有林场改革补助资金等专项资金的绩效考评工作。

(徐子皇)

社会保障财务管理工作

一、大力支持就业创业。支持落实国家和省出台的促进就业创业的各项政策,支持做好高校毕业生、农民工和城镇就业困难人员的相关就业工作。建立困难群体就业帮扶长效机制,完善城镇零就业家庭就业援助机制。全年各级财政累计投入就业创业资金34.2亿元,其中争取中央补助19.9亿元。基本形成覆盖全省城乡劳动者的促进就业创业政策体系,基本建立援助就业的长效机制,保持零就业家庭动态为零,全面推进高校毕业生、农民工等重点人群就业,不断扩大就业规模,全省就业形势整体稳定。

二、完善养老保障制度体系。顺利实施机关事业单位养老保险改革,并同步建立职业年金制度,实现了与企业职工基本养老保险统一的制度模式,解决了不同性质单位在基本制度安排上的“双轨制”问题。将新农保和城居保统一整合为城乡居民基本养老保险,使城乡居民与城镇职工一样有了“老有所养”的制度保障,城乡居民基本养老保险基础养老金标准由每人每月55元提高至75元,企业职工基本养老保险月均水平达到1 935元。各级财政累计投入企业职工和城乡居民养老保险补助资金202.8亿元,其中争取中央补助192.8亿元。企业职工和城乡居民养老保险参保人数分别达到419.9万人和662万人,领取待遇人数分别达到273.2万人和253万人。

三、健全城乡社会救助体系。一是不断提高城乡困难群众生活保障水平。通过争取上级补助、预算新增安排、调剂存量资金、下达市县最低预算等措施,积极筹措城乡困难群众生活救助补助资金,确保城乡低保保障标准分别达到2014年度城镇居民人均可支配收入的20%和农村居民人均纯收入的25%。全年各级财政累计投入城乡困难群众生活救助补助资金47.6亿元,有力地保障了全省150万城乡低保对象的基本生活,城乡低保对象实现了动态管理下的“应保尽保”,低保金全部实现了社会化发放。二是推动农村五保供养实现“应保尽保”。认真落实农村五保供养各项政策,积极筹措资金,切实加大投入,不断提高农村五保供养保障水平,建立了供养标准自然增长机制。全年各级财政累计筹措拨付补助资金2.9亿元,有力地保障了全省12.1万名农村五保供养对象的基本生活,集中和分散五保供养保障标准年平均分别达到4 200元、2 800元。三是加大城乡医疗救助力度。为解决城乡特困群众治病难问题,在不断推进城镇居民医疗保险和新型农村合作医疗工作基础上,积极筹措资金,支持建立了城乡医疗救助制度,并加强与医疗保障、最低生活保障等制度的有机结合,着力加大对城乡困难群众参加城乡居民医疗保险和新型农村合作医疗的支持力度,放大救助效应,提高资金效益,有效缓解了城乡贫困群体因病致贫、因病返贫的问题。全年各级财政累计投入城乡医疗救助资金6.3亿元,累计救助贫困患者353.5万人次,资助参保参合791.1万人次。四是完善灾害应急等救助机制。为应对洪涝和地震等自然灾害频发的实际情况,加大了救灾资金的投入力度。按照国家统一部署，于2014年全面建立了临时救助制度，以解决城乡群众突发性、紧迫性、临时性基本生活困难为目标，通过完善政策措施，加大资金投入力度，补"短板"，扫"盲区"，切实保障了城乡困难群众的基本生活权益。2014～2015年，全省各级财政累计筹措拨付临时救助资金3亿元，累计救助21.7万户次、38.9万人次，救助水平达到每户次628元和每人次476元。

四、推进医药卫生体制改革。一是推进医疗保障扩面提标。大幅提升职工医保、城镇居民医保和新农合政策范围内住院费用报销比例，新农合和城镇居民医保筹资标准均达到480元，其中，财政补助标准提高到380元，基本公共卫生服务人均经费提高到40元。职工医保、居民医保和新农合三项基本医保参保人数超过2 560万人，总参保率达94.5%以上。全年各级财政累计投入城镇居民基本医疗保险和新型农村合作医疗补助资金59.9亿元，全省参加城镇居民基本医疗保险和新型农村合作医疗人数分别达到600万人、1 327万人。二是支持加强医疗卫生服务体系建设。多渠道筹措资金，确保医改重点工作需要。支持基层医疗卫生机构和村卫生室全面实施基本药物制度，取消药品加成，推进综合改革，建立基层运行新机制。支持推动实施医保付费方式改革，更好地保障参保人权益，规范医疗服务行为，控制医药费用不合理增长。加大对县乡村三级医疗卫生机构设备购置、维修改造以及信息化建设的支持力度，基层医疗卫生机构就医条件和能力显著改善。支持基本公共卫生服务项目提标、基层医疗卫生机构改革、公立医院改革和传染病防治体系建设、村级卫生服务体系建设。全年各级财政累计投入123亿元，有力地保障了医改工作的顺利推进。

（李　键）

粮食贸易财务管理工作

一、强化落实各项惠农补贴政策，促进城乡发展一体化。一是落实国家对种粮农民补贴政策，全力做好对种粮农民粮食直补及农资综合直补工作。落实国家农业补贴调整政策，将种粮农民直接补贴(粮食直补)、农作物良种补贴和农资综合补贴3个项目名称统一为"农业支持保护补贴"。调整后，吉林省种粮农民直接补贴(粮食直补)19.17亿元，农资综合补贴59.67亿元。积极与财政部沟通协调，及时了解掌握政策变动进展情况，做好粮食直补和农资综合补贴资金发放工作。提前对市县明确补贴资金发放的工作要求，对补贴资金发放网络信息系统进行调试完善，为政策确定后补贴资金及时发放做好准备工作。4月1日，财政部确定补贴政策后，当天即起草了向省政府汇报的《关于落实国家2015年农业支持保护补贴政策有关问题的意见》；4月2日，送省农委会签；4月3日，以吉财粮[2015]178号文上报省政府；4月16日，接到省政府领导批示后于4月17日将农业支持保护补贴资金66.91亿元拨付到市县财政部门，并要求各市县及时将补贴资金发放到农民手中。截至5月30日，全省粮食直补和农资综合补贴两部分资金已全部发放到农民手中。按照财政部《关于下达2015年农业支持保护补贴资金的通知》和财政部、农业部、银监会联合下发的《关于完善农业三项补贴政策的指导意见》要求，将农资综合补贴中20%部分11.93亿元用于支持粮食适度规模经营，重点支持建立农业信贷担保体系建设。截至目前，吉林省《建立省级农业信贷担保机构实施方案》已获省政府批准，正在着手组建吉林省的农业信贷担保机构，农资综合补贴20%部分已全部作为注册资本金注入公司。二是进一步放大强农惠农政策效应，切实做好以直补资金担保为农民提供信贷支持扩大试点工作。为进一步扩大粮食直补资金担保贷款政策效应，使直补资金担保贷款政策效应惠及更多农民，促进全省农村经济更快发展，继续在全省开展以粮食直补资金担保为农民提供信贷支持的试点工作。全年投放直补资金担保贷款14.76亿元，受益农户8.11万户，年末贷款余额76.94亿元。2010～2015年，全省累计发放直补资金担保贷款219.46亿元。实际参与试点的县(市、区)达到48个，覆盖全省672个乡镇。直补资金担保贷款试点工作实现了"农民得实惠、银行得效益、政府得民心、经济得发展"多方共赢的政策目标，得到了全省农民朋友的普遍欢迎和好评。同时，为帮助化解农民信用危机，省财政帮助银行为农民暂时垫付到期未还贷款3 793万元，银行在年底前完成贷款清收或变更贷款合同后，及时归还了财政垫付款。

二、全力做好粮食增产、农民增收工作。一是认真做好产粮大县奖励相关工作，切实保障国家粮食安全。为更好地发挥中央财政产粮大县奖励政策效益，根据国家和省产粮（油）大县奖励政策和产粮（油）大县奖励资金绩效评价的有关规定，对获奖市县2014年产粮（油）大县奖励资金的用途、管理、使用及获奖市县级财政部门落实产粮（油）大县奖励政策情况进行了综合评价，除常规产粮大县奖励1个县市被评为较差、超级产粮大县奖励两个县市被评为良好、产油大县奖励1个县市被评为良好外，2014年吉林省其他产粮（油）大县奖励资金使用绩效评价结果全部为优秀，评价结果已上报财政部。按照国家绩效考评要求，对商品粮大省奖励资金进行自评，自评总分98分，自评结果为优秀，并将自评报告上报财政部。全年争取中央财政拨付吉林省产粮（油）大县和商品粮大省奖励资金24.80亿元，比2014年增加4 175万元，对调动地方政府重农抓粮积极性和保障国家粮食安全发挥了重要作用。制定完善奖励资金分配使用监管办法，强化资金管理，努力提高资金使用效益。二是认真做好农户科学储粮设施建设工作，切实增加农民收入。按照农户科学储粮设施建设计划要求和省粮食局申请，拨付农户科学储粮设施建设省级补助资金3 600万元，支持全省21个市县3万套农户科学储粮仓建设。同时，配合主管部门对扶余市等4个县市农户科学储粮设施建设情况进行了梳理，清理收回以前年度农户科学储粮设施建设省级补助资金655.93万元，用于舒兰市等相关市县农户科学储粮设施建设。三是做好玉米深加工企业补贴管理工作。为帮助玉米深加工企业脱困，国家及省陆续出台了对玉米深加工企业给予临时性补贴政策。4～6月，吉林省对年加工能力10万吨以上玉米深加工企业给予每吨玉米150元临时补贴政策；6月份，国家出台对吉林省玉米深加工企业5～10月竞购出库并自用加工的国家临时收储玉米给予每吨玉米100元补贴政策后，吉林省继续执行每吨玉米150元补贴（国家补贴100元，省补贴50元差额）；第4季度，对玉米深加工企业在省内自购自用的按实际加工消耗的玉米由吉林省每吨给予250元补贴。全年实际拨付8.7亿元，剩余补贴待国家审核和中介机构审计后据实拨付。省里与国家补贴政策的出台，对企业提高开工率、加大玉米加工转化、提高工业产值、缓解企业经营困难、稳定经济发展起到了积极的作用。四是做好省级储备粮管理建设相关工作。按照“米袋子”省长负责制的要求，筹措拨付粮食仓储设施建设资金1.35亿元，费用、利息补贴2.79亿元，智能化升级改造资金2 000万元，轮换价差亏损补贴1.22亿元，用于保证22亿斤省级储备粮全部直储目标和质量合格、储存安全、管理智能等工作。五是积极支持吉林大米品牌建设。全年安排大米品牌建设专项补助资金3 080万元，支持吉林大米品牌宣传、参加展销会等推介吉林大米的相关公益性、公共性活动，提高吉林大米品牌的知名度、美誉度，促进吉林大米销售数量和价格攀升，实现新增产值31.2亿元。六是及时拨付省级储备盐补贴资金。根据《省级食盐储备管理办法规定》，结合省级储备盐承储企业实际储备情况，经认真审核，及时拨付省级储备盐补贴资金300万元，用于确保储备补贴资金发挥最大效益和食盐储备制度的有效运行。

三、大力支持商贸流通体系建设，加快推动全省现代服务业发展壮大。一是落实中央和省支持内贸发展的各项政策。积极争取国家下达吉林省商贸流通服务业发展专项资金5亿多元，主要用于支持发展养老服务产业试点、农村电子商务、电子商务与物流协同发展等。会同省商务厅制定下发了推进项目建设文件，并督促项目尽快组织实施和验收，加快项目资金拨付进度。根据财政部、商务部对财政投入方式改革的要求，开展通过组建基金支持养老服务产业发展的试点工作，制定《吉林省养老服务产业政府引导基金管理办法》、《吉林省养老服务产业基金运营方案》等办法，并报省政府批准后下发。截至目前，已注册成立养老服务产业基金和基金管理公司，配备组建完成管理公司机构人员，并正式开始运营。与省供销社共同研究落实国家下达吉林省服务业发展项目资金2 800万元，根据各地申报情况，省供销社、省财政厅进行初审后，聘请专家评审，通过网上公示无异议后，省财政厅下拨资金。根据省级专项资金管理办法，与省直部门研究下发省级专项资金申报通知，对各地申报的项目进行初审，经过专家评审后，在相关网站公示无异议后，及时下达了农村物流发展引导资金1 100万元。二是支持现代服务业快速发展。为认真贯彻省政府关于加快全省服务业跨越发展若干政策精神，将服务业发展引导资金用于服务业发展中的薄弱环节、关键领域和新兴行业，促进服务业向市场化、社会化、产业化方向发展。2015年，按照省政府印发的《吉林省省级专项资金管理办法》的要求，会同省发展改革委制定并下发了《吉林省省级服务业发展引导资金管理办法》，并配合省发展改革委下发申报项目通知，组织实施2015年省服务业发展引导资金项目申报、初审等工作。项目经专家评审公示后，报省政府批准。全年共支持核定补助项目64个，拨付补助资金3 440万元；核定贴息项目37个，拨付贴息资金5 160万元。三是支持全省开发区（工业集中区）创新发展。根据省政府印发的《吉林省省级专项资金管理办法》，会同省经济技术合作局制定下发了《全省开发区发展引导资金管理办法》和《关于申报全省开发区发展引导资金的通知》。根据各地申报情况，经省经合局、省财政厅初审、专家评审、在相关网站公示无异议后，报省政府批准。2014年支持了国家级开发区、省级开发区、县域开发区（工业集中区）、示范镇产业园73个，拨付资金3.18亿元，有力地加快了开发区的基础设施建设，对落实省委、省政府促进全省开发区转型升级、创新发展起到了重要作用。四是支持各地副食品基地建设。省物价局根据省政府批转的各地申请省级副食品价格调节基金报告，深入实地对申报项目进行了考察，筛选出了12个建设副食品基地项目，经报省政府批准后，省财政厅下拨副食品价格调节基金500万元。

四、做好招商引资经费保障工作。一是科学制定招商引资计划。会同有关部门研究制定了2015年省级重大招商引资活动计划和贸促发展资金支出计划。对有关部门提出的计划进行了反复研究，本着“正常业务经费与招商引资项目经费分开、招商引资活动内容符合规定要求、在保证大型活动经费的同时兼顾小型活动”的原则提出了修改意见。经报省政府确定2015年省级重大招商引资活动23项，经费预算5 000万元。其中，大型化活动16项，经费预算2 150万元；小型化招商引资活动1项，1 400万元；专项工作经费5项，1 050万元；设立1项备用金400万元。全年省级各部门共申报招商引资活动项目31项，全年下达招商引资补助费4 400.7万元，保证了各单位招商引资活动的正常开展。二是严格审核招商引资项目活动经费。根据省政府批准的省级重大招商引资活动计划和《吉林省省级招商引资专项资金管理办法》规定，对省级重大招商引资活动、省有关部门开展的小型招商活动经费进行严格审核。全年共审核招商引资活动经费23项，拨付经费4 400.7万元。在审核招商引资经费中，认真执行国家、省控制党政机关人员因公出国（境）经费的规定，通过压缩出国（境）人员，调整合并活动项目等，大力压缩出国（境）经费支出，全年仅15个团队出国，支出经费450多万元，出国经费指标控制在核定的额度内。三是认真审核东北亚博览会经费支出预算并监督用好资金。对第十届东北亚博览会经费预算，从预算编制开始全程参与，经过多次调查研究和认真反复的审查，本着真实有效、节俭务实的原则，编制出第十届东北亚博览会经费预算5 500万元，确定13大项目支出。其中，省级财政补助4 100万元；市场化运作收入1 400万元，并纳入部门预算项目当中。四是做好省级贸促发展资金的审核拨付和资金监督工作。参照《省级重大招商引资活动经费管理办法》，对省贸促会参加和组织开展经贸交流活动专项资金的使用方向和经费使用进行管理，并对全年计划提出修改意见。全年审核、拨付、下达省贸促发展资金480万元，组织活动及涉及相关项目33项，保障了贸促工作的顺利开展。五是积极稳妥做好对朝合作专项经费的审核拨付工作。2010年，按照中朝两国最高领导人达成的共识，两国签署了共同开发和共同管理罗先经贸区的双边协定和多项协议。2015年，对省经合局提报的使用对朝合作经费，经过多次调查研究和反复审查，经省政府批准审核下达补助经费1 323.6万元。

五、深入推进财政科学化精细化管理，提高财政资金使用绩效。一是认真编制部门预算。按照部门预算“三上三下”编制程序要求，提早做好预算编制相关的基础工作，根据部门事业发展需要和财力可能，通过逐项审核、重点实地踏查、按项目轻重缓急排序、与部门反复沟通等方式编制部门预算，确保预算编制科学完整。二是狠抓预算执行工作。建立健全预算执行报告制度、约谈制度、监督检查制度和预算执行责任制度，对预算执行总体情况进行动态监测，确保预算执行质量。以推进部门预算公开、加强“三公”经费支出控制以及项目支出检查为重点，加强部门预算执行情况的管理，推进部门预算管理科学化、规范化、制度化。三是建立完善预算执行绩效评价制度。按照省级专项资金管理办法要求，加强监管，堵塞漏洞，强化责任追究。逐步加大专项支出绩效评价范围，完善绩效评价制度，确保资金使用的规范性和安全性，切实提高财政资金的使用效益。

六、狠抓党风廉政建设，打造廉洁高效干部队伍。按照中共中央印发的《建立健全惩治和预防腐败体系2013—2017年工作规划》有关要求，结合财政粮贸业务工作和资金运行实际，做好贯彻执行工作。一是坚持党组织从严抓党风，大力弘扬党的优良传统和作风，扎实推进党的作风建设，落实工作责任，一级管好一级，一级带动一级。二是深入落实中央八项规定和省委具体规定精神，进一步改进工作作风。紧紧扭住落实中央八项规定精神不放松，坚决纠正“四风”，强化制度硬约束，提高制度执行力，加强日常管理，纠正打折扣、搞变通行为，坚决防止反弹。

（吕艳明）

产业发展财务管理工作

一、认真落实省政府稳增长的政策措施。按照省政府办公厅《关于实施定向精准调控稳定经济增长的若干意见》，全年下达用于稳增长的资金14.4亿元，有效推动了全省经济的平稳运行，缓解了企业的经营困难，在一定程度上减轻了企业的负担，调动了企业的生产积极性。其中，设立现代农业产业基金3亿元，玉米深加工企业补贴资金3.3亿元，工业用电奖励资金5.9亿元，企业自备电厂新增自发自用电量奖补资金0.3亿元，重点增量企业流动资金贷款贴息资金1亿元，助保金池资金0.5亿元，达产达效奖补资金0.4亿元。

二、加强专项资金管理，提高资金的使用效益。按照省政府的批复，全年拨付省级专项资金8.6亿元。一是整合支持经济发展的专项资金，最大限度发挥财政资金的使用效益。为进一步加强对专项资金的管理，避免在预算执行中出现资金分配相对分散、项目扶持对象和范围有交叉、个别项目存在弄虚作假获取专项资金和挤占挪用专项资金的现象，本着优化支出结构、突出重点、更好地发挥专项资金的引导作用和规模效益的原则，对处内分管的专项资金种类进行梳理整合，将14项专项资金整合成3项专项资金。二是加强制度建设，按照省政府《吉林省人民政府关于印发吉林省省级专项资金管理办法》的要求，集中有限资金，重点扶持符合国家产业政策和涉及民生的公益项目，逐步减少对从事一般竞争性领域企业的投入，将有限的资金尽可能地投入到符合国家产业政策、具有核心竞争力、科技含量高、成长性好、创新能力强、产品附加值高的项目和企业。鼓励企业多利用银行信贷资金发展，利用贷款贴息补助等形式扶持具备良好的发展前景和优势竞争力的企业。逐步减少对企业的财政补助资金额度，促进企业完善内部治理结构，在市场竞争中发展壮大，将财政性资金更多地投入到民生等基础项目。三是完善项目资金的监督检查和违反规定行为的处理处罚措施，使制度确实起到规范和约束的作用。规范专项资金项目的申报、审核、批准、拨付和监管等各环节，保障财政资金的安全有效。

三、全力支持国企改革，推进国有企业的改组改制。一是积极推进国有企业关闭破产工作的顺利实施。按照国家和省政府的要求，会同相关部门，不断加大企业关闭破产的工作力度，全年拨付政策性破产企业破产工作补助经费6.1亿元，促进了关闭破产企业的职工安置、分离企业办社会职能、离退休人员等费用的快速到位，有效保障了国有经济结构调整和生产要素的重组，提高了企业的竞争力，维护了社会稳定。二是稳步推进厂办大集体改革，妥善解决历史遗留问题。积极配合省国资委研究制定《吉林省厂办大集体改革工作方案》、《吉林省厂办大集体改革工作实施意见》。同时，根据实际工作的需要，及时修订《吉林省厂办大集体改革经济补偿金财政补助资金管理办法》。全年共拨付厂办大集体改革专项资金6.7亿元。三是处理好国企改革历史遗留问题。认真执行企业亏损补贴退库计划，下达省级煤炭、冶金及关停留守企业亏损补贴退库计划。拨付资金2.2亿元，用于维护煤炭和冶金矿山企业安全和稳定。四是解决好国有企业职教幼教退休教师待遇问题。为落实好国资委、财政部等4部委联合下发的《关于妥善解决国有企业职教幼教退休教师待遇问题的通知》等有关政策，按照省政府妥善解决国有企业职教幼教退休教师待遇问题工作推进组的要求，分别对中央企业及原中央下放的煤炭、有色、军工企业举办的各类职教幼教教育机构退休教师的生活补贴和地方国有企业所办机构退休教师的生活补助由财政负担资金情况进行了认真测算。

四、全力支持民营经济发展。一是根据省政府《促进中小企业发展的若干政策》，从全省经济发展大局出发，在公共财政框架下，制定了扩大专项资金的规模、集中支持成长型企业和孵化培育高新技术企业、支持中小企业信用担保体系建设等8项政策，加大了支持民营经济发展的力度。二是不断完善落实突出发展民营经济政策措施。贯彻落实国家9部委《关于促进劳动密集型中小企业健康发展指导意见》，制定吉林省的相关配套政策措施，大力支持劳动密集型中小微企业发展。设立中小企业和民营经济发展基金，增加对省小微企业担保公司资本金的投入。支持民营资本参与各层级国有企业改制重组和国有资本投资项目，加强孵化基地和中小企业服务平台建设，抓好长春突出发展民营经济综合配套改革示范区试点。全年拨付支持中小企业发展和民营经济发展引导资金3.2亿元。

五、积极促进对外经贸发展。一是认真研究制定和适时调整支持外贸发展的财政政策，合理确定资金支持方向，整合中央和省外经贸专项资金，重点支持了吉林省汽车零部件出口基地、科技兴贸基地、外贸转型示范基地等国家级和省级外贸基地建设以及一批基础条件较好、服务功能较强的外贸公共服务平台建设，并对外贸企业出口信用保险、进出口融资担保等给予了政策倾斜。二是加快资金使用进度，针对农产品出口企业融资难的问题，开展了建立“资金池”的试点工作。对跨境电子商务、设置吉林自贸区、“一带一路”等重大问题开展了政策研究。全年拨付支持外经贸发展引导资金2.9亿元。

六、认真做好大中型水库后期移民扶持工作。根据国家对大中型水库移民全面实施后期扶持政策的实际，会同有关部门，认真履行职责，积极筹措资金，落实移民后扶政策，实现了国家提出的“确保政策兑现、确保资金安全、确保社会稳定”的阶段性目标。为推进移民后扶政策的顺利实施，省财政厅会同省移民管理局先后研究制定了涉及美丽移民村建设、移民脱贫解困试点等多项政策措施。同时，结合涉农资金清查等工作，开展对移民后扶资金的监督检查，对挪用和滞拨资金问题及时进行纠正。

七、进一步提高企业财务信息系统建设和企业经济运行情况的分析质量。一是充实企业财务快报内容，增强实用性。为适应企业改革和财政体制的变化形势，及时调度全省境内所有企业的财务税收信息，加强财政经济形势的分析和预测，在各地财政部门的共同努力下，逐渐扩大企业快报的统计范围，从过去的国有工业企业，扩大到各行业的国有企业、混合所有制企业和民营企业，并定期或不定期的形成分析报告，为领导决策提供了重要依据。二是不断加大企业财务年报的工作力度，圆满完成了各年度企业财务会计决算工作，并得到财政部的表彰。三是改进和加强企业财务经济运行和财务状况的分析工作。在分析的形式上，有专题分析和综合分析；在分析的内容上，强化了对产业、行业、区域经济状况的分析，着重反映财政政策的实施效果；在财务预警机制建设上正进行积极的探索。四是根据财政部的要求，建立财政企业信息网，进一步扩大了全省企业财务快报的统计范围，加强和改善了企业财务信息管理，提高了财政企业工作整体水平。

（赵　锐）

国有资产和资本金管理工作

一、加强行政事业单位资产管理。一是全年完成全省1.91万户行政事业单位2 534.8亿元资产的报表布置和上报财政部工作。二是开展并完成1.02万户事业单位及162户事业单位所办企业的产权登记工作。三是认真贯彻《党政机关厉行节约反对浪费条例》,加强行政事业单位资产日常监管工作,严格执行资产管理配套制度,全面规范资产管理行为。上半年,累计完成省直行政事业单位资产出售、划转、报废等处置审批68项,涉及国有资产账面价值3.04亿元。四是参与司法体制改革工作。配合厅行政政法处做好检察院、法院纳入省级管理涉及资产管理工作,并提出落实意见。五是参与全省公务用车制度改革方案制定和测算工作。起草省级执法执勤用车制度改革办法,并通过全省公务用车制度改革领导小组和省发改委审核。

二、积极推进国有资本经营预算科学化精细化管理。一是加强国有资本经营预算编制管理。按照国家关于改革完善国有资本经营预算制度的要求,严格履行预算编制和审批程序,认真编制2015年度省级国有资本经营预算草案,经省人代会批准实施。重点支持技术改造、安全生产等重大项目建设,继续加大对文化产业发展、企业技术创新等方面的投入,提高预算编制的科学性、严肃性。二是强化国有资本收益收缴管理。加强对企业年度财务会计决算报表质量的监督和管理,认真做好企业国有资本收益的审核确认及收缴工作。

三、加强企业国有资产监管,切实维护国有资产安全完整。一是加强企业国有资产基础管理。严格执行国家政策规定,做好产权登记、资产评估、股权管理等工作,积极配合有关部门和厅内有关处室,参与财政监管企业转制工作。全年完成产权登记14户,涉及国有资本11亿元;完成评估备案22项,涉及国有资产约为4.6亿元。二是认真做好国有股权管理工作。批复同意长影集团投资有限公司所持有的梅河口市长影电影城有限公司51%的国有法人股权全部转让等相关事项;对吉林省中研高性能工程塑料股份有限公司国有股权设置情况予以批复。协助厅债务金融处研究吉林银行增资扩股、补充资本、处置历史遗留等有关问题。三是进一步加强政策咨询服务。对各级财政部门、省直部门、单位、企业集团、企业职工等提出的问题认真解答,详细说明和解释,做好政策咨询服务针对企业提出的问题的解答工作。全年共完成资产管理业务咨询服务30多项。

四、认真做好部门预算管理,提高预算执行约束力。按时完成省国资委2014年度部门决算审核工作。按照厉行节约、保障重点的原则,完成省国资委2015年度部门预算编制工作。严格审核项目,及时拨付资金。拨付资金308万元,用于分管部门省国资委预算项目。配合厅预算处拨付资金2.22亿元,用于完成省交通投资集团公司项目。

五、强化资产评估管理和服务措施,促进资产评估行业健康发展。认真执行财政部有关资产评估方面的法规政策,加强资产评估机构的日常监管。办理资产评估机构(分支机构)法定代表人(负责人)变更、股东(合伙人)变更、机构名称变更备案两项。参加2015年资产评估机构(分支机构)执业质量检查工作,完成2014年度全省90家资产评估机构基本情况汇总统计工作。参加吉林省商事制度改革,制定《吉林省财政厅资产评估机构监管办法》,完成资产评估机构从事证券期货业务监管说明。答复省政协十一届三次会议第143号委员提案。

(郭新泉)

非税收入管理工作

一、规范非税收入管理,强化基金预算执行。一是强化收入计划管理,科学编制2015年度非税收入征收计划,逐步健全非税收入管理制度,切实抓好预算执行进度,及时掌握和分析各相关单位预算执行进度和收入完成情况,不断提高预算执行的及时性、有效性和均衡性。二是严格落实征管政策,督促各执收执罚单位严格执行国家和吉林省的非税收入管理政策,规范执收行为,依法依规征收。三是进一步健全完善省级非税收入调度分析月报制度,督促省直各相关单位每月报送本单位本月非税收入预计征收情况，加大对一次性、特殊性非税收入的监管力度。认真做好非税收入月度分析工作，对无政策性减收因素影响，收入较2014年同期减收较多的以及同年初计划相比收入进度较慢的单位加强日常督促检查。四是继续深化非税收入收缴管理改革，做好与财政票据电子化管理系统同步实施的非税收入收缴管理系统升级及开发接口工作系统衔接工作。

二、落实国家工作要求，加大“清费减负”力度。落实《财政部 国家发展改革委关于减免养老和医疗机构行政事业性收费有关问题的通知》有关要求，对在吉林省征收的“土地复垦费”等6项收费，实行非营利性养老和医疗机构建设全额免征，营利性养老和医疗机构建设减半征收的政策。落实《财政部 国家发展改革委关于取消停征和免征一批行政事业性收费的通知》，对国家此批公布取消、停征和免征的54项行政事业性收费中，涉及在吉林省征收的32项收费全部按国家规定实行了取消、停征和免征政策。进一步对省级设立的行政事业性收费项目进行了全面清理，停征“副食品价格调节基金”，取消“用地管理费”、“铁路护路联防费”，调整、合并7项行政事业性收费，降低收费标准6项。

三、加强土地出让收支管理，清理压缩结余结转资金。加大土地出让收支管理监督检查力度，针对审计检查发现的重点问题认真抓好相关市县整改落实，切实保障资金规范运行、安全有效。研究制定省级国有土地使用权出让收入管理办法，继续落实好国家和省有关土地出让收入计提资金使用与市县返还政策规定。全面做好土地整治项目建设竣工验收决算审查工作，配合省国土资源厅督促落实吉林省高标准农田建设任务，加大项目区财政部门资金监管力度。

四、进一步规范彩票公益金和彩票机构业务费使用管理，加大彩票市场监管力度。一是会同省民政厅、省体育局研究制定彩票公益金用于社会福利和支持体育事业专项资金管理办法，督促各级彩票销售机构建全完善内控机制，规范工作流程。二是加强对部门彩票公益金监管，逐步规范省级彩票公益金计划执行，进一步提高彩票公益金使用效益。同时，继续做好彩票公益金筹集、分配使用情况的报告和公告工作。三是按照财政部做法，落实吉林省彩票销售机构业务费纳入政府性基金预算管理具体实施办法，充分做好相关工作衔接，实现平稳过渡。四是做好日常监管工作，既要做好彩票公益金安排使用的事前、事中和事后的有效监管，又要做好全省彩票销售市场监管。

五、加快推进财政票据电子化改革，不断提高规范化管理程度。结合清理收费基金工作，进一步压缩财政票据种类，规范财政票据样式，适应电子化管理的需要。配合做好财政票据电子化管理系统与非税收入收缴管理系统升级及开发接口工作系统衔接工作，依据行政事业性收费目录清单重新梳理执收单位收费项目以及缴库使用的财政票据种类，使收费收入实现及时足额缴入国库。进一步加强财政票据印制、审核、发放、检查等日常管理工作，维护财政票据管理使用的严肃性。按照全省财政票据电子化改革进度安排，抓好市县票据电子化改革在用票单位的推广应用，为2016年取消手工票据奠定基础。

（李靖伟）

债务金融财务管理工作

一、进一步完善政府性债务管理制度。依据《中华人民共和国预算法》、《国务院关于加强地方政府性债务管理的意见》精神，制定《吉林省进一步加强政府性债务管理实施意见》，对建立规范的地方政府举债融资机制、实行规模控制和预算管理、防控和化解债务风险等方面提出了明确要求。出台《2015年吉林省政府专项债券预算管理实施办法》、《2015年吉林省政府一般债券预算管理实施办法》等制度办法，规范了地方政府性债务纳入预算管理等相关制度。

二、落实地方政府债务限额管理。按照国家要求，在省十二届人大常委会2015年第二十一次会议上，审议通过了《吉林省人民政府关于提请审议批准2015年吉林省政府债务限额的议案》，批准了吉林省2015年末政府债务限额3 018.7亿元（省级分配政府债务限额569.44亿元，市县分配政府债务限额2 443.46亿元，待分配限额5.8亿元），现已将有关限额管理情况及时向社会公开。

三、做好债券发行、使用、管理工作。一是做好新增债券资金分配和使用工作。按照财政部核定吉林省两批新增债券182亿元的额度和要求，编制了2015年预算调整方案，经报请省政府同意后，提请省人大常委会审议批准，新增债券额度已按要求批复下达给各市县和部门，有效地支持了全省棚户区改造等保障性安居工程建设、普通公路建设发展、城市地下管网、智慧城市等重大公益性项目后续融资需求。二是积极做好地方政府债券置换存量政府债务工作。财政部核定吉林省2015年1～3批地方政府置换债券额度共计583亿元，报请省政府同意后，已全部下达各市县和部门。为做好债券资金置换存量债务工作，下发了《关于做好2015年吉林省第1批、第2批、第3批地方政府债券置换存量债务有关工作的通知》等10多项制度办法。11月底前，置换债券资金已全部拨付到各市县和部门，并完成了《转贷协议》和《债权解除协议》的签署工作。

四、创新办法，加快处置存量债务。为加快存量政府债务处置，下发了《吉林省关于做好政府存量债务有关工作的通知》，全面开展存量债务的处置工作。全年通过政府偿还、创新方式、高息债置换等处置存量政府性债务520.2亿元，债务处置工作取得了一定成效。一是建立机制。出台了“三挂钩”的激励措施，明确将各地化解存量债务成效与分配置换债券额度、新增债券额度以及一般激励性转移支付挂钩。二是创新方式。通过调整结构盘活预算资金、资产证券化、PPP模式改造，政府购买服务，变卖政府闲置性资产等多种方式偿还政府债务。三是突出重点。抓住省交通厅和长春市、吉林市3家债务总额(占全省65.7%)占全省总额比重较大的部门和地方进行重点推进。四是加强协调。协调省内金融机构参与各地存量债务的化解，创新金融产品，积极向总行进行汇报，争取信贷额度，为全省债务化解提供金融服务。

五、加强风险防控。一是按照《财政部关于核实2015年地方政府债务风险预警结果的通知》，认真复核全省债务风险预警及提示地区测算结果，依据吉林省2014年预算决算数据，对债务风险预警结果进行核对，并按时上报财政部。二是按照《吉林省地方政府性债务规模规模管理和风险预警指标监测管理办法》规定，对高风险地区除国家政策允许的重大民生项目外，原则上不举借新债，实时监测各级政府性债务动态变化状况，对超出债务风险预警区域的市县进行风险提示和预警。

六、强化或有债务监管力度。按照国家要求，严格要求各市县逐步降低存量或有债务，对新发生的或有债务，除经国务院批准为使用外国政府或者国际经济组织贷款进行转贷的除外，严格限定在依法担保的范围内，并要求各市县和部门加强对或有债务的统计分析和风险防控，按照只减不增原则，做好相关监管工作。

七、推动融资平台公司市场化转型。根据新《预算法》和国发43号文件规定，按照“区别对待，分类处置”的原则，对融资平台公司债务进行了妥善处置，取消了其政府融资功能，对全省融资平台公司债务分类进行了处置。其中，吉林省长春市城市发展投资控股(集团)有限公司(以下简称“长发集团”)在市场化转型升级过程中进行了有益探索，长发集团通过合并长春市4家老城投类国企(长春城市开发集团有限公司、长春润德投资集团有限公司、长春城投建设投资有限公司、长春城市建设管线投资(集团)有限公司)，推动了政府投融资体制的转型改革，发展为吉林省资产规模与影响力最大的地方国有企业集团之一。

八、夯实基础性工作。按照财政部要求，制定下发了《关于转发财政部<关于升级完善地方政府性债务管理系统的通知>的通知》，利用政府性债务管理信息系统，按月、按季、按年统计汇总分析全省地方政府性债务数据信息，对地方政府性债务情况进行全口径动态监控，为加强管理和领导决策提供了依据。

九、将政府债务纳入地方党政领导考核指标体系。建立绩效考核评价机制，在《吉林省市(州)政府绩效管理考评办法》和《吉林省县域考评办法》中，增加政府性债务风险预警指标，把政府性债务作为一个硬指标纳入政绩考核。下发政府举债负面清单，严格要求各市县和部门不得在预算之外违法违规举借债务，建立对违法违规融资和违规使用政府性债务资金的惩罚机制，加大对地方政府性债务管理的监督检查力度。

十、积极争取利用政府主权外债资金。一是做好国外贷款项目筹备与申报工作。申报以色列政府贷款延边州职业教育项目等两个外国政府贷款项目，申报金额3.7亿元；完善清洁发展委托贷款辽源市集中供热项目、科威特政府贷款延边州卫生项目申报材料。二是做好项目签约工作。完成亚行贷款吉林省城市发展项目转贷签约、项目启动及专用账户建立相关工作；完成世行贷款吉林省农产品质量安全项目子项目转贷协议签署工作；审核下达2015年国际农发滚动开发计划；完成与项目县市滚动开发项目贷款协议签署及资金拨付工作；完成以色列政府贷款吉林市妇产医院项目签约准备工作。

十一、抓好国外贷款基础管理工作。一是完成在建项目中期调整、跟踪管理和提款报账审核工作。完成世行贷款吉林省农产品质量安全项目情况报告、季度报告，资金调整；备案授权签字人变更，每笔提款报账的审核工作；累计完成世、亚行和外国政府贷款项目提款报账1亿元人民币，保证了外债在建项目的顺利实施。二是协助办理贷款项目竣工、终止等相关手续；配合完成亚行贷款松花江水质污染项目完工验收评审工作；完成德国政府贷款四平市红嘴集中供热、通化市既有建筑节能改造项目终止、退款工作；完成日元贷款吉林市环境综合治理项目提款确认及关账等手续。三是做好到期外债催收工作。对下催收欠款1.3亿元，及时用省级还贷准备金垫付偿还国际金融组织贷款和外国政府贷款到期债务，避免了滞纳金和罚息，维护了吉林省的对外偿债信誉。

十二、着力提高贷款项目管理质量和效益。一是开展贷款项目绩效评价工作和监督检查工作。完成亚行贷款吉林供排水项目绩效评价再评价工作；组织开展2015年度吉林省国际金融组织贷款绩效评价计划；布置并完成2015年外国政府贷款项目年度检查工作；为后续项目运行和管理提供了合理的参考依据。二是做好各项综合性报表工作和外债预警信息系统维护工作。圆满完成了2014度全省地方政府外债统计、国际金融组织贷款季度报和外汇管理局月报表的统计和报送，及时准确地为防范外债风险提供基础数据。三是积极参与财政部的各项调研、研讨和政策修订，有效提升了外债管理的质量和效率。完成财政部布置的中国与世行系统性国别诊断分析等多项调研工作；积极参与政府主权外债整体政策框架设计和调整的各项研讨和修订工作；组织完成世行项目案例编写工作；完成政府主权外债文件汇编2012～2014年度的编印工作。

（岳喜财）

会计管理工作

一、积极组织实施会计准则制度。一是开展企业会计准则实施调查。深入到企业研究解决准则实施中存在的问题，保证了新准则的实施质量。二是积极推进事业单位会计准则制度实施。在全省范围内组织开展准则制度实施检查，了解掌握准则制度执行情况，及时研究解答执行中存在的问题。三是积极参与会计准则制度的修订工作。组织专家学者及会计实务工作者参与财政部《代理记账管理办法》及《企业产品成本核算制度——钢铁行业》等征求意见稿修订工作，并及时上报反馈意见。四是组织全省2 618名会计人员参加全国企业会计信息化知识竞赛活动。五是落实财政部《企业内控规范》执行情况调查问卷工作，收集上报有效问卷273份。

二、高度重视管理会计理论与应用研究。一是做好会计知识宣传工作。将国家有关要求和规定上挂吉林省会计网，对全省财政系统会计管理机构工作人员和师资人员150人进行了培训，讲解管理会计的重要意义、基本内涵、总体框架和实施要求。二是开展管理会计专家征集活动。已有企业、行政事业单位、大学及科研机构等单位136人申报管理会计专家资格，同时上报论文和案例124份。三是开展管理会计征文活动。下发《吉林省关于组织开展管理会计征文活动的通知》，在全省范围内开展管理会计论文的征集活动，共收到省直和市县管理会计论文51份。

三、全面推进行政事业单位内控制度有效实施。一是全面部署行政事业单位内控规范检查工作。印发《关于开展行政事业单位内控制度建设、新会计准则制度和会计基础工作规范执行情况检查的通知》,规定了检查的时间、检查内容、检查步骤、检查报表等内容,组织了培训,为顺利地开展检查奠定了基础。二是及时调度通报检查情况。按照检查工作时间要求,3次下发《各市县开展内控规范检查情况调度表》,及时统计掌握各地工作进展。下发《关于行政事业单位内部控制规范新会计准则制度会计基础工作规范检查中期情况通报》,在全省范围内通报各地检查情况与发现的问题,提出了下一步工作要求。三是深入省直单位开展检查工作。检查省工商局、省国土局、省测绘地理信息局、省农科院等13个部门及其所属的行政事业单位共178户,分别对其下发了检查结论及整改通知。

四、稳步开展会计领军人才培养。一是启动企业类第四期会计领军人才选拔培养工作。通过个人申请、单位推荐、笔试、面试等选拔程序,录取学员31人,并完成了当年第一次集中培训课程。二是完成企业类第三期会计领军班第二个年度培训任务。组织学员完成了18天的两次集中培训课程,督促学员在集中授课以外按时完成学习作业。三是完成首期行政事业类会计领军班第三个年度培训任务。组织学员集中培训18天,完成了第三个年度两次集中培训课程。督促学员按照培训计划,上报毕业论文开题报告,接受论文老师指导,组织论文材料。四是完成了企业类第二期会计领军班第四个年度跟踪管理及毕业典礼。组织论文指导老师跟踪指导学员毕业论文写作质量,适时调度学员论文完成情况,与吉林大学管理学院组织专家举办学员毕业论文答辩会,举办毕业班毕业典礼,为23名合格学员颁发了毕业证书。五是配合国家完成了吉林省选拔全国会计领军后备人才工作。按时转发《财政部关于开展2015年全国会计领军(后备)人才(企业类)选拔培训的通知》,组织优秀会计人员7人报名参加考试,按时向国家报送考试人员试卷及个人申报档案。六是加强对各地财政部门会计人才培养工作的监督指导。适时调度全省会计人才培养工作开展情况,推广培养工作经验和方法,推动全省会计人才培养,提升会计人员队伍整体素质。组织全省会计管理机构培训初中级会计人员2万多人。

五、全面加强高级会计人才管理。一是积极开展高级会计人才评价工作。按照“科学、规范、公开、公正”的评价原则,受理副高级会计师资格申报人员491人,通过“材料审核、破格答辩、高评委例会”等程序,有397人晋升为副高级会计师资格。受理正高级会计师资格申报人员18人,通过“考试、材料审核、答辩、高评委例会”等程序,有9人晋升为正高级会计师资格。二是创新开展高级会计师继续教育培训工作。创新了培训方法,改革了培训方式,委托东北财经大学网络教育学院采用网络远程教育和面授教育相结合的方式进行,由学员根据自身需要自主选择。全年共有高级会计师2 080人参加网络授课学习,占当年完成继续教育总人数的73.1%。2014～2015年累计完成高级计师继续教育4 729人,完成率为93%。三是组织相关人员参加财政部总会计师素质提升工程培训。印发《关于组织参加财政部举办的大中型企事业单位总会计师素质提升工程培训班的通知》和《关于组织参加厦门国家会计学院总会计师素质提升工程培训班的通知》,分别组织了53人和59人参加了北京和厦门国家会计学院总会计师素质提升工程培训班。参加学员全部顺利完成培训任务,并获得了“财政部大中型企事业单位总会计师素质提升工程培训证书”。

六、安全有序组织会计专业技术资格考试。一是做好会计专业技术资格考试的报名工作。积极开展宣传动员,完善网络报名系统,为广大考生提供便利服务,保证报名工作顺利开展。全年报名参加会计初、中、高级资格考试共计2.63万人(初级1.67万人,中级8 549人,高级1 047人)。二是精心组织会计专业技术资格考试工作。认真做好考场设置、机器测试调试、技术人员筛选培训、试题接收导入、试卷接收保管、考试工作流程、应急预案等各项考前准备工作。在考试过程中,认真履行职责,严格执行考试规定,有序组织考务工作,使得考场秩序井然,考风考纪状况良好。全省初级会计专业技术资格考试共设置27个考点、65个考场、4 488台考试机,分为2天4个考试批次;参考1.15万人,参考率69.0%;合格3 153人,合格率27.33%。中级会计专业技术资格考试共设置10个考区、45个考点、130个考场、7 887台考试机,分为2天1个考试批次;全省报考8 549人,其中申请纸笔作答19人；综合参考率为43.3%；考试合格497人，合格率11.0%。高级会计专业技术资格考试共设置1个考点，35个考场；全省报名1 047人，实际参考544人，参考率52.0%；成绩合格 208人，合格率38.2%。三是认真做好中高级会计专业技术资格考试试卷扫描及评卷工作。考试结束后，及时组织人力开展考试试卷扫描工作，并封存相关数据。选定5名评卷专家参加“全国网评工作会议及网评软件培训班”学习。组织5名评卷专家及63名相关专业的研究生作为评卷工作人员，并按照国家下发的“两标”进行培训及评卷，确保评卷工作科学有序开展，两天时间完成中级会计资格纸笔答题试卷及高级会计资格试卷网评工作。网评中级会计资格试卷9 755份，高级会计资格试卷544份。四是做好考试合格证书的打印发放工作。打印发放2014年初级会计专业技术资格证书2 457个，中级会计专业技术资格证书611个。打印发放高级会计专业技术资格考试成绩合格证书592个。

七、规范会计从业资格考试工作。一是全面规划考试工作。年初下发《关于做好2015吉林省会计从业资格无纸化考试相关工作的通知》，对考试的内容、时间、要求等提前进行安排部署，便于全年考试工作有计划开展。二是科学设计考试流程。印制《考试客户端手册》、《会计从业资格无纸化考试软件更新操作步骤》、《考点、考场设置标准》，配发给各地考点使用，要求各地按规定部署考场环境，按照操作流程进行考试。三是强化考风考纪。严肃考试纪律，每个季度考试前，厅会计处选派经过培训的巡考到各地巡视，并配合各考区做好考试组织工作，以保证考试工作公平公正。全年共处罚各类违纪违规考生132人。四是重新构架设计考试软件。为保证国家题库在吉林省考试中的顺利使用，对考试软件进行了修改，并进行实地测试和全省考试软件培训。在全省范围内组织了6次考试测试，及时修改完善考试中出现的软件缺陷，使得全省会计从业资格无纸化考试软件日趋完善，实现了国家题库与考试软件的顺利对接，保证了全年考试工作的圆满完成。全年共有9.31万人报名参加考试，合格2.10万人，考试合格率为22.6%。五是继续开展新版会计从业资格证书换发工作。按照《关于继续开展全省会计人员换发新版会计从业资格证书的通知》，确定2015～2018年全省当年换发新版会计从业资格证书的应参加人员、换证时间、换证流程等要求，继续开展到期会计证换发工作，及时调度全省换证进展情况，督促指导提升工作效率和换证人数。全年应换发人员1.55万人，已换发8 123人，完成率为52.5%。

八、全面提升会计人员继续教育质量。一是落实会计人员继续教育规划。下发《关于做好2015年全省会计人员继续教育工作的通知》，对全年继续教育的内容、时间、要求进行全面部署，明确规定了继续教育以网络远程教育为主要方式，要求实行严格的管理和监督，保证继续教育质量。二是丰富继续教育网络课程内容。全省网上课程涵盖最新行政事业、小企业、财政、税收、金融等政策配套讲解，以及会计类、行政事业类、税法类、金融类、财务管理类、法规类、农村类、知识拓展类、综合素质提升类等各类专题课程432门，共计1 370.8小时，同时为学员在网上免费提供电子版教材《会计·24小时》。三是设置网络课程监督员。为保证网络课程质量，要求各市县财政从所辖企业、事业及金融行业选定课程监督员，为其提供免费听课权限，监督员听课后要提交意见和建议，供课程提供者参考，便于不断提高课程质量。四是提供优质服务。实现为会计人员提供“网上报名、网上交费、网上学习、网上记录、网上查询”的“一条龙”服务模式，使会计人员足不出户就能完成当年继续教育学习。全年应参加继续教育人员27.98万人，已参加21.86万人（网络学习18.60万人，面授7 321人，视同通过人员2.53万人）。全省继续教育参加率为78.1%，参加网络学习人员占已参培人员的85.0%。

九、优化会计信息管理系统和会计网站建设。一是完善吉林省会计信息管理系统操作功能。在软件公司的配合下，对“证书管理”、“调转管理”及“考务管理”等功能进行拓展和优化，提升了各市县会计管理人员的工作效率和服务质量。二是加强吉林省会计信息管理系统权限分配和管理。对各市县新增管理人员进行后台用户录入，并根据上报的人员权限表，进行权限分配，留存纸质权限表。及时对已调动工作的管理员用户进行冻结,保证信息管理系统的安全。三是强化数据库维护和备份工作。对已入库的个人信息进行MD5加密处理,有效地预防信息泄露。定期对会计信息管理系统、吉林省会计网站的数据库进行备份,同时将备份文件上传至厅服务器,双重保障文件的安全。四是加强系统的维护和检测。定期对会计信息管理系统服务器、测试服务器及数据备份服务器进行硬件维护和软件检测,为全省会计信息系统的正常运行提供了设备保障。五是优化网站栏目丰富网站内容。按照厅办公室《吉林省会计网站检测情况及整改意见》,对吉林省会计网站部分栏目进行调整,对已经失效的链接进行修复,对相关栏目内容进行及时更新,确保为广大会计人员提供有效的实时资讯。

十、提升农村财会人员财政支农政策培训效果。一是加强组织领导。省财政厅成立"吉林省农村财会人员财政支农政策培训工作协调领导小组",主管厅长任组长,由会计处牵头,人教处、预算处、农业处等14个相关处室领导任成员,负责培训工作的组织实施和检查指导,研究制定培训工作有关政策,协调解决培训经费、教材编写、师资培训等工作。二是制定培训方案。下发《吉林省农村财会人员财政支农政策培训实施方案》,指导各地财政部门结合实际,研究制定本地的实施方案,编制本地培训规划,确保培训工作有效落实。三是落实培训经费。年初确定按每人500元标准安排培训经费,省与市、县按7:3的比例分担,列入同级财政预算,省级财政预算安排740万元。建立培训经费供给、使用、管理责任制,以保证培训经费合法合规、专款专用。开展2014年以前年度培训经费检查,对发现的问题要求各地进行纠正。全年两次下拨省级和国家培训补助经费1 040万元,用于保证各地培训工作有序开展。四是组织师资培训。订购财政部《村集体经济组织会计》等8种教材,编印《吉林省财政支农惠农政策问答》2.5万册,免费发给全省培训对象和师资使用。制作《村集体经济组织会计实务操作》、《财政支农惠农政策解读》、《2015年中央一号文件解读》、《社会主义核心价值观和廉政道德教育》等标准课件6个,上挂吉林省会计网供各地下载使用。组织各地师资150人参加全省师资培训,对全省培训工作提出进一步要求,并在《中国会计报》以《吉林培训农村财会人先从师资队伍抓起》为题进行了宣传。五是开展培训调研。召开9个市县参加的财政支农政策培训工作座谈会,征集培训工作意见和建议。在全省会计管理工作会上,以无记名方式征求培训意见和建议。深入四平、延边、公主岭等地,发放《财政支农政策培训调查问卷》300余份,对市县财政和培训对象开展问卷调查,及时掌握财政部门和培训对象的需求,提高培训的针对性和实用性。六是调度督促培训进度。为保证全省培训工作按进度开展,定期通过网络和电话调度各地情况,督促培训工作开展。要求各地培训结束后,及时将培训人员的基本信息资料全部录入到《吉林省会计网》和《财政部支农培训管理系统》,便于省里和国家随时掌握各地培训进度。全年组织培训184个班次,培训村干部、村会计、农经站会计、财政所会计、村民理财小组人员3.19万人次,超额完成了年初计划培训任务。同时,2014年培训工作被财政部评为优秀组织奖。

十一、高度重视先进会计工作者评选表彰工作。一是组织开展全省先进会计工作者评选表彰活动。为认真贯彻落实《会计法》和《财政部关于开展2015年全国先进会计工作者评选表彰工作的通知》精神,采取"单位推荐、财政审核、专家评议、媒体公示"相结合的方式组织评选工作。受理推荐先进会计工作者候选人100人,经省财政厅资格审核,确定97人被评为2015年全省先进会计工作者,并下发文件进行通报表彰。二是推荐授予五一劳动奖章。从全省先进会计工作者中选定10人,拟推荐授予五一劳动奖章,在征求部门单位人事、党委、纪检监察部门意见后,以正式文件确定9人推荐给省总工会授予五一劳动奖章。三是积极参加全国先进会计工作者评选表彰活动。按照财政部《关于开展2015年全国先进会计工作者评选表彰工作的通知》要求,推荐侯克兴同志参加2015年度全国先进会计工作者评选,经过评选获得全国先进会计工作者荣誉称号,在全国财政工作会议上接受了表彰。

十二、科学规范全省会计管理工作绩效考

核。为进一步加强和改进全省财政部门会计管理工作,建立科学、规范、高效、协调的会计管理工作机制,提高工作效能和服务质量,按照《2015年全省会计管理工作要点》要求,印发了《关于开展2015年吉林省财政部门会计管理工作绩效考核的通知》,遵循定性、定量,有过程、有结果,科学合理、易于操作的原则,确定了考核内容、项目划分、赋分标准、考核量分表及考核的有关事项。根据各地财政部门自我评价、总结上报的考核材料,结合工作实际工作,认真进行评审打分,最终确定长春市财政局等16个单位获得全省会计管理工作优秀奖,白山市财政局等29个单位获得表扬。

十三、提高各项会计管理基础工作。一是加强会计管理队伍建设和业务培训。组织召开会计管理工作会议、专题会议、考试、软件业务培训班8次,参加人员600多人次。二是加强会计管理工作宣传。积极在吉林省会计网、吉林日报、新文化报、中国会计报等媒体上发表工作宣传文章,获得了2015年度新闻宣传工作先进单位荣誉称号,并连续5年获得中国财经报社的表彰。三是加强工作经费管理。认真做好会计管理工作经费申报、使用和管理,严格控制支出审核。四是加强门户网站管理。在财政厅门户网站及时发布会计管理信息,及时解答回复社会公众咨询问题112人次。认真维护吉林省会计网,及时发布新信息,清理卸载旧信息152条。五是加强干部队伍廉政建设。加强廉政风险防控,以制度管人,靠制度管事,以廉政促勤政。开展落实中央八项规定精神纠正"四风"工作专项检查,制定完善会计处工作规则、工作人员服务规范、内部办事程序等制度规范30多个。

(聂国富)

财政监督检查和管理工作

一、组织开展全省盘活财政存量资金情况专项检查。为贯彻落实《国务院办公厅关于进一步做好盘活财政存量资金工作的通知》精神,更好地发挥积极财政政策作用,切实提高财政资金使用效率,严肃财经纪律,按照《财政部关于开展地方盘活财政存量资金有关情况专项检查的通知》要求,组织开展了盘活财政存量资金情况专项检查(调查)工作。一是高度重视,迅速部署盘活财政存量资金检查工作。于全国盘活地方财政存量资金工作专题视频会议后,迅速向省政府汇报了盘活财政存量资金检查的有关事宜。按照省政府的要求,召开全省盘活财政存量资金加快预算执行工作视频会议,并制定下发吉林省检查工作方案。二是稳步推进盘活财政存量资金检查工作。组织部署全省各级财政部门开展盘活财政存量资金自查清理,自查面达到了100%,共盘活财政存量资金4.45亿元。对除财政部重庆专员办抽查的长春和延边州之外的8个地级市进行了重点检查,每个地市抽查一个县,将教育、民政、水利、人力资源和社会保障等部门列为延伸检查对象。为确保完成检查任务,厅监督检查局会同厅监督检查工作办公室,从全省财政系统抽调65人,组成8个检查组,分赴15个市县,共检查了360多个部门单位。查出违规资金24.4亿元,盘活省财政专项转移支付结转结余资金5 209万元,要求市县整改纠正问题资金23.87亿元。三是对检查出的问题,按照《财政部关于下发地方盘活财政存量资金情况专项检查查处问题统一处理意见的通知》要求,下发了处理决定。同时,查调并重,调查分析财政存量资金的成因,形成了《关于盘活财政存量资金情况的检查(调查)报告》,并报送财政部。

二、组织开展全省预决算公开情况专项检查。为切实推进地方预决算公开工作,按照《财政部关于开展地方预决算公开情况专项检查的通知》的要求,在全省范围内组织开展预决算公开情况专项检查。对除专员办检查的省本级、长春市、松原市、伊通县和珲春市以外的7个地级市、40个县(市、区)的政府及所属部门的预决算公开情况进行了专项检查,检查面达到100%。检查发现全省各级政府预决算都在政府门户网站或财政部门门户网站进行了公开,市级公开率达100%,县级预算公开率达97.5%,决算公开率为95%(截至检查结束已全部进行了公开),但在公开内容的完整性、细化程度以及公开的及时性方面还存在一定的问题。

三、圆满完成省纪委部署的纠正"四风"系列行动的检查工作。一是会同省审计厅组织开展了对省直机关、企事业单位食堂违规违纪问题的专项清理检查工作。确定了自查自纠单位289家，重点检查了28家，自查上报违规违纪问题的有3家，违规违纪问题金额4.7万元，重点检查发现存在违规违纪问题的有6家，违规违纪问题金额323万元，整改纠正部问题资金327.7万元。二是组织相关人员参加对省直相关部门（单位）使用省级财政预算奖励经费及发放津贴补贴情况专项检查。三是撰写《关于对省直相关部门（单位）使用省财政预算奖励经费及发放津贴补贴情况开展专项检查工作情况的汇报》和《关于清理检查省直单位食堂违规违纪问题工作情况的报告》上报省纪委，得到省纪委崔少鹏书记、杨亚杰副书记的批示和圈阅。四是组织市县两级财政部门按照省纪委的部署和当地纪检监察部门的安排，会同有关部门开展纠正“四风”系列专项检查工作。

四、组织开展开发区财税政策执行情况专项检查工作。为维护财税政策的统一性和权威性，根据新《预算法》和年初检查工作计划，对中心城市省级以上开发区和工业集中区财税政策执行情况进行了专项检查，重点检查了各开发区上划省级财政收入的真实性、擅自出台违反国家财政税收法规的政策、以财政支出方式变相向企业返还财政资金等问题。在检查中，对开发区的四至范围、部分企业的注册地址和实际经营地进行了实地踏查。发现有的开发区财政管理体制尚未理顺，没有按照省委、省政府《关于加快推进开发区发展建设的意见》单独设立国库；有的开发区在申报税收增量返还时，将行政区范围的部分税收混入开发区，增加开发区上划省共享收入，套取税收返还；有的开发区利用企业“区内注册、区外经营”手段，将区外企业税收缴入开发区，增加开发区上划省共享收入，多争取省税收返还；有的开发区基层地税部门在不动产和建筑业税收征管上，没有严格执行国家关于不动产、建筑业营业税纳税地点的规定，将部分房地产企业在开发区外开发销售的不动产营业税和建筑业在开发区外实现的营业税缴入开发区，增加了开发区上划省共享收入；有的开发区税务部门在税收征管中，没有严格区分单列企业和一般企业的税收入库级次，将属于市级税收单列企业缴纳的税款缴入区级国库，混淆入库级次，增加了开发区上划省共享收入，致使省财政返还不断增大。在检查结束后，省财政厅按程序依法下发了财政检查处理决定，并通过年终财政结算扣回财政资金4 693万元。

五、组织开展全省会计监督检查工作。为切实履行财政部门会计监督职责，整顿和规范财经秩序，提高会计信息质量，按照《财政部关于组织地方财政部门开展2015年度会计监督检查工作的通知》要求，采取省、市、县“上下联动”的方式，组织全省各级财政部门加大投入检查力量，扩大检查规模，将会计监督检查与部门预算管理情况检查相结合，与专项资金检查相结合，与行政事业单位预决算检查相结合。在检查内容上涵盖会计核算、财务管理、内部控制、报表质量、财政资金使用、税收缴纳等多个方面，充分发挥了会计监督的全方位效应，并取得了一定成效。全省各级财政监督检查机构共投入检查力量341人，检查行政机关、企事业单位、社会团体等496户单位，查出违规问题金额1.65亿元。

六、组织开展市县预算管理情况专项检查工作。为进一步提高市、县级财政管理水平，强化预算约束，根据新《预算法》，采取查调结合的方式，对扶余、伊通、磐石3个县（市）的财政预算管理情况开展了专项检查，并延伸检查了相关部门、单位。重点检查了预算收入和支出的真实性、预算编制的完整性、预算执行的合法性和合规性、上级专项转移支付资金管理和使用情况、本级财政专项资金管理制度建设及执行情况等。通过检查发现，在财政收入管理方面存在虚增非税收入、专户利息未上缴国库、截留省级收入等问题；在财政支出管理方面存在虚列支出、违规向非预算单位拨款等问题。检查发现各类违规问题资金21.72亿元，通过年终财政结算收回省专项转移支付结转结余资金1 718.16万元，收缴截留省级收入42.45万元，整改纠正问题资金21.54亿元。

七、加强财政监督制度建设。为加强财政监督，切实履行财政监督职责，严肃财经纪律，及时纠正财政违法违纪违规行为，进一步提升财政监督执法力度，推进被检查单位规范管理、提高财务管理水平，根据刘长龙厅长在监督检查局报送的《公主岭市财政预算安排及执行情况专项检查报告》和《关于对义务教育信中等职业教育专项资金检查情况的报告》上的批示精神，先后制定出台了《财政监督检查结果跟踪整改落实暂行办法》和《财政监督检查约谈制度》，并下发全省执行。从执行情况看，被检查单位均能按照要求对预算、会计、资产、专项资金和政府采购等方面的问题进行相应整改，较好地维护了财政监督的权威性，提升了财政管理整体效能，实现了以查促管的目的。

八、不断加强财政资金监管工作。为进一步提升财政监督检查工作的效率和效果，开发建设了财政资金监控系统平台。整合了预算管理、预算指标、国库集中支付、总预算会计和政府采购等系统数据信息，实现了对全省财政资金的全过程、动态性监控。构建了“事后监督+联网监管”的新型财政监督模式，实现了由单一的事后监督转变为事后与事中监督相结合，由单一的静态监督转变为静态与动态监督相结合，由单一的现场监督转变为现场与远程监督相合的财政监督模式的转变。

九、推动全省财政监督工作协调发展。一是采取上下联动方式，组织开展全省会计监督检查工作，密切省、市(州)、县(市)之间的工作联系，不断提高财政监督工作整体效能。引导市、县两级财政监督检查机构积极开展省委巡视组反馈意见整改落实情况专项检查，涉农资金专项整治，行政事业单位的“三公”经费、会议费、培训费支出情况检查，农村“三资”清查，乡镇财政及经费管理情况专项检查，涉及民生的专项资金检查等。据统计，市县两级自行组织的检查共查出违规违纪问题资金1.63亿元，整改纠正问题资金1.53亿元，收缴财政资金1 817.07万元，罚款64.34万元。二是通过建立“吉林省财政监督交流群”，及时进行业务探讨和理论学习，提高财政监督干部整体素质，密切全省财政监督干部的联系。三是为切实提高全省财政监督检查人员执法能力，收集整理编印了《财政专项资金管理办法》，并下发全省财政监督人员学习。

（嵇胜国）

政府采购管理工作

一、调整政府采购限额标准及公开招标数额标准。为提高采购效率，进一步推进吉林省政府采购制度改革，结合政府采购实际情况，参照其他省市做法，拟于2016年对现行的政府采购限额标准及公开招标数额标准作适当调整。经过反复认真调研，代拟《吉林省人民政府办公厅关于印发2016—2017年政府集中采购目录政府采购限额标准和公开招标数额标准的通知》，并报省政府办公厅审定，经省政府批准后从2016年起开始执行。

二、做好政府采购部门预算复核工作。按照2015年部门预算编制审核的要求，配合厅预算处和预算编审中心，对各预算单位编制的2015年度政府采购部门预算进行集中复核，凡属于政府采购范围内的项目全部纳入政府采购预算。

三、推进全省政府采购管理信息化建设。一是对政府采购管理信息系统进行升级改造，按《政府采购法实施条例》等新的法规制度对系统进行调整和完善。二是为落实新《预算法》对政府采购信息公开，新出台的政府采购法规对PPP项目资格预审公告、合同公示、供应商库由省级财政部门建立等要求，开始建设吉林省政府采购网，年底前已完成政府采购信息服务、PPP项目资格预审公示、基础信息库中供应商库、采购代理机构库、专家征集管理和专家库建设、数据的统计分析及相关的辅助功能等内容。三是按照年初工作计划，在蛟河市上线试运行政府采购管理信息系统，在吉林、四平、松原、辽源进行了部署。

四、加强政府采购专家库管理。为扩大评审专家的范围，充实评审专家库，下发了《关于继续征集政府采购评审专家的通知》，对库内专家数量较少的类别，继续在相关大专院校、行业学会、科研机构等部门进行征集。同时，对原有专家库进行维护和管理，对原有评审专家重新登记，对不符合条件的专家进行调整，确保及时更新评审专家相关信息。为进一步规范对政府采购评审专家的管理，制定下发了《关于政府采购评审专家持证参加评审工作的通知》，规定从4月1日起评审专家持证参加评审工作。

五、做好省内从事采购业务的政府采购招标代理机构的监督检查工作。为贯彻落实财政部《关于做好政府采购代理机构资格认定行政许可取消后相关政策衔接工作的通知》精神，强化对招标代理机构的监督管理工作，按照财政部《关于开展2015年度全国政府采购代理机构监督检查工作的通知》要求，下发了《关于对政府采购代理机构进行监督检查的通知》，采取自查与现场检查相结合的方式在全省范围内开展政府采购代理机构监督检查工作，对检查中发现的问题，及时发出整改通知书，并在吉林省公共资源交易信息网上公告检查结果。

六、做好政府采购存量资金清理工作。按照财政部的统一部署和厅内的相关要求，与厅预算处、国库处、各部门预算管理处，对2013年及以前年度政府采购资金进行了清理。在规定的时限内，与厅国库处、各部门预算管理处、各预算单位对政府采购专户余额进行重新核对，对超过时限没有实行政府采购的资金提请相关处室予以收回重新安排使用，提高了资金的使用效率。对此次清理存量资金过程中发现的问题认真进行了整改，采取了具体措施加以调整和落实。

七、继续开展中小企业融资担保试点工作。为进一步贯彻落实《国务院关于进一步促进中小企业发展的若干意见》和《财政部关于开展政府采购信用担保试点工作的通知》精神，支持和促进中小企业发展，进一步发挥政府采购政策功能，推进政府采购制度创新和诚信体系建设，继续实行吉林省政府采购融资担保试点工作，确定了试点工作的指导思想、基本原则、业务品种、基本流程和工作要求，调整了试点银行和内部运行程序，为全省中小企业融资搭建了政策平台。

八、落实完成公务机票购买管理改革工作。制定印发《关于转发做好公务机票购买管理改革工作有关事项的通知》，转发财政部《关于做好公务机票购买管理改革前期准备工作的通知》给省直各预算单位及各市(州)、县(市)财政部门，并提出具体要求，按规定将全省各级预算单位基本信息汇总后统一上报国家有关部门。

九、做好政府采购培训工作。为全面贯彻落实《中华人民共和国政府采购法实施条例》(以下简称条例)，提高吉林省政府采购从业人员的管理水平，先后组织两期专题业务培训班，分别对500名省直预算单位政府采购负责人及相关工作人员、部分政府采购代理机构负责人和各市(州)、县(市)政府采购管理工作主要负责人及相关工作人员进行了培训。培训班旨在结合政府采购法、招标投标法等法律法规以及政府采购案例，对条例重点条款进行详细的解读。

(倪 娜)

内部审计工作

一、开展内部审查工作。按照厅领导有关下一步工作措施的批示，本着发现问题、及时纠正的原则，在同级审计入驻前，要求各单位以上年同级审计查出的问题为重点，集中力量先行对本单位财务、会计处理合法合规性、规范性和程序性进行内部自我审查工作，并将自查结果以文字形式进行备案。

二、配合外部审计检查。一是配合审计署长春特派办派出检查组开展存量资金的审计工作。结合审计署长特办审计工作的具体要求，对省级预算部门结转和结余资金进行了系统的分类统计、填报，并对数据的真实性协调各处室进行取证，按时完成了数据的填制和汇总工作。二是配合审计署长春特派办完成了稳增长、促改革、调结构、惠民生、防风险政策措施落实情况跟踪审计工作。在统计数据过程中，对政策上以及理解中存在的偏差，协调厅国库处、行政政法、农业处及其他相关处室进行沟通交流，意见达成一致后，完成了数据的汇总填制工作。三是配合相关业务处室，安排审计署长春特派办进行农林水213科目、重点流域水污染防治和保障性安排工程专项审计工作。四是配合财政部吉林省财政监察专员办事处派出检查组对吉林省本级政府和所属一级预算部门2015年预算和2014年决算公开情况进行监督检查。积极做好协调配合工作，及时提供有关资料、文件和必要的办公场所，确保监督检查工作顺利开展。五是配合财政部重庆专员办派出检查组圆满完成对吉林省关于开展地方盘活财政存量资金有关情况专项检查。六是按照《吉林省审计厅关于审计省财政厅具体组织2014年省本级预算执行和其他财政收支及决算草案情况的通知》要求和审计部门的相关规定，在审计入驻前，协调组织与审计组工作见面会，确保年度审计工作如期开展。审计工作展开后，加强沟通各处室、单位，将涉及审计检查的相关规章制度、账本、凭证、报表、电子文档及财政预、决算相关数据资料及时送达到审计部门指定的审计送达室，确保审计工作顺利开展。

三、健全完善内部监督制度。一是为健全和完善经济责任审计制度，加强对厅属事业单位主要领导干部的管理监督，经厅党组2015年第5次会议审议通过，以党组文件印发了《吉林省财政厅事业单位领导干部离任经济责任审计暂行办法》，并下发各单位遵照执行。二是按照国家的部署和要求，本着加快推进财政系统内部控制制度，强化对财政业务及管理风险的事前防范、事中控制、事后监督和纠正的原则，经2015年第4次厅党组会议决定通过了《关于建立厅内部控制制度的工作方案》，初步建立了财政厅内部控制体系，并将起草的《财政厅内部控制基本制度》上报厅党组。

（王　琦）

乡镇财政管理工作

一、规范组织建设，不断提高乡镇财政管理水平。一是有序组织省级标准化财政所建设。通过制定方案、典型示范、推广普及等办法，分期分批组织各地组织标准化财政所创建活动。全年创建163个标准化乡镇财政所，大幅加强了乡镇财政的内部管理、基础设施、业务工作、队伍素质。二是研发推广乡镇管理信息系统。为适应乡镇财政科学化、精细化管理要求，依托金财工程和现有网络平台，开发吉林省乡镇财政管理信息系统。科学设置功能模块，将全部乡镇财政管理业务通过系统进行处理，并在全省推广普及，较好地提升了乡镇财政管理的水平。三是深入开展乡镇财政资金监管。根据财政部《关于切实加强乡镇财政资金监管工作指导意见的通知》，本着“积极稳妥、先易后难”的原则，细化规章制度，选取试点单位，积累总结经验，组织培训推广。围绕信息通达、公开公示、抽查巡查3个重点环节，规范实施乡镇财政资金监管，确保了国家和省强农惠农资金的安全使用。

二、突出重点项目，深入支持全省新农村建设。一是持续支持“千村示范、万村提升”工程。按照新农村建设“生产发展、生活宽裕、乡风文明、村容整洁、管理民主”的目标要求，科学安排资金，注重绩效管理。投入1.8亿元，支持全省完成421个新农村重点村建设任务。其中，列入重点村建设的和龙市光东村，得到了习总书记的充分肯定。二是注重发挥省级财政示范引领作用。在持续投入支持新农村建设基础上，针对各地新农村建设实际，积极发挥省级专项资金示范引领作用，营造省、市、县、乡四级财政共建新农村的新格局。长春、吉林、四平等市县财政增加投入新农村建设资金呈加快趋势。三是探索实现社会资本参与新农村建设机制。在抓好财政资金示范引领作用的同时，注重与农委等部门沟通配合，积极探索新农村建设投入新机制。采取领导带建、部门帮建、军民共建、企业合建、能人捐建、大专院校援建等多种形式，有效带动社会各界投入资金100亿元以上，创建了108个美丽乡村、打造了10万个美丽庭院、30万户干净人家。

三、积极主动作为，大力支持西部基层政权建设。落实国家给予延边州享受国家西部大开发的部分优惠政策，加强西部基层政权建设资金管理，提高资金使用效益。一是积极争取国家支持，“十二五”期间国家对吉林省投入平均每年增长11%，促进了基层政权建设稳步发展和社会长治久安。二是建立吉林省西部地区基层政权滚动项目库。科学设置资金投入项目，有序推动项目开展。三是集中资金投向，发挥资金使用效益。本着近期和远期相结合的原则，优先解决重点难点问题，集中资金“办大事”。全年国家和省共投入2 700万元支持延边州46个乡镇政府维修改善办公楼基础设施。

四、严格预算管理，提高财政资金使用绩效。一是及时修订资金管理办法，根据财政部对西部地区基层政权建设的部署要求以及新修订的《西部地区基层政权建设资金管理办法》，吉林省结合实际修订了《吉林省国家西部地区基层政权建设资金管理办法》，规范了资金的使用方向、管理权限、项目库建设及资金拨付等内容。二是优化资金管理方式。强化财政资金预算编制与执行，按期完成财政资金预算编制、执行、审核、分析等工作，通过提前告知、砍块下达资金等，切实发挥市县财政作用，使事权与支出责任相统一。三是深入开展财政资金绩效管理，科学设定绩效目标，认真组织绩效跟踪，严格进行绩效评价，注重绩效结果应用，确保财政资金高效管理、安全使用。

五、强化作风建设，打造廉洁高效干部队伍。一是注重抓好思想教育。结合厅里开展的党的群众路线教育实践活动和“三严三实”专题教育，认真学习理解党的十八大、十八届三中、四中、五中全会精神，习总书记系列重要讲话精神，省委十届五次、六次会议精神，使党员干部学习的精神成果内化于心、外化于行。二是认真履行主体责任。紧紧围绕习总书记关于“守纪律、讲规矩”的要求，按照厅党组的总体部署，分解任务，落实责任。坚持“一岗双责”，支部书记切实担负起抓党建、带队伍的责任。深化反腐倡廉教育，认真推进惩防体系建设，做好廉政风险防控管理、岗位廉政风险防控监督谈话、下放权力等工作。三是注重践诺重行。按照厅里统一部署，以“五个好”和“五带头”为标准，支部和党员作出公开承诺，认真履行乡镇财政工作职能。以新农村建设人居环境改善作为重点，围绕省政府“十五件”重大民生实事工程，落实新农村重点村建设承诺，解决农村道路、排水、垃圾处理、等公共基础设施短板。

（隋丽梅）

人事教育管理工作

一、切实加强干部人事管理工作。一是召开2014年度厅领导班子民主生活会。按照《关于全省第一批教育实践活动单位开好2014年度党员领导干部民主生活会的通知》要求，厅领导班子召开了以“严格党内生活，严守党的纪律，深化作风建设”为主题的2014年度民主生活会。会前，把学习贯彻习近平总书记重要讲话精神作为重要内容。通过采取召开座谈会、个别访谈、实地走访、发放征求意见函等形式，共征求到意见建议111条。并对厅内教育实践活动整改方案落实情况进行了一次全面系统的梳理。会上，各位厅领导进行了对照检查，认真开展了批评和自我批评。会后，针对查摆问题认真研究制定了整改方案，并认真抓好落实工作。二是组织开展“三严三实”专题教育活动。按照省委办公厅《关于在县处级以上领导干部中开展“三严三实”专题教育实施方案》的通知要求，制定省财政厅专题教育实施方案，组织召开全厅“三严三实”专题党课暨专题教育动员部署会。三是认真做好2014年度政府绩效考评和2015年度绩效计划制定工作。按省政府绩效办的要求，组织考评组对省财政厅2014年度政府绩效完成情况进行了考评。按照省政府目标责任制的分工，对省财政厅承担的省政府25项重点工作任务和“三定”方案确定的5项重点工作进行任务分解，制定了省财政厅2015年政府绩效计划。同时，对2015年政府绩效共性目标任务进行分解。四是开展干部考核工作。配合省委组织部开展厅领导班子和省管干部2014年度考核工作。开展2014年度公务员岗位绩效考核及事业单位聘期考核和年度考核，组织全厅处级领导干部进行民主评议。全厅共评选优秀87人、表扬174人，公务员中有4人连续三年优秀记三等功。按省公务员局要求，制定省财政厅《关于开展公务员平时考核工作的通知》，组织全厅非领导职务公务员开展平时考核。五是加强机构设置。认真落实厅党组党风廉政建设主体责任的意见，设立机关纪委。在机关党委加挂机关纪委牌子，由机关党委专职书记兼任机关纪委书记。不断完善厅机关内设机构。参照财政部和其他省份做法，设立债务处（吉林省政府性债务管理工作领导小组办公室）、债务金融处更名为金融处，在预算处加挂吉林省财政预算绩效管理办公室牌子，撤销非税收入管理处，将企业处更名为产业发展处，撤销行政政法处、分设政法处和党政群团处。调整后厅机关内设机构26个，含另设机关党委。科学设置厅属事业单位。将吉林省资产评估协会和吉林省注册会计师协会退出事业单位序列、划转至更名后的吉林省财政厅注册会计师管理中心，吉林省农业综合开发评审中心整合并入吉林省农业综合开发办公室，并调整省农发办的内设机构，吉林省罚没财物管理站并入吉林省财政厅罚没管理工作办公室，吉林省工资统一发放管理办公室并入吉林省国库支付中心、加挂吉林省工资统一发放管理办公室牌子，设立吉林省中小企业和民营经济发展基金管理中心，在吉林省预算编审中心加挂吉林省财政预算绩效管理中心牌子。截至目前，厅属事业单位18个，其中7个定为公益一类。六是加强选拔任用。研究制定了《吉林省财政厅处级领导干部选拔任用工作暂行规定》。严格按程序选拔22名处级领导干部任职厅机关或事业单位。按照非领导职数限额和资格条件晋升非领导职务，厅机关及参公管理事业单位共有3人晋升上一级非领导职务。对厅属非参照公务员法管理事业单位实行岗位动态管理，严格按照《关于完善全省事业单位工作人员岗位聘用工作的意见》，认真组织开展岗位聘用工作。七是加强干部交流。研究制定了《吉林省财政厅公务员交流工作暂行规定》，废止2004年实施的轮岗交流办法废止。向新成立的吉林省股权基金投资有限公司，委派两名董事、1名监事，指定董事长、总经理、监事长、副总经理各1名。向新成立的吉林省农业信贷担保有限公司，委派1名董事、1名监事，提名董事长、监事长各1名。交流厅机关和厅属事业单位处级领导干部共30名。八是认真做好其他各项工作。完成厅属4个参公事业单位招录公务员的报名、资格审查和面试工作。完成厅属两个全额事业单位招聘人员的报名工作。做好2014年度军转干部的分配工作。严肃查处违纪人员，辞退公务员1名，解聘事业单位工作人员1名。

二、认真做好劳资综合管理工作。一是做好工资核定工作。依据工资福利有关政策和规定，完成厅机关及厅直事业单位人员调入、职务晋升、岗位新聘和军转干部工资核定审批工作。严格按照工资统发的程序和统一制定的标准，将每月工资变化情况及时修订。按照省人社厅的要求，对全厅2014年度工资报表进行审核并及时上报。做好退休职工退休费的核定和退休手续的办理工作，为8人办理了退休手续。按照政策规定，为9名离休干部加发一个月的基本离休费作为生活补贴；为两名离休干部调整了护理费标准；完成1名去世退休干部的抚恤金和丧葬费发放工作。二是做好领导干部报告个人有关事项工作。通过分类分级的方式，确定了25名随机抽查核实对象，按照规定委托省委组织部对其个人相关信息进行查询。根据省委组织部反馈的信息查询结果，对个人有关事项报告有瞒报情况的11名领导干部进行了诫勉谈话。按照要求将省管干部2015年个人有关事项报告情况上报省委组织部备案。组织全厅副处级以上领导干部（企业领导班子成员）填报《领导干部个人有关事项报告表》，并由专人专柜保管，严格保密。全厅符合填报个人事项处级领导干部224人全部按时报告。对领导干部个人有关事项报告材料进行梳理审核、信息录入和统计汇总，并按要求上报省委组织部。开展领导干部个人有关事项随机抽查工作，制定随机抽查核实工作方案，由人事处项目专管员具体实施，通过计算机随机抽查软件系统自动抽取，由驻厅纪检监察室现场全程监督。三是开展人事档案专项审核工作。按照省委组织部人事档案专项审核要求，制定《吉林省财政厅干部人事档案专项审核工作实施方案》，成立干部档案专项审核工作领导小组，并从厅内抽调3名精干力量协同人事处具体工作人员，务求实效地做好专项审核工作。对全厅机关（参公单位）公务员及事业单位领导班子成员的档案进行了全面审核。四是做好医疗保险工作。根据《吉林省省直机关事业单位职工基本医疗保险实施办法（试行）》精神，结合实际情况，认真做好省财政厅职工医疗保险费缴纳工作以及新调入人员、军转干部和退休人员的医保变更手续。按时完成省财政厅离休干部2014年度个人医保账户余额返还工作，并对2015年度医保缴费基数进行了申报。按照省委保健办《关于组织副厅级以上干部和“两院”院士进行健康体检的通知》要求，组织在职厅领导和厅级离退休干部分别在指定医院进行了健康体检。五是做好日常综合管理工作。按照国家和省委、省政府从严控制压缩“三公支出”的有关要求，对厅内因公出国人员进行了严格审批，不符合规定的一律不予办理相关手续。全年共办理因公出国（境）9人次。同时，继续对全厅干部职工因私出国（境）证件实施统一收集和保管制度，认真执行证件使用报批程序。按照财政部通知要求，联合省公务员局在全省下发了《关于认真做好全国财政系统先进集体和先进工作者评选推荐工作的通知》,要求各市(州)上报候选先进集体和先进工作者。对候选先进事迹材料进行综合评审,并在组织考核的基础上,确定3个候选先进集体、3名候选先进工作者参加全国评选。按照省人社厅通知要求,对照国家界定的单位"吃空饷"和个人"吃空饷"具体情形,省财政厅不存在"吃空饷"问题,并按规定进行了报送。向省人社厅报送了厅直属事业单位2013~2014年度绩效工资发放情况统计表以及省直机关公务员(含参公)人员信息统计表。同时,做好2014年度个人、文书档案的归档工作。

三、扎实开展干部职工培训工作。一是完成了财政部人教司、干教中心相关材料的报送工作。组织全省财政系统人事教育相关工作人员完成全国财政系统人事教育统计报表的全省汇总工作。根据吉林省汇总情况,形成统计分析报告,按规定报送财政部人教司,并参加完成财政部人教司组织的全国汇表工作,吉林省报表工作被财政部评为全国人事教育统计报表优秀单位。同时,按照财政部干部教育中心要求,按时报送2014年度全国财政系统干部教育培训工作的汇总材料。二是开展全省干部培训需求调查并形成分析报告。为培训工作针对性和科学性,准确了解全省财政干部的培训需求,设计并向全省财政系统发放了"培训需求调查问卷",经过对问卷的统计汇总,形成了分析报告,据此确定了2016年岗位素质培训计划。三是编制全厅干部培训计划。根据厅内各处(室、局)、单位报送的办班计划,进行了认真审核汇总,送干部教育培训工作领导小组办公室成员单位审定后,编制并下发了《2015年吉林省财政厅干部培训计划》。全年计划举办培训班31期,实际举办了23期培训班,培训6 253人次。四是继续深入开展财政干部岗位素质培训。举办了"吉林省财政财政系统干部培训管理者培训班",组织全省各级财政系统的83名培训管理者参加了培训。紧贴吉林省财政与经济发展实际,针对培训管理者岗位特点,充分依托省内优质资源,综合运用讲授式、体验式、案例式、研讨式等多种方式对参训学员进行多方位培训。在专题讲座中,精心设置了"贯彻落实第十一次全国财政干部教育培训工作会议精神"、"领导干部理想信念的养成与坚守"、"应急管理的基本理论与实践"、"强化廉政意识,促进财政事业科学发展"等多个专题讲座。在交流研讨中,学员们围绕"进一步增强培训业务能力和岗位综合素质,更好地适应新形势对干部教育培训工作提出的新任务新要求"的主题,结合本职工作和学习谈思想、谈感悟和谈认识,加深了对干部教育培训新形势新任务的认识理解,对现代培训理念、理论知识和方法技能的掌握运用。五是组织落实各类培训班报名及参训工作。按照省委组织部正处级以上领导干部参加领导干部自主选学培训的报名和参训通知,组织正处级以上领导干部49人次参加培训。按照省公务员局组织的省直机关公务员自选式短期专题培训报名和参训通知,组织全厅副处级及以下公务员157人次参加培训。按照省委组织部和省公务员局组织的处级干部在职进修班的报名和参训通知,组织全厅3名正处级及以上领导干部参加了培训。组织全厅58位正处级以上领导干部完成了省委组织部组织的吉林省领导干部网络培训学苑在线学习任务。按照省公务员局要求,组织5名机关公务员参加专题培训班。组织47名副处级领导干部参加学习贯彻习近平总书记系列讲话集中轮训。六是完成培训绩效考核材料报送工作。圆满完成省公务员局布置的2015年度培训绩效考核材料的报送工作,政府部门绩效干部培训共性目标等各项任务。

(谢 淼)

老干部管理工作

一、着力提高老干部政治理论水平。一是坚持老干部学习制度。老干部党支部成员工作积极主动,坚持"三会一课"制度,按照年初制定的活动计划,将每月第一个周三确定为老干部集中学习日,结合厅机关党委学习安排和要求,制定具体的学习活动方案,开展学习习近平总书记系列讲话精神以及近期党和国家出台的方针政策等活动。学习活动的制度化、规范化、常规化,从思想上武装了老干部的头脑。二是丰富学习内容。注重抓好全省老干部工作会议精神的传达学习和贯彻落实;组织全体老同志参加厅党组为老同志举办的财政情况通报会;组织实现中国梦的大讨论,并在民主生活会上建言献策。利用两个月时间集中学习中组部编印的《老干部工作政策业务知识问答》和省委老干部局编印的《老干部工作文件选编》,使老干部了解党和国家对老干部的相关政策。多方筹措资金,结合党支部所得的奖金为老同志购买书籍、定期发放,让老干部及时掌握和了解当前国内国际新闻时事。三是创新学习内容。通过厅机关党委组织的理论辅导、听形势报告会、选派骨干参加省委老干部局培训班、请专家讲座、开展小组讨论会等多种形式,帮助老同志深刻领会习近平总书记系列讲话精神和党的十八届三中全会提出的一系列新主张、新举措,把老干部思想和行动统一到党的会议精神上来。四是贴近生活联系实际学习。根据不同阶段工作,安排不同的学习内容,让老干部紧跟形势,及时了解和掌握国内外大事,党和国家现行的方针政策,把老干部的思想和行动统一到中央和省委的一系列重大决策上来。坚持情况通报会制度,请厅领导给老同志宣讲财政经济形势,及时向老干部通报厅内人事任免、年度工作安排和工作进展情况,引导老干部围绕中心,服务大局,继续为吉林省经济工作、财政工作和机关作风建设作出贡献。

二、建立健全老干部工作组织机构和领导管理体系。按照中央提出的离退休干部党支部"组织健全、制度完善、管理规范、活动经常"的要求,认真做好老干部党支部党建工作。一是注重抓组织建设。针对离休干部高龄化、身体状况不好的实际情况,有针对性的设置离退休干部党小组,便于高龄离退休干部参加活动。二是注重抓管理工作。充分发挥老干部处在老干部党支部建设中的引领、协调和保障作用,以管理谋发展,服务促建设,切实保证老干部党员组织生活有人抓,思想工作有人做,学习辅导有人管。三是注重抓党员学习活动。组织学习因人而宜,对身体状况比较好的老同志,坚持按规定集中学习;对行动不便的老同志,通过家访、送学习资料上门等形式组织学习。省财政厅离退休干部党支部在省委老干部局评选中荣获先进老干部党支部,金世学被省委老干部局评选为全省离退休干部先进个人。

三、全面落实老干部政治待遇和生活待遇。一是坚持全方位服务和个性化服务相结合。在充分保障全体老干部精心服务的同时,进一步深化和细化服务内容,尽全力给老干部提供全方位、情感化、个性化的服务。坚持为老干部派出就医班车,为高龄离退休老干部提供专人专车护理和接送就医服务,使老干部们充分感受组织的关怀和温暖。二是坚持重大节假日和经常性走访慰问活动相结合。深入开展服务进家门活动,及时准确了解老干部们的日常生活情况。通过重大节假日走访慰问和经常性走访慰问活动,全方位地掌握老干部的实际情况,为老干部提供更具体、更直接、更细致地服务。在纪念中国人民抗日战争暨世界反法西斯战争胜利70周年活动中,根据政策规定为抗日老战士郭虹侠同志发放了慰问金,在省委老干部局为两名离休老干部申请了生活补助。"两节"期间对全厅的老厅长、离休干部、遗属、病号及80岁以上的老同志分别进行了走访慰问,全年走访老干部家庭和去医院探视慰问活动80人次。三是积极开展老年文体活动。在广泛征求老干部意见的基础上,认真落实年初制定的老干部活动计划,使活动早安排、早准备、早落实。开展长春市内游活动,使老干部走出来、动起来,丰富晚年生活,贴近了老干部的心声,进一步了解和掌握了老干部的思想动态。老同志踊跃参加省直机关老干部活动中心组织的乒乓球、台球比赛,省委老干部局组织的纪念中国人民抗日战争暨世界反法西斯战争胜利70周年书法、绘画、摄影展览等活动。

(李贵权)

机关党建工作

一、强化理论武装,提高党员干部综合素质。一是严格执行学习制度。认真组织政治理论学习,及时传达学习贯彻中央、省委精神。先后组织了5次集体学习。召开厅党组理论学习中心组学习扩大会,集中观看《中共农安县委常委班子专题民主生活会实录剪辑》。组织召开全厅党员干部大会,邀请省委党校副校长闫越教授作党的十八届四中全会精神专题辅导报告,集中传达学习省纪委十届四次全会精神。召开厅党组理论学习中心组学习(扩大)会议,专题传达学习全省推进新一轮振兴发展落实年动员大会和省政府系统第三次廉政工作视频会议精神。邀请吉林日报社党组书记、社长郦正同志为全厅党员干部作《坚定共产党人理想信念》专题报告。召开厅党组理论中心组学习扩大会,传达党的十八届五中全会精神和省委书记巴音朝鲁在省委常委扩大会议上的讲话精神,集体学习新修订的《中国共产党廉洁自律准则》和《中国共产党纪律处分条例》,并对全厅各支部(总支)学习活动做出安排布置。二是切实发挥领导干部和学习骨干的示范带动作用。各支部(总支)结合实际制定学习计划并严格执行。为增强学习实效,将政治理论、财政经济业务知识和基本技能等学习内容列入年度机关党建工作考核范围,作为年度创先争优评比表彰的重要参考依据。在学习活动中,厅领导及处以上党员领导干部以身作则,各单位理论学习骨干带头学习宣讲并交流学习心得。三是创新学习载体。为提高学习吸引力,千方百计创新学习载体,提高广大党员干部的学习兴趣,培养自主学习的习惯。定期在厅局域网《党建园地》专栏发布重点学习内容和学习情况;成立省财政厅读书会,开设学员QQ群,便于网上学习交流;累计编印发放学习资料5册共计30余万字;为党员干部购买发放《党员干部选拔任用条例》、《党员干部廉洁自律准则》、《十八届五中全会公报》、《中国共产党纪律处分条例》等理论学习书籍。此外,按照省直机关工委统一安排,认真做好理论知识测试,要求各支部(总支)从加强思想建党的高度认识理论学习重要性,重视测试工作,保证参加人数。四是强化干部培训。根据财政干部需求和财政工作特点,制定全厅干部学习培训计划,科学设计培训内容,不断提高干部综合素质,适应新形势要求和新时期财政工作需要。另外,积极派人参加省委宣传部、省委党校举办的"长白山讲坛"和省直工委组织的相关政治学习理论培训班。

二、扎实开展创先争优活动,努力为财政中心工作服务。一是制定全年党建工作要点。按照省直工委部署安排,厅机关党委制定全厅年度党建工作要点,按时间顺序列出工作内容,明确责任人员和完成时限。全厅各级党组织和广大党员按照推动科学发展、促进社会和谐、服务人民群众、强化基层组织要求,以创建"五个好"先进基层党组织和争当"五带头"优秀共产党员为目标,认真开展党组织和党员个人承诺践诺活动,逐步实现创先争优活动制度化、经常化。二是开展承诺践诺活动。全厅各级党组织和广大党员紧密结合工作实际,围绕改进作风、提高效能、服务群众、廉洁自律等方面进行了公开承诺,并将党员个人的承诺书在支部(总支)大会上通报,各支部(总支)的承诺书向全厅和服务对象公开,接受公众监督。对公开承诺的事项,各支部(总支)和党员个人认真兑现。三是选树和抓好典型。召开全厅纪念建党94周年暨创先争优总结表彰大会,对全厅在创先争优活动中涌现出的11个先进集体和60名优秀个人进行了表彰。号召全党各级党组织和广大党员向先进看齐,进一步做好厅机关党建工作。四是做好总结点评。各支部(总支)以"践行三严三实要求,扎实做好财政工作"为主题召开组织生活会,并对照年初创先争优公开承诺内容进行回顾总结,自觉开展批评与自我批评,查找差距,认真整改。厅机关党委对各支部(总支)的一些好经验和好做法,通过省财政厅创先争优活动专刊进行了宣传报道。

三、认真组织,扎实有序开展"三严三实"专题教育工作。按照省委统一部署安排,制定印发"三严三实"专题教育工作方案,对全厅开展专题教育工作做出安排。成立了由厅党组书记、厅长刘长龙任组长、王慧群副厅长任副组长,人事处、机关党委、办公室、驻厅监察室为成员的省财政厅"三严三实"专题教育协调小组,负责全厅专题教育工作的组织实施。召开全厅"三严三实"专题教育专题党课暨专题教育动员部署会议,刘长龙厅长为全厅党员讲党课,阐述了"三严三实"的丰富内涵、重大历史意义和现实意义,列举了当前不严不实的各种表现,要求全厅党员干部把思想和行动统一到中央和省委、省政府部署要求上来,自觉践行"三严三实",内化于心、外化于行,真正使自己的作风严起来、实起来,强约束、敢担当、务实干,努力在全厅形成风清气正、团结拼搏、廉洁实干的良好氛围。并于会后制定了厅党组理论学习中心组

"三严三实"专题学习方案，要求各支部（总支）同步进行学习研讨。围绕"三个专题"开展学习研讨，每次学习安排1～3名厅领导作中心发言，其他厅领导做补充发言。全年共召开5次学习研讨会，并及时将各位厅领导的发言和研讨内容进行整理，以专刊形式发给各支部（总支）学习交流。为推动全厅各支部（总支）开展学习研讨，购买《优秀领导干部先进事迹选编》、《领导干部违纪违法典型案例警示录》和《党政领导干部选拔任用条例》等"三严三实"专题教育指定学习用书与资料，发放给各位厅领导和支部（总支）学习参考。

四、注重加强党员管理，认真落实党风廉政责任。一是严格党员教育管理。全厅各级党组织严格执行党内政治生活制度，坚持思想建党，加强党员的理想信念教育，抓实党员党的意识培养。在组织发展上，认真执行《中国共产党发展党员工作细则》，严格按规定办事，宁缺毋滥，不充数，不迁就，成熟一个发展一个，全年发展新党员3名。按《中国共产党党和国家基层组织工作条例》要求，选好配齐配强专兼职党务干部，对支部（总支）成员发生变动的及时督促改（补）选，进一步优化成员结构，把政治成熟、业务能力强、有威信的同志选进班子。严格执行民主评议党员、党员党性分析等制度，通过学习教育、民主评议等措施，对不符合标准、达不到《党章》规定要求的党员进行处置。二是重视抓好廉政建设。组织开展反腐倡廉宣传教育，拓展教育方式和手段，从理想信念、从政道德和廉政法规教育入手，促进廉政文化进机关、进家庭、进基层。组织人员参加省直机关纪工委组织的事业单位党员干部廉政教育培训班。认真落实"一岗双责"，做到财政业务工作与党风廉政建设"两手抓，两手硬"，层层签订廉政建设责任状。做好节假日廉洁提醒，确保不折不扣落实和严格遵守中央"八项规定"和省委制定出台的具体规定。制定下发《关于进一步落实党风廉政建设主体责任的实施办法》和《关于落实驻厅纪检组监督责任的实施意见》。为强化厅纪检工作，厅党组决定设立机关纪委，并明确机关纪委的职责。厅机关纪委印发《关于进一步做好机关纪律检查工作的通知》，对全厅各级党组织做好机关纪律检查工作提出明确规定，确保机关纪检工作不悬空，能真正落到实处。每逢节假日等重要节点，以召开会议、下发文件等方式重申纪律要求，并加强监督检查，持续不断加强机关作风建设。三是不断改进工作作风。按照省直工委要求，结合财政部门实际，集中整治"为官不为"问题。组织全厅党员干部认真学习讨论，凝聚共识，着力解决宗旨意识不强和精神"缺钙"问题，培养提高"为官有为"和"为官愿为"的主动性和自觉性。把能干事、有作为、敢担当作为评判党员干部合格与否的标尺，对勤政廉政的党组织和党员干部及时宣传，弘扬正能量，努力营造财政党员干部奋发有为的良好氛围。加大监督检查力度，严肃机关工作纪律。对工作不思进取、敷衍塞责、纪律观念淡薄等现象，及时提醒和纠正。规范干部职工行为，提高服务能力和水平，摒弃特权和优越感的错误思想认识，避免出现"门难进、脸难看、事难办"和说话办事生冷硬问题。

五、组织开展群团活动，推进财政机关文化建设。一是组织开展寓教于乐的文体活动。发挥厅机关工会、团委的桥梁纽带作用，根据财政工作性质、特点，贴近干部职工需求，结合重大节日、纪念日，组织开展健康有益、喜闻乐见的文体活动，丰富机关文化生活。春节前夕组织开展了迎新春游艺活动；3月初组织全厅干部职工"乒乓球赛"；"三八"节组织全厅女同志观看电影；"五四"青年节组织开展了以"青春、责任、梦想、奉献"为主题的"五四"征文活动，得到了全厅青年的积极响应，形成了一批优秀的文学作品，全面地展现了全厅青年同志的精神风貌，从中选出31篇有代表性的作品编辑成册，供全厅青年学习交流；6月上旬组织开展省财政厅第31届干部职工篮球赛，丰富了干部职工文化生活。通过开展各种健康向上的机关文化活动，陶冶了干部职工情操，增强了党组织的凝聚力、向心力，激发了工作热情。二是开展志愿服务和送温暖、献爱心活动。按照省直工委要求，认真组织开展党员服务社区活动，全体党员到所在社群认领服务项目，开展形式多样的志愿服务活动，帮助社区群众解决实际问题。积极参加省直机关青年志愿者招募活动，广泛宣传志愿服务的重大意义，组织青年踊跃加入省直机关青年志愿者协会，参与公益活动。三是关心干部职工生活，积极为干部职工工作、生活创造条件。组织开展干部职工身体健康检查，为每个支部（总支）订阅一份《祝您健康》杂志，普及健康保健知识。各支部（总支）定期对离退休老同志和遗属走访慰问，帮助解决生活上的困难，把厅党组的关怀落到实处。

（蔡学伟）

纪检监察工作

一、坚持主动作为，推动党组落实主体责任。一是发挥参谋助手作用。不包办、不替代、脱手不甩手，积极向厅党组提出推动和改进党风廉政建设工作的建议。对重要的情况采用书面建议形式，加盖纪检组公章，并将建议情况存档备查。全年3次向厅党组提出书面建议，获得厅党组书记高度重视，做出专门批示并亲抓落实。二是发挥组织协调作用。在省纪委安排部署的纠正四风专项行动中，省财政厅承担清理检查津补贴和机关食堂牵头协调工作。驻厅纪检组全程介入，认真督办，圆满完成目标任务。同时，协调厅内相关处室，在较短时间内出色完成了省纪委部署的农村基层党风廉政建设情况专题调研工作，得到了省纪委的充分认可。三是督促落实“五权”工作。将“五权”工作作为监督检查的重要内容，特别是对预算编制、预算执行、资金拨付、政府采购、专项资金安排、重大人事安排等重要权力和重点环节，进行重点督查，及时发现苗头性和倾向性问题。对省级部分财政专项资金运行跟踪检查，对资金管理有漏洞、使用不规范之处及时纠正处理。

二、处理信访案件，坚持把纪律挺在前面。一是对财政厅纪检组成立以来（1999～2014年）的所有信访件大起底，共清理239件，全部重新登记、集中管理、规范处置，并进行分类研判，进一步摸清财政系统出现违纪违法问题的特点和规律。对其中两个信访件重新调查处理，分别是1件暂存件和1件实名举报件。二是对2015年的问题线索，严格按照问题线索新五类处置办法，按时限、按要求一件件处理好。全年共收到投诉举报20件。其中，1件是2014年度遗留问题线索，10件是驻厅纪检组自收件，9件是由省纪委一室或党风室转办线索。除不在受理范围、线索不够具体、举报人名字不全的举报件外，全部完成初核。在初核件中，转立案3件，有2件已经调查完毕，有1件正在审理中。立案件中，2人受到行政记过处分，1人免于处分，对4人进行了诫勉谈话处理。

三、落实八项规定精神，开展纠正四风专项检查。坚持四种方式发力、持之以恒纠正“四风”。在元旦、春节等重要节点采取严防死守用爆发力方式防止“四风”问题反弹；注重发挥党风廉政建设领导小组作用群防群治用合力纠治“四风”问题；运用查阅账目、明察暗访等多种形式持续发力遏制“四风”问题；针对公款送礼、公款吃喝、公车私用以及收受“节礼”等突出问题精准发力，增强纠治“四风”的实效。在全厅范围内开展了贯彻落实八项规定精神、纠治“四风”专项检查，在普遍自查的基础上，进行了重点检查和抽查，对有疑似问题的17个处室和单位进行了函询，对查实确实存在违反八项规定精神的3家单位进行处理，对直接责任人采取诫勉谈话、收缴应当个人承担的费用等形式进行严肃处理，对3个单位的主要负责人和相关负责人进行追责，并将专项检查和处理结果进行了通报。

四、坚持抓早抓小，开展约谈，向下传导压力。一是效仿省纪委做法，制定并下发《关于对厅机关各处（室、局）、直属事业单位主要负责人开展谈话提醒和约谈工作的通知》，对约谈工作进行安排部署。由纪检组长对厅内各处室、单位主要负责人进行了集体约谈，并陆续完成了对各处室、单位主要负责人的个别约谈，达到了督促传导、强化责任、警示提醒、明确要求的目的。二是坚持开展任前廉政谈话，对提拔、轮岗的30余名干部在内的副处级（含非领导职务）以上干部，开展了一次集体廉政谈话，给新任职干部打了廉政预防针。三是注重宣传教育。通过《吉林财政纪检监察信息》平台，刊登中纪委、省纪委的重要精神、典型案例剖析、问题通报等内容，加强警示教育。贯彻学习新修订的《廉洁自律准则》和《纪律处分条例》，组织全厅副处长级以上领导干部进行领学辅导，推动广大党员干部重视《准则》和《条例》的良好学习氛围的形成。

（任洪伟）

农业综合开发工作

一、农业综合开发资金投入成效显著。一是财政投入稳定增长。中央和省级财政全年投入农发资金25.21亿元,其中争取中央财政农业综合开发专项资金17.45亿元,省级财政落实配套资金7.76亿元,有力地保障了全省农业综合开发项目建设的资金需要。在农业综合开发工作中坚持向产粮大县和粮食主产区、向吉林省国家级现代农业示范区、向农业综合开发工作成效好市县倾斜的原则,取得了显著成效。二是资金使用效益明显提升。按照新《预算法》要求,省农发办对2014年底以前全省农发资金结余结转情况进行了专项调查。通过填报调查表、召开座谈会及实地调查研究的形式,对全省农业综合开发项目财政资金结余结转情况进行了全面清理,摸清了各年度、各项目、各市县农业综合开发资金结余结转数额及结余结转形成的主要原因,共盘活农业综合开发资金1.1亿元。并据此先后下发了《关于全省农业综合开发结余结转资金调查情况的通报》和《关于加强农业综合开发结余结转资金管理 提高资金使用效益的通知》,对加强结余结转资金管理,提高资金使用效益提出了明确要求。

二、集中力量推进高标准农田建设。一是认真落实《吉林省农业综合开发高标准农田建设规划》(2013—2020年),全年安排财政资金22.03亿元,下达高标准农田建设任务191万亩。其中,在吉林省中西部易旱区9个市县建设“节水增粮行动”项目100万亩,在51个农业综合开发县建设旱涝保收、稳产高产、集中连片高标准农田121个、开发面积91万亩。高标准农田建设布局在兼顾产粮大县基础上,重点向“长吉图”、“长平”、“长松”3个经济带沿线6个国家级现代农业示范园区倾斜,起到了引领和示范带动的作用。通过土地治理项目和产业化经营项目“两类项目”优先扶持,促进示范园区一二三产业融合发展,加快推进扶持区域农业现代化进程,为全省粮食综合生产能力提升和农民增收作出了应有贡献。二是突出现代农业引领,集中资金重点打造永吉县万昌镇万公顷水稻现代农业示范先导区。在重点建设高标准农田6 880万元资金的引领下,当地政府整合资金和力量,以吉林市宇丰米业有限责任公司为龙头,带动农民专业合作社236个、家庭农场127个、农户3 000余户实施土地流转,流转面积6.75万亩。建成有机水稻智能育秧温室,安装组合式轨道田埂,实现了土地统一规划和高光效新型水稻种植技术的推广应用,显著提高了农业生产的规模化、机械化、标准化水平,初步显现了现代农业的特征和示范效应,获得了汪洋副总理的高度评价和表扬。

三、着力打造农业优势特色产业集群。按照《吉林省农业综合开发扶持农业优势特色产业发展区域布局规划(2016—2018)》,安排财政补助资金1.56亿元,扶持产业化龙头企业46个,对优势特色产业进行重点扶持,通过支持完善和延伸产业链条、做大产业规模、提升产业整体竞争力,促进主导产业优化升级和聚集发展。安排财政补助资金1.03亿元,扶持农民专业合作社项目66个,大力支持经营状况良好、运行和管理比较规范的农民专业合作社发展规模化、标准化种养基地和建设农产品产地初加工、储藏保鲜,促进其加强管理,规范运行机制,提高社会化服务水平。安排财政资金2 800万元,用于永吉、梨树、双阳3个国家级现代农业示范县(市)重点农业产业化龙头企业实施项目建设,发挥龙头带动作用,加速优势特色产业集群发展。为吸引社会资本参与农业综合开发优势特色产业建设,按照国家完善产业化项目贷款贴息政策的新要求,将“后选项后结算”的贷款贴息方式调整为“先选项后结算”,全年申报产业化贷款贴息项目158个,预计利用银行贷款41亿元。

四、配合和保障农口部门农业综合开发项目顺利实施。安排财政资金7 000万元,配合水利部门实施5个中型灌区节水配套改造工程项目建设,积极推广新型高效节水灌溉技术,促进项目区灌溉水利用率的提高。安排财政资金5 600万元,在9个市县实施水土保持工程,治理水土流失面积135平方公里。安排财政资金1 890万元,配合供销合作社实施新型合作社示范项目12个。安排财政资金3 234万元,配合林业部门实施林业生态示范项目4个,名优经济林示范项目11

个。安排财政资金2 520万元,配合农业部门实施良种繁育、优势特色示范项目8个。同时,调整优化部门项目结构,完善部门项目政策,简化项目申报流程,完善项目扶持方式,合理划分部门职责,进一步加强部门项目监管。

五、稳步推进外资项目建设。一是继续加快推进利用世行贷款农产品质量安全项目,农产品质量安全检测实验室建设等重点工程项目取得阶段性成果。二是稳步实施利用亚洲开发银行贷款的中低产田改造工程项目,完成建设投资8 468万元(不包括自筹资金),其中土建工程7 992万元,完成中低产田改造任务5 600公顷。三是持续深入利用国际农业发展基金组织贷款开展农业综合开发项目,投放国际农发基金贷款3 130万元,在14个市(州)、县(市)建设35个滚动开发项目。

六、及时开展监督检查和竣工项目验收工作。一是结合农业综合开发重点项目和管理中的关键环节,分别开展了土地治理项目招投标、秋季工程督导、节水增粮行动项目、现代农业园区项目以及2014年度产业化项目专项检查。通过专项检查向市县级农发办传导压力,发现问题,督促整改,规范管理,促进提高。二是严格按照国家农发办《关于进一步加强竣工项目验收的通知》要求,组织开展吉林省2015年竣工项目验收工作。成立5个验收工作组,抽调25人,对19个农业综合开发县进行重点复查,省级复查面占全省农业综合开发县的30%,其他开发县由省农发办委托市(州)农发办组织复核,使省级验收面达到100%。在验收结束后,对发现的问题统一下发整改通知,督促落实问题整改。同时,对2013年和2014年验收工作进行全面"回头看",按时向国家农发办报告有关情况。全力配合国家农发办对吉林省2013年、2014年组织开展竣工项目验收情况的抽检工作,并获得较高评价。

七、依法推进政务公开。一是按照依法行政、便民高效、建设服务型政府的有关要求,对履行行政职权与责任事项进行了全面梳理,共梳理出行政职权4项,对应行政责任21项,并对农业综合开发业务流程进行全面规范,实行标准化管理,全部在网上公开。二是对省级制定的所有农业综合开发规范性文件进行了全面清理,纳入清理范围15件,经清理后继续执行的规范性文件两件,待修改完善的3件,宣布失效的3件,宣布废止的7件。三是对工作中凡是属于应该公开的农业综合开发政策、项目申报指南、公告等主动及时公开,全年通过省财政厅官网主动公开农业综合开发政务信息10条,《吉林日报》发布公告信息1条。

八、深入开展党建工作。一是认真落实党风廉政建设主体责任和监督责任。认真组织党员干部开展"三严三实"专题教育活动,集中学习习近平总书记系列重要讲话以及新修订的《中国共产党廉洁自律准则》和《中国共产党纪律处分条例》。领导班子带头学,讲党课,谈体会,不断增强党员干部道德"高线"和纪律"底线"意识,继续巩固群众路线教育成果。二是继续加大市县级农发办廉政风险防控工作力度。先后组织召开10个农业综合开发重点投资县(市)农发办主任参加《吉林省县级农业综合开发办廉政风险防控规程》贯彻落实情况现场会和全省农业综合开发业务培训班,不断增强市县级农发办廉政风险意识。

(施晓冬)

注册会计师管理工作

一、认真做好各项业务工作。一是加大监管资源整合力度,提高行政监管效能。制定、实施行业规章制度、政策措施等方面,会同工商、税务、审计和物价等部门研究落实规范审计服务市场等配套措施的制定,为改善行业执业环境做出应有的努力。二是加大监督检查力度,促进注册会计师行业健康发展。按照财政部《关于组织地方财政部门开展2015年度会计监督检查工作的通知》和《关于联合开展2015年会计师事务所执业质量工作的通知》要求,对日常监管中发现的问题有针对性地开展年度检查。全年共对全省辖区内的30家非证券资格会计师事务所的内部管理、设立条件、会计信息、执业质量、内部控制和职业道德等方面进行了全面检查,共抽查了292名执业注册会计师出具的鉴证业务报告及工作底稿208份(审计报告及工作底稿182份,验资报告及工作底稿26份)。按照部监督局要求,在事务所专项检查中继续增加财政部门巡查环节。根据自查不认真、曾受过行政处罚或行业惩戒的、有投诉举报且行业反响较差的、高龄执业注册会计师较多的、执业能力与承接业务数量严重失调不匹配的、风险意识淡薄、人员和业务变动比较频繁的、业务收费违反收费管理办法或明显低于行业平均水平涉嫌不正当低价竞争等情况选取了20家事务所作为巡查对象。巡查发现事务所重收入轻质量现象还时有发生，内控制度流于形式，业务档案归档不规范、不及时，风险导向审计理念未落到实处，审计程序执行不到位，审计证据不充分，审计意见不恰当等问题还不同程度存在。巡查组逐一指出问题，形成巡查底稿，并与事务所主任会计师进行了交流沟通，形成共识。对存在问题较多的会计师事务所，要求其深入分析原因，制定整改措施，限期整改。针对年度检查中存在的问题，收回行政许可1家、下达监管关注函13家、整改通知书3家；对注册会计师下达监管关注函31人、整改通知书3人。三是积极完成信息报备工作，推进信息网络平台建设。根据财政部《会计师事务所审批和监督暂行办法》和《关于认真做好会计师事务所2014年度报备工作的通知》要求，圆满完成了辖区内会计师事务所基本信息和日常业务报备的上报工作。截至2014年底，全省辖区内会计师事务所190家（总所167家，外省在吉林省设立分所14家，本省分所9家）。本省内167家总所中，有限责任所94家，普通合伙所73家，全省注册会计师行业共有从业人员4 862人（执业注册会计师1 674人，非注册会计师从业人员3 188人），全年共出具各类业务报告2.71万份，实现业务收入5.47亿元。严把审批入口关，配合行政审批办公室，确保申请人资格信息的真实准确。进一步完善“注册会计师行业监管网”服务功能，提高信息网络办公自动化应用水平。四是加强内部审理，健全完善审理机制，防范化解行政风险。为确保年度行政风险、处罚做到事实清楚、证据确凿、依据充分、处理适当，对检查工作的程序、底稿、违法违规事实及引用的处理、处罚法律依据等方面进行全面审理，同时聘请行业专家参与审理工作，充分听取专家意见，形成了依法有序、安全有效，相互制约、相互促进，关口前移、防范在先的强有力的保障。五是加强日常管理，健全完善内部管理工作制度，确保日常监管工作高效运转。坚持权力运行与建章建制相结合，行为规范与程序严密相结合，运行公开与结果公正相结合，规范管理与依法行政相结合的工作方式，不断健全和完善内部管理约束机制，利用制度管理和规范工作人员的行为，推动行业监督管理和专业服务工作稳定、高效运转。

二、有效推进依法行政。一是完善监管机制，切实规范依法行政行为。按照依法决策、科学决策、民主决策的要求，建立了重大处理、处罚事项全员参与、专家论证和集体决定相结合的行政决策机制。不断规范行政执法行为，保证财政监管部门实施行业处理处罚时做到公平、公正地行使自由裁量权，确保行政处理处罚的合法性。二是加强学习和培训，不断提高工作人员依法行政能力。组织领导干部和监管人员学习《全面推进依法行政实施纲要》、《行政许可法》、《行政处罚法》等法律法规，不断提高领导干部和监管工作人员依法行政的意识和能力。

三、不断加强干部队伍建设。一是强化学习，提高监管队伍大局意识和服务意识。加强党的基本知识和政策理论的学习，加强思想道德建设，积极引导监管工作人员提高服务意识，增强责任感和使命感，努力为财政中心工作服务。认真组织监管工作人员学习研究财政监督检查工作的相关规章制度法律法规，不断提高监管人员的综合能力、服务意识和法制观念，更好地为监管工作服务。二是深入开展“三严三实”专题教育活动，更好地服务注册会计师行业。按照省委及厅党组的统一部署，采取多种形式深入学习领会习近平总书记系列重要讲话精神，打牢开好专题民主生活会的思想基础；精心制定工作方案，既严格按照中央要求突出践行“三严三实”主题，又把中心工作融入其中，体现财政特色；全方位、多层次广泛征求意见，深入开展交心谈心，认真查摆问题，撰写对照检查材料，为开好民主生活会打下了坚实基础。三是继续强化作风建设。按照厅机关纪委的要求，召开全体党员干部会议，学习贯彻《中国共产党廉洁自律准则》和《中国共产党纪律处分条例》，并认真组织实施。切实增强忧患意识，坚持不懈推进作风建设常态化、长效化。层层落实从严治党的政治责任。要求全体党员干部切实增强管党治党意识，认真落实党建工作责任制，坚持党建工作和中心工作一起谋划、一起部署、一起考核。严格党内政治生活，按照党内政治生活准则和党的各项规定办事。从严管理监管队伍，强化政治纪律和组织纪律，维护制度的权威性严肃性，确保全体党员干部在思想上行动上和党中央保持高度一致，确保党中央的各项决策部署在注册会计师监管行业不折不扣贯彻落实。

（刘 帅）

罚没管理工作

一、着力抓好收入缴库监管工作。一是深入省直执法单位走访调研，认真研究和分析罚没收入形势，摸清各单位执法工作计划和大案、要案执行情况，强化罚没收入预测，科学、合理地制定收入计划。二是切实加强收入缴库动态监管，在抓好日常管理基础上，确定重点管理层次，将财政监督与其内部监管结合起来，不断提高管理效果，确保罚没收入及时缴库。三是按照执法机关的处理决定，对20余件已结案件的扣押款，分别作出没收上缴国库的处理，增加财政收入。四是深入实施罚缴分离办法，积极协调省工商银行、省建设银行、省邮政储蓄银行等代收机构，适时调整全省代收代缴罚没网点布局及缴库时限，加快收入缴库进度。五是加强执法机关罚款缴库信息交换，努力提高罚没收入缴库管理质量。在工作中注意宣传国家和省有关罚没管理政策规定，增强执法人员依法执罚的自觉性，收到了较好效果。

二、认真做好各类物资管理工作。一是做好罚没扣押物品的接收工作。省财政厅公物仓新接收车辆、金银饰品、电器等扣押物品1 960件；对不适合在公物仓保管以及异地收缴的罚没扣押物品，实行委托有关部门或者当地财政公物仓保管的办法。二是积极协调有关部门，研究、规范诸如不符合国家技术标准、侵犯知识产权、对人身和财产安全以及环境构成严重危害等没收物品的管理办法，防止收入流失和物质浪费。三是做好物品处置的有关工作。积极协调省级工商、质监部门对没收的假药、假酒和过期有害食品等1 490件物品进行了销毁处理；会同长春市法院为买受人竞拍取得的北京两处没收房产办理了过户手续；协调省公安厅禁毒总队对44台罚没车辆进行了确权定性，拟于2016年组织拍卖；配合省检察院、省国资委做好处置中信大厦没收资产的前期准备工作；认真组织长春鸿基铭筑51间写字间的拍卖工作。

三、继续加强罚没票据管理工作。一是切实做好全省执法单位所需罚没票据的印制和发放工作。按照罚没票据“统一印制、分级管理、按需发放”的管理办法，累计向省直30多个执法单位发放罚没票据1.2万多本。二是按照省政府办公厅《关于开展2015年度行政执法检查工作的通知》要求，配合省政府法制办等有关部门，对全省行政机关“乱收费”、“乱罚款”、“乱摊派”等问题进行专项检查，重点检查罚没票据使用情况，对发现的不使用、错误使用罚没票据等问题进行了纠正。三是按照省财政厅《关于在省直单位实施财政票据电子化管理改革有关问题的通知》文件精神，着手做好电子罚没票据应用的调研工作，拟会同有关部门研究制发新式电子罚没票据，以适应罚没管理工作发展需要。

四、加强公物仓日常管理工作。一是实施安全岗位责任制和领导负责制，进一步落实主管主任、综合管理、物资管理、安全保卫和设备维护等8个重要岗位的工作规范。二是通过政府采购，与长春市保安公司、长春市汇华物业公司签订了《保安服务合同》、《委托物业管理协议》，确保了公物仓的正常运行。三是结合公物仓管理的实际情况，对现行《安全管理工作制度》、《物品出入库工作流程》等管理制度进行了补充完善，提高了职工安全意识。四是对目前库存8 267件物品进行了维护整理。合理确定各类物品保管方式、位置，对贵重、小件物品纳入保险柜、铁卷柜保管。五是配合厅机关服务中心做好公物仓消防、监控等基础设施的维护工作，完善了电子监控设备，对库区进行24小时监控。六是对库区树木、绿地进行了修整，加强了卫生清洁，美化了库区环境。

五、做好其他各项工作。一是配合厅行政政法处研究制定吉林省司法制度改革试点方案，对加强涉案财物管理进行制度设计，起草了《吉林省司法机关涉案财物管理办法》，拟于2016年征求意见后实施。二是针对银行设立ATM机、网上银行代收罚款无法当场出具罚没票据的问题，分别与省公安厅、省工商银行等单位进行了沟通，拟按照国家的有关规定，进一步完善相关实施罚缴分离办法的配套制度。三是进一步完善了罚没扣押财物管理报表体系，要求罚没办内各组按月填报收入、物资、票据和扣押款4份报表，增强了罚没扣押财物管理的精准化和时效性。四是与黑龙江、广西、海南、深圳等省市在网上进行业务交流，努力创新罚没扣押财物管理方式，推动全省罚没管理工作的协调发展。

六、抓好党风廉政建设。一是在厅党组《关于进一步落实党风廉政建设主体责任的实施办法》印发后，成立了以办主任为组长的党风廉政建设领导小组。二是研究制定《罚没办2015年党风廉政建设主体责任实施方案》，形成一级抓一级，层层抓落实的工作格局。三是加强政治学习，深入开展政治纪律教育，切实增强干部职工的政治意识、责任意识和忧患意识，把干部职工的思想、行动统一到厅党委的重大决策部署上来。四是防患于未然，对发现的倾向性、苗头性问题早提醒、早预防，监督、督促其及时改正。五是强化督查考核，严肃依法依纪实施问责。

（周　成）

财政科研工作

一、加强财政科研工作。结合全省财政实践和财政中心工作，以出精品为目标，确定调研重点，创新科研方式，深入开展调查研究。一是参与全国《经济新常态下地方财政运行风险的分析监测与预警机制研究》协作课题分析报告部分，按照财政部科研所要求，会同江苏省、湖南省、太原市、长春市等省市按时完成课题总报告并上报财政部科研所。二是参加财政部科研所联合课题《事权与支出责任相适应的分税制财政体制操作层面完善研究》结项报告会议，并参与完成课题最终修改稿。三是树立良好科研风气，组织所内副高职称（含副高）以上人员承担科研课题任务，全年共完成10项课题研究。四是分析研判吉林省经济发展态势及财经重点难点问题，撰写并完成全年四季度经济形势分析报告。分别从宏观、财政、产业、区域四个方面以详实的数据进行细致准确的分析，并提出相关政策建议，供领导及相关部门决策。

二、加大财政政策宣传工作力度。树立服务意识，围绕全厅中心工作，及时沟通协调组织报道财政发展与改革的新动态、新情况、新成果。一是完成全年6期《吉林财政研究》的编辑出版工作，甄别筛选优秀稿件，并按照当期的热点问题向厅里和市县财政部门约稿，提高杂志内文的质量。每期杂志美术设计贴近文章内容，清新简洁、形式新颖。二是围绕财政重点工作，对全厅重要工作会议、重大活动及时进行跟踪报道，较好地发挥了《吉林财政研究》在理论探讨、政策宣传、工作指导、经验交流上的平台作用。三是配合全厅重点工作及时开展宣传报道，如全国财政工作会议、吉林省财政“六五”法制宣传教育期末考核验收、厅学习贯彻《政府采购法实施条例》专题讲座、全国财政科研宣传工作研习班等活动。

三、加快年鉴史志编撰工作。一是加快财政年鉴编写进度，调整改进年鉴布置时点、编审时段、校对节奏和送审程序，缩短《吉林财政年鉴》编辑出版周期，提高《吉林财政年鉴》时效性，做到“早动手、勤沟通、提效率”。在3月底前提前完成了年鉴第二、三部分资料的收集工作，9月末完成全部资料的编审和校对工作。加快出版印刷环节进度，利用年鉴在厅内送审时间，与印刷厂提前沟通办理审请书号等事宜，于年底前完成了印刷和发行工作，做到了年鉴编审、出版、发行不跨年。二是做好《吉林财政志（1986—2000）》编纂工作。全年共对《吉林财政志（1986—2000）》进行了两次大的修改。根据省地方志办公室上一轮的审阅意见，重新核查原始材料修改内文，并通过查阅杂志、报刊、会议纪要等途径补充了彩页和附录，于2月报送省地方志办公室接受复审。根据省地方志办公室5月29日召开的复审报告会意见，积极与厅内各处（室）沟通和联系，不定时到省档案馆、厅阅览室调取原始资料，全力解决修志过程中遇到的各种困难和问题。经过6个月的努力，完成了

《吉林财政志(1986—2000年)》60多万字的终审稿并送至省地方志办公室审阅。

四、建立财政信息资料档案。一是利用网络、报纸、杂志等途径密切关注国内外财经形势,及时为厅领导和相关处(室)提供重要财经信息。全年共编印《吉林省财政经济信息资料》12期,《全国财政经济信息资料》12期,《财经动态》71期(正刊23期,增刊48期)。二是认真做好厅阅览室的日常管理工作,完成2015年报刊、杂志的上架、借阅、登记、下架以及2016年厅阅览室和所内的报刊和杂志征订工作。三是充分利用"省财政厅读书会"平台,广泛向全厅干部职工征集书目并购置新书,全年累计购置400余册。四是完成厅阅览室的更新改造工作,努力为全厅干部职工营造舒适良好的阅读环境。搜集整理各年度国家统计局数据、财政部和吉林省数据,根据数据制成图、表。五是完成《1978—2014年财经数据资料》图书的编录、校对以及出版发行工作。

五、加强学会组织建设管理。一是组织并完成吉林省财政学会2015年度对外发放课题的发文、立项、审核、结项等各项工作。经过专家组评审,《吉林省地方政府性债务风险防控研究》、《促进吉林省生态文明建设的财政政策研究》、《加快吉林省社会化养老服务业发展的财政政策》、《吉林省新型城镇化发展路径及财政推进政策》等15个课题通过终审并刊登于《财政改革与发展》中。二是组织参加吉林省社会科学界联合会八届二次全委会暨吉林省第六届社会科学学术年会优秀论文征文活动。其中,《支持吉林省文化产业集群发展财税政策研究》、《构建新型农业经营主体财政扶持对策研究》、《吉林省中等职业教育的问题分析与对策初探》3篇论文分获二、三等奖。三是按照省民间组织管理局的相关要求,完成吉林省财政学会2014年度的年检和政社分开的相关资料报送工作,实现财政学会开门办业务、出门搞研究,不断拓宽学会发展空间。

六、加强干部队伍建设。一是加强政治学习,按照厅里统一部署,深入学习习近平总书记系列讲话精神,认真开展党的群众路线教育实践活动,不断加强科研所基层组织建设和科研干部队伍建设。二是加强业务学习,有针对性地加强财政科研工作和财政业务工作联系,突出科研课题实用性和有效性,增加科研投入,调动科研干部工作积极性。三是加强与驻吉中省直高校和科研院所联系,围绕财税改革、预算收支、管理创新等当前热点问题开展财政理论、政策和业务研究合作,开阔财政科研干部视野,提高提高科研站位。四是加强干部思想建设,及时全面了解职工面临的工作阻力、生活难题和思想变化,加强班子与职工、职工与职工之间的交往和沟通,努力消除隔阂,增进团结友爱互信,打造互敬、互信、互助的政治坚定、业务过硬的财政科研团队。

七、加强基础制度建设。一是完善病事假、休假请假制度,实行严肃工作纪律和人性化管理的有效结合。二是继续完善修订财务管理和收入分配制度,公开财务收支,形成制度约束,推行分配公平,调动全体职工的工作热情。三是建立课题审查制度,力求提高课题质量。四是加强财政书刊发行工作,鼓励全省财政干部学政策、学业务、学史志,推动全省财政干部素质提高。五是继续完善所内工作和全省科研QQ网络平台,加快信息传递、工作交流和情感沟通,及时掌握工作进度和各地情况,促进财政科研工作整体快速发展。

(郭馨娜)

财政信息系统建设工作

一、"核高基"国家重大专项课题取得新进展。继续研发与用友公司合作的国家重大科技专项课题《基于安全可靠基础软硬件的事务处理应用研究与示范工程》,并在国产化技术攻关方面取得了多项成果。2014年在四平市上线运行,首次完成了国内外基础软硬件产品的替换。工程在梅河口市试点应用,将国库支付、指标管理等财政业务系统成功应用于国产化的软、硬件环境,得到各预算单位的一致好评。同时,顺利完成运维管理系统的建设及改造工作,对系统要求的指标和参数进行监控管理。

二、完成办公自动化(OA)系统的升级改造工作。根据工作需要,协助厅办公室归纳整理了原有的办公自动化系统升级改造工作的具体内容,配合长白公司研究制定了新系统的设计方案,上半年全部完成了系统的升级建设。下半年，按照要求对全厅各单位文书及相关使用人员进行了系统培训，并对新系统使用过程中出现的问题进行了指导和解释。升级改进后的系统界面友好，功能完善，运行快捷，使用方便，获得了全厅干部职工的一致好评。

三、做好乡镇财政管理信息系统的推广应用工作。协助乡财处陆续在全省推广应用2014年开发完成的乡镇财政管理信息系统，该系统涵盖公文传递、基础工作管理、乡财县管、资金发放、资金监管、资产管理、干部培训等乡镇财政管理大部分工作。在德惠、梅河口等乡镇财政所试点成功的基础上，陆续完成了除长白山管委会、延边州以外全省市、县的推广应用和组织实施工作。

四、积极开展财政业务系统建设。根据财政业务发展需要，充分发挥技术支撑作用，做好财政业务系统的开发、升级改造和应用保障等工作，不断提升技术支撑能力。继续做好吉林省政府采购管理信息系统、地方财政分析评价、国库集中支付、财政扶贫资金监测、吉林省会计行业管理等系统的技术支持。完成政府性债务管理信息系统运维服务的采购实施工作，包括驻场服务，网上支持，上报工作支持，系统巡检等。完成非税收入收缴系统与票据电子化系统接口软件的采购实施工作。同时，做好各业务系统服务器管理和数据备份等工作，及时解决系统使用中出现的各种问题，切实保障全省各项财政业务工作正常开展。

五、多种措施加强网络管理及网络安全。一是做好网络日常维护管理，随时监控网络安全，不断增强对网络病毒的防控能力，及时处理网络故障，保证网络畅通和安全，并做好机房服务器和培训用机的日常维护工作。二是进一步加强外网安全系统建设，采购并安装日志审计系统、外网边界防火墙、外网入侵防御系统、防毒墙系统、内网加密机及外网加密机，切实保障全厅网络安全。三是做好财政视频会议系统的日常维护和会前调试，保证系统正常稳定运行，全年共完成厅内有关处室视频会议20余次。四是重新完成全厅计算机终端统计工作，使全厅每位工作人员的姓名、房间号、IP地址和墙壁接口一一对应。五是建设外网CA身份认证系统。根据省公安厅对厅安全检查提出的整改意见，经咨询财政部信息网络中心，完成了省级财政CA身份认证系统建设，进一步加强全厅各财政业务系统的安全性。六是完成厅有关系统等保级别的设定。根据国家信息系统等级保护管理规定和要求，将厅内网财政信息管理系统设定为等保三级，厅门户网站及OA办公系统设定为等保二级，并根据要求按时进行安全评测。

六、主动提供优质高效的技术服务。一是做好厅内计算机硬件维护、维修、增配、网络连接及操作系统的安装调试工作。全年维护、维修系统、设备400多次，检测查杀病毒及解答咨询服务900余次。二是协助厅办公室做好与财政部公文传输系统的维护管理，保证与上级财政部门之间公文的正常流转；协助厅内有关处室做好业务系统培训工作；做好厅内各处室陈旧老化电子设备的报废鉴定工作。三是做好计算机消耗材料供应和管理工作。坚持以服务第一，严格管理，勤俭节约，防止浪费原则，严格按照政府采购程序操作，保证耗材质量。

七、做好内外网的维护管理和信息更新工作。做好厅门户网站和内部信息网的维护管理，检查服务器运行状态，保证网站正常稳定运转。每天检查内部信息网各栏目和内容是否有误，并及时更正。根据处室要求，对门户网站及内部信息网的内容进行添加、修改及完善。根据厅人教处要求，按照全厅各处室、单位的人员岗位变动情况，相应调整“岗位设置”栏目内容。为全厅各处室在厅内部信息网及门户网站加载各类文件、公告等信息，使全省财政系统工作人员及社会公众能够及时了解省财政厅的工作动态。

八、做好财政信息化培训等各项工作。一是根据厅人教处培训计划举办了《吉林省财政信息系统基础维护培训班》，来自全省52个市（州）、长白山管委会、县（市）财政局的60个信息技术管理人员参加了培训。通过聘请信息化资深专家，使学员对机房基础设施日常维护，小型机、存储设备、网络通讯设备的维护管理及使用，及市县国库电子支付系统实施方案等有了深入了解，为全省财政信息化管理提供了有力的技术保障。二是做好厅内各处室应用系统培训的辅助工作，做好培训用机、网络及投影仪调试，软件安装等前期工作，全年共培训25次，得到了各处室的好评。三是做好中心文件管理，职工工资调整，人员晋级等各项工作。按照厅人教处要求，完成事业单位改革等文件的汇编整理。严格执行《会计法》及事业单位财经制度，顺利通过审计厅的年度财务审计。

（赵 雪）

预算编审工作

一、编制、批复2015年省级各部门预算。按照省级预算编制工作会议的部署和要求，根据部门预算编审职责和程序，与省级预算部门、厅内相关业务处室密切配合，完成了2015年省级各部门预算的编制和审核工作。并按照新《预算法》规定，于3月上旬在省人代会审查批准省级预算二十日内批复了省级各部门预算。同时，将实行预算绩效管理省级部门81个项目支出的绩效目标随部门预算一并批复。

二、积极配合省人大做好部门预算编审工作。一是按照省人大的要求，依据规范格式汇总制作了上报人代会审查的省教育厅等113个部门2015年部门预算文本，并在规定时间内及时报送。二是做好上报省人代会审查的2016年部门预算编报工作，配合省人大预工委完成2016年部门预算重点审查工作。

三、改进完善部门预算报表体系，推进预算信息公开工作。结合细化预算公开内容的要求，对部门预算批复表格进行适当调整归并，结构上分为预算主表和预算附表两部分（预算主表是主体表格，预算附表是对主体表格的细化补充）。同时，在公开部门收支预算总表、财政拨款支出预算表和“三公”经费财政拨款支出预算表的基础上，增加公开部门收入预算表和支出预算表，实现了部门预算批复表的全部公开。

四、完成部门预算数据传递以及部门预算合订本的编校工作。将批复的部门预算各项数据传递导入预算指标系统、国库支付系统和政府采购系统，保证了部门预算的顺利执行。编辑完成了2015年省级部门预算合订本，为省人大、审计部门审查部门预算以及厅内各相关处室查阅省级部门预算提供了基础资料。

五、做好省级财政管理信息系统网络运行管理、完善工作。会同相关处室加强信息系统网络平台建设，对实际运行中存在的问题及时改进完善，保证信息系统在财政部门内部、财政与部门间的数据、信息传递工作。做好部门预算基础信息、项目管理、预算编审系统的更新维护工作，保证2016年部门预算编制工作顺利进行。

六、认真做好其他各项工作。一是做好2016年部门预算编制启动、筹备及编制、审核工作。积极参与2016年省级部门预算编制工作会议的各项组织筹备工作，配合做好2016年部门预算编审通知的起草、印发等工作，参与编制2016年部门预算工作总体安排、有关财政供给政策及相关支出政策等问题研究。按照预算编制工作会议的部署和要求，做好2016年部门预算编制和审核工作。二是完成省直驻长以外行政事业单位调整津贴补贴增支审核工作。按照相关政策规定的范围和标准，对吉林市等4个市县调整津贴补贴及绩效工资增支情况进行了审核和汇总。三是参与相关改革事项的研究测算工作。参与了省级机关事业单位养老保险制度改革和工资调整相关财政补助政策研究工作，并完成了调整省级机关事业单位工作人员基本工资标准和增加离退休人员离退休费的增支测算工作。

七、开展“三严三实”专题教育活动。组织党员干部认真学习省领导、厅领导在专题党课上的讲话精神，深刻理解“三严三实”的丰富内涵和重大意义。要求班子成员要强化责任落实，带头学习、带头查摆问题，将专题教育融入到预算编审工作中，全面完成各项工作任务。

（于树森）

水利基金管理工作

一、切实抓好新形势下的基金管理制度建设工作。一是坚持政策。紧紧围绕基金项目收支由政府性基金预算转列一般公共预算这一核心，力求使基金的筹集、使用及管理等都符合财政一般公共预算管理的相关要求。二是切合实际。鉴于目前全省水利建设基金收入规模有限、经济下行压力大的影响，为集中财力办大事，在符合国家规定的水利建设基金使用方向的基础上，将城市防洪设施建设、重点城镇水源工程、大江大河主要支流险工险段治理等作为省级水利建设基金的投入重点。三是操作性强。基金制度的修订将为今后一个时期规范和加强水利建设基金的筹集、使用和管理工作提供有效保障，根据《中华人民共和国预算法》、《财政部关于完善政府预算体系有关问题的通知》、《财政部关于进一步加强行政事业性收费和政府性基金管理的通知》等规定，结合近年来水利建设基金管理工作实际，对《吉林省水利建设基金筹集和使用管理办法》和相关实施细则进行了修订。

二、精心组织基金筹集工作。一是做好沟通协调。紧密联系各地水利建设基金管理机构，及时掌握情况，做好政策解释，确保各地征收工作顺利开展。协调省地税局、省国土厅、省交通厅和人民银行长春中心支行等单位，跟踪基金征收、缴库情况。同时，配合厅内有关处室，做好基金划转工作，及时向省政府和有关部门反馈意见和建议。二是关注重点企业的基金缴纳情况。对于一汽集团、国网省电力公司、中石油吉林销售公司等重点企业，做好调查研究，结合企业经营实际，认真测算计征基数，并提出明确意见。强化对重点行业、重点企业的征管力度，严肃征收政策，严格执行各项征收管理规定，确保重点企业着力解决欠缴、漏缴和少缴情况。三是积极回应企业诉求。受理了省地方税务局转办的12366热线问题，对部分企业提出的小微企业免征水利建设基金如何确认等相关事宜，给予了政策解释。明确了亚泰集团、通钢集团和酒精集团等企业的缴纳政策。印发了《关于对房地产等企业的水利建设基金计征基数问题的答复》，对房地产、广告代理、旅游及物业管理等行业的基金计征基数予以确认。四是开展征收督查。针对征收工作滞后地区，主动作为，周密布置，精准施策，着力解决欠缴难题。组成工作组两次赴白城市督导检查基金征收工作，要求白城市有关部门增强责任意识，落实岗位职责，明确任务分工，强化工作措施，切实抓好基金的征收入库。组织召开两次白城市基金征收领导小组会议，会同白城市检察院，约谈部分地税分局局长，就基金征管工作交换意见，听取汇报，了解问题和症结所在，研究督导措施。牵头组织白城市财政局、水利局，抽调10余名业务骨干，集中4天时间，对企业进行了重点抽查，告知企业缴纳责任与义务，核实企业营业收入、应缴基金额度及缴纳情况等，要求欠缴企业做出缴纳承诺。责成白城市地税局组织召开全市企业征缴基金动员大会，要求全市地税系统依法依规行政，切实承担征管职责，全市企事业单位积极主动地履行缴纳义务。全年省级基金筹集入库7.24亿元，增加约5 200余万元，主要来自非农业建设用地征收收入的大幅增长。

三、继续深化项目和资金管理工作。一是扎实做好项目计划管理工作。结合实际，不断完善统一下达计划、分批下达指标的管理模式。采取召开座谈会、实地踏查等方式，严格审核申报建设项目的批复文件、建设内容、配套资金到位情况等，做好项目评审、筛选、定额、计划下达等工作。根据实际需要，科学合理安排资金指标。全年下达省级项目资金指标7.51亿元，增加近1亿元。二是开展省级项目和资金调度工作。为加快省级资金建设项目管理工作，落实责任，强化措施，开展了省级水利建设基金项目和资金调度工作。重点调度了2015年度省级计划安排项目的实施情况及资金指标的预算执行情况，包括已开工未完工项目的施工进度、已招标未开工项目的工作安排与进度、未招标未施工项目的具体情况等。通过开展调度工作，全面掌握了全省各地的项目管理和资金管理工作，发现项目启动迟缓、滞拨资金、个别项目施工前期准备工作不足等问题，并提出了解决办法和具体措施，推动了省级项目建设和预算支出进度。三是加强省级公益性水利工程维修养护专项补助项目管理。严格落实省级补助经费与地方财政上一年度维修养护资金实行挂钩的奖补激励机制。会同省水利厅，严格项目审核，对规范化管理达到要求的公益性水利工程优先给予资金扶持，加大对涉及公共安全的重要公益性水利工程维修养护的支持。严格支出范围，加快资金拨付和预算执行，提高资金使用效益。全年下达省级公益性水利工程维修养护专项补助经费2 292万元。四是继续强化日常资金监管。落实好全省资金使用情况月报制度，实施资金跟踪问效。督促市县盘活本级存量资金，避免资金闲置，充分发挥资金效益。强化措施，对确定年内不能实施的工程项目，收回已下达的资金，并调整项目计划，全年收回部分市县无法落实的资金2 768万元。对迟滞资金，没有按照施工进度拨付的市县，采取分片负责方式，密切跟踪工程进展情况，督促加快支出进度。五是下放项目决算评审权限。为贯彻落实党中央、国务院和省委关于简政放权、放管结合和职能转变的总体部署和要求，调整了省级资金投资项目的决算评审权限。对各市(州)、县(市)的省级水利建设基金投资项目，不再统一组织项目决算评审工作，由各地财政部门负责组织本区域省级水利建设基金投资项目的决算评审工作，报省财政厅备案。要求各地切实负起项目评审工作职责，保证评审工作质量，做到坚持原则，秉公办事，廉洁自律，不断推进基金管理方式创新，切实加快水利工程项目建设进度。

四、全面强化自身建设。一是抓好学习教育。落实好“三会一课”制度，坚持内容和形式相统一、个人自学与集中研讨相结合。把深入学习习近平总书记系列重要讲话精神作为重中之重，重点学习领会党的十八大、十八届三中、四中、五中全会精神，习总书记视察吉林时的重要讲话精神，认真贯彻落实省委、省政府开展“三严三实”专题教育的部署和厅党组的要求，深入学习《中国共产党廉洁自律准则》和《中国共产党纪律处分条例》，做到为民、务实、清廉。二是抓好“五权”工作。针对基金管理的工作规律和特点，将“五权”工作作为构建惩防体系的重要载体和手段。在研究布置项目实地踏查工作中，将党风廉政建设作为重要内容，一并布置和研究，并建立了踏查责任追溯制。在项目论证环节，与省水利厅相关部门共同研究会商，多方听取意见建议，减少自由裁量权。在项目资金安排上，规范资金分配行为，防止滥用权力，切实让权力在阳光下运行。层层分解落实责任，各业务科室对照职责，结合自身业务特点，认真查找廉政风险点和薄弱环节，完善廉政风险防控措施，层层传导压力，一级做给一级看。三是抓好廉政建设。严格执行中央八项规定、省委具体规定和省财政厅关于加强廉政建设、改进工作作风的各项规章制度及要求，对照教育实践活动整改计划和任务，开展了整改落实“回头看”，确保教育实践活动整改落实到位。根据《关于开展落实中央八项规定精神、纠正“四风”工作专项检查的通知》要求，结合实际，认真开展自查工作，进一步增强抓好党风廉政建设和反腐败工作的责任感和紧迫感，防止“四风”反弹、反复。

（杨 凯）

财政投资评审工作

一、认真完成各项评审工作。全年受托评审项目118项，涉及金额66.73亿元。其中，预计完成工程预、结、决算评审48项，项目送审值27.90亿元，审减值1.21亿元，审减率为4.3%；受托专项核查专项核查10项，截至目前，已完成9项，正在进行专项核查1项。正在进行的预、结、决算等评审项目评审60项，项目送审值34.98亿元。一是完成预算评审项目52项。其中，完成厅内相关处室委托的预算评审项目27项，送审值2.57亿元，审减值2 949.73万元，审减率11.5%。二是完成结算评审项目19项。其中，完成厅内相关处室、单位委托的结算评审项目3项，送审值2.37亿元，审减值651.11万元，审减率2.75%。三是完成竣工决算项目34项。其中，完成厅内相关处室委托的决算项目18项，送审值22.96亿元，审减值8 501万元，审减率3.7%。四是完成专项核查10项。其中，完成厅内相关处室委托的2014年高效照明产品推广财政补贴资金抽查、白山浑江镁赤铁矿煤炭资源综合利用示范基地建设任务检查验收、吉林省省级可再生能源建筑应用示范项目检查、吉林省2015年度利用国家文化产业发展专项资金项目评审，涉及财政专项资金3.86亿元。同时，完成了通化机场概算调整分析、吉林省国家级可再生能源建筑应用示范项目检查、吉林省纠正“四风”专项监督检查、吉林省省级扶持优秀文艺作品专项资金终审项目评审、2015年暖房子检查清算。

二、完善财政投资评审基础工作。一是继续完善“全国财政评审系统专家库”工作。现已将40多位省内专家上报全国财政评审系统专家库。通过财政部建立全国财政评审系统专家库，对省内各市县投资评审中心专家进行了梳理，对评审工作进行了综合评价，为今后工作开展打下了基础。二是积极利用社会资源，促进评审事业发展。选取服务好、实力强的中介机构协助评审，并按规定认真做好2015年度中介服务合同的签订工作。加强评审工作质量考核，增强中介机构及其参与项目评审人员的责任。充分利用质量考核结果，将中介机构的评审质量与评审业务挂钩，促使中介机构加强对项目评审人员的管理和监督。三是加强学习培训工作。充分利用财政部评审中心业务培训平台，选派工作人员积极参与。同时，积极组织内部学习培训工作，取得了较好成效。四是狠抓委托单位报送材料组织管理工作。严格按照质量管理要求，加强报送材料的审查工作，对不符合要求的报送材料予以退回，并对报送单位进行培训，进一步提高了报送材料的质量和评审工作的效率。

三、扎实开展党建工作和廉政建设工作。一是深入开展“三严三实”专题教育活动。根据厅机关党委要求，把“三严三实”专题教育作为年度党建工作的重要内容，将学习十八届三中、四中、五中全会精神、学习习近平总书记系列讲话精神、学习中国共产党廉洁自律准则和中国共产党纪律处分条例与当前的“三严三实”专题教育活动相结合，对照“忠诚、干净、担当”的要求，认真查摆存在问题，引导中心党员干部按照严以修身、严以用权、严以律己，谋事要实、创业要实、做人要实标准和要求，深学、细照、笃行焦裕禄、杨善洲等先进人物事迹，不断塑造中心党员干部自我要求严、创业干事实的政治品格和做人准则。二是切实加强党风廉政建设，落实党风廉政建设主体责任。为深入贯彻落实《中共吉林省财政厅党组关于进一步落实党风廉政建设主体责任的实施办法》，把班子建设作为党风廉政建设的重中之重，班子成员率先垂范、严以律己，带头执行《廉政准则》，以实际行动影响带动全中心同志。大力推进了财政投资评审的规范管理，扎紧制度“笼子”，加强对权力运行的制约和监督，着力构建权责对等的责任分解体系、科学规范的责任落实保障机制、完整闭合的责任追究链条，全面促进主体责任由“虚”到“实”、由“宽”到“严”、由“软”到“硬”转变。

（刘 军）

债务资金管理工作

一、及时准确做好各类政府主权外债项目提款报账及审核支付工作。世界银行贷款农产品质量安全项目全年共提款1 465万美元，约折9 167万元人民币；亚洲开发银行贷款项目提款报账并提回200万美元；外国政府贷款日贷林业项目提款报账并拨付514万元；拨付农发基金会贷款项目二轮开发资金3 130万元人民币。

二、认真做好各类地方政府债务到期贷款的息费分割下发及回收和归还工作。归还亚洲开发银行贷款7 019.28万元；归还国际农发基金会贷款2910万元；偿还开发银行贷款21 768.73万元，归还14 745.74万元(垫付7 022.99万元)；归还外国政府贷款6 670万元；归还世界银行699万元。

三、认真做好财务核算工作。完成相关项目2014年度的财务决算工作，并通过了省审计厅等的年度审计。配合省项目办完成了外国政府贷款日贷林业项目、亚洲开发银行贷款松花江水污染治理项目、吉林供排水项目及城市基础设施项目2014年度的财务决算工作。接受并通过了审计署吉林特派办及省审计厅对上述项目的年度审计，各项审计结果均符合项目和财务管理的相关制度与规定。

四、顺利完成其他各项工作。一是积极落实财政部相关债务优惠政策。按照财政部对世界银行贷款贫困地区第三个基础教育设施项目债务减免部分本息优惠政策规定，及时准确地进行了到期债务的冲减工作。二是认真做好报表统计及软件维护工作。按照财政部和厅债务金融处的要求，在与市县、项目单位核对债务、确认相关债务数据的基础上，填报各种需要报送的统计报表，维护债务软件。

（王继杰）

社保资金管理工作

一、认真做好专户资金管理及发放工作。一是保证养老保险个人账户运营资金的及时拨付。结合厅内查找廉政风险点以及群众路线教育实践活动提出的问题，重新研究制定了专户存款审核拨付办法，规定符合条件、具备拨款条件的款项当日拨付，避免了人为“拖、卡”现象的发生。在加强专户资金管理的同时，保证了资金的及时拨付，确保了资金的正常运营。二是完成省直企业离休干部集中管理服务资金的管理发放工作。密切与省老干部局、厅内业务处室配合，进一步简化审核发放手续，保证了集中管理服务资金的按时足额发放。全年共发放1 524次，累计发放集中管理服务资金178万元。三是做好社会保障资金保值增值工作。积极与厅内相关处室协调沟通，根据实际需要及时调整专户结余资金结构，在保证发放的同时，努力增加定期存款，到期及时转存，尽量提高利息收益。四是完成专户移交工作。按照国家有关规定及审计整改要求，将管理的“做实养老保险个人账户资金财政专户”、“省直企业离休干部集中管理服务资金财政专户”移交厅国库处统一管理，并配合有关处室完成了销户、建户等工作。同时，归纳整理了专户的档案资料，一并进行了移交，保证了专户平稳完整移交。

二、顺利完成其他各项工作。一是完成省森工集团改制前已退休人员参加职工医保审核工作。按照省政府确定的原则，抽调工作人员与省人社厅、国资委到省森工集团现场办公，对省森工集团所属8家林业局的改制资料、退休人员的个人资料进行了审核确认，并积极与统筹地区经办机构沟通协调，及时将符合省里相关规定的2.96万人纳入当地职工医保。二是及时清理并轨资料。结合专户移交工作，组织工作人员，对参加全省完善城镇社会保障体系试点的省属企业资料进行归纳整理，将符合归档条件的资料移交厅档案室统一管理，其余资料装订成册，责成专人管理。三是参加农民工工作督察。抽调工作人员，代表省财政厅参加省督察组对白城市、松原市农民工工作进行实地考察督察，认真总结各地工作亮点，及时发现存在的问题，制定整改措施，为迎接国务院农民工工作督察做了充分准备。

（耿 雷）

财政监督检查工作

一、充分发挥财政监督职能作用，深入开展财政资金管理情况的专项检查。一是开展盘活财政存量资金专项检查。为贯彻落实《国务院办公厅关于进一步做好盘活财政存量资金工作的通知》等有关文件精神，切实提高财政资金使用效率，严肃财经纪律，按照《财政部关于开展地方盘活财政存量资金有关情况专项检查的通知》要求，按照厅监督局的统一要求和部署，于3月20日至4月20日，对吉林市、长白山管委会、舒兰市财政局开展了财政存量资金的专项检查，并对教育局、民政局、人社局和水利局4部门进行了延伸检查。检查过程中，认真学习研究和适当利用了审计署截至2014年10月31日关于财政存量资金的审计成果，调阅了相关会计资料，对检查中发现的一些问题向有关人员进行了调查了解，对重大问题进行了追溯。按时完成了检查任务，基本摸清了财政存量资金的基本状况。二是开展全省涉农资金的专项检查。根据《吉林省涉农资金专项整治行动实施方案》的要求，抽调检查人员于2014年5月10日至5月28日，集中对全省20个市(县)的2013~2014年度粮食直补和农资综合补贴资金、专项扶贫资金、饮水安全工程资金、农村危房改造补助资金、大型灌区续建配套和节水改造工程资金、征地和拆迁补偿资金的管理和使用情况进行了重点检查。将近年来资金投入比较集中、问题反映比较多、管理不规范的地方和单位作为重点检查对象，特别是对自查自纠“零报告”、“零问题”的市县予以重点关注。检查结束后，按照厅农业处的要求进行了汇总梳理，并撰写了检查报告。三是开展村级公益事业建设一事一议财政奖补资金专项检查。为进一步规范和加强村级公益事业一事一议财政奖补资金管理，提高资金使用绩效，建立健全财政管理制度，受厅综合处委托，与财政投资评审中心组成检查组，于2014年4月至11月，对长春市、榆树市、农安县、白城市、镇赉县、大安市、通榆县、松原市、长岭县、乾安县2010~2013年度一事一议专项资金管理使用情况进行检查。并依照《会计法》、《财政违法行为处罚处分条例》和《村级公益事业建设一事一议财政奖补资金管理办法》等法律法规，对检查出的问题进行了研究和处理。

二、以核查形式参与财政资金管理，积极探索财政监督新思路。一是开展多项农业专项资金核查工作。受厅农业处委托，先后开展了县级支农资金整合试点县绩效考评、省渔业标准化健康养殖扶持项目考评、重点县小型农田水利建设工程验收、现代农业大中型灌区改造项目考评等农业专项资金和项目的核查工作。对增收节支、提高财政资金使用效益起到了重要的参考作用。通过核查工作，认识到事前监督对惠农资金项目的必要性，如畜牧的牧业小区建设项目、畜产品菜篮子建设项目等涉及群众的切身利益，焦点多、争议大的项目，只有严格依据具体政策规定，详细核定养殖数量、项目建设规模、防疫设施等基础性工作，才能做到层层把关，客观、公正、公平地做出验收结论，为财政资金管理提供真实有效的依据。二是参与贯彻中央八项规定、纠正四风、廉洁从政的各项检查工作。1月，参加了全省各地区领导班子的述职述廉督检查工作。2月，参加了全省违反八项规定、纠正四风的专项检查工作。检查主要采取随机抽查、明察暗访、查看账目等方式。检查发现的问题，整理后通过检查组上报省纪委。

三、加强干部职工队伍建设，努力提升其政治觉悟和业务能力。一是加强思想政治工作，增强集体凝聚力。按照厅机关党委部署安排，成立了学习小组，坚持定期上党课制度。学习党的十八大、十八届三中、四中、五中全会精神和习近平总书记系列讲话及视察吉林时的重要讲话精神、省委十届五次、六次会议精神，以及《中国共产党廉洁自律准则》、《中国共产党纪律处分条例》。组织开展了“三严三实”专题教育学习，作为全年学习的主线。认真学习领会党中央和省委、省政府的新精神、新要求，在思想上、政治上、行动上与中央和省委、省政府保持高度一致，统一思想、凝聚力量，进一步明晰科学发展、共筑中国梦的方向和路径，激发党员干部的学习激情。通过集中学习、个人自学等多种方式，深入学习省委十届五次、六次全会和全省经济工作会议精神，深化对国情、党情、省情的认识，将党建工作融入日常管理工作之中。召开支部民主生活会，组织党员谈心得体会和思想认识，立说立行，取得了初步成效。二是加强财务专业知识培训。组织经验丰富的检查人员从内部审计准则和监督检查办法入手，对监督检查的工作程序、事业单位会计实务的具体操作及检查过程应注意的协调沟通等问题进行详实、深刻的讲解，为进一步做好监督检查工作奠定了基础。利用冬季培训，组织检查人员集中学习新修定的《预算法》、《事业单位会计准则》和《事业单位会计制度》等法律法规，掌握修订的背景、原则、意义和重大变化，探索监督检查的新方式、新方法，增强检查人员的责任感和使命感，就“查”论“管”，促进财政监督检查工作向更深层次发展。

（王庆波）

中小企业和民营经济发展基金管理工作

一、注资设立省小微担保公司，引导信贷资金支持小微发展。向小微担保公司注入资本金3亿元，累计实现担保额25.53亿元，间接带动近1万人就业。小微企业担保公司的发展壮大，实现了政府少量投资引导、吸引银行资金放大、支持众多小微企业发展的目的，取得了明显的社会效益，达到了预期效果。

二、支持关键领域创新，促进卫星产业创建和发展。向长光卫星技术有限公司注入资本金2亿元，吸引社会资本6.13亿元，专门用于吉林省卫星的研制和发射。支持一箭四星（吉林一号卫星）在甘肃酒泉卫星发射场顺利发射升空，获得国家国土部、住建部、测绘局、遥感中心、林业局等部委和社会的广泛关注。协助省林业厅、交通厅等完成遥感图像采购计划，与吉林云耕集团、吉林森工集团等签订战略合作协议，开展农业、林业的行业遥感应用深度合作，为吉林省卫星产业发展奠定了良好的基础。

三、建立重点产业孵化器平台，助推产业升级换代。向吉林省中科应化化工新材料孵化器有限公司注入资本金0.5亿元，吸引其他资本3.05亿元共同用于长春应化所北高新区孵化平台建设，加快“化工新材料重大科技创新基地”发展，推进首创新材料成果优先在省内转化，形成新的战略性新材料产业，引领材料工业结构调整，促进全省传统产业升级换代。截至目前，在建工程孵化器大厦建筑面积1.5万平方米，主体结构已经封顶；园区供电、供热、供水、消防、道路等配套工程已施工完毕，正在进行验收；中试中心正在建设中，已经完成橡胶多功能溶液连续聚合中试装置和一元化合成装置的安装建设工作，完成生态环境高分子材料中试中心、专用聚烯烃中试中心安装接洽工作，已启动钢平台建设。园区建成后将为进驻的项目和企业提供优质的研发平台和办公环境。

四、设立科技成果转化基金，加快校所科技成果转化。按省政府要求，出资与“两所五校（光机所、应化所、吉大、东北师大、长春理工大、长春工大、东北电大）”成立了7个校所科技成果转化基金公司，截至目前基金管理中心已注入资本金4.05亿元，“两所五校”已注入资本金6 650万元，吸引社会资本3.24亿元，共投资了9个科技成果转化项目，一批备选项目正在按程序推进。基金的设立和运作，在科研院所和大专院校产生了强烈反响，对吉林省科技成果的转化产生了示范效应。

（蔺琳琳）

票据监督管理工作

一、规范日常财政票据管理工作。一是依据《财政票据管理办法》及相关财政票据管理规定，做好日常服务工作，严格把握坚持原则，验旧领新，严把非税收入源头关，对不符合规定的用票单位坚决不予发放财政票据。二是财政票据电子化管理工作。积极与厅非税处配合，在财政票据的计划、印制、入库、发放、出库等环节，正式启用新的财政票据管理系统，在实际工作中不断完善新的财政票据管理系统，优化软件应用实际操作。全年为省直297个单位发放手工票据7.66万本，微机票据1.11亿份。三是建立全省统一财政票据库房。针对目前财政票据存放分散的实际状况，积极与相关单位沟通、协调，并报厅领导同意，于3月份正式启用全省统一的财政票据库房，进一步规范了财政票据保管、发放工作环节。四是做好财政票据销毁工作。严格按照财政票据有关规定审核、销毁。完成了长春大学、吉林省铁路建设管理办公室两个单位到期的财政票据存根及空白票据销毁工作。其中，手工票据5 577本，微机票据7.8万份。

二、免收省本级部分财政票据工本费工作。按照国家进一步取消部分行政事业性收费的总体要求，为减轻吉林省用票单位的运行成本，经与厅预算处、非税处协调后，报厅领导批示同意，2015年初起免收省直单位除交通、医疗财政票据外的财政票据工本费，全年共免收财政票据工本费61.4万元。

三、继续规范财务收支渠道。按照厅国库处的要求，2015年初将财政票据工本费收入全部缴入指定财政专户，支出一律通过财政零余额账户结算，切实做到了“收支两条线”。5月份起将财政票据工本费直接缴入财政国库，全年共缴入省直部门财政票据款706.97万元。

四、明确岗位职责，加强制度执行力。一是按照票据监管中心工作职责，将工作任务分解细化到中心每位同志，使每个人明确工作职责、工作目标和完成时限。二是制定了一系列内部管理制度，并印制下发到个人，坚持做到用制度管人、用制度管事，进一步提高制度的执行力。三是在财政票据发放环节上，着重加强基础硬件设施，为省直用票单位提供方便。

五、不断加强机关自身建设。按照厅里的统一安排部署，结合实际认真学习了习近平总书记一系列重要讲话，《中国共产党廉洁自律准则》、《中国共产党纪律处分条例》等文件精神。同时，认真贯彻落实中央八项规定及反“四风”、“三严三实”等相关文件要求，进一步加强党风廉政建设，增强全体人员廉洁自律的自觉性。

（朱立城）

农业开发评估工作

一、加强评审队伍建设。一是完善优化评审专家库。对库存专家10个类别的专家擅长领域进行细化，与219名专家签订入库协议书，明确入库人员的权利义务，并为入库的专家颁发聘书。二是注重评审业务培训。组织评审人员积极参加国家评审研讨会，集中学习贯彻国家和省农业综合开发评审工作有关政策、制度，深入了解国家关于调整和完善农业综合开发扶持农业产业化发展相关政策和省分配中央资金的有关方案。同时，定期组织业务培训，全面提高评审人员的政策水平和业务能力，保证项目的评审质量。

二、加强评审制度建设。一是健全完善评审工作机制。在项目评审工作中，进一步健全完善“三个机制和一个制度”，即评审责任机制、监督机制、民主决策机制和评审联络员制度。坚持专家独立评审原则，科学设置评审程序，合理采用评审方式，严明工作纪律，提高评审工作质量，严把农发项目的入口关，为农发“三安全”奠定扎实基础。二是认真梳理评审政策制度。按照《国家办征求农业综合开发制度建设意见的通知》要求，配合厅综合处梳理了农业综合开发评审工作制度，通过实地调研和座谈会，征求专家、项目单位和县市意见，针对现行制度在实际工作中不适应、不协调的问题提出修改意见，对“60号令”、“评审参考指标”和“绩效评价办法”等制度内容提出了10余条修改意见，并向国家提出在“60号令”土地治理项目可研报告后面附加典型设计结构图纸的建议。

三、圆满完成项目评审工作。一是认真组织农发项目评审工作。根据评审时间要求、任务特点，及时制定评审工作方案，明确了评审程序、方式、专家组成、培训内容、时间和纪律要求等内容。根据评审任务特点和需求，在专家库中选取有经验、业务精、专业对口的评审技术人员与评审专管人员、评审中介机构组成评审力量。全年“两类项目”农发项目（产业化和土地治理）共抽选专家近50人次，顺利完成了评审任务。在评审前组织评审专家组人员进行农发评审业务政策培训，布置分解评审工作任务。按照“谁评审，谁负责”原则，落实评审中心、县市农发机构、评审专家和评审专管员的评审责任，签订《评审责任书》。同时，为避免项目单位与专家接触，采取了回避式评审。评审结束后召开员评审会议，集体研究讨论评审结论。建立评审联络员制度，对项目评审工作进行联络，通报工作进度及评审结果。强化评审责任和评审原则，对“不可行”项目，态度坚决，对“存在问题”项目，坚持修改完善“本子”后，出具评审意见。在评审产业化项目时，加强评审工作职能转变，跳出评审看评审，加强大局意识和服务观念，对在初审的所有“不可行”项目，均给予了补充完善的机会，充分发挥农发项目惠及三农的作用。按照评审工作的要求，对每个项目进行认真评估、反复论证、客观公正的出具评审意见和建议。全年评审产业化项目12个，确定“可行项目”9个，“不可行项目”3个。土地治理项目72个，评审结论是“可行项目”51个，“修改完善存在的问题后可行项目”21个。二是全面开展概（预）算审查工作。全年组织吉林正泰、吉林长兴、吉林瑞成3家工程审查机构开展了对土地治理项目概预算审核工作，共审核44个项目，审核投资3.8亿元，审定额3.68亿元。根据审查工作规定要求，结合工作实际情况，通过集中初审、反馈意见、对接答疑和修改完善等审核形式，确定最终审查结论，完成审核报告书。在一定程度上避免了预算计划脱离实际、高估冒算工程量等行为，确保了农发资金使用的规范性。

四、组织开展农发项目检查验收工作。一是积极配合财政部驻吉林省专员办的调研工作。深入松原市宁江区、梅河口市，通过走访、座谈等多种形式，全面了解农业综合开发项目的综合利用情况及对当地农业生产及农民收入的影响情况。二是完成迎接国家办验收检查工作。收集整理2013年和2014年吉林省农发验收工作情况，按时完成验收情况报告。配合综合处做好国家对吉林省2013年和2014年验收组织情况的检查工作。三是组织省级验收工作。结合实际情况，下发了《关于开展2015年农业综合开发项目竣工验收工作的通知》及验收工作方案安排。在县（市、区）自查验收阶段结束后，拟于2016年1月对19个农业综合开发县（市、区）直接组织验收，占全省农业综合开发县的30%。其他42个开发县，由省农发办委托9个市（州）农发办组织实施。

五、加强支部党建和党风廉政建设工作。一是认真组织学习活动。按照厅机关党委统一安排，组织学习习近平总书记在吉林调研重要讲话精神、党员廉洁自律准则和共产党纪律处分条例等。采取集中和自学相结合的方式，将有关精神贯彻落实到工作中，谋划发展，加强纪律约束，不断创新，坚持强农惠农富农政策不减弱，全面提升农发中心评审工作能力和水平。二是开展“三严三实”专题教育活动。组织开展“三严三实”学习活动，先后组织学习厅内开展的“三严三实”专题教育实施方案、厅党组“三严三实”3次研讨会的内容以及财政部楼继伟部长有关扎实推进财税体制改革的文件精神，不断强化干部队伍的作风建设。三是深入开展党风廉政建设。按照驻厅纪检组的统一部署要求，参观“作风建设永远在路上”廉政教育展览，继续做好落实八项规定、纠正“四风”的文件精神，要求全体同志认清形势、提高认识、狠抓落实。按照厅党委的要求，明确一把手的责任和廉政风险责任，绘制中心党风廉政建设主体流程图，明晰了中心各组人员的职责和廉政风险责任。增强反腐倡廉建设的紧迫感和责任感，充分认识反腐倡廉建设中存在的突出问题，努力提高反腐倡廉制度的执行力。

六、加强资产管理工作。按照资产使用管理的规定和省财政厅资产管理的有关要求，遵循规定的程序，清理自2001年以来购置的已超过报废年限、无法继续使用的办公设备22台套。通过清理，将陈旧失修的资产得以报废，进一步加强了资产的管理。

（刘晶晶）

会计人员服务工作

一、完成中省直会计从业资格日常管理工作。一是认真组织中省直会计从业资格考试工作。完善考试报名流程。全面实行网上报名、网上缴费、网上确认，提高工作效率。完善考试工作制度，印发考试工作指南，严格按照工作流程进行操作，确保考试工作平稳进行。规范考试组织工作。制定严格的考务工作流程，分考前、考中、考后三个阶段进行。考前制定考试工作方案，召开考务会，培训考务和技术人员；考中按要求提前下载试题，严肃考风考纪，按各岗位工作职责要求认真组织考试；考后组织考务人员召开考试工作总结会，为下次组织考试总结经验，避免类似问题发生。全年共组织报名考试2.53万人，合格5 794人，合格率为22.9%。二是全面开展中省直会计人员继续教育工作。根据全省统一部署，印发《2015年度在长中省直单位会计人员继续教育工作方案》，明确了中省直会计人员除集团化培训和视同通过培训外全部实行网络培训的方式。为保证学时、提高继续教育质量、提升教育比例，采取了宣传动员、增加继续教育内容、视同人员简化流程等措施。将继续教育时间、方式、有关要求全部上网，让广大会计人员及早掌握规则，提前做好准备，同时在继续教育结束前15天对没有完成继续教育的人员群发短信，提醒大家抓紧时间学习。在网上学习内容中增加了财经法规、国学、文化礼仪等知识，满足不同会计人群的需求，全面提高会计人员的业务素质，打造复合型人才。对符合条件的视同通过人员，规定具体的办理时间和操作流程。全年中省直继续教育培训人数3.92万人，其中网上继续教育3.80万人、审核办理视同人员1 131人。三是规范会计从业资格日常管理。面对2014年开始会计从业资格证书换证工作、业务量剧增的情况，提早部署，精心安排，通过简化流程、规范操作，增加人员，合理分流等措施推进会计从业资格日常管理工作顺利开展。会计证调转全部在全国调转平台进行，对同一地区出现多人调转异常情况严格审查，查明原因再做处理。简化取证手续。证书领取要求本人现场领取，如确有困难本人不能到现场的，代办人需拿当事人身份证领取。审核办证和换证材料，需两人以上分工合作，相互监督，严格把关。组织业务培训，明确工作重点和分工，严格按照工作流程办理。为换证工作单独增加服务窗口，加强力量，对换证人员较多的单位单独办理，批量换发，以提高工作效率。全年共制作发放新证5 546本，其中考试合格会计从业资格证书5 388本，补发证书158本；受理换证材料6 000余份；办理会计从业资格调出2 129人、接收调入281人；信息更新900余人、信息变更1 200余人。

二、不断增强会计服务能力。一是公开办事程序。将所有业务整理出办事流程和工作指南上传吉林省会计网，并粘贴到单位门前广而告知。二是定期培训人员。针对服务窗口涉及业务多、新法规不断出台的实际情况重点开展业务培训，对新出台的法规政策采取提前培训的方式，让窗口所有服务人员都能够及时掌握所有业务，有效提高服务质量。三是建立应急机制。针对业务开展过程中容易发生的报名拥挤排队、集中取证人员多等情况制定了应急预案，明确责任，分工负责，有效化解了人多排队等候时间长等问题，维护了良好的窗口服务秩序，受到了会计人员欢迎。四是细化业务。进一步细化服务窗口，将打证、取证、换证、取书等都分成不同窗口、不同人员，提高了工作效率，提升了服务质量。

三、继续完善内部管理制度。一是加强财务管理，制定内部财务管理制度，严格规范账务处理，认真做好预、决算工作，并顺利通过审计厅的同级审计财务审查。二是完善日常管理制度，有效维护单位和职工的切身利益，按时缴纳住房公基金，落实专人做好事业单位法人、社团法人和组织机构代码证年检工作，推进单位规范化管理。三是制定文件管理制度。落实专人负责文件的收发和归档工作，加大文件保密工作的力度，切实做好文件泄密的防范工作。做好资料的收集、整理和管理工作，保证资料的完整性和连续性。

四、扎实推进党建工作。一是坚持以党的十八大和十八届三中全会、四中、五中全会为指导，以“三严三实”专题教育为主线，制定科学合理、务实可行、学用结合的学习计划和实施安排，内容上突出党性与宗旨教育和财政经济知识实用技能，方法上体现多样性、灵活性、实效性。二是结合具体工作实际，广泛征求意见，倾听党员呼声，按照要求，在原有基础上进一步完善好《支部工作制度》、《支部学习制度》和《支部文明公约》。三是落实好支部党课教育、集中学习、党员思想汇报等任务，定期召开支部党员大会，结合支部实际情况，对活动和学习进行科学安排，把活动和学习内容列入周进度、月计划，对落实时间、地点、内容、形式和组织实施，作出具体安排，做到人员、时间、内容、效果真正落实。四是按要求培养好预备党员，为预备党员转正提供良好的组织保障。

（韩吉营）

机关事务管理工作

一、加强安保管理，切实保障机关安全有效运转。一是加强了值班值宿管理工作。圆满完成了全年重大节日期间的安全保卫工作。按照省政府总值班室的要求，及时上报干部值班值宿落实情况，对值班值宿到岗情况进行了督促检查，确保了值班值宿制度的有效落实。二是加强消防安全工作。在厅局域网播放消防教育宣传片并组织职工观看。全年共组织消防安全培训15次，制作消防安全知识宣传板4块，夜间查岗80次，组织安全消防大检查13次，保安、更夫巡楼1 440次。三是加强门卫登记管理工作。坚持执行外来人员入门登记制度，有效控制了闲杂人员进入办公楼。累计接待外来办事人11.26万人次，接待上访38次173人。四是加强收发管理。进一步做好收发管理工作，确保收发准确无误。全年收到汇款60余笔，发放文件900余份，挂号信、机要文件、特快专递100余件，报纸70种1万余份，杂志书刊2万余册；信件1万余封，咨询电话上万人次。

二、加强食堂管理 ，提高餐饮服务质量。一是业务技能培训取得成效。对食堂工作人员进行了全员培训，提高了厨师的烹调技术，翻新了菜肴的花色品种。全年主食品种达到82种，副食品种达到160种。二是营养配餐有了新起色。根据季节变化，适时调整应季食品，合理选料、科学配餐，推出具有地方特色的菜品，深受职工喜爱。三是加强食堂基础设施建设。完成食堂节能炉灶改造工作，更换了和面机、打蛋器、豆腐机，完成了食堂天然气改造工程，进一步改善了食堂硬件设施。四是严把食品质量关，确保饮食安全。坚持“少进、勤进、优质”的原则，严格杜绝劣质食品进入食堂餐厅。认真做好厨房和餐厅卫生管理工作，严格执行食品制作操作流程，定期、定时进行餐具消毒，为全体厨师和服务人员进行体检，并将检疫部门颁发的健康证书悬挂在餐厅墙壁上公示。

三、坚持以服务为宗旨，做好机关后勤管理工作。一是加强公共区域卫生管理工作。认真落实楼层保洁人员岗位责任制，加大环境卫生检查力度。全年组织卫生检查195次，更换各种花卉780

盆，新栽植海棠树10棵。二是加强综合服务管理。为全厅提供会议服务870次。按时向职工开放多功能活动室，为全厅干部职工在工作之余锻炼身体提供了活动场地。三是及时到位做好维修工作。及时解决办公楼和职工住宅出现的维修问题，确保了设备设施的正常运行。全年完成各类维修项目720次，配合热力公司完成北安路办公楼集中供热改造工程，更换了食堂煤气管道，对房产科、幼儿园供暖系统进行分户改造，实现独立供暖。四是加强住房补贴管理。做好厅职工宿舍的房改工作，统计发放职工住房补贴85人次213.95万元。五是加强公务用车调度管理，及时保障公务用车需要，坚持实行车辆定点加油、定点维修和定期保养制度，严格实行单车核算，有效控制了公务车辆维修费用和油耗。积极开展安全行车教育，做到了全年安全行车无事故。开展公务用车统计工作，建立公务用车信息档案，对全厅机关本级和参公事业单位在编车辆的相关手续进行整理登记，为公车改革做好相关准备工作。六是规范公务接待管理。严格执行“吉林省党政机关公务接待管理办法”，按照简化礼仪、务实节俭原则管理和规范公务接待工作。圆满完成全国工商联“一会一活动”等接待服务任务。

四、认真做好节能工作，努力降低机关运行成本。一是加大宣传教育力度。结合实际，有针对性地开展形式多样、内容丰富的节能宣传活动，引领机关干部牢固树立节约意识。积极参加省管局举办的节能宣传周活动，利用厅局域网、宣传板，大力宣传国家节能的新政策、新技术。制作了节能宣传展板、宣传条幅，张贴宣传标语，举办了两次节能培训。二是加强统计监测。按照《公共机构能源资源消耗统计制度》要求，建立和完善了能耗统计台账。设专职节能管理人员负责节能工作的协调、日常监督检查及节能指标汇总上报工作，将检测数据细化到每日能耗数据对比表，2015年荣获吉林省公共机构能耗统计工作先进单位称号。三是建立健全节能管理制度。为提高能源利用率、实现节能目标，结合实际，制定并以办公室文件印发了《财政厅节约用电管理制度》、《财政厅办公楼中央空调使用管理办法》、《财政厅节水、节气、公务用车节油管理制度》等10余项制度，进一步细化了标准，规范了节能管理工作。

五、不断加强党建工作和队伍建设。一是积极开展“三严三实”专题教育活动，制定《机关服务中心处级领导干部“三严三实”专题教育活动计划》，组织中心党员干部参加党课学习。按照机关党委统一部署，召开“三严三实”民主生活会。在开展创先争优活动中，向全厅干部职工公开承诺了五项服务标准。重视后备力量的培养，严把组织发展关，发展新党员1名，预备党员转正两名，考察积极分子3名。二是积极开展各项文体活动。在省财政厅第31届篮球赛上，获得女队冠军、男队第五名的好成绩。积极参加机关党委组办的“五四”净月徒步活动、纪念“五四”运动96周年征文活动和理论知识测试活动，机关服务中心党总支被评为2014—2015年度先进党总支。三是加强基础工作管理。认真做好各种基础资料的统计工作，明确基础资料登记负责人，建立各项工作台账。加强考勤工作管理，全年对干部职工考勤8次。根据工作需要，将房产科办公地点从桥外搬迁至厅办公楼。积极配合省审计厅完成2014年度的财务检查，在做好机关服务财力保障的基础上，完成了多年沉积往来账的清理工作。对职工“一卡通”系统进行了升级管理。

（郭照春）

学会团体建设情况

注册会计师协会

一、做好行业“国际化建设年”主题活动，推动全省行业工作再上新台阶。一是组织开展行业“国际化建设年”主题活动。成立全省行业“国际化建设年”活动领导小组，制定实施方案，明确活动目标、任务措施、方法步骤和组织管理等工作，以提高事务所发展质量和综合服务能力为重点，开展事务所执业准则对标提升等12个活动。制定执业准则对标提升活动方案，结合执业质量检查，指派专人审核事务所对标提升自查报告，督导事务所对照准则全面开展自查自纠，梳理分析事务所存在的质量控制、人力资源、业务执行、职业道德等问题，采取现场辅导、集中培训、专业提示等方式开展教育帮扶，推动执业准则国际趋同成果在事务所落地生根。加强与国际和港澳台地区会计职业组织的交流与合作，组织行业代表参加第十九届亚太会计师大会、海峡两岸及港澳地区会计师行业交流研讨会。二是深化事务所分类分级管理和综合评价制度。完善事务所分类分级综合评价制度和机制，以推进全省事务所诚信建设，引导执业队伍知识化、专业化、年轻化为重点，组织开展对全省181家事务所2015年度分类分级综合评价，共评出A类事务所44家(A1类9家、A2类4家、A3类31家)，B类事务所90家(B1类16家、B2类30家、B3类44家)，C类事务所47家。同时，在《吉林日报》上发布分类分级评价结果，引导各企事业单位、社会团体、农村基层组织等根据相关法律法规要求和自身管理需求，科学规范选择相应等级事务所提供相关服务。三是推进全省行业信息化建设。加强对事务所信息化建设的支持指导，举办1期全省事务所审计软件操作与应用培训班，免费为事务所赠送审计软件，推动事务所审计软件部署应用。提高注册会计师审计效率，实现了全省事务所审计软件全覆盖，有效降低了执业风险。完善行业信息管理，进一步增强鉴证类报告防伪标识网上报备系统服务管理功能，实现非执业会员继续教育平台网上运行。充分利用协会网站加强行业宣传，提升注册会计师专业服务的影响力和社会公众对注册会计师专业服务的认知度。

二、加强行业队伍职业化建设，提高行业队伍整体素质。一是加强行业领军人才培养。完成全省第二批35名行业领军人才选拔工作，委托北京国家会计学院开展了全省第二批行业领军人才首次集中培训。组织领军人才参与管理会计及行业重大问题的研究，推荐领军人才进入财政监督检查、执业质量检查专家库和担任培训教师，加强领军人才的跟踪服务和使用。深化行业后备人才培养，加强与吉林大学、吉林财经大学等高校的联系沟通，指导事务所与高校会计学院(系)共建人才培养和实习基地20多个。二是深入开展会员继续教育。坚持按会员需求开展培训，以政府购买、预算制度改革与绩效评价等为主题，举办5期远程教育培训班，以吉林省注册会计师继续教育网络培训系统为平台，开展网络培训，共培训注册会计师1 409名，助理人员340名。依托厦门国家会计学院举办全省主任会计师专题培训班。组织45家事务所参加中注协委托国家会计学院举办的面授培训班。三是继续做好考试组织管理工作。按照财政部考办和省财政厅考委会的工作部署和组织管理要求，认真落实各项考务管理工作制度，精心组织，周密安排，积极协调各部门落实考试实施各环节工作，努力提高考试服务质量，顺利完成2015年度全省注册会计师全国统一考试组织管理实施工作。全年专业阶段报考9 034人次，2.43万科次；综合阶段报考204人、科次。96人取得了全科合格证，申请入会56人。

三、强化业务监管，提升行业整体服务质量。一是完成事务所执业质量检查工作。制定2015年全省事务所执业质量检查工作实施方案，派出7个检查组、15名检查人员，对30家事务所、263名注册会计师的鉴证业务报告及204份工作底稿进行了检查。经审理委员会审议决定，对1家事务所收回行政许可，对16家事务所下达关注函和整改通知书，将3家事务所列入2016年重点检查对象，对51名注册会计师下达关注函和整改通知书、进行谈话提醒。二是做好注册管理和会员服务工作。以严格注册会计师专职执业为重点，组织开展2015年度注册会计师年检工作。全年应参加年检的注册会计师1 676人，通过年检1 636人，通过率为97.6%。清理兼职挂名注册会计师15人，未完成继续教育暂缓检查注册会计师25人。并将年检结果在《吉林日报》、协会网站上予以公告。开展第三批资深会员推荐评选工作，向中注协推荐符合资深会员条件人选23名。做好会员发展和服务工作，为全科合格考生入会提供便利支持，批准注册会计师注册52人，批准非执业会员56人，为92名注册会计师办理转所(转会)，为110家事务所和51名合伙人(股东)出具审计经历证明，对647名非执业会员进行年检公告。三是加强专业指导和技术支持。研究答复注册会计师在执业过程中遇到的专业技术问题158项，15名检查专家为30家事务所提供现场专业技术咨询辅导。组织事务所主任会计师(合伙人)参加行业热点问题报告会。继续利用鉴证类报告防伪标识网上报备系统对事务所业务进行动态监控,全年共发放防伪标识7万多枚。以《注册会计师业务指导目录》为导引,指导推动事务所丰富服务品牌,推进事务所新业务开发,全年事务所新业务领域收入占业务收入的27%。

四、加强行业党建,夯实党建工作基础。一是规范基层党组织建设。完善行业党建考核机制,制订《会计师事务所党支部考核评比办法》,组织开展了事务所党支部考核评价工作。采取"以奖代补"方式向事务所党支部拨付专项补助资金79万元,为91家事务所党支部免费征订《求实》、《光明日报》等4种党报党刊。开展事务所党支部工作法评选活动,其中长春恒达事务所"五创建"支部工作法得到全国行业党委肯定,成为全国行业重点宣传推广的34个支部工作法之一。选派1名党务工作者参加中央党校分校骨干进修班,组织全省90名事务所党务工作者参加专题培训,学习贯彻党的十八届三中、四中、五中全会和习近平总书记系列重要讲话精神。全省91家事务所党支部新发展党员14人,行业党员总数达616人,保持了党的组织和工作全覆盖。二是扎实推进行业统战群团工作。完善行业代表人士数据库,建立全省行业代表人士台账和沟通联络机制,为行业代表人士参政议政提供支持。组织开展全国青年文明号创建工作,支持瑞华事务所长春分所等5家青年集体在成功创建"省级青年文明号"的基础上,继续争创"全国青年文明号"。完成行业先进团组织和优秀个人评选推荐表彰工作。其中,立信事务所吉林分所团支部获全国行业"五四红旗团支部"称号,瑞华事务所长春分所陈强获得全国行业"优秀共青团员"称号,大信事务所吉林分所团支部书记邓傲获得全国行业"优秀共青团干部"称号。

五、加强协会建设,提升服务管理水平。一是完善协会治理机制建设。召开会长会,重点研究全省行业面临的形式和任务,统筹谋划行业重点工作。以通讯方式召开理事会和常务理事会会议两次,对省注协工作总结及工作要点、调整部分理事与常务理事人选、第三批资深会员评定、《关于为拟设立会计师事务所合伙人出具证明工作的审查办法》等事项进行审议,充分发挥了理事会和常务理事会的决策作用。分别召开教育培训委员会、注册管理委员会等会议,发挥专门(专业)委员会的议事和咨询作用。二是加强对外沟通协调。结合行业实际,与省高级人民法院积极协调,对《吉林省高级人民法院企业破产案件管理人名册评审办法》提出全省会计师事务所申请破产管理人入册的基本条件。加强与财政、国资委、工商、民委、政府采购中心、银行等部门的沟通,通过政府购买服务、选聘事务所等反映会员诉求,维护会员合法权益。三是规范会费收支管理。继续每年聘请事务所对年度财务收支和会计报表进行审计,均为无保留审计报告。同时,接受省审计厅等部门的检查和指导。坚持秘书处重大支出集体协商和民主决策机制,完善财务流程,加强对一般性支出和"三公经费"等支出项目内部控制,坚持厉行节约,勤俭办会,支持行业发展,服务会员。四是加强协会秘书处建设。扎实开展"三严三实"专题教育,加强秘书处作风建设和反腐倡廉建设。围绕服务会员,梳理完善秘书处工作机制、流程和方法,简化手续,为会员提供网络化服务。加强秘书处干部职工学习培训,提升干部职工的综合素质、专业化水平和为群众服务的意识,提高协会秘书处的服务效能。

(高亚娜)

财政学会

一、认真做好各项组织和管理工作。一是为提升全省财政科研水平,组织并完成吉林省财政学会2015年度对外发放课题的发文、立项、审核、结项等各项工作。经过专家组评审,《吉林省地方政府性债务风险防控研究》、《促进吉林省生态文明建设的财政政策研究》、《加快吉林省社会化养老服务业发展的财政政策》、《吉林省新型城镇化发展路径及财政推进政策》等15个课题通过终审并刊登于《财政改革与发展》中。二是组织参加吉林省社会科学界联合会八届二次全委会暨吉林省第六届社会科学学术年会优秀论文征文活动。其中,《支持吉林省文化产业集群发展财税政策研究》、《构建新型农业经营主体财政扶持对策研究》、《吉林省中等职业教育的问题分析与对策初探》3篇论文分获二、三等奖。三是按照省民间组织管理局的相关要求，完成吉林省财政学会2014年度的年检和政社分开的相关资料报送工作。四是按照学会《章程》的要求，认真履行财政学会社团组织职责，指导和组织各会员单位开展形式多样的群众性科研活动，营造浓郁的科研范围。五是积极组织指导各地学会工作。对学会工作开展较好的地方，及时总结经验，沟通情况。

二、紧密围绕财政中心任务，深入开展财经理论和政策研究。一是参与全国《经济新常态下地方财政运行风险的分析监测与预警机制研究》协作课题分析报告部分，按部科研所要求，会同江苏省、湖南省、太原市、长春市等省市按时完成课题总报告并上报财政部科研所。二是参加财政部科研所联合课题《事权与支出责任相适应的分税制财政体制操作层面完善研究》结项报告会议，参与并完成课题最终修改稿。三是树立良好科研风气，组织所内副高职称（含副高）以上人员承担科研课题任务，全年共完成10项课题研究。四是分析研判吉林省经济发展态势及财经重点难点问题，撰写相关分析报告，全年共完成四季度经济形势分析报告，分别从宏观、财政、产业、区域四方面，用详实的数据进行细致准确的分析，提出相关政策建议，供领导及相关部门决策。

三、适应形势要求，加强会刊《吉林财政研究》的编辑出版工作。围绕吉林财政重点工作，对全厅重要工作会议、重大活动及时进行跟踪报道，全年完成6期《吉林财政研究》正刊编辑出版工作。一是为有效地发挥《吉林财政研究》在理论探讨、政策宣传、工作指导、经验交流上的平台作用，按照当期的热点问题向厅里和市县财政部门约稿，增设“财政文化建设”、“资讯·观点·要闻”等专栏，提高杂志内文的质量。二是为增加《吉林财政研究》的可观性，根据每期的主题变化不断对刊物的美术设计进行创新。三是积极发挥《中国财经报》吉林记者站作用，完成吉林省通讯员上报工作，健全通讯员队伍，及时发现和捕捉全省财政经济工作亮点，扩大吉林财政对外影响。四是配合全厅重点工作，做好全国财政工作会议、吉林省财政“六五”法制宣传教育期末考核验收、学习贯彻《政府采购法实施条例》专题讲座、全国财政科研宣传工作研习班等活动的宣传报道工作。

四、积极做好年鉴、史、志的编撰工作。一是加快财政年鉴编写进度，调整改进年鉴布置时点、编审时段、校对节奏和送审程序，缩短《吉林财政年鉴》编辑出版周期，提高《吉林财政年鉴》时效性，做到“早动手、勤沟通、提效率”。在3月底前提前完成了年鉴第二、三部分资料的收集工作，9月末完成全部资料的编审和校对工作。加快出版印刷环节进度，利用年鉴在厅内送审时间，与印刷厂提前沟通办理申请书号等事宜，于年底前完成了印刷和发行工作，做到了年鉴编审、出版、发行不跨年。二是做好《吉林财政志（1986—2000）》编纂工作。全年共对《吉林财政志》进行了两次大的修改。根据省地方志办公室上一轮的审阅意见，重新核查原始材料修改内文，并通过查阅杂志、报刊、会议纪要等途径补充了彩页和附录，于2月报送省地方志办公室接受复审。根据省地方志办公室5月29日召开的复审报告会意见，积极与厅内各处（室）沟通和联系，不定时到省档案馆、厅阅览室调取原始资料，全力解决修志过程中遇到的各种困难和问题。经过6个月的努力，完成了《吉林财政志（1986—2000年）》60多万字的终审稿并送至省地方志办公室审阅。

（刘　晨）

资产评估协会

一、积极参与政府政策意见征询，提升行业话语权。一是在《吉林省人民政府关于加快发展生产性服务业促进产业结构调整升级的实施意见》（征求意见稿）向社会各界征求意见时，就“商务咨询”部分提出了“充分发挥资产评估价值发现功能，以人才培养和队伍建设为突破口，提升资产评估师诚信水平和执业质量，提高为财税、金融改革和发展资本市场服务的能力。开展工业产权评估，为科技成果有效转化提供专业服务；开展著作权评估，为文化创意产业发展提供专业支持；开展跨界评估业务，为实施‘走出去’战略提供专业估价服务；开展自然资源资产评估，为我省探索编制自然生态资产负债表提供专业支持”的修改建议，被省政府采纳，写入正式文件中。二是积极贯彻

《吉林省人民政府关于加快发展生产性服务业促进产业结构调整升级的实施意见》精神，下发《关于学习贯彻<吉林省人民政府关于加快发展生产性服务业促进产业结构调整升级的实施意见>精神的通知》，组织评估机构认真学习，引导评估机构充分认识资产评估行业在吉林省转变经济发展方式、调整产业结构过程中的重大作用，采取切实有力措施，积极拓展业务领域，主动适应政府促进产业结构调整升级的新要求。

二、加强行业人才培养，加大人才队伍建设。一是开展行业领军人才、拔尖人才及后备人才选拔工作。为加强资产评估行业人才培养，加快评估队伍能力建设，根据《吉林省资产评估协会关于加快人才培养的意见》的规定，在机构推荐、协会考核、严格公示的基础上，选拔了一批评估行业的领军人才、拔尖人才和后备人才。二是做好继续教育工作。根据中评协《2015年度中国资产评估协会培训计划》要求，制定了《2015年度吉林省资产评估行业继续教育培训计划》，并开展分层次培训。全年共举办5期远程网络视频培训班，培训资产评估师627人。同时，选派32名资产评估师参加中评协举办的业务骨干培训班和高端人才研修班。三是积极开展评估新业务培训工作。为积极探索新业务，提高评估机构和评估师对相关新业务的认识，举办资产评估机构负责人暨评估新业务培训班，邀请省外的评估专家就财政支出绩效评价、PPP业务中的评估、知识产权评估等新业务对全省89家机构负责人和业务骨干进行了培训。四是积极征询会员对继续教育工作的意见和建议。根据《<中国资产评估协会执业会员继续教育管理办法(修订稿)>征求意见的通知》和《中国资产评估协会关于开展2016年执业会员继续教育培训需求调查的通知》的要求，及时向评估机构转发文件，并对评估机构的反馈信息进行汇总分析后上报中评协。五是加强培训管理。为提升培训效果，制定下发了《吉林省资产评估协会培训工作守则》，对培训的组织、管理、考核等工作作出了具体规定，为会员提供了更为优质高效的培训服务。六是加强对资产评估师的管理工作。严格按照资产评估师管理办法及规定办理年检、注册、转所(转会)工作，全年共办理转所(转会)手续27人次，受理转非执业申请4人次，并完成了全省资产评估师执业资格年检工作。

三、切实抓好行业监管，促进行业健康发展。一是抓好资产评估机构执业质量检查。根据《财政部关于开展2015年资产评估行业执业质量检查工作的通知》和中评协《2015年资产评估行业执业质量检查工作方案》的要求，结合实际制定了《吉林省2015年资产评估行业执业质量检查工作方案》，在各机构自查、自纠的基础上，采取20%比例随机抽查的方式，确定2015年被检机构名单，抽调8名评估专家，利用近4个月时间，对17家资产评估机构2014年度的设立条件、职业道德、执业质量情况进行了重点检查。对执业行为违反资产评估准则的14家资产评估机构，下达检查意见书，要求其限期进行整改，提交书面整改意见上报协会；将长春立信资产评估事务所、吉林东鹏资产评估有限公司两家评估机构列入2016年度执业质量检查名单进行复检；对专家评审中发现的执业行为不规范的27名资产评估师给予了谈话提醒批评教育。同时，配合中评协执业质量检查巡视组完成了对吉林大地等4家评估机构执业质量检查工作的巡检。全部检查结束后组织业内专家整理、编制了5个执业质量检查案例。二是开展资产评估机构等级评价工作。对省内截至2014年底的84家资产评估机构及6家分支机构进行了等级评价排序，90家机构评价结果为3A级7家、2A级13家、A级54家、B级16家。评价结果以文件、网上公示方式通告全省，并将有关数据上报中评协。三是完善资产评估机构首席评估师管理。对吉林省资产评估机构2015年首席评估师资格进行审核公示，同时向中评协有关部门备案。四是完成年度评估机构业务报备工作。通过电话催促方式解决2014年度评估机构业务报备工作中出现的问题，并对吉林嘉德、吉林仲谋等5家评估机构业务报备情况进行了复检，顺利完成了业务报备工作。

四、加强协会建设，提高服务水平。一是强化政治理论学习。按照厅机关党委统一部署和统筹安排，每周三下午组织全体党员干部集体学习党的十八大和十八届三中、四中、五中全会精神和习近平总书记系列重要讲话，不断提高干部的政治觉悟和政治素养，组织党员干部干部集中学习《中国共产党廉洁自律准则》和《中国共产党纪律处分条例》两个党内法规，不断加强党员干部廉洁自律的政治意识。二是加强协会作风建设。认真贯彻落实中央八项规定和省委十项规定，转变工作作风，树立会员意识；加强会员服务，及时回应会员关切，提高服务能力；精简会议活动，厉行勤俭节约；制定完善协会公开办事指南，使业务流程规范化、制度化。

（张立山）

珠算心算协会

一、珠心算普及教育取得新发展。在各级财政教育部门的共同努力下，珠心算普及人数不断增加。全省新增普及人数1.78万人（小学生7 160人，幼儿1.07万人）。其中，长春市新增30个班级3 300人（小学1 800人、幼儿1 500人）；吉林市现有9个班级320人（小学170人、幼儿150人）；四平市新增30个班级2 102人（小学737人、幼儿1 365人）；辽源市新增会员制幼儿园3所1 200人（小学500人、幼儿700人）；通化市新增1 560人（小学300人、幼儿1 260人）；白山市新增595人（小学531人、幼儿64人）；白城市新增7所小学幼儿园（小学3所、幼儿园4所），新增25个班级3 650人（小学200人、幼儿3 450人）。松原市新增6所小学幼儿园25个班级1 566人（小学582人、幼儿984人）；延边州新增2 132人（小学1 488人，幼儿644人）；公主岭市新增21个班级1 308人（小学812人，幼儿496人）；梅河口市新增100人（小学40、幼儿60人）。

二、做好珠心算师资培训和调查研究工作。一是举办珠心算师资培训，提高教师教学训练水平。全年参加及举办珠心算师资培训班20余期，培训教师800人次。认真做好长春市珠心算教师初级和中级的辅导及培训工作。在培训过程中，要求有教学经验的教师做一节公开课，共同交流、解决教学中存在的问题。积极组织延边州18名青年骨干教师参加中珠协在北京、内蒙古举办的珠心算教师培训班。认真做好白城市珠心算教师的培训及指导工作。全年共组织4次培训班，对280名教师进行了培训。认真做好通化市珠协举办的全市珠心算师资培训工作，提高了老师们的教学训练水平。认真做好四平市珠算教练员的培训工作。依托县市区全年共举办珠心算教练员培训班4次，培训教师300多人，为四平市珠心算普及发展奠定了坚实的基础。积极支持白山市珠协开辟新的试点校。经过多次深入学校考察调研，确定八方希望小学为新的试点校。积极推广公主岭市珠协的怀德、二十家子、毛城子三校联动培训机制。二是深入开展珠心算普及教育调研活动。省珠协历时一个多月，深入到全省11个市州、12个珠心算优秀选手培训基地及有关学校、幼儿园开展调研活动。通过调研发现，有的基地生源缺少，只有几名学生勉强维持；有的基地课时安排的太少，达不到珠心算的练习效果；有的基地缺少专业的培训教师，无法完成正常的教学任务。针对存在的问题，省珠协与所到学校共同研究探讨，并将与市（州）珠协共同协作，尽全力帮助协调，消除工作中的一些障碍。

三、参加和举办形式多样的珠心算比赛，促进技术水平提高。一是在辽源市举办了吉林省第二十四届珠心算比赛。省财政厅、省珠协和辽源市的相关领导，各市州财政局分管珠协工作的领导参加了赛会。本届比赛共有11个市州，38支代表队，124名优秀选手参加了幼儿组、学生B组、学生A组、选手组四个组别的比赛。经过激烈的竞争，长春代表队获学生B组个人全能一等奖、选手组个人全能一等奖、学生B组团体一等奖、学生A组团体一等、总团体一等奖。公主岭代表队获幼儿组个人全能一等奖、学生B组个人全能一等奖、学生A组个人全能一等奖、选手组个人全能一等奖、幼儿组团体一等奖、学生B组团体一等奖、学生A组团体一等奖、选手组团体一等奖、总团体一等奖。通化代表队获幼儿组个人全能一等奖、幼儿组团体一等奖江。辽源代表队获幼儿组个人全能一等奖、学生A组个人全能一等奖、选手组个人全能一等奖、幼儿组团体一等奖江、学生B组团体一等奖、学生A组团体一等、选手组团体一等奖、总团体一等奖。延边代表队获学生A组个人全能一等奖、学生A组团体一等。白城代表队获学生A组个人全能一等奖。二是参加由中国珠算心算协会主办、贵州省财政厅承办的全国第二十二届少数民族珠心算比赛。比赛中，吉林省代表队获得总成绩团体冠军和个人全能特等奖1名、个人全能一等奖两名的佳绩。至此，吉林省代表队已蝉联了22次全国少数民族珠心算比赛的团体及个人全能双项桂冠。三是参加台湾省商业会邀请的2015年庆祝世界珠算日暨国际珠心算邀请赛。经过激烈的竞争，吉林省代表队获得海外B组心算、海外B组珠算、海外C组心算3项冠中冠的佳绩。比赛结束后与台湾省有关珠算学术团体进行了交流与考察，增进了海峡两岸珠算界的友谊，促进了海峡两岸珠算珠心算普及与提高。

四、积极参加中珠协组织的各项活动。一是陪同中珠协调研组在吉林省开展珠心算普及教育的调研工作。先后到了4所小学及校带幼儿园，深入15个班级，观摩了15位老师教学及400多名普及班学生的学习情况，并实地考察了《长春市首届人类非物质文化遗产珠算知识竞赛》的决赛现场。二是按照《关于在全国范围内征集珠心算乘除法优秀教案的通知》精神，继续在吉林省征集优质教案。经省珠协的审核和反复修改，共上报31篇。其中省珠协两篇、长春9篇、吉林两篇、四平1篇、辽源6篇、白山两篇、白城两篇、松原3篇、延边两篇、公主岭两篇。三是积极参加中珠协在北京市和内蒙古自治区举办的全国珠心算教师暨珠算传承人培训班。四是积极参加中珠协、北京珠协组织的《全国珠心算教练员》教材网络讲座的录制工作。

（冯春秋）

农村财政研究会

一、认真做好课题研究工作。一是完成吉林省社会科学界联合会规划科研项目——《从“家庭农场”的突出特点看今后的发展趋势》的申报和结项工作。二是采取联合攻关的形式，调动各市、州、县（市）农研会的积极性，破解全省“三农”重大课题。全年共组织课题研究29项，其中省级联合攻关课题3项，跨地区协作课题两项，市县联合攻关课题7项。为加快课题进度，分东、西两片召开了吉林省农村财政课题研讨（交流）会议。通化市、白山市、延边州、吉林市、辽源市农研会参加了东片会议，白城市、松原市、四平市、长春市农研会参加了西片会议。为提高课题质量，先后到长春市双阳区奢领镇、东丰县东丰镇等地，实地考察了国信农业社稷尚品有机果蔬基地、永丰种猪养殖基地的相关情况，并在通化和镇赉召开年度课题调度会总结调查研究的经验和不足。

二、认真做好会刊编辑出版工作。一是全年共出版《农村财税》6期，编辑校对稿件100余篇，审稿总计40余万字，累计校对120余万字。二是及时向吉林省新闻出版局报送全年刊物，并完成《农村财税》吉林省连续性内部资料出版物准印证的年检及换证工作。三是积极参加吉林省新闻出版局组织的出版专业技术人员继续教育培训班，系统学习语言文字规范、期刊编辑素养、出版工作等相关内容。

三、开展2013～2014年度全省农村财政研究优秀论文评选工作。在市、州农研会初选推荐的基础上，对各地推荐的文章提出初审意见，提交优秀论文评选委员会审定，最终评选出65篇优秀论文。其中，省农村财政研究会联合攻关课题组撰写的《关于财政支持农业科技成果转化的探析》等20篇优秀论文获一等奖，辽源市农村财政研究会与辽源市畜牧业管理局联合课题组撰写的《加大财政投入力度 扎实推进牧业小区建设》等20篇优秀论文获二等奖，德惠市农村财政研究会撰写的《关于德惠市财政支持农户提高集约经营水平稳定农业生产的调研报告》等25篇优秀论文获三等奖。

四、认真做好其他各项工作。一是陪同中国农村财政研究会调研组就促进农民增收工作问题进行调研和召开座谈会。二是组织参加吉林省社科联第六届科学学术年会优秀论文评选活动。其中，吉林省农村财政研究会课题组撰写的《新型城镇化与社会主义新农村建设财政政策及资金筹措》等7篇论文获得优秀论文奖。三是积极开展高质量、高标准的学术交流活动。加强学会活动、课题交流、调研成果展示，紧密围绕财政支农和服务“三农”中心工作，加强学会服务能力建设，不断扩大覆盖面和影响力。四是加强学会组织建设，全力提升学会工作能力，充分发挥财政支农的职能作用。

（颜宪英）

第三部分

CHAPTER3

地方财政工作概况

Survey Of The Local Government's Finance

长春地区财政工作概况

长春市

2015年，长春市财政围绕全市经济社会发展目标，攻坚克难，较好地发挥了财政在稳增长、惠民生、促改革、防风险等方面的职能作用，为长春市经济社会发展做出了重要的贡献。全年一般公共预算全口径财政收入完成1 078亿元，下降6.8%。其中，地方级财政收入完成388亿元，下降2.3%。全年一般公共预算财政支出完成765.7亿元，增长13.3%。

一、着力抓好收入工作。面对严峻的收入形势，财政部门深入研究，积极应对。一是加强收入计划协调，与各县区、开发区和国、地税征管部门衔接，及时调度、全面掌握最新收入情况。二是加强非税收入管理，促进及时均衡缴库。三是组织召开征管部门和重点企业座谈会，研判形势，及时采取应对措施，减缓财政收入下滑。四是梳理税收单列企业过去两年完税情况，特别是吉林银行等税收增长较快的企业，实现财政收入走势的缓中趋稳。

二、积极争取政策资金。一是争取到位龙嘉机场省市出资比例调整、地下综合管廊建设、燃气储气罐建设、长春与公主岭互联互通建设等重点项目资金。二是积极争取置换债券，缓解了到期偿债压力。三是向财政部争取政府和社会资本合作示范项目5个；争取开行贷款授信额度50亿元，用于棚户区改造；争取一汽集团总分机构所得税分享比例和南北车合并后税收归属政策。

三、促进经济转型升级。一是落实重大项目建设资金，重点支持奥迪Q工厂、一汽新能源汽车推广、一水厂、地铁轻轨、机场二期扩建、引松工程、城市出入口改造、城区新建农村公路建设等。二是充分运用科技、工业、战略新兴产业、民营经济、旅游、服务外包、现代服务业、金融等重大专项资金，支持经济稳增长、调结构、促转型。三是扩大营改增试点范围，落实小微企业税收优惠政策，通过“助保金池”为中小微企业提供无费贷款担保，促进中小企业发展和民营经济壮大。四是利用土地间歇资金，支持开发区土地开发和基础设施等建设项目。五是支持保护性耕作技术推广、玉米螟防治、菜篮子建设等项目，落实农机购置补贴，支持现代农业的发展。拨付城区改善人居环境专项资金，改善农村基础设施。及时发放种粮农民直补资金，有效缓解农民备春耕资金紧张问题。六是积极落实各项政策。落实清费政策40项，给企业减轻负担；给3户重点企业拨付资金，落实自发自用电奖励政策；落实政府采购政策，通过协议供货方式采购160台一汽新能源汽车。

四、优先保障民生支出。一是积极筹措资金保障社保支出，提高了全市低保户、低保边缘户的保障标准，企业退休人员和城乡居民的养老金标准，新农合、城镇居民医疗保险和基本公共卫生服务经费的财政补助标准。统筹医保基金，落实了失能人员医疗照护保险政策。研究出台了贫困家庭孤独症、脑瘫和智障儿童参加康复训练财政补贴政策。二是积极筹措资金保障教育支出，用于学校基础设施和教师队伍建设，落实中等职业教育免学费政策、涉农专业学生和困难学生助学金等政策，支持职业教育园区建设，补助普惠性公办、民办幼儿园等。三是积极筹措资金保障文化支出，支持文化企业改制、文化遗产保护和大型公共文化基础设施建设，重点支持“三馆”建设，保障群众艺术馆、朝族艺术馆等运行，提高了公共文化产品和服务供给能力。四是多渠道筹措资金，落实了重点城建项目资金和融资还贷资金，保障了公用、市政、环卫、污水、垃圾处理和城建大项目，提高了城市承载能力。投入市级补助资金，支持淘汰燃煤供热小锅炉工作，保障了“暖房子”工程建设，落实了公租房新建、保障房分配、无房家庭租赁和棚户区改造、农村危房改造等。支持了公安视频监控信息综合系统建设、公交等公用企业和轨道交通发展。此外，支持了水源地治理、城市防洪、病险水库除险加固、河流综合治理等水生态文明建设。

五、锐意深化财政改革。一是出台《长春市人民政府关于深化预算管理制度改革的实施意见》，印发编制市级三年部门财政规划的通知，有序推进预算管理改革。二是推进预决算公开，及时在财政局门户网站上公开了市本级公共财政收支预算以及市本级汇总“三公”经费预算，组织全市市直部门在规定时限内，向社会公开部门预决算和“三公”经费预决算。三是编制一般公共预算、政府性基金预算、国有资本经营预算和社会保险基金预算，首次将所有市直部门的预算上报人大审查，增强了预算管理的法定性。四是完善了预算定额标准体系，规范了财政供养范围，提高了部门预算年初到位率。五是保证了部分事业单位取消收费等改革后运转经费的需要。六是力推政府和社会资本合作模式，引导社会资本参与城市建设，已将光明公园项目纳入政府采购程序。七是创新行政事业单位国有资产管理机制，以政府令的形式出台管理新规，组建统管机构，开展第一批资产移交工作。八是出台政府购买服务管理办法，完善指导性目录，棚户区改造及保障房建设项目进入招投标程序。九是完善政府采购实施流程，加强了对非公开招标政府采购方式的审批管理。完成市直机关公务用车制度改革的准备工作。

六、着力强化管理监督。一是印发《关于尽快推进落实市级产业发展专项资金项目计划的意见》，制定出台市直机关差旅费、会议费、培训费、因公出国经费等管理制度，完善招商引资和会展专项资金管理办法，为规范财政支出管理奠定了基础。二是盘活财政存量资金，提出完善管理的意见，规范财政专户管理，撤消了基建、国债转贷、政府采购专户和4个非税代收账户。三是加强财政监督检查，开展了市级财政收入、会计信息质量和财政专项资金等检查工作，按照全市纠正“四风”行动总体部署，牵头清理市直部门和单位食堂、津补贴奖励以及公务用车方面的违规违纪问题。四是开展涉农资金专项整治行动，对发现问题进行了整改和处理。五是加强会计管理，推进落实会计准则和内控规范体系，开展各类会计人才培养、考试等工作，建立“长春会计”微信公众平台。六是做好清理规范税收等优惠政策工作。此外，加强了财政内部审计，组织编制财政事业发展“十三五”规划，较好地完成了财政部专员办、审计署特派办、省审计厅和市审计局等的迎检工作。

七、全面加强党的建设。一是认真学习《习近平谈治国理政》、《习近平关于党风廉政建设和反腐败斗争论述摘编》和《中国共产党党章》等文件，认真学习贯彻习近平总书记吉林调研重要讲话精神，提高了干部党性修养和政策水平。二是按照市委统一部署，扎实开展“三严三实”专题教育，深查问题，剖析原因，完善措施，认真整改，增强了党员领导干部的政治意识和规矩意识。围绕重要业务问题，召开专题会议25次。围绕党建重点，召开党委会议10次，召开理论中心组学习扩大会10次，营造了良好的党内政治生态。三是制定4项从严治党文件及行业党建工作考核办法，强化主体责任落实，将党建责任目标分解量化，纳入全局绩效考评体系，严格督促检查，确保全局党建责任落到实处。四是召开全市财政系统党风廉政建设工作会议，部署年度重点任务。组织学习新修订的《准则》和《条例》，编印《廉鉴》月刊，加强对机关及局属单位党风廉政建设主体责任情况的考核，帮助党员干部绷紧廉政之弦。

八、加强干部队伍建设。一是开展“财政改革业务学习年”活动，紧跟国家财政改革新政，制定培训计划，编写系列教材，搭建学习平台，共举办6期专题培训班，提升了财政干部的整体素质。二是谋划开展了16项调研课题，提高了理财的科学性。三是举办贯彻实施新《预算法》专题学习班，建立了财政部门责任清单，开展了财政法治宣传、“六五”法治宣传教育考核验收等工作，促进了依法理财。四是制定全局年度工作计划，分解落实118项工作，对107项重点任务进行督办考核，按月调度，定期通报，提升了整体工作效率。

榆树市

2015年，榆树市财政“抓改革、保民生”并重，“重管理、促发展”同进，较好地完成了全年各项财政工作任务。全年一般公共预算全口径财政收入完成11.67亿元，同比下降17.3%。其中，地方级财政收入完成8.84亿元，同比下降21.5%。全年一般公共预算财政支出完成58.14亿元。

一、千方百计抓收入。一是密切配合涉税部门。积极协调国、地税及相关涉税部门，制定依法治税、依法征管措施，依据综合治税信息，行使评估稽查职能，集中开展专项税（费）整治活动，制止跑、冒、滴、漏现象，有效打击偷、逃、抗、骗税（费）行为。开展对房产销售、房产税征缴、私营医院税收等重点行业和领域的税收集中整治会战，加大一次性税费的征缴力度，全年共征缴一次性税费3.43亿元。二是充分发挥财政协税护税的职能作用。全年以预留税款保证金、拨付陈欠工程款和棚改基础设施建设资金等方式，协助税务部门清缴税款7 100多万元。通过综合治税平台信息监管，直接或间接增加税收4 100多万元。三是加强非税收入征收管理。全年共完成政府性非税收入4.05亿元，同比下降22.8%。其中：纳入预算管理的行政事业性收入完成1.90亿元，专项收入完成5 056万元，罚没收入完成7 222万元，国有资产有偿使用收入完成9 155万元，其他收入完成81万元。四是积极争取上级专项资金。抓住国家对东北老工业基地振兴和长哈功能区建设支持的政策机遇，持续关注省和长春市的政策导向，全力配合各相关部门和单位申报项目，全年共争取上级专项补助资金17.94亿元，同比增长9.1%。

二、不折不扣保支出。一是确保工资正常发放。克服地方级财政收入下降等不利因素，保证了工资的及时足额发放；筹集拨付资金2.99亿元，用于兑现补发和调整社保改革增资；拨付资金725万元，用于补发2013～2014年退休职工的职称工资；拨付资金2 550万元，用于补发拖欠机关单位死亡人员抚恤费和丧葬费。二是保证机构的正常运转。在执行公用经费定额标准的基础上，按照《市直机关差旅费管理办法》等文件要求，将公用经费标准提高了10%，乡镇公用经费标准提高了25%，有效保障了市、乡、村三级组织的正常运转。三是全力保障民生支出。拨付资金2.11亿元，用于基层医疗卫生机构改革和公立医院综合改革；市本级财政安排配套资金681万元，用于城乡居民养老金发放；将城乡居民基本养老保险基础养老金标准由每人每月55元普调至每人每月75元；全年共筹资4.68亿元，使97.7万人参加新型农村合作医疗，参合率达到99.2%。四是全力支持新农村建设。拨付资金1.14亿元，用于农村公路和村屯道路建设及养护；拨付资金3.87亿元，用于农村公益事业建设、农田水利设施建设、新农村建设、多种经营、环境整治、高标准农田和现代农业等项目；发放农业支持保护补贴等惠农惠民政策性补贴资金7.45亿元。五是努力做好其他各项工作。拨付资金3.83亿元，用于保障性住房建设、城市环境卫生清理、城市基础设施及消防设施维护建设等；拨付资金3.55亿元，用于文化教育基础设施建设和农村文化大院建设等；拨付资金7 862万元，用于中粮、吉粮、冰峰啤酒、陆路雪等企业的粮食收储、加工、仓库维修、节能环保、技术改造等。

三、不断加强财政管理。一是继续深化预算管理改革。按照财政部、省财政厅等部门的安排部署，在继续深化国库集中支付业务改革的基础上，着手实行支付业务电子化前期准备工作。严格执行动态监控制度，提高财政支出透明度。做好预决算信息公开工作，试编2014年权责发生制政府综合财务报告。二是不断加强财政监督管理。贯彻实施新《预算法》，利用广播、信息港和大屏幕等方式积极开展宣传活动。制定印发《市直机关差旅费管理办法》。建立地方政府性债务风险防控机制，全年置换到期地方政府债券1.21亿元。积极盘活财政存量资金，当年收回部门预算结余资金252万元。对全市244家行政事业单位开展内控建设检查工作。对市卫计局、行政执法局和物价局等12个预算单位进行了会计信息质量检查。三是规范预算绩效管理。逐步加强财政专项资金的监督管理，严格按照专项资金管理办法的规定，从项目申报、实施、资金使用和项目验收实行全程监管，严格执行按形象进度拨款和预留保证金制度，对专项资金项目实行全过程的绩效管理，不断提高财政资金的使用效益。全年共评审322个投资项目，送审金额10.77亿元，审减额1.07亿元，审减率10.0%。实际支付政府采购资金5.34亿元，节支1 239万元，节支率2.3%。

德惠市

2015年，德惠市财政在收入增速放缓、预算资金紧缺、刚性支出不断增加的困难局面下，认真贯彻落实中央和省、市委厉行节约、反对浪费的工作部署，紧紧围绕保基本、兜底线、促公平的工作思路，坚持尽力而为，量力而行，千方百计筹措资金，调整优化支出结构，合理配置财政资源，扎实稳步推进全年各项工作，为促进全市经济社会平稳健康发展发挥了重要作用。全年一般公共预算全口径财政收入完成16.06亿元，下降24.0%。其中，地方级财政收入完成11.12亿元，下降19.2%。全年一般公共预算财政支出完成48.69亿元，增长15.6%。

一、全力组织抓收入。一是注重协调配合。面对从2月份开始，连续7个月不能按序时进度完成入库任务的巨大压力，在市政府的高位统筹下，积极主动与两税部门密切配合，深入分析税收形势，找准工作的着力点，有针对性地采取综合措施，经过多方艰苦努力，较好地完成了收入目标任务。二是注重综合治税。根据财政改革的新形势，及时调整工作思路，创新工作方法，强化财政税收法制宣传，加大涉税信息采集和督查力度，完善"税源管控"手段，提高综合治税效果。三是注重非税征缴。面对国家和省取消、减免和降低涉企行政事业性收费政策的新形势，认真测算德惠市行政事业性收费减收额度。深入实际，调查研究，摸清情况，科学合理安排收入计划，加强跟踪督促与合理调度。全年共完成非税收入3.48亿元，完成调整预算的115.9%。四是注重分析调度。继续坚持旬调度、月通报、季分析，按照全市经济发展走势，准确把握税源变化动态和财税入库进度，对发现的问题及时梳理分析、谏言献策，确保了收入的及时足额缴库。

二、精心安排保支出。一是保障工资性支出。做到职工工资按月发放，按月补发了2013年度拖欠的津贴，一次性补发了2014年10月～2015年7月10个月的新增加工资，兑现了2015年职级工资。二是保障"三农"支出。认真贯彻落实党的强农惠农政策，及时足额发放各类惠农补贴。直补资金担保贷款工作取得新进展，全年累计发放贷款6 163万元。一事一议财政奖补工作扎实推进，美丽乡村建设成效显著，有3个村被评为长春市最美乡村。农业综合开发、高标准农田建设、改善农村人居环境等年度目标任务都较好完成。三是保障社会事业协同发展。多渠道筹措资金，支持教育、社会保障、医疗卫生、住房保障、科学技术、文化体育等事业持续健康发展。全年拨付教育资金7.94亿元，增长8.0%；社会保障和就业资金11.12亿元，增长43.8%；医疗卫生资金7.13亿元，增长35.6%；住房保障资金1.17亿元，增长21.5%；文化体育与传媒资金5 528万元，增长30.0%。四是保障重点项目建设支出。全力支持"三区"、"三园"基础设施建设、招商引资大项目建设、政府10件惠民实事等工作有效开展，较好地发挥了财政的保障功能。

三、严格管理求规范。认真贯彻落实新《预算法》，不断健全管理制度，完善管理手段，科学化、规范化管理水平进一步提升。一是加强专项资金监管工作。严格执行专项资金一项一文、提前告知、税收前置、跟踪问效、绩效评价制度。借助资金监管网络平台，对专户资金使用情况每月一检，及时整改存在的问题。按照国家和省财政厅的要求，深入开展了涉农资金专项整治行动。成立了领导机构，制定了专项整治行动方案，召开了动员部署大会，组成9个检查组深入各涉农部门、单位和全市各乡镇街开展检查，对检查中发现的问题及时进行了整改，顺利通过省和国家检查并得到好评。同时，按照省财政厅关于盘活存量资金的工作要求，多次召开调度会认真研究，精心部署，对2014年以前的存量资金认真清理核实分类，积极主动与项目单位和主管部门沟通，及时下发资金到位通知，督促项目单位加快项目实施，安排人手跟踪检查验收，并按形象进度及时拨付了项目资金，全年共盘活存量资金7.86亿元。二是加强乡镇财政监管工作。深入推进标准化乡镇财政所创建工作，承办了全省标准化财政所现场会，组织长春、吉林、延边3个地区20个县(市)乡镇财政管理人员进行现场观摩，提升了德惠市乡镇财政管理工作在全省的知名度和影响力。根据财税体制改革的新要求，在深入调研、反复征求各乡镇、局内各相关科室意见建议的基础上，修改完善了市对乡财政管理体制，制定了《德惠市人民政府关于调整和完善新一轮(2015－2017)乡镇财政管理体制的意见》，并以市政府名义下发和执行。三是加强国有资产管理工作。完成了2014年行政事业单位资产编报、特种技术用车调研和市法院、市检察院资产清查与债务核实工作。建立了国有资产拍卖机构库。全年共办理资产处置24项，资产评估备案23项。四是加强政府投资基建项目评审工作。进一步完善评审机制，创新评审方式，拓宽评审领域，实现了预算内投资、政府性基金、政府融资等财政投资项目全覆盖。全年共完成评审项目1 211个，送审金额19.01亿元，核减金额2.03亿元，审减率10.7%。五是加强债务金融监管工作。认真贯彻落实《德惠市人民政府关于进一步加强政府性债务管理的意见》，强化了地方政府性债务管理，有效控制和防范了债务风险。制定了《德惠市非法集资风险排查活动方案》，在全市范围内开展了非法集资风险排查。根据2014年末政府存量债务清理甄别结果，编制了政府存量债务处置计划表。获准第1批政府债券4 200万元，申报第2批新增地方政府债券6 700万元、第3批地方政府债券1.55亿元。六是加强会计管理工作。举办了3期行政事业单位内部控制规范培训班，对全市各行政事业单位负责人及财会人员500余人进行了培训。在172个行政单位开展了内控抽查，对检查中发现的问题，限期进行了整改。积极开展财政支农政策培训工作，累计培训1 110人次。加强会计人才培养，使82人通过了会计从业资格考试，6人通过中级资格评审，3人通过高级资格评审。创新会计人员继续教育方式，网上培训1 622人，面授208人。七是加强财政监督检查工作。组成3个检查组，对全市行政事业单位开展了会计信息质量检查。按照财政部和省财政厅的要求和部署，组织开展了盘活存量资金和财政预决算公开情况专项检查。以规范罚没物资管理为内容，对罚没物资进行了清理处置。配合纪检部门集中开展了清理机关事业单位食堂违规违纪问题专项行动。八是加强工资管理工作。更新了工资统发人员信息库，完成了头像认证和指纹采集。认真落实乡镇工作补贴政策，保证了补贴资金及时发放到位。开展工资正常晋升复核，对发现的问题及时给予了纠正。九是加强财政法制建设。进一步强化财政法制宣传教育，完成了财政“六五”普法宣传教育全期工作任务，超额完成了普法答题考试，顺利通过了省财政厅的考核验收，法制宣传教育工作在长春地区位居第一。

四、积极稳妥推改革。一是深化部门预算编制改革。制定《德惠市2015年部门预算编制实施方案》，确定“三上、三下”编制程序，细化编制科目和项目，科学确定收入编制数和各项支出定额，编制范围覆盖到市直所有预算单位，实现了一个部门一本预算。对各部门预算草案进行审核汇总，根据本级财力情况进行了综合平衡，形成市级预算和部门预算草案，经市政府同意后报市人大审查通过，批复各预算单位执行。稳步推进预算公开工作，将政府预决算、部门预决算、“三公”经费预决算在市政府门户网站公开，供社会各界监督查询。二是深化国库管理制度改革。按照省财政厅工作部署，完成了基础数据库建立、数据流量测试、电子印章扫描制作、新操作程序流程制定、网络软硬件设备招标采购和安装调试工作，11月份已上线运行，运行状态良好，在全省率先实现了国库支付电子化。三是深化预算绩效管理试点工作。重新调整增加了资金项目内容，试点资金由2014年的15项增加到18项，部门预算绩效整体评价试点单位由2014年的7个增加到10个，一些部门开展了自评工作，并形成评价报告。四是深化政府采购制度改革。对全市两家政府采购代理机构执业情况进行了专项检查。调整了政府采购限额门槛价，货物类门槛价由1 000元提高到3万元；竞争性谈判限额标准由20万元下降到10万元。全年实现采购199项，节约资金1 725万元，节支率为2.9%。按照长春市财政局《关于做好公务机票购买管理改革工作有关事项的通知》，统计核实上报了全市行政事业单位和社会团体组织信息，为开展公务机票购买改革奠定了基础。认真贯彻落实国家和省《关于政府购买服务的指导意见》，制定下发了《关于政府向社会力量购买服务的实施意见（暂行）》和《2015年政府向社会力量购买服务指导性目录（第一批）》。开展了政府购买棚改服务财政承载能力评估，并以德惠市行政执法局为购买主体，采取公开招投标方式确定了承接主体。

五、从严要求管队伍。把从严管理融入队伍建设的全过程，牢牢把握建设一支“政治过硬、素质过硬、作风过硬、纪律过硬”的财政干部队伍这条主线，紧紧围绕财政发展与改革中心任务，全面加强机关作风建设，队伍建设取得新成绩。一是继续巩固拓展教育实践活动成果。坚决贯彻落实中央八项规定和省、市委具体规定，自觉践行“三严三实”要求，完善了制度体系，加强了日常监管，有效防止了“四风”反弹。二是深入推进党风廉政建设。认真落实党委主体责任和纪委监督责任，强化惩防体系建设，层层签订了党风廉政建设责任书，严格履行“一岗双责”，坚持“谁主管、谁负责”的原则，明确要求主管领导及科室负责人在抓好分管业务的同时，抓好分管范围内的党风廉政建设，切实做到了“两手抓、两手硬、两不误”。三是大力加强干部队伍建设。针对干部队伍现状和财政发展改革新要求，以开展“三严三实”专题教育专项整治活动为抓手，突出问题导向，坚持边查边改，即知即改。强化了党性教育、理想信念教育、道德品行教育，开展了内部控制规范、部门预算和新预算法培训，切实提高了财政干部的综合素质和业务工作水平。

农安县

2015年，农安县财政以加快财税体制改革为指针，以县委、县政府经济发展战略为目标，以年初重点工作为中心，主动作为，强化征管，着力改善民生，力保财政经济平稳运行。

一、多措并举抓收入。一是落实收入任务。根据各征收单位、各乡镇税收增长点，分解任务，落实责任，严格考核序时进度。二是加大税收稽查力度。配合国税、地税部门加强税收征管，邀请上级部门异地协查，堵塞税收征管漏洞，取得了显著成效。三是实行协征护税。县领导和财税干部深入基层，指导乡镇协调重点企业加强税收征管；财税办公室加大对乡镇、园区税收核查力度，及时解决税收征管的困难和问题，确保应收尽收。四是加强重点税源动态监控。对年纳税超500万元的工业企业，以及建安、房地产等重点企业，进行动态跟踪分析，把握税源和收入变化，保证税款及时足额征缴入库。五是加强非税收入征管工作。加大对罚没收入、行政事业性收入等非税收入的监管，进一步规范非税收入缴库行为，确保非税收入及时入库。

二、抓住重点促发展。一是积极发挥财政的职能作用，融合社会资本超过16.5亿元。二是加大中小企业扶持力度。担保公司全年发放贷款2亿元，同比增加5 000万元，扶持企业进行技术改造、科技创新、产业发展和转型升级，增强企业内生动力。

三、保障民生促和谐。一是加大“三农”资金投入力度。拨付资金9.9亿元，用于支持千亿斤粮食、土地保护、农田水利建设等；争取国家产业化资金9 600万元，协调国家和省市相关部门，用于支持吉林省节水增粮行动项目、高效农业示范区项目落户农安县；拨付资金8 800万元，完成节水增粮项目的膜下滴灌工程和电力配套工程，节水灌溉面积8万亩。二是加大教科文资金投入力度。拨付资金12.4亿元，用于中小学校舍建设、添置教育设施、义务教育“两免一补”等；拨付资金6 660万元，用于支持自主创新、基础建设和发展文化体育事业。三是加大卫生事业和社保资金投入力度。拨付资金15.96亿元，用于城乡居民最低生活保障、落实就业再就业政策、城乡居民养老保险、保障性住房建设等；拨付资金6 000万元，用于基层医疗卫生机构建设、优化公共卫生服务、实施新型农村合作医疗制度及乡镇卫生所（室）药品零差率销售。四是保证工资及时发放。为改善和提升民生福祉，筹措资金4亿元，保障了工资改革的刚性支出。

四、严格管理促长效。一是完善预算执行管理。进一步完善部门预算从编制到执行的程序和公用支出定额标准体系；推行部门预决算和“三公”经费预决算信息公开制度，促进单位预算执行规范管理。二是国库集中支付电子化管理系统正式上线，实现国库集中支付业务、代理银行、各业务环节的全覆盖；建立动态校验、电子验章、自动对账、全程跟踪的业务管理方式，强化预算执行管理监控，全面提升财政国库管理水平；清理整顿财政专户，实行专户归口管理，撤销归并财政专户1个。三是规范国有资产处置程序。对闲置公务车辆拍卖实行网上竞价，逐步实现国有资产全流程电子化运作。

五、狠抓规范促效能。一是稳步推进收费清理改革。推进简政放权，按照《吉林省行政事业收费目录清单》要求，清理取消10项行政事业收费项目，合并6项行政事业收费项目，严格执行票据发放制度。二是充分发挥国有资产效能。对国有资产进行调查摸底，将有效资产划拨给房产经营总公司用于组建融资平台，闲置资产评估后公开出售，盘活存量国有资产。三是开展会计监督检查。对全县138个单位的会计信息质量进行检查，规范单位财务行为。

吉林地区财政工作概况

吉林市

2015年，吉林市财政围绕财政中心工作，增强公共财政保障能力，有序推进各项财政改革，加强财政监督管理，较好地履行了工作职责。全年地方级财政收入完成132.8亿元，增长1.3%。

一、全力保持财政收入稳定增长。强化重点行业、重点企业、重点环节税收评估稽查，加强项目跟踪管理，加大纳税辅导力度，解决历史欠税，有效促进税收增长。推进信息治税，完善全市涉税信息平台建设，提升信息化平台的覆盖范围和利用率。强化非税收入管理，落实收费专项清理规范政策，加强国有资源有偿使用收入管理，组织开展非税监督检查，规范执收行为。做好上争工作，重点围绕振兴东北老工业基地、扶持地方经济社会发展等一系列政策，争取上级财政补助61.5亿元，外国政府和国际金融组织贷款、地方债券资金71.8亿元。

二、全力支持经济结构调整。推进政府和社会资本合作工作，采取PPP模式对存量项目进行改造，建立和完善项目库，将吉林市六水厂新建、国电吉林热电热源改造和城市综合管廊等3个项目列入全国示范项目。同时，积极搭建运作主体，成立基金公司，设立PPP引导基金、节能减排投资引导基金和东北老工业区改造投资发展基金，募集社会资本60亿元。落实好民营经济发展和服务发展专项资金。积极筹措资金1.7亿元，用于工业企业流动资金贷款贴息、工业用电大户奖励和新入规工业企业奖励。拨付资金5 000万元，支持20余个项目建设，鼓励互联网等新兴服务业发展。为中小企业和小微企业发展壮大提供资金支持。与中信银行合作，设立吉林市中小企业种子基金，全年共推荐企业39户，获得种子基金贷款1.24亿元。与建设银行开设助保金池业务，全年为20户企业提供了2亿元贷款。

三、优先保障民生等重点支出。拨付资金1.4亿元，用于建设美丽乡村，发放惠农补贴，支持农业产业化等项目建设，促进农业经济发展。拨付资金3.1亿元，促进就业困难群体就业再就业。拨付资金25.2亿元，确保30.9万名企业离退休人员养老金及时发放。拨付资金3.3亿元，为9万名城乡低保对象提供最低生活保障。拨付资金6.9亿元，用于支持“暖房子”工程建设、保障房建设、棚户区改造和农村危房改造，改善群众居住条件。拨付资金13.1亿元，保障城乡中小学义务教育公用经费，用于校舍维修和设备购置，扩大中等职业教育免学费补助范围。拨付资金4.1亿元，继续提高城镇居民医疗保险、新农合参保缴费补助水平，健全城区公共卫生服务经费保障机制。拨付资金2.8亿元，用于支持文化、体育、科技等事业发展。

四、扎实推进各项财税体制改革。推进财政体制改革进程，完善政府预算体系，“四本预算”全部履行人大审查和批准程序，初步实现全口径预算管理。及时对市本级政府预决算、“三公”经费汇总预决算，部门预决算和“三公”经费预决算进行全面公开，区分基本支出和项目支出，细化到功能分类项级科目。在编制2016年部门预算过程中，编制2017年和2018年中期财政规划，增加财政政策的前瞻性和财政发展的可持续性。规范政府债务管理，清理甄别政府债务，剥离融资平台债务，优化政府债务结构。扩大政府购买服务范围，对市本级29个部门56个项目实行政府购买服务，购买金额达到4 000万元，增长25%。

五、着力提升资金使用效益。加快支出进度，在依法合规、确保工程质量安全的前提下，加快基建工程及支出进度，尽早形成实物工作量。建立存量资金清理盘活长效机制，动态掌握存量资金使用和结存情况，将清理的存量资金主要用于机关事业单位养老保险制度改革、改善民生、公共服务等支出。进一步细化行政经费支出审核，加大跟踪问效和监督检查力度，规范“三公”经费、差旅费、会议费和培训费管理，降低行政运行成本。扩大国库集中支付范围，顺利完成了第5批68家集中支付试点单位上线工作。同时，鼓励使用公务卡进行公务消费，有效规范了预算单位的支出行为。认真贯彻落实政府采购法，拓展政府采购范围，科学确定采购形式，缩短采购周期，并组织开展专项检查，全年采购额度22.7亿元，节约资金1.9亿元。严格评审管理，提高评审质量，把财政投资评审作为节约资金的重要环节，全年共完成评审项目320项，审减资金7亿元，审减率16%。发挥财政监督职能，组织开展财政专项资金检查、会计监督检查、预决算公开情况专项检查等工作，纠正财政违纪违规行为。

六、稳步推进法治政府建设。健全依法决策机制，建立和完善《吉林市财政局重大行政决策程序规则》等制度，规范决策程序，落实法律顾问制度和决策实施情况跟踪反馈制度。全面推行权力清单和责任清单制度，明确34项行政职权和责任事项，并在网站向社会公开。进一步深化行政审批制度改革，规范行政执法行为，严格落实规范性文件制定和审查程序。继续深化政务公开，按要求及时公开财政预决算、政府采购、行政事业性收费等重点领域信息，推进阳光理财。

舒兰市

2015年，舒兰市财政紧紧围绕增收与节支两大主题，努力提高财政“科学化、规范化、信息化、公开化”管理水平，积极争取上级政策和资金支持，较好地完成了全年各项工作任务。全年地方级财政收入完成6.52亿元，与2014年基本持平。

一、加强调度协调，抓好组织收入工作。一是调动发挥国、地税部门的征管主体作用。二是加强重点税源控管。三是强化综合治税。四是建立非税收入征缴系统，规范各项非税收入管理，确保非税收入及时足额缴库。五是加强乡镇财源建设。将乡镇收入完成情况纳入全市重点工作目标责任制进行考核。六是盘活财政存量资金。统筹用于保障民生、城市重大基础设施建设和补充预算稳定调节基金。

二、精细预算管理，严格制度约束。一是明确预算思路。对2014年一次性项目、会议费、“三公”经费和各类专项经费进行了清理，落实压缩支出目标，消化4亿元缺口。二是细化预算编制。当年预算支出功能科目由“类”级细化到“项”级，对部门预算安排的每个专项都进行了详细说明，使预算安排更加清晰科学。三是强化预算审核。发挥业务科室稽核作用，从源头上强化资金监管，确保有限的财政资金花在刀刃上。四是严格预算执行。全力做到先有预算后有支出，不开增支口子；对预算内支出，做到依流程审批，规范单位申请、科室初审、局长审核、主管市长和市长审批的签批制度，保证每笔资金拨付准确、规范、安全。

三、发挥财政职能，服务经济转型。一是注意发挥财政资金的保障功能，全力支持“一区三园”建设，为项目引进、民营企业的发展提供了有力支持。二是注重发挥财政资金的引导功能，支持企业科技创新。三是注重地方金融生态环境建设，扶持金融业发展。四是注重发挥帮扶作用，全力促进就业创业。

四、加大财政投入，保障民生等重点支出。一是积极筹措资金，切实推进教育、文体、科技事业，支持社保体系建设，支持医疗卫生和养老保障能力建设，支持城市基础设施建设，支持保障性安居工程，提高民生保障水平。二是围绕全市强农、惠农工作重点，积极筹措资金，加大农业专项资金投入，改善农村基本生产生活条件；努力推广龙头带农户的生产模式，促进农民增收；切实落实各项惠农政策；加大防雹炮点建设力度，提高防灾减灾能力。

五、深化改革创新，健全财政运行机制。一是开展财政内部控制管理改革。为进一步提高财政内部管理水平，加快公共财政体系和加强廉政风险防控机制建设。二是深化国库集中支付改革。将全市211家预算单位全部纳入国库集中支付改革，覆盖面达到100%。三是推进非税收入管理改革。为156户票据使用单位安装了软件终端，安装覆盖面达到50%。四是积极推进预算信息公开。监督指导全市249家预算公开部门和单位做好信息公开工作，公开率为100%。

六、强化财政监督，提升资金使用效率。一是开展了深化整治公款送礼、公款吃喝、奢侈浪费及“三公”经费开支过大问题专项检查。二是开展了涉农资金专项检查整治工作。三是开展了清理滥发津贴补贴和单位食堂收支情况检查。四是开展了2015年度会计监督检查工作。五是开展了预决算公开情况专项检查。

磐石市

2015年，磐石市财政认真落实新《预算法》，实行预算公开，加强“三公”经费管理，厉行节约，坚持依法治财、依法理财，大力攻坚克难，努力克服减收因素影响，积极推动全市经济社会保持平稳健康发展。全年一般公共预算全口径财政收入完成13.57亿元，下降1.6%。其中，地方级财政收入完成9.44亿元，增长3.4%。全年一般公共预算财政支出完成29.01亿元，增长13.5%。

一、大力攻坚克难，积极组织收入。受经济下行影响，部分重点纳税企业税收明显减少，组织收入难度大，任务非常艰巨。磐石市财政局积极协同国税、地税部门和各乡镇、开发区全力组织收入，坚持定期调度，奋力攻坚克难，坚持依法征管，严格控制了财政收入严重下滑的局面，完成了调整后收入计划，把减收控制在了最低限度。

二、加强预算管理，保证重点支出。一是优先保证工资和民生等重点支出。在财政收入减收、财力困难情况下，坚持优先保证财政供养人员的工资性支出，做到了工资性支出及时足额发放和拨付，兑现了机关事业单位养老制度改革2014年10月～2015年12月调资增加工资1.93亿元。二是不断加强“三公”经费管理。规范“三公”经费支出，坚持实行预算单位“三公”经费月报制度，将全市“三公”经费支出控制在年度预算计划范围内。全年“三公”经费支出1 752.2万元，同比减少18%。其中，公务接待费支出66.7万元，同比减少62%；公车购置及运行费支出1 685.5万元，同比减少14%；无因公出国（境）费用支出。三是加强对预算单位的财政收支管理。按照磐石市政府《关于进一步加强政府预算管理的意见》的相关规定，深入推进国库集中收付制度改革，规范财政资金的拨付程序，通过实施以磐石市财政局正式指标文件下拨资金的管理方式，保证了财政资金的安全。四是全面推进预算公开工作。将2014年政府决算、2015年政府预算、部门预决算和“三公”经费预算通过市政府网站或部门网站公开，接受社会监督。全市各部门除1户涉密单位外，其余56户都已公开2015年部门预算，应公开2014年部门决算的53户已全部实行公开（工商、质监、药监3个部门下放到地方管理）。

三、强化财政监管，认真履行职责。一是不断加大财政资金使用的监管力度。对各单位执行中央八项规定情况进行监督，推进和完善“小金库”专项治理工作制度化、规范化和常态化，开展了执行财政财经纪律情况的检查。对4户单位进行了会计质量检查，查处违规金额31.97万元。协同市纪委、市审计局开展了津贴补贴的清理检查工作，对各单位违反规定滥发津贴补贴的行为进行了纠正，责令进行整改，进一步规范了全市津贴补贴的发放工作。开展了涉农资金的专项检查，推动了涉农资金的规范有效使用。组织实施了财政存量资金的专项检查，收回了各预算单位历年结转结余资金，盘活了财政资金。二是认真执行《磐石市政府性债务管理办法》，加强对各部门、各乡镇政府性债务的监督管理，防止出现新的违规举债，努力化解和防范债务风险。三是继续强化国有资产监督管理，严密国有资产处置程序，及时将资产处置收入缴入国库。举办了首次公务车拍卖活动，拍卖成交23辆，获得拍卖收入128万元。实施国有资产产权登记发证制度，通过对国有资产实行动态管理，有效防止了国有资产流失。四是继续加强政府采购管理。严格规范政府采购程序，全年政府共集中采购1.62亿元，节约1 046万元，节支率6.4%。五是做好财政投资项目评审工作。全年共完成评审项目186个，送审资金3.38亿元，审减资金5 250万元，切实保证了财政投资的合理有效使用。

四、坚持强农惠农，助力农业生产。一是认真落实财政惠农补贴政策。全年及时拨付种粮农民直补资金及农资综合补贴资金1.14亿元，有力支持了农业生产。二是认真抓好农业综合开发项目建设。财政投资3 414万元，用于支持烟筒山镇、松山镇、驿马镇完成土地治理项目，改善了农业生态条件，提高了农业生产抗灾增产能力。财政投资294万元，用于支持农业产业化项目(700万穗速冻粘玉米加工扩建项目和2 500吨玉米粒加工扩建项目)，推动了农业产业化建设，为农民增收创造了有利条件。

五、加强乡财建设，达到创建目标。以“内强素质、外强形象”为目标，认真抓好标准化财政所创建工作。通过规范乡镇财政行政行为、完善基础工作、细化工作流程、优化办公环境等措施，富太、牛心、石嘴3个财政所创建工作取得实效，达到吉林省规定的创建标准。同时，为各乡镇财政所配备了管理软件，并组织了培训，着力推进乡镇财政收支信息管理建设，规范了乡镇收支管理，提高了乡镇财政保障能力。

六、推进帮联活动，注重帮扶实效。积极开展“双服务”活动。为包联市飞跃模具有限公司协调解决贷款3 000万元，推动企业创新发展和经济结构调整。为明城镇富民村、呼兰镇长水村、吉昌镇志力村和兴华村4个村投资159.7万元，修筑了石砌边沟、建设了文化广场、安装了健身器材，并赠送了文化活动器材。为东宁街阜康社区投资1.5万元，增添市民文化活动设备，改善社区办公条件。组织党员和青年志愿者参与社区公益活动，参加清理街路绿化带垃圾等义务劳动。

蛟河市

2015年，蛟河市财政围绕重点工作目标，稳增长、调结构、促改革、惠民生，全力以赴组织收入，千方百计保障支出，深入推进财政改革，着力抓好包保工作，较好地完成了全年各项工作任务。全年一般公共预算全口径财政收入完成12.27亿元，增长6.4%。其中，地方级财政收入完成7.41亿元，增长0.9%。全年一般公共预算财政支出完成29.6亿元，同比增长16.7%。

一、集中力量招商引资，着力推进项目建设。为完成招商引资和项目建设任务，确定了由主要领导亲自上阵、分管领导全力以赴、工作人员全程参与的招商引资与项目建设团队。通过实施走出去招商、信息招商、人脉招商和联合推进等办法，启动扩能改造项目1个，推进续建项目1个，联合引进项目2个，包装项目2个，攻关项目5个，实际完成项目投资8 400万元。其中，犇犇公司与深圳君安同达投资公司、深圳天基集团公司的推进续建项目，已经签订了投资协议；长白山制药五期扩能改造项目，已完成投资2 400万元，用于土地平整及招投标工作；协同牧业局引进肉牛养殖及综合开发项目，分两期完成，目前一期工程已经完工，完成投资4 000万元；协同牧业局引进跃民佰和牧业有限公司的肉牛养殖项目，已经建成牛舍、饲料库4栋，现存栏肉牛400余头，完成投资2 000万元。

二、强化税费征管，努力实现收支平衡。一是紧紧围绕预算收入目标，认真开展税源排查，严格落实税收责任，强化税收征管措施，确保依法征收，应收尽收。二是加大综合治税和专项整治工作力度，实施重点税源监控制度，详细梳理全市房地产企业和工业企业欠税情况，及时做好汇算清缴。三是切实加强非税收入征管，对重点单位、重点项目及时跟踪，准确掌握非税收入变化情况，切实防止收入流失，实现财政收入均衡入库。四是坚持组织收入与上争资金并重，努力争取国家和省里更多支持，取得了可喜成果，全年共争取各类专项和转移支付资金14.4亿元。五是厉行节约，通过压缩“三公”经费规模和一般性项目支出，努力降低行政运行成本，确保实现全年预算收支平衡。六是做好结余结转资金的清理回收工作，全年共清查收缴入库预算单位历年结余结转资金2.1亿元。

三、立足财政职能，支持经济社会发展。一是充分发挥财政资金引导作用，落实企业减税减费政策，支持企业技术改造与自主创新，扶持重点产业、重点企业以及农村电子商务发展，增强企业竞争力，夯实基础财源，发挥重大项目、重点行业拉动经济增长和财税增收的主导作用，全年共拨付产业扶持资金8 600万元。二是切实发挥开发区经济发展主阵地作用，为园区基础设施建设、土地收储提供资金支持，进一步提升承载能力，改善投资环境，全年为三区提供建设、发展、运行资金2.20亿元。三是积极运用国家政策，探索采取PPP等形式吸引社会资本参与政府基础设施建设，进一步增强财政资金支持经济社会发展作用，助推全市经济平稳健康发展。

四、优化支出结构，倾力保障民生支出。一是支持教育事业发展。拨付义务教育经费、薄弱校改造、校舍维修等教育专项资金7 400万元，用于巩固义务教育经费保障机制，落实提标政策，推进“全面改薄”规划实施。二是推进医疗卫生体制改革。拨付公共卫生服务、医疗卫生改革、城镇医疗保障费和新农合补助及保险费1.91亿元，用于进一步提高医疗保险和基本公共卫生服务补助标准，支持公立医院改革。三是落实社会保障和就业政策。拨付养老金、城乡低保、再就业补助和抚恤救济资金5.30亿元，用于实施促进就业创业的财税政策，做好机关事业单位养老保险制度改革和工资调整工作，完善社会救助体系。四是支持城乡公益设施和保障性住房建设管理。全年共拨付廉租房和常家屯、河南小市场棚户区等保障性安居工程资金8 300万元，城乡公益设施改造和维护资金1.31亿元，高铁西客站基础设施建设资金3 150万元，利用转移支付、债券转贷和结余资金2.64亿元支持团山子水库工程建设，推动了全市的城市污水管网、高铁西客站道路、廉租住房和棚户区改造工程建设。五是支持农业农村发展。全年共拨付大中型水库移民后期扶持资金3 807.56万元，水利设施修建资金1 173万元，村级组织运转和村部建设等资金2 560万元，发放各种补贴资金和缴纳农作物保险费1.11亿元，用于保障农村人居环境治理、村级公益事业、农村土地承包经营确权登记和美丽乡村建设资金需求，提高村级组织运转经费标准，加强农业、农村基础设施建设。六是支持环境林业等生态保护与修复。全年共拨付能源节约利用、淘汰落后产能和污水处理资金8 300万元，森林生态效益、森林培育和退耕还林补助等资金5 446万元。七是支持文化体育事业发展。全年共拨付文化体育传媒各类专项资金1 195万元，积极支持博物馆、广播电视村村通、村屯文化广场和农家书屋等文化惠民工程建设。八是筹集资金1.55亿元，保证了机关事业单位养老保险并轨改革和实施公务员职级并行的资金需要。

五、推进财政改革，提升财政管理绩效。一是贯彻执行新《预算法》，深入实施部门预算编制改革，并在政府网站公开了2015年财政收支总预算和各预算单位的部门预算。二是进一步深化国库集中支付改革，全面推行公务卡结算，不断健全动态监控体系，提高财政直接支付比例，减少二次分配财政性资金现象。三是健全和完善了政府采购评审专家库，制定了《蛟河市政府采购工作管理办法》和《2015年政府集中采购目录及限额标准》，建成政府采购信息化平台，为采购事项提供全过程监控与服务，全年实现采购额1.41亿元，节约采购资金950万元，节约率为6.7%。四是切实把好政府性投资项目资金和财政专项资金的投入关口，全年评审项目48个，评审总额3.6亿元，审减额7 560万元，审减率为21%。五是制定了政府向社会力量购买服务的实施意见，将政府购买服务项目纳入预算管理，并按规定程序组织实施。六是继续加强了行政事业单位国有资产管理，对资产购建和处置实行网上审批、动态监管，使国有资产管理得到进一步规范。七是加强政府性债务管理，多措并举偿还旧债，积极争取各类债券资金置换到期债务和支持我市相关项目建设，降低了财务运行成本，有效缓解和防范了财政资金压力和风险。八是开展了涉农资金和“三公”经费等专项检查，进一步硬化了财政、财务规章制度的约束与执行，较好地规范了全市财政资金与财务收支管理。九是加强了乡财县管工作，已经完成了11个省级标准化财政所建设，基层财政服务功能显著增强。同时，通过经常性跟踪指导和举办集中分类培训，提高了乡镇财政、财务工作人员的业务技能和服务水平。十是加大对财政法规、会计法规的宣传力度。采取了以会代训、检查指导和受理咨询等方式，全年共举办了3期支农惠农政策培训班，培训村级干部486人。

六、做好基础配套建设工作。结合"谋发展、敢担当、正风纪、抓落实"集中教育活动和专项整治基层干部不作为乱作为等损害群众利益问题工作，全面贯彻落实了中央八项规定和省、市的各项具体规定，坚决反对与纠正"四风"和"不落实"等突出问题，进一步加强领导班子和财政干部队伍的思想、道德、组织建设。认真遵守一把手"五个不直接管"和领导班子成员"一岗双责"规定，着力推进"五权"工作，自觉贯彻执行民主集中制原则。全面履行党风廉政建设主体责任，认真遵守"三重一大"制度规定，切实加强对全局人、财、物的管控，使全局上下人人都能够守纪律、讲规矩，保证了党风廉政建设和反腐败工作等各项从严治党、党要管党任务的贯彻落实。不断改进机关工作作风，全局上下的自律意识、服务意识和组织纪律、工作纪律显著增强。更加注重社会综合治理、依法行政、信访稳定和安全生产等基础性工作，自觉做到履职尽责、常抓不懈。积极推进宣传思想文化、精神文明和机关建设，在全局形成遵纪守法、爱岗敬业、优质服务、廉洁高效的良好局面。

桦甸市

2015年，桦甸市财政紧紧围绕全市工作目标，克服种种困难，充分发挥职能，在稳定收入增长、保障支出需求、促进经济发展、维护社会稳定以及深化制度改革、推进依法理财、完善自身建设等方面都取得了可喜的成绩。全年地方级财政收入完成13.05亿元，增长0.7%。全年一般公共预算财政支出完成33.35亿元，比2014年增长0.2%。

一、积极组织收入，确保完成全年财政收入任务。一是加强部门协作，多措并举，合力攻坚，确保应收尽收，按照"依法征收，应收尽收"的原则，优化收入结构，全力抓好收入组织工作。二是加强非税收入征收管理，确保及时入库，增强政府统筹能力。三是用足用好政策，争取上级财政资金和政策支持，推进项目建设，增加税收源泉，拉动收入增长。四是市本级增加政府性投资以项目投资拉动经济增长，开辟增收渠道。五是深化综合治税，发展总部经济，挖掘税源潜力，扩大税收来源。

二、争取筹措调度资金，努力提高财政资金保障能力。一是积极主动争取政策扶持及专项补助，全年向上争取各种补助资金22.74亿元，同比增长4%，涵盖教育、"三农"、医疗卫生、社会保障、就业、抚恤救济、节能环保、国土资源、保障性住房等领域。二是积极向省财政厅拆借资金17.8亿元，为按时偿还政府到期债务、开展城市基础设施建设及各项事业提供了有力的资金保障。三是积极与省财政厅沟通，全年共争取地方政府债券6.02亿元（置换存量债务债券5.10亿元，新增建设项目债券9 200万元），既优化了政府债务结构，也增加了可用财力，有力地保障了重点项目建设。四是努力盘活存量资金，全年共收回各预算单位历年结余的存量资金9 237万元。

三、优化支出结构，有力支持经济社会事业快速发展。一是强化预算管理，细化预算编制。严格执行大额财政资金审批程序，不断增强预算约束力；按照"保工资、保运转、保民生、保重点"的原则，着力优化支出结构。二是严把经费审核关，努力做好节支工作。严格落实中央八项规定和省、市厉行节约要求，从严控制"三公"经费等一般性支出预算，从严把关，及时提出合理建议，为市委、市政府当好参谋。三是加大财政资金监管力度，严肃财经纪律。对全市217个行政机关、事业单位、社会团体的财政存量资金进行了专项检查。按照国家和省涉农资金专项整治的要求，积极开展涉农资金自查自纠专项整治工作，并接受了吉林市的涉农资金重点检查，对发现的问题逐条落实了整改措施，规范了财政资金的使用管理。四是加大"三农"投入。全年共发放惠农等各类补贴补助资金1.25亿元。其中，粮食直补2 341万元，农资综合直补6 645万元，大豆目标价格补贴60.91万元，生猪调出大县奖励资金212万元，农民购买农机具补贴1 153万元，农作物粮种补贴870万元，畜牧基础母牛扩群补助364万元，退耕还林补助873万元。拨付资金791万元，用于支持村级公益事业一事一议财政奖补。拨付资金2 380万元，用于支持农业开发土地治理和产业化经营。拨付资金1 850万元，用于支持发展县域农村电子商务。拨付农村小型公益项目资金49万元，完成新建桥两座。拨付美丽乡村建设项目资金90万元，完成3个村屯路边沟4 000延长米。拨付水利建设基金项目资金2 450万元，完成四闸门等4个建设项目。五是增加公共社会保障投入。全年共拨付公共社会保障财政资金5.20亿元。其中，城乡低保6 823万元、就业4 577万元、城镇职工及城镇居民医保4 003万元，企业职工及城乡居民养老金2.66亿元，新型农村合作医疗8 359万元，城乡医疗救助698万元，自然灾害救灾救济237万元。拨付资金2 904.6万元，主要用于全市1 544名公益岗位人员公益性岗位补贴发放和全市19个乡镇、街道社区就业服务平台建设。拨付资金592万元，有效地保证了公立医院改革的顺利进行。六是加大基础设施建设和民生投入。全年共安排资金8.72亿元用于基本设施建设。其中，拨付资金1.30亿元，用于玄武岩、半焦发电土方平整项目。拨付资金2 736万元，用于孙家屯、小城子棚户区改造工程。拨付资金1 319万元，用于污水处理厂提标改造工程。拨付资金1.15亿元，用于油页岩综合利用示范基地建设。拨付资金2.02亿元，用于支持“暖房子”建设工程。拨付资金2 974万元，用于金城路北延、大兴街东延、清水四期、金水路、金鼎路南段等道路和雨水管线、污水管线、供热管线、给水管线、燃气管线等保障性安居工程配套基础设施建设。拨付资金366万元，用于国有垦区、林业棚户区改造工程。发放石油价格改革财政补贴资金1 998万元。七是支持教育优先发展。拨付资金3 002万元，用于农村义务教育生均公用经费。拨付资金712.5万元，用于发放农村义务教育阶段家庭经济困难寄宿生生活补助及普通高中助学金补助。拨付资金5 590万元，用于农村中小学校舍新建及维修改造。拨付资金7 740万元，用于职教园区建设。

四、深化财政改革，不断提升科学理财水平。坚持以改革创新为动力，进一步深化财政体制机制改革，推进精细化理财，构建公共财政体系。一是完善预算编制体系，夯实预算基础数据，实行公开透明的预算监督体系，盘活财政存量资金，建立结余资金与预算编制相结合的机制，严格公共资金管理，把政府所有收、支全部纳入预算管理，统筹安排预算内、外及结余资金。二是依托国库集中支付系统，加强对预算单位的各项财政资金监管，严格控制财政授权支付，有效规范了预算单位的财务支出行为，全年通过国库集中支付系统共下达预算支出指标14.46亿元，已形成实际支出10.04亿元(直接支付9.18亿元，占实际支出的91.4%)。三是积极搭建电子化报送平台，实现财政票据电子化管理。全年共有158个行政事业单位安装票据电子化软件。四是继续深化财政体制改革。重新确定政府采购资金支付流程，加强了对采购资金支付的全过程监管，充分提高了财政资金的使用效益。全年政府采购额实现6 022万元。其中，举行公开招标45次，竞争性谈判4次，采购预算资金共计3 911万元，最后中标合同签定资金3 597万元，直接节省财政资金314万元。完善政府投资项目评审管理办法，全年评审建设项目842个，送审资金10.64亿元，经评审确认9.38亿元，审减资金1.26亿元，审减率11.9%。按照桦甸市行政事业单位国有资产管理办法，严格执行行政事业单位资产处置的流程，严把审批关，资产净额无论大小，全部按审批程序进行。全年共办理行政事业单位资产处置案件24件，上缴国有资产处置收益2 659.59万元。

五、严格落实主体责任，全面落实从严治党要求。一是抓好领导班子和干部队伍建设。坚持民主集中制原则，认真履行“三重一大”和主要领导“五个不直接管”制度，领导班子成员分工明确，做到了事事有人抓，项项有人管。加强监督制约，建立健全激励问责机制，有效调动干部工作的积极性、主动性和创造性。二是深入开展专项整治。坚持问题导向，深入开展“三严三实”专题教育专项整治活动，重点查摆基层干部不作为、乱作为、贪腐谋私、执法不公等问题。前后3次经过群众提、自己找、领导点、互相帮等多种方式，共查找共性问题4条，专门召开3次局党支部会议和领导小组专题分析会，对基层干部损害群众利益方面存在的问题进行汇总梳理，列出问题清单，制定整改措施，明确整改责任领导和具体落实科室及成员，实行目标化、具体化、责任化管理。三是深入开展学习型党组织创建活动。以开展“书香型机关、学习型干部”活动为载体，确定重点学习篇目，创新活动载体，严格考勤，确保人员、时间、内容、效果四落实。全年共组织集中学习35次，专题辅导两次，座谈交流1次，观看爱国主义电影两次，人均学习笔记5次、累计字数5 000字以上，心得体会65份。四是密切联系基层、联系群众。将“在职党员进社区”活动、“服务基层、服务群众”活动和“转作风”有机结合起来，切实增强为人民服务的观念，提升科学理财、用财、管财的能力。“在职党员进社区”活动过程中，带头深入明桦街道永胜社区，认领服务项目，开展惠民政策宣传活动。领导干部多次深入基层，为困难群体(5户困难家庭，1户困难党员，1户困难学生)每户送去500元慰问款。为常山镇桃山村协调打印机1台，台式电脑两台(约合资金1.5万元)，改善村级组织办公环境。申请一事一议项目资金30万元，用于河套治理。捐赠5万元，支持桃山村晾晒场地建设，用于增加村级集体经济收入。争取“农村文化大院”补助资金7 000元，用于购买锣、鼓、唢呐、音响设备及秧歌服等，丰富百姓农村文化生活。

六、强化对权力运行的制约和监督，从源头防止腐败。严格执行党风廉政建设责任制的规定，按照“一岗双责”要求，组织班子成员和各科室逐级签订《财政局2015年党风廉政建设主体责任书》，将党风廉政和反腐倡廉重点任务和工作责任进行分解和细化，责任到人。认真贯彻执行中央八项规定、省委具体规定及“三重一大”和“五个不直接管”要求，不断规范重大事项决策程序，积极开展党务、政务公开工作，促进制度执行过程的公开化、程序化、透明化，切实维护制度的严肃性，保证权力在阳光下运行。

永吉县

2015年，永吉县财政以科学发展观为统领，以建设和谐永吉、打造民生财政为目标，积极贯彻落实“稳增长、调结构、促改革、惠民生”的财政政策，继续深化财政体制改革，多措并举培植财源，优化支出结构保稳定，较好地完成了全年各项工作任务。全年一般公共预算财政收入完成5.38亿元，同比增长0.3%。全年一般公共预算财政支出完成20.01亿元，同比增长12.2%。

一、综合施策保收入。坚持财源培植与税源监控并举，强化征管与协调配合并重，拓宽增收空间，提高征管水平，确保财政收入应收尽收。一是强化组织保障机制。对征收部门继续实行组织财政收入目标责任制，明确工作目标、任务和措施。二是加大重点税源的监控工作力度，把骨干企业税源征缴工作列为增收主要来源，同时抓大不放小，清理零散税收，挖潜到各户企业。三是全力支持重点工业项目建设，培植新的财源增长点，向上争取资金和政策，给企业注入活力，尽快提速增效，增加税收来源。四是强化社会综合治税，税收清欠工作取得了突破。五是加强收入调度，考核均衡缴库，保证了省市下达的入库进度。六是规范非税收入管理，抓好财政部门自身组织收入工作，弥补财政收入缺口。七是积极搜集掌握国家和省的政策信息，配合相关部门努力向上争取专项资金，全年共争取到位专项资金5.54亿元。

二、调度资金保支出。一是保证重点民生支出。全年拨付民生支出16.84亿元，为全县各项惠民政策的落实提供了保障。其中，教育支出4.54亿元，医疗卫生与计划生育支出2.58亿元，社会保障和就业支出3.15亿元，住房保障支出6 701万元。二是保证重点基础设施建设。全年拨付交通建设等支出6 291万元，环境治理等支出5 552万元，县城基础设施建设资金(县本级)5 100万元。三是保证工资发放到位。全年拨付工资性支出5.90亿元，保证了国家调资政策的兑现，比2014年增加9 400万元。四是认真执行省财政厅要求的支出进度，县本级支出率达到97%，高于省财政厅规定5个百分点。五是政府性债务得到有效管控。全年县本级共偿还和支付债务本息4.03亿元。

三、推进依法理财，强化预算管理。一是积极推进预算绩效管理。严格预算执行规程，强化预算约束，实行预算公开，加强绩效管理，把绩效理念和工作融入到预算编制、执行、监督工作各个环节，使预算管理更加科学化、规范化、精细化。二是进一步做好国库集中支付管理及公务卡制度改革工作。将全部预算单位163户纳入国库集中支付管理，为全县预算单位的人员办理公务卡，并对全县国库集中支付单位的财务人员进行培训。三是加强信息库建设。完成了财政供养信息库的更新录入工作，以网络平台为依托，建立了永吉县政府采购“评审专家库”、“商品价格信息库”、“供应商信息库”，进一步增强政府采购透明度。全年完成采购总额2.62亿元，节约资金3 357万元。四是严控“三公”经费。组织开展了“三公”经费专项整治工作，通过全面检查，专项整治成果明显，“三公”经费支出管理更加规范。五是加强财政监督。开展了盘活财政存量资金的清理工作、涉农资金专项整治活动、清理滥发津贴补贴专项检查、清理机关食堂违纪专项检查、会计监督检查等5项整治工作。

四、有效开展各项中心性工作。一是编制《永吉县“十三五”时期财政发展规划》，确定了“十三五”时期财政工作的总体思路、基本原则、目标任务和六方面27条保障措施。二是拓宽融资渠道，积极融入资金。抓住了国家刺激投资的有利政策，发挥永晟公司融资平台作用，做好用县城二次供水改造项目、开发区污水处理厂改扩建项目向农发行申请贷款7 300万元的前期工作。做好用县社会福利中心新建项目向国开行申请贷款400万元工作。做好用2013年～2017年棚户区改造二期建设项目向国开行申请贷款4.60亿元的前期工作。三是全力支持长吉产业创新发展示范区万昌先导区建设。全年共向省农发办争取农发资金5 620万元，建设了3万亩高标准水田项目。衬砌渠道17条13.17公里，建设渠系建筑物55座，土地平整3万亩，购置农用动力机械19台，新建农机库房两座1 200平方米，修建田间道路16条17.25公里，购置物联网络信息系统设备4套，扶持了2 400亩有机水稻育秧温室产业化项目。并向省农发办争取了2016年投入万昌先导区的7万亩高标准农田项目资金8 820万元。四是加强金融服务工作。做好银行的信贷引导工作，截至11月末全县银行存款达到118.27亿元，贷款111.27亿元。组织开展了“永吉县2015年银行业金融机构服务地方经济发展竞赛活动”，召开了全县2015年度金融产品推介会。在全县范围内组织开展5次打击非法集资专项排查清理行动，有力地维护金融市场稳定发展。完成对全县8家小额贷款公司变更等日常管理服务。五是扎实推进干部下基层帮扶贫困户工作。帮助北大湖镇头道村修建两座农桥，并在春耕时对17户贫困户资助了5 100元生产资金。

五、加强团队建设，全面提升履职能力。一是深入开展了以践行“三严三实”为主要内容的党的实践活动。在活动中始终坚持立足学习提高，加强党性修养，着眼解决问题，坚持群众路线，贯彻边整边改，建立长效机制。通过实践活动，进一步加深了“理想信念、党性原则、权力观利益观、道德品行”四个层面的自我反省。二是扎实开展树立“清廉、敬业、和谐、务实、创新、学习”六种作风建设，牢固树立“积极而为、高效办事、规范管理、廉洁理财”的财政工作理念。坚持不懈地抓思想政治工作，建设钻研型机关。不断提高财政干部的政治素质和依法理财的能力。加强精神文明建设工作，加大创建措施，实现了上新台阶，被吉林市文明委评为精神文明建设单位。以制度建设为抓手，进一步改进机关工作作风，提高服务质量和水平。开展调查研究，及时上传财政信息，全年被《中国纪检监察报》、《中国财经报》、财政部、省、市有关报刊、网站等媒体采用58篇稿件。

六、强化廉洁意识，增强干部自身素质。一是加强组织领导。局领导班子成员认真落实一岗双责，以身作则，严格遵守廉洁自律各项规定，带班子、带队伍。二是树立职责观念，全局上下在工作中不弄权、不制造权力、只依法依规履行职责。三是完善制度。严格落实“三重一大”和“五个一把手不直接管”的制度，建立健全各项规章制度和业务上的操作规程，形成用制度管权、管事、管人的长效机制。四是在工作中做到了说真话、办实事，注重实效，不搞形式主义。班子成员带头严于律己、勤俭节约，杜绝各种奢侈浪费行为。

四平地区财政工作概况

四平市

2015年,四平市财政面对复杂多变的发展环境和艰巨繁重的改革任务,迎难而上,主动作为,抓收入、控支出、强管理、促改革,财政工作亮点纷呈,为全市经济社会发展做出了重要贡献。全年一般公共预算全口径财政收入完成62.28亿元,增长7.7%。其中,地方级财政收入完成27.06亿元,增长5.0%。全年一般公共预算财政支出完成221.11亿元,增长15.5%。

一、严征管、促征收,着力壮大财政经济实力。面对经济增速放缓、企业利润下滑、政策性减收扩大等困难,切实增强组织收入的前瞻性、主动性、科学性和有效性,深入开展税源调查,准确研判财政收入形势,采取针对性的征管措施,促进财税增收。会同税务部门,开展依法治税、综合治税,拓宽涉税信息来源渠道,加大税收稽查工作力度,防止跑、冒、滴、漏,确保应收尽收。规范非税收入管理,从票据源头入手,清理自设收费项目和超标准乱收费行为。全面推行财政票据电子化管理,实现"以票控费、以票促收"。全市纳税超百万元企业达到609户,比2014年增加65户。入库税收57.4亿元,比2014年增加6.7亿元。

二、稳增长、调结构,着力增强发展内生动力。注重发挥财政资金杠杆作用,设立5 000万元的工业保增长、促转型专项引导资金,累计拨付2 200万元,用于支持45户企业扩大规模、转型升级、技术改造。严格落实各项减税降费政策,全年取消16项收费,降低10项收费标准,减轻企业负担100余万元。通过提高计税标准,对282户小微企业减免税收280万元。建立财政专项资金项目库,制定《市政府财政专项资金项目库管理办法》,严格审批程序,切实提高财政专项资金的规范化管理水平。认真研究国家和吉林省的政策,准确把握导向,积极配合相关主管部门做好农业生产、生态环境保护、基础设施建设等重大项目的包装、申报工作。全年市级共争取专项资金26.5亿元,比2014年增长6%,有力保障了全市重点工程和事业发展的资金需求。发挥财政牵头作用,协调市金融办、市城投公司等有关单位,对接浦发银行、光大银行、国开行、建行、农发行、交行、吉林银行等金融机构,融资25.2亿元。全年新增债券2.3亿元,置换债券8.5亿元,用于偿还债务本息,解决历史遗留问题和支持市政工程建设。

三、控支出、优结构,着力提高资金使用效益。严格贯彻执行《党政机关厉行节约反对浪费条例》的有关要求,大力压缩一般性支出,全市"三公"经费支出比2014年压缩230万元,压缩比例为4.5%。加强政府采购管理,制发《四平市市级财政性资金投资工程类项目政府采购管理暂行办法》和《四平市政府采购中心内部控制制度》,实行政府采购全程电子监控,进一步规范政府采购行为,做到公开、公平、公正。全年累计实施政府采购809次,项目预算资金3.6亿元,实际采购支出3.3亿元,节约资金近3 000万元,节支率达6.5%。其中,政府采购中心完成采购项目620个,组织签订政府采购合同688份,项目预算资金2.9亿元,完成采购金额2.6亿元,节约资金2 800万元,节支率10%。完成市直办公用品定点采购、非集中供热取暖煤批量采购工作。开展政府性投资建设预决算评审项目760个，评审额比2014年增加19亿元。其中，工程决算送审金额4.9亿元，审定金额4.2亿元，核减金额0.7亿元，审减率12.4%。

四、保民生、提质量，着力提升财政保障能力。按照尽力而为、量力而行、突出重点的思路，积极筹措安排资金，努力保障社会事业和民生等资金的需要，全年拨付民生支出57.1亿元。其中，拨付社会保障和就业支出18.7亿元，增长21.8%。拨付医疗与计划生育支出6亿元，增长19.8%。拨付教育支出11亿元，增长5.5%。将市区城镇和农村居民最低生活保障标准由月人均426元、208元，分别提高到444元、224元，市区城市低收入家庭收入标准由月人均852元提高到888元，惠及3.3万群众。拨付淘汰燃煤小锅炉专项补贴资金284万元，支持改善空气质量、共建碧水蓝天。优先保障“三农”支出，不断加大财政对农业农村的投入，认真落实各项惠农政策，提高农民生产积极性和农业抗风险能力。严格惠农资金发放程序，确保资金按时发放到户。全年累计拨付农业支持保护补贴（农作物良种补贴、种粮农民直接补贴、农资综合补贴）9 500万元、农机购置补贴1 400万元，退耕还林及清耕还林资金1 582万元。拨付3 200万元，用于修建井柱桥、水源井、喷灌设备等，为农业稳市目标提供了坚强的保障。

五、抓改革、强管理，着力激发财政发展活力。深化预算管理制度改革，将财政收入全部纳入预算管理，进一步细化经济类科目，提升预算执行能力。除涉密信息外，财政预决算、“三公”经费预决算在市政府网站全部公开。深化国库管理制度改革，全面推行集中支付电子化改革。大力推进公务卡结算制度改革，实现市直预算单位全覆盖，扫除公务支出用卡的盲区和死角。加强各项资金的统筹使用，进一步加快支出预算和资金拨付进度。积极盘活财政存量资金，制发《关于加强财政拨款结转结余资金管理的通知》，全年盘活财政存量资金1亿多元。强化存量资金管理，按照规定补充预算稳定调节基金、安排实际支出，有效避免资金“二次沉淀”。全面清理市级预算单位银行账户，进一步规范财政专户管理。制发《市直行政事业单位国有资产管理、市属企业国有资产处置管理暂行规定》，明确国有资产处置、出租出借、对外投资等审批办理程序，进一步规范了国有资产的管理。开展市直国有资产清查，摸清底数。规范行政事业单位资产处置、出租申报文本，统一标准。制发《政府向社会力量购买服务暂行办法》，组织市直几十家单位就规划编制、中介服务等业务向社会购买服务，提高了财政资金使用效益，提升了公共服务质量。扎实推进政府和社会资本合作，利用PPP模式融资3.6亿元，四平市地下综合管廊项目被列为财政部第二批政府和社会资本合作示范项目。加强政府性债务管理，采取有效措施，积极化解政府存量债务。建立规范的举债融资机制，严格控制债务规模，积极争取地方政府债券额度，减轻还本付息压力。不断加强财政监督检查，严肃财经纪律，开展“四风”问题专项检查和各种监督检查，全年共检查机关企事业单位400余户，查处违纪资金474万元，收缴入库418万元。

六、改作风、强素质，着力提升党建工作水平。认真开展“三严三实”专题教育，全年组织8次局党委理论中心组集中学习，“严以修身”、“严以律己”、“严守党的政治纪律和政治规矩”3个学习研讨活动，召开局党委班子民主生活会，认真开展批评和自我批评，深入查找思想和作风上存在的问题，建立问题清单，制定整改措施并督促执行。积极推进干部交流，制定出台《四平市财政局关于公开选拔科级干部实施方案》，通过自荐报名、全员投票方式选拔科级干部12名，平级调整干部29名，公开招录干部3名，进一步优化了干部队伍结构，形成了干部管理能进能出、新老交替的良好格局，有效激发了全体职工干事创业的活力。扎实推进作风建设。认真履行党委主体责任，支持纪委履行监督责任。深入学习《中国共产党廉洁自律准则》和《中国共产党纪律处分条例》，严格执行各项纪律要求。不定期检查机关工作纪律，采取诫勉谈话、公开通报等方式，善意提醒和严格督促全体干部职工遵章守纪、恪尽职守。积极参加市直机关运动会等活动，在市直机关迎“七一”职工篮球赛上，财政局男子篮球队30多年首次夺得桂冠。同时，积极组织全局干部职工参加篮球赛、乒乓球赛、义务植树、户外徒步等有益身心健康的活动。

公主岭市

2015年，公主岭市财政围绕全市经济社会发展总体要求和目标任务，积极发挥财政职能作用，狠抓增收节支，进一步优化支出结构，加强财政科学化、精细化管理，促进经济增长、结构调整，保障和改善民生，圆满完成了全年各项目标任务。全年一般公共预算全口径财政收入完成26.02亿元，增长11.5%。其中，地方级财政收入完成21.03亿元，增长14.7%。全年一般公共预算财政支出完成62.08亿元，增长17.4%。

一、狠抓财政收入，稳步推进财源建设。一是深化财税体制改革。依法加强治税护税体系建设，探索实行《市与区镇的财政管理体制》和《市与乡镇的财政管理体制》，充分调动了乡镇、开发区组织收入的积极性。二是加大非税收入收缴制度改革。强化非税收入预算管理，提高监管水平，实现应缴尽缴。三是积极盘活存量资金。全年盘活存量资金1.02亿元，全部用于民生支出。四是加大融资力度。争取省开行棚改贷款授信额度20亿元，国开行基本建设基金1.15亿元，支持棚改贷款项目和城市管廊和引二龙湖水入岭PPP项目。五是认真学习国家和省出台的各项财政政策，积极争取各类专项资金，提高财政基本保障能力。

二、压缩弹性支出，确保民生事业投入。一是合理界定财政保障范围，形成联动管理机制，实行从计划到支付的全过程监督，合理压缩一般性支出，重点压缩会议费、招待费、公务用车等弹性支出，“三公”经费支出可比口径下降9%。二是重点保障民生投入支出。累计拨付全市机关事业单位人员调资和养老保险并轨支出3.4亿元。拨付再就业资金5 743万元，用于开展城乡劳动力就业技能培训，帮助返乡农民工和下岗失业人员实现就业和再就业。拨付资金11.51亿元，用于城乡居民基础养老金和企业退休人员基本养老金支出。拨付资金1.40亿元，用于保障城乡低保群众的基本生活。三是坚持教育优先发展。拨付资金4 916万元，用于落实全市义务教育阶段学生“两免一补”政策。拨付专项资金4 797万元，用于实施校舍维修及设施配套工程，完善农村教育资源体系建设，促进城乡义务教育均衡发展。四是加快推进基本医疗保障制度建设。累计拨付地方财政配套资金4 781万元，将新农合和城镇居民医保人均补助标准分别提高60元。五是拨付各类改善农村人居环境建设资金3 497万元(地方财政安排1 000万元)，用于改善人居环境，加快社会主义新农村建设。六是认真落实各项强农惠农政策。发放粮补资金和综合直补资金4.22亿元，农机购置补贴1.06亿元，良种补贴3 830万元。争取农业综合开发项目资金7 761万元，国家现代农业发展资金1 000万元，用于发展现代农业。七是加强村级组织建设，壮大村级集体经济。累计拨付村级组织运转经费、村组织奖补资金及村部建设等资金6 573万元。

三、提升财政管理水平，提高资金使用效益。一是继续深化部门预算改革，提高政府预算的透明度，强化财政资金的管理和监督。二是不断完善政府采购制度建设工作，加强分散采购管理，推进公开招标工作，增强政府采购工作透明度，全年完成政府采购1.2亿元。三是加强财政评审工作，1～11月份共评审建设工程项目252个，评审金额10.5亿元，审减金额1.4亿元，审减率13.3%。四是强化行政事业单位国有资产监管，逐步构建国有资产资本经营的预算体系，加强国有资本运营效益管理。

双辽市

2015年，双辽市财政克服双辽发电厂二期固定资产增值税政策性抵扣、福耀集团产业结构调整以及房地产业不景气等因素影响，围绕经济建设和服务民生事业发展大局，主动作为，开拓进取，在全体干部共同努力下，各项工作都取得了新进展。全年一般公共预算全口径财政收入完成6.40亿元。其中，地方级财政收入完成4.75亿元，比2014年增长2.6%。全年一般公共预算财政支出完成25.8亿元，比2014年增长14.0%。

一、全力组织财政收入。一是积极协调税务部门，确保部门间的信息共享，使各项税收应收尽收。二是积极向省财政争取财力补助，有效保证了重点支出需要和全市各部门机构正常运转。结合双辽市经济和社会事业的发展现状，认真研究上级财政资金的投放政策，围绕教育、“三农”、社会保障、医疗卫生、保障性安居工程等积极申报项目资金。全年共争取上级补助资金21.8亿元。三是归集清理以前年度结余结转资金，盘活行政事业单位账户沉淀资金，缓解了财政资金的周转压力，确保了全市行政事业单位工资调整的按时发放、社会保障提标配套以及辽河路升级改造等重点基础设施建设的资金需求。全年筹措资金1.1亿元，按全省统一时间要求完成了工资提标兑付工作。

二、着力保障民生等重点支出。一是积极筹措资金，保障养老保险及城乡低收入人群生活支出。加大对困难群众基本生活救助补助支持力度，全面实施临时救助制度。进一步提高城乡低保标准，将城市和农村低保标准分别提高到每人每月300元、每人每年2 400元，并适时调整优抚对象等人员抚恤和生活补助标准。二是不断完善义务教育经费保障机制，将中、小学生人均公用经费分别提高到800元和600元。进一步提高普通高中、中等职业学校困难寄宿生补助标准，扩大中等职业教育免学费政策范围。支持特殊教育学校和少数民族学校改善办学条件，经费补助水平比普通小学分别提高了5倍和2倍。三是积极落实各项提标政策，将基本公共卫生服务经费标准由35元提高到40元、城镇居民医疗保险筹资标准和新型农村合作医疗筹资标准由320元提高到380元。四是全面落实粮食直补、农资综合直补、农机具购置、良种补贴等强农惠农补贴政策。及时拨付农村安全饮水资金，解决农民长期饮用苦咸水问题。拨付农业保险资金427万元，用于保障农民灾后恢复生产。完善村级公益事业建设一事一议财政奖补机制，继续开展美丽乡村建设试点。加大农业综合开发投入，大力推进高标准农田建设。

三、加快推进各项财政改革。一是加强财政法制建设。积极落实新预算法的精神、原则和各项具体规定，增强预算法治意识，自觉把新《预算法》的各项规定作为从事预算管理活动的行为准则，严格依法行政、依法理财。二是深入落实《关于深化预算管理制度改革的实施意见》，从预算编制、执行、决算、监督、公开等各个环节予以强化提高。三是规范政府债务管理。全面清理甄别存量债务，摸清债务底数，有序推进置换存量债务工作。四是全面推进各项财政改革。随着部门预算、国库集中支付、非税管理、工资统发、指标管理、政府采购、公务卡等系统的全面推广，逐步实现了财政业务系统一体化，实现了以预算编制为源头，以收支管理为主线，以执行分析为回路的财政核心业务系统的贯通，财政资金管理更加安全高效。五是不断增强预算透明度，对全市98个部门的部门预算和“三公”经费预算实施公开，进一步提高了政府公信力。六是严肃财经纪律。做好“小金库”专项治理工作，并定期开展涉农、基本建设、教育、社会保障等方面的专项检查，坚决防止违纪违法问题出现。七是继续加强项目预决算评审和国有资产管理工作。

梨树县

2015年，梨树县财政面对严峻的财政收支形势，紧紧围绕“发展”和“民生”两大主题，多渠道争取资金，努力壮大财源，不断为全县经济和社会的发展创造良好环境。全年一般公共预算全口径财政收入完成6.43亿元，可比口径同比增长7.5%。其中，地方级财政收入完成4.77亿元，可比口径同比增长8.4%。全年一般公共预算财政支出完成36.25亿元，增长21.5%。

一、稳步推进财源建设。一是加大组织收入力度。将常规的一般性税收作为工作重点，强化税收征管，加大清欠力度，做到应收尽收。二是积极向上争取财政补助资金。调动全县各乡镇和县直各部门，充分发挥职能作用，多跑省级对口厅局，及时了解政策信息，多渠道争取专项资金。全年共向上争取资金20亿元，同比增长2.5亿元。三是清理财政存量资金。进一步落实国务院关于盘活存量资金的各项要求，盘活存量资金8 200万元，提高了财政资金使用效益。四是加大替换债券资金争取力度。全年共向省财政厅争取替换债券资金2.64亿元，有效地缓解了还款压力。五是争取省农发办高标准农田建设项目资金8 820万元，支持梨树镇泉眼沟村、北老壕村、八里庙村和夏家堡村4个村打抗旱井、喷灌设施、田间路、排水渠等。

二、不断提高财政资金使用效益。一是明确工作责任，将支出进度责任分解落实到各职能业务科室。二是严格预算执行，加快财政预算指标下达和资金拨付进度，确保预算支出资金均衡落实到位。三是加强转移支付资金落实，对明确到具体项目和单位的转移支付资金严格按照项目实施进展情况，及时拨付到位。四是加强财政支出预算执行分析，按月对预算执行情况进行分析研究，形成分析报告，对加快资金拨付、使用效益存在的问题提出具体建议。五是严把资金安全关，做到加快支出进度和提高支出绩效两手抓，对财政资金的分配、拨付、使用实行全程监督管理。六是严格控压一般性财政支出，重点保障好职工工资、教育、社保和就业、卫生等重点支出的资金需要。全年拨付职工工资9.72亿元，教育资金7.29亿元，社会保障和就业资金8.06亿元，医疗卫生与计划生育资金4.86亿元。

三、继续提升财政管理水平。一是加强新《预算法》宣传执行力度，继续深化部门预算改革，提高政府预算的透明度，强化财政资金的管理和监督。二是不断完善政府采购制度建设工作，加强分散采购管理，推进公开招标工作，增强政府采购工作透明度。三是加强财政评审工作。全年审减金额1.6亿元，审减率12.2%。四是强化行政事业单位国有资产监管，逐步构建国有资产资本经营的预算体系，加强国有资本运营效益管理。

四、继续强化财政内部管理。一是教育引导。局党委班子带头认真研读党的十八届三中、四中、五中全会精神和县委十四届八次全会精神，注重把系列创建活动贯彻到每一个决策中，体现到每一个细微环节中。紧密结合工作实际，以系列创建活动为载体，切实将贯彻落实科学发展观运用到财政业务工作中。同时，有针对性地对干部进行了解谈话、提醒谈话、诫勉谈话，弘扬干净干事的清风正气。二是健全制度。通过开展"三严三实"专题教育活动，广发征求意见，查找存在问题，先后研究制定、完善修订党建工作制度和党风廉政建设工作等项制度。通过建立和完善制度，使局机关工作从决策到落实，从领导到职工，从学习工作到日常生活都有了行为准则，考核检查有了尺度，有效地加强了行政管理，提高了行政效能，促进了依法理财、依法行政。三是强化监督检查。加强对民生、教育、惠农、医疗、城市环境等财政资金使用管理情况的监督检查，确保政令畅通。围绕增强财政资金安排的规范性、财政资金使用的有效性、财政资金管理的安全性，深入开展内部监督检查，完善预算编制、执行、监督的制衡机制。

伊通县

2015年，伊通县财政主动适应经济发展新常态，全面贯彻落实积极财政政策，大力组织财政收入，持续保障和改善民生，不断深化财税改革，推动全县经济和社会平稳健康发展。全年一般公共预算全口径财政收入完成6.91亿元，同比增长2.1%。其中，地方级财政收入完成4.68亿元，同比增长5.5%。全年一般公共预算财政支出完成24.15亿元，同比增长11.1%。

一、严征细管科学聚财，保证财政收入稳定增长。一是向重点工程项目要收入。加快重点项目工程进度，按工程进度及时支付工程款项，确保税款及时足额缴库。对于已经完工的工程项目，积极筹措资金，尽快支付工程款项，足额清缴税款5 480万元。二是加大综合治税力度。为促进税款清缴，下发《关于进一步深入落实综合治税的工作意见》，及时准确地为税务部门提供所管行业、项目单位纳税资料。三是深入挖掘非税收入增收潜力。加大国有资产资源管理力度，下发《关于清查全县行政、事业单位和国有企业资产、资源工作的通知》，对全县国有资产、资源进行全面清查，对应缴未缴的资产资源处置收入进行了清缴。

二、全力支持经济发展，夯实财源增长基础。一是积极向上争取资金。县直各部门密切配合，积极与省财政厅联系沟通，争取上级财政部门的支持和帮助。全年共争取省补助资金19.67亿元，增长12.2%。二是支持企业发展。拨付资金510万元，支持新型产业发展、科技创新、成果转化、节能减排，落实贷款贴息政策，拉动企业创新投入，推动工业经济提速发展。三是支持农业发展。拨付财政涉农资金5.50亿元，大力支持农业基础设施、农业综合开发、生态环境保护、农业科技推广、农业规模化经营、高标准农田建设等，促进提高农业综合生产能力。及时兑现粮食直补、农资综合补贴、良种补贴、退耕还林补助、农机购置补贴等各种惠农补贴2.51亿元。拨付资金4 900万元，推进村级公益事业一事一议财政奖补项目及美丽乡村建设。四是支持重点项目建设。拨付资金1 602万元，完成县城巷道改造。拨付资金4 010万元，完成供水管网及污水管网改造。全力支持库仑大路、伊通河治理、伊长铁路、城乡公路、保障性安居工程等重点项目建设。

三、优化财政支出结构，重点保障民生支出。一是及时兑现工资政策。按照国家规定调整行政机关事业单位工资政策，推进养老保险制度改革，全年工资性支出7.74亿元，比2014年增加1.92亿元。二是支持教育优先发展。进一步提高义务教育中小学公用经费标准，支持扩大学前教育资源，实施农村初中寄宿条件改善工程，支持中等职业示范校建设和普通公办高中改善办学条件。三是提高社会保障能力。足额拨付就业资金、企业退休人员养老金、城乡居民养老保险金、城乡低保补助资金及城乡医疗救助资金2.87亿元。四是推进医疗卫生体制改革。将城镇居民基本医疗保险和新型农村合作医疗财政补助标准由年人均320元提高到380元。建立基本公共卫生服务经费保障机制，按人均8元标准足额安排配套资金392万元。五是全面落实中央八项规定，压缩“三公”经费，出台公务接待、差旅费、会议费、培训费等管理办法，严格控制行政经费和一般性支出。全年“三公”经费支出比2014年下降5%。

四、深化财政体制改革，稳步提升管理水平。坚持以改革促发展，贯彻落实中央财税改革方案，深化财政体制改革。一是认真贯彻实施新《预算法》。加强政府预算管理，按照新《预算法》要求编制完成2015年财政预算。实现了2014年财政及部门决算、2015年财政及部门预算信息公开。二是认真贯彻落实国家税制改革政策，扩大“营改增”实施范围。三是规范政府债务管理。扎实开展存量债务清理甄别工作，进一步摸清了伊通县政府债务底数，做好债券置换地方政府性债务工作，全年置换及新增债券3.7亿元。四是积极盘活财政存量资金。下发《伊通满族自治县人民政府办公室关于进一步做好盘活部门财政存量资金工作的通知》，全年共盘活财政存量资金7 490万元。五是推进政府购买服务。出台《伊通满族自治县政府购买服务管理办法》，规范购买服务行为。六是进一步完善县乡财政管理体制。下发《关于进一步完善乡镇财政管理体制（试行）的通知》，明确财权事权。七是加强财政监督检查，健全内控制度。

五、有序开展其他各项工作。一是大力推进依法理财，加强规范性文件管理。二是强化预算执行管理。建立预算执行考核问责机制，推进预算绩效管理。三是继续推进国库集中支付和公务卡改革。四是深入开展标准化财政所创建工作，进一步加强乡镇财政管理。五是进一步加快财政信息化建设步伐，逐步扩大财政投资评审和农业综合开发项目评估成果。六是全面贯彻落实会计政策法规、准则、制度，加强财政罚没收入、外债资金管理、水利建设基金筹集使用管理和财政票据管理工作。七是加强财政系统机关党建、创先争优和财政文化建设，机关运转、后勤保障、老干部服务、财政科研和新闻宣传等都取得了新成绩。

辽源地区财政工作概况

辽源市

2015年，辽源市财政积极应对经济下滑、有效税源不足、偿债压力大等困难和挑战，全力以赴增收节支，调度资金，深化改革，强化管理，千方百计保工资、保运转、保民生、保稳定，为经济社会持续健康发展做出积极贡献。全年地方级财政收入完成28.1亿元，增长4.8%。全年一般公共预算财政支出完成110.7亿元，增长11.4%。

一、全力组织收入。强化目标管理，扎实落实年初计划和收入包保责任制。强化工作调度，加强预算执行分析、税源跟踪预测及重点企业监测，把握进度，解决难题。强化工作推进，坚持上下联动机制，市县区及各征收部门齐心协力，密切配合，序时推进收入征缴。强化税收稽查，查补税款0.9亿元。强化综合治税，依法严厉打击偷逃骗税行为，全力做到应收尽收。

二、强化资金调度。全年争取国家置换债券资金16.95亿元、新增建设债券资金1.98亿元。强化与建设银行、工商银行、浦发银行、农发行金融合作，全年融资13.1亿元。大力清收财政欠款，清理财政性各类欠款2.7亿元，盘活财政结转资金0.3亿元，收回各部门存量资金1亿元。筹措拨付资金1.2亿元，确保市直津补贴、机关事业单位工资调整、公积金和养老改革政策落实到位。

三、服务经济建设。全年市本级共向上争取专项资金53.3亿元（含转移支付），增长29.3%。争取棚户区改造项目贷款5.6亿元，暖房子贷款2.8亿元，国开行对辽源市2013～2017年保障性安居工程协议贷款26.5亿元。争取国开发展建设资金4.6亿元，重点支持城市管廊、东北袜业园、麒鸣牧业等建设。争取省级水利项目补助资金0.25亿元。积极推进融资服务，省地级市中首家成功发行8亿元中期票据。短期贷款融资15.3亿元。积极开展担保融资，全年新增融资额65.1亿元，重点支持了省诚毅车桥、利源铝业、巨峰生化、麒鸣牧业等项目建设。

四、保障民生支出。拨付养老、失业、创业就业、医疗保险、社会救助等社会保障支出14.5亿元，落实城乡低保、养老等提标调待政策资金3亿元。拨付廉租房补贴资金942万元、保障性安居工程资金2.1亿元。完善义务教育保障机制，推进全市义务教育均衡发展。争取到位科技创新专项资金0.3亿元、文化产业专项资金0.3亿元。发放粮食直补和农资综合直补资金0.2亿元。

五、强化改革管理。清理规范税收等优惠政策63项。强化预决算管理，市直84个部门全部公开预决算。进一步规范财政专户管理，市直50个财政专户撤并为31个。强化公务卡管理，推行市级预算单位公务卡强制结算目录。规范市直部门差旅费、会议费管理办法，公开“三公”经费预决算。积极探索担保公司股份制改造。加强政府性债务动态监管，强化预警机制建设。加强国有资产管理，完成公车改革准备工作。加强政府采购管理，节支率4.4%。加强财政投资评审，全年审减金额6.2亿元。加强财政监督检查，全年查处违纪资金242万元。

六、强化队伍建设。一是加强班子建设。强化民主制度，坚持党组会、局长办公会、局务会、全局干部大会等议事协商决策制度，充分听取班子成员意见，强化集体领导和民主决策。加强两级班子建设，树立全局“一盘棋”思想。加强工作沟通、研究和调度，注重调动、鼓励和激发干部工作积极性和爱岗敬业、拼搏进取精神。二是加强机关党建和干部教育。加强支部建设，新发展党员3

人，按期转正4人，培训积极分子4名，组织15名党务干部参加市直机关党务干部培训。加强“窗口”建设，设立“共产党员先锋岗”，激发党员先锋模范作用。加强文化建设，组织参加健步走、义务植树、禁毒教育、廉政书画展、公文写作竞赛、送温暖、双日捐等活动。加强干部教育，按照《党政机关干部选拔任用工作条例》，坚持选贤任能机制，并结合“三严三实”专题教育，组织开展系列学习活动，全年共组织参加各类培训698人次。三是加强财政宣传和反腐倡廉工作。充分利用报纸刊物、广播电视、电子屏幕等媒介，宣传推介辽源市财政工作。加强工作调研，大力倡导“转作风、搞调研、下基层、解难题”开门搞调研活动，正式出刊《辽源财政调研》。深入贯彻落实党风廉政建设责任制，坚持述职述廉制度，切实履行主体责任和监督责任。加强廉洁教育，强化《廉洁从政准则》和《纪律处分条例》落实，增强廉洁意识，提升拒腐能力，营造风清气正氛围。

东丰县

2015年，东丰县财政面对经济持续下行、还债高峰和支出大幅增长的压力，沉着应对、主动作为、攻坚克难、综合施策，较好地完成了全年各项财政工作任务，实现了保工资、保基本、保民生、保稳定、保重点的工作目标，有力地保障和支持了全县经济社会事业健康发展。全年地方级财政收入完成5.66亿元，同比增长8.2%。全年一般公共预算财政支出完成25.63亿元，增长14.1%。

一、积极组织收入。一是果断出售吉视传媒股权，增加地方级收入2.1亿元。二是每月召开两次税收协调会，积极组织税务等相关部门，认真分析收入形势，研究解决对策。筹措资金近1亿元，用于欠拨工程款等支出，增加税收6 817万元。三是深化综合治税，加强非税收入管理，确保各项收入应收尽收。

二、保障重点支出。一是落实国家工资制度调整改革政策。保证东丰县人员全年工资按时发放到位。落实全省第四步津补贴相关政策，兑现了2014年绩效奖金。二是保障民生社会事业重点支出。全年民生财力支出12.6亿元，保障了全县社会养老保险、新农保、新农合、城乡低保、创业就业等政策全面落实。全年教育发展支出5.1亿元，全面落实了农村义务教育和高中教育经费保障机制，通过了全国义务教育均衡发展验收。全年争取医疗卫生专项资金1.7亿元，提高了农村新型合作医疗和城镇居民医疗保障补助标准，使城乡大病患者得到救助。加强农村医疗卫生基础建设，改善村级医疗条件。三是保障“三农”事业发展支出。全年整合涉农资金投入2.9亿元，大力实施农田水利等基础设施项目建设，加快推进一事一议、美丽乡村和农村人居环境改善项目建设。为实现“一年见成效，两年变面貌，三年大改观”的总目标，着力改善农村环境卫生条件和文化基础设施建设。四是保障城市基础设施建设重点项目支出。全年拨付城乡社区事务资金3亿元，有力地支持了新老城区春季绿化、美化、亮化，步行街及巷路改造、莲河治理、绕盈河景观带工程建设，确保了“创四城建五乡”工作的顺利开展。

三、加强财政管理。一是按照新《预算法》及编制三年滚动预算规划要求，全省率先启动财政综合业务系统，将未来三年需安排的财政资金项目全部录入到系统项目库中，得到了省财政厅的认可和大力支持。二是全面推进国库集中支付管理改革。将全县14个乡镇205个单位纳入国库集中支付改革范围，实现了预算单位全覆盖。三是继续加强国有资产管理改革。全面推行网上处置审批，加大盘活闲置资产工作力度。认真开展产权登记和资产盘点，在全县包括各乡镇全面推广固定资产条形码管理。四是按照“金财工程”建设规划，高标准建设了东丰县财政数据中心平台，建立起“财政大数据”集中管理系统，使全县财务工作纳入到以“财政”为核心的电子化、网络化、规范化管理轨道，强化了财政监管职能，为各级领导决策提供了科学依据。

四、抓好党建工作。一是扎实开展“三严三实”专题教育，重点抓好《中国共产党廉洁自律准则》和《中国共产党纪律处分条例》的学习。积极聘请中央财经大学、吉林省委党校知名教授，作形势任务报告和深化改革专题讲座5次。二是深入开展城乡共建结对帮扶活动。60名在职党员全部走进社区，积极开展送温暖解难题办实事志愿行为，捐款捐物达两万多元。积极支持下派第一书记工作，新建了村部、文化活动广场和办公设备等。三是不断丰富职工精神文化生活。积极组织开展职工羽毛球、乒乓球、篮球比赛、书法摄影展、“读一本好书”等活动，获得了“省级精神文明建设先进单位”荣誉。四是高度重视党风廉政建设工作。认真落实“一岗双责”，切实履行第一责任人责任。加强警示教育，创办了“廉政短信平台”，在重大节日向全局干部编发廉政短信，增强廉政自觉。五是全面加强内部管理，狠抓“四风”问题治理。狠抓反腐倡廉各项制度建设。对公务接待、外出差旅、财务管理、资产管理、干部管理、议事决策、“三重一大”事项、机关纪律、请假报告等做出全面细致的规定，坚持执行局党组会议、局长办公会和局务会议事决策制度。

东辽县

2015年，东辽县财政积极应对税源不足、稳定和发展资金需求增多等困难和压力，全力以赴增收节支，筹集资金，强化管理，千方百计保工资、保运转、保民生、促发展，为全县经济社会持续健康发展做出积极贡献。全年一般公共预算全口径财政收入完成5.09亿元，增长1.5%。其中，地方级财政收入完成3.99亿元，增长7.2%。全年一般公共预算财政支出完成22.94亿元，增长21.8%。

一、多措并举，确保收入任务顺利完成。一是努力克服各种不利因素影响，切实履行职责，千方百计挖潜增收，为全县经济和社会事业发展提供了有力保障。二是积极争取上级政策资金支持。全年争取上级财政专项资金7.48亿元，增长16%。三是不断加大资金筹措力度。全年融资2.10亿元，争取债券置换资金2.68亿元，清理盘活存量资金4 586万元，有效缓解了财政资金紧张的局面。

二、着力改善民生，确保惠民政策有效落实。一是筹措资金2.10亿元，全面上调财政供给人员工资和津贴补贴，实现了同城同酬。二是筹集资金3.20亿元，保障了企业养老金和城乡居保足额发放。三是发放低保金6 631万元，保障了城乡低保人员的基本生活。四是筹集拨付新农合资金1.06亿元、城镇居民医疗保险基金575万元、医疗救助资金1 068万元，切实提高城乡居民医疗待遇，减轻城乡居民医疗负担。五是拨付就业补助资金4314万元，支持就业培训、缴费补贴和公益岗位。六是发放粮食直补、良种补贴、农资综合补贴1.20亿元，粮食直补担保贷款、土地收益保证贷款2 046万元。七是拨付城市棚户区、工矿棚户区、廉租房建设资金3.46亿元，农村危房改造资金832万元，用于改善城乡居民的居住条件。

三、坚持统筹兼顾，促进社会各项事业发展。一是全年拨付教育资金4.92亿元。筹集拨付义务教育发展资金7 000万元，用于改善教学设备、设施，顺利通过国家义务教育均衡发展检查验收。二是全年拨付医疗卫生资金3.15亿元。拨付资金579万元，用于支持公立医院改革平稳进行。拨付基层医疗卫生机构经费8 013万元，用于保障乡村医疗卫生工作顺利开展。投入资金1 020万元，新建标准化村卫生室85个，实现村村全覆盖。筹措资金7 900万元，用于重启白泉卫生院建设。三是拨付农发资金4 144万元，农田水利建设资金3 068万元，高标准农田建设资金5 481万元，一事一议奖补资金4 809万元，有效改善了农村基础设施和环境。四是拨付资金520万元，新建农村文化广场34个、乡镇电影院7个，升级改造民俗博物馆。五是争取到位企业发展类专项资金8 860万元，重点用于企业技术改造、新产品研发、节能减排等，有力支持了金刚水泥、金翼蛋品、元隆达模具等重点企业的发展。

四、强化监督管理，不断深化财政改革。一是制定并实施《东辽县财政资金审批拨付管理办法》，进一步规范财政资金管理。二是稳步推进国库集中收付改革，将县直部门财政资金全部纳入集中支付范围，执收部门全部实行非税征缴系统改革。三是全面公开全县2014年财政收支决算、2015年财政收支预算和“三公”经费预算，部门预决算公开实现全覆盖。四是切实加强财政投资项目管理，完成审查工程项目245项，审减资金5 100万元。五是不断完善政府采购管理。全年完成政府采购7 194万元，节约财政资金538万元。

通化地区财政工作概况

通化市

2015年，通化市财政努力克服经济增长下行和国家政策性减收因素等压力，务实进取、攻坚克难，较好地完成了全年各项工作任务。全年一般公共预算全口径财政收入完成116.1亿元，下降5.5%。其中，地方级财政收入完成78.1亿元，下降6.7%。全年一般公共预算财政支出完成230.3亿元，增长10.3%。

一、采取有效措施，全力组织财政收入。一是配合税务部门进行税源调查，定期召开收入调度会，综合分析收入变化情况，尽力收窄收入降幅。同时做好与各县（市、区）的沟通联系，密切关注重点企业税收走势，认真分析国家财税政策，及时将通钢、修正等重点企业经营情况及税收情况上报市政府，为领导统筹决策财政工作提供数据依据，确保了税源不流失和应收尽收。二是认真做好非税收入计划和统计工作，通过强化财政票据管理和“以票促费”、非税稽查等方式，确保非税收入及时足额缴库。三是不断加强罚没票据管理，严格实行以旧换新和罚缴分离制度，确保罚没款项及时上缴国库。四是不断加大对所涉土地出让金、水利建设基金、价调基金等的调度分析力度，确保政府性基金征收工作顺利完成。五是积极与省财政厅沟通，汇报通化市财政收入下降的实际困难，最终得到省财政厅的认可，完成了通化市委、市政府的要求，提高了财政收入的质量。六是积极争取上级资金和项目支持，建立争取上级资金目标管理责任制，将争取资金目标进行量化，并纳入岗位责任制进行考核。重点盯住国家和省转移支付改革方向，积极与部门配合全力争取上级转移支付资金和政府债券置换额度。

二、加强预算管理，着力保证重点支出需要。一是加强预算使用管理。在预算安排上，引入“大财政”理念减少公共预算资金压力，在支出安排上，本着先用基金安排，再用上级专项和非税收入安排，最后用预算资金安排的次序，有效有序地保证经济、社会平稳运行。认真审核项目支出，合理编制年度支出预算，在执行中坚持无预算不支出的原则，严格控制预算外追加。建立项目资金集体集中审批制度，代市政府起草了《关于规范通化市市直财政项目资金管理的通知》，成立了通化市直财政资金管理委员会，对预备费安排的支出实行集体集中审批，有效避免了部门多头要钱的情况，规范了政府支出行为。盘活和清理了2013年及以前年度财政和部门结转结余资金，缓解了财政公共预算压力。并对原有优惠政策按照国务院规定认真予以执行，对未设置执行期限的优惠政策，设置了过渡期。加大统筹基金预算力度，认真分析政策规定，统筹安排历年基金结余3.6亿元用于公共预算，有效缓解了支出压力。二是优先保障民生、重点项目建设等支出。拨付资金3亿元，支持重点交通建设、二次供水、环境保护、垃圾处理、燃气管网、地下综合管廊、重大水利工程等，完善了城市基础功能。拨付资金1.6亿元，支持企业技术改造、产业升级和高新技术企业加快发展，进一步筑牢税源基础。拨付资金1.9亿元，支持独立工矿区、老工业区搬迁改造，改善了老工业区发展环境和基础条件。拨付资金1.3亿元，用于通化机场扩建和航线补贴，保证了机场顺利运营。拨付资金2.0亿元，重点支持义务教育、基础教育、中职教育以及科技、文化、体育、传媒等社会事业全面进步。拨付资金10.2亿元，保证养老金、低保补助、医疗保险补贴、再就业资金等及时足额发放，连续11年落实养老金提标政策，着力推进了社会保障体系建设，促进了城乡统筹发展。拨付资金8 139万元，兑现各类强农惠农政策，支持农业产业化发展和农业综合开发以及农村饮水安全、农村危房改造等工程建设，提升了农民生产生活水平。拨付资金5.9亿元，积极推进暖房子改造、棚户区改造等重点工程建设，改善了城乡人居环境。同时，进一步加强开行棚户区贷款资金使用管理，严格资金拨付程序，累计拨付开行棚改一期贷款资金30.7亿元，有力支持了通化市棚户区改造工作。统筹安排资金3.3亿元，保证了市直机关事业单位津贴补贴调整及养老并轨政策的落实。拨付资金1.3亿元，不断加大政法部门办案、警力装备、基础设施建设等投入力度，支持安全生产、食品安全和维护社会稳定等工作。三是做好小额担保贷款基金管理工作和小额担保贷款发放工作。全年发放担保贷款2 911万元，有力支持了大众创业、万众创新。同时，进一步加大贷款回收力度，全年回收率达100%。

三、强化财政制度建设，提升财政运行效率。一是起草《通化市政府性投资项目资金管理办法》，规范了政府性投资项目资金的管理，提高了资金使用效益。二是起草《通化市人民政府关于加强地方政府性债务管理的实施意见》，规范了政府性债务的举借、使用、偿还和担保行为，为防范和化解政府性债务风险提供了有力保障。三是起草《通化市关于深化预算管理制度改革的实施意见》，对完善政府预算体系，优化财政支出和转移支付结构，加强结转结余资金管理等起到了积极的促进作用。四是积极探索财政资金支持民营经济发展的新思路，起草《通化市鼓励高新技术产业发展实施意见》，引导全市高新技术产业不断优化和发展，为培育新兴产业、发挥财政资金杠杆放大效应奠定了坚实的基础。大力推进股权登记托管和质押融资业务，助推通化市民营经济发展。五是起草《通化市医药健康产业政府引导基金管理暂行办法》，设立通化市医药健康产业政府引导基金，大力支持医药产业发展。六是起草《通化市人民政府办公室关于政府购买服务的实施意见》，完善了公共财政体系，提高了政府购买公共服务的效益。七是提出建立区域内重大项目各级政府共同分担机制的建议，代市政府起草下发通化市人民政府办公室《关于上缴通化机场等区域性建设和管理资金的通知》，明确了机场建设、航线补贴等区域性建设和管理资金市及县（市、区）共同承担等事项，进一步厘清了事权支出责任。

四、坚持深化财政改革，着力化解当前困难。一是深入推进收费清理改革工作，取消、停征和免征一批行政事业性收费，进一步减轻了企业负担，为全市小微企业良好发展创造了有利环境。二是在市本级推进行政事业单位内部控制建设工作，建立内控制度体系，规范内部管理，提高了行政事业单位的内控管理水平。三是认真做好PPP相关工作。适时成立PPP管理中心，明确职能，稳步推进通化市地下综合管廊及道路改造PPP项目建设。四是扩大2014年度权责发生制政府综合报告试编范围，出台《通化市2014年度权责发生制政府综合财务报告试编工作实施方案》，为加强宏观经济调控提供了坚实的会计基础和管理手段。五是全面推进财政票据电子化工作。全年累计完成市本级265户单位财政票据电子化建设工作，大幅提升了财政票据的监管水平。六是全力做好公务用车改革工作。对机关事业单位公务用车情况进行摸底调查，为全面改革做好前期准备工作。七是认真做好国库集中收付、公务卡、政府采购等各项改革的后续保障工作。八是积极研究国企融资新模式，帮助信通公司完成资产划转等基础工作，确保公司顺利运营。九是配合市发改委成立财政收费窗口，积极推进“一站式”服务，方便人民群众办事。十是做好“六五”法治宣传教育总结及考核工作，开展“每月一法”的宣传活动，提高全局干部职工的法制素养。

五、积极开展调查研究，不断拓宽工作思路。一是代市政府起草印发了《2015年通化市政府集中采购目录及政府采购限额标准和公开招标数额标准》，有效降低了财政支出，为构建公开、公平、公正、和谐的政府采购环境作出了积极的贡献。

二是会同地税局、国土局对辖区内耕地占用税执行情况、农用地转用环节审批和实际供地详细流程情况进行了专题调研。三是完成了跨省级联合调研课题《新形势下财政支农的重点与难点》和《如何发挥财政促进农业发展方式转变的作用》，并获得吉林省社会科学学术优秀论文三等奖，为今后的农村财政工作提供了可靠的理论依据。四是完成《关于城镇职工基本养老保险基金运行中存在的问题及建议》的调查报告，上报财政部并获得全国财政系统征文活动优秀奖。五是会同通化市卫生计生委、老干部局完成了离休干部医疗费调研工作，起草了《通化市市直离休干部医疗费统筹管理办法》，并结合实际情况调整了离休干部医疗费的筹集标准，完善了离休干部医疗费资金的管理使用。六是积极参加省财政厅组织的就业专项资金检查和调研工作，掌握学习各地再就业资金使用情况及存在问题，借鉴先进的资金管理经验。七是制定《通化市财政局网络信息安全管理制度》，强化网络与信息安全、保密工作管理防范力度，提高了维护公共安全和处置突发公共事件的能力。

六、强化财政资金监管，确保资金安全运行。一是加大对部门单位预算执行和会计信息质量的检查力度，全年共对42个行政事业单位、企业、政府采购代理机构进行了监督检查。查出了扩大费用开支范围、会计核算不规范、截留国有资产处置收益、无依据发放津贴补贴和未按规定执行政府采购等违规违纪问题，查处金额9 549万元，并第一时间责令整改。二是重新开展工程预决算审查工作，与投资评审工作的有机结合，有效地遏制了“无资金上项目，上项目无设计”和“预算超概算、决算超预算”情况的发生。全年共完成工程预算审查任务84项，审减资金462万元；完成工程决算审查任务30项，审减资金183万元；完成投资评审任务36项，审减资金2 437万元，有效节约了财政资金。三是完成通化北谷医药有限公司和通化蛙谷生物医药股份有限公司的清产核资工作，并向市纪委报送了清产核资结果。四是完成社会代理机构集中检查，促进了政府采购业务的健康发展。五是开展涉农资金专项整治行动，确保了涉农资金都用到实处。六是对市直预算单位和农村财会人员进行财经业务培训4 000余人次，提高了会计人员的业务能力。七是加强国有资产监管，严格行政事业单位资产处置审批手续，做好国有企业产权登记、资产评估备案工作。八是及时完成财政预决算、部门预决算和“三公”经费预决算公开工作，对部分项目进一步细化，并接受社会各界监督。

七、全面提升职工素质，打造过硬的干部队伍。一是深入开展“三严三实”专题教育活动。局党委高度重视，第一时间召开党委会议，成立领导小组，起草《通化市财政局开展“三严三实”专题教育实施方案》，定期组织理论学习中心组学习和支部学习，把理论与实践结合起来、把专题教育和财政中心工作结合起来。二是全面加强学习型党组织建设。新建《党支部书记谈话制度》，对支部党员定期进行谈话，及时了解人员思想动态，有针对性地开展思想教育。评选财政好人，制作了“好人榜”宣传版，将6名财政好人上榜宣传，为全局干部职工树立学习榜样。开展“亮身份、创一流、做表率”实践活动，充分发挥党员先锋模范作用。三是切实抓好党风廉政建设。学习新修订的《中国共产党廉洁自律准则》、《中国共产党纪律处分条例》以及《忏悔录》、《习近平关于党风廉政建设和反腐败斗争论述摘编》、《廉政微电影》等廉政建设资料，增强全局干部职工的廉洁自律意识。在元旦、春节、中秋、“十一”等重要节日严明纪律，狠刹不正之风，推动中央八项规定落到实处。四是不断丰富干部职工生活。组队参加市直机关党工委和市文广新局联合举办的长跑比赛并取得了团体第一名。组织开展纪念建党94周年“忆党史、铭党恩、颂党情”知识竞赛、“三八”国际劳动妇女节105周年座谈会、“好读书、读好书”等活动，丰富了财政干部职工的业余生活。

梅河口市

2015年，梅河口市财政认真贯彻“三严三实”精神，以“五型机关”建设为依托，加强财源建设，加大向上争取资金力度，优化财政支出结构，深化财政管理改革，强化绩效管理和综合监督，圆满完成了全年各项财政工作任务。全年一般公共预算全口径财政收入完成37.86亿元。全年一般公共预算财政支出完成55.75亿元，增长5.8%。

一、加大财税征管力度，全力组织财政收入。积极应对复杂形势的挑战，努力挖掘增收潜力，严格收入管理，依法依规征收，财政收入实现稳步增长。一是巩固现有财源，挖掘新的财源增长点，增强优势项目对工业增长、财政增收的支撑作用。二是探索开展产权登记制度改革，规范税收征管措施，加大征收力度，促进税收收入增长。三是加强存量债务管理和化解，探索新增债务可行途径，保障重大项目资金需求。

二、优化财政支出结构，不断增强保障能力。一是严格控制一般性支出，细化“三公”经费预算，加强公务支出管理，推进厉行节约工作长效化、常态化、制度化。二是安排科研技改等政策扶持资金，引导和支持企业扩能改造、基础设施建设、技术研发等。三是加大城市基础设施建设投入，改造升级城市路网、供排水、垃圾处理等市政设施。四是及时足额拨付农业综合开发、农村危房改造等惠农补贴资金，支持农业发展、提高农业生产能力、改善农民生活环境。五是加大公共财政新增财力向民生方面倾斜力度，保障全市人民享受经济发展的实惠。六是积极争取项目资金249万元，助推谢家村、永范村、大兴村美丽乡村和村内基础设施建设。

三、稳步推进财政改革，提高财政管理水平。一是推进中期财政规划管理，编制项目三年滚动财政规划，强化对年度预算的约束。二是推进预算公开工作，规范工作流程，及时主动回应公开工作中出现的问题。三是完善财政管理体制，延续了梅河口市经济开发区第四轮和乡镇第十一轮财政管理体制，继续实行省管县财政管理体制。四是深入研究政府部门综合财务报告编制方法，加强政府综合财务报告信息系统和财政管理信息系统一体化建设工作。五是不断完善政府采购制度，扩大政府购买服务领域。全年完成政府采购金额3.41亿元，节约资金1 996万元，节约率5.5%。六是继续深化国库集中支付改革，完善资金拨付程序。七是稳步推进财政票据电子化改革，增强非税收入征管科学化。

四、切实发挥监督职能，提升财政依法理财水平。一是完善财政监督职能，规范监督程序和手段，加强财政监督管理及绩效评价考核。二是加强财政监督机制建设，完善部门预算编制，促进财政管理的科学化、精细化。三是加强财政投资评审工作，强化项目资金管理，提高财政资金使用效益。四是严格落实财政监管责任，加大监督检查力度，建立健全专项检查常态机制。

五、扎实开展党建工作，全面提升干部素质。一是强化学习教育活动，组织党员干部观看党史电教片和警示教育片，组织党员干部参观中共中央东北局梅河口会议会址，接受爱国主义教育。二是开通党建飞信平台，将党建知识、活动通知、温馨提示、典型事例等内容在第一时间传送到每名党员的手中，增强了宣传的时效性和便捷性。三是以开展争创满意先锋、“三亮三比三评”等活动为载体，设立财政局好人榜，以身边典型为榜样，引导机关干部做创新型、服务型干部。四是落实党内政治生活制度，定期组织召开支部大会、党小组学习讨论会，了解党员干部的思想动态和存在的困难。

集安市

2015年，集安市财政面对严峻的形势，坚持以科学发展观为统领，围绕财政重点工作目标，充分发挥职能作用，坚持依法理财，努力增收节支，深化财政改革，加强自身建设，财政收入实现了快速增长，重点支出得到切实保障，较好地完成了全年各项财政工作任务。全年一般公共预算全口径财政收入完成10.87亿元。

一、加大组织收入工作力度。一是积极协调国、地税部门，以组织收入为中心，密切配合，共同努力，切实加强税费征管，努力挖潜增收。二是加强对重点企业税源及缴库情况的分析，为市政府科学确定缴库计划、税种结构提供合理化建议。三是加强非税收入的征管，严控减免、坐支、挪用，努力扩大非税收入来源，多渠道增加财政收入。四是积极向上争取资金。截至10月末，争取到位专项转移支付资金12.10亿元（均衡性转移支付1.76亿元，边境地区转移支付资金1.21亿元，县级基本财力保障机制奖补资金4 569万元），地方政府置换债券资金4 985万元，对构建和谐社会和支持经济及各项事业的发展发挥了重要作用。

二、保证民生和重点支出需要。一是拨付社会保障与就业资金3.57亿元，包括城乡居民最低生活保障资金4 415万元、企业养老金1.48亿元、就业再就业资金2 823万元，用于完善社会保障体系。二是拨付学前教育、农村义务教育、职业教育、校舍维修改造和教学设备购置等资金2.87亿元，优先保障教育事业发展。三是拨付农作物良种补贴、退耕还林补助资金、粮食直补等惠农资金3 059万元，用于提高农民的生活水平。四是拨付基本公共卫生资金1.51亿元，用于完善公共卫生和基本医疗服务体系建设。五是拨付廉租房建设、棚户区改造和暖房子改造资金3 950万元，用于改善居民居住条件。六是拨付旅游宣传经费1 313万元，支持旅游产业发展。

三、稳步推进财政改革。一是严控一般性支出。因公出国（境）经费和在公用经费中计提的公务接待费实现总额零增长，专项公务接待费在2014年预算安排基础上按照5%比例压缩。二是不断加强政府采购制度改革。认真编制政府采购预算，制定《2015年集安市政府集中采购目录》和《政府采购限额标准和公开招标数额标准》，规范采购行为。全年共对71个单位的货物、工程、服务3大类130多项商品进行了政府采购，完成采购328批次。其中，公开招标1批次，竞争性谈判4批次，单一来源采购1批次，询价采购322批次。采购合同总金额6 500万元，节约资金607万元，平均节支率9%。三是积极开展非税收入收缴改革。严格非税收入征收管理，规范减免审批程序，坚持制止和纠正擅自制定征收项目、随意提高征收标准、越权减免的征收行为。

四、扎实开展“三严三实”教育实践活动。一是不断完善各项制度。先后完善《关于贯彻落实厉行勤俭节约反对铺张浪费的规定》、《关于改进工作的实施办法》等10项制度规定，建立起落实党的群众路线的长效机制。二是组织全局党员干部认真学习相关篇目，积极参加专题讨论并撰写心得体会。通过10余次的专题学习活动，使财政干部的学习意识和理论素养明显提升，对转变财政干部工作作风、规范党员干部管理、加强文明机关建设起到了积极的促进作用。

辉南县

2015年，辉南县财政紧紧围绕全县中心工作和财政目标任务，以科学发展观为统领，积极履行工作职责，全面深化财政改革，切实保障民生需要，加强财政监管，有力地支持了全县经济社会快速发展。全年一般公共预算全口径财政收入完成10亿元，比2014年下降6.4%。其中，地方级财政收入完成7.7亿元。全年一般公共预算财政支出完成27.2亿元，按可比口径比2014年增长24.1%。

一、加大组织收入力度，努力做到应收尽收。面对经济下行、政策减收、房地产行业及资源采掘行业市场低迷等不利因素影响，辉南县财政局强化组织收入工作责任，加强房地产、医药及冶金矿产等重点行业和企业调度，采取有效措施，做好综合治税，完善税源管理。进一步做好税收清欠工作，定向解决房地产企业欠税问题，进一步稳固辉南县的税源基础。加强非税收入收缴管理，督促各非税收入征缴部门应收尽收、应缴尽缴，增加地方可用财力。

二、强化支出管理，提高财政保障能力。在预算执行中，强化预算约束，积极调整支出结构，压缩一般支出，统筹财力，保障重点支出。拨付资金2.1亿元，重点保证财政供养人员工资和津贴补贴调整补发和正常发放。及时拨付各项公用经费，保障全县机关事业单位的正常运转。拨付资金2.8亿元，重点支持城乡基础设施和住房建设，发挥了财政资金引导和激励作用，促进了县域经济发展。全面支持科技、文化、公共安全、交通运输、节能环保等事业发展，积极服务于全县各项社会事业建设。

三、积极统筹资金，加大民生投入力度。积极落实国家各项惠农政策，全年发放各项惠农补贴资金1亿元。拨付资金3亿元，用于改善农业生产基础设施，扶持全县农业产业化龙头企业发展。拨付资金4.4亿元，用于落实义务教育经费保障机制，健全教育薄弱校改造长效机制。拨付资金4.9亿元，用于推进城乡居民养老保险制度整合，落实城镇居民医疗保险和新型农村合作医疗保险制度。拨付资金1.6亿元,推进实施国有工矿棚户区改造项目。拨付资金0.9亿元,支持暖房子工程建设。拨付资金0.8亿元,确保农村公路和交通桥梁建设顺利实施。

四、深化改革创新,建立健全财政运行机制。一是深化政府采购制度改革。制定实施辉南县《政府集中采购目录》、《政府采购限额标准和公开招标数额标准》,进一步优化采购程序,提高服务质量。全年共完成采购额2.3亿元。二是进一步完善预算编制,切实提高预算编制的科学性和完整性,推进预决算公开透明,完成财政预决算信息公开工作。三是做好存量资金清理盘活工作,对以前年度财政存量资金进行清理盘活,对部门存量资金开展甄别、清理、收回。四是发挥国库集中支付监管作用。全年通过支付中心支付平台核算资金11.1亿元(授权支付0.6亿元,直接支付10.5亿元)。五是稳步推进公务卡管理改革,制定并下发公务卡强制结算目录。六是加强政府投资项目监管。制定《政府投资项目资金管理办法》,加强对项目资金的管理,严格履行手续,规范资金审批程序,提高资金使用效益。七是完善"三公"经费支出管控制度。制定《辉南县县直机关差旅费管理办法》及《辉南县县直机关差旅费报销管理制度》,严控行政成本,切实缩减了一般性支出。八是强化财政资金监督检查。开展"三农"、教育、医药卫生、保障性安居工程等专项检查。加大对各预算单位财务收支的监督检查力度,切实维护财经纪律的严肃性。九是继续完善国有资产监管体系,加强对行政事业单位资产的日常管理,全年规范处置资产2 073万元。

柳河县

2015年,柳河县财政全面贯彻落实各级财政工作会议精神,突出"发展"和"民生"两个关键,认真落实积极的财政政策,积极克服经济下行压力及政策性减税带来的影响,着力深化财税体制改革,强化财政预算管理,有力保障各项重点支出,圆满完成了全年各项财政任务。全年一般公共预算全口径财政收入完成11.9亿元,下降3.4%。其中,地方级财政收入完成9.96亿元,下降2.4%。全年一般公共预算财政支出完成28.8亿元,增长2.5%。

一、强化收入管理,提高财源建设水平。一是加强与上级财政部门的联系沟通,及时研究中央、省、市的经济政策,与各部门密切配合,加大向上争取资金的力度。全年共争取专项资金19.8亿元,地方政府债券置换公开发行及定向承销资金5.9亿元。二是准确把握新的经济增长点,按季度定期召开收入分析会,对辖区万元以上税源进行全面调查分析,对重点企业、重点项目进行跟踪管理,提高组织收入的针对性和时效性,确保收入均衡入库。三是加强社会综合治税,全年查补税收3 300万元,从源头上控制了税款流失,净化了税收环境。

二、发挥职能作用,保障经济社会发展。一是拨付资金6.7亿元,推进大迫子水库、净水厂二期扩建工程、河北新区供热二期扩建工程、前进路拓宽和地下管网改造等重点工程建设。二是完成18家企业24个项目的申报工作,为两户企业担保贷款400万元。三是积极统筹整合各类涉农资金5.6亿元,重点推进农村综合改革、农业综合开发、农业产业化发展、扶贫开发和美丽乡村建设等项目。四是拨付教育事业资金4亿元,县乡医疗卫生机构建设资金2.4亿元,政法经费1.3亿元,文化体育和传媒资金0.3亿元,用于大力发展各项社会事业。

三、着力改善民生,提升公共服务水平。一是拨付资金10.9亿元,用于保障新型农村合作医疗保险、城镇居民医疗保险、抚恤金、低保提标等工作稳步推进。二是拨付资金2.1亿元,及时足额发放提高工资及补发工资,保障了全县干部职工的工资收入。三是积极落实涉农惠农政策。发放粮食直补资金0.82亿元,惠及农业人口28万人、农户6.2万户。发放"直补抵贷"1 050笔,共计0.2亿元,有效地促进了农村经济发展和农民增收。

四、加强财政管理,不断完善理财能力。一是建立厉行节约、反对浪费的长效机制和科学合理、完整规范、符合实际的公务支出标准体系。严格控制机关运行经费,压缩"三公"经费支出,做好公务用车改革和机关事业单位工资改革测算工作。

二是深入开展国有资产管理年活动，严格履行国有资产处置审批手续，完善审批、办理、评估、拍卖程序，全年实现国有资产收益0.4亿元。三是加强国有土地使用权出让收入管理。全年共办理出让国有土地33宗，完成土地有偿使用收缴入库3.6亿元。四是继续加强政府采购管理，全年完成采购金额1.17亿元，节约率8.6%。

五、加强队伍建设，增强服务大局意识。一是加强普法培训，通过采取集中培训、以考代训等形式，多层次开展《中华人民共和国预算法》、《中华人民共和国政府采购法》以及有关税法和财政政策等普法宣传教育，增强财政干部依法理财、依法行政的自觉性和依法行政的能力。二是强化纪律，进一步提高干部职工的思想政治素质。结合党的群众路线"回头看"及"三严三实"等内容组织多形式、多途径的学习活动，提高财政干部职工队伍的政治、文化素质。三是认真开展"第一书记"下派贫困村活动，深入了解群众最基本、最真实的问题，切实做到"想群众之所想，急群众之所急，解群众之所难"。四是积极开展扶贫济困工作。积极筹措资金，帮助贫困群众解决生活难题，维持最基本的生活水平。

通化县

2015年，通化县财政牢固树立和全面落实科学发展观，围绕政府工作报告提出的各项发展目标，积极履行职能，狠抓收入征管，优化支出结构，强化财政管理，在复杂严峻的经济环境下，保证了各项重点支出的资金需求，为全县经济社会协调可持续发展提供了可靠的财力保障。全年地方级财政收入完成10.35亿元。全年一般公共预算财政支出完成26.06亿元。

一、加大组织收入力度。健全完善预算执行分析报告制度。着重把握经济运行、宏观调控、财税政策调整等因素，深入剖析财政收支增减变动的深层次原因，针对经济运行和预算执行中值得关注的新情况、新问题，积极开展专题调研，更好地为领导决策服务。面对财政收入下行压力，采取加强综合治税、调研重点企业、提升项目投资实效、挖潜清欠等多种增收措施，有效增加财政收入。积极向上争取资金。全年共争取上级各类资金10.2亿元，有力地促进了县域各项事业的发展。申报地方债券置换资金8 400万元，用于化解以前年度高息债务，缓解当年债务集中还款的压力。

二、促进经济快速发展。认真落实促进民营经济发展、企业自主创新、节能减排、结构性减税等各项财税政策，为县域经济后续发展提供保障。拨付资金2.45亿元，支持交通建设、环境保护、污水处理、节能减排、重大水利以及中小河流治理，改善了城市功能和居民生活环境。拨付科技扶持资金2 791万元，支持东宝药业、参威人参产品科技公司等重点企业技术改造和产品升级。落实国家"稳增长、促改革、调结构、惠民生"相关财税政策，累计减免小微企业和一般纳税人税金210万元。落实国家简政放权政策，取消收费项目4项，减轻纳税人负担778万元。

三、重点保障民生支出。细化预算编制，严格控制和压缩一般性支出，特别是"三公"经费支出，重点保障民生事业发展需要。拨付资金3.15亿元，用于落实保障养老、就业、低保、医保等民生政策。及时兑现粮食直补、综合直补等各类强农惠农政策资金5 528万元，支持改善农民生产生活条件，增加农民收入。拨付资金9 457万元，积极推进保障性住房建设和农村危房改造，改善城乡人居环境。拨付资金3.49亿元，促进教育、科学、文化、体育、计生等事业全面发展。拨付资金3 599万元，用于促进和提高公共安全水平，维护社会和谐稳定。

四、稳步推进各项财政改革。完成预算公开改革，部门预算除涉密事项外全面公开。出台《通化县县直机关差旅费管理办法(试行)》，进一步规范差旅费管理。盘活存量财政资金1 280万元，统筹用于县域经济社会发展亟需资金的领域。拨付资金1.1亿元，用于落实养老保险并轨改革增资政策。继续加强政府采购管理，全年完成政府采购项目699项(公开招标67项)，实现采购规模8 659万元，节约资金580万元。

五、发挥财政监督的职能作用。充分发挥财政部门监督、评审等监管职能，提高财政资金的安全性和使用效益。全年重点对24个基建项目进行评审，送审金额3.5亿元，审减资金3 100万元，审减率15%，有效地节约了政府投资项目资金。组织开展滥发津补贴专项检查和县直事业单位绩效工资专项清理工作，并将检查情况在政府网站上进行公示，接受社会各界的监督。组织开展清理食堂违规违纪问题专项行动，重点检查清理违反规定利用单位食堂公款吃喝、聚会宴请、转嫁报销其他费用、虚报支出套取现金、购买商业预付卡、虚假发票入账等违规违纪问题，紧盯“四风”新形式、新动向，进一步严肃财经纪律。组织开展2015年度会计监督检查，对预算单位的预算编制、预算执行、资产管理、财务管理、“三公”经费、“小金库”、政府采购、非税收入管理等进行检查，并对财政资金的投入使用情况开展绩效监督，发挥了财政监督的预防、制约和规范作用。

白山地区财政工作概况

白山市

2015年，白山市财政围绕年初制定的工作目标，充分发挥财政职能作用，实施积极财政政策，深化财政预算制度改革，强化预算管理，优化支出结构，保障和改善民生，维护社会稳定，促进经济和社会事业健康发展。全年一般公共预算全口径财政收入完成63.84亿元，下降2.3%。其中，地方级财政收入完成44.80亿元，增长1.2%。全年一般公共预算财政支出完成157.55亿元，增长14.0%。

一、全力组织财政收入。根据白山市经济形势的实际状况与年初测算的财政收入增长目标，科学制定收入任务，分解落实到各财税部门。一是加强税收征管，依法治税，清理规范税收优惠政策，清理历史欠税，做到应收尽收。二是深化税源普查，加强对重点税种、重点企业、重点行业的税源监控，严厉打击偷逃骗税等违法行为，税收质量明显提高。三是加强和规范非税收入征收和管理，加强国有资产收入管理，做到依法依规应收尽收。四是为确保税收收入进度，提高税收收入质量，杜绝市直财政收入虚列，挤出收入泡沫，夯实收入基数。

二、优化财政支出结构。在充分调研的基础上，规范部门预算定额标准，科学编制部门预算，按照保工资、保运转、保民生、保发展的顺序安排支出预算。一是确保政府部门正常运转。筹措资金1.53亿元，兑现了绩效工资、津补贴、补发工资等。拨付资金8 035万元，用于保障市中心血站、地方水电管理站、河道管理处、海事局、城市供水中心等单位的良好运行。将原自收自支和差额管理的14个预算单位1 400余人纳入财政保障。二是支持教育、文化、体育事业发展。拨付资金2.52亿元，继续完善农村义务教育经费保障机制，全面落实免除城市义务教育阶段学生学杂费、低保家庭学生补助、国家助学金地方配套等。重点支持基础教育、职业教育发展，扩大对学前教育资源的建设。支持农村中小学校舍维修、设备购置，寄宿制中小学和农村义务教育薄弱校改造，提高农村义务教育中小学公用经费标准。拨付资金2 865万元，支持长白山满族文化博物馆、长白山美术馆、社区文化中心向社会免费开放。支持广电事业发展，提高电视节目地面数字无线覆盖率和播放质量，丰富城乡居民文化生活。拨付资金1 042万元，支持体育事业发展。三是不断提高社会保障水平。筹措资金1.47亿元，完善城乡居民基本养老保险制度，落实城乡居民基础养老金政策。连续11年兑现企业退休人员养老金提高标准部分。将城乡居民基本养老保险财政补助标准由55元/人/月提高到70元/人/月，城镇居民基本医疗保险和新型农村合作医疗保险财政补助标准由510元/人/年提高到570元/人/年。为提升高校毕业生、农民工、城镇就业困难群体自主择业、自主创业的能力，对697人进行了技能培训。及时对1.06万灵活就业下岗职工发放社会保险补贴2 235万元。对1.92万户城乡低保户发放最低生活补助和取暖费补助。四是支持卫生事业发展。拨付资金1.39亿元，提高基本公共卫生服务标准，提升了疾病防控能力。五是改善百姓居住条件。筹措拨付保障性住房建设资金4 015万元，支持城市棚户区、D级危房改造以及城市廉租住房建设回购，及时为居民发放廉租住房补贴。六是严格落实中央八项规定，大力压缩一般性支出，逐年降低“三公”经费和会议费、培训费等支出预算，严格了预算约束力，提高了财政保障能力。

三、防范和化解债务运行风险。一是按照市政府要求，积极向省政府、省财政厅争取政府性债务额度，截至8月，争取到政府以新还旧债务额度2.16亿元，正在积极争取第二批2.68亿元额度，有效缓解了政府性债务还本付息压力。二是梳理存量债务，明确承债主体责任。对有偿还能力的企业债务进行分类清缴，对预算单位借款进行分类清理、逐步催缴。三是为解决公共服务领域建设的资金需求，成立PPP项目管理办公室，采取BOT,BT等多种PPP模式推进项目融资建设，现已尝试性开展地下管廊、二水源及供水管网、长白山职业技术学院等一批项目建设。

抚松县

2015年，抚松县财政积极应对经济下行挑战，严格按照“强化征管、增收节支、力保民生、服务社会”的总体要求，积极组织财政收入，促进保障和改善民生，加快推进财政改革，较好地完成了全年各项财政工作任务。全年一般公共财政预算财政收入完成14.61亿元，增长2.8%。全年一般公共财政预算支出完成34.12亿元，增长13.2%。

一、加强财政收入管理。一是清理规范税收等优惠政策。按照国务院《关于取消和下发一批行政审批项目的决定》和吉林省人民政府《关于清理规范税收等优惠政策的通知》，结合国家和省专项会议的要求和部署，草拟并协助县政府制定出台了《抚松县清理规范税收等优惠政策工作实施方案》。在全县各乡镇、县直部门的积极配合下，对抚松县10年以来制定出台的税收等优惠政策(重点是与企业签订的合同、协议、备忘录、会议或会谈纪要)，进行了认真排查和全面梳理。将81项涉及税收等优惠政策进行了清理，并形成了确定保留和拟废止的意见，上报省财政厅进行审核和批准。二是加强结转结余资金管理。在2014年清理结转结余资金的基础上，重点加大对各部门、各乡镇结余结转资金清理的工作力度，并按省财政厅的意见，将结转资金的清理期限顺延到2013年，对结余结转资金进行了逐笔分析清理，有效提高了财政存量资金的使用效率。三是加大非税收入征收力度。坚持实行计划管理、分析管理和跟踪管理，宣传财政改革政策，与执收单位密切配合，依法行政，确保非税收入应收尽收。通过全面贯彻执行各项非税收入征管制度，全年累计完成非税收入2.92亿元。四是与相关部门密切配合，以发展“长白山区域经济”建设为中心，全力推进“抚松新城”和“长白山国际旅游度假区”项目建设进程。及时把握国家政策走向，包装并及时上报项目，做好争取各类专项资金的前期基础性工作。

二、完善“三农”发展长效机制。一是及时足额发放粮补资金1 277万元，惠及农户1.87万户、农民7.5万人。二是按照吉林省财政厅《关于大豆目标价格补贴指导意见》，足额发放大豆目标价格补贴资金378.8万元，惠及农户9 669户。三是积极筹措担保基金，保证小额担保贷款政策的顺利开展。全年共发放贴息资金203万元，惠及320人。四是深入开展直补资金担保贷款工作。与3家金融机构签订协议，贷款户数74户，贷款金额21万元，为农民提供了解决融资难、减轻利息负担的有效途径。五是积极推进农村综合改革。争取一事一议财政奖补专项资金1 991万元，用于支持全县13个乡镇29个村29个项目村级公益事业建设项目。

三、着力保障民生等重点支出。一是积极筹措拨付补助资金，确保基本养老金按时足额发放。上半年企业退休人员月人均养老金平均增加10%左右。二是不断提高社会保障水平。建立健全城乡低保标准与城乡居民收入联动机制、低保家庭入户核查机制和低保边缘人群临时救助制度。加大资金投入，支持提高城乡低保补助水平，将城市月人均财政补助标准由263元提高到350元，农村年人均财政补助标准由1 400元提高到2 720元。加大对城乡其他困难群体救助力度，健全孤儿保障制度，推进社会养老服务体系建设。三是确保义务教育经费落实到位。拨付县级配套农村中小学公用经费273.6万元，中小学公用经费资金1 703.6万元，有力地保障了各学校的正常运转。四是支持医疗卫生事业发展。积极落实地方财政配套资金推进医疗保障扩面提标，将城镇居民基本医疗保险和新型农村合作医疗人均财政补助标准由320元提高到380元。足额落实人均基本公共卫生服务经费40元标准，建立基本公共卫生服务经费保障机制，支持重大公共卫生服务项目。继续执行基层医疗卫生机构基本药物制度和收支两条线管理，落实多渠道补偿政策，推动完善基本药物目录调整、定价、采购等政策。支持公立医院基础设施建设，全年拨付县医院改扩建病房资金1 000万元，中医院改建项目资金1 000万元。完善城乡医疗救助制度，实现医疗救助制度全覆盖。五是申请全民创业发展专项资金，支持做好创业带就业工作，提高就业专项资金使用效益。稳定用好原有公益性岗位开发规模，支持公益性岗位的开发，完善城镇零就业家庭就业援助机制，促进困难群体实现稳定就业。六是落实政法经费保障机制，确保公安、检察院、法院公用经费达到上级规定标准，有效维护社会安定稳定。

四、继续深化各项财政改革。一是稳步推进财政国库集中支付改革。规范试点单位用款申请和支付流程，做好用款计划审核工作，严格审核财政资金的支出方式，真正起到财政资金事前监督的作用。县级预算单位及40家乡镇学校已经正式运行国库集中支付系统，乡镇将于2016年1月1日起正式运行国库集中支付系统。对国库集中支付系统平台上的财政资金进行动态监控，截至9月末，发现涉嫌违反预警规则资金2 289万元，通过核实、纠正和退回等方式进行了更正，保证了财政资金的高效安全使用。实施公务卡强制结算目录，减少公务支出中现金使用量，发挥公务卡在加强财政财务管理和源头治腐等方面的作用。二是强化固定资产投资决算工作。按照省、市关于固定资产投资决算编报工作的相关要求，完成了全县202户行政事业单位的固定资产投资决算报表编审、汇总、上报工作。汇编了120个建设项目，项目概算总投资10.62亿元，全年累计完成投资9.01亿元。三是进一步完善政府采购制度。坚持以公开招标为主要采购方式，做到公开招标项目无质疑、无异议，得到广大招标供货商与采购单位的一致认可。全年完成采购预算2.13亿元，实际支付采购资金2.02亿元，节约政府采购资金1 133万元，节资率5.3%。四是完善财政投资评审管理办法。加强财政资金使用的评审力度，全年共完成各类工程项目的预算（含招标控制价）、结（决）算等评审104项，项目总送审值3.45亿元，审定值2.90亿元，审减值5 446万元，审减率16%。累计完成各类项目跟踪监管552人次，为项目结算评审提供了有力的依据。五是稳步推进预算绩效管理。按国家、省的要求和相关文件精神，制定相关实施办法方案，做好预算绩效管理各项工作。六是继续加强财政监督管理，不断提升财政运行的法制化、科学化、规范化水平。开展全县税源普查工作，对企业的经营活动和税源变化进行了准确细致分析。开展重点行业的联动检查和财政专项资金检查工作，做好地方政府性债务管理工作，提高政府性债务统计水平。

五、夯实组织基础，抓好党建工作。一是认真总结挖掘创先争优先进典型，营造崇尚先进、学习先进、争当先进的浓厚氛围，做好“先进基层党组织”、“优秀党务工作者”、“优秀共产党员”、“优秀基层党组织书记典型”的推荐和材料上报工作。二是按照县委要求，做好2013～2015年度“省级精神文明单位”申报工作。三是按规定开展群众路线教育专项整治和整改落实台账销号工作。四是开展“三严三实”专题教育专项整治基层干部不作为、乱作为等损害群众利益问题的活动，重塑基层组织和基层党员、干部的良好形象，不断巩固党在基层的执政基础和执政根基。五是规范发展党员档案管理工作，开展自查，整理归档近3年发展党员卷宗。六是按照县委组织部要求，圆满完成基层党建迎检工作。七是建立健全发展党员工作机制，加强对党员的党性教育和管理，制定和实施发展党员工作计划，发展新党员1人。八是开展党员主体意识教育活动，组织党员志愿者开展微心愿帮扶活动，与南关社区党委联合开展在职党员赴敬老院打扫卫生等主题党日活动。

六、全面推进党风廉政建设工作。一是完善领导体制，明确责任分工。加强领导，全面部署，始终把贯彻落实党风廉政建设责任制工作放在重要位置。二是深化宣传教育，端正舆论导向。坚持把反腐倡廉教育作为党风廉政建设的基础性工作，注重教育在先，预防在前，充分发挥反腐倡廉“大宣教”工作格局作用，进一步促进全局干部勤政廉政，大力营造反腐倡廉的舆论氛围。三是深入贯彻落实党内监督条例，推动党内监督制度化、规范化。四是强化“三公”经费管理。结合县委县政府的有关指示精神，认真学习中央八项规定，深刻领会精神实质并贯穿于“三公”经费管理工作的始终。通过各个环节的管理和控制，将“三公”经费支出控制在年初计划指标之内，与2014年支出相比大幅度下降，在机关廉政建设、提高机关效能、改善机关形象等方面取得了可喜成绩。

靖宇县

2015年，靖宇县财政以党的群众路线教育实践活动为动力，紧紧围绕财政中心工作，积极履行财政职能，推动经济社会科学发展、跨越发展。全年一般公共预算全口径财政收入完成6.06亿元，同比增长5.6%。其中，地方级财政收入完成4.45亿元，同比增长1.9%。全年一般公共预算财政支出完成17.16亿元，增长12.3%。

一、积极组织财政收入。一是强化收入征管。积极参加县政府组织的国税、地税等相关部门收入调度会，及时采取措施，研究解决收入征收过程中的困难和存在的问题。不断健全税源监控机制，完善重点税源企业和重点项目税收预测、分析机制，适时监控重点税源企业收入增减变化情况，促进税收均衡入库。抓好挖潜工作，以管理促增收。采用现代科技征管技术，加大对重点税源企业、行业的稽查力度，以查促收，堵塞征管漏洞。二是积极向上争取资金扶持。深入研究国家和省新出台的各项财政扶持政策，加强与省财政厅各部门的信息沟通，积极汇报靖宇县的财政情况及存在的困难，最大限度地争取资金扶持。同时，加强部门间的协作配合，利用各部门的行业优势，多渠道筹措资金。

二、全面完成招商引资及固定资产投资任务。一是完成招商引资项目1个，即靖宇县华润建材有限责任公司年产80万吨水泥粉磨站项目，已完成固定资产投资8 700万元。二是培育法人企业1户，个体工商户19户。三是完成储备工业招商类项目两个，即吉林省海宇新型材料科技有限公司年产50万平方米和70万平方米新型环保合成树脂瓦生产项目。

三、着力保障重点支出需要。一是继续深化医药卫生体制改革，促进基本公共卫生服务均等化。按照国家和省相关文件要求，做好2016年全面推开县级公立医院综合改革的前期工作，9月30日起对两家公立医院(县人民医院和中医院)取消药品加成(中药饮片除外)，实行零差率销售，将医院的补偿来源由服务收费、药品加成收入和政府补助3个渠道改为主要依靠服务收费和政府补助两个渠道。按照“保基本、强基层、建机制”的原则，对12所基层医疗卫生机构核定收支和工作任务，合理分配，绩效挂钩。保证基层医疗卫生机构工资待遇不低于同等事业单位，实行药品集中采购，降低了药品成本及费用，实现了让利于民的目标。拨付资金145万元，支持建设29所村级卫生室，改善了农民的就医环境。继续提高基本公共卫生服务补助，将基本公共卫生服务成本由35元/人提高至40元/人。二是继续推进新型农村合作医疗保险和城镇居民基本医疗保险制度。全年新型农村合作医疗保险参合人数为6.18万人，为3.03万人次报销药费2 803万元。全年城镇居民基本医疗保险参保人数为2.68万人，为2 984人次报销药费1 103万元。三是做好低收入群体的基本生活保障工作。拨付资金6 340万元，为全县1.51万户、1.99万人，发放城乡低保资金5 350万元。发放城乡医疗救助资金510万元，给大病患者提供二次救助。四是稳步推进就业工作。全年争取就业资金3 450万元，为全县1 358个公益性岗位发放补贴资金2 624万元。发放社会保险补贴458万元，惠及1 958人。五是稳步推进社会养老保险工作。完成企业退休人员基本养老金调整发放工作。根据省人社厅、省财政厅《关于2015年调整企业退休人员基本养老金的通知》文件精神，与县人社局、社保局密切配合，积极筹措资金，将基本养老金及时足额发放到企业退休人员手中。全年争取城乡居民基本养老保险政府补助资金1 078万元。发放养老金1 140万元，实现城乡居民参保人数2.63万人，领取养老待遇1.21万人。发放养老金1.69亿元，实现企业基本养老保险参保人数1.28万人，领取待遇9 525人。六是认真做好新农村建设帮扶工作。拨付资金63万元，为包保村购置路灯175盏。拨付资金20万元，为新农村建设广场硬覆盖。拨付资金80万元，为三道湖镇新农村建设暖棚两个、对原27栋冷棚进行配套，为三道湖镇四道沟村购置山羊120只。协调商务粮食局为新农村解决粮仓150个。拨付资金6.5万元，为花园口镇江沿村、那尔轰镇批洲村建设村一站式服务平台。拨付资金20万元，拟于2016年5月开始建设四道沟村村部广场硬覆盖项目。

四、深化财政改革，加强财政监督。一是全面深化国库集中收付制度改革。及时进行账务处理，掌握总会计账、指标系统与集中支付系统的衔接，做好与各预算单位、清算银行的对账工作。按照财政部“财务一体化”建设的总体要求和省财政厅“金财工程”的建设规划，实施全县行政事业单位集中财务系统建设。二是建立健全离退休、编外、遗属等财政供养人员基本信息数据库，正确运用财政指纹识别认证系统，规范和杜绝“吃空饷”现象的发生。三是进一步完善政府采购制度，确保政府采购依法、依规、公正、有效。截至10月，通过政府集中采购267批次，累计采购资金1.92亿元，节约资金985万元，节资率达5.1%。四是充分发挥财政投资评审的专业优势，强化投资评审职能，健全评审制度，完善评审机制，拓宽评审领域。

临江市

2015年，临江市财政坚持以十八届四、五中全会精神为指导，积极组织财政收入，大力调整和优化支出结构，着力保障和改善民生，扎实推进各项财政改革，为全市经济社会事业发展提供资金保障。全年一般公共预算全口径财政收入完成7.39亿元，增长1.4%。其中，地方级财政收入完成6.23亿元，增长3.6%。全年一般公共预算财政支出完成25.26亿元，增长19.9%。

一、积极组织财政收入，促进经济发展。一是密切关注宏观经济形势和国家税收政策变化，认真分析影响临江市收入的不利因素，充分发挥财政杠杆作用，保证财政收入平稳增长。二是与税务部门建立月会联系制度，每月就收入情况召开座谈会，针对出现的问题进行分析、总结，采取有效措施，加强收入征管，确保税收应征尽征，不征过头税。三是建立和完善非税征缴系统网络平台，简化征收环节，实现“银行代收代缴，资金直达财政”，抓大控小，积极挖掘非税收入潜力。四是拓宽融资渠道，结合具体市情，对适用市场化运作的公共服务、基础设施等领域项目，力争在引入社会资本方面取得突破性进展。五是加快旅游、健康和硅藻土新型功能材料等产业发展，转型发展取得新突破，形成以产业集群为支撑的特色园区，实现经济总量和质量的双提升

二、优化支出结构，重点保证民生支出。一是全年拨付医疗卫生资金2.20亿元，用于保障基本医疗、新农合和新医改的资金需求。二是拨付社会保障和就业资金4.64亿元，用于保障城乡低保经费、优扶和社会救济、就业、失业保险及养老保险的资金需要。三是拨付城乡社区资金1.51亿元，教育资金3.33亿元，农林水资金5.40亿元，用于支持经济全面快速发展。

三、加强科学管理，扎实推进财政改革。一是深化部门预算改革，进一步提高预算编制的科学化和精细化。逐步完善财政供养人员信息库，完善定员定额管理，充分利用人员数据、决算数据、工资发放数据等基础信息，不断规范预算编制、提高预算科学性、增强预算透明度。2015年财政公共预算及部门预算、2014年决算及部门决算已于10月末全部公开，覆盖部门预算单位76家、部门决算单位122家，公开率达100%。二是加快国库集中支付制度改革。全年纳入国库集中支付单位207户，较2014年增加25户，重点将政府采购纳入直接支付。稳步推进公务卡改革，目前各部门单位运用公务卡1 251张，加强了市本级预算单位公务性支出管理，进一步规范了单位支付行为，确保了资金安全。扎实推进“动态监控”、“非税收缴管理系统平台”、“财政票据电子化管理”等系统建设。三是进一步加强政府采购改革，规范采购行为、完善采购制度，大力推进政府采购的电子信息

化平台建设，强化采购监管，提高采购效率。全年共办理157个采购项目，实施采购金额1 939万元，实际支出1 672万元，节约资金267万元，节约率1.6%。四是加大财政投资评审力度，完成85个工程项目评审任务，送审额为8 779万元，核审额为8 040万元，审减额为739万元，提高了财政资金的使用效益。

四、加强财政部门自身建设。以“专业严谨、高贵自爱”为财政文化建设核心内容，结合中央八项规定精神和本职工作要求，始终充分抓住队伍建设重点环节，从加强财政预算管理基础着手，努力提高财政干部业务素质和综合能力。一是加强内部管理。制订完善局机关内部管理规定，严格执行学习制度、考勤制度、重点工作交办督办制度等，切实加强行风建设、效能督查和制度督查，做到考核结果与工作责任紧密挂钩，全力做好各项财政工作。二是开展教育培训。以打造学习型机关为目标，坚持局机关集中学习、科室分散学习与个人自学相结合，通过开展干部职工学习先进经验、举办科室“业务讲堂”、邀请专家授课等形式，进一步提升财政干部政治素养和业务技能，提高应对复杂局面、处理复杂问题的能力。三是创新服务理念。进一步创新服务方式，精简办事环节和程序，提高办事效率，营造优良的服务环境，树立财政干部爱民亲民为民的良好形象。建立完善机关管理、队伍建设的制度和管理体系，牢固树立“处处是窗口、人人是形象”的服务理念，提升管理服务效能。四是推进廉政建设。按照党风廉政建设总体要求，切实加强财政资金监管，严格落实反腐倡廉建设责任制，确保财政资金安全有效。深入开展廉政勤政教育，加强思想作风、工作作风、生活作风建设，积极培育“廉洁、自律、务实、勤勉”的廉政文化，筑牢拒腐防变的思想道德防线。

长白县

2015年，长白县财政以深入落实“三严三实”专题教育活动和“解放思想、转变作风，促进长白绿色转型发展”大讨论活动为契机，力促财政收入稳步增长，调整和优化支出结构，扎实推进各项财政改革，在各部门的密切配合下，较好地完成了全年各项财政工作任务。全年一般公共预算全口径财政收入完成4.05亿元，下降0.3%。其中，地方级财政收入完成3.21亿元，下降3%。全年一般公共预算财政支出完成18.33亿元，增长9%。

一、多措并举，促进财政收入稳步增长。一是继续狠抓收入均衡入库工作，认真落实组织收入责任制。不断完善非税收入征管方式，力争实现应收尽收、应缴尽缴。二是积极向上争取资金。充分发挥部门职能，突出协调与配合，把政策分析、数据测算与对上沟通结合起来，选准选好项目，做好与上级投资计划的对接。发挥民族边境地区优势，提前谋划，积极向省财政厅汇报长白县财力情况。全年共争取到位一般性转移支付和专项转移支付资金9亿元，有力地支持了全县各项事业的健康有序发展。三是加大专项资金的整合力度。在争取专项资金时，着重谋划好县委、县政府确定的重点支出项目的申报，确保项目不落空，资金有保障。四是认真做好招商引资工作。成功引进长白县地产天然生物资源保健食品开发建设项目，现已建成生产车间2 000平方米，正处于内部装修阶段。五是认真做好存量资金清理盘活工作。全年共收回部门存量资金2 264万元，盘活财政存量资金456万元，上解省专项转移支付存量资金392万元。

二、加大惠农资金投入，促进农业增效和农民增产增收。一是全面落实粮食直补、农资综合直补政策，及时拨付资金627万元，发放大豆目标价格补贴176万元，惠及农户8 496户、农民2.79万人。二是按照吉林省试行的“自主购机、县级结算、直补至卡”补贴资金兑付方式，兑付农户农机具购置补贴资金57.14万元。三是落实财政资金2 218万元，完成八道沟镇、新房子镇高标准农田建设项目。四是完成长白县825亩有机人参种植基地扩建项目和100吨红参系列产品加工扩建项目的申报、评审和立项工作。五是深入推进村级公益事业一事一议财政奖补工作，落实奖补项目10个，下达奖补资金1 523万元。拨付农村环境连片整治资金95万元，为改善农村群众的生产生活条件奠定了坚实基础。

三、优化支出结构，加大民生投入力度。一是不断增加教育投入。全年投入教育资金1 902.7

万元。其中，分别拨付义务教育中小学校公用经费和普通高中教育经费485万元和629.7万元。拨付资金180万元，用于购置义务教育学校和普通高中的教学设备及器材。拨付资金608万元，用于幼儿园、义务教育学校、职业高中、普通高中的校舍、食堂、操场等维修改造。二是促进文化事业发展。拨付资金315万元，用于新建三馆购置文化、图书、体育等设备设施和各项费用。拨付资金22.52万元，用于支持十四道沟镇十四道沟村、十五道沟村文化广场建设。拨付资金15万元，用于长白县文化节、民俗节等各项少数民族文体活动比赛、表演。与文广新局密切配合，完成14个农村文化大院提升建设项目和长白县综合体育馆配套工程项目的申报工作。三是保障基层党建工作经费。全年落实基层党建"三项工程"专项经费602万元，"五有一创"专项经费245万元，非公企业党建工作经费55万元，新型村集体经济引导资金500万元。落实村级组织运转经费1 171万元，将村级组织年运转经费标准提高到大村18.95万元、中村17.71万元、小村13.92万元。同时，将村干部人均报酬提高到2.57万元。四是不断提升社会保障水平。全年拨付养老金1.80亿元，失业金112万元，用于及时足额发放企业离退人员养老金和失业金。拨付征缴激励资金100万元，用于加大基本养老保险征缴力度，促使养老保险费均衡缴库。拨付再就业资金2 000万元，用于支持公益性岗位补贴、职业培训、社会保险补贴等创业就业政策的落实。落实新型农村合作医疗地方配套资金217.67万元，城镇居民医疗保险地方配套资金162.65万元。继续深化基层医疗卫生机构综合改革，落实配套补助资金66万元，拨付上级补助资金262万元。拨付资金170万元，用于对城乡低保户、五保户、重点优抚对象、低收入家庭等困难群体实施医疗救助。分别发放城镇低保金及农村低保金2 282万元和1 049万元，救助城镇及农村低保对象7 022人和5 448人，有效改善了城乡贫困人口的基本生活。拨付城乡低保户节日生活补助及临时节日救助380万元，城乡低收入家庭节日临时救助128万元，流浪乞讨人员救助补助35万元，确保城乡困难群众度过一个平安、祥和的春节。拨付孤儿基本生活保障专项资金8万元，用于孤儿基本生活补助。拨付残疾人就业保障金及彩票公益金、康复经费61万元，用于残疾人就业培训、残疾人康复、残疾人无障碍改造等。及时下达中央和省自然灾害生活救助资金88万元。拨付2014年已改造210户的危改造资金384.4万元，确保农村危房改造工作顺利实施。

四、稳步推进各项财政改革，不断提升财政管理水平。一是继续加强预决算管理。及时编制2015年度政府预算提交人大常委会审议并通过。及时上报2014年度部门决算和财政总决算。科学合理编制2015年度财政收支预算。二是稳步推进预算信息公开工作。按照省财政厅统一要求，结合长白县实际，认真制定公开工作方案，采取"积极准备、深入分析、加强预判、稳步推进"的原则，开展预算公开工作，将2015年政府预算草案、政府预算、政府"三公"经费预算以及部门预算全部公开。三是加快推进国库集中支付制度改革。政府采购及财政直接支付业务全部实行国库集中支付办理，部门公用经费全部通过国库集中支付系统下达并按月批复用款指标。预算单位通过国库集中支付系统使用资金，推动了国库集中支付动态监控系统的运行。四是加强行政事业单位国有资产管理。对长白县公安局原办公楼、长白县交警大队原办公楼等进行资产处置，并按国有资产处置程序进行落实。组成县清产核资工作组对长白森林经营局资产进行审计和分离，对县广播电视台和县林业局新房子林业站等房屋进行评估及公开拍卖或出售。严格做好各单位上报国有资产的处置、划拨、报废等工作，核实资产数量、价值，严格遵守审批程序，并将资产处置后的资金及时缴入国有资产专户。对全县行政事业单位闲置的国有资产开展调查工作，并将清查报告报送县政府，为闲置资产处置提供了依据。五是加强会计事务管理。全年共办理会计从业资格证书换发现版893人，完成2015年前3个季度的会计从业资格考试报名审核工作，报考31人次，合格4人。同时，认真做好全县621人的会计继续教育工作。

五、坚持依法理财，强化财政监督管理。一是加强内部监管。贯彻落实党风廉政建设目标，对长白县各乡镇财政所2013～2014年度工作经费及财政所建设资金进行了检查。各财政所2013～2014年累计收入215万元，累计支出114万元，收支情况符合国家的各项法规政策，达到了依法行政的预期目标。二是开展会计监督检查工作。按照省财政厅和县财政局的统一部署，全年共检查行政事业单位两户、地方国有企业1户，共查出违规违纪资金130万元。三是认真开展专项监督检查工作。根据市纪委“两节”期间开展纠正“四风”问题监督检查活动工作方案的要求，由市工商局、县纪检委、县财政局、县审计组成第六交叉互检组对靖宇县公款购买节礼、公款吃喝、大操大办及其他违反中央八项规定精神等问题进行了专项检查。按照5%的入户抽查率抽查了乡镇2013年涉农、惠农资金发放情况，没有发现滞留或套取资金问题。开展非税收入清理检查工作，对涉及到的经营服务性收费项目、行业协会商会收费项目及涉企收费项目进行了全面清理。四是加强政府财政性投资项目概(预)结算及工程控制价审核工作。全年对78个政府性投资项目进行了招标控制价及工程结算的审核，被审项目的提报价值2.15亿元，审定价值1.95亿元，审减值2 013.42万元。

六、全面落实党风廉政建设工作，不断增强自身建设。一是积极开展“两个责任”落实工作，具体落实了党委的主体责任和纪委的监督责任，制定了《2015年党风廉政建设和反腐败工作计划》、《财政局2015年党风廉政建设和反腐败工作方案》、《财政局党风廉政考核细则》、《财政局2015年党风廉政建设和反腐败任务分工》等制度。深入开展党风廉政建设“五廉”活动，分别签订了党风廉政责任状，并公开进行了承诺。组织全体党员干部学习《忏悔录》警示教育读本，撰写心得体会10余篇，组织全体干部职工学习《县纪委十四届五次全委会议》、《关于落实党风廉政建设党委主体责任纪委监督责任的考核办法》等材料。二是认真开展“解放思想、转变作风，促进长白绿色转型发展”大讨论活动。开展集中学习18次，撰写调研报告20篇。三是加强制度建设，不断提升干部履职能力。按照德才兼备、以德为先的用人标准，做好全局科级领导干部的竞争性选拔工作和乡镇财政所所长的选拔、调配工作，使两名政治素质高、业务能力强的干部走上领导岗位，激发了全局干部职工的工作热情。

松原地区财政工作概况

松原市

2015年，松原市财政紧紧围绕“转型发展、富民强市，建设幸福松原”的总体目标，坚持稳中求进工作总基调，精准施策，积极作为，稳步提升财政收入规模，不断优化财政支出结构，较好地发挥了财政的职能作用，圆满地完成了全年各项工作任务。全年地方级财政收入完成50.2亿元，同比下降19.7%。全年一般公共预算财政支出完成182.9亿元，同比增长6.4%。

一、加强财政宏观调控，全力支持经济发展。一是贯彻落实税费优惠政策。实施结构性减税，扩大“营改增”实施范围，全年改征增值税规模扩大到1.2亿元。二是发挥资金引导作用，支持转方式调结构。全年筹措安排重点项目建设资金16.6亿元，主要用于支持长白铁路扩能改造、查干湖机场、哈达山枢纽工程、松原灌区、松原内陆港等重点项目建设。三是统筹强农惠农资金，支持现代农业发展。市区筹措安排三农资金15.6亿元，重点支持农业综合开发、节水增粮、产业化经营等项目。四是注重提高资金效益，多措并举盘活财政存量资金。盘活2014年及以前年度上级转移支付结转结余资金和部门结转结余资金2.3亿元，有力地弥补了资金的不足。五是积极向上争取资金，增加地方可用财力。建立争取项目资金考核机制，制定了《向上争取资金政策指南》，形成了向上争资金、谋发展的良好局面。

二、推动社会事业发展，切实保障改善民生。一是着力支持教育改革发展。全面落实城乡一体化义务教育经费保障机制，经济困难学生资助政策等教育经费保障机制政策。二是支持创业就业。妥善落实各项就业扶持政策，重点用于支持就业服务、职业培训、公益岗补贴、小额担保贷款贴息等。三是加强社会保障体系建设。全面落实城乡居民大病保险、疾病应急救助、临时救助等政策，整合城乡居民基本养老保险，推进县级公立医院综合改革。全年拨付社保资金1.47亿元，将城乡低保标准分别提高到432元/月和2 500元/年。四是调整完善住房保障等公共服务政策。全年市区拨付资金3.8亿元，支持保障性安居、棚户区改造和“暖房子”等工程建设。市区拨付资金4.2亿元，用于城市绿化、亮化、美化等工程。筹措安排资金11.1亿元，积极支持城市综合交通基础设施建设，完成沿江东路、松原大路、东镇大路、哈达大街等13条街路新建、续建或改造。探索政府与社会资本合作(PPP)的融资模式，积极引导社会资本参与城市基础设施维护管理，将8个公共服务项目上报到国家PPP综合信息平台，其中城区园林绿化项目已列入国家第二批政府与社会资本合作示范项目。五是积极促进文体事业繁荣发展。市区筹措安排资金14亿元，用于加快构建现代化公共文化服务体系，实施农村文化大院小广场、送戏下乡、全民阅读、农村电影公益放映等重点文化惠民工程。落实公益性文化场馆、大型体育场馆免费开放财政补助政策。

三、积极推进财税改革，不断提升财政管理水平。一是健全完善政府预算体系。按编制全口径预算要求，编制一般公共预算、政府性基金预算、社保基金预算和国有资本经营预算4本预算，并加大政府性基金预算与一般公共预算的统筹力度。市本级总预算、部门预算、“三公”经费汇总预算信息全部向社会公开。二是夯实管理基础。全市303家预算单位全部实行国库集中支付，实现预算单位全覆盖。三是不断扩大政府采购规模。政府采购范围从单纯的货物采购拓展到货物、服务、工程三大类，全年实现采购额2.6亿元，综合节支率达7.1%。四是构建以预算编审、投资评审、绩效评价、财政监督、内部控制为主的“五位一体”财政监督管理模式，进一步提升了财政管理的法治化、科学化、规范化水平。五是加强地方政府性债务管理，注重防范财政风险。对存量债务进行清理甄别，将政府性债务纳入预算管理，全力做好存量债务置换工作。全年共争取国家债券置换额度8.85亿元，有力地缓解了偿债压力。

四、着力加强自身建设，不断提升服务水平。以创建“创新型财政、制度型财政、阳光型财政、服务型财政、和谐型财政”为目标，全面加强自身建设，着力提升财政干部服务科学发展的能力和财政管理的水平。扎实开展党的群众路线教育及“三严三实”专题教育活动，提高全局党员干部的群众观念、党性修养。制定、修订专项资金管理、机关财务管理等22项专项制度，用制度固化了教育活动成果。本着重公论、凭德才、看实绩的选人用人导向，积极培养和选拔优秀年轻干部，使中层干部平均年龄从2011年的51岁下降到45岁，进一步提高干部队伍的整体活力和业务工作能力。认真贯彻落实党风廉政建设“两个责任”，坚持“一岗双责”，抓好反腐倡廉教育，实现了财政资金分配、管理、监督和行政审批的规范运作。

长岭县

2015年，长岭县财政积极应对复杂多变的经济环境和减税清费的政策考验，按照年初制定的收支计划，充分发挥财政职能作用，大力支持和服务经济发展，全力保障和改善民生，有序推进财政科学化精细化管理，各项工作取得了新的成绩。全年一般公共预算全口径财政收入完成8.15亿元，同比增长6.8%。其中，地方级财政收入完成5.59亿元，同比增长4.4%。全年一般公共预算财政支出34.53亿元，增长20.7%。

一、全力服务经济发展。筹集资金9 600万元，支持城镇道路改造、城区绿化、排水、龙源山文化广场等基础设施建设。拨付资金1 788万元，支持中粮集团200万头生猪项目配套建设水、电、路等基础设施，对改善城区基础设施、推动园区经济发展发挥了积极的促进作用。筹集资金1 900万元，扶持吉隆玉米、丰瑞农业、力达粮贸等企业发展。扶持中小企业发展，全年为全县27户中小企业办理了信用担保贷款4 460万元。

二、优先保障重点支出。一是保证机构正常运转。实行乡镇在职人员乡镇工作补贴和机关公务员工资职务与职级并行，重新核定各单位运转经费，提高标准并及时拨付到位，保障了全县机关事业单位的正常运转。高质量完成工资调整，增加机关事业单位人员基本工资和离退休人员离退休费，比照省市标准提高地方津贴补贴，调动了干部职工工作的积极性。二是落实强农惠农政策。积极向上争取资金1.60亿元，实施节水增粮行动项目20万亩。筹集资金1 860万元，新打抗旱水源井6 200眼。投入一事一议财政奖补资金2 241万元，支持19个村级公益事业建设项目。及时兑付农业支持保护补贴资金2.67亿元。协调银行为1 471户农户用粮食直补抵押贷款2 487万元，满足了农民春耕生产的资金需求。发放退耕还林补贴、良种补贴、农机购置补贴，深松深翻补贴、基础母牛扩群补助、造林补贴、春秋两季抗旱补助、牧草良种补贴等各类惠农补贴1.21亿元。三是完善社会保障体系。全年安排社会保障地方配套资金8 000万元，进一步强化了对城乡低保、医疗保险、公共卫生服务、抚恤救济等工作的保障。全年筹集低保资金1.01亿元、新型农村合作医疗基金2.20亿元、城乡大病救助资金1 579万元、医疗保险基金3 006万元、养老保险基金1.94亿元，就业专项资金3 486万元，用于保障广大职工、城乡居民和低保群众的基本生活和医疗补助。拨付资金4 342万元，支持廉租房、公租房建设和棚户区改造，改善低收入群众居住条件。四是推动科教文卫等社会事业发展。优先保障教育发展，全年安排教育支出7.29亿元，进一步健全完善义务教育经费保障机制，落实农村义务教育阶段“两免一补”、高中阶段贫困生助学金等一系列政策。筹集文化事业资金2 700万元，开展农村文化广场建设、广播电视“村村通”工程建设，新建农村文化广场38个，促进文化体育事业发展。向上争取公共卫生服务资金2 057万元、医改资金1 299万元，安排公共卫生配套资金515万元，保障基本公共卫生服务。增加经费支出1 080万元，将乡镇卫生院和公立医院参加基层医疗卫生和公立医院体制改革人员全部纳入财政预算，推进了基层医疗卫生体制改革。

三、扎实推进财政改革。一是盘活存量资金。按照国务院办公厅《关于进一步做好盘活财政存量资金工作的通知》和吉林省财政厅《关于清理盘活上级专项转移支付结转资金有关事项的通知》等文件精神，对预算单位结转结余资金逐项逐笔清理，摸清了结转结余资金额度，掌握了财政存量资金规模、结存状态、变动情况及沉淀原因。对需要清理盘活的存量资金，做好分类清理；对应收回的结转结余资金，做到统筹安排使用；对应按原用途使用的资金，做到尽快拨付使用。二是编制中期财政规划。根据国务院《关于实行中期财政规划管理的意见》要求和上级政府关于建立跨年度预算平衡机制的相关规定，制定了预算和国库科、社保科等相关科室分工负责，分管领导把关下的工作机制，按时编制完成部门和全县2016～2018年财政规划。三是继续完善部门预算编制工作。按照新《预算法》的相关规定，实现了“两上两下”的部门预算编制步骤。基本支出中人员经费按照人事部门的工资批件据实核算，公用经费按照定员定额标准核定，并根据财力对项目支出做出合理安排，细化了预算编制，增强了预算的约束力。四是进一步推进国库管理制度改革。在县级一级、二级预算单位实行国库集中支付的基础上，在全县县直预算单位实施公务卡结算制度，对公务接待费、公务用车维护费、差旅费等8项支出项目实行公务卡结算。五是全面推进预决算公开工作。积极主动公开政府收支预算、“三公”经费预算和政府总决算，全县92个部门预算和“三公”经费预算及决算信息全部公开，增强了政府预算的透明度，提升了预算管理水平，保障了公民的知情权、参与权和监督权。六是全面推进财政票据电子化改革。于年底完成了财政票据电子化改革，全面使用机打票据和定额票据，停止使用手工票据，实现财政票据从申请、印制、审验、登记、入库、核发、出库、使用、保管、核销全过程的电子化管理。七是推进政府采购的电子化进程。按照政府采购电子化的要求，完成了与省政务大厅信息管理系统接口的相关手续，通过简化政府采购公告、专家抽取等工作程序，体现了公开、公平、公正和效益的原则，提高了采购工作的效率。严格管采分离，全年政府采购总额8 727万元。八是做好下划地方单位和上划省直单位工作。对划归地方管理的工商局、药监局、技术监督局，上划省直管理的县法院、检察院的人员和资产等进行了清查盘点，对债权、债务进行了核实确认，顺利完成了下划地方单位和县法院、检察院由省直管工作。

四、强化财政监督管理。一是加强国有资产管理。严格依法管理全县行政事业单位的国有资产，加强资产购置和处置审批，对行政事业单位资产实行动态管理。为避免国有资产的闲置与浪费，受县政府委托，严格依照政策、法律的有关规定和程序，本着公平、公正、公开的原则，成功拍卖了闲置多年的长岭兴发食品有限公司。二是加强投资评审工作。全年完成评审工作11项，评审金额1.21亿元，审减金额1 082万元，审减率9%。三是加强行政事业单位人员培训和内控管理。通过举办支农政策培训、会计电算化、国库集中支付、行政单位会计制度、指纹认证、财政票据电子化等培训班，提高了干部的业务能力。做好乡镇财政会计电算化系统建设工作，实现了22个乡镇财政所与省财政厅乡镇财政会计电算化信息系统成功连接。进一步提升管理效能，建立了适合各单位内部控制制度的基本框架。四是做好专项监督检查工作。开展了机关、企事业单位食堂违规违纪问题及发放津贴补贴情况和部门预决算公开等专项检查。对长岭县保障性住房管理中心、市政工程处项目资金的拨付使用情况进行了监督检查。为继续促进会计核算的规范化，对县实验小学等3个事业单位和4个乡镇财政所会计质量信息开展了检查，及时纠正了在财务管理、会计核算中存在的问题。

前郭县

2015年，前郭县财政以党的十八大会议精神为指导，以党的群众路线教育实践活动为统领，围绕“一三四五”工作思路，强化财政收入征管，全力保障重点领域支出需要，各项工作都取得了新进展。全年一般公共预算全口径财政收入完成17.70亿元。其中，地方级财政收入完成10.89亿元。全年一般公共预算财政支出完成40.2亿元。

一、积极组织财政收入。一是做好盘活存量资金工作。按照财政部和省财政厅出台的相关文件精神，将财政和部门中一般预算结余结转资金、政府性基金结转资金进行清理甄别，按资金性质和规定进行有效盘活，提高财政资金的使用效益。二是加强非税收入管理。加强各部门项目监控分析，确保各项收入应缴尽缴。完善非税收入管理系统功能，优化收缴流程，创新收缴方式，推进非税收入管理信息化建设。三是积极向上争取资金。在国家和省支出大盘子里做文章，积极争取各项政策资金，弥补财政支出缺口，为全县经济社会发展提高财力保障。四是强化征收管理。积极配合税务部门依法治税，加大监督检查力度，依法严厉打击偷骗抗税行为，防止税收流失。

二、努力深化财政改革。一是积极开展三年财政规划编制工作，不断深化财政体制改革，改进预算控制和管理方式。二是推进全过程预算绩效管理工作，促进绩效管理工作不断细化，提高资金决策的科学性和管理的规范性。三是进一步规范部门采购行为，完善政府采购流程，降低财政支出，最大限度地发挥资金的使用效益。四是积极稳妥地推进预决算信息公开，扩大部门预算公开的范围，丰富公开内容，提升公开效果，促进公开工作制度化、规范化和常态化。五是严格控制一般性支出的增长，继续实行行政编制和公用经费两个“零增长”。六是加强监督管理，对非税收入、财政专项资金、政府性投资项目、招投标、政府采购、“小金库”等情况进行监督检查，提高财政资金的使用效率。

三、着力保障和改善民生。一是加强教育科技文化建设。推行“两免一补”，建立城乡义务教育保障机制，加大教育转移支付力度，积极筹措资金用于农村义务教育薄弱校改造、富宸嘉园小学等项目建设。适当调整教育投入结构，完善公共文化服务体系建设，稳定增加科技投入，积极支持科技创新，加大预算安排，使科技三项费、科学事业费的增长幅度高于县财政支出的增长幅度。二是做好社会保障资金的预算工作。及时将农民个人缴费、县财政配套资金及省财政补助资金存入财政专户，严格按照相关财务会计制度规定对基金进行审核与拨付，力争及时准确地将农民报销资金拨付至定点医疗机构和农民个人手中。加强社保基金专户管理，确保基本养老、基本失业金、低保资金、再就业资金、医疗保险基金安全、有效地运行。三是全力以赴兑现调资政策。按照国家和省文件要求，调整机关事业单位工作人员基本工资标准，增加了机关事业单位离退休人员离退休费，提高了干部职工的工作积极性。四是落实保障性安居工程、一事一议等惠民政策。加大对保障性安居工程资金的管理力度，严格审核上报材料确保资金专款专用。做好吉林省国有农场办社会职能改革工作。五是落实强农惠农政策。协调上级部门争取支农专项资金，加大涉农资金管理力度，严格执行各项支农专项资金管理办法，切实发挥资金的社会效益和经济效益。及时拨付粮食直补款、农机补贴、良种补贴、退耕还林补贴资金等各项惠农资金，减缓农民的资金压力。继续开展节水增粮行动项目。按要求完成2015年节水增粮行动项目建设，编制完成2016～2018年农发产业化经营项目规划，推进前郭县“十三五”农安——王府经济带农业基础设施建设规划工作。

四、强化干部队伍建设。深入学习贯彻习近平总书记系列重要讲话精神，紧紧围绕协调推进“四个全面”战略布局，对照“严以修身、严以用权、严以律己，谋事要实、创业要实、做人要实”的要求，巩固和拓展教育实践活动和“三严三实”专题教育成果，开展基层干部不作为乱作为等损害群众利益问题专项整治、选派第一书记、落实“四早”台账等一系列活动，不折不扣的将从严治党的决策部署落实到位。抓好党风廉政建设工作，做到业务工作和反腐倡廉建设“两手抓、两手硬”。把反腐倡廉工作任务分解落实到班子、细化到科室，按照“一岗双责”的要求，把党风廉政建设融入财政业务工作之中，并严格执行中央八项规定和省市有关文件要求，认真执行单位各项规章制度，强化了服务意识，提高了办事效率，树立了财政部门的良好形象。

乾安县

2015年，乾安县财政主动适应经济新常态，强化收入征管，盘活财政存量资金，优化支出结构，努力提高保障能力和理财水平，较好地完成了全年各项工作任务。全年一般公共预算全口径财政收入完成8.4亿元，同比下降38%。其中，地方级财政收入完成6亿元，同比下降25%。全年一般公共预算财政支出完成23.5亿元，比2014年增长2.6%。

一、全力组织财政收入。面对原油量价齐跌、房地产行业下行及落实国家结构性减免税费政策等不利因素影响，乾安县财政部门积极应对，主动作为，不断加强与国、地税等部门的协调配合，依法依规，不断强化征管措施，做到了应收尽收。同时，采取多种措施，强化非税收入征管，使非税收入实现较大增长。

二、努力推动经济稳定增长。一是认真落实国家积极的财政政策。继续实施结构性减税政策，对小微企业暂免征收增值税和营业税；加大清费减负力度，通过取消收费项目，免征和降低行政事业性收费标准，减轻了企业、社会的税费负担。二是支持节水增粮行动、农村安全饮水工程、城镇污水垃圾处理、县级公路建设、保障性安居工程等重点项目建设。三是支持扩大消费需求。认真落实津贴补贴调整政策，进一步提高企业基本养老金、城乡低保等社会保障水平。继续落实积极的就业政策，不断增加城乡居民工资性和财产性收入。

三、认真落实各项支农政策。一是支持提高农业综合生产能力。重点支持了农业综合开发、农业基础设施建设、农业科技推广、农业保险配套、防灾减灾农业等项目。二是认真落实对农民的各项补贴政策。全年共发放粮食直补资金4 064万元，农资综合直补资金1.17亿元，良种补贴资金1 721万元，调动了农民种粮的积极性，促进了农业增产、农民增收。三是大力支持新农村建设。支持社会主义新农村示范村基础设施、农村休闲文化广场和村多功能室建设，有效地改善了农村的生产生活环境，促进了和谐文明新农村建设。

四、切实保障和改善民生。一是支持教育优先发展。将义务教育阶段生均公用经费标准提高到小学600元、初中800元，公办高中生均公用经费提高到500元。继续扩大中等职业学校免学费范围，支持职业教育基础能力建设和薄弱校改造等。二是切实提高社会保障水平。将城乡居民基础养老金提高到75元/人，基本公共卫生服务政府补贴提高到40元/人，新农合政府补贴标准提高到380元/人，城镇低保人均补助标准提高到336元/月，农村低保人均补助标准提高到2 300元/年，有效保障了困难群众的基本生活。三是支持开展“暖房子”工程、棚户区改造、农村危旧房改造、廉租住房建设等保障性安居工程，改善群众的居住生活条件。四是支持公共安全体系建设。全面落实公检法司业务的保障经费，大力支持公安应急指挥中心及农村视频监控系统建设，为“平安乾安”建设提供了良好保障。五是努力保障安全生产、食品药品安全、农产品质量安全及应急、信访、政法办案等经费需要。

五、进一步深化财政改革。一是清理盘活财政存量资金。认真贯彻落实国务院办公厅《关于进一步做好盘活财政存量资金工作的通知》要求，按照省财政厅和县政府的工作部署，开展清理盘活财政存量资金工作。全年清理盘活财政存量资金达1亿元。将收回的存量资金结合乾安县民生工程建设资金需求，统筹用于城市基础设施、农村公路建设等重点支出领域。二是积极推进国库集中支付和公务卡制度改革，做好改革的前期准备工作。政府采购资金支付业务已经开始实行国库集中支付试点运行，政府集中采购资金全部实行财政直接支付。全年财政直接支付政府采购资金3 450万元。在多数预算单位试行授权支付业务，全面推开公务卡强制结算工作。三是加强政府采购管理。继续扩大政府采购的规模和范围，规范政府采购行为，厉行勤俭节约，注重提高采购资金的使用效益。四是加强财政专项资金管理，健全完善管理制度和内控机制，建立起财政专项资金齐抓共管的长效机制。五是开展全县清理规范津补贴和预算单位的食堂支出调研工作。

六、继续做好财政基础工作。一是严格执行中央八项规定，率先执行清理办公用房、公车管理、公务接待等各项规定，坚持精打细算，严控“三公”经费，降低行政运行成本。二是通过开展预防职务犯罪专题讲座和“六五”普法宣传教育活动，进一步强化了财政干部的法律意识，提升了财政干部队伍素质，提高了财政工作效率。三是充分发挥财政所的职能作用，保证了各项强农惠农政策的有效落实，进一步规范了基层财政业务。

扶余市

2015年，扶余市财政坚持稳中求进的总体工作思路，主动适应经济发展新常态，努力克服经济下行和落实国家税费减免政策、减收增支压力加大等困难，精准施策，主动作为，较好的发挥了财政职能作用，各项工作取得了新进展。全年一般公共预算全口径财政收入完成6.112亿元，下降13.2%。其中，地方级财政收入完成4.85亿元，下降5.2%。全年一般公共预算财政支出完成28.08亿元，增长5.7%。

一、切实保障改善民生，推动社会事业协调发展。围绕市委、市政府确定的重大项目和民生实事，继续调整优化财政支出结构，保证重点支出需要。拨付粮食直补资金1.17亿元，农资综合直补资金2.44亿元，农业生产资料与技术补贴、病虫害控制、科技转化与推广服务1.34亿元，农业保险补贴资金535万元，促进了粮食增产和农民增收。拨付节水增粮资金8 300万元，用于提高全市农业生产应对自然灾害的能力。拨付村级公益事业建设一事一议财政奖补资金、新农村建设资金2 483万元，用于加快新农村建设的步伐。拨付资金4 086万元，支持文化信息资源共享、农家书屋、农村文艺演出、农村体育活动和全民健身等，有效改善了人民群众的文化生活。拨付教育资金3.40亿元，用于薄弱校改造、寄宿制学校建设、校舍安全、公用经费等，进一步改善了学生的学习环境。拨付资金1亿元，支持水利工程建设、农村饮水安全、棚户区改造、农村危房改造、暖房子工程、城区老旧供热管网维修改造等重点工程建设，切实提高了供热质量，改善了群众生活和住房条件。拨付基础设施建设资金2.85亿元，用于城区道路建设、村村通乡路建设以及危桥改造等，有效改善了城乡环境，提升了城市载体功能。拨付资金200万元，完成了扶余公园后期项目建设，为市民打造了环境更加优美的游憩空间。拨付公检法司办案经费及装备款等4 118万元，有效改善了政法机关的办公条件，提高了办案效率。筹措资金1.80亿元，从2014年10月份起将月人均调增薪资900元，提高了干部职工的生活水平。拨付养老保险、城乡最低生活保障、五保户供养、农村危房改造、廉租住房建设资金3.38亿元，改善城乡职工和困难群众的基本生活及住房条件。拨付城乡医疗保障资金2.06亿元，提高新型农村合作医疗、城镇居民基本医疗保险补助标准和基层医疗卫生机构服务能力。2012年以来，累计投入资金870万元，支持17个财政所完成了标准化建设及设施设备更新，安装运行了财政信息管理系统。

二、积极推进财税改革，稳步提高财政管理水平。稳步推进财税体制改革。加强政府预算管理，将政府收支分门别类全部纳入四本预算，预决算信息实现全部公开，认真组织编制中期财政规划，清理整合财政专项资金、国库集中支付制度改革、规范政府债务管理、乡镇财政信息管理、推进政府购买服务等工作有序进行。进一步规范了非税收入收缴、罚没收入管理工作。进一步加强了国有资产管理管理。不断加大财政资金监管力度。将财政监督、投资评审转为常态化监管。由侧重事后监督转变为事前审核、事中跟踪、事后评审全过程监督。全年审结投资项目10个，评审投资总额1.78亿元，审减投资775万元，审减率4.3%。继续开展会计信息质量检查工作，有力地维护了财经秩序，提高了会计信息质量。重点对8家单位进行检查，及时纠正了发现问题。与市纪委配合对“三公”经费、单位食堂等进行了专项检查，并制定了相应管理制度。逐步扩大采购范围，规范采购流程。全年完成集中采购165次，采购预算7 969.5万元，节约696.78万元，实际支付7 272.37万元，节约率8.7%。

三、着力加强自身建设，不断提升财政服务水平。以创建“五型财政”为目标，全面加强自身建设，提高财政干部服务科学发展的能力和财政管理的水平。财政预算执行分析工作、财政决算报表工作被省财政厅评为先进单位。认真贯彻落实党风廉政建设“两个责任”，坚持“一岗双责”，抓好反腐倡廉教育，提高干部队伍整体素质。宣传思想工作、党风廉政建设、反腐倡廉建设、机关作风建设、安全生产等工作得到了市委、市政府和市纪委的认可。

白城地区财政工作概况

白城市

2015年，白城市财政面对复杂严峻的经济形势，精心组织，深入谋划，稳中求进，合力攻坚，保持财政平稳运行，不断增强部门职能作用，保障财政整体工作取得新进展，为全市经济社会发展做出了应有贡献。全年一般公共预算财政收入完成40.2亿元。全年一般公共预算财政支出完成203亿元。

一、财政支持经济发展的能力显著增强。市本级争取到位一般性转移支付收入19.8亿元，争取到专项转移支付收入24.9亿元，重点支持工业企业、农业基础设施、农业产业化、机械化、高标准农田建设、农业科技示范项目、农业综合开发等项目建设。截至2015年末，全市地区生产总值完成740亿元，增长7.5%，高于全国0.6个百分点。固定资产投资完成670亿元，增长12%。新增规模以上企业48户，规模以上工业增加值完成210亿元，增长8%。推动实施3 000万元以上项目366个，亿元以上项目250个，吸引域外投资983亿元。农业生产稳中有升，畜禽饲养总量达到5 250万头(只)，增长11.4%。服务业增加值完成270.3亿元，增长7.4%。民营企业总数达到8 450户，增长25.6%。

二、公共财政保障力度进一步加大。截至2015年末，老工伤人员全部纳入工伤保险统筹管理；城乡居民社会养老保险参保率达到95%；新农合参合率达到99.4%；市区共建设棚户区安置住房8 782套、完成“暖房子”工程6万平方米、改造农村危房2.08万户；对贫困人口和贫困村全部建档立卡，实施扶贫项目197个，探索了光伏、电商等扶贫新模式，使8.2万人实现脱贫。市本级财政新增支出1 245万元，将市本级城乡居民基本医疗保险人均补助标准由320元提高到380元；对低保、五保等需要地方政府配套资金进行分解，新增支出1 050万元；兑付政府为企业承债资金1 587万元，解决四季盛宝、一塑养老保险资金500万元，解决国有企业改制独生子女父母退休奖励经费1 000万元；加大对“三公”经费支出的监督管理力度，通过实行预算单列、总量控制、定期公开等方式，使“三公”经费支出得到有效控制。

三、财政重点改革取得新进展。把公共预算、政府性基金预算和国有资本经营预算全部纳入政府预算体系进行管理。截至2015年，市直65个部门285个一级预算单位全部按照“两上两下”编审程序编制年度部门预算；48家企业的国有资本经营收入纳入预算管理；按规定将7项保险基金纳入社保基金预算管理。国库集中收付制度改革全面完成。预决算公开工作常态化、制度化。市直65个部门200多个预算单位已经全部纳入公开范围，按全省统一要求，于每年的5月份，对市直政府预算、部门预算及财政拨款“三公”经费预算、2014年决算在市政府网站上向社会公开。继续完善政府采购制度。市本级全年共完成采购额7 500多万元，节约资金600多万元，综合节支率达到8.6%。加强PPP项目管理。6月，组建政府和社会资本合作项目管理科，并建立PPP模式项目库，遴选了“海绵城市”等重点项目开展工作。经过积极努力，“海绵城市”项目争取上级财政补助资金6亿多元。

四、财政管理体系和内控机制建设逐步完善。重点对市直单位2012年及以前年度的财政存量资金进行了集中清理，涉及单位88个，涉及金额近2亿元。对2013年度农机补贴资金和2014年度粮食直补资金进行了重点抽查。将市社会精神病院病房改造项目、市水利局“节水增粮”行动和2015年秋季膜下滴灌工程项目、市林业局松花江上游林业生态建设项目纳入绩效评价试点。全年共完成评审项目600多项，总提报值50多亿元，审减资金7亿元，审减率14%。

洮南市

2015年，洮南市财政紧紧围绕全市中心工作和财政目标任务，切实把握财政工作的重心和工作重点，积极履行财政工作的职责和职能，全面深化财政改革，切实为推进经济社会发展、保障民生提供财力保障。全年一般公共预算全口径财政收入完成9.03亿元，同比增长12%。其中，地方级财政收入完成6.89亿元，同比增长12%。

一、狠抓征收管理，确保财政收入持续稳定增长。按照年初制定的收入计划，积极组织协调征收部门，完善财政收入措施办法，确保实现全年收入目标。一是定期协调召开财税部门收入分析例会，加强收入分析与预测，协调督促两税部门加强税收征管，及时帮助解决税收征管中出现的各种问题。二是狠抓税源管理，严格执行税法，根据不同行业税源特点，积极配合税务部门挖掘增收潜力，努力做到应收尽收。三是强化政府非税收入征管，严格执行国家和省的有关政策，确保非税收入及时足额入库。

二、优化支出结构，促进经济社会和谐健康发展。一是确保机构正常运转。坚持有保有压的原则，妥善安排财政基本支出，及时拨付各项公用经费，保证财政供养人员、义务教育学校、公共卫生与基层医疗卫生事业单位以及其他事业单位工资的发放，调动了干部职工的工作积极性。二是切实保障和改善民生。坚持“以人为本、民生为先”的原则，重点保障市委、市政府17件民生实事，保证教育、就业、社会保障、医疗卫生、保障性住房等重点支出的投入力度。三是助推经济持续快速发展。认真落实财政政策，强化扶持政策的导向作用，支持培育全市支柱产业和重点骨干企业，引导企业做大做强，推动产业结构转型升级，支持高新产业优先发展。通过积极向上争取项目资金，争取地方政府债券、创新政府融资担保方式等措施，加大项目建设投入力度，统筹城乡全面健康发展。继续加大“三农”投入，及时兑付强农惠农补贴。拨付农业开发、农田水利、林木业等项目资金6.54亿元，粮食、农资综合直补资金1.70亿元，切实提高农民的生产积极性。

三、依法理财，不断提高财政管理水平。一是全面清理各项行政职权。全年共清理出行政权力93项(行政许可两项，行政处罚78项，行政裁决3项，其他行政权力10项)，对规范财政行政执法行为起到了积极的促进作用。二是“六五”普法成果显著。积极开展“六五”普法工作，切实提高财政干部职工的法治观念。同时，全面整理“六五”普法相关材料，上报省财政厅并受到好评。三是加强财政资金的监管力度。加强国库管理，加大资金支出审核力度，做好国库集中支付、国库现金和财政专户监督管理工作。加强政府投资项目监管，加大财政评审力度，强化项目投资控制。强化“三公”经费支出控管，严格支出管理，严控行政成本，切实缩减了一般性支出。强化财政资金监督检查，充分整合监察、审计、财政等力量，加大对各预算单位财务收支的监督检查力度，切实维护财经纪律的严肃性。

四、开拓创新，全面深化财政改革。不断推进财政改革创新，提升履职能力和财政管理科学化、精细化和绩效化水平。一是深化部门预算改革。结合新《预算法》的实施，进一步完善综合预算办法，改进预算编制方式，实现财政供养系统和预算编审系统的数据无缝对接，完善定额标准体系和项目预算管理模式，切实提高了预算编制的完整性和预算到位率。二是深入推进公务卡改革。进一步完善公务卡结算制度，改善公务卡制度推广环境，强制实行公务卡强制结算目录，力争实现公务卡结算的全覆盖。三是着手实施国库集中支付业务电子化管理。实现一套电子凭证在预算单位、财政部门、人民银行和代理银行之间跨部门、跨系统的联网操作和“无纸化”运行。

五、加强机关建设，提高财政队伍整体素质。一是开展教育培训。以打造法制型机关为目标，坚持全体集中学习、科室分散学习与个人自学相结合，通过开展干部职工财政法规学习、举办科室“业务讲堂”、邀请专家授课等形式，进一步提升财政干部政治素养和依法办事的能力，提高应对复杂局面、处理复杂问题的水平。二是创新服务理念。进一步创新服务方式，精简办事环节和程序，提高办事效率，营造优良的服务环境。通过开展一系列主题活动，完善了机关管理、队伍建设等制度，提升了管理服务效能。三是扎实推进廉政建设。按照党风廉政建设的总体要求，切实加强财政资金监管，严格落实反腐倡廉建设责任制，确保财政资金安全有效。深入开展廉政勤政教育，加强思想作风、工作作风、生活作风建设，积极培育“廉洁、自律、务实、勤勉”的廉政文化，筑牢拒腐防变的思想道德防线。

大安市

2015年，大安市财政坚持增收节支、统筹兼顾、有保有控的方针，大力挖掘潜力，加强财源建设，调整优化财政支出结构，优先保证教育、卫生、社会保障等重点民生支出，努力提高财政管理效能，为全市经济建设和事业发展提供强有力的财力支持。全年一般公共预算全口径财政收入完成10.28亿元，下降33.8%。其中，地方级财政收入完成7.00亿元，下降22.3%。全年一般公共预算财政支出完成33亿元，增长3%。

一、强化措施，确保财政收入稳步增长。一是积极协调国、地税部门逐户研究分析油田企业税收增减原因，摸清油田企业税收中存在问题，有效掌握油田企业税收变化，保证税收足额入库。二是做好重点税源监管。切实强化重点企业税收征管措施，做好重点企业、工程项目税源管理评估，加大稽查力度，确保重点行业、重点企业和工程项目税收及时征缴入库。三是切实强化土地出让基金收支预算管理，为工业发展和城市建设提供了有力的资金支持。四是努力培育新财源，重点支持开发区“二次创业”和“一区六园”平台建设，增加“一区六园”承载项目的能力和吸纳投资的引力。

二、统筹兼顾，确保财政支出平稳增长。一是全力支持教育事业发展。改善义务教育薄弱学校基本教学条件和生活设施，保证生均教育经费达到国家标准，为大安市教育工作提供财力保障。争取农村义务教育薄弱校改造补助资金2 601万元，用于大安三中等4所义务教育学校新建教学楼项目。争取普通高中改善办学条件资金1 400万元，用于大安市3所普通高中体育场改造、教学楼维修等项目。争取农村初中寄宿生条件改善项目补助资金1 000万元，用于烧锅镇等3所义务教育中学寄宿条件改造项目。二是不断完善社会保障机制。逐年增加社会保障支出，重点用于助贫、助困、促进就业和再就业等民生事业。筹措资金8 800万元，用于完善新型农村和城镇养老保障体系。筹措资金7 670万元，用于保障城乡居民医疗保险制度平稳运行。筹措资金7 765万元，按时兑现了城乡低保人员社会保障支出。为5 374名80周岁以上老人发放高龄老人生活补贴556万元，切实改善了高龄老人的生活质量。保障社会公益事业发展，支持福利中心维修扩建项目、社区活动场所和公益性服务设施更新完善。

三、目标明确，争取专项资金成效显著。一是大力争取农业基础设施建设、新农村建设和财政扶贫等资金，改善农村生产生活条件，加速了全市农业产业化进程。争取资金1.16亿元，用于节水增粮的膜下滴灌、喷灌建设、高标准农田改造等农田基础建设项目。拨付资金1.08亿元，完成了洮儿河等水利工程干流治理项目。争取资金3 406万元，用于完善退耕还林、森林生态和草原生态保护等森林草原维护项目。争取资金1 579万元，用于扶持大安市5万吨大米加工扩建和大安市3 000吨果蔬加工扩建项目。拨付资金2 446万元，用于解决大安市3.66万农村居民及0.36万农村学校师生饮水安全问题。争取财政扶贫发展资金5 548万元，基层医疗卫生服务体系建设资金3 710万元。二是按时足额发放粮食直补资金2 337万元，农资综合补贴资金9 001万元，农作物良种补贴资金1 304万元，农机购置补贴3 500万元，用于解决农民春耕问题。三是加大城乡基础设施建设投入力度。投入资金2 253万元，支持二次供水改造、大安污水处理厂二期扩建等一系列环境治理项目，逐步改善了城市环境质量和生态状况。投入资金4 245万元，用于改善城乡居民的居住条件，提高人民生活质量。四是投入城乡交通资金8 586万元，用于国道珲乌公路四家子——蔡京芳段及省道大通线来宝——海坨段改建工程。

四、深入改革，继续提升科学理财水平。一是不断完善财政预算体系，细化部门预算编制，强化预算指标控制管理。二是继续推进国库集中收付制度，稳步推进公务卡改革。三是深入调研，认真测算，切实防范政府债务风险，防止金融风险逐步演化为财政风险和政府风险。四是继续完善财政资金运行全过程监督机制。进一步提高资金使用效益，强化财政专项资金使用绩效考评，严格执行政府投资预决算审核项目，做好财政支出均衡拨付工作。五是深入贯彻国家新的会计法规制度。组织开展企业会计制度、小企业会计准则执行情况检查指导，有效解决企业会计准则贯彻实施过程中出现的新情况、新问题，确保符合要求的企业全部执行企业会计准则。

五、巩固成果，持续改进工作作风。紧密结合实际，深入贯彻落实全国、全省和全市党的群众路线教育实践活动总结大会精神，严格按照中央、省委和市委对财政部门和财政工作提出的新要求，以“讲政治、重公道、业务精、作风好”为基本标准，进一步抓好整改落实、建章立制的后续工作，做到收尾不收场，努力取得干部群众满意的实效。

镇赉县

2015年，镇赉县财政坚持稳中求进的工作总基调，突出“发展”和“民生”两个关键，以建立现代财政制度为目标，千方百计抓增收，全力以赴促发展，突出重点保民生，创新思维强管理，各项工作在困境中取得了新的进展。全年一般公共预算全口径财政收入完成8.8亿元，增长8%。其中，地方级财政收入完成6.7亿元，增长8%。

一、积极进取，全力以赴狠抓收入征管。一是进一步完善目标考核责任制，明确收入任务，充分调动国、地税部门征收的积极性，确保财政收入及时足额入库。二是与税务部门建立联席会议制度，加强收入分析、监测，保证税收应征尽征，不征过头税。三是大力支持先进制造业和现代商贸物流服务业发展，培育新的经济增长点，为财政增收蓄发后劲。四是加大税收稽查和清缴力度，将欠税足额征缴入库。五是强化非税收入监管，确保非税收入应收尽收。

二、全力向上争取项目资金，为经济发展提供资金保障。认真搜集、研究国家最新政策文件，把握国家重点支持的方向和产业，引导各行政事业单位和企业争取国家项目资金支持，做到提升规划列项目、亮出牌子要政策、谋划工程引资金。进一步加大跑办力度，强化项目对接，提高项目资金到位率，有效缓解财力紧张的局面，为全县经济社会发展提供了坚实的财力保障。

三、优化支出结构，着力保障和改善民生。坚持以民生为重，进一步优化支出结构，保证公教人员和离退休人员工资、津补贴、机构运转和社会稳定等刚性支出，集中财力向事关人民群众切身利益的民生领域和经济社会发展的薄弱环节倾斜。一是支持社会事业发展。安排教育支出4.6亿元，继续完善义务教育经费保障机制，推进薄弱校改造计划，落实教育资助政策，继续实施免费营养餐等。提高中小学公用经费补助标准，小学每生每年达到600元，中学每生每年达到800元。安排社会保障和就业支出4亿元，保证养老金、新农保、城乡低保、优抚资金及时拨付发放，积极支持就业和再就业工作，扩大社会救济范围，加大对生活救助的保障力度。安排医疗卫生支出1.8亿元，进一步健全基层医疗卫生服务体系，推进公立医院改革试点，提高新农合和城镇居民医疗保险水平，促进基本公共卫生服务逐步均等化。二是提高公共服务水平。安排节能环保支出3 700万元，大力推进节能减排，支持“两型”社会建设。安排资金1.10亿元，用于支持城乡基本建设。安排资金1亿元，用于支持保障性安居工程。三是扶持“三农”发展。安排农林水事务支出6亿元，用于支持农业基础设施建设、扶贫开发、农田水利建设、农业综合开发等。落实农村公益事业一事一议财政奖补政策，推进一事一议农村公益项目，进一步发展现代农业产业。全面落实中央各项惠农政策，及时足额发放粮食直补、农资综合补贴、良种补贴、退耕还林补贴等补贴资金1.5亿元。

四、多措并举，认真开展盘活财政存量资金清理检查工作。一是认真学习相关文件，明确结转结余资金使用范围和清理措施，全面抓好贯彻落实。二是摸清基础底数。组织核查各部门2012～2014年财政决算报表和部门财务决算报表数据，充分掌握、确认财政和预算单位资金结余结转情况并进行核实、统计、汇总和分析，做到家底清楚。三是开展清理核查。通过明确各职能部门的清理范围和内容，对11个乡镇和县级各预算单位的财政资金结余情况进行了核实查对，全面了解了项目资金使用管理和项目进展情况。四是加快预算执行进度。对年初预算确定的项目加快资金支付，对尚未下达预算支出指标的限时做好资金分配方案和指标下达，保障预算支出需要。五是强化监督检查。定期检查全县预算单位存量资金，对隐瞒未报的结余结转资金视同违规设立"小金库"处理，全额收缴县财政，对继续结转使用的、在规定时限内尚未实施完成的项目资金一律收回财政。全年共收回2012以前年度的存量资金1.2亿元。

五、稳妥推进财政改革，进一步提升财政管理水平。一是深化部门预算管理改革。深化细化县级部门预算，提高部门预算的科学性和透明度。大力推进县直部门预算编制改革，提高县级综合预算编制水平。积极推进预算信息公开，拓宽预算信息公开的渠道和形式，着力打造阳光财政。二是推进国库集中支付改革。加快"金财工程"建设，为国库集中支付、非税收入征缴管理等各项改革提供服务平台。建立预算执行动态监控信息系统，实现对各类资金的全过程动态化监控。三是完善政府采购管理机制。积极拓宽政府采购范围，探索政府采购的新模式，完善监督制约机制，不断提高政府采购管理效率，提升政府采购规模。全年政府采购规模达到5 000万元，节约财政资金430万元，节支率7.9%。

六、加强财政监督，不断提高财政资金使用效益。一是积极探索国有资产、资源监督管理和运行机制，加强行政事业单位资产信息统计工作，实现了国有资产保值增值的目标。二是加大会计监督力度，继续做好重点领域、重点行业的会计监督工作，进一步整顿会计秩序，提高会计信息质量。三是积极推进非税收入预算化管理，通过开展非税收入专项检查，进一步增强政府统筹能力。四是做好政府投资项目评审工作。全年共评审项目30个，评审额1.43亿元，审减资金1 035万元，审减率7.2%。五是组织开展涉农资金、收支两条线、会计信息质量等检查，严肃了财经纪律，有力地促进了财政资金的规范使用。

通榆县

2015年，通榆县财政认真贯彻落实国家的各项财政政策，推进财税体制改革，加强预算执行管理，提高财政资金使用效益，各项工作取得新成效。全年地方级财政收入完成5.05亿元，下降28.3%。全年一般公共预算财政支出完成36.06亿元，增长20.4%。

一、大力提升财政收入水平。一是有效监控风电场开发、装备制造、重大基础设施建设、房地产开发等重点税源，确保税收及时足额入库。二是重点挖掘一般行业和零散税源，对达到起征点的个体工商户和税收优惠政策到期的业户，及时进行清理、恢复征税、堵塞漏洞，应收尽收。三是加强国有资产出售、出租的有偿使用收入、罚没收入、行政事业性收费等非税收入管理，全年实现非税收入2.26亿元。四是大力开展土地整治和水田开发工作，全力提升现有耕地利用等别，实现土地占补平衡指标交易。全年实现土地占补平衡指标交易3 134万元。

二、全力保障和改善民生。按照"保工资、保重点、保正常运转"的工作目标，树立过紧日子思想，积极优化支出结构，大力压缩一般性开支，努力保障和改善民生。一是按照国家新的工资标准，及时调整兑现机关事业单位人员工资，提高津贴补贴达到省市标准。落实机关事业单位人员养老保险统筹、医疗保险市统筹及农村教师生活补贴等政策。二是完善基础设施建设。拨付城市道路建设资金924万元，"暖房子"工程资金1 940万元，保障性住房建设资金3 157万元，"二次供水"

改造资金1 147万元。三是提高社会保障能力。全年共拨付社会保障资金2.40亿元，主要用于职工基本养老保险、城乡低保、新农合医疗补助、城镇居民基本医疗保险补助。四是提高就业水平。全年拨付再就业资金3 300万元，安置公益岗位就业人员3 079人，新增57人。

三、支持社会事业发展。一是保证教育事业优先发展。拨付教育补助资金1.51亿元，用于提高义务教育阶段公用经费标准，补助农村困难学生和职业技术学校学生生活费，改善全县农村学生营养餐，改造维修农村薄弱校等重点项目。二是改善医疗卫生条件。拨付资金1.30亿元，完成县医院迁址运营，实施乡镇卫生院周转宿舍、标准化预防接种门诊等卫生基础设施建设。三是支持文化体育事业发展。拨付资金9 800万元，推进“六馆一中心”建设，实施社区文化活动室、农村文化小广场、“送戏下乡”等文化惠民工程。

四、促进农业现代化发展。一是积极推进农业基础设施建设。拨付资金5.30亿元，实施节水增粮工程50万亩。二是全力争取财政支农补助资金。拨付4 380万元，实施16个村整村推进、23个村连片开发。拨付一事一议资金1 497万元，用于支持农村公益事业发展和生态环境改善。三是落实强农惠农政策。发放农业保护性补贴、深松深翻地补贴、农作物良种补贴、能繁母猪补贴、退耕还林及农机具购置补贴等补助资金3.71亿元。四是大力提升农业综合生产能力。拨付4 319万元，用于建设高标准农田2.6万亩，支持农产品加工龙头企业1个、农业合作社3个。

五、规范财政支出管理。一是深入推进预算管理制度改革。除涉密单位外，全县各部门预、决算及“三公”经费信息实现全部公开，公开率达100%。二是大力盘活存量资金。全年共盘活各类资金8.66亿元。其中，继续用于项目建设资金8.49亿元，上解上级资金317万元，收回部门结余结转资金1 365万元，由县政府统筹使用，用于弥补工资调整等支出缺口。三是严格执行政府采购制度，全年实现政府采购1.24亿元，节约资金1 000万元，节支率8.1%。四是实行财政资金审核制度，全年审核资金5.84亿元，审减资金1.60亿元，审减率27.4%。五是对行政事业单位“三公”经费使用情况进行专项检查，纠正财务违规行为，上缴违规资金88万元。

延边地区财政工作概况

延边州

2015年,延边州财政紧紧围绕全州发展战略,立足财政部门职能,主动适应经济发展新常态,积极谋求财政工作新作为,全年财政工作成果丰硕,为全州经济社会发展做出了积极贡献。全年一般公共预算全口径财政收入完成93.3亿元,增长6.1%。全年一般公共预算财政支出完成303.9亿元,增长21.5%。

一、加大统筹力度,财政收入实现新突破。一是加强收入调度。积极与国税、地税等部门密切协作,加强对重点行业、重点企业的跟踪调研,全面掌握重点税源情况,把握重点企业收入节奏。二是精准发力稳定增长。积极协助州发改、工信等部门,落实好国家稳增长的政策措施,及时帮助企业解决生产经营等方面的问题,严禁收取过头税、过头费,确保税收收入形势稳定。三是加强非税收入管理。深化非税收入收缴管理改革,大力清缴税费,确保应缴尽缴,应收尽收。四是加大对国有资本的经营力度。把握市场行情,努力提高国有资本的收益,增加财政收入。

二、落实财政政策,发展质量实现新提高。一是落实结构性减税和普遍性降费政策。全州营业税改征增值税完成1亿元,与2014年持平。取消和调整21项州级行政事业性收费,降低6项行政事业性收费标准,进一步减轻了企业负担。二是推进城乡基础设施建设。筹措拨付47.1亿元,支持长吉图开发开放、公路及通道建设、水利枢纽及中小河流治理、住房保障、节能减排与污水治理、城市地下综合管廊及城镇化建设等,进一步完善了城乡基础设施建设,为经济发展带来巨大动力。三是支持民营经济发展。筹措拨付4.4亿元,引导和推动中小企业进行技术改造和科技创新,开拓国际市场,发展对外贸易,培养高技能人才等,进一步拓展中小企业发展空间,壮大民营经济发展实力。四是推动重点产业发展。筹措拨付0.4亿元,支持旅游景区建设,开发旅游航线,开展旅游营销活动。筹措拨付0.9亿元,支持市场流通、农村物流和电子商务等服务业发展。将延吉市和敦化市纳入国家级电子商务进农村综合示范县。五是积极探索和推进PPP模式。汪清县西大坡水利枢纽工程纳入财政部第二批政府和社会资本合作示范项目。

三、突出支出重点,民生事业得到新改善。一是支持创业就业。落实“大众创业、万众创新”的要求,整合政策资金,加大帮扶力度,着力促进就业困难人员等群体就业。全年共筹集创业资金3.6亿元,新发放小额担保贷款2.5亿元。二是加大社会保障投入。筹措拨付37.5亿元,用于保障养老金、低保金、社会救助等资金及时足额发放,将城乡居民基本养老金每月提高20元,企业退休人员基本养老金每月提高80元,城乡低保标准比2014年提高47元/月、503元/年。筹措拨付4.3亿元,发放天然林保护工程一次性安置职工社会保险补贴。三是支持改善群众居住生活条件。筹措拨付21.9亿元,支持开展棚户区、农村危房改造等保障性安居工程和“暖房子”工程建设。筹措拨付2.6亿元,支持市县二次供水改造和农村饮水安全工程，改善大中型水库移民生产生活条件。争取厂办大集体企业职工财政专项资金1.2亿元。四是推进机关事业单位养老保险制度改革。筹措拨付14亿元（州本级1.9亿元），用于调整优化机关事业单位工作人员工资结构、提高工资标准。

四、加大投入力度，农业发展取得新进步。一是大力提升农业综合生产能力。筹措拨付31.9亿元，大力支持农业、林业、水利、畜牧等基础设施建设，加强生态环境保护，推广新型农业栽培技术等。二是努力提高农业综合开发水平。筹措拨付2.9亿元，开展高标准农田建设，推进农业产业化经营，支持农业企业发展。农产品质量检测实验中心基本建设完成。三是认真落实各项惠民补贴政策。筹措拨付4.6亿元，用于粮食直补、农资综合补贴、大豆目标价格补贴，奖励产粮大县，推进农户科学储粮等。全年新增直补资金担保贷款0.8亿元，惠及4 470户农户。四是大力支持精准扶贫。筹措拨付2.5亿元，重点支持贫困村整村推进、贫困片区扶贫开发、少数民族地区兴边富民行动等。五是深入推进农村综合改革。筹措拨付1.2亿元，推进村级公益事业一事一议财政奖补工作和开展美丽乡村建设试点，进一步改善乡村生产生活条件。

五、统筹协调推进，社会事业取得新成果。一是支持教育优先发展。筹措拨付5.1亿元，推进城乡义务教育均衡发展，保障进城务工农民工随迁子女平等接受义务教育，改善义务教育薄弱学校基本办学条件，扩大学前教育资源，完善职业教育保障体系。二是深化医药卫生体制改革。支持医疗保险制度体系建设，筹措拨付6.6亿元，将人均城乡居民基本医疗保险财政补助标准由每年320元提高到380元，将人均基本公共卫生服务财政补助标准由每年35元提高到40元。筹措拨付1.2亿元，推进基层医疗卫生机构改革和县级公立医院综合改革。三是推进科技创新。筹措拨付0.3亿元，推动科技与经济结合，重点支持现代农业产业技术体系建设、高新技术产业化和医药产业发展等。四是促进文化、体育事业繁荣发展。筹措拨付2.1亿元，构建覆盖城乡的公共文化服务体系，实施社区文化活动室、农村文化广场等文化惠民工程，支持文化遗产保护、少数民族教材出版、优秀文艺作品创作生产等。筹措拨付0.2亿元，推进全民健身运动和开展竞技体育活动，支持延边长白山足球队征战中甲成功冲超。五是维护社会平安稳定。筹措拨付3.7亿元，维护政法系统正常运转、推进司法体制改革、处置应急突发事件等。六是争取彩票公益金支持公益事业发展。全年共争取彩票公益金1.2亿元，用于支持社会福利事业、残疾人事业以及文教体育等公益事业发展。

六、坚持依法理财，财政改革取得新进展。一是深入推进预算管理制度改革。认真贯彻实施新《预算法》，完善一般公共预算编制，健全预算标准体系，强化预算执行管理，细化政府性基金预算编制内容。加大政府预算统筹力度，将政府性基金预算中的地方教育附加、文化事业建设费、残疾人就业保障金等资金列入一般公共预算。积极推进预算信息公开，在政府门户网站对2014～2015年的公共财政预决算、政府性基金预决算和州本级“三公”经费预决算情况进行公开。二是积极盘活财政存量资金。全州各县市共收回存量资金7.7亿元（州本级收回存量资金1.5亿元）。对收回的资金，按原用途使用并统筹安排用于民生等项目支出。三是加强地方政府性债务管理。根据延边州存量债务规模和项目融资需求，积极争取省政府置换债券和新增债券35.6亿元，为重大项目建设和民生事业发展提供了必要的资金支持。其中，省政府置换债券28.6亿元，州本级1.5亿元，主要用于化解原有银行借款。省政府新增债券7.1亿元，主要用于支持医疗机构建设、地下管廊工程、棚户区改造、土地收储等重大项目建设。州本级争取新增债券2.37亿元，用于延边第二人民医院新建项目1.37亿元、延边城市展示中心项目4 900万元、延边朝鲜族广播影视节目译制中心2 300万元、延边二中综合教学楼项目2 000万元、延边体校教学楼项目800万元。

七、加强监督管理，资金效益得到新提升。一是加强政府采购管理。加大对工程采购和服务采购的力度，扩大采购范围和规模。全年政府采购支出18.9亿元，同比增长4.4%。其中，州本级政府采购支出5.4亿元，同比增长7.3%。二是扩大财政投资项目评审覆盖面。将评审重点逐步由事后评审向事前、事中前移，将评审监督覆盖项目全过程。全年共完成财政投资评审项目314项，审核资金9.3亿元，审减1.1亿元。三是规范罚没物资收缴和管理。完善罚没物资收缴流程，加强罚没款项的管理，切实维护国家和当事人的合法权益。全年实现罚没收入3.2亿元（州本级1.3亿元）。四是做好国有资产管理和国有资本经营工作。提高国有资产的利用率，通过协议转让延边人民出版社、延边教育出版社和畜牧工作总站办公楼，拍卖原州教育科研所办公楼，将原州计生委的闲置办公楼调剂给州森林公安局，统筹解决了州环保局的办公楼遗留问题和州体育局的办公用房问题。抓住股市良机，适时出售吉视传媒和吉林敖东国有股，取得收益1.5亿元。把握投资机遇，培育后续财源，投入0.4亿元注资吉林敖东世航药业有限公司，切实履行出资人职责。五是加强财政资金监督检查。开展会计监督检查、机关事业单位食堂违规违纪问题检查及公务接待费检查，对违规问题进行及时督促整改。六是严格财政支出管理。出台《延边州州直机关会议费管理办法》和《延边州州直机关培训费管理办法》，建立健全财务预算管理制度，提高资金使用效益。全年“三公”经费支出2.5亿元，同比下降4%。其中，州本级0.6亿元，下降8%。七是认真抓好会计管理工作。加强对行政事业单位内控规范体系建设检查，认真组织会计师考试、会计专业技术资格考试等工作。八是积极开展珠心算教育工作。组织选手参加各类珠心算比赛，成功举办延边州第十七届珠心算比赛。九是加强税政法制工作。做好预算收入退库工作，认真组织开展法制宣传教育活动，圆满完成“六五”普法工作。十是抓好财政信息、宣传和科研工作。做好财政网站更新和维护，发挥好信息公开和宣传主阵地的作用。认真做好《延边财会》、《财政简报》、《延边财政信息》的编辑出版工作。

八、狠抓廉政建设，改进作风取得新成效。一是切实落实好“两个责任”。修订完善《延边州财政局关于落实党风廉政建设党委主体责任的实施意见》等规章制度，将落实“两个责任”分解细化、责任到人。切实履行“一岗双责”，层层签订责任书，初步建立齐抓共管的廉政建设责任机制。建立廉政风险预警机制，加大对党员干部的风险防控，强化权力运行的制约监督，做到廉洁动态及时掌握、及早应对，提高预防风险能力。严明党的政治规矩和政治纪律，组织学习《党章》、《廉洁自律准则》、《纪律处分条例》等，学习先进典型，深刻吸取反面人物教训，做到在行动上和政治上同党中央保持高度一致。二是扎实开展党建基础工作。切实履行好党委书记抓党建工作的主体责任，深入开展“三严三实”主题教育活动，积极组织党委理论中心组学习，扎实推进支部建设和群团组织建设。三是积极开展帮扶工作。选派两名干部进驻困难村屯定点帮扶，争取扶持资金282万元，改进和完善村屯基础设施和生活条件。积极改善“三帮扶”包保点村容村貌，解决生产生活难题。四是加强人事管理和教育。争取5个副科级干部职数，选拔任用6个副科级干部。推荐两名正县级干部和1名副县级干部。积极组织干部教育培训，继续推进干部档案电子工作。绩效考核达到优秀。五是扎实做好老干部工作。定期对患病和生活困难的老干部进行走访慰问，保障老干部政治和生活待遇，不断丰富老干部精神文化生活。六是深入开展精神文明创建活动。组建新一届“延边州财政局志愿者队伍”和“青年志愿服务队”，开展“为地球添绿”义务植树活动，组织乒乓球、排球、网球、足球比赛等文体活动，深入开展党员干部落实“双岗双责”进社区活动。

延吉市

2015年，延吉市财政坚持以十八届四中、五中全会精神为统领，按照“诚信立市、工业强市、依法治市”的战略方针，紧扣“保工资、保运转、保民生、保稳定”的工作思路，团结和带领全局干部职工，解放思想，扎实工作，为加快推进图们江区域宜居旅游开放中心城市建设提供了有力的财力保障。全年一般公共预算全口径财政收入完成78.5亿元。其中，地方级财政收入完成29.5亿元。全年一般公共预算财政支出完成56亿元。

一、发挥部门优势，全力支持地方经济发展。一是争取上级财政补助资金再创新高。全年共争取到位上级各类专项资金21.59亿元，增长36%。二是大力压缩出国经费、招待费、会议费等一般性支出，民生支出和重点项目支出得到有效保障。在年初预算中继续将“三公”经费压缩10%，全年节约财政资金约360万元。三是积极支持中小企业发展。争取并到位各类支持中小企业发展的专项资金4 703万元，退税3 030万元，有效促进了延吉市的经济发展。四是加大城市基础设施建设投入。全年共拨付城市基础设施建设专项资金5.83亿元，用于暖房子工程、保障性安居工程、延吉西客站、廉租房建设、公安局办公用房等重点工程建设。五是加强非税收入征缴工作。全年非税收入完成16.24亿元（一般预算收入完成6.68亿元，政府性基金收入完成9.36亿元，预算外收入完成2 000万元）。六是全力支持科技创新工作。全年科学技术支出完成6 537万元，同比增长59.7%。

二、保障改善民生，着力促进社会协调发展。一是逐步加大“三农”投入力度。全年筹措到位农林水项目资金3.10亿元，同比增长11.4%。二是积极落实各项强农惠民政策。发放种粮农民粮食直接补贴资金和农资综合补贴资金2 484万元，大豆目标价格补贴资金167万元。三是全力支持教育事业优先发展。全年共拨付教育总资金8.88亿元，同比增长17%。四是进一步完善社会保障体系。全年共拨付社会保障和就业资金7.32亿元，同比增长19.3%。拨付城乡社区资金10.50亿元，同比增长38.3%。

三、深化财政改革，提升财政科学化管理水平。一是深化部门预算管理。进一步规范部门预算编制、执行、决算和监督等工作，从严控制一般性支出，按时完成市级部门“三公”经费公开工作。在政府网站上全面公开各部门2015年预算和“三公”经费预算。二是继续推进国库集中支付制度改革。帮助16家预算试点单位熟练操作非税管理系统，已进非税收入1 018万元，缴入国库950万元；全面提高财政资金支付管理的规范性、安全性和有效性，共查出各种违规、不规范支付行为2 372次，阻止违规操作181次，涉及金额达1.14亿元。三是加大国有资产管理力度。委托评估10次，审批报废资产863万元；无偿转让或调拨资产93万元；处置国有资产取得收入1.80亿元。四是确保国有资产保值增值。继续推进企业债权回购工作，与延吉鸿发公司的政府债权纠纷已取得胜诉，现进入法院执行阶段；与国贸大厦的土地纠纷已向州法院提请诉讼。成立了延吉市城乡发展投资控股集团有限公司、延吉市市场投资建设开发有限公司、延吉城市地下综合管廊建设有限责任公司，并协助市征收局征拆了民主砖厂、鹏程实业、娃哈哈净水厂、美人松门厂等企业。五是加强政府采购管理。全年完成公开招标95次，集中采购金额达到13.55亿元，节约财政资金1 084万元，节约率8%。六是扎实做好会计人员的继续教育工作。全年完成继续教育1 984人，调转会计从业人员120人次，完成从业资格考试报名审核732人。七是做好财政监督检查工作。全年罚没收入完成3 678.5万元，比2014年增加57.1万元，增长1.6%。配合市纪委做好纠正“四风”工作系列行动专项检查，查出滥发津贴补贴6 942万元、不正规发票23.3万元，并对3个单位进行了会计监督检查任务。

四、加强党风廉政建设，全面提升财政干部形象。一是抓好政治学习和业务培训工作。认真开展“共产党员服务城”教育实践活动，通过活动促使全体党员干部增强了群众意识，提高了党员干部的政治素质。通过举办业务专题讲座活动，提高了财政人员对创建服务型机关重要意义的认识，提高了财政工作人员的业务能力。二是认真查找“三严三实”方面存在的突出问题。通过查找、整改，进一步强化廉政教育，健全服务制度，优化办事程序，提高工作透明度。三是积极开展创先争优活动，积极开展“一包四”、“服务建国前老党员”、“服务贫困户”等载体活动，组织党员干部开展走访活动，按季度走访帮扶“一包四”单位、定期走访慰问建国前老党员和贫困群众。四是进一步加强公车管理，规范公车使用管理制度，做好节能减排工作。五是做好后勤保障和服务工作，根据群众的需求，做好食堂、保洁、收发等后勤管理服务工作。六是抓好局内消防安全工作，将局内外存在安全隐患的位置进行了整改，改善了办公环境，消除了安全隐患，保证了安全生产。

珲春市

2015年，珲春市财政坚持稳中求进的工作总基调，抢抓机遇、克服阻力，积极应对经济形势低靡、经济增速放缓等不利因素带来的严峻形势，统筹做好增收节支、保障重点、争取专项资金、服务和改善民生等工作，为推动示范区加快建设、助力珲春开放发展发挥了重要的作用。全年一般公共预算全口径财政收入完成24.32亿元，同比增长12.2%。其中，地方级财政收入完成20.38亿元，同比增长15.1%。全年一般公共预算财政支出完成41亿元，同比增长12.8%。

一、大力扶持“三农”发展。积极落实国家支农惠农举措，发放粮食直补、大豆补贴、农机购置补贴等支农惠农政策性资金4 972万元，进一步提高了农民开展农业生产的积极性。同时，拨付扶贫资金1 048万元、农业综合开发资金1 453万元、农村公路建设资金1 014万元、一事一议财政奖补资金1 339万元，用于美丽乡村、农村绿化、亮化和基础设施建设，推进了社会主义新农村建设。

二、不断加大民生投入力度。科学安排资金，重点保障民生等社会公益性支出。安排8 600万元，用于幼儿园及中小学校新建、维修改造、基础设施建设。安排1 725万元，用于义务教育经费保障。安排804万元，用于实施学前三年免费教育。安排550万元，用于实施高中免费教育。通过加大投入力度，改善了珲春市的办学条件。发放城乡低保资金7 200万元，再就业资金4 794万元，企业离退休人员养老、失业金4.03亿元，城镇职工医疗保险基金、城镇居民医疗保险、农村医疗保险2.02亿元，进一步完善了珲春市的社会保障体系。按照市委、市政府民生工作安排和部署，为70岁以上老人发放了240万元敬老金。

三、全力支持项目建设。投入2 300万元，用于珲春市医院综合服务楼建设。投入7 300万元，用于圈河口岸桥建设项目。投入2.30亿元，用于推进新城区、体育场、三馆一中心等基础设施建设项目。投入9 437万元，用于完善道路工程建设。其中，5 030万元用于推进珲春河北河堤路工程建设。投入1.05亿元，用于推进西炮台至珲春口岸公路建设项目。投入1.39亿元，用于森林山大路、西炮台至长岭段公路、浦项物流园区等项目建设的征地补偿。投入3 200万元，用于公安业务技术用房建设。投入7 623万元，用于支持珲春大桥项目建设。投入3.2亿元，用于推进棚户区保障性住房工程建设。投入2.09亿元，用于保障性安居工程及配套设施建设。

四、全面深化财政改革。稳步推进预算绩效管理。坚持“绩效优先，提高绩效比重，细化评价内容，规范评价流程”的原则，完成了对计划生育流动人口管理和服务、法律援助项目的绩效评价工作，有效提高了财政资金的使用效益。不断加强国库集中支付管理。进一步规范了财政资金拨付程序，规范直接支付和授权支付额度，加大了集中支付系统核算资金的比例，提高了国库集中支付系统管理水平。持续推动财政管理信息化。维护了国库集中收付系统、社会保障统一发放系统、行政事业单位资产管理系统、实时非税管理系统等信息系统，确保了财政管理信息系统运行规范、顺畅。扎实做好会计管理工作。建立完善各项规章制度，并严格按照各项制度开展会计法宣传、会计继续教育、会计人员调转等工作，进一步提升了全市会计管理水平和会计服务质量。

图们市

2015年，图们市财政在全体干部职工的共同努力下，克服各种不利因素的影响，保证了刚性支出需求，确保了全市重点工作的稳步推进。全年一般公共预算全口径财政收入完成3.51亿元，增长1.72%。其中，地方级财政收入完成2.36亿元，下降4.86%。

一、大力组织收入，增加可用财力。市属支柱产业、重点企业效益不佳，刚性支出不断加大，财政收支矛盾日益凸显。为保稳定、促发展，图们市财政局积极与国、地税部门沟通协调，深入开展税源调查，确保应收尽收，全力保障刚性支出和重点项目支出资金需求。

二、利用区位优势，积极跑项目、争资金。着力发挥财政部门的职能优势，加大项目申报力度，全力向上争取资金缓解地方可用财力不足的压力。全年共争取上级补助资金9.23亿元(社会保障补助资金3.41亿元,支农资金1.44亿元)。资金的及时到位,缓解了一般公共服务支出和刚性支出的需求,促进了边境地区的稳定和发展。

三、优化支出结构,落实惠民政策。保障教育资金投入,实现教育均衡发展。全年拨付教育资金2.18亿元。其中,安排中小学生均公用经费500.8万元,民族教育发展资金159万元,普通高中、中职学校、学前教育各类助学金44万元,校舍维修、设备购置等项目资金416万元。提高社会保障水平,使城乡居民分享公共财政成果。拨付城乡低保资金3 879万元,将城乡低保标准提高到470元/月、3 300元/年,惠及8 606户城乡低保对象。继续实行再就业优惠政策,按照灵活就业人员实际缴纳养老保险金标准的50%额度发放社会保险补贴713万元,惠及灵活就业人员2 549人。进一步完善社会医疗保障体系,拨付城乡医疗救助费用278万元,累计救助城乡困难群体1.15万人次。强化扶贫开发力度,积极争取上级资金扶持。争取第一批省级下发扶贫资金857万元,涉及4个乡镇15个项目。其中,月晴镇3个项目200万元,凉水镇4个项目237万元,石岘镇4个项目200万元,长安镇4个项目220万元。积极申报农业综合开发项目,先后申报土地治理项目1个、产业化经营项目3个、国际农发基金项目2个,争取到位资金1 808万元,同比增长51%。落实强农惠民政策,调动种粮农民生产积极性。根据国家在种粮补贴方面进行的政策调整,经国务院批准,启动了3项农业补贴政策的"三合一"工作。为支持耕地地力保护和粮食适度规模经营,从中央财政拨付的农资综合补贴资金中调整安排20%的资金,统筹用于支持粮食适度规模经营,重点向种粮大户、家庭农场、农民专业合作社等新型经营主体倾斜。全年共争取粮食直补资金287万元,农资综合直补资金1 037万元,良种补贴147.48万元,惠及农户6 226户。首次对全市种植大豆的农户以2014年吉林省大豆目标价格每亩54.05元进行补贴,发放补贴金额55.15万元,惠及农户887户。

四、科学谋划,确保重点项目建设。借助盘活存量资金之力,整合资源实施项目建设。通过调查摸底,全市共清理收回存量资金5 210万元。经市政府批准,对部分项目进行调整,将存量资金安排使用于珲阿公路图们绕越线工程、铁南街道路及排水工程、文化街、向上路道路工程等大型项目工程,提升了财政资金的使用效率,增加了政府的可用财力。多措并举筹资金,建造图们第二水源。为保证石头河水利枢纽工程的顺利实施,市财政局积极与省财政厅水利基金办沟通协调,并邀请省水利基金办领导到项目现场踏查,成功争取2015年度水利建设基金专项资金1 570万元。与其他部门密切合作,打好组合拳,争取省级重大水利专项资金4 500万元。进一步压缩公用经费支出,筹措资金1 500万元、企业融资3 400万元,用于支持石头河水利工程建设。

五、加强财政监管,规范财政理财行为。加强专项资金监督检查力度,确保财政资金安全高效使用。积极组织人力对基建项目、专项资金使用项目的建设情况进行检查,对可研性报告和资金的拨付使用、账务、档案进行详尽的查看,确保了财政性资金建设项目和进展的规范性、资金使用的高效性。强化会计从业人员管理,提升从业人员业务水平。全年完成会计人员继续教育培训937人,占全市注册会计人员人数的91%。加大会计支农培训,利用两天时间对4个乡镇50个行政村近320名村干部、村会计、村理财小组成员、财政所工作人员及农经站会计等进行了培训,发放支农惠农培训书籍800余册。切实加大会计监督力度,全面提升会计信息质量。对图们市粮食局等5个单位的会计信息进行了检查,发现存在原始凭证未经审核记账、打白条等问题,为进一步规范财经纪律,下发了告知书和检查问题处理决定书。

六、践行"三严三实",强化机关工作作风。深入开展"三严三实"专题教育活动,推进党的群众路线实践教育活动。组织干部职工集中学习、开展专题党课、专题调研、集中查摆,查出共性问题两条,个性问题40余条,通过召开民主生活会、中层干部例会、个别谈话等形式,将问题整改到实处,营造了积极向上、干事创业、风清气正的良好财政氛围。深入推进反腐倡廉建设,促进干部廉洁从政。紧密结合“反腐倡廉宣传月”活动、“廉政建设五个一”活动、“廉政文化进机关”活动，培养和教育干部职工树立正确的政绩观。紧密结合八项规定监督检查活动、“三公”经费检查活动，梳理当前存在的问题，制定整改方案，完善财政制度，坚决反对“四风一顽疾”。紧密结合党务、政务公开活动，公开党务信息68条，政务信息102条，让权力在阳光下运行；紧密结合普法宣传活动，认真总结“六五”普法经验，构建法治财政、和谐财政。

敦化市

2015年，敦化市财政紧紧围绕全市中心工作和财政目标任务，全面深化财政改革，坚持依法行政、依法理财，狠抓工作落实，为建设幸福、美丽敦化提供了坚实的财力保障。全年一般公共预算全口径财政收入完成21.19亿元，比2014年增长5.94%。其中，地方级财政收入完成14.45亿元，比2014年增长0.78%。全年一般公共预算财政支出完成45.88亿元，比2014年增长18.58%。

一、多措并举调结构，千方百计稳收支。受塔东铁矿全年停产、农商行享受西部大开发优惠政策、房地产行业不景气、天然林停伐等不利因素影响，财政收入持续稳定增长能力不足。面对困难，敦化市财政局充分发挥有利条件，积极跑省跑州争取项目资金，并沟通协调国、地税等有关部门，每月、季度调度分析收入情况，堵塞收入漏洞，千方百计组织税收收入。切实加强非税收入征缴工作，高价位出售吉视传媒股票1 000万股，收入1.9亿元。加强国有资产收益收缴管理，全面推进公务用车制度改革，对部分停用公务用车集中收回评估，先后组织两批次42辆超标车辆公开拍卖，国有资产出租、处置收入全部缴入国有资产管理局账户，全年上缴国库2 884万元。

二、争取资金重实效，改善民生促发展。针对政策性减收因素不断增多、组织财政收入难度不断加大的实际，及时捕捉各类政策信息，准确把握上级资金投向，精心做好项目筛选、申报工作，资金争取工作取得显著成绩。一是落实惠农政策，支持新农村建设。争取到位支农专项资金3.50亿元，比2014年增长0.52%，主要用于现代农业、扶贫项目和支农专项等方面。农业综合开发项目资金8 257万元，重点用于产业化项目和土地治理项目高标准农田建设。粮食直补和农资综合直补资金1.16亿元，新增大豆目标价格补贴8 247.15万元。继续完善直补资金担保贷款工作，为2 594户农民担保贷款4 139万元。二是注重公共事业，推进社会发展。争取到位教科文专项资金1.43亿元，比2014年增长5.3%，有力地促进了全市教育、科技和文化事业的发展。政法资金4 675万元，保障了政法部门的平稳、安全运行。社会保障专项补助资金10.35亿元，主要用于医疗卫生、就业与再就业、职工基本养老保险资金、城乡居保、抚恤和社会福利救济、农村危房改造和其他社会保障。同时，按照国家和省有关政策的要求，配合相关部门积极开展公立医院改革和养老保险并轨工作。争取到位基本建设专项资金5.49亿元。专项资金1.75亿元，主要用于高标准农田建设、城乡基础设施建设、省专项彩票公益金资助项目和一事一议财政奖补等方面。专项资金1 151万元，主要用于改善农村人居环境建设、西部基层政权建设、乡镇标准化财政所建设等。专项资金1.25亿元，用于民贸民品贴息、失业人员小额担保贷款贴息、金融业发展专项、涉农贷款增量奖励、融资性担保机构风险补偿等。专项资金4 373万元，用于水库移民扶持、企业贷款贴息、企业生产改造、中小企业国际市场开拓、创业孵化基地建设等。三是做好民生实事，维护社会稳定。为确保全市10件民生实事的顺利开展，积极筹措和投入民生项目建设资金6.2亿多元，主要用于建设保障性住房1 201套、建停车场两个、建二次供水泵站14个、改造供水管网98.8公里、启动大德创客园和专家楼项目建设、建学校塑胶操场5个、农村文体广场30个、标准化村卫生室项目建设83个、建牡丹江拦河坝2座、建城乡一体化视频网络监控系统、改造无物业楼房65栋和整治小区环境35万平方米。

三、深化改革精管理，科学理财上水平。一是稳步推进预算管理体制改革。进一步做细、做实、做准预算，完善预算编制与预算执行相结合的机制。健全预算项目库，提高预算年初到位率，加快资金支出进度。推进预算绩效管理工作，加强绩效评价结果应用，提高部门预算的科学性和规范性，维护预算执行的严肃性，进一步提高财政资金使用的效率。二是做好国库集中收付改革和推行公务卡运行。不断扩大公务卡使用范围，累计办理公务卡5 450张。三是全面铺开票据电子化改革工作。在为单位配发软件加密卡的基础上，将票据软件全部安装到位，针式打印机全部调试完毕，票据电子化工作逐步走上正轨。四是加强政府采购管理。认真贯彻实施新颁布的《政府采购法实施条例》，严格规范政府采购行为。全年组织各类采购活动315次，审批货物、服务类招标项目195个（开展公开招标99次，询价招标96次），审批工程类招标项目259个（开展公开招标58次，询价招标1次，邀请招标200次）。全年政府采购预算总额1.75亿元，实现政府采购总额1.62亿元，节支额1 276万元，节支率7.3%。

四、财政监督常态化，资金管理显成效。一是继续严查严管专项资金。对关系经济社会发展和民众切身利益的重大财政项目资金开展专项检查，确保中央和市里的各项政策执行不走样，重点开展围绕促进财政预算管理，贯彻落实中央八项规定，控制"三公"经费为重点的财经纪律执行监督检查。二是加大财务基础管理检查。了解部门财务管理中存在的问题，进一步规范财政财务管理，重点开展2013、2014年度财务收支及专项资金管理使用情况的会计监督检查。三是深化会计信息质量检查。针对行政事业单位会计制度执行情况，严查虚报财务会计信息、虚列财政支出等违纪违规问题。四是加大评审监管工作力度。着重规范和加强财政投资评审管理和监督，运用专业技术手段和预决算审核方法，全年完成预决算项目评审22个，项目单位报审预决算投资1.10亿元，审减不合理资金742万元。五是规范会计人员从业行为。认真开展2015年度"支农政策培训"、《中小学会计制度》培训工作。成功举办全市新《预算法》、《政府采购法实施条例》会计知识大赛，通过学习、培训、考试和竞赛等多种形式，进一步提升全市行政事业单位会计人员的业务工作水平，加强财会人员队伍建设。六是加强法制宣传教育建设。顺利通过省财政厅和州财政局"六五"法制宣传教育验收工作，继续完善行政执法人员数据库，圆满完成了敦化市财政局清理行政审批中介服务和行政职权建立权力清单工作。七是盘活清理财政存量资金。按要求会同市审计局共同研究，认真分析，细化程序，积极开展财政存量资金清理统计工作，摸清财政存量资金规模、结构、结存状态、变动情况及沉淀成因，对各部门单位及乡镇做好政策宣传解读工作。全市收回盘活财政存量资金3.28亿元。

五、党建引领正风纪，内部管理提素质。一是深化主题活动强党建。第一时间启动"三严三实"专题教育专项整治基层干部不作为、乱作为等损害群众利益问题活动，扎扎实实做好学习研讨、问题查摆、整改落实等工作，努力推动活动成果积极转化为工作实践，进一步深化了群众路线主题教育活动的实效。开展在职党员进社区和"双岗双责"活动，引导干部职工参与微心愿认领等志愿服务，切实发挥党员先锋模范作用，加强党内政治生活的常态化和严肃性。二是深化党风廉政建设强作风。按照"转职能、转方式、转作风"的总体要求，通过层层签订《党风廉政建设责任状》，明确主体责任事项，出台"一岗双责"办法和《党风廉政建设制度及实施办法》等方式逐级明确和落实党风廉政建设责任，全年未发生1例违规违纪情况。三是深化学习培训教育强素质。完善党委理论中心组成员和普通干部职工两个层面的学习制度，综合利用道德讲堂、工具图书、电视、网络等多个宣教平台，组织党员干部常态化学习党规党纪，观看廉政警示教育片，确保勤廉意识入脑、入心，不断提高干部综合素质。为营造健康向上、团结乐观的良好氛围，定期组织干部职工参加万人长跑、篮球、排球、乒乓球等文体活动。

龙井市

2015年，龙井市财政坚持以党的十八大精神为指引，紧紧围绕全市中心工作，强化征管组织收入，依法理财严格管理，突出重点改善民生，圆满完成了全年各项财政工作任务。全年一般公共预算全口径财政收入完成4.11亿元。其中,地方级财政收入完成3.29亿元。全年一般公共预算财政支出完成19.8亿元。

一、坚持教育优先发展,加大医疗卫生资金保障。一是继续实施农村义务教育经费保障机制,保证城乡义务教育公用经费标准年生均小学600元、初中800元,农村义务教育中小学取暖费补助标准年生均185元。对少数民族义务教育中小学公用经费按普通学校的两倍核拨。二是落实朝鲜族幼儿园学前一年幼儿免管理费、朝鲜族普通高中统招生免学费等政策。已核拨朝鲜族学前教育及高中学生免学费资金60.24万元。三是全年拨付医疗卫生各类资金1 806.5万元,确保基层医疗卫生机构平稳健康运行。积极与上级财政部门沟通争取专项资金116万元,购置医疗设备,改善就医环境。四是积极筹措资金,及时拨付独生子女奖励扶助资金206.6万元。

二、强化社会保障资金管理,加大改善民生投入力度。一是全年拨付养老保险待遇资金5.56亿元、城乡养老保险待遇支出1 495万元。二是连续11年调整企业退休人员养老金,人均每月增长212元。三是累计拨付资金5 594万元,将城镇低保标准由390元/月提高到430元/月,农村低保标准由2 580元/年提高到2 880元/年。四是为纪念抗日战争暨世界反法西斯战争胜利70周年,拨付一次性生活补助金2万元给抗战老兵。五是多方筹措资金714万元,用于解决龙井市20世纪90年代拖欠工资的历史遗留问题。及时发放69名机关事业单位在职、退休人员的死亡抚恤金408.6万元。六是拨付再就业资金2 638万元,用于进一步扩大再就业优惠政策享受范围;拨付资金60万元,用于建设残疾人创业就业培训服务平台,引导和扶持培养合格人才。

三、积极落实各项惠农政策,加快现代农业事业发展。一是积极争取专项资金,重点投入到各乡镇41个扶贫项目建设中。其中,25个产业化项目3 277万元,15个基础设施建设1 245万元,国有贫困林场55万元。二是及时发放粮食直补928万元,综合直补2 386万元,大豆目标价格补贴资金118.39万元,农作物良种补贴资金462.09万元,农机购置补贴资金1 655万元。三是争取现代农业海兰灌区项目资金1 560万元,用于龙井市中低产田改造工程。四是争取省级畜牧业发展引导资金270万元,支持龙井市畜牧企业基地及技术建设。五是完成2014年度存量资金和增量资金农业综合开发的6个高标准农田建设项目。

四、加大城乡社区事务投入,切实发挥财政惠民机制。一是做好廉租住房保障工作。拨付保障性安居工程补助资金5 053万元,改造1 682户、改造面积11万平方米,公租房建设48套、建设面积0.24万平方米。二是完成2015年一事一议财政奖补项目9个,下达资金495万元。得到省财政厅批复2016年度一事一议财政奖补项目10个,到位资金717万。三是发放2014年石油补贴资金1 333万元。四是争取国家西部地区基层政权建设资金240万元,用于开山屯、老头沟、白金镇政府办公楼改造。

五、科学精化财政管理,全面提升财政管理水平。一是科学编制部门综合预算。严格执行龙井市人代会年初批准的预算,审核各项拨款,及时拨付资金,确保各部门正常运转。大力压缩日常工作经费,将财力重点安排于社会事业发展、保障和改善民生等方面。二是强化"三公"经费日常管理。实施"三公"经费支出统计报表制,要求各部门据实统计"三公"经费支出数额,按月对比分析增减情况,对部门单位"三公"经费执行情况建立预警机制,进行动态监控,及时发现问题,堵塞漏洞。三是做好财政总决算和部门决算编审工作。汇总编报全市财政总决算和部门决算报表,深入、细致地分析2014年预算执行特点及存在问题。四是积极推进票据电子化改革工作。组织全市行政事业单位开展票据电子化改革,已完成基础数据录入和安装单位端工作,做好2016年正式启用的准备工作。五是加大财政专户清理整顿力度,将基本建设资金专户和医疗保险基金专户撤并,截至目前市本级财政专户12个,在全州8个县市当中户数最少,清理整顿最彻底,得到上级财政部门的认可。六是进一步完善国库集中支付系统。在原有基础上增设了基本建设资金和政府采购资金支付流程,扩大了国库集中支付系统财政性资金覆盖面。通过国库集中支付系统下达指标6.93亿元。七是开展清理盘活财政存量资金工作。按照上级财政部门要求，收回部门财政存量资金7 702万元，主要用于龙井市基础设施建设，有效提高了财政性资金的使用效率。八是努力打造“阳光”采购平台，完成政府采购金额4 682万元，节约资金421万元。

六、认真强化财政监督管理，积极组织开展业务培训。一是在全市范围内开展了清理机关、国有企事业单位食堂违规违纪专项行动工作。对全市85家行政事业单位全面检查，对存在的问题责令整改。二是组织全市160家预算单位财务人员参加政府采购业务培训，结合“政府采购信息统计工作”布置，宣传《政府采购法实施条例》，重点讲解政府采购方式、流程，有效规范全市预算单位的政府采购行为。三是组织全市7个乡镇65个行政村的负责人、财务人员等330人开展了财政支农政策培训班，进一步提升了农村财务人员的政策理论水平、职业道德素质和业务工作能力。四是举办全市第九届少儿珠心算比赛，并选拔12名优秀选手代表参加全州比赛，获得团体二、三等奖和个人二、三等奖的佳绩。

七、全力支持公共文化建设，切实保障基层政权建设。一是拨付1 578万元，用于支持公共文化服务体系建设，改善农村公共文化服务设施和条件，丰富文化体育活动。二是拨付信访经费306万元，用于做好人才重点项目和干部教育培训经费保障工作。三是拨付公共安全资金1.13亿元，用于保障政法部门开展重点业务工作的经费支出。四是安排消防专用车辆及器材装备资金、网络租用费及维护费261.7万元，用于提高基层政法部门经费保障水平，维护公共安全和社会稳定。

八、全力做好项目申报工作，助推中小企业健康发展。争取省、州支持中小企业的专项资金386.5万元。其中，拨付外经贸区域协调发展促进资金176.5万元，中小企业流动贷款贴息为160万元、省级中小企业和民营经济发展引导资金50万元。通过直接投入、补贴、配套、贷款贴息等多种方式，有效促进企业提升市场竞争力，引导和鼓励中小企业加大科技研发投入，提高了企业产品质量和市场竞争力。

九、加强信息对外宣传力度，积极开展财政法制宣传。一是全年编发龙井财政信息71期。其中，被国家级采用5篇、省级采用24篇、州级采用131篇、市级采用74篇。二是开展“六五”普法迎检工作。按照上级财政部门和市依法治市办公室的要求，整理、补充并装订“六五”普法期间全部材料，接受省财政厅的考核验收。三是扎实开展法制宣传活动，结合“12•4”宪法宣传日和财政法制宣传月活动，组织各乡镇财政所开展财政法制宣传活动。四是密切关注百姓热线财政局专栏，对百姓提出的问题进行分类、梳理，及时回复并研究解决问题的对策。年内回复百姓热线提问105件，回复率100%。

十、扎实开展专题教育活动，切实提高财政队伍综合素质。一是开展深化“三严三实”专题教育专项整治工作。按照市委统一部署，召开动员大会，传达了市委动员大会精神，宣读市财政局深化“三严三实”专题教育专项整治财政干部不作为、乱作为工作方案和成立领导机构的通知，就如何开展好专题教育专项整治工作进行详细的部署。在开展自查、集中摸底排查和梳理分析汇总阶段，通过部门自查查找出3个突出问题，制定整改措施，圆满完成活动各环节任务。二是组织开展“学习党章、遵守党章、践行党章，做合格党员和合格领导干部”主题实践活动。结合财政工作实际，制定全局活动方案，有效地提升了财政党员干部自觉遵守政治纪律和政治规矩的意识。同时，选派3名党员干部参加全市组织的党章知识竞赛活动，获得全市优秀组织奖。

和龙市

2015年，和龙市财政在全体干部职工的共同努力下，奋力拼搏，真抓实干，较好地完成了全年各项财政工作任务。全年一般公共预算全口径财政收入完成6.00亿元，同比增长7.16%。

一、加大财政支持力度，全力支持新农村建设。一是积极做好相关项目申报工作。全年申报各类财政支农项目93个，争取到位2.12亿元，同比增长12.4%。其中，扶贫资金4 541万元，农业3 002.35万元，林业3 500.94万元，水利5 775万元，基层政权建设320万元，其他4 108.71万元。累计拨付各项支农专项资金2.02亿元，已落实到村屯。二是加大农业和农村基础设施建设投入。截至目前，农村安全饮水工程投入1 730万元；基础设施投资2 506万元；农村公路投资931.8万元，小流域治理投入416万，农田水利投入320万；村屯环境美化投入95万元；补助资金2 272万元，实施农村困难群众危房改造500户。其中，光东村环境整治、餐厅取暖等共投入60.7万元。三是积极落实财政惠农政策，促进农民收入持续增长。全年共发放各种涉农补贴资金3 642万元。其中，农作物良种补贴资金954万元，兑现农业机械购置补贴2 398万元，拨付大豆价格补贴资金290万元。

二、全面实施农业综合开发，推进农业产业化。全年争取到位农业综合开发资金4 276万元。其中，土地治理项目1个，投入资金2 142万元；产业化项目两个，投入资金546万元；农业综合开发部门项目3个，投入资金1 190万元；亚行贷款项目省级配套资金398万元，已全面开工。

三、切实保障重点支出，促进社会事业全面发展。一是进一步做好统筹城乡养老保险工作。全年争取社保资金4亿元，将城乡居民养老保险基础养老金月人均标准提高到80元，企业退休职工基本养老金月人均标准提高212元，城镇低保月人均标准和农村低保年人均标准分别提高到450元和3 300元。全年共发放城乡低保资金7 575万元，其中城市低保5 806万元、农村低保1 769万元。二是积极促进就业再就业。累计筹集就业专项资金3 600万元，用于保障公益性岗位工资、社会保险补贴、就业见习补贴等就业创业支出。全年城镇新增就业5 816人，发放小额担保贷款3 005万元。三是大力支持医疗保障体系建设。核定基层医疗卫生机构财政补助资金1 532万元，比2014年增加537万元。投入3 620万元，完成市医院改扩建、27所标准化村卫生室建设等项目。城乡居民医疗保险人均参保补助标准提高到390元，全年城镇职工参保人数为5.52万人，城镇居民参保人数为7.50万人，农民参合人数为4.77万人，综合参保率达到97.4%。筹集城乡医疗救助资金505万元，对符合条件对象实施医疗救助，使全市1.47万名低保户、重残儿童、残疾人等免费参加医疗保险。四是全年争取到位行政政法教科文专项资金9 216.7万元（教科文专项资金4 963.51万元，行政政法专项资金4 253.19万元）。拨付3 529.51万，用于按人均800元和600元标准给各中小学发放人头经费，新建头道镇中学、头道镇新兴小学教学楼及食堂、和龙一中、三中塑胶运动操场等。

四、推进财政改革创新，提高科学理财水平。一是加强会计管理工作。加强会计人员的继续教育，对全市1 306名会计人员进行远程继续教育。为进一步提高和龙市行政事业单位内部管理水平，规范内部控制，加强廉政风险防控机制建设，对全市158家行政事业单位的266名财务人员进行了为期两周的业务培训。为加强村级财务管理，提高支农资金使用效益，对76个行政村187名村干部和财会人员进行支农政策培训，优秀率达100%。二是加大政府采购力度。进一步规范政府采购行为，提高财政资金使用效益。采购范围逐步扩大到工程领域，货物和工程采购基本持平，全年完成政府采购7 640万元，其中货物采购完成4 407万元，工程采购完成2 908万元，服务采购完成325万元，圆满完成市委、市政府下达的任务。

五、加大专项资金追踪问效力度，进一步规范财政监督管理。一是做好"三公"经费检查工作。积极开展2015年度会计监督检查工作，并对全市191个单位开展了"三公"经费使用情况专项检查工作，进一步严肃了财经纪律，净化了财政资金运行环境。二是清理盘活财政存量资金。根据国务院办公厅《关于进一步做好盘活财政存量资金工作的通知》的要求，在各科室的全力配合下，对全市范围内各部门进行了全面核实，认真清理财政存量资金。截至目前，已收回存量资金9 913万元，统筹用于经济社会发展亟需资金支持的领域。三是强化财政预决算信息公开。为切实推动和龙市预决算公开工作，建立健全公开透明的预算制度，按照上级要求，在全市范围内开展了预决算公开情况专项检查工作。通过检查，对推进和龙市预决算信息公开工作起到了积极的作用，使财政信息更加公开透明，进一步提高了财政资金的使用效率。四是切实加强资产和财务管理。全年完成国有土地使用权出让收入1 165万元，新增建设用地有偿使用收入9万元，已及时足额缴库。认真做好财政开支人员住房公积金缴存工作，全年完成缴存个人住房公积金6 244万元。积极配合相关部门争取城镇保障性安居工程专项资金1 946万元，发放低收入家庭租赁补贴262万元。全年争取国有土地出让金支出项目资金125万元，彩票公益金到位资金340万元，拨付155.9万元。狠抓财政票据管理工作，全年共发放财政票据152万册。

六、加强干部队伍建设，强化党建和精神文明建设。一是注重学习培训，建设"学习型机关"。按照创建学习型党组织的目标要求，实行一把手上党课制度，认真组织财政干部学习落实《市直机关理论学习参考要目》中所列的内容，充分发挥《财政简报》的学习交流阵地作用，不断提升机关部门和工作人员的思想政治觉悟和工作能力素质。二是注重目标管理，建设"效能型机关"。认真落实党建工作责任制，召开党建会议6次，深入基层进行调研4次。深入开展"抓学习、转作风、提素质、促发展"机关党建主题实践活动。开展"五好"党支部创建活动，与基层支部签订《党建工作目标责任状》，完善目标责任制，将工作任务层层分解落实，定位到岗，量化到人，定期进行督察和考核，加强考核结果的运用，全面提升了机关党建工作规范化、程序化和科学化水平。三是注重开拓创新，建设"创新型机关"。不断增强改革创新意识，鼓励干部职工敢于突破，敢于创新，敢于实践，围绕省财政厅和市委、市政府的决策部署和财政改革与发展的重点，创新管理方式，简化办事程序，全面推行首问负责制、一次性告知制、限时办结制和责任追究制。四是注重转变作风，建设"服务型机关"。主动深入服务单位和企业，听取意见建议和财政资金使用中存在的问题，完善内部管理制度。组织参加"机关干部服务和龙"知识竞赛，荣获集体二等奖和个人一等奖。开展"心系社区、携手共建"、"三帮扶"、"双岗双责"在职党员进社区、"五·四"青年节学雷锋义务植树、"代理家长"等活动，用实际行动奉献爱心，温暖群众。五是注重健全制度，建设廉洁型机关。全面加强领导班子建设，进一步完善领导班子议事和决策机制，认真抓好党风廉政建设责任分解、落实、督察和考核，完善一级抓一级、层层抓落实的工作机制。

安图县

2015年，安图县财政紧紧围绕全县发展战略，深入推进财税体制改革，加强预算执行管理，充分发挥了在"稳增长、促改革、调结构、惠民生、防风险"工作中的重要作用。

一、全力支持经济发展。认真落实积极的财政政策，充分发挥财政资金的导向和杠杆作用，促进全县经济平稳运行和提质增效。一是落实结构性减税和普遍性降费政策。全县营业税改征增值税完成410万元，与2014年基本持平。二是支持民营经济发展。认真落实省委、省政府《关于突出发展民营经济的意见》，筹措拨付中小企业和民营经济发展资金、中小企业技术创新资金、外经贸引导资金、民贸民品贷款贴息资金5 788.32万元，重点支持企业贷款贴息、技术改造和创新、创业园区建设和高技能人才培训等，推动民营经济加快发展。

二、全力保障改善民生。围绕县委、县政府确定的"十个方面民生实事"，调整优化支出结构，加大投入力度，确保所需资金及时足额到位。全年用于民生方面支出14.76亿元，增长17.6%。一是支持创业就业。筹措拨付3 128万元，用于促进就业困难人员、高校毕业生、农民工等特殊群体就业。积极开展小额担保贷款工作，发放小额担保贷款财政贴息资金328万元(县本级安排23.34万元)。二是加大社会保障投入。筹措拨付2.85亿元，用于保障养老金、低保金、社会救助等资金及时足额发放，将城乡居民基本养老金每月提高20元，企业退休人员基本养老金每月提高212元，城乡低保标准比2014年提高40元/月、300元/年。三是支持改善群众居住生活条件。筹措拨付1 347.9万元，支持开展棚户区、农村危房改造、公共租赁住房建设等保障性安居工程和"暖房子"工程建设。筹措拨付1 427.28万元，用于改善大中型水库移民生产生活条件。四是推进机关事业单位养老保险制度改革。启动实行社会统筹和个人账户相结合的基本养老保险制度，建立职业年薪制度。筹措拨付5 600万元，用于调整优化机关事业单位工作人员工资结构、提高工资标准。

三、推进社会事业协调发展。一是支持教育优先发展。筹措拨付2.8亿元，用于推进城乡义务教育均衡发展，保障进城务工农民工随迁子女平等接受义务教育，改善义务教育薄弱学校基本办学条件，推进义务教育学校标准化建设，扩大学前教育资源，完善职业教育保障体系。二是深化医药卫生体制改革。支持医疗保险制度体系建设，筹措拨付5 721.6万元，将城镇居民医疗保险和新农合医疗保险财政补助标准由每人每年320元提高到380元，将基本公共卫生服务财政补助标准由35元提高到40元。筹措拨付1 819.5万元，用于推进基层医疗卫生机构改革和县级公立医院综合改革。三是推进科技创新。筹措拨付385万元，积极推进科技与经济紧密结合，支持科技创新、科技成果转化等。四是促进文化、体育事业繁荣发展。筹措拨付3 024万元，实施社区文化活动室、农村文化小广场等文化惠民工程，支持文物保护、文化体制改革、文化产业发展和优秀文艺作品创作生产等。五是维护社会平安稳定。筹措拨付7 881万元，用于维护政法系统正常运转、推进司法体制改革、处置应急突发事件等。

四、积极推动农业可持续发展。一是支持提高农业综合生产能力。筹措拨付6 773万元，大力支持农业基础设施建设、生态环境保护、农业综合开发、新型农业栽培技术推广、农业规模化经营等，促进农业稳产增产。二是认真落实各项惠民补贴政策。发放粮食直补、农资综合补贴、大豆目标价格补贴7 492.78万元，调动农民种粮积极性，有力促进了农民增收。继续推进直补资金担保贷款工作，全年贷款1 795.6万元，惠及农户865户。三是支持开展扶贫帮困。筹措拨付2.5亿元，重点支持贫困村整村推进、贫困片区扶贫开发、少数民族地区兴边富民行动等。大力实施精准扶贫，资金分配以贫困人口数量作为主要参考因素，有效提高了扶贫工作的精准性、时效性和持续性。四是深入推进农村综合改革。筹措拨付998万元，推进村级公益事业一事一议财政奖补工作，开展美丽乡村试点。

五、稳步推进财税体制改革。认真贯彻实施新《预算法》，以法治理念和法治思维推进各项财政改革。一是深入推进预算管理制度改革。完善一般公共预算编制，强化预算执行管理，细化政府性基金预算编制内容。加大政府预算统筹力度，将政府性基金预算中的地方教育附加、文化事业建设费、残疾人就业保障金等资金列入一般公共预算。积极推进预算信息公开，在政府门户网站对2014～2015年的公共财政预决算、政府性基金预决算和州本级“三公”经费预决算情况进行了公开。二是加强地方政府性债务管理。根据安图县存量债务规模和项目融资需求，积极争取省政府置换债券和新增债券。全年共争取省政府置换债券和新增债券1.08亿元。其中，置换债券8 000万元，基本全用于化解原有银行借款；新增债券2 783万元。主要用于基础设施建设、棚户区改造、土地收储等重大项目建设。三是积极盘活财政存量资金。推进财政资金统筹使用，盘活财政存量资金2.78亿元，对收回的资金按原用途使用，并统筹安排用于民生等项目支出，既增加了资金的有效供给，也提高了资金的使用效益。四是推进政府购买服务工作。以政府购买服务方式组织实施了财政投资项目评审工作，安排公益性岗位，支持老年事业发展等。积极推进全市各级政府购买义务教育阶段中小学生校车服务等工作。

六、进一步提升财政管理水平。一是加强政府采购管理。积极落实《中华人民共和国采购法实施条例》，推进政府采购信息化建设，进一步扩大政府采购范围和规模。县本级政府采购支出1.22亿元，节约率8.3%。二是规范罚没物资收缴和管理。完善罚没物资收缴流程，规范罚没物资管理，切实维护国家和当事人的合法权益。加强罚没、扣押款项的管理，确保罚没收入及时足额入库，全县实现罚没收入1 885万元。三是加强财政资金监督检查。对县直部门和单位进行会计监督检查和公务接待费检查，开展清理机关、企事业单位食堂违规违纪问题专项检查，对违规问题进行及时督促整改。四是严格财政支出管理。严格执行中央八项规定和省、州、县具体规定精神，坚持勤俭办一切事业。严格控制会议、节庆、论坛、展会等支出。健全接待、培训、出国、办公设备家具购置等财务预算管理制度，建立厉行节约、反对浪费的长效机制。

汪清县

2015年，汪清县财政紧紧围绕“以项目建设为核心，城市建设为突破，民生改善为重点，富民强县为目标”的发展战略，沉着应对各种挑战，成功克服各种困难，团结一心、拼搏向上，较好地完成了全年各项工作任务。全年一般公共预算全口径财政收入完成8.50亿元，下降16%。全年一般公共预算财政支出完成26.51亿元，增长1.5%。

一、顶住多方压力，全力完成收入任务。受国内经济增速放缓影响，汪清县的石头造纸、德全水泥等重点企业出现停产、滞销等问题，导致税收收入大幅下降。面对压力，汪清县财政局积极与国、地税部门沟通和协调，合理调配税收进度，确保税收的平稳、有序入库。同时，积极支持新入驻企业，尽快开拓新的税源渠道。加强税收的稽查和清欠工作，把漏税和欠税压缩到最低限度，力争做到应收尽收。全力做好盘活财政存量资金工作。年初对全县存量资金进行了清理调查和细致分类，盘活后的资金主要用于全县各项重要基础设施建设项目和民生支出，对提高财政资金的效益、缓解当年财力不足发挥了积极的作用。

二、优化支出结构，不断提高民生保障能力。按照县委、县政府提出的突出民生保障，致力于民生民利和协调发展，加快建设幸福美丽汪清的要求，在确保干部职工工资、离退休费、最低生活保障金、医疗统筹等支出及时足额发放的前提下，严格控制一般性公用经费支出，大力压缩“三公”经费支出，不断加大对重点建设项目、重要民生工程等必要的公共服务支出，向解决人民群众最关心、最直接、最现实的问题倾斜，向社会事业发展的薄弱环节倾斜，让改革发展成果更多的惠及全县各族人民群众。

三、适应新常态，强化财政工作“五项举措”。以突出强化预算控制管理为核心，以国有资产管理、财政投资评审、政府集中采购、财政监督检查为抓手，全面推进新常态下各项财政工作。进一步细化了部门预算编制，严格控制“三公”经费支出，积极压缩差旅费、会议费、运行费等其他公用经费支出。认真总结经验，提高国库集中支付制度的严肃性和覆盖面，稳步推进政府预、决算和部门预决算公开。加快建章建制步伐，规范国有资产处置，防止国有资产流失。扩大政府集中采购定点采购范围，积极打造节约高效、方便快捷的政府采购制度。强化财政监管，加大政府性投资项目和财政专项资金集中监管力度。扩大评审范围，全年完成政府投资重点工程项目评审50个，送审金额3.86亿元，审定金额3.68亿元，审减金额1 858万元。完成涉农资金项目预、结算评审120个，涉及金额5 090万元。

长白山管委会财政工作概况

2015年，长白山管委会财政紧紧围绕“建设世界名山、打造文化名城、繁荣带动周边、服务全省发展”总体目标，主动适应经济发展新常态，注重发挥财政金融职能作用，努力推进长白山科学发展迈入国际化新征程。全年一般公共预算全口径财政收入完成5.19亿元，增长11.[illegible]%。其中，地方级财政收入完成3.54亿元，增长[illegible]3.0%。全年一般公共预算支出完成16.72亿元，增长29.2%。

一、狠抓增收节支工作，超额完成财政预算任务。一是加快综合治税信息平台建设，进一步完善涉税信息采集分析体系，不断提高税收征管质量和水平。二是加强非税收入管理，健全财政票据监管网络，促进非税收入及时足额收缴入库，确保了收入预算任务圆满完成。三是依照新《预算法》的规定和要求，进一步规范政府支出行为，支出预算编制中坚持勤俭节约的原则，严格控制各区、各部门、各单位的机关运行经费和楼堂馆所等基本建设支出，强化支出预算执行工作，原则上未列入预算的不支出。

二、加大资金筹措力度，全力支持项目建设需要。一是从自身挖潜入手，狠抓增收节支工作，盘活财政存量资金，全年达亿元以上。二是与各区、部门、单位密切配合，积极向上争取政策、项目和资金扶持，全年到位资金13.44亿元，其中借助吉林省债券发行工作，争取新增债券使用额度3.16亿元、国家和省各类补助资金10.28亿元，争取到“十三五”期间以2010年上划省共享收入为基数、增量全部返还的财政优惠政策。三是组织协调银行等金融机构，为企业发展提供金融服务支撑，全年融资到位资金9.4亿元。其中，省农行长白山支行提供10年期固定贷款1.7亿元，远东国际租赁公司新增融资3.2亿元，延边民生银行提供过桥贷款2亿元。

三、支持壮大四大产业，积极促进产业优化升级。安排资金4 000万元，专项用于培育壮大“四大产业”。一是筹集拨付资金2 030万元，支持长白山国际冰雪嘉年华等旅游产业项目。二是筹集拨付资金1 943万元，支持森林音乐节、美术展、琥珀展、雕塑展等文化产业项目。三是推进财政专项资金以基金方式进行市场化运作，深入研究发起设立长白山产业投资引导基金（母基金），选择专业化基金管理人合作设立东北东部(12+2)区域联盟发展子基金以及主要投资长白山保护开发区“四大”产业和领域的若干子基金。四是根据国家和省深化国有企业改革有关精神和要求，结合特色城镇化建设和培育壮大“四大产业”的现实需要，提出组建“长白山投资控股（集团）有限公司及其子公司”，推进国有资本经营管理科学化，全力打造“金融服务、城市运营、产业发展、轨道交通”四大业务板块，推动全区产业集聚和转型升级。五是谋划金融发展战略，筹建长白山金控投资（集团）有限公司，逐步发展成为金融全牌照的金融控股集团，打好金融“组合拳”，加快特色城镇化建设和优势产业发展。

四、完善经费投入机制，切实改善生态环境质量。始终坚持“保护第一”原则，进一步完善对自然生态系统和环境保护的经费投入机制，筹集拨付资金3 794万元，积极促进生态保护工作，切实改善生态环境质量。一是加大森林防火经费投入力度，筹集拨付资金2 652万元，支持入区监控、防火通道、蓄水设施和扑火营房等重点项目建设。二是将野生动植物保护经费列入财政预算，筹集拨付资金195万元，支持野外投食、救助放生动物、天然林更新和红松种源保护。三是提高巡护人员后勤保障标准，将巡护补助经费由2014年50万元提高到100万元，劳保用品经费由2014年30万元提高到35万元，继续支持巡护人员参加意外伤害保险和免费接种森林脑炎疫苗。四是筹集拨付资金2 220万元，支持寒葱沟、北出口湿地、生态鸟岛等生态环境综合整治。

五、提高财政保障水平，推动民生状况不断改善。全年筹集拨付民生类资金11.70亿元，比2014年增加2.83亿元，增长32%。一是筹集拨付资金4 112万元，支持完善就业服务体系，推动社会充分就业。二是筹集拨付资金2 833万元，支持改善学前教育、义务教育和高中教育基本办学条件，推进“大学城”项目建设。三是筹集拨付资金897万元，支持建设集园林风貌、科学研究、服务功能于一体的东北亚植物园。四是筹集拨付资金2 030万元，支持提高社会保障标准。其中，将农村低保补助标准由年人均1 800元提高到2 000元，城镇低保由月人均300元提高到330元，农村五保集中供养由年人均2 700元提高到5 000元，分散供养由年人均2 200元提高到3 600元，孤儿基本生活保障由年人均5 640元提高到6 000元。五是筹集拨付资金602万元，支持完善公共卫生服务体系，基本公共卫生服务经费由年人均35元提高到40元，促进人口与计划生育政策落实。六是筹集拨付资金781万元，支持农村土地治理，及时足额落实农业补贴政策。七是筹集拨付资金3 564万元，支持机关事业单位职工养老保险体制改革。八是筹集拨付资金75万元，支持全区干部职工免费体检。

六、加强财政监督管理，不断提高依法理财水平。一是不断深化各项财政改革，推行部门预算管理平台系统和国库支付监控平台系统，提高财政管理信息化水平，认真履行监督管理职能，批复实施政府采购项目75个，预算金额6 233万元，节支249万元，节支率4%。通过“走出去”参加学习培训和“请进来”现场交流指导等方式，普及政府与社会资本合作应用知识，推动池西区游客服务中心首个PPP项目实施，积累宝贵经验。二是抓好会计管理工作，支持财务人员提高职称水平，开展优秀财务人员评比表彰活动，进一步规范会计从业资格考试工作。三是规范政府债务管理，置换区本级存量债务6 644万元，降低利息负担，优化期限结构。四是继续做好项目评审工作，累计完成评审项目1 031项，评审总金额17.78亿元，审定总金额为15.64亿元，审减总金额为2.14亿元，审减率12.06%。五是加强财政监督检查，对管委会6家单位进行会计信息质量监督检查，开展民生、涉农资金专项检查，牵头负责津贴补贴清理规范工作。六是强化会计集中核算，提升服务水平，完善业务流程，加强基础工作，强化审核监督，规范部门收支行为。

七、强化金融服务措施，促进辖区金融稳定发展。一是深入开展防范和打击非法集资活动，制定《长白山保护开发区非法集资风险排查活动方案》，会同各家金融机构开展了打击非法集资宣传月活动，通过定点宣传、印发传单等形式，增强广大群众远离非法集资陷阱的意识。对辖区内现有的两家小额贷款公司进行专项排查，未发现吸收公众存款等超范围经营行为。二是根据池北区天福商业街开业前各商户的金融需求，组织开展了金融服务走进长白山活动，邀请省工行小企业金融部、电子银行部和银行卡部的专家来长白山进行专题宣讲，现场与近百名小企业及个人经营业主进行金融产品对接，在提供融资服务过程中，有效地满足了各商户对其旅游产品实现网上销售及逸贷卡分期付款等金融需求。

八、认真开展专题教育，推进干部队伍作风建设。一是认真组织开展“学党章、知规矩、守纪律”学习教育活动，达到了坚定信念、遵守纪律的预期目的。二是按照党工委安排部署，在全局科级以上干部集中开展“三严三实”专题教育，动员全局科级以上干部带头学习、带头践行“三严三实”要求，为全局党员干部做出示范和表率。三是通过召开动员会议、开展廉政谈话、廉政微信提醒、监督检查等多种方式，坚决纠正“四风”工作，狠抓“廉洁过节”工作落实。四是加大教育培训工作力度，坚持集中学习，内容涵盖党政理论、廉政教育、业务知识等。围绕财政金融改革与发展，先后组织5期省外学习班，全年培训达到120余人次，进一步提高了干部职工的综合素质。

第四部分

CHAPTER4

财政统计资料

Statistical Data Of Finance

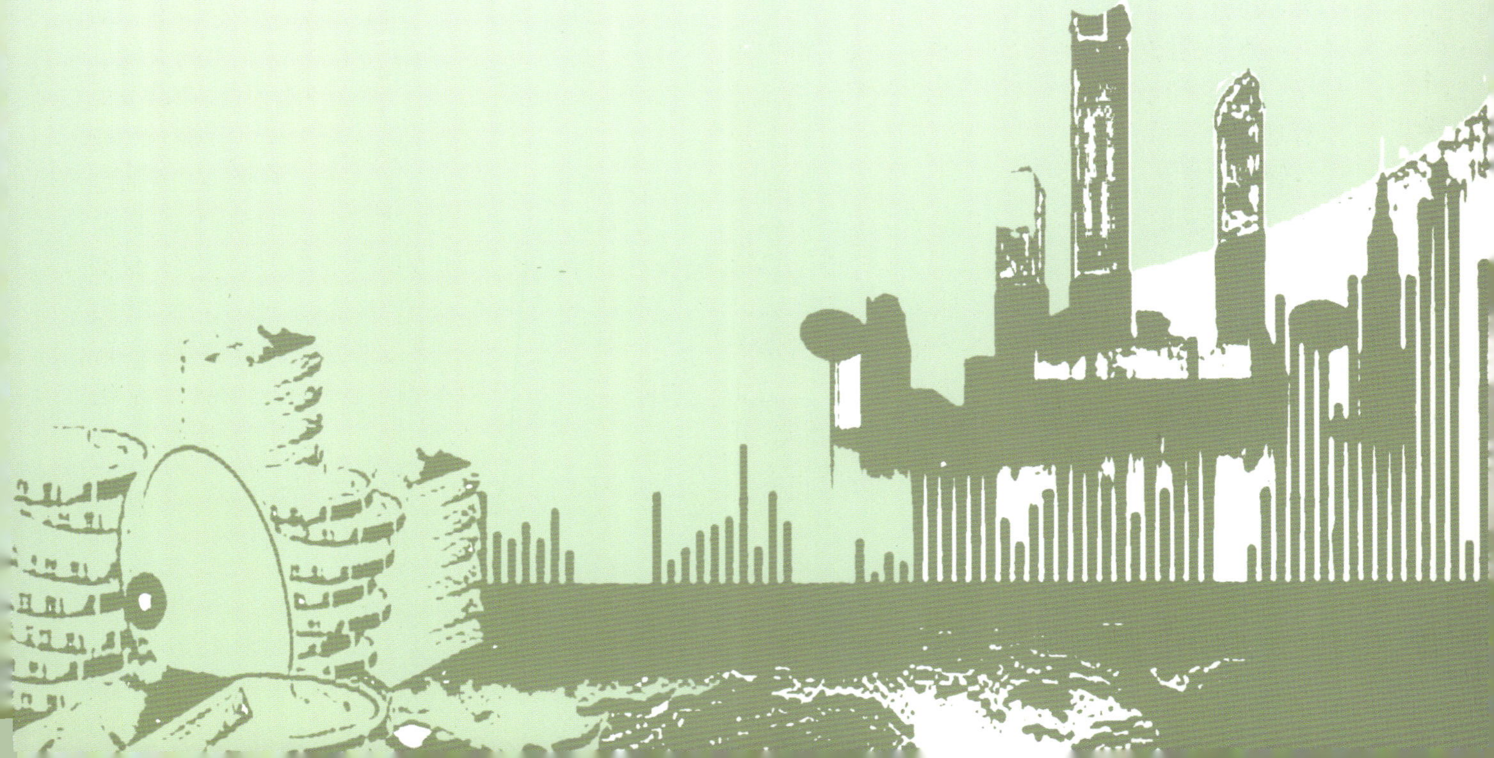

2015年度吉林省一般公共预算收支决算总表(一)

单位:万元

预算科目	调整预算数	决算数	预算科目	调整预算数	决算数
一、税收收入	9,166,964	8,671,214	一、一般公共服务支出	2,536,476	2,471,280
增值税	1,509,576	1,344,337	二、外交支出		
其中:改征增值税	105,689	279,559	三、国防支出	66,035	53,934
营业税	2,371,318	2,420,483	四、公共安全支出	1,728,002	1,688,662
企业所得税	1,380,451	1,349,221	五、教育支出	4,882,671	4,775,745
企业所得税退税			六、科学技术支出	418,259	413,929
个人所得税	379,000	341,058	七、文化体育与传媒支出	758,905	730,066
资源税	158,700	99,986	八、社会保障和就业支出	4,736,189	4,622,815
城市维护建设税	614,501	631,321	九、医疗卫生与计划生育支出	2,507,884	2,458,138
房产税	253,984	276,051	十、节能环保支出	1,330,817	1,177,034
印花税	123,588	104,624	十一、城乡社区支出	3,548,265	3,418,580
城镇土地使用税	357,191	306,041	十二、农林水支出	4,469,789	4,086,102
土地增值税	513,831	361,542	十三、交通运输支出	1,952,156	1,918,276
车船税	120,217	130,769	十四、资源勘探信息等支出	1,358,487	1,272,577
耕地占用税	569,779	632,072	十五、商业服务业等支出	298,023	286,772
契税	803,435	663,526	十六、金融支出	117,974	55,440
烟叶税	10,176	9,337	十七、援助其他地区支出	26,714	26,714
其他税收收入	1,217	846	十八、国土海洋气象等支出	475,769	386,982
二、非税收入	3,467,669	3,622,335	十九、住房保障支出	1,465,404	1,359,064
专项收入	654,183	941,067	二十、粮油物资储备支出	524,253	492,884
行政事业性收费收入	863,700	777,906	二十一、预备费		
罚没收入	345,718	313,324	二十二、其他支出	1,172,439	233,119
国有资本经营收入	253,335	280,167	二十三、债务付息支出	237,097	237,097
国有资源(资产)有偿使用收入	1,216,627	1,221,043	二十四、债务发行费用支出	5,785	5,785
其他收入	134,106	88,828			
本 年 收 入 合 计	12,634,633	12,293,549	本 年 支 出 合 计	34,617,393	32,170,995

2015年度吉林省一般公共预算收支决算总表(二)

单位:万元

预算科目	决算数	预算科目	决算数
本年收入合计	12,293,549	本年支出合计	32,170,995
上级补助收入	17,357,631	上解上级支出	49,846
返还性收入	1,250,645	一般性转移支付	10,100
增值税和消费税税收返还收入	893,867	体制上解支出	
所得税基数返还收入	119,178	出口退税专项上解支出	10,100
成品油价格和税费改革税收返还收入	237,600	成品油价格和税费改革专项上解支出	
其他税收返还收入		专项转移支付	39,746
一般性转移支付收入	9,395,862	专项上解支出	39,746
体制补助收入		计划单列市上解省支出	
均衡性转移支付收入	5,694,149		
革命老区及民族和边境地区转移支付收入	235,000		
县级基本财力保障机制奖补资金收入	414,608		
结算补助收入	111,590		
化解债务补助收入			
资源枯竭型城市转移支付补助收入			
企业事业单位划转补助收入			
成品油价格和税费改革转移支付补助收入	154,300		
基层公检法司转移支付收入	128,366		
义务教育等转移支付收入			
基本养老保险和低保等转移支付收入	1,904,957		
新型农村合作医疗等转移支付收入	404,537		
农村综合改革转移支付收入			
产粮(油)大县奖励资金收入	247,955		
重点生态功能区转移支付收入	100,400		
固定数额补助收入			
其他一般性转移支付收入			
专项转移支付收入	6,711,124		
省补助计划单列市收入			
接受其他地区援助收入		援助其他地区支出	
债务(转贷)收入	5,495,376	债务还本支出	4,209,753
		增设预算周转金	-14,195
		拨付国债转贷资金数	
国债转贷收入		国债转贷资金结余	2,896
国债转贷资金上年结余	2,896		
国债转贷转补助			
上年结余	2,124,421		
调入预算稳定调节基金	470,955	安排预算稳定调节基金	1,464,191
调入资金	2,585,056	调出资金	
1.政府性基金调入	1,452,019	年终结余	2,446,398
2.国有资本经营调入	1,310	其中:本级	1,039,841
3.其他调入	1,131,727	减:结转下年的支出	2,446,398
		其中:本级	1,039,841
		净结余	
		其中:本级	
收入总计	40,329,884	支出总计	40,329,884

2015年度吉林省(本级)一般公共预算收支决算总表(一)

单位:万元

预算科目	调整预算数	决算数	预算科目	调整预算数	决算数
一、税收收入	2,306,526	2,338,429	一、一般公共服务支出	424,150	414,747
增值税	587,247	553,511	二、外交支出		
其中:改征增值税		115,599	三、国防支出	22,630	22,330
营业税	1,142,631	1,211,840	四、公共安全支出	408,464	399,633
企业所得税	450,036	457,086	五、教育支出	993,369	992,761
企业所得税退税			六、科学技术支出	179,195	177,443
个人所得税	115,082	109,489	七、文化体育与传媒支出	253,459	253,359
资源税	8,010	4,641	八、社会保障和就业支出	299,818	297,725
城市维护建设税	3,520	1,862	九、医疗卫生与计划生育支出	254,890	250,366
房产税			十、节能环保支出	129,701	126,788
印花税			十一、城乡社区支出	21,175	21,175
城镇土地使用税			十二、农林水支出	1,316,901	1,304,173
土地增值税			十三、交通运输支出	1,162,571	1,158,756
车船税			十四、资源勘探信息等支出	415,885	414,101
耕地占用税			十五、商业服务业等支出	55,703	54,203
契税			十六、金融支出	108,991	46,991
烟叶税			十七、援助其他地区支出	26,009	26,009
其他税收收入			十八、国土海洋气象等支出	60,132	60,132
二、非税收入	612,059	738,909	十九、住房保障支出	179,655	175,947
专项收入	351,703	343,027	二十、粮油物资储备支出	269,409	266,590
行政事业性收费收入	92,704	139,297	二十一、预备费		
罚没收入	35,100	29,544	二十二、其他支出	924,338	3,375
国有资本经营收入	29,968	30,978	二十三、债务付息支出	114,276	114,276
国有资源(资产)有偿使用收入	101,584	186,067	二十四、债务发行费用支出	5,785	5,785
其他收入	1,000	9,996			
本 年 收 入 合 计	2,918,585	3,077,338	本 年 支 出 合 计	7,626,506	6,586,665

2015年度吉林省(本级)一般公共预算收支决算总表(二)

单位:万元

预算科目	决算数	预算科目	决算数
本年收入合计	3,077,338	本年支出合计	6,586,665
上级补助收入	17,357,631	上解上级支出	49,846
返还性收入	1,250,645	一般性转移支付	10,100
增值税和消费税税收返还收入	893,867	体制上解支出	
所得税基数返还收入	119,178	出口退税专项上解支出	10,100
成品油价格和税费改革税收返还收入	237,600	成品油价格和税费改革专项上解支出	
其他税收返还收入		专项转移支付	39,746
一般性转移支付收入	9,395,862	专项上解支出	39,746
体制补助收入		补助下级支出	15,428,887
均衡性转移支付收入	5,694,149		
革命老区及民族和边境地区转移支付收入	235,000		
县级基本财力保障机制奖补资金收入	414,608		
结算补助收入	111,590		
化解债务补助收入			
资源枯竭型城市转移支付补助收入			
企业事业单位划转补助收入			
成品油价格和税费改革转移支付补助收入	154,300		
基层公检法司转移支付收入	128,366		
义务教育等转移支付收入			
基本养老保险和低保等转移支付收入	1,904,957		
新型农村合作医疗等转移支付收入	404,537		
农村综合改革转移支付收入			
产粮(油)大县奖励资金收入	247,955		
重点生态功能区转移支付收入	100,400		
固定数额补助收入			
其他一般性转移支付收入			
专项转移支付收入	6,711,124		
下级上解收入	746,364		
接受其他地区援助收入		援助其他地区支出	
债务(转贷)收入	5,495,376	债务还本支出	383,900
		增设预算周转金	-10,000
		拨付国债转贷资金数	
国债转贷收入		国债转贷资金结余	1,350
国债转贷资金上年结余	1,350	债务转贷支出	4,487,876
国债转贷转补助			
上年结余	1,115,578		
调入预算稳定调节基金	348,308	安排预算稳定调节基金	671,348
调入资金	497,768	调出资金	
1.政府性基金调入	229,838	年终结余	1,039,841
2.国有资本经营调入		其中:本级	1,039,841
3.其他调入	267,930	减:结转下年的支出	1,039,841
		其中:本级	1,039,841
		净结余	
		其中:本级	
收入总计	28,639,713	支出总计	28,639,713

2015年度吉林省地市合计一般公共预算收支决算总表(一)

单位:万元

预算科目	调整预算数	决算数	预算科目	调整预算数	决算数
一、税收收入	6,756,012	6,332,785	一、一般公共服务支出	2,112,326	2,056,533
增值税	895,543	790,826	二、外交支出		
其中:改征增值税	105,689	163,960	三、国防支出	43,405	31,604
营业税	1,307,029	1,208,643	四、公共安全支出	1,319,538	1,289,029
企业所得税	941,713	892,135	五、教育支出	3,889,302	3,782,984
企业所得税退税			六、科学技术支出	239,064	236,486
个人所得税	231,895	231,569	七、文化体育与传媒支出	505,446	476,707
资源税	121,577	95,345	八、社会保障和就业支出	4,436,371	4,325,090
城市维护建设税	662,117	629,459	九、医疗卫生与计划生育支出	2,252,994	2,207,772
房产税	257,472	276,051	十、节能环保支出	1,201,116	1,050,246
印花税	124,516	104,624	十一、城乡社区支出	3,527,090	3,397,405
城镇土地使用税	303,630	306,041	十二、农林水支出	3,152,888	2,781,929
土地增值税	454,313	361,542	十三、交通运输支出	789,585	759,520
车船税	124,921	130,769	十四、资源勘探信息等支出	942,602	858,476
耕地占用税	553,657	632,072	十五、商业服务业等支出	242,320	232,569
契税	764,363	663,526	十六、金融支出	8,983	8,449
烟叶税	10,176	9,337	十七、援助其他地区支出	705	705
其他税收收入	3,090	846	十八、国土海洋气象等支出	415,637	326,850
二、非税收入	2,855,884	2,883,426	十九、住房保障支出	1,285,749	1,183,117
专项收入	649,491	598,040	二十、粮油物资储备支出	254,844	226,294
行政事业性收费收入	616,412	638,609	二十一、预备费		
罚没收入	293,957	283,780	二十二、其他支出	248,101	229,744
国有资本经营收入	254,010	249,189	二十三、债务付息支出	122,821	122,821
国有资源(资产)有偿使用收入	953,999	1,034,976	二十四、债务发行费用支出		
其他收入	88,015	78,832			
本年收入合计	9,611,896	9,216,211	本年支出合计	26,990,887	25,584,330

2015年度吉林省地市合计一般公共预算收支决算总表(二)

单位:万元

预算科目	决算数	预算科目	决算数
本年收入合计	9,216,211	本年支出合计	25,584,330
上级补助收入	15,428,887	上解上级支出	746,364
返还性收入	807,069	一般性转移支付	541,457
增值税和消费税税收返还收入	680,919	体制上解支出	535,305
所得税基数返还收入	111,169	出口退税专项上解支出	6,152
成品油价格和税费改革税收返还收入	14,981	成品油价格和税费改革专项上解支出	
其他税收返还收入		专项转移支付	204,907
一般性转移支付收入	8,165,272	专项上解支出	204,907
体制补助收入		计划单列市上解省支出	
均衡性转移支付收入	1,502,028		
革命老区及民族和边境地区转移支付收入	245,584		
县级基本财力保障机制奖补资金收入	543,608		
结算补助收入	771,632		
化解债务补助收入			
资源枯竭型城市转移支付补助收入	159,100		
企业事业单位划转补助收入			
成品油价格和税费改革转移支付补助收入			
基层公检法司转移支付收入	169,278		
义务教育等转移支付收入	250,914		
基本养老保险和低保等转移支付收入	1,894,828		
新型农村合作医疗等转移支付收入	599,497		
农村综合改革转移支付收入	112,512		
产粮(油)大县奖励资金收入	208,053		
重点生态功能区转移支付收入	100,400		
固定数额补助收入	1,607,838		
其他一般性转移支付收入			
专项转移支付收入	6,456,546		
省补助计划单列市收入			
接受其他地区援助收入		援助其他地区支出	
债务(转贷)收入	4,487,876	债务还本支出	3,825,853
		增设预算周转金	-4,195
		拨付国债转贷资金数	
国债转贷收入		国债转贷资金结余	1,546
国债转贷资金上年结余	1,546		
国债转贷转补助			
上年结余	1,008,843		
调入预算稳定调节基金	122,647	安排预算稳定调节基金	792,843
调入资金	2,087,288	调出资金	
1.政府性基金调入	1,222,181	年终结余	1,406,557
2.国有资本经营调入	1,310	其中:本级	740,005
3.其他调入	863,797	减:结转下年的支出	1,406,557
		其中:本级	740,005
		净结余	
		其中:本级	
收入总计	32,353,298	支出总计	32,353,298

2015年度长春市一般公共预算收支决算总表(一)

单位:万元

预算科目	调整预算数	决算数	预算科目	调整预算数	决算数
一、税收收入	3,285,542	2,999,644	一、一般公共服务支出	759,206	738,956
增值税	491,750	444,759	二、外交支出		
其中:改征增值税	39,040	90,827	三、国防支出	25,642	15,090
营业税	513,915	473,447	四、公共安全支出	376,145	367,797
企业所得税	627,280	583,295	五、教育支出	1,102,408	1,067,720
企业所得税退税			六、科学技术支出	90,170	89,975
个人所得税	136,539	133,726	七、文化体育与传媒支出	146,235	137,187
资源税	5,925	6,105	八、社会保障和就业支出	1,097,455	1,057,033
城市维护建设税	390,337	377,661	九、医疗卫生与计划生育支出	633,859	624,869
房产税	124,976	140,856	十、节能环保支出	280,862	246,151
印花税	81,222	64,857	十一、城乡社区支出	1,767,862	1,735,633
城镇土地使用税	105,545	108,970	十二、农林水支出	671,427	462,737
土地增值税	211,450	144,227	十三、交通运输支出	195,890	194,504
车船税	47,766	49,308	十四、资源勘探信息等支出	506,661	456,915
耕地占用税	175,510	170,873	十五、商业服务业等支出	79,013	77,842
契税	371,858	300,746	十六、金融支出	2,387	2,317
烟叶税	710	740	十七、援助其他地区支出		
其他税收收入	759	74	十八、国土海洋气象等支出	76,615	60,579
二、非税收入	884,471	882,569	十九、住房保障支出	222,451	199,826
专项收入	337,077	297,824	二十、粮油物资储备支出	46,395	42,323
行政事业性收费收入	192,852	185,517	二十一、预备费		
罚没收入	84,973	80,205	二十二、其他支出	58,511	57,451
国有资本经营收入	32,389	27,409	二十三、债务付息支出	22,341	22,341
国有资源(资产)有偿使用收入	231,499	275,223	二十四、债务发行费用支出		
其他收入	5,681	16,391			
本 年 收 入 合 计	4,170,013	3,882,213	本 年 支 出 合 计	8,161,535	7,657,246

2015年度长春市一般公共预算收支决算总表(二)

单位:万元

预算科目	决算数	预算科目	决算数
本年收入合计	3,882,213	本年支出合计	7,657,246
上级补助收入	3,272,023	上解上级支出	210,068
返还性收入	307,220	一般性转移支付	148,219
增值税和消费税税收返还收入	249,162	体制上解支出	145,834
所得税基数返还收入	54,010	出口退税专项上解支出	2,385
成品油价格和税费改革税收返还收入	4,048	成品油价格和税费改革专项上解支出	
其他税收返还收入		专项转移支付	61,849
一般性转移支付收入	1,807,464	专项上解支出	61,849
体制补助收入		计划单列市上解省支出	
均衡性转移支付收入	300,745		
革命老区及民族和边境地区转移支付收入	3,028		
县级基本财力保障机制奖补资金收入	111,120		
结算补助收入	365,793		
化解债务补助收入			
资源枯竭型城市转移支付补助收入	17,848		
企业事业单位划转补助收入			
成品油价格和税费改革转移支付补助收入			
基层公检法司转移支付收入	24,618		
义务教育等转移支付收入	61,092		
基本养老保险和低保等转移支付收入	334,614		
新型农村合作医疗等转移支付收入	179,360		
农村综合改革转移支付收入	17,286		
产粮(油)大县奖励资金收入	46,843		
重点生态功能区转移支付收入	476		
固定数额补助收入	341,431		
其他一般性转移支付收入	3,210		
专项转移支付收入	1,157,339		
省补助计划单列市收入			
接受其他地区援助收入		援助其他地区支出	
债务(转贷)收入	2,277,469	债务还本支出	2,149,306
		增设预算周转金	
		拨付国债转贷资金数	
国债转贷收入		国债转贷资金结余	1,337
国债转贷资金上年结余	1,337		
国债转贷转补助			
上年结余	378,644		
调入预算稳定调节基金	26,000	安排预算稳定调节基金	351,272
调入资金	1,035,832	调出资金	
1.政府性基金调入	712,853	年终结余	504,289
2.国有资本经营调入	1,310	其中:本级	294,800
3.其他调入	321,669	减:结转下年的支出	504,289
		其中:本级	294,800
		净结余	
		其中:本级	
收入总计	10,873,518	支出总计	10,873,518

2015年度长春市(本级)一般公共预算收支决算总表(一)

单位:万元

预算科目	调整预算数	决算数	预算科目	调整预算数	决算数
一、税收收入	2,412,127	2,253,010	一、一般公共服务支出	314,419	304,647
增值税	396,959	356,739	二、外交支出		
其中:改征增值税	11,540	59,645	三、国防支出	23,354	12,902
营业税	285,730	307,733	四、公共安全支出	241,094	237,427
企业所得税	494,821	449,841	五、教育支出	337,106	331,539
企业所得税退税			六、科学技术支出	77,778	77,778
个人所得税	98,649	93,435	七、文化体育与传媒支出	111,019	102,786
资源税	43	43	八、社会保障和就业支出	458,949	441,681
城市维护建设税	370,000	357,811	九、医疗卫生与计划生育支出	228,015	227,481
房产税	90,294	103,045	十、节能环保支出	153,997	148,246
印花税	75,000	61,203	十一、城乡社区支出	1,400,506	1,378,041
城镇土地使用税	80,000	82,976	十二、农林水支出	261,953	116,872
土地增值税	175,000	130,417	十三、交通运输支出	121,465	121,222
车船税	13,052	13,052	十四、资源勘探信息等支出	488,342	442,038
耕地占用税	101,631	101,631	十五、商业服务业等支出	56,753	56,160
契税	230,948	195,084	十六、金融支出	1,904	1,904
烟叶税			十七、援助其他地区支出		
其他税收收入			十八、国土海洋气象等支出	37,127	22,534
二、非税收入	661,131	634,718	十九、住房保障支出	73,595	69,518
专项收入	305,016	268,196	二十、粮油物资储备支出	4,679	4,679
行政事业性收费收入	125,574	114,736	二十一、预备费		
罚没收入	52,995	45,248	二十二、其他支出	30,709	30,509
国有资本经营收入	13,289	13,422	二十三、债务付息支出	3,995	3,995
国有资源(资产)有偿使用收入	162,710	186,209	二十四、债务发行费用支出		
其他收入	1,547	6,907			
本年收入合计	3,073,258	2,887,728	本年支出合计	4,426,759	4,131,959

2015年度长春市(本级)一般公共预算收支决算总表(二)

单位:万元

预算科目	决算数	预算科目	决算数
本年收入合计	2,887,728	本年支出合计	4,131,959
上级补助收入	854,732	上解上级支出	146,272
返还性收入	243,731	一般性转移支付	109,245
增值税和消费税税收返还收入	200,578	体制上解支出	107,171
所得税基数返还收入	41,315	出口退税专项上解支出	2,074
成品油价格和税费改革税收返还收入	1,838	成品油价格和税费改革专项上解支出	
其他税收返还收入		专项转移支付	37,027
一般性转移支付收入	306,312	专项上解支出	37,027
体制补助收入		计划单列市上解省支出	
均衡性转移支付收入	39,469		
革命老区及民族和边境地区转移支付收入			
县级基本财力保障机制奖补资金收入	-304		
结算补助收入	-25,093		
化解债务补助收入			
资源枯竭型城市转移支付补助收入			
企业事业单位划转补助收入			
成品油价格和税费改革转移支付补助收入			
基层公检法司转移支付收入	5,504		
义务教育等转移支付收入	6,305		
基本养老保险和低保等转移支付收入	150,525		
新型农村合作医疗等转移支付收入	57,685		
农村综合改革转移支付收入	4,000		
产粮(油)大县奖励资金收入			
重点生态功能区转移支付收入	342		
固定数额补助收入	98,323		
其他一般性转移支付收入	-30,444		
专项转移支付收入	304,689		
省补助计划单列市收入			
接受其他地区援助收入		援助其他地区支出	
债务(转贷)收入	2,108,308	债务还本支出	1,997,824
		增设预算周转金	
		拨付国债转贷资金数	
国债转贷收入		国债转贷资金结余	400
国债转贷资金上年结余	400		
国债转贷转补助			
上年结余	179,723		
调入预算稳定调节基金	19,000	安排预算稳定调节基金	265,309
调入资金	786,673	调出资金	
1.政府性基金调入	552,324	年终结余	294,800
2.国有资本经营调入	1,310	其中:本级	294,800
3.其他调入	233,039	减:结转下年的支出	294,800
		其中:本级	294,800
		净结余	
		其中:本级	
收入总计	6,836,564	支出总计	6,836,564

2015年度长春市区县合计一般公共预算收支决算总表(一)

单位:万元

预算科目	调整预算数	决算数	预算科目	调整预算数	决算数
一、税收收入	873,415	746,634	一、一般公共服务支出	444,787	434,309
增值税	94,791	88,020	二、外交支出		
其中:改征增值税	27,500	31,182	三、国防支出	2,288	2,188
营业税	228,185	165,714	四、公共安全支出	135,051	130,370
企业所得税	132,459	133,454	五、教育支出	765,302	736,181
企业所得税退税			六、科学技术支出	12,392	12,197
个人所得税	37,890	40,291	七、文化体育与传媒支出	35,216	34,401
资源税	5,882	6,062	八、社会保障和就业支出	638,506	615,352
城市维护建设税	20,337	19,850	九、医疗卫生与计划生育支出	405,844	397,388
房产税	34,682	37,811	十、节能环保支出	126,865	97,905
印花税	6,222	3,654	十一、城乡社区支出	367,356	357,592
城镇土地使用税	25,545	25,994	十二、农林水支出	409,474	345,865
土地增值税	36,450	13,810	十三、交通运输支出	74,425	73,282
车船税	34,714	36,256	十四、资源勘探信息等支出	18,319	14,877
耕地占用税	73,879	69,242	十五、商业服务业等支出	22,260	21,682
契税	140,910	105,662	十六、金融支出	483	413
烟叶税	710	740	十七、援助其他地区支出		
其他税收收入	759	74	十八、国土海洋气象等支出	39,488	38,045
二、非税收入	223,340	247,851	十九、住房保障支出	148,856	130,308
专项收入	32,061	29,628	二十、粮油物资储备支出	41,716	37,644
行政事业性收费收入	67,278	70,781	二十一、预备费		
罚没收入	31,978	34,957	二十二、其他支出	27,802	26,942
国有资本经营收入	19,100	13,987	二十三、债务付息支出	18,346	18,346
国有资源(资产)有偿使用收入	68,789	89,014	二十四、债务发行费用支出		
其他收入	4,134	9,484			
本 年 收 入 合 计	1,096,755	994,485	本 年 支 出 合 计	3,734,776	3,525,287

2015年度长春市区县合计一般公共预算收支决算总表(二)

单位:万元

预算科目	决算数	预算科目	决算数
本年收入合计	994,485	本年支出合计	3,525,287
上级补助收入	2,417,291	上解上级支出	63,796
返还性收入	63,489	一般性转移支付	38,974
增值税和消费税税收返还收入	48,584	体制上解支出	38,663
所得税基数返还收入	12,695	出口退税专项上解支出	311
成品油价格和税费改革税收返还收入	2,210	成品油价格和税费改革专项上解支出	
其他税收返还收入		专项转移支付	24,822
一般性转移支付收入	1,501,152	专项上解支出	24,822
体制补助收入		计划单列市上解省支出	
均衡性转移支付收入	261,276		
革命老区及民族和边境地区转移支付收入	3,028		
县级基本财力保障机制奖补资金收入	111,424		
结算补助收入	390,886		
化解债务补助收入			
资源枯竭型城市转移支付补助收入	17,848		
企业事业单位划转补助收入			
成品油价格和税费改革转移支付补助收入			
基层公检法司转移支付收入	19,114		
义务教育等转移支付收入	54,787		
基本养老保险和低保等转移支付收入	184,089		
新型农村合作医疗等转移支付收入	121,675		
农村综合改革转移支付收入	13,286		
产粮(油)大县奖励资金收入	46,843		
重点生态功能区转移支付收入	134		
固定数额补助收入	243,108		
其他一般性转移支付收入	33,654		
专项转移支付收入	852,650		
省补助计划单列市收入			
接受其他地区援助收入		援助其他地区支出	
债务(转贷)收入	169,161	债务还本支出	151,482
		增设预算周转金	
		拨付国债转贷资金数	
国债转贷收入		国债转贷资金结余	937
国债转贷资金上年结余	937		
国债转贷转补助			
上年结余	198,921		
调入预算稳定调节基金	7,000	安排预算稳定调节基金	85,963
调入资金	249,159	调出资金	
1.政府性基金调入	160,529	年终结余	209,489
2.国有资本经营调入		其中:本级	209,285
3.其他调入	88,630	减:结转下年的支出	209,489
		其中:本级	209,285
		净结余	
		其中:本级	
收入总计	4,036,954	支出总计	4,036,954

2015年度榆树市一般公共预算收支决算总表(一)

单位:万元

预算科目	调整预算数	决算数	预算科目	调整预算数	决算数
一、税收收入	90,030	47,903	一、一般公共服务支出	33,235	33,204
增值税	3,693	4,047	二、外交支出		
其中:改征增值税		1,829	三、国防支出	314	214
营业税	26,300	16,522	四、公共安全支出	21,594	21,594
企业所得税	7,864	8,116	五、教育支出	103,419	101,894
企业所得税退税			六、科学技术支出	767	637
个人所得税	1,162	1,432	七、文化体育与传媒支出	8,182	7,944
资源税	24	17	八、社会保障和就业支出	133,984	132,238
城市维护建设税	3,217	2,163	九、医疗卫生与计划生育支出	68,772	67,949
房产税	2,039	1,455	十、节能环保支出	5,488	4,380
印花税	987	593	十一、城乡社区支出	33,267	33,267
城镇土地使用税	3,365	1,857	十二、农林水支出	82,895	58,951
土地增值税	16,470	3,249	十三、交通运输支出	13,718	12,895
车船税	1,247	1,322	十四、资源勘探信息等支出	1,210	670
耕地占用税	13,329	1,767	十五、商业服务业等支出	2,199	2,199
契税	9,574	4,982	十六、金融支出	27	27
烟叶税		381	十七、援助其他地区支出		
其他税收收入	759		十八、国土海洋气象等支出	5,521	5,483
二、非税收入	28,740	40,500	十九、住房保障支出	27,347	23,738
专项收入	1,800	5,056	二十、粮油物资储备支出	15,282	13,621
行政事业性收费收入	12,000	18,986	二十一、预备费		
罚没收入	6,540	7,222	二十二、其他支出	61	61
国有资本经营收入			二十三、债务付息支出	4,462	4,462
国有资源(资产)有偿使用收入	8,000	9,155	二十四、债务发行费用支出		
其他收入	400	81			
本 年 收 入 合 计	118,770	88,403	本 年 支 出 合 计	561,744	525,428

2015年度榆树市一般公共预算收支决算总表(二)

单位:万元

预算科目	决算数	预算科目	决算数
本年收入合计	88,403	本年支出合计	525,428
上级补助收入	428,248	上解上级支出	7,585
返还性收入	5,860	一般性转移支付	6,016
增值税和消费税税收返还收入	5,137	体制上解支出	5,832
所得税基数返还收入	251	出口退税专项上解支出	184
成品油价格和税费改革税收返还收入	472	成品油价格和税费改革专项上解支出	
其他税收返还收入		专项转移支付	1,569
一般性转移支付收入	275,440	专项上解支出	1,569
体制补助收入		计划单列市上解省支出	
均衡性转移支付收入	63,051		
革命老区及民族和边境地区转移支付收入	751		
县级基本财力保障机制奖补资金收入	31,438		
结算补助收入	2,604		
化解债务补助收入			
资源枯竭型城市转移支付补助收入			
企业事业单位划转补助收入			
成品油价格和税费改革转移支付补助收入			
基层公检法司转移支付收入	3,845		
义务教育等转移支付收入	10,677		
基本养老保险和低保等转移支付收入	42,931		
新型农村合作医疗等转移支付收入	32,238		
农村综合改革转移支付收入	1,814		
产粮(油)大县奖励资金收入	13,685		
重点生态功能区转移支付收入			
固定数额补助收入	59,142		
其他一般性转移支付收入	13,264		
专项转移支付收入	146,948		
省补助计划单列市收入			
接受其他地区援助收入		援助其他地区支出	
债务(转贷)收入	19,410	债务还本支出	12,100
		增设预算周转金	
		拨付国债转贷资金数	
国债转贷收入		国债转贷资金结余	
国债转贷资金上年结余			
国债转贷转补助			
上年结余	21,322		
调入预算稳定调节基金		安排预算稳定调节基金	
调入资金	24,046	调出资金	
1.政府性基金调入	20,014	年终结余	36,316
2.国有资本经营调入		其中:本级	36,316
3.其他调入	4,032	减:结转下年的支出	36,316
		其中:本级	36,316
		净结余	
		其中:本级	
收入总计	581,429	支出总计	581,429

2015年度德惠市一般公共预算收支决算总表(一)

单位:万元

预算科目	调整预算数	决算数	预算科目	调整预算数	决算数
一、税收收入	118,500	74,644	一、一般公共服务支出	34,310	33,550
增值税	12,300	6,837	二、外交支出		
其中:改征增值税	1,500	1,273	三、国防支出	279	279
营业税	53,580	18,484	四、公共安全支出	27,697	27,181
企业所得税	15,000	16,834	五、教育支出	80,989	79,369
企业所得税退税			六、科学技术支出	448	403
个人所得税	1,200	825	七、文化体育与传媒支出	5,654	5,528
资源税	20	143	八、社会保障和就业支出	112,424	111,892
城市维护建设税	5,000	3,234	九、医疗卫生与计划生育支出	74,093	71,327
房产税	3,500	3,002	十、节能环保支出	17,320	11,041
印花税	1,500	495	十一、城乡社区支出	30,885	30,835
城镇土地使用税	7,500	7,020	十二、农林水支出	79,980	63,911
土地增值税	5,000	2,149	十三、交通运输支出	11,388	11,301
车船税	1,500	1,035	十四、资源勘探信息等支出	2,327	1,213
耕地占用税	2,000	4,216	十五、商业服务业等支出	12,450	12,450
契税	10,000	9,997	十六、金融支出	81	81
烟叶税	400	299	十七、援助其他地区支出		
其他税收收入		74	十八、国土海洋气象等支出	1,108	1,088
二、非税收入	24,500	36,545	十九、住房保障支出	19,079	11,707
专项收入	3,300	5,050	二十、粮油物资储备支出	11,752	11,614
行政事业性收费收入	7,600	5,668	二十一、预备费		
罚没收入	3,600	6,450	二十二、其他支出	45	45
国有资本经营收入	100	2	二十三、债务付息支出	2,106	2,106
国有资源(资产)有偿使用收入	9,900	19,375	二十四、债务发行费用支出		
其他收入					
本年收入合计	143,000	111,189	本年支出合计	524,415	486,921

2015年度德惠市一般公共预算收支决算总表(二)

单位:万元

预算科目	决算数	预算科目	决算数
本年收入合计	111,189	本年支出合计	486,921
上级补助收入	338,604	上解上级支出	16,788
返还性收入	7,566	一般性转移支付	7,692
增值税和消费税税收返还收入	7,234	体制上解支出	7,692
所得税基数返还收入	58	出口退税专项上解支出	
成品油价格和税费改革税收返还收入	274	成品油价格和税费改革专项上解支出	
其他税收返还收入		专项转移支付	9,096
一般性转移支付收入	219,672	专项上解支出	9,096
体制补助收入		计划单列市上解省支出	
均衡性转移支付收入	56,519		
革命老区及民族和边境地区转移支付收入	611		
县级基本财力保障机制奖补资金收入	21,190		
结算补助收入	2,135		
化解债务补助收入			
资源枯竭型城市转移支付补助收入			
企业事业单位划转补助收入			
成品油价格和税费改革转移支付补助收入			
基层公检法司转移支付收入	3,316		
义务教育等转移支付收入	8,668		
基本养老保险和低保等转移支付收入	39,658		
新型农村合作医疗等转移支付收入	25,029		
农村综合改革转移支付收入	3,213		
产粮(油)大县奖励资金收入	9,789		
重点生态功能区转移支付收入			
固定数额补助收入	37,087		
其他一般性转移支付收入	12,457		
专项转移支付收入	111,366		
省补助计划单列市收入			
接受其他地区援助收入		援助其他地区支出	
债务(转贷)收入	27,852	债务还本支出	23,900
		增设预算周转金	
		拨付国债转贷资金数	
国债转贷收入		国债转贷资金结余	
国债转贷资金上年结余			
国债转贷转补助			
上年结余	23,889		
调入预算稳定调节基金		安排预算稳定调节基金	
调入资金	63,569	调出资金	
1.政府性基金调入	18,276	年终结余	37,494
2.国有资本经营调入		其中:本级	37,494
3.其他调入	45,293	减:结转下年的支出	37,494
		其中:本级	37,494
		净结余	
		其中:本级	
收入总计	565,103	支出总计	565,103

2015年度农安县一般公共预算收支决算总表(一)

单位:万元

预算科目	调整预算数	决算数	预算科目	调整预算数	决算数
一、税收收入	105,568	89,219	一、一般公共服务支出	18,589	18,589
增值税	7,375	11,776	二、外交支出		
其中:改征增值税		3,199	三、国防支出	303	303
营业税	33,820	19,961	四、公共安全支出	15,170	15,170
企业所得税	8,280	5,309	五、教育支出	123,968	123,835
企业所得税退税			六、科学技术支出	288	288
个人所得税	1,517	1,424	七、文化体育与传媒支出	6,452	6,372
资源税	2,350	2,576	八、社会保障和就业支出	90,117	90,117
城市维护建设税	3,120	4,851	九、医疗卫生与计划生育支出	69,673	69,461
房产税	2,593	2,786	十、节能环保支出	13,608	13,608
印花税	1,350	897	十一、城乡社区支出	56,607	56,477
城镇土地使用税	3,860	5,423	十二、农林水支出	87,972	81,013
土地增值税	3,280	2,800	十三、交通运输支出	27,973	27,973
车船税	1,820	2,034	十四、资源勘探信息等支出	3,930	2,829
耕地占用税	27,083	22,072	十五、商业服务业等支出	3,545	3,545
契税	8,810	7,250	十六、金融支出	161	161
烟叶税	310	60	十七、援助其他地区支出		
其他税收收入			十八、国土海洋气象等支出	1,620	1,620
二、非税收入	52,587	30,458	十九、住房保障支出	31,572	31,572
专项收入	15,235	6,008	二十、粮油物资储备支出	8,137	6,937
行政事业性收费收入	17,255	17,990	二十一、预备费		
罚没收入	5,800	3,460	二十二、其他支出		
国有资本经营收入			二十三、债务付息支出	2,701	2,701
国有资源(资产)有偿使用收入	14,297	2,611	二十四、债务发行费用支出		
其他收入		389			
本年收入合计	158,155	119,677	本年支出合计	562,386	552,571

2015年度农安县一般公共预算收支决算总表(二)

单位:万元

预算科目	决算数	预算科目	决算数
本 年 收 入 合 计	119,677	本 年 支 出 合 计	552,571
上级补助收入	380,088	上解上级支出	10,854
返还性收入	11,205	一般性转移支付	8,673
增值税和消费税税收返还收入	9,820	体制上解支出	8,583
所得税基数返还收入	773	出口退税专项上解支出	90
成品油价格和税费改革税收返还收入	612	成品油价格和税费改革专项上解支出	
其他税收返还收入		专项转移支付	2,181
一般性转移支付收入	220,152	专项上解支出	2,181
体制补助收入		计划单列市上解省支出	
均衡性转移支付收入	50,710		
革命老区及民族和边境地区转移支付收入	704		
县级基本财力保障机制奖补资金收入	20,295		
结算补助收入	2,037		
化解债务补助收入			
资源枯竭型城市转移支付补助收入			
企业事业单位划转补助收入			
成品油价格和税费改革转移支付补助收入			
基层公检法司转移支付收入	3,852		
义务教育等转移支付收入	9,476		
基本养老保险和低保等转移支付收入	38,346		
新型农村合作医疗等转移支付收入	29,456		
农村综合改革转移支付收入	2,367		
产粮(油)大县奖励资金收入	13,318		
重点生态功能区转移支付收入			
固定数额补助收入	41,622		
其他一般性转移支付收入	7,969		
专项转移支付收入	148,731		
省补助计划单列市收入			
接受其他地区援助收入		援助其他地区支出	
债务(转贷)收入	31,000	债务还本支出	14,800
		增设预算周转金	
		拨付国债转贷资金数	
国债转贷收入		国债转贷资金结余	937
国债转贷资金上年结余	937		
国债转贷转补助			
上年结余	9,074		
调入预算稳定调节基金		安排预算稳定调节基金	
调入资金	48,201	调出资金	
1.政府性基金调入	47,057	年终结余	9,815
2.国有资本经营调入		其中:本级	9,815
3.其他调入	1,144	减:结转下年的支出	9,815
		其中:本级	9,815
		净结余	
		其中:本级	
收 入 总 计	588,977	支 出 总 计	588,977

2015年度长春市九台区一般公共预算收支决算总表(一)

单位:万元

预算科目	调整预算数	决算数	预算科目	调整预算数	决算数
一、税收收入	109,200	104,385	一、一般公共服务支出	22,725	22,588
增值税	24,000	21,502	二、外交支出		
其中:改征增值税	12,000	9,490	三、国防支出	360	360
营业税	25,000	24,744	四、公共安全支出	17,985	17,726
企业所得税	19,800	18,253	五、教育支出	104,282	95,422
企业所得税退税			六、科学技术支出	1,073	1,073
个人所得税	4,000	4,930	七、文化体育与传媒支出	6,095	6,095
资源税	1,000	1,675	八、社会保障和就业支出	124,843	123,750
城市维护建设税	5,500	6,280	九、医疗卫生与计划生育支出	55,867	54,981
房产税	3,500	3,943	十、节能环保支出	14,156	11,377
印花税	1,500	1,059	十一、城乡社区支出	51,905	50,978
城镇土地使用税	5,300	7,242	十二、农林水支出	75,465	68,999
土地增值税	6,500	3,897	十三、交通运输支出	12,038	11,907
车船税	900	1,151	十四、资源勘探信息等支出	5,936	5,575
耕地占用税	3,000	4,211	十五、商业服务业等支出	1,659	1,342
契税	9,200	5,498	十六、金融支出	136	66
烟叶税			十七、援助其他地区支出		
其他税收收入			十八、国土海洋气象等支出	27,957	26,813
二、非税收入	27,638	32,453	十九、住房保障支出	30,215	29,439
专项收入	9,326	8,037	二十、粮油物资储备支出	3,369	2,717
行政事业性收费收入	9,179	4,902	二十一、预备费		
罚没收入	5,125	3,087	二十二、其他支出	69	69
国有资本经营收入			二十三、债务付息支出	6,175	6,175
国有资源(资产)有偿使用收入	3,688	15,961	二十四、债务发行费用支出		
其他收入	320	466			
本 年 收 入 合 计	136,838	136,838	本 年 支 出 合 计	562,310	537,452

2015年度长春市九台区一般公共预算收支决算总表(二)

单位:万元

预算科目	决算数	预算科目	决算数
本年收入合计	136,838	本年支出合计	537,452
上级补助收入	370,007	上解上级支出	17,302
返还性收入	7,502	一般性转移支付	11,917
增值税和消费税税收返还收入	6,877	体制上解支出	11,880
所得税基数返还收入	233	出口退税专项上解支出	37
成品油价格和税费改革税收返还收入	392	成品油价格和税费改革专项上解支出	
其他税收返还收入		专项转移支付	5,385
一般性转移支付收入	237,631	专项上解支出	5,385
体制补助收入		计划单列市上解省支出	
均衡性转移支付收入	50,217		
革命老区及民族和边境地区转移支付收入	504		
县级基本财力保障机制奖补资金收入	13,753		
结算补助收入	23,166		
化解债务补助收入			
资源枯竭型城市转移支付补助收入	17,848		
企业事业单位划转补助收入			
成品油价格和税费改革转移支付补助收入			
基层公检法司转移支付收入	3,094		
义务教育等转移支付收入	8,263		
基本养老保险和低保等转移支付收入	49,882		
新型农村合作医疗等转移支付收入	19,983		
农村综合改革转移支付收入	2,850		
产粮(油)大县奖励资金收入	7,112		
重点生态功能区转移支付收入			
固定数额补助收入	40,959		
其他一般性转移支付收入			
专项转移支付收入	124,874		
省补助计划单列市收入			
接受其他地区援助收入		援助其他地区支出	
债务(转贷)收入	47,883	债务还本支出	45,120
		增设预算周转金	
		拨付国债转贷资金数	
国债转贷收入		国债转贷资金结余	
国债转贷资金上年结余			
国债转贷转补助			
上年结余	26,315		
调入预算稳定调节基金		安排预算稳定调节基金	
调入资金	43,689	调出资金	
1.政府性基金调入	28,520	年终结余	24,858
2.国有资本经营调入		其中:本级	24,858
3.其他调入	15,169	减:结转下年的支出	24,858
		其中:本级	24,858
		净结余	
		其中:本级	
收入总计	624,732	支出总计	624,732

2015年度长春市南关区一般公共预算收支决算总表(一)

单位:万元

预算科目	调整预算数	决算数	预算科目	调整预算数	决算数
一、税收收入	84,990	86,217	一、一般公共服务支出	31,590	31,590
增值税	6,970	6,969	二、外交支出		
其中:改征增值税	4,200	4,592	三、国防支出	191	191
营业税	16,650	16,826	四、公共安全支出	7,357	7,357
企业所得税	23,680	23,865	五、教育支出	63,810	56,289
企业所得税退税			六、科学技术支出	234	234
个人所得税	8,050	7,219	七、文化体育与传媒支出	753	753
资源税			八、社会保障和就业支出	23,479	22,407
城市维护建设税			九、医疗卫生与计划生育支出	22,762	21,887
房产税	4,840	5,590	十、节能环保支出	30,607	21,904
印花税			十一、城乡社区支出	31,725	31,325
城镇土地使用税			十二、农林水支出	938	826
土地增值税			十三、交通运输支出		
车船税	6,200	5,923	十四、资源勘探信息等支出		
耕地占用税		3,349	十五、商业服务业等支出	261	250
契税	18,600	16,476	十六、金融支出		
烟叶税			十七、援助其他地区支出		
其他税收收入			十八、国土海洋气象等支出		
二、非税收入	15,010	14,872	十九、住房保障支出	15,940	15,133
专项收入			二十、粮油物资储备支出		
行政事业性收费收入	8,844	8,844	二十一、预备费		
罚没收入	3,048	3,050	二十二、其他支出	4,242	4,242
国有资本经营收入		658	二十三、债务付息支出	527	527
国有资源(资产)有偿使用收入	1,904	1,928	二十四、债务发行费用支出		
其他收入	1,214	392			
本年收入合计	100,000	101,089	本年支出合计	234,416	214,915

2015年度长春市南关区一般公共预算收支决算总表(二)

单位:万元

预算科目	决算数	预算科目	决算数
本年收入合计	101,089	本年支出合计	214,915
上级补助收入	112,517	上解上级支出	1,921
返还性收入	5,243	一般性转移支付	896
增值税和消费税税收返还收入	4,059	体制上解支出	896
所得税基数返还收入	1,184	出口退税专项上解支出	
成品油价格和税费改革税收返还收入		成品油价格和税费改革专项上解支出	
其他税收返还收入		专项转移支付	1,025
一般性转移支付收入	57,973	专项上解支出	1,025
体制补助收入		计划单列市上解省支出	
均衡性转移支付收入	3,091		
革命老区及民族和边境地区转移支付收入			
县级基本财力保障机制奖补资金收入	2,784		
结算补助收入	38,896		
化解债务补助收入			
资源枯竭型城市转移支付补助收入			
企业事业单位划转补助收入			
成品油价格和税费改革转移支付补助收入			
基层公检法司转移支付收入	504		
义务教育等转移支付收入	1,886		
基本养老保险和低保等转移支付收入	472		
新型农村合作医疗等转移支付收入	884		
农村综合改革转移支付收入			
产粮(油)大县奖励资金收入			
重点生态功能区转移支付收入			
固定数额补助收入	9,456		
其他一般性转移支付收入			
专项转移支付收入	49,301		
省补助计划单列市收入			
接受其他地区援助收入		援助其他地区支出	
债务(转贷)收入		债务还本支出	8,561
		增设预算周转金	
		拨付国债转贷资金数	
国债转贷收入		国债转贷资金结余	
国债转贷资金上年结余			
国债转贷转补助			
上年结余	30,395		
调入预算稳定调节基金		安排预算稳定调节基金	9,900
调入资金	10,797	调出资金	
1.政府性基金调入	6,397	年终结余	19,501
2.国有资本经营调入		其中:本级	19,501
3.其他调入	4,400	减:结转下年的支出	19,501
		其中:本级	19,501
		净结余	
		其中:本级	
收入总计	254,798	支出总计	254,798

2015年度长春市宽城区一般公共预算收支决算总表(一)

单位:万元

预算科目	调整预算数	决算数	预算科目	调整预算数	决算数
一、税收收入	60,792	65,539	一、一般公共服务支出	57,583	53,822
增值税	4,116	4,285	二、外交支出		
其中:改征增值税		1,355	三、国防支出		
营业税	20,630	18,518	四、公共安全支出	12,500	12,500
企业所得税	7,900	10,399	五、教育支出	68,974	67,653
企业所得税退税			六、科学技术支出	250	250
个人所得税	2,226	2,524	七、文化体育与传媒支出	1,079	1,079
资源税	21	24	八、社会保障和就业支出	22,279	18,255
城市维护建设税			九、医疗卫生与计划生育支出	21,265	20,262
房产税	3,100	3,632	十、节能环保支出	5,376	3,996
印花税			十一、城乡社区支出	38,685	37,635
城镇土地使用税			十二、农林水支出	9,125	5,998
土地增值税			十三、交通运输支出		
车船税	4,140	4,449	十四、资源勘探信息等支出	282	282
耕地占用税	5,000	5,381	十五、商业服务业等支出	212	212
契税	13,659	16,327	十六、金融支出		
烟叶税			十七、援助其他地区支出		
其他税收收入			十八、国土海洋气象等支出		
二、非税收入	23,000	18,253	十九、住房保障支出	2,562	2,062
专项收入		6	二十、粮油物资储备支出		
行政事业性收费收入	2,000	2,212	二十一、预备费		
罚没收入	2,000	4,648	二十二、其他支出	16,015	15,155
国有资本经营收入	19,000	9,910	二十三、债务付息支出	477	477
国有资源(资产)有偿使用收入		1,477	二十四、债务发行费用支出		
其他收入					
本年收入合计	83,792	83,792	本年支出合计	256,664	239,638

2015年度长春市宽城区一般公共预算收支决算总表(二)

单位:万元

预算科目	决算数	预算科目	决算数
本年收入合计	83,792	本年支出合计	239,638
上级补助收入	139,347	上解上级支出	1,264
返还性收入	5,518	一般性转移支付	636
增值税和消费税税收返还收入	3,730	体制上解支出	636
所得税基数返还收入	1,788	出口退税专项上解支出	
成品油价格和税费改革税收返还收入		成品油价格和税费改革专项上解支出	
其他税收返还收入		专项转移支付	628
一般性转移支付收入	87,497	专项上解支出	628
体制补助收入		计划单列市上解省支出	
均衡性转移支付收入	3,105		
革命老区及民族和边境地区转移支付收入			
县级基本财力保障机制奖补资金收入	2,551		
结算补助收入	67,717		
化解债务补助收入			
资源枯竭型城市转移支付补助收入			
企业事业单位划转补助收入			
成品油价格和税费改革转移支付补助收入			
基层公检法司转移支付收入	468		
义务教育等转移支付收入	3,440		
基本养老保险和低保等转移支付收入	524		
新型农村合作医疗等转移支付收入	1,402		
农村综合改革转移支付收入			
产粮(油)大县奖励资金收入			
重点生态功能区转移支付收入			
固定数额补助收入	8,290		
其他一般性转移支付收入			
专项转移支付收入	46,332		
省补助计划单列市收入			
接受其他地区援助收入		援助其他地区支出	
债务(转贷)收入	31,686	债务还本支出	27,686
		增设预算周转金	
		拨付国债转贷资金数	
国债转贷收入		国债转贷资金结余	
国债转贷资金上年结余			
国债转贷转补助			
上年结余	11,651		
调入预算稳定调节基金		安排预算稳定调节基金	
调入资金	19,138	调出资金	
1.政府性基金调入	6,467	年终结余	17,026
2.国有资本经营调入		其中:本级	17,026
3.其他调入	12,671	减:结转下年的支出	17,026
		其中:本级	17,026
		净结余	
		其中:本级	
收入总计	285,614	支出总计	285,614

2015年度长春市朝阳区一般公共预算收支决算总表(一)

单位:万元

预算科目	调整预算数	决算数	预算科目	调整预算数	决算数
一、税收收入	125,300	114,605	一、一般公共服务支出	75,356	71,868
增值税	16,500	14,281	二、外交支出		
其中:改征增值税	9,400	6,345	三、国防支出	182	182
营业税	22,000	21,630	四、公共安全支出	8,394	6,975
企业所得税	27,000	26,686	五、教育支出	49,890	48,498
企业所得税退税			六、科学技术支出	3,329	3,329
个人所得税	13,200	15,314	七、文化体育与传媒支出	1,110	840
资源税		19	八、社会保障和就业支出	37,003	35,875
城市维护建设税			九、医疗卫生与计划生育支出	18,985	18,697
房产税	8,200	10,024	十、节能环保支出	9,703	8,596
印花税			十一、城乡社区支出	35,568	35,118
城镇土地使用税			十二、农林水支出	4,236	3,874
土地增值税			十三、交通运输支出		
车船税	10,600	10,509	十四、资源勘探信息等支出	556	556
耕地占用税	6,600	1,886	十五、商业服务业等支出	594	594
契税	21,200	14,256	十六、金融支出		
烟叶税			十七、援助其他地区支出		
其他税收收入			十八、国土海洋气象等支出		
二、非税收入	5,400	11,575	十九、住房保障支出	4,514	4,330
专项收入			二十、粮油物资储备支出		
行政事业性收费收入	400	3,164	二十一、预备费		
罚没收入	1,400	817	二十二、其他支出		
国有资本经营收入		3,417	二十三、债务付息支出	962	962
国有资源(资产)有偿使用收入	3,600	4,177	二十四、债务发行费用支出		
其他收入					
本 年 收 入 合 计	130,700	126,180	本 年 支 出 合 计	250,382	240,294

2015年度长春市朝阳区一般公共预算收支决算总表(二)

单位:万元

预算科目	决算数	预算科目	决算数
本 年 收 入 合 计	126,180	本 年 支 出 合 计	240,294
上级补助收入	136,412	上解上级支出	2,730
返还性收入	6,938	一般性转移支付	1,388
增值税和消费税税收返还收入	3,530	体制上解支出	1,388
所得税基数返还收入	3,408	出口退税专项上解支出	
成品油价格和税费改革税收返还收入		成品油价格和税费改革专项上解支出	
其他税收返还收入		专项转移支付	1,342
一般性转移支付收入	77,999	专项上解支出	1,342
体制补助收入		计划单列市上解省支出	
均衡性转移支付收入	3,082		
革命老区及民族和边境地区转移支付收入			
县级基本财力保障机制奖补资金收入	3,219		
结算补助收入	59,739		
化解债务补助收入			
资源枯竭型城市转移支付补助收入			
企业事业单位划转补助收入			
成品油价格和税费改革转移支付补助收入			
基层公检法司转移支付收入	1,241		
义务教育等转移支付收入	2,376		
基本养老保险和低保等转移支付收入	319		
新型农村合作医疗等转移支付收入			
农村综合改革转移支付收入	156		
产粮(油)大县奖励资金收入			
重点生态功能区转移支付收入			
固定数额补助收入	7,903		
其他一般性转移支付收入	-36		
专项转移支付收入	51,475		
省补助计划单列市收入			
接受其他地区援助收入		援助其他地区支出	
债务(转贷)收入		债务还本支出	5,950
		增设预算周转金	
		拨付国债转贷资金数	
国债转贷收入		国债转贷资金结余	
国债转贷资金上年结余			
国债转贷转补助			
上年结余	10,091		
调入预算稳定调节基金		安排预算稳定调节基金	17,628
调入资金	4,007	调出资金	
1.政府性基金调入	3,859	年终结余	10,088
2.国有资本经营调入		其中:本级	10,088
3.其他调入	148	减:结转下年的支出	10,088
		其中:本级	10,088
		净结余	
		其中:本级	
收 入 总 计	276,690	支 出 总 计	276,690

2015年度长春市二道区一般公共预算收支决算总表(一)

单位:万元

预算科目	调整预算数	决算数	预算科目	调整预算数	决算数
一、税收收入	70,250	63,564	一、一般公共服务支出	112,592	110,868
增值税	6,000	3,073	二、外交支出		
其中:改征增值税		966	三、国防支出	249	249
营业税	13,000	13,319	四、公共安全支出	7,645	7,645
企业所得税	7,500	8,043	五、教育支出	44,582	43,982
企业所得税退税			六、科学技术支出	3,950	3,950
个人所得税	2,500	2,776	七、文化体育与传媒支出	1,065	1,055
资源税	10	9	八、社会保障和就业支出	25,106	18,279
城市维护建设税			九、医疗卫生与计划生育支出	20,252	19,752
房产税	2,500	2,790	十、节能环保支出	10,263	6,962
印花税			十一、城乡社区支出	27,453	24,453
城镇土地使用税			十二、农林水支出	5,307	5,057
土地增值税			十三、交通运输支出	8	8
车船税	1,328	3,322	十四、资源勘探信息等支出	241	241
耕地占用税	2,800	16,610	十五、商业服务业等支出	73	73
契税	34,612	13,622	十六、金融支出		
烟叶税			十七、援助其他地区支出		
其他税收收入			十八、国土海洋气象等支出	136	136
二、非税收入	22,750	29,895	十九、住房保障支出	9,389	4,089
专项收入			二十、粮油物资储备支出	30	30
行政事业性收费收入	2,500	1,954	二十一、预备费		
罚没收入	250	489	二十二、其他支出		
国有资本经营收入			二十三、债务付息支出	441	441
国有资源(资产)有偿使用收入	20,000	25,122	二十四、债务发行费用支出		
其他收入		2,330			
本年收入合计	93,000	93,459	本年支出合计	268,782	247,270

2015年度长春市二道区一般公共预算收支决算总表(二)

单位:万元

预算科目	决算数	预算科目	决算数
本年收入合计	93,459	本年支出合计	247,270
上级补助收入	166,492	上解上级支出	1,463
返还性收入	7,167	一般性转移支付	510
增值税和消费税税收返还收入	3,857	体制上解支出	510
所得税基数返还收入	3,303	出口退税专项上解支出	
成品油价格和税费改革税收返还收入	7	成品油价格和税费改革专项上解支出	
其他税收返还收入		专项转移支付	953
一般性转移支付收入	120,877	专项上解支出	953
体制补助收入		计划单列市上解省支出	
均衡性转移支付收入	3,072		
革命老区及民族和边境地区转移支付收入			
县级基本财力保障机制奖补资金收入	1,989		
结算补助收入	103,779		
化解债务补助收入			
资源枯竭型城市转移支付补助收入			
企业事业单位划转补助收入			
成品油价格和税费改革转移支付补助收入			
基层公检法司转移支付收入	775		
义务教育等转移支付收入	1,609		
基本养老保险和低保等转移支付收入	381		
新型农村合作医疗等转移支付收入	884		
农村综合改革转移支付收入			
产粮(油)大县奖励资金收入			
重点生态功能区转移支付收入			
固定数额补助收入	8,388		
其他一般性转移支付收入			
专项转移支付收入	38,448		
省补助计划单列市收入			
接受其他地区援助收入		援助其他地区支出	
债务(转贷)收入	3,000	债务还本支出	5,000
		增设预算周转金	
		拨付国债转贷资金数	
国债转贷收入		国债转贷资金结余	
国债转贷资金上年结余			
国债转贷转补助			
上年结余	33,265		
调入预算稳定调节基金	7,000	安排预算稳定调节基金	39,886
调入资金	11,915	调出资金	
1.政府性基金调入	6,142	年终结余	21,512
2.国有资本经营调入		其中:本级	21,512
3.其他调入	5,773	减:结转下年的支出	21,512
		其中:本级	21,512
		净结余	
		其中:本级	
收入总计	315,131	支出总计	315,131

2015年度长春市绿园区一般公共预算收支决算总表(一)

单位:万元

预算科目	调整预算数	决算数	预算科目	调整预算数	决算数
一、税收收入	73,285	71,418	一、一般公共服务支出	39,870	39,705
增值税	12,487	13,670	二、外交支出		
其中:改征增值税		1,694	三、国防支出	287	287
营业税	13,905	12,000	四、公共安全支出	7,604	7,396
企业所得税	13,335	13,452	五、教育支出	54,321	53,198
企业所得税退税			六、科学技术支出	1,775	1,755
个人所得税	3,585	3,224	七、文化体育与传媒支出	1,292	1,238
资源税	12	50	八、社会保障和就业支出	32,395	25,987
城市维护建设税			九、医疗卫生与计划生育支出	23,667	23,139
房产税	4,110	4,259	十、节能环保支出	11,712	8,024
印花税			十一、城乡社区支出	28,095	24,788
城镇土地使用税			十二、农林水支出	8,730	8,031
土地增值税			十三、交通运输支出		
车船税	5,129	5,500	十四、资源勘探信息等支出	303	303
耕地占用税	7,467	9,046	十五、商业服务业等支出	275	25
契税	13,255	10,217	十六、金融支出		
烟叶税			十七、援助其他地区支出		
其他税收收入			十八、国土海洋气象等支出		
二、非税收入	6,715	9,030	十九、住房保障支出	2,832	2,832
专项收入		18	二十、粮油物资储备支出		
行政事业性收费收入	3,000	3,484	二十一、预备费		
罚没收入	1,815	4,225	二十二、其他支出		
国有资本经营收入			二十三、债务付息支出	439	439
国有资源(资产)有偿使用收入	1,900	1,283	二十四、债务发行费用支出		
其他收入		20			
本 年 收 入 合 计	80,000	80,448	本 年 支 出 合 计	213,597	197,147

2015年度长春市绿园区一般公共预算收支决算总表(二)

单位:万元

预算科目	决算数	预算科目	决算数
本年收入合计	80,448	本年支出合计	197,147
上级补助收入	112,834	上解上级支出	2,655
返还性收入	3,655	一般性转移支付	1,100
增值税和消费税税收返还收入	2,140	体制上解支出	1,100
所得税基数返还收入	1,515	出口退税专项上解支出	
成品油价格和税费改革税收返还收入		成品油价格和税费改革专项上解支出	
其他税收返还收入		专项转移支付	1,555
一般性转移支付收入	71,209	专项上解支出	1,555
体制补助收入		计划单列市上解省支出	
均衡性转移支付收入	3,085		
革命老区及民族和边境地区转移支付收入			
县级基本财力保障机制奖补资金收入	2,313		
结算补助收入	50,355		
化解债务补助收入			
资源枯竭型城市转移支付补助收入			
企业事业单位划转补助收入			
成品油价格和税费改革转移支付补助收入			
基层公检法司转移支付收入	793		
义务教育等转移支付收入	2,639		
基本养老保险和低保等转移支付收入	361		
新型农村合作医疗等转移支付收入	2,239		
农村综合改革转移支付收入			
产粮(油)大县奖励资金收入			
重点生态功能区转移支付收入			
固定数额补助收入	9,424		
其他一般性转移支付收入			
专项转移支付收入	37,970		
省补助计划单列市收入			
接受其他地区援助收入		援助其他地区支出	
债务(转贷)收入	5,000	债务还本支出	5,500
		增设预算周转金	
		拨付国债转贷资金数	
国债转贷收入		国债转贷资金结余	
国债转贷资金上年结余			
国债转贷转补助			
上年结余	16,476		
调入预算稳定调节基金		安排预算稳定调节基金	448
调入资金	7,442	调出资金	
1.政府性基金调入	7,442	年终结余	16,450
2.国有资本经营调入		其中:本级	16,450
3.其他调入		减:结转下年的支出	16,450
		其中:本级	16,450
		净结余	
		其中:本级	
收入总计	222,200	支出总计	222,200

2015年度长春市双阳区一般公共预算收支决算总表(一)

单位:万元

预算科目	调整预算数	决算数	预算科目	调整预算数	决算数
一、税收收入	35,500	29,140	一、一般公共服务支出	18,937	18,525
增值税	1,350	1,580	二、外交支出		
其中:改征增值税	400	439	三、国防支出	123	123
营业税	3,300	3,710	四、公共安全支出	9,105	6,826
企业所得税	2,100	2,497	五、教育支出	71,067	66,041
企业所得税退税			六、科学技术支出	278	278
个人所得税	450	623	七、文化体育与传媒支出	3,534	3,497
资源税	2,445	1,549	八、社会保障和就业支出	36,876	36,552
城市维护建设税	3,500	3,322	九、医疗卫生与计划生育支出	30,508	29,933
房产税	300	330	十、节能环保支出	8,632	8,017
印花税	885	610	十一、城乡社区支出	33,166	32,716
城镇土地使用税	5,520	4,452	十二、农林水支出	54,826	49,205
土地增值税	5,200	1,715	十三、交通运输支出	9,300	9,198
车船税	1,850	1,011	十四、资源勘探信息等支出	3,534	3,208
耕地占用税	6,600	704	十五、商业服务业等支出	992	992
契税	2,000	7,037	十六、金融支出	78	78
烟叶税			十七、援助其他地区支出		
其他税收收入			十八、国土海洋气象等支出	3,146	2,905
二、非税收入	17,000	24,270	十九、住房保障支出	5,406	5,406
专项收入	2,400	5,453	二十、粮油物资储备支出	3,146	2,725
行政事业性收费收入	4,500	3,577	二十一、预备费		
罚没收入	2,400	1,509	二十二、其他支出	7,370	7,370
国有资本经营收入			二十三、债务付息支出	56	56
国有资源(资产)有偿使用收入	5,500	7,925	二十四、债务发行费用支出		
其他收入	2,200	5,806			
本 年 收 入 合 计	52,500	53,410	本 年 支 出 合 计	300,080	283,651

2015年度长春市双阳区一般公共预算收支决算总表(二)

单位:万元

预算科目	决算数	预算科目	决算数
本年收入合计	53,410	本年支出合计	283,651
上级补助收入	232,742	上解上级支出	1,234
返还性收入	2,835	一般性转移支付	146
增值税和消费税税收返还收入	2,200	体制上解支出	146
所得税基数返还收入	182	出口退税专项上解支出	
成品油价格和税费改革税收返还收入	453	成品油价格和税费改革专项上解支出	
其他税收返还收入		专项转移支付	1,088
一般性转移支付收入	132,702	专项上解支出	1,088
体制补助收入		计划单列市上解省支出	
均衡性转移支付收入	25,344		
革命老区及民族和边境地区转移支付收入	458		
县级基本财力保障机制奖补资金收入	11,892		
结算补助收入	40,458		
化解债务补助收入			
资源枯竭型城市转移支付补助收入			
企业事业单位划转补助收入			
成品油价格和税费改革转移支付补助收入			
基层公检法司转移支付收入	1,226		
义务教育等转移支付收入	5,753		
基本养老保险和低保等转移支付收入	11,215		
新型农村合作医疗等转移支付收入	9,560		
农村综合改革转移支付收入	2,886		
产粮(油)大县奖励资金收入	2,939		
重点生态功能区转移支付收入	134		
固定数额补助收入	20,837		
其他一般性转移支付收入			
专项转移支付收入	97,205		
省补助计划单列市收入			
接受其他地区援助收入		援助其他地区支出	
债务(转贷)收入	3,330	债务还本支出	2,865
		增设预算周转金	
		拨付国债转贷资金数	
国债转贷收入		国债转贷资金结余	
国债转贷资金上年结余			
国债转贷转补助			
上年结余	16,443		
调入预算稳定调节基金		安排预算稳定调节基金	18,101
调入资金	16,355	调出资金	
1.政府性基金调入	16,355	年终结余	16,429
2.国有资本经营调入		其中:本级	16,225
3.其他调入		减:结转下年的支出	16,429
		其中:本级	16,225
		净结余	
		其中:本级	
收入总计	322,280	支出总计	322,280

2015年度吉林市一般公共预算收支决算总表(一)

单位:万元

预算科目	调整预算数	决算数	预算科目	调整预算数	决算数
一、税收收入	865,979	882,612	一、一般公共服务支出	269,316	256,110
增值税	95,715	95,521	二、外交支出		
其中:改征增值税	20,830	22,562	三、国防支出	2,197	1,747
营业税	152,151	155,732	四、公共安全支出	206,224	195,338
企业所得税	64,839	64,950	五、教育支出	588,427	562,400
企业所得税退税			六、科学技术支出	34,915	34,798
个人所得税	23,352	23,881	七、文化体育与传媒支出	70,435	66,354
资源税	9,077	8,278	八、社会保障和就业支出	726,411	708,756
城市维护建设税	81,635	83,495	九、医疗卫生与计划生育支出	396,379	386,767
房产税	43,659	45,294	十、节能环保支出	233,180	187,868
印花税	14,911	14,355	十一、城乡社区支出	398,725	377,969
城镇土地使用税	85,984	88,793	十二、农林水支出	348,476	316,721
土地增值税	57,198	61,127	十三、交通运输支出	102,295	83,675
车船税	21,863	21,239	十四、资源勘探信息等支出	81,957	74,017
耕地占用税	99,310	99,916	十五、商业服务业等支出	36,961	32,237
契税	114,308	119,622	十六、金融支出	1,345	1,091
烟叶税	307	409	十七、援助其他地区支出		
其他税收收入	1,670		十八、国土海洋气象等支出	47,336	44,622
二、非税收入	446,724	445,817	十九、住房保障支出	201,463	185,565
专项收入	94,400	95,606	二十、粮油物资储备支出	40,060	37,999
行政事业性收费收入	119,770	126,945	二十一、预备费		
罚没收入	44,091	47,216	二十二、其他支出	66,641	60,722
国有资本经营收入	16,207	24,521	二十三、债务付息支出	50,622	50,622
国有资源(资产)有偿使用收入	150,812	126,508	二十四、债务发行费用支出		
其他收入	21,444	25,021			
本年收入合计	1,312,703	1,328,429	本年支出合计	3,903,365	3,665,378

2015年度吉林市一般公共预算收支决算总表(二)

单位:万元

预算科目	决算数	预算科目	决算数
本年收入合计	1,328,429	本年支出合计	3,665,378
上级补助收入	2,311,526	上解上级支出	179,424
返还性收入	176,459	一般性转移支付	148,433
增值税和消费税税收返还收入	158,666	体制上解支出	147,640
所得税基数返还收入	15,477	出口退税专项上解支出	793
成品油价格和税费改革税收返还收入	2,316	成品油价格和税费改革专项上解支出	
其他税收返还收入		专项转移支付	30,991
一般性转移支付收入	1,264,065	专项上解支出	30,991
体制补助收入		计划单列市上解省支出	
均衡性转移支付收入	177,657		
革命老区及民族和边境地区转移支付收入	2,833		
县级基本财力保障机制奖补资金收入	77,802		
结算补助收入	144,578		
化解债务补助收入			
资源枯竭型城市转移支付补助收入	19,928		
企业事业单位划转补助收入			
成品油价格和税费改革转移支付补助收入			
基层公检法司转移支付收入	23,613		
义务教育等转移支付收入	36,789		
基本养老保险和低保等转移支付收入	388,046		
新型农村合作医疗等转移支付收入	92,434		
农村综合改革转移支付收入	7,370		
产粮(油)大县奖励资金收入	24,058		
重点生态功能区转移支付收入	5,680		
固定数额补助收入	263,277		
其他一般性转移支付收入			
专项转移支付收入	871,002		
省补助计划单列市收入			
接受其他地区援助收入		援助其他地区支出	
债务(转贷)收入	727,775	债务还本支出	625,271
		增设预算周转金	-4,195
		拨付国债转贷资金数	
国债转贷收入		国债转贷资金结余	5
国债转贷资金上年结余	5		
国债转贷转补助			
上年结余	250,770		
调入预算稳定调节基金	56,742	安排预算稳定调节基金	328,428
调入资金	357,051	调出资金	
1.政府性基金调入	211,782	年终结余	237,987
2.国有资本经营调入		其中:本级	151,618
3.其他调入	145,269	减:结转下年的支出	237,987
		其中:本级	151,618
		净结余	
		其中:本级	
收入总计	5,032,298	支出总计	5,032,298

2015年度吉林市(本级)一般公共预算收支决算总表(一)

单位:万元

预算科目	调整预算数	决算数	预算科目	调整预算数	决算数
一、税收收入	424,624	435,451	一、一般公共服务支出	127,825	116,173
增值税	33,027	34,378	二、外交支出		
其中:改征增值税	6,415	6,555	三、国防支出	1,440	990
营业税	62,856	63,301	四、公共安全支出	121,931	112,139
企业所得税	20,845	21,286	五、教育支出	163,842	147,782
企业所得税退税			六、科学技术支出	24,256	24,189
个人所得税	10,778	11,562	七、文化体育与传媒支出	48,376	45,216
资源税	107	115	八、社会保障和就业支出	412,782	400,194
城市维护建设税	43,253	43,911	九、医疗卫生与计划生育支出	128,413	121,265
房产税	24,680	25,448	十、节能环保支出	140,013	111,304
印花税	7,748	7,806	十一、城乡社区支出	197,471	178,830
城镇土地使用税	46,167	46,236	十二、农林水支出	64,298	56,718
土地增值税	33,408	34,005	十三、交通运输支出	56,222	44,335
车船税	10,501	10,880	十四、资源勘探信息等支出	44,441	37,803
耕地占用税	47,331	47,331	十五、商业服务业等支出	25,120	21,290
契税	83,923	89,192	十六、金融支出	1,043	909
烟叶税			十七、援助其他地区支出		
其他税收收入			十八、国土海洋气象等支出	24,858	23,601
二、非税收入	244,332	240,013	十九、住房保障支出	123,610	112,250
专项收入	58,464	60,164	二十、粮油物资储备支出	23,037	22,672
行政事业性收费收入	62,493	66,968	二十一、预备费		
罚没收入	25,588	26,528	二十二、其他支出	51,493	51,193
国有资本经营收入	2,300	2,457	二十三、债务付息支出	29,120	29,120
国有资源(资产)有偿使用收入	83,536	71,464	二十四、债务发行费用支出		
其他收入	11,951	12,432			
本 年 收 入 合 计	668,956	675,464	本 年 支 出 合 计	1,809,591	1,657,973

2015年度吉林市(本级)一般公共预算收支决算总表(二)

单位:万元

预算科目	决算数	预算科目	决算数
本年收入合计	675,464	本年支出合计	1,657,973
上级补助收入	980,190	上解上级支出	123,911
返还性收入	140,589	一般性转移支付	106,080
增值税和消费税税收返还收入	125,196	体制上解支出	105,395
所得税基数返还收入	13,900	出口退税专项上解支出	685
成品油价格和税费改革税收返还收入	1,493	成品油价格和税费改革专项上解支出	
其他税收返还收入		专项转移支付	17,831
一般性转移支付收入	485,548	专项上解支出	17,831
体制补助收入		计划单列市上解省支出	
均衡性转移支付收入	21,364		
革命老区及民族和边境地区转移支付收入	47		
县级基本财力保障机制奖补资金收入	658		
结算补助收入	97,931		
化解债务补助收入			
资源枯竭型城市转移支付补助收入			
企业事业单位划转补助收入			
成品油价格和税费改革转移支付补助收入			
基层公检法司转移支付收入	5,309		
义务教育等转移支付收入	2,036		
基本养老保险和低保等转移支付收入	254,804		
新型农村合作医疗等转移支付收入	19,695		
农村综合改革转移支付收入	243		
产粮(油)大县奖励资金收入			
重点生态功能区转移支付收入			
固定数额补助收入	84,733		
其他一般性转移支付收入	-1,272		
专项转移支付收入	354,053		
省补助计划单列市收入			
接受其他地区援助收入		援助其他地区支出	
债务(转贷)收入	524,079	债务还本支出	452,026
		增设预算周转金	-4,050
		拨付国债转贷资金数	
国债转贷收入		国债转贷资金结余	
国债转贷资金上年结余			
国债转贷转补助			
上年结余	173,057		
调入预算稳定调节基金	56,742	安排预算稳定调节基金	247,306
调入资金	219,252	调出资金	
1.政府性基金调入	167,852	年终结余	151,618
2.国有资本经营调入		其中:本级	151,618
3.其他调入	51,400	减:结转下年的支出	151,618
		其中:本级	151,618
		净结余	
		其中:本级	
收入总计	2,628,784	支出总计	2,628,784

2015年度吉林市区县合计一般公共预算收支决算总表(一)

单位:万元

预算科目	调整预算数	决算数	预算科目	调整预算数	决算数
一、税收收入	441,355	447,161	一、一般公共服务支出	141,491	139,937
增值税	62,688	61,143	二、外交支出		
其中:改征增值税	14,415	16,007	三、国防支出	757	757
营业税	89,295	92,431	四、公共安全支出	84,293	83,199
企业所得税	43,994	43,664	五、教育支出	424,585	414,618
企业所得税退税			六、科学技术支出	10,659	10,609
个人所得税	12,574	12,319	七、文化体育与传媒支出	22,059	21,138
资源税	8,970	8,163	八、社会保障和就业支出	313,629	308,562
城市维护建设税	38,382	39,584	九、医疗卫生与计划生育支出	267,966	265,502
房产税	18,979	19,846	十、节能环保支出	93,167	76,564
印花税	7,163	6,549	十一、城乡社区支出	201,254	199,139
城镇土地使用税	39,817	42,557	十二、农林水支出	284,178	260,003
土地增值税	23,790	27,122	十三、交通运输支出	46,073	39,340
车船税	11,362	10,359	十四、资源勘探信息等支出	37,516	36,214
耕地占用税	51,979	52,585	十五、商业服务业等支出	11,841	10,947
契税	30,385	30,430	十六、金融支出	302	182
烟叶税	307	409	十七、援助其他地区支出		
其他税收收入	1,670		十八、国土海洋气象等支出	22,478	21,021
二、非税收入	202,392	205,804	十九、住房保障支出	77,853	73,315
专项收入	35,936	35,442	二十、粮油物资储备支出	17,023	15,327
行政事业性收费收入	57,277	59,977	二十一、预备费		
罚没收入	18,503	20,688	二十二、其他支出	15,148	9,529
国有资本经营收入	13,907	22,064	二十三、债务付息支出	21,502	21,502
国有资源(资产)有偿使用收入	67,276	55,044	二十四、债务发行费用支出		
其他收入	9,493	12,589			
本年收入合计	643,747	652,965	本年支出合计	2,093,774	2,007,405

2015年度吉林市区县合计一般公共预算收支决算总表(二)

单位:万元

预算科目	决算数	预算科目	决算数
本年收入合计	652,965	本年支出合计	2,007,405
上级补助收入	1,331,336	上解上级支出	55,513
返还性收入	35,870	一般性转移支付	42,353
增值税和消费税税收返还收入	33,470	体制上解支出	42,245
所得税基数返还收入	1,577	出口退税专项上解支出	108
成品油价格和税费改革税收返还收入	823	成品油价格和税费改革专项上解支出	
其他税收返还收入		专项转移支付	13,160
一般性转移支付收入	778,517	专项上解支出	13,160
体制补助收入		计划单列市上解省支出	
均衡性转移支付收入	156,293		
革命老区及民族和边境地区转移支付收入	2,786		
县级基本财力保障机制奖补资金收入	77,144		
结算补助收入	46,647		
化解债务补助收入			
资源枯竭型城市转移支付补助收入	19,928		
企业事业单位划转补助收入			
成品油价格和税费改革转移支付补助收入			
基层公检法司转移支付收入	18,304		
义务教育等转移支付收入	34,753		
基本养老保险和低保等转移支付收入	133,242		
新型农村合作医疗等转移支付收入	72,739		
农村综合改革转移支付收入	7,127		
产粮(油)大县奖励资金收入	24,058		
重点生态功能区转移支付收入	5,680		
固定数额补助收入	178,544		
其他一般性转移支付收入	1,272		
专项转移支付收入	516,949		
省补助计划单列市收入			
接受其他地区援助收入		援助其他地区支出	
债务(转贷)收入	203,696	债务还本支出	173,245
		增设预算周转金	-145
		拨付国债转贷资金数	
国债转贷收入		国债转贷资金结余	5
国债转贷资金上年结余	5		
国债转贷转补助			
上年结余	77,713		
调入预算稳定调节基金		安排预算稳定调节基金	81,122
调入资金	137,799	调出资金	
1. 政府性基金调入	43,930	年终结余	86,369
2. 国有资本经营调入		其中:本级	85,791
3. 其他调入	93,869	减:结转下年的支出	86,369
		其中:本级	85,791
		净结余	
		其中:本级	
收入总计	2,403,514	支出总计	2,403,514

2015年度永吉县一般公共预算收支决算总表(一)

单位:万元

预算科目	调整预算数	决算数	预算科目	调整预算数	决算数
一、税收收入	37,500	31,780	一、一般公共服务支出	11,886	11,849
增值税	3,997	3,737	二、外交支出		
其中:改征增值税	800	1,109	三、国防支出	256	256
营业税	8,000	7,811	四、公共安全支出	8,992	8,892
企业所得税	9,600	6,806	五、教育支出	45,422	45,422
企业所得税退税			六、科学技术支出	185	185
个人所得税	1,203	734	七、文化体育与传媒支出	2,516	2,516
资源税	5,300	4,186	八、社会保障和就业支出	33,317	31,547
城市维护建设税	1,300	925	九、医疗卫生与计划生育支出	25,799	25,762
房产税	800	898	十、节能环保支出	5,552	5,552
印花税	600	429	十一、城乡社区支出	10,036	10,036
城镇土地使用税	700	970	十二、农林水支出	37,166	34,609
土地增值税	2,500	2,450	十三、交通运输支出	6,291	6,291
车船税	1,800	873	十四、资源勘探信息等支出	3,272	2,929
耕地占用税		367	十五、商业服务业等支出	901	789
契税	1,700	1,594	十六、金融支出	70	70
烟叶税			十七、援助其他地区支出		
其他税收收入			十八、国土海洋气象等支出	687	555
二、非税收入	14,000	22,004	十九、住房保障支出	7,336	6,701
专项收入	3,900	3,226	二十、粮油物资储备支出	1,160	1,160
行政事业性收费收入	4,000	2,707	二十一、预备费		
罚没收入	3,000	1,463	二十二、其他支出	150	150
国有资本经营收入		5,000	二十三、债务付息支出	4,876	4,876
国有资源(资产)有偿使用收入	2,950	9,275	二十四、债务发行费用支出		
其他收入	150	333			
本 年 收 入 合 计	51,500	53,784	本 年 支 出 合 计	205,870	200,147

2015年度永吉县一般公共预算收支决算总表(二)

单位:万元

预算科目	决算数	预算科目	决算数
本年收入合计	53,784	本年支出合计	200,147
上级补助收入	149,227	上解上级支出	6,513
返还性收入	3,049	一般性转移支付	5,094
增值税和消费税税收返还收入	2,611	体制上解支出	5,079
所得税基数返还收入	298	出口退税专项上解支出	15
成品油价格和税费改革税收返还收入	140	成品油价格和税费改革专项上解支出	
其他税收返还收入		专项转移支付	1,419
一般性转移支付收入	86,596	专项上解支出	1,419
体制补助收入		计划单列市上解省支出	
均衡性转移支付收入	23,105		
革命老区及民族和边境地区转移支付收入	501		
县级基本财力保障机制奖补资金收入	9,677		
结算补助收入	1,951		
化解债务补助收入			
资源枯竭型城市转移支付补助收入			
企业事业单位划转补助收入			
成品油价格和税费改革转移支付补助收入			
基层公检法司转移支付收入	2,669		
义务教育等转移支付收入	3,784		
基本养老保险和低保等转移支付收入	13,710		
新型农村合作医疗等转移支付收入	9,489		
农村综合改革转移支付收入	826		
产粮(油)大县奖励资金收入	3,253		
重点生态功能区转移支付收入			
固定数额补助收入	17,474		
其他一般性转移支付收入	157		
专项转移支付收入	59,582		
省补助计划单列市收入			
接受其他地区援助收入		援助其他地区支出	
债务(转贷)收入	5,106	债务还本支出	3,751
		增设预算周转金	
		拨付国债转贷资金数	
国债转贷收入		国债转贷资金结余	
国债转贷资金上年结余			
国债转贷转补助			
上年结余	6,215		
调入预算稳定调节基金		安排预算稳定调节基金	31,327
调入资金	33,129	调出资金	
1.政府性基金调入	13,199	年终结余	5,723
2.国有资本经营调入		其中:本级	5,723
3.其他调入	19,930	减:结转下年的支出	5,723
		其中:本级	5,723
		净结余	
		其中:本级	
收入总计	247,461	支出总计	247,461

2015年度蛟河市一般公共预算收支决算总表(一)

单位:万元

预算科目	调整预算数	决算数	预算科目	调整预算数	决算数
一、税收收入	48,105	47,014	一、一般公共服务支出	15,995	15,995
增值税	11,575	10,829	二、外交支出		
其中:改征增值税		622	三、国防支出	82	82
营业税	15,900	11,791	四、公共安全支出	11,400	11,400
企业所得税	6,250	8,520	五、教育支出	53,160	52,805
企业所得税退税			六、科学技术支出	4,105	4,105
个人所得税	1,600	1,583	七、文化体育与传媒支出	3,843	3,843
资源税	50	134	八、社会保障和就业支出	59,456	59,435
城市维护建设税	3,280	3,798	九、医疗卫生与计划生育支出	38,339	38,302
房产税	1,300	1,431	十、节能环保支出	11,498	11,498
印花税	500	419	十一、城乡社区支出	12,773	12,386
城镇土地使用税	1,650	2,267	十二、农林水支出	60,905	58,880
土地增值税	1,200	1,440	十三、交通运输支出	3,999	3,999
车船税	1,200	913	十四、资源勘探信息等支出	3,727	3,514
耕地占用税	500	827	十五、商业服务业等支出	2,833	2,817
契税	3,000	2,860	十六、金融支出	15	15
烟叶税	100	202	十七、援助其他地区支出		
其他税收收入			十八、国土海洋气象等支出	2,259	2,259
二、非税收入	19,095	27,120	十九、住房保障支出	8,261	8,261
专项收入	4,287	4,401	二十、粮油物资储备支出	3,779	3,779
行政事业性收费收入	4,260	7,783	二十一、预备费		
罚没收入	2,371	2,498	二十二、其他支出	2,851	2,851
国有资本经营收入	107	7,425	二十三、债务付息支出	73	73
国有资源(资产)有偿使用收入	8,000	4,511	二十四、债务发行费用支出		
其他收入	70	502			
本 年 收 入 合 计	67,200	74,134	本 年 支 出 合 计	299,353	296,299

2015年度蛟河市一般公共预算收支决算总表(二)

单位:万元

预算科目	决算数	预算科目	决算数
本年收入合计	74,134	本年支出合计	296,299
上级补助收入	205,086	上解上级支出	12,676
返还性收入	4,869	一般性转移支付	7,367
增值税和消费税税收返还收入	4,569	体制上解支出	7,329
所得税基数返还收入	174	出口退税专项上解支出	38
成品油价格和税费改革税收返还收入	126	成品油价格和税费改革专项上解支出	
其他税收返还收入		专项转移支付	5,309
一般性转移支付收入	123,821	专项上解支出	5,309
体制补助收入		计划单列市上解省支出	
均衡性转移支付收入	23,511		
革命老区及民族和边境地区转移支付收入	583		
县级基本财力保障机制奖补资金收入	12,611		
结算补助收入	3,462		
化解债务补助收入			
资源枯竭型城市转移支付补助收入			
企业事业单位划转补助收入			
成品油价格和税费改革转移支付补助收入			
基层公检法司转移支付收入	3,023		
义务教育等转移支付收入	4,376		
基本养老保险和低保等转移支付收入	34,711		
新型农村合作医疗等转移支付收入	9,252		
农村综合改革转移支付收入	1,032		
产粮(油)大县奖励资金收入	3,768		
重点生态功能区转移支付收入	529		
固定数额补助收入	26,963		
其他一般性转移支付收入			
专项转移支付收入	76,396		
省补助计划单列市收入			
接受其他地区援助收入		援助其他地区支出	
债务(转贷)收入	27,838	债务还本支出	10,600
		增设预算周转金	
		拨付国债转贷资金数	
国债转贷收入		国债转贷资金结余	5
国债转贷资金上年结余	5		
国债转贷转补助			
上年结余	1,990		
调入预算稳定调节基金		安排预算稳定调节基金	6,934
调入资金	20,515	调出资金	
1.政府性基金调入	574	年终结余	3,054
2.国有资本经营调入		其中:本级	3,054
3.其他调入	19,941	减:结转下年的支出	3,054
		其中:本级	3,054
		净结余	
		其中:本级	
收入总计	329,568	支出总计	329,568

2015年度舒兰市一般公共预算收支决算总表(一)

单位:万元

预算科目	调整预算数	决算数	预算科目	调整预算数	决算数
一、税收收入	40,264	40,264	一、一般公共服务支出	20,327	20,007
增值税	2,521	2,521	二、外交支出		
其中:改征增值税		619	三、国防支出		
营业税	12,336	12,336	四、公共安全支出	13,102	12,581
企业所得税	2,142	2,142	五、教育支出	75,856	70,421
企业所得税退税			六、科学技术支出	734	734
个人所得税	884	884	七、文化体育与传媒支出	4,105	3,660
资源税	273	273	八、社会保障和就业支出	84,146	83,038
城市维护建设税	1,443	1,443	九、医疗卫生与计划生育支出	42,839	42,315
房产税	675	675	十、节能环保支出	12,307	5,599
印花税	319	319	十一、城乡社区支出	28,099	26,841
城镇土地使用税	9,507	9,507	十二、农林水支出	52,101	39,454
土地增值税	5,950	5,950	十三、交通运输支出	8,611	6,432
车船税	1,042	1,042	十四、资源勘探信息等支出	2,631	2,386
耕地占用税	673	673	十五、商业服务业等支出	1,238	490
契税	2,499	2,499	十六、金融支出	31	31
烟叶税			十七、援助其他地区支出		
其他税收收入			十八、国土海洋气象等支出	4,307	4,101
二、非税收入	24,960	24,960	十九、住房保障支出	20,282	18,687
专项收入	2,141	2,141	二十、粮油物资储备支出	4,549	3,179
行政事业性收费收入	3,077	3,077	二十一、预备费		
罚没收入	1,193	1,193	二十二、其他支出		
国有资本经营收入			二十三、债务付息支出	3,396	3,396
国有资源(资产)有偿使用收入	18,549	18,549	二十四、债务发行费用支出		
其他收入					
本年收入合计	65,224	65,224	本年支出合计	378,661	343,352

2015年度舒兰市一般公共预算收支决算总表(二)

单位:万元

预算科目	决算数	预算科目	决算数
本年收入合计	65,224	本年支出合计	343,352
上级补助收入	286,688	上解上级支出	5,520
返还性收入	4,273	一般性转移支付	4,527
增值税和消费税税收返还收入	4,033	体制上解支出	4,483
所得税基数返还收入	70	出口退税专项上解支出	44
成品油价格和税费改革税收返还收入	170	成品油价格和税费改革专项上解支出	
其他税收返还收入		专项转移支付	993
一般性转移支付收入	201,927	专项上解支出	993
体制补助收入		计划单列市上解省支出	
均衡性转移支付收入	38,392		
革命老区及民族和边境地区转移支付收入	498		
县级基本财力保障机制奖补资金收入	19,274		
结算补助收入	26,376		
化解债务补助收入			
资源枯竭型城市转移支付补助收入	19,928		
企业事业单位划转补助收入			
成品油价格和税费改革转移支付补助收入			
基层公检法司转移支付收入	2,869		
义务教育等转移支付收入	6,339		
基本养老保险和低保等转移支付收入	29,172		
新型农村合作医疗等转移支付收入	13,994		
农村综合改革转移支付收入	1,229		
产粮(油)大县奖励资金收入	6,919		
重点生态功能区转移支付收入			
固定数额补助收入	36,525		
其他一般性转移支付收入	412		
专项转移支付收入	80,488		
省补助计划单列市收入			
接受其他地区援助收入		援助其他地区支出	
债务(转贷)收入	43,460	债务还本支出	41,700
		增设预算周转金	
		拨付国债转贷资金数	
国债转贷收入		国债转贷资金结余	
国债转贷资金上年结余			
国债转贷转补助			
上年结余	19,318		
调入预算稳定调节基金		安排预算稳定调节基金	
调入资金	11,191	调出资金	
1.政府性基金调入	1,996	年终结余	35,309
2.国有资本经营调入		其中:本级	34,731
3.其他调入	9,195	减:结转下年的支出	35,309
		其中:本级	34,731
		净结余	
		其中:本级	
收入总计	425,881	支出总计	425,881

2015年度磐石市一般公共预算收支决算总表(一)

单位:万元

预算科目	调整预算数	决算数	预算科目	调整预算数	决算数
一、税收收入	62,985	60,573	一、一般公共服务支出	17,675	17,675
增值税	8,180	8,251	二、外交支出		
其中:改征增值税	900	841	三、国防支出		
营业税	7,772	7,881	四、公共安全支出	11,705	11,705
企业所得税	8,130	8,147	五、教育支出	68,810	68,649
企业所得税退税			六、科学技术支出	2,264	2,264
个人所得税	2,230	2,374	七、文化体育与传媒支出	3,933	3,933
资源税	1,335	1,580	八、社会保障和就业支出	39,822	39,822
城市维护建设税	2,819	2,829	九、医疗卫生与计划生育支出	36,559	36,559
房产税	2,329	2,435	十、节能环保支出	7,313	7,313
印花税	722	695	十一、城乡社区支出	42,019	42,019
城镇土地使用税	1,805	1,799	十二、农林水支出	36,408	36,408
土地增值税	1,432	1,538	十三、交通运输支出	8,081	8,081
车船税	926	1,012	十四、资源勘探信息等支出	6,500	6,500
耕地占用税	13,256	11,270	十五、商业服务业等支出	521	521
契税	10,379	10,762	十六、金融支出	30	30
烟叶税			十七、援助其他地区支出		
其他税收收入	1,670		十八、国土海洋气象等支出	1,091	1,091
二、非税收入	31,385	33,797	十九、住房保障支出	3,541	3,541
专项收入	4,082	5,370	二十、粮油物资储备支出	3,624	3,624
行政事业性收费收入	8,274	9,173	二十一、预备费		
罚没收入	3,662	4,646	二十二、其他支出	180	100
国有资本经营收入			二十三、债务付息支出	248	248
国有资源(资产)有偿使用收入	12,914	12,155	二十四、债务发行费用支出		
其他收入	2,453	2,453			
本年收入合计	94,370	94,370	本年支出合计	290,324	290,083

2015年度磐石市一般公共预算收支决算总表(二)

单位:万元

预算科目	决算数	预算科目	决算数
本年收入合计	94,370	本年支出合计	290,083
上级补助收入	203,042	上解上级支出	14,907
返还性收入	8,221	一般性转移支付	13,409
增值税和消费税税收返还收入	7,623	体制上解支出	13,409
所得税基数返还收入	430	出口退税专项上解支出	
成品油价格和税费改革税收返还收入	168	成品油价格和税费改革专项上解支出	
其他税收返还收入		专项转移支付	1,498
一般性转移支付收入	109,132	专项上解支出	1,498
体制补助收入		计划单列市上解省支出	
均衡性转移支付收入	19,513		
革命老区及民族和边境地区转移支付收入	531		
县级基本财力保障机制奖补资金收入	13,161		
结算补助收入	1,367		
化解债务补助收入			
资源枯竭型城市转移支付补助收入			
企业事业单位划转补助收入			
成品油价格和税费改革转移支付补助收入			
基层公检法司转移支付收入	2,889		
义务教育等转移支付收入	5,785		
基本养老保险和低保等转移支付收入	20,561		
新型农村合作医疗等转移支付收入	13,224		
农村综合改革转移支付收入	980		
产粮(油)大县奖励资金收入	4,105		
重点生态功能区转移支付收入	137		
固定数额补助收入	26,852		
其他一般性转移支付收入	27		
专项转移支付收入	85,689		
省补助计划单列市收入			
接受其他地区援助收入		援助其他地区支出	
债务(转贷)收入	38,624	债务还本支出	32,100
		增设预算周转金	
		拨付国债转贷资金数	
国债转贷收入		国债转贷资金结余	
国债转贷资金上年结余			
国债转贷转补助			
上年结余	271		
调入预算稳定调节基金		安排预算稳定调节基金	
调入资金	1,024	调出资金	
1.政府性基金调入	33	年终结余	241
2.国有资本经营调入		其中:本级	241
3.其他调入	991	减:结转下年的支出	241
		其中:本级	241
		净结余	
		其中:本级	
收入总计	337,331	支出总计	337,331

2015年度桦甸市一般公共预算收支决算总表(一)

单位:万元

预算科目	调整预算数	决算数	预算科目	调整预算数	决算数
一、税收收入	71,431	71,936	一、一般公共服务支出	16,727	16,478
增值税	13,094	13,132	二、外交支出		
其中:改征增值税	8,273	8,374	三、国防支出	107	107
营业税	14,199	14,155	四、公共安全支出	14,912	14,892
企业所得税	8,837	8,958	五、教育支出	61,548	61,548
企业所得税退税			六、科学技术支出	1,088	1,068
个人所得税	2,349	2,412	七、文化体育与传媒支出	4,267	4,203
资源税	1,926	1,896	八、社会保障和就业支出	46,664	46,612
城市维护建设税	3,066	3,119	九、医疗卫生与计划生育支出	50,308	50,308
房产税	1,945	1,955	十、节能环保支出	12,950	12,829
印花税	835	834	十一、城乡社区支出	27,532	27,512
城镇土地使用税	2,781	2,925	十二、农林水支出	46,564	44,987
土地增值税	2,029	2,167	十三、交通运输支出	11,585	11,374
车船税	6,394	6,519	十四、资源勘探信息等支出	18,575	18,074
耕地占用税	962	942	十五、商业服务业等支出	3,541	3,541
契税	12,807	12,715	十六、金融支出	36	36
烟叶税	207	207	十七、援助其他地区支出		
其他税收收入			十八、国土海洋气象等支出	12,898	12,877
二、非税收入	59,587	59,082	十九、住房保障支出	16,403	16,256
专项收入	7,500	5,694	二十、粮油物资储备支出	2,195	2,079
行政事业性收费收入	29,369	28,800	二十一、预备费		
罚没收入	2,900	5,943	二十二、其他支出	1,757	122
国有资本经营收入	13,800	9,639	二十三、债务付息支出	2,059	2,059
国有资源(资产)有偿使用收入	5,518	5,078	二十四、债务发行费用支出		
其他收入	500	3,928			
本 年 收 入 合 计	131,018	131,018	本 年 支 出 合 计	351,716	346,962

2015年度桦甸市一般公共预算收支决算总表(二)

单位:万元

预算科目	决算数	预算科目	决算数
本年收入合计	131,018	本年支出合计	346,962
上级补助收入	215,378	上解上级支出	14,063
返还性收入	7,609	一般性转移支付	11,956
增值税和消费税税收返还收入	6,785	体制上解支出	11,945
所得税基数返还收入	605	出口退税专项上解支出	11
成品油价格和税费改革税收返还收入	219	成品油价格和税费改革专项上解支出	
其他税收返还收入		专项转移支付	2,107
一般性转移支付收入	114,348	专项上解支出	2,107
体制补助收入		计划单列市上解省支出	
均衡性转移支付收入	22,898		
革命老区及民族和边境地区转移支付收入	371		
县级基本财力保障机制奖补资金收入	10,485		
结算补助收入	1,008		
化解债务补助收入			
资源枯竭型城市转移支付补助收入			
企业事业单位划转补助收入			
成品油价格和税费改革转移支付补助收入			
基层公检法司转移支付收入	3,022		
义务教育等转移支付收入	5,456		
基本养老保险和低保等转移支付收入	26,405		
新型农村合作医疗等转移支付收入	10,850		
农村综合改革转移支付收入	2,023		
产粮(油)大县奖励资金收入	3,936		
重点生态功能区转移支付收入	4,371		
固定数额补助收入	23,523		
其他一般性转移支付收入			
专项转移支付收入	93,421		
省补助计划单列市收入			
接受其他地区援助收入		援助其他地区支出	
债务(转贷)收入	54,574	债务还本支出	51,000
		增设预算周转金	
		拨付国债转贷资金数	
国债转贷收入		国债转贷资金结余	
国债转贷资金上年结余			
国债转贷转补助			
上年结余	4,750		
调入预算稳定调节基金		安排预算稳定调节基金	3,000
调入资金	14,059	调出资金	
1.政府性基金调入	3,989	年终结余	4,754
2.国有资本经营调入		其中:本级	4,754
3.其他调入	10,070	减:结转下年的支出	4,754
		其中:本级	4,754
		净结余	
		其中:本级	
收入总计	419,779	支出总计	419,779

2015年度吉林市昌邑区一般公共预算收支决算总表(一)

单位:万元

预算科目	调整预算数	决算数	预算科目	调整预算数	决算数
一、税收收入	43,585	58,109	一、一般公共服务支出	13,071	13,065
增值税	3,863	3,215	二、外交支出		
其中:改征增值税	1,645	1,645	三、国防支出	107	107
营业税	4,882	12,251	四、公共安全支出	7,487	7,233
企业所得税	2,725	2,781	五、教育支出	37,769	36,024
企业所得税退税			六、科学技术支出	303	303
个人所得税	1,130	1,154	七、文化体育与传媒支出	795	595
资源税	11	19	八、社会保障和就业支出	14,958	14,285
城市维护建设税	1,954	2,950	九、医疗卫生与计划生育支出	19,085	18,562
房产税	2,411	2,933	十、节能环保支出	15,527	8,565
印花税	1,489	1,155	十一、城乡社区支出	35,665	35,665
城镇土地使用税	2,556	4,271	十二、农林水支出	11,213	10,942
土地增值税	2,041	4,939	十三、交通运输支出	4,294	1,735
车船税			十四、资源勘探信息等支出	1,554	1,554
耕地占用税	20,523	22,441	十五、商业服务业等支出		
契税			十六、金融支出	120	
烟叶税			十七、援助其他地区支出		
其他税收收入			十八、国土海洋气象等支出	116	116
二、非税收入	21,651	7,127	十九、住房保障支出	5,033	5,033
专项收入	1,255	1,839	二十、粮油物资储备支出	53	53
行政事业性收费收入	1,512	1,652	二十一、预备费		
罚没收入	1,210	778	二十二、其他支出	9,767	5,899
国有资本经营收入			二十三、债务付息支出	4,232	4,232
国有资源(资产)有偿使用收入	14,308	439	二十四、债务发行费用支出		
其他收入	3,366	2,419			
本 年 收 入 合 计	65,236	65,236	本 年 支 出 合 计	181,149	163,968

2015年度吉林市昌邑区一般公共预算收支决算总表(二)

单位:万元

预算科目	决算数	预算科目	决算数
本年收入合计	65,236	本年支出合计	163,968
上级补助收入	95,750	上解上级支出	291
返还性收入	1,786	一般性转移支付	
增值税和消费税税收返还收入	1,786	体制上解支出	
所得税基数返还收入		出口退税专项上解支出	
成品油价格和税费改革税收返还收入		成品油价格和税费改革专项上解支出	
其他税收返还收入		专项转移支付	291
一般性转移支付收入	47,652	专项上解支出	291
体制补助收入		计划单列市上解省支出	
均衡性转移支付收入	8,353		
革命老区及民族和边境地区转移支付收入	100		
县级基本财力保障机制奖补资金收入	3,982		
结算补助收入	7,664		
化解债务补助收入			
资源枯竭型城市转移支付补助收入			
企业事业单位划转补助收入			
成品油价格和税费改革转移支付补助收入			
基层公检法司转移支付收入	952		
义务教育等转移支付收入	2,801		
基本养老保险和低保等转移支付收入	2,343		
新型农村合作医疗等转移支付收入	3,387		
农村综合改革转移支付收入	204		
产粮(油)大县奖励资金收入	1,377		
重点生态功能区转移支付收入			
固定数额补助收入	16,271		
其他一般性转移支付收入	218		
专项转移支付收入	46,312		
省补助计划单列市收入			
接受其他地区援助收入		援助其他地区支出	
债务(转贷)收入		债务还本支出	
		增设预算周转金	
		拨付国债转贷资金数	
国债转贷收入		国债转贷资金结余	
国债转贷资金上年结余			
国债转贷转补助			
上年结余	20,433		
调入预算稳定调节基金		安排预算稳定调节基金	4,948
调入资金	4,969	调出资金	
1.政府性基金调入	4,969	年终结余	17,181
2.国有资本经营调入		其中:本级	17,181
3.其他调入		减:结转下年的支出	17,181
		其中:本级	17,181
		净结余	
		其中:本级	
收入总计	186,388	支出总计	186,388

2015年度吉林市船营区一般公共预算收支决算总表(一)

单位:万元

预算科目	调整预算数	决算数	预算科目	调整预算数	决算数
一、税收收入	32,424	32,424	一、一般公共服务支出	12,225	11,873
增值税	3,585	3,585	二、外交支出		
其中:改征增值税	1,078	1,078	三、国防支出	112	112
营业税	12,451	12,451	四、公共安全支出	4,952	4,845
企业所得税	2,654	2,654	五、教育支出	32,521	31,348
企业所得税退税			六、科学技术支出	1,390	1,360
个人所得税	1,162	1,162	七、文化体育与传媒支出	908	734
资源税	12	12	八、社会保障和就业支出	12,705	12,012
城市维护建设税	2,821	2,821	九、医疗卫生与计划生育支出	18,416	17,547
房产税	2,491	2,491	十、节能环保支出	6,833	6,796
印花税	720	720	十一、城乡社区支出	7,261	7,261
城镇土地使用税	3,524	3,524	十二、农林水支出	9,828	8,661
土地增值税	2,621	2,621	十三、交通运输支出	546	213
车船税			十四、资源勘探信息等支出	151	151
耕地占用税	383	383	十五、商业服务业等支出		
契税			十六、金融支出		
烟叶税			十七、援助其他地区支出		
其他税收收入			十八、国土海洋气象等支出	61	22
二、非税收入	6,589	6,589	十九、住房保障支出	1,812	1,469
专项收入	2,383	2,383	二十、粮油物资储备支出	1,610	1,400
行政事业性收费收入	1,790	1,790	二十一、预备费		
罚没收入	1,030	1,030	二十二、其他支出	15	
国有资本经营收入			二十三、债务付息支出	2,072	2,072
国有资源(资产)有偿使用收入	187	187	二十四、债务发行费用支出		
其他收入	1,199	1,199			
本 年 收 入 合 计	39,013	39,013	本 年 支 出 合 计	113,418	107,876

2015年度吉林市船营区一般公共预算收支决算总表(二)

单位:万元

预算科目	决算数	预算科目	决算数
本年收入合计	39,013	本年支出合计	107,876
上级补助收入	59,551	上解上级支出	190
返还性收入	1,983	一般性转移支付	
增值税和消费税税收返还收入	1,983	体制上解支出	
所得税基数返还收入		出口退税专项上解支出	
成品油价格和税费改革税收返还收入		成品油价格和税费改革专项上解支出	
其他税收返还收入		专项转移支付	190
一般性转移支付收入	31,335	专项上解支出	190
体制补助收入		计划单列市上解省支出	
均衡性转移支付收入	7,665		
革命老区及民族和边境地区转移支付收入			
县级基本财力保障机制奖补资金收入	3,395		
结算补助收入	-85		
化解债务补助收入			
资源枯竭型城市转移支付补助收入			
企业事业单位划转补助收入			
成品油价格和税费改革转移支付补助收入			
基层公检法司转移支付收入	1,141		
义务教育等转移支付收入	2,334		
基本养老保险和低保等转移支付收入	1,734		
新型农村合作医疗等转移支付收入	3,565		
农村综合改革转移支付收入	306		
产粮(油)大县奖励资金收入			
重点生态功能区转移支付收入			
固定数额补助收入	11,139		
其他一般性转移支付收入	141		
专项转移支付收入	26,233		
省补助计划单列市收入			
接受其他地区援助收入		援助其他地区支出	
债务(转贷)收入	11,800	债务还本支出	11,800
		增设预算周转金	
		拨付国债转贷资金数	
国债转贷收入		国债转贷资金结余	
国债转贷资金上年结余			
国债转贷转补助			
上年结余	6,520		
调入预算稳定调节基金		安排预算稳定调节基金	
调入资金	8,524	调出资金	
1.政府性基金调入	6,546	年终结余	5,542
2.国有资本经营调入		其中:本级	5,542
3.其他调入	1,978	减:结转下年的支出	5,542
		其中:本级	5,542
		净结余	
		其中:本级	
收入总计	125,408	支出总计	125,408

2015年度吉林市丰满区一般公共预算收支决算总表(一)

单位:万元

预算科目	调整预算数	决算数	预算科目	调整预算数	决算数
一、税收收入	40,512	40,512	一、一般公共服务支出	13,438	12,848
增值税	1,365	1,365	二、外交支出		
其中:改征增值税	415	415	三、国防支出		
营业税	8,484	8,484	四、公共安全支出	6,388	6,296
企业所得税	2,219	2,219	五、教育支出	23,931	22,833
企业所得税退税			六、科学技术支出	443	443
个人所得税	830	830	七、文化体育与传媒支出	853	815
资源税	36	36	八、社会保障和就业支出	10,018	9,268
城市维护建设税	1,808	1,808	九、医疗卫生与计划生育支出	13,416	12,942
房产税	1,799	1,799	十、节能环保支出	7,278	4,503
印花税	469	469	十一、城乡社区支出	28,786	28,336
城镇土地使用税	4,176	4,176	十二、农林水支出	18,345	14,668
土地增值税	4,188	4,188	十三、交通运输支出	2,570	1,119
车船税			十四、资源勘探信息等支出	470	470
耕地占用税	15,138	15,138	十五、商业服务业等支出	2,807	2,789
契税			十六、金融支出		
烟叶税			十七、援助其他地区支出		
其他税收收入			十八、国土海洋气象等支出	1,059	
二、非税收入	8,118	8,118	十九、住房保障支出	2,162	1,922
专项收入	1,216	1,216	二十、粮油物资储备支出		
行政事业性收费收入	2,333	2,333	二十一、预备费		
罚没收入	831	831	二十二、其他支出	428	407
国有资本经营收入			二十三、债务付息支出	761	761
国有资源(资产)有偿使用收入	3,383	3,383	二十四、债务发行费用支出		
其他收入	355	355			
本 年 收 入 合 计	48,630	48,630	本 年 支 出 合 计	133,153	120,420

2015年度吉林市丰满区一般公共预算收支决算总表(二)

单位:万元

预算科目	决算数	预算科目	决算数
本年收入合计	48,630	本年支出合计	120,420
上级补助收入	77,718	上解上级支出	171
返还性收入	2,016	一般性转移支付	
增值税和消费税税收返还收入	2,016	体制上解支出	
所得税基数返还收入		出口退税专项上解支出	
成品油价格和税费改革税收返还收入		成品油价格和税费改革专项上解支出	
其他税收返还收入		专项转移支付	171
一般性转移支付收入	53,222	专项上解支出	171
体制补助收入		计划单列市上解省支出	
均衡性转移支付收入	5,354		
革命老区及民族和边境地区转移支付收入	42		
县级基本财力保障机制奖补资金收入	1,735		
结算补助收入	29,218		
化解债务补助收入			
资源枯竭型城市转移支付补助收入			
企业事业单位划转补助收入			
成品油价格和税费改革转移支付补助收入			
基层公检法司转移支付收入	918		
义务教育等转移支付收入	1,421		
基本养老保险和低保等转移支付收入	1,513		
新型农村合作医疗等转移支付收入	3,134		
农村综合改革转移支付收入	108		
产粮(油)大县奖励资金收入			
重点生态功能区转移支付收入	643		
固定数额补助收入	9,136		
其他一般性转移支付收入			
专项转移支付收入	22,480		
省补助计划单列市收入			
接受其他地区援助收入		援助其他地区支出	
债务(转贷)收入	19,855	债务还本支出	19,855
		增设预算周转金	-145
		拨付国债转贷资金数	
国债转贷收入		国债转贷资金结余	
国债转贷资金上年结余			
国债转贷转补助			
上年结余	16,071		
调入预算稳定调节基金		安排预算稳定调节基金	21,538
调入资金	12,298	调出资金	
1.政府性基金调入	9,288	年终结余	12,733
2.国有资本经营调入		其中:本级	12,733
3.其他调入	3,010	减:结转下年的支出	12,733
		其中:本级	12,733
		净结余	
		其中:本级	
收入总计	174,572	支出总计	174,572

2015年度吉林市龙潭区一般公共预算收支决算总表(一)

单位:万元

预算科目	调整预算数	决算数	预算科目	调整预算数	决算数
一、税收收入	64,549	64,549	一、一般公共服务支出	20,147	20,147
增值税	14,508	14,508	二、外交支出		
其中:改征增值税	1,304	1,304	三、国防支出	93	93
营业税	5,271	5,271	四、公共安全支出	5,355	5,355
企业所得税	1,437	1,437	五、教育支出	25,568	25,568
企业所得税退税			六、科学技术支出	147	147
个人所得税	1,186	1,186	七、文化体育与传媒支出	839	839
资源税	27	27	八、社会保障和就业支出	12,543	12,543
城市维护建设税	19,891	19,891	九、医疗卫生与计划生育支出	23,205	23,205
房产税	5,229	5,229	十、节能环保支出	13,909	13,909
印花税	1,509	1,509	十一、城乡社区支出	9,083	9,083
城镇土地使用税	13,118	13,118	十二、农林水支出	11,648	11,394
土地增值税	1,829	1,829	十三、交通运输支出	96	96
车船税			十四、资源勘探信息等支出	636	636
耕地占用税	544	544	十五、商业服务业等支出		
契税			十六、金融支出		
烟叶税			十七、援助其他地区支出		
其他税收收入			十八、国土海洋气象等支出		
二、非税收入	17,007	17,007	十九、住房保障支出	13,023	11,445
专项收入	9,172	9,172	二十、粮油物资储备支出	53	53
行政事业性收费收入	2,662	2,662	二十一、预备费		
罚没收入	2,306	2,306	二十二、其他支出		
国有资本经营收入			二十三、债务付息支出	3,785	3,785
国有资源(资产)有偿使用收入	1,467	1,467	二十四、债务发行费用支出		
其他收入	1,400	1,400			
本年收入合计	81,556	81,556	本年支出合计	140,130	138,298

2015年度吉林市龙潭区一般公共预算收支决算总表(二)

单位:万元

预算科目	决算数	预算科目	决算数
本 年 收 入 合 计	81,556	本 年 支 出 合 计	138,298
上级补助收入	38,896	上解上级支出	1,182
返还性收入	2,064	一般性转移支付	
增值税和消费税税收返还收入	2,064	体制上解支出	
所得税基数返还收入		出口退税专项上解支出	
成品油价格和税费改革税收返还收入		成品油价格和税费改革专项上解支出	
其他税收返还收入		专项转移支付	1,182
一般性转移支付收入	10,484	专项上解支出	1,182
体制补助收入		计划单列市上解省支出	
均衡性转移支付收入	7,502		
革命老区及民族和边境地区转移支付收入	160		
县级基本财力保障机制奖补资金收入	2,824		
结算补助收入	-24,314		
化解债务补助收入			
资源枯竭型城市转移支付补助收入			
企业事业单位划转补助收入			
成品油价格和税费改革转移支付补助收入			
基层公检法司转移支付收入	821		
义务教育等转移支付收入	2,457		
基本养老保险和低保等转移支付收入	3,093		
新型农村合作医疗等转移支付收入	5,844		
农村综合改革转移支付收入	419		
产粮(油)大县奖励资金收入	700		
重点生态功能区转移支付收入			
固定数额补助收入	10,661		
其他一般性转移支付收入	317		
专项转移支付收入	26,348		
省补助计划单列市收入			
接受其他地区援助收入		援助其他地区支出	
债务(转贷)收入	2,439	债务还本支出	2,439
		增设预算周转金	
		拨付国债转贷资金数	
国债转贷收入		国债转贷资金结余	
国债转贷资金上年结余			
国债转贷转补助			
上年结余	2,145		
调入预算稳定调节基金		安排预算稳定调节基金	13,375
调入资金	32,090	调出资金	
1.政府性基金调入	3,336	年终结余	1,832
2.国有资本经营调入		其中:本级	1,832
3.其他调入	28,754	减:结转下年的支出	1,832
		其中:本级	1,832
		净结余	
		其中:本级	
收 入 总 计	157,126	支 出 总 计	157,126

2015年度四平市一般公共预算收支决算总表(一)

单位:万元

预算科目	调整预算数	决算数	预算科目	调整预算数	决算数
一、税收收入	394,791	400,868	一、一般公共服务支出	146,933	143,792
增值税	53,602	45,778	二、外交支出		
其中:改征增值税	23,679	17,111	三、国防支出	2,340	2,250
营业税	100,347	96,461	四、公共安全支出	113,040	111,299
企业所得税	32,761	33,749	五、教育支出	407,270	398,671
企业所得税退税			六、科学技术支出	6,221	5,799
个人所得税	7,451	8,862	七、文化体育与传媒支出	31,692	28,966
资源税	7,726	5,838	八、社会保障和就业支出	471,489	467,376
城市维护建设税	30,262	28,844	九、医疗卫生与计划生育支出	241,909	237,615
房产税	13,236	13,540	十、节能环保支出	72,675	50,538
印花税	4,436	4,184	十一、城乡社区支出	215,318	196,994
城镇土地使用税	15,566	14,598	十二、农林水支出	286,845	269,147
土地增值税	20,745	25,231	十三、交通运输支出	50,244	48,868
车船税	9,240	11,492	十四、资源勘探信息等支出	70,366	61,940
耕地占用税	64,904	79,416	十五、商业服务业等支出	14,667	11,872
契税	34,515	32,875	十六、金融支出	1,922	1,852
烟叶税			十七、援助其他地区支出	705	705
其他税收收入			十八、国土海洋气象等支出	38,284	34,793
二、非税收入	212,434	221,981	十九、住房保障支出	94,273	84,251
专项收入	36,815	35,019	二十、粮油物资储备支出	52,442	46,395
行政事业性收费收入	55,950	66,865	二十一、预备费		
罚没收入	27,870	27,043	二十二、其他支出	1,235	1,120
国有资本经营收入	29,850	14,439	二十三、债务付息支出	6,819	6,819
国有资源(资产)有偿使用收入	59,220	75,750	二十四、债务发行费用支出		
其他收入	2,729	2,865			
本年收入合计	607,225	622,849	本年支出合计	2,326,689	2,211,062

2015年度四平市一般公共预算收支决算总表(二)

单位:万元

预算科目	决算数	预算科目	决算数
本年收入合计	622,849	本年支出合计	2,211,062
上级补助收入	1,600,421	上解上级支出	49,039
返还性收入	54,141	一般性转移支付	33,713
增值税和消费税税收返还收入	47,732	体制上解支出	33,697
所得税基数返还收入	4,674	出口退税专项上解支出	16
成品油价格和税费改革税收返还收入	1,735	成品油价格和税费改革专项上解支出	
其他税收返还收入		专项转移支付	15,326
一般性转移支付收入	924,109	专项上解支出	15,326
体制补助收入		计划单列市上解省支出	
均衡性转移支付收入	206,756		
革命老区及民族和边境地区转移支付收入	18,135		
县级基本财力保障机制奖补资金收入	74,105		
结算补助收入	27,194		
化解债务补助收入			
资源枯竭型城市转移支付补助收入			
企业事业单位划转补助收入			
成品油价格和税费改革转移支付补助收入			
基层公检法司转移支付收入	17,861		
义务教育等转移支付收入	32,349		
基本养老保险和低保等转移支付收入	239,928		
新型农村合作医疗等转移支付收入	79,419		
农村综合改革转移支付收入	15,486		
产粮(油)大县奖励资金收入	41,865		
重点生态功能区转移支付收入	273		
固定数额补助收入	170,629		
其他一般性转移支付收入	109		
专项转移支付收入	622,171		
省补助计划单列市收入			
接受其他地区援助收入		援助其他地区支出	
债务(转贷)收入	236,913	债务还本支出	162,739
		增设预算周转金	
		拨付国债转贷资金数	
国债转贷收入		国债转贷资金结余	40
国债转贷资金上年结余	40		
国债转贷转补助			
上年结余	41,551		
调入预算稳定调节基金	16,778	安排预算稳定调节基金	40,057
调入资金	60,012	调出资金	
1.政府性基金调入	37,099	年终结余	115,627
2.国有资本经营调入		其中:本级	32,120
3.其他调入	22,913	减:结转下年的支出	115,627
		其中:本级	32,120
		净结余	
		其中:本级	
收入总计	2,578,564	支出总计	2,578,564

2015年度四平市(本级)一般公共预算收支决算总表(一)

单位:万元

预算科目	调整预算数	决算数	预算科目	调整预算数	决算数
一、税收收入	91,427	106,413	一、一般公共服务支出	36,835	36,530
增值税	14,965	14,345	二、外交支出		
其中:改征增值税	2,459	2,371	三、国防支出	465	465
营业税	14,748	14,845	四、公共安全支出	43,152	42,477
企业所得税	8,534	8,155	五、教育支出	54,321	51,213
企业所得税退税			六、科学技术支出	2,329	2,309
个人所得税	1,358	2,012	七、文化体育与传媒支出	7,701	6,011
资源税	77	108	八、社会保障和就业支出	156,319	155,477
城市维护建设税	17,284	17,454	九、医疗卫生与计划生育支出	44,805	42,671
房产税	4,858	4,701	十、节能环保支出	23,247	15,445
印花税	850	636	十一、城乡社区支出	37,949	32,947
城镇土地使用税	5,381	4,286	十二、农林水支出	25,998	25,032
土地增值税	2,324	1,168	十三、交通运输支出	10,591	10,591
车船税	4,100	3,924	十四、资源勘探信息等支出	22,692	18,061
耕地占用税	448	20,271	十五、商业服务业等支出	6,973	6,968
契税	16,500	14,508	十六、金融支出	337	337
烟叶税			十七、援助其他地区支出	705	705
其他税收收入			十八、国土海洋气象等支出	27,185	26,600
二、非税收入	98,208	80,218	十九、住房保障支出	41,405	37,777
专项收入	19,200	17,281	二十、粮油物资储备支出	13,674	12,961
行政事业性收费收入	28,530	25,438	二十一、预备费		
罚没收入	13,385	12,895	二十二、其他支出	786	772
国有资本经营收入	26,661	14,439	二十三、债务付息支出	939	939
国有资源(资产)有偿使用收入	8,732	9,630	二十四、债务发行费用支出		
其他收入	1,700	535			
本 年 收 入 合 计	189,635	186,631	本 年 支 出 合 计	558,408	526,288

2015年度四平市(本级)一般公共预算收支决算总表(二)

单位:万元

预算科目	决算数	预算科目	决算数
本年收入合计	186,631	本年支出合计	526,288
上级补助收入	348,802	上解上级支出	12,132
返还性收入	29,912	一般性转移支付	8,729
增值税和消费税税收返还收入	27,298	体制上解支出	8,713
所得税基数返还收入	2,092	出口退税专项上解支出	16
成品油价格和税费改革税收返还收入	522	成品油价格和税费改革专项上解支出	
其他税收返还收入		专项转移支付	3,403
一般性转移支付收入	170,601	专项上解支出	3,403
体制补助收入		计划单列市上解省支出	
均衡性转移支付收入	37,159		
革命老区及民族和边境地区转移支付收入	505		
县级基本财力保障机制奖补资金收入	1,437		
结算补助收入	-18,414		
化解债务补助收入			
资源枯竭型城市转移支付补助收入			
企业事业单位划转补助收入			
成品油价格和税费改革转移支付补助收入			
基层公检法司转移支付收入	2,950		
义务教育等转移支付收入	2,394		
基本养老保险和低保等转移支付收入	95,532		
新型农村合作医疗等转移支付收入	9,898		
农村综合改革转移支付收入	5,949		
产粮(油)大县奖励资金收入			
重点生态功能区转移支付收入	171		
固定数额补助收入	32,927		
其他一般性转移支付收入	93		
专项转移支付收入	148,289		
省补助计划单列市收入			
接受其他地区援助收入		援助其他地区支出	
债务(转贷)收入	105,686	债务还本支出	82,820
		增设预算周转金	
		拨付国债转贷资金数	
国债转贷收入		国债转贷资金结余	40
国债转贷资金上年结余	40		
国债转贷转补助			
上年结余	2,272		
调入预算稳定调节基金		安排预算稳定调节基金	8,514
调入资金	18,483	调出资金	
1. 政府性基金调入	10,285	年终结余	32,120
2. 国有资本经营调入		其中:本级	32,120
3. 其他调入	8,198	减:结转下年的支出	32,120
		其中:本级	32,120
		净结余	
		其中:本级	
收入总计	661,914	支出总计	661,914

2015年度四平市区县合计一般公共预算收支决算总表(一)

单位:万元

预算科目	调整预算数	决算数	预算科目	调整预算数	决算数
一、税收收入	303,364	294,455	一、一般公共服务支出	110,098	107,262
增值税	38,637	31,433	二、外交支出		
其中:改征增值税	21,220	14,740	三、国防支出	1,875	1,785
营业税	85,599	81,616	四、公共安全支出	69,888	68,822
企业所得税	24,227	25,594	五、教育支出	352,949	347,458
企业所得税退税			六、科学技术支出	3,892	3,490
个人所得税	6,093	6,850	七、文化体育与传媒支出	23,991	22,955
资源税	7,649	5,730	八、社会保障和就业支出	315,170	311,899
城市维护建设税	12,978	11,390	九、医疗卫生与计划生育支出	197,104	194,944
房产税	8,378	8,839	十、节能环保支出	49,428	35,093
印花税	3,586	3,548	十一、城乡社区支出	177,369	164,047
城镇土地使用税	10,185	10,312	十二、农林水支出	260,847	244,115
土地增值税	18,421	24,063	十三、交通运输支出	39,653	38,277
车船税	5,140	7,568	十四、资源勘探信息等支出	47,674	43,879
耕地占用税	64,456	59,145	十五、商业服务业等支出	7,694	4,904
契税	18,015	18,367	十六、金融支出	1,585	1,515
烟叶税			十七、援助其他地区支出		
其他税收收入			十八、国土海洋气象等支出	11,099	8,193
二、非税收入	114,226	141,763	十九、住房保障支出	52,868	46,474
专项收入	17,615	17,738	二十、粮油物资储备支出	38,768	33,434
行政事业性收费收入	27,420	41,427	二十一、预备费		
罚没收入	14,485	14,148	二十二、其他支出	449	348
国有资本经营收入	3,189		二十三、债务付息支出	5,880	5,880
国有资源(资产)有偿使用收入	50,488	66,120	二十四、债务发行费用支出		
其他收入	1,029	2,330			
本 年 收 入 合 计	417,590	436,218	本 年 支 出 合 计	1,768,281	1,684,774

2015年度四平市区县合计一般公共预算收支决算总表(二)

单位:万元

预算科目	决算数	预算科目	决算数
本年收入合计	436,218	本年支出合计	1,684,774
上级补助收入	1,251,619	上解上级支出	36,907
返还性收入	24,229	一般性转移支付	24,984
增值税和消费税税收返还收入	20,434	体制上解支出	24,984
所得税基数返还收入	2,582	出口退税专项上解支出	
成品油价格和税费改革税收返还收入	1,213	成品油价格和税费改革专项上解支出	
其他税收返还收入		专项转移支付	11,923
一般性转移支付收入	753,508	专项上解支出	11,923
体制补助收入		计划单列市上解省支出	
均衡性转移支付收入	169,597		
革命老区及民族和边境地区转移支付收入	17,630		
县级基本财力保障机制奖补资金收入	72,668		
结算补助收入	45,608		
化解债务补助收入			
资源枯竭型城市转移支付补助收入			
企业事业单位划转补助收入			
成品油价格和税费改革转移支付补助收入			
基层公检法司转移支付收入	14,911		
义务教育等转移支付收入	29,955		
基本养老保险和低保等转移支付收入	144,396		
新型农村合作医疗等转移支付收入	69,521		
农村综合改革转移支付收入	9,537		
产粮(油)大县奖励资金收入	41,865		
重点生态功能区转移支付收入	102		
固定数额补助收入	137,702		
其他一般性转移支付收入	16		
专项转移支付收入	473,882		
省补助计划单列市收入			
接受其他地区援助收入		援助其他地区支出	
债务(转贷)收入	131,227	债务还本支出	79,919
		增设预算周转金	
		拨付国债转贷资金数	
国债转贷收入		国债转贷资金结余	
国债转贷资金上年结余			
国债转贷转补助			
上年结余	39,279		
调入预算稳定调节基金	16,778	安排预算稳定调节基金	31,543
调入资金	41,529	调出资金	
1.政府性基金调入	26,814	年终结余	83,507
2.国有资本经营调入		其中:本级	83,666
3.其他调入	14,715	减:结转下年的支出	83,507
		其中:本级	83,666
		净结余	
		其中:本级	
收入总计	1,916,650	支出总计	1,916,650

2015年度梨树县一般公共预算收支决算总表(一)

单位:万元

预算科目	调整预算数	决算数	预算科目	调整预算数	决算数
一、税收收入	32,053	32,658	一、一般公共服务支出	17,784	17,272
增值税	3,296	3,228	二、外交支出		
其中:改征增值税		1,284	三、国防支出	589	589
营业税	10,265	10,724	四、公共安全支出	12,549	12,463
企业所得税	3,046	3,079	五、教育支出	75,736	72,946
企业所得税退税			六、科学技术支出	334	334
个人所得税	1,116	1,143	七、文化体育与传媒支出	8,002	7,987
资源税	670	673	八、社会保障和就业支出	80,866	80,564
城市维护建设税	1,180	1,208	九、医疗卫生与计划生育支出	48,611	48,611
房产税	1,100	1,103	十、节能环保支出	9,001	8,419
印花税	395	400	十一、城乡社区支出	25,177	24,719
城镇土地使用税	670	645	十二、农林水支出	61,404	60,904
土地增值税	4,880	4,914	十三、交通运输支出	6,241	6,197
车船税	1,140	1,162	十四、资源勘探信息等支出	4,308	4,249
耕地占用税	1,670	1,670	十五、商业服务业等支出	968	700
契税	2,625	2,709	十六、金融支出	197	197
烟叶税			十七、援助其他地区支出		
其他税收收入			十八、国土海洋气象等支出	2,138	1,857
二、非税收入	15,972	15,005	十九、住房保障支出	2,990	2,572
专项收入	2,750	2,997	二十、粮油物资储备支出	10,031	9,845
行政事业性收费收入	8,600	7,391	二十一、预备费		
罚没收入	2,700	2,699	二十二、其他支出	99	99
国有资本经营收入			二十三、债务付息支出	2,011	2,011
国有资源(资产)有偿使用收入	1,500	1,765	二十四、债务发行费用支出		
其他收入	422	153			
本 年 收 入 合 计	48,025	47,663	本 年 支 出 合 计	369,036	362,535

2015年度梨树县一般公共预算收支决算总表(二)

单位:万元

预算科目	决算数	预算科目	决算数
本 年 收 入 合 计	47,663	本 年 支 出 合 计	362,535
上级补助收入	305,639	上解上级支出	5,441
返还性收入	5,438	一般性转移支付	4,056
增值税和消费税税收返还收入	4,925	体制上解支出	4,056
所得税基数返还收入	214	出口退税专项上解支出	
成品油价格和税费改革税收返还收入	299	成品油价格和税费改革专项上解支出	
其他税收返还收入		专项转移支付	1,385
一般性转移支付收入	193,680	专项上解支出	1,385
体制补助收入		计划单列市上解省支出	
均衡性转移支付收入	52,676		
革命老区及民族和边境地区转移支付收入	752		
县级基本财力保障机制奖补资金收入	20,190		
结算补助收入	1,262		
化解债务补助收入			
资源枯竭型城市转移支付补助收入			
企业事业单位划转补助收入			
成品油价格和税费改革转移支付补助收入			
基层公检法司转移支付收入	3,432		
义务教育等转移支付收入	6,895		
基本养老保险和低保等转移支付收入	42,746		
新型农村合作医疗等转移支付收入	18,911		
农村综合改革转移支付收入	1,780		
产粮(油)大县奖励资金收入	12,319		
重点生态功能区转移支付收入			
固定数额补助收入	34,490		
其他一般性转移支付收入	-1,773		
专项转移支付收入	106,521		
省补助计划单列市收入			
接受其他地区援助收入		援助其他地区支出	
债务(转贷)收入	18,482	债务还本支出	16,513
		增设预算周转金	
		拨付国债转贷资金数	
国债转贷收入		国债转贷资金结余	
国债转贷资金上年结余			
国债转贷转补助			
上年结余	8,137		
调入预算稳定调节基金		安排预算稳定调节基金	
调入资金	11,069	调出资金	
1.政府性基金调入	4,388	年终结余	6,501
2.国有资本经营调入		其中:本级	5,526
3.其他调入	6,681	减:结转下年的支出	6,501
		其中:本级	5,526
		净结余	
		其中:本级	
收 入 总 计	390,990	支 出 总 计	390,990

2015年度双辽市一般公共预算收支决算总表(一)

单位:万元

预算科目	调整预算数	决算数	预算科目	调整预算数	决算数
一、税收收入	32,500	32,884	一、一般公共服务支出	20,881	20,517
增值税	2,600	2,645	二、外交支出		
其中:改征增值税		513	三、国防支出	360	360
营业税	11,410	11,901	四、公共安全支出	9,429	8,807
企业所得税	3,499	3,387	五、教育支出	50,270	48,986
企业所得税退税			六、科学技术支出	375	375
个人所得税	641	869	七、文化体育与传媒支出	4,446	4,345
资源税	70	74	八、社会保障和就业支出	54,123	53,743
城市维护建设税	1,840	1,533	九、医疗卫生与计划生育支出	32,544	32,130
房产税	1,830	1,986	十、节能环保支出	9,125	6,932
印花税	570	451	十一、城乡社区支出	9,218	7,798
城镇土地使用税	1,500	1,502	十二、农林水支出	54,110	51,478
土地增值税	1,970	2,425	十三、交通运输支出	7,881	7,855
车船税	1,460	994	十四、资源勘探信息等支出	2,957	1,901
耕地占用税	1,500	1,889	十五、商业服务业等支出	1,446	1,254
契税	3,610	3,228	十六、金融支出	64	64
烟叶税			十七、援助其他地区支出		
其他税收收入			十八、国土海洋气象等支出	2,299	2,087
二、非税收入	13,800	14,605	十九、住房保障支出	4,796	4,587
专项收入	3,310	3,524	二十、粮油物资储备支出	3,570	3,450
行政事业性收费收入	3,300	2,922	二十一、预备费		
罚没收入	3,070	2,662	二十二、其他支出	40	40
国有资本经营收入			二十三、债务付息支出	1,281	1,281
国有资源(资产)有偿使用收入	4,120	5,485	二十四、债务发行费用支出		
其他收入		12			
本 年 收 入 合 计	46,300	47,489	本 年 支 出 合 计	269,215	257,990

2015年度双辽市一般公共预算收支决算总表(二)

单位:万元

预算科目	决算数	预算科目	决算数
本年收入合计	47,489	本年支出合计	257,990
上级补助收入	218,444	上解上级支出	9,094
返还性收入	3,138	一般性转移支付	6,477
增值税和消费税税收返还收入	2,572	体制上解支出	6,477
所得税基数返还收入	404	出口退税专项上解支出	
成品油价格和税费改革税收返还收入	162	成品油价格和税费改革专项上解支出	
其他税收返还收入		专项转移支付	2,617
一般性转移支付收入	127,193	专项上解支出	2,617
体制补助收入		计划单列市上解省支出	
均衡性转移支付收入	32,729		
革命老区及民族和边境地区转移支付收入	2,446		
县级基本财力保障机制奖补资金收入	13,117		
结算补助收入	1,518		
化解债务补助收入			
资源枯竭型城市转移支付补助收入			
企业事业单位划转补助收入			
成品油价格和税费改革转移支付补助收入			
基层公检法司转移支付收入	3,297		
义务教育等转移支付收入	6,028		
基本养老保险和低保等转移支付收入	24,265		
新型农村合作医疗等转移支付收入	10,347		
农村综合改革转移支付收入	1,319		
产粮(油)大县奖励资金收入	8,786		
重点生态功能区转移支付收入			
固定数额补助收入	23,341		
其他一般性转移支付收入			
专项转移支付收入	88,113		
省补助计划单列市收入			
接受其他地区援助收入		援助其他地区支出	
债务(转贷)收入	22,076	债务还本支出	19,600
		增设预算周转金	
		拨付国债转贷资金数	
国债转贷收入		国债转贷资金结余	
国债转贷资金上年结余			
国债转贷转补助			
上年结余	2,815		
调入预算稳定调节基金	5,578	安排预算稳定调节基金	5,963
调入资金	7,470	调出资金	
1.政府性基金调入	5,110	年终结余	11,225
2.国有资本经营调入		其中:本级	11,225
3.其他调入	2,360	减:结转下年的支出	11,225
		其中:本级	11,225
		净结余	
		其中:本级	
收入总计	303,872	支出总计	303,872

2015年度伊通县一般公共预算收支决算总表(一)

单位:万元

预算科目	调整预算数	决算数	预算科目	调整预算数	决算数
一、税收收入	28,730	32,258	一、一般公共服务支出	16,148	14,188
增值税	6,970	5,927	二、外交支出		
其中:改征增值税	580	820	三、国防支出	218	158
营业税	8,050	9,210	四、公共安全支出	13,948	13,590
企业所得税	2,360	2,553	五、教育支出	49,660	49,245
企业所得税退税			六、科学技术支出	557	360
个人所得税	650	547	七、文化体育与传媒支出	4,100	3,623
资源税	3,440	2,997	八、社会保障和就业支出	49,494	48,122
城市维护建设税	2,230	1,444	九、医疗卫生与计划生育支出	29,871	28,750
房产税	400	453	十、节能环保支出	3,432	2,378
印花税	200	366	十一、城乡社区支出	16,415	15,635
城镇土地使用税	330	405	十二、农林水支出	40,166	34,937
土地增值税	700	1,374	十三、交通运输支出	14,051	13,394
车船税	530	945	十四、资源勘探信息等支出	945	519
耕地占用税	730	2,101	十五、商业服务业等支出	2,871	944
契税	2,140	3,936	十六、金融支出	158	98
烟叶税			十七、援助其他地区支出		
其他税收收入			十八、国土海洋气象等支出	2,504	1,421
二、非税收入	15,570	14,560	十九、住房保障支出	12,573	11,890
专项收入	1,470	1,444	二十、粮油物资储备支出	4,627	1,567
行政事业性收费收入	4,800	6,033	二十一、预备费		
罚没收入	2,600	2,164	二十二、其他支出	182	100
国有资本经营收入			二十三、债务付息支出	596	596
国有资源(资产)有偿使用收入	6,700	4,663	二十四、债务发行费用支出		
其他收入		256			
本年收入合计	44,300	46,818	本年支出合计	262,516	241,515

2015年度伊通县一般公共预算收支决算总表(二)

单位:万元

预算科目	决算数	预算科目	决算数
本年收入合计	46,818	本年支出合计	241,515
上级补助收入	199,298	上解上级支出	7,925
返还性收入	3,399	一般性转移支付	3,746
增值税和消费税税收返还收入	3,096	体制上解支出	3,746
所得税基数返还收入	38	出口退税专项上解支出	
成品油价格和税费改革税收返还收入	265	成品油价格和税费改革专项上解支出	
其他税收返还收入		专项转移支付	4,179
一般性转移支付收入	125,011	专项上解支出	4,179
体制补助收入		计划单列市上解省支出	
均衡性转移支付收入	30,390		
革命老区及民族和边境地区转移支付收入	13,686		
县级基本财力保障机制奖补资金收入	11,769		
结算补助收入	591		
化解债务补助收入			
资源枯竭型城市转移支付补助收入			
企业事业单位划转补助收入			
成品油价格和税费改革转移支付补助收入			
基层公检法司转移支付收入	3,182		
义务教育等转移支付收入	4,899		
基本养老保险和低保等转移支付收入	14,601		
新型农村合作医疗等转移支付收入	10,778		
农村综合改革转移支付收入	2,202		
产粮(油)大县奖励资金收入	7,311		
重点生态功能区转移支付收入	102		
固定数额补助收入	25,500		
其他一般性转移支付收入			
专项转移支付收入	70,888		
省补助计划单列市收入			
接受其他地区援助收入		援助其他地区支出	
债务(转贷)收入	34,021	债务还本支出	22,409
		增设预算周转金	
		拨付国债转贷资金数	
国债转贷收入		国债转贷资金结余	
国债转贷资金上年结余			
国债转贷转补助			
上年结余	12,251		
调入预算稳定调节基金		安排预算稳定调节基金	10,297
调入资金	10,759	调出资金	
1.政府性基金调入	7,784	年终结余	21,001
2.国有资本经营调入		其中:本级	21,001
3.其他调入	2,975	减:结转下年的支出	21,001
		其中:本级	21,001
		净结余	
		其中:本级	
收入总计	303,147	支出总计	303,147

2015年度公主岭市一般公共预算收支决算总表(一)

单位:万元

预算科目	调整预算数	决算数	预算科目	调整预算数	决算数
一、税收收入	135,908	122,399	一、一般公共服务支出	29,117	29,117
增值税	23,186	16,892	二、外交支出		
其中:改征增值税	19,600	10,956	三、国防支出	547	517
营业税	47,722	41,222	四、公共安全支出	27,881	27,881
企业所得税	12,306	13,498	五、教育支出	115,801	115,786
企业所得税退税			六、科学技术支出	2,292	2,087
个人所得税	2,044	2,419	七、文化体育与传媒支出	6,535	6,092
资源税	3,396	1,897	八、社会保障和就业支出	98,343	97,126
城市维护建设税	5,462	4,971	九、医疗卫生与计划生育支出	68,699	68,129
房产税	2,906	3,256	十、节能环保支出	23,011	12,806
印花税	1,171	1,179	十一、城乡社区支出	111,297	100,718
城镇土地使用税	5,366	5,609	十二、农林水支出	92,655	86,287
土地增值税	4,695	9,441	十三、交通运输支出	10,634	10,026
车船税	2,010	4,467	十四、资源勘探信息等支出	15,056	12,802
耕地占用税	16,004	9,054	十五、商业服务业等支出	2,231	1,828
契税	9,640	8,494	十六、金融支出	1,166	1,156
烟叶税			十七、援助其他地区支出		
其他税收收入			十八、国土海洋气象等支出	4,158	2,828
二、非税收入	59,092	87,884	十九、住房保障支出	30,081	24,997
专项收入	10,085	9,773	二十、粮油物资储备支出	20,540	18,572
行政事业性收费收入	9,500	24,116	二十一、预备费		
罚没收入	5,000	5,397	二十二、其他支出	30	30
国有资本经营收入			二十三、债务付息支出	1,992	1,992
国有资源(资产)有偿使用收入	33,900	47,285	二十四、债务发行费用支出		
其他收入	607	1,313			
本年收入合计	195,000	210,283	本年支出合计	662,066	620,777

2015年度公主岭市一般公共预算收支决算总表(二)

单位:万元

预算科目	决算数	预算科目	决算数
本 年 收 入 合 计	210,283	本 年 支 出 合 计	620,777
上级补助收入	409,832	上解上级支出	13,040
返还性收入	9,698	一般性转移支付	10,144
增值税和消费税税收返还收入	8,068	体制上解支出	10,144
所得税基数返还收入	1,147	出口退税专项上解支出	
成品油价格和税费改革税收返还收入	483	成品油价格和税费改革专项上解支出	
其他税收返还收入		专项转移支付	2,896
一般性转移支付收入	228,783	专项上解支出	2,896
体制补助收入		计划单列市上解省支出	
均衡性转移支付收入	45,532		
革命老区及民族和边境地区转移支付收入	746		
县级基本财力保障机制奖补资金收入	21,307		
结算补助收入	4,583		
化解债务补助收入			
资源枯竭型城市转移支付补助收入			
企业事业单位划转补助收入			
成品油价格和税费改革转移支付补助收入			
基层公检法司转移支付收入	3,515		
义务教育等转移支付收入	9,061		
基本养老保险和低保等转移支付收入	59,710		
新型农村合作医疗等转移支付收入	25,152		
农村综合改革转移支付收入	3,980		
产粮(油)大县奖励资金收入	13,449		
重点生态功能区转移支付收入			
固定数额补助收入	41,639		
其他一般性转移支付收入	109		
专项转移支付收入	171,351		
省补助计划单列市收入			
接受其他地区援助收入		援助其他地区支出	
债务(转贷)收入	56,005	债务还本支出	20,754
		增设预算周转金	
		拨付国债转贷资金数	
国债转贷收入		国债转贷资金结余	
国债转贷资金上年结余			
国债转贷转补助			
上年结余	15,425		
调入预算稳定调节基金	11,200	安排预算稳定调节基金	15,283
调入资金	8,398	调出资金	
1.政府性基金调入	8,306	年终结余	41,289
2.国有资本经营调入		其中:本级	42,423
3.其他调入	92	减:结转下年的支出	41,289
		其中:本级	42,423
		净结余	
		其中:本级	
收 入 总 计	711,143	支 出 总 计	711,143

2015年度四平市铁东区一般公共预算收支决算总表(一)

单位:万元

预算科目	调整预算数	决算数	预算科目	调整预算数	决算数
一、税收收入	35,887	36,052	一、一般公共服务支出	6,615	6,615
增值税	1,080	1,138	二、外交支出		
其中:改征增值税		145	三、国防支出		
营业税	2,862	3,100	四、公共安全支出	2,901	2,901
企业所得税	826	858	五、教育支出	32,977	32,977
企业所得税退税			六、科学技术支出	227	227
个人所得税	402	390	七、文化体育与传媒支出	465	465
资源税	68	80	八、社会保障和就业支出	17,797	17,797
城市维护建设税	876	881	九、医疗卫生与计划生育支出	11,041	11,041
房产税	812	807	十、节能环保支出	1,757	1,757
印花税	530	512	十一、城乡社区支出	9,848	9,848
城镇土地使用税	1,339	1,271	十二、农林水支出	6,778	5,378
土地增值税	1,936	1,980	十三、交通运输支出	146	146
车船税			十四、资源勘探信息等支出	23,810	23,810
耕地占用税	25,156	25,035	十五、商业服务业等支出	143	143
契税			十六、金融支出		
烟叶税			十七、援助其他地区支出		
其他税收收入			十八、国土海洋气象等支出		
二、非税收入	4,700	4,535	十九、住房保障支出	188	188
专项收入			二十、粮油物资储备支出		
行政事业性收费收入	710	557	二十一、预备费		
罚没收入	145	174	二十二、其他支出	93	79
国有资本经营收入	3,189		二十三、债务付息支出		
国有资源(资产)有偿使用收入	656	3,208	二十四、债务发行费用支出		
其他收入		596			
本 年 收 入 合 计	40,587	40,587	本 年 支 出 合 计	114,786	113,372

2015年度四平市铁东区一般公共预算收支决算总表(二)

单位:万元

预算科目	决算数	预算科目	决算数
本年收入合计	40,587	本年支出合计	113,372
上级补助收入	73,266	上解上级支出	518
返还性收入	1,397	一般性转移支付	352
增值税和消费税税收返还收入	1,005	体制上解支出	352
所得税基数返还收入	388	出口退税专项上解支出	
成品油价格和税费改革税收返还收入	4	成品油价格和税费改革专项上解支出	
其他税收返还收入		专项转移支付	166
一般性转移支付收入	48,282	专项上解支出	166
体制补助收入		计划单列市上解省支出	
均衡性转移支付收入	5,371		
革命老区及民族和边境地区转移支付收入			
县级基本财力保障机制奖补资金收入	3,043		
结算补助收入	22,971		
化解债务补助收入			
资源枯竭型城市转移支付补助收入			
企业事业单位划转补助收入			
成品油价格和税费改革转移支付补助收入			
基层公检法司转移支付收入	759		
义务教育等转移支付收入	1,812		
基本养老保险和低保等转移支付收入	2,119		
新型农村合作医疗等转移支付收入	2,979		
农村综合改革转移支付收入	198		
产粮(油)大县奖励资金收入			
重点生态功能区转移支付收入			
固定数额补助收入	7,415		
其他一般性转移支付收入	1,615		
专项转移支付收入	23,587		
省补助计划单列市收入			
接受其他地区援助收入		援助其他地区支出	
债务(转贷)收入	643	债务还本支出	643
		增设预算周转金	
		拨付国债转贷资金数	
国债转贷收入		国债转贷资金结余	
国债转贷资金上年结余			
国债转贷转补助			
上年结余	512		
调入预算稳定调节基金		安排预算稳定调节基金	
调入资金	939	调出资金	
1.政府性基金调入	689	年终结余	1,414
2.国有资本经营调入		其中:本级	1,414
3.其他调入	250	减:结转下年的支出	1,414
		其中:本级	1,414
		净结余	
		其中:本级	
收入总计	115,947	支出总计	115,947

2015年度四平市铁西区一般公共预算收支决算总表(一)

单位:万元

预算科目	调整预算数	决算数	预算科目	调整预算数	决算数
一、税收收入	38,286	38,204	一、一般公共服务支出	19,553	19,553
增值税	1,505	1,603	二、外交支出		
其中:改征增值税	1,040	1,022	三、国防支出	161	161
营业税	5,290	5,459	四、公共安全支出	3,180	3,180
企业所得税	2,190	2,219	五、教育支出	28,505	27,518
企业所得税退税			六、科学技术支出	107	107
个人所得税	1,240	1,482	七、文化体育与传媒支出	443	443
资源税	5	9	八、社会保障和就业支出	14,547	14,547
城市维护建设税	1,390	1,353	九、医疗卫生与计划生育支出	6,338	6,283
房产税	1,330	1,234	十、节能环保支出	3,102	2,801
印花税	720	640	十一、城乡社区支出	5,414	5,329
城镇土地使用税	980	880	十二、农林水支出	5,734	5,131
土地增值税	4,240	3,929	十三、交通运输支出	700	659
车船税			十四、资源勘探信息等支出	598	598
耕地占用税	19,396	19,396	十五、商业服务业等支出	35	35
契税			十六、金融支出		
烟叶税			十七、援助其他地区支出		
其他税收收入			十八、国土海洋气象等支出		
二、非税收入	5,092	5,174	十九、住房保障支出	2,240	2,240
专项收入			二十、粮油物资储备支出		
行政事业性收费收入	510	408	二十一、预备费		
罚没收入	970	1,052	二十二、其他支出	5	
国有资本经营收入			二十三、债务付息支出		
国有资源(资产)有偿使用收入	3,612	3,714	二十四、债务发行费用支出		
其他收入					
本年收入合计	43,378	43,378	本年支出合计	90,662	88,585

2015年度四平市铁西区一般公共预算收支决算总表(二)

单位:万元

预算科目	决算数	预算科目	决算数
本 年 收 入 合 计	43,378	本 年 支 出 合 计	88,585
上级补助收入	45,140	上解上级支出	889
返还性收入	1,159	一般性转移支付	209
增值税和消费税税收返还收入	768	体制上解支出	209
所得税基数返还收入	391	出口退税专项上解支出	
成品油价格和税费改革税收返还收入		成品油价格和税费改革专项上解支出	
其他税收返还收入		专项转移支付	680
一般性转移支付收入	30,559	专项上解支出	680
体制补助收入		计划单列市上解省支出	
均衡性转移支付收入	2,899		
革命老区及民族和边境地区转移支付收入			
县级基本财力保障机制奖补资金收入	3,242		
结算补助收入	14,683		
化解债务补助收入			
资源枯竭型城市转移支付补助收入			
企业事业单位划转补助收入			
成品油价格和税费改革转移支付补助收入			
基层公检法司转移支付收入	726		
义务教育等转移支付收入	1,260		
基本养老保险和低保等转移支付收入	955		
新型农村合作医疗等转移支付收入	1,354		
农村综合改革转移支付收入	58		
产粮(油)大县奖励资金收入			
重点生态功能区转移支付收入			
固定数额补助收入	5,317		
其他一般性转移支付收入	65		
专项转移支付收入	13,422		
省补助计划单列市收入			
接受其他地区援助收入		援助其他地区支出	
债务(转贷)收入		债务还本支出	
		增设预算周转金	
		拨付国债转贷资金数	
国债转贷收入		国债转贷资金结余	
国债转贷资金上年结余			
国债转贷转补助			
上年结余	139		
调入预算稳定调节基金		安排预算稳定调节基金	
调入资金	2,894	调出资金	
1.政府性基金调入	537	年终结余	2,077
2.国有资本经营调入		其中:本级	2,077
3.其他调入	2,357	减:结转下年的支出	2,077
		其中:本级	2,077
		净结余	
		其中:本级	
收 入 总 计	91,551	支 出 总 计	91,551

2015年度辽源市一般公共预算收支决算总表(一)

单位:万元

预算科目	调整预算数	决算数	预算科目	调整预算数	决算数
一、税收收入	147,734	124,914	一、一般公共服务支出	79,906	77,403
增值税	14,031	11,469	二、外交支出		
其中:改征增值税	3,198	2,622	三、国防支出	2,291	2,291
营业税	30,852	31,490	四、公共安全支出	67,144	65,563
企业所得税	17,456	17,162	五、教育支出	179,935	174,272
企业所得税退税			六、科学技术支出	7,886	7,856
个人所得税	3,804	3,985	七、文化体育与传媒支出	17,992	17,912
资源税	1,600	653	八、社会保障和就业支出	281,302	272,944
城市维护建设税	9,300	9,630	九、医疗卫生与计划生育支出	104,158	102,315
房产税	5,930	6,056	十、节能环保支出	38,956	33,128
印花税	2,860	1,681	十一、城乡社区支出	95,608	70,792
城镇土地使用税	18,584	19,716	十二、农林水支出	132,530	117,764
土地增值税	14,050	6,465	十三、交通运输支出	22,422	21,516
车船税	3,200	3,637	十四、资源勘探信息等支出	29,588	25,873
耕地占用税	7,961	1,407	十五、商业服务业等支出	6,413	5,997
契税	18,106	11,563	十六、金融支出	1,279	1,244
烟叶税			十七、援助其他地区支出		
其他税收收入			十八、国土海洋气象等支出	14,326	13,629
二、非税收入	149,432	156,265	十九、住房保障支出	84,582	79,713
专项收入	13,495	11,123	二十、粮油物资储备支出	10,792	9,665
行政事业性收费收入	25,788	23,728	二十一、预备费		
罚没收入	23,380	11,267	二十二、其他支出	9,384	400
国有资本经营收入	20,980	50,326	二十三、债务付息支出	6,725	6,725
国有资源(资产)有偿使用收入	62,024	58,770	二十四、债务发行费用支出		
其他收入	3,765	1,051			
本年收入合计	297,166	281,179	本年支出合计	1,193,219	1,107,002

2015年度辽源市一般公共预算收支决算总表(二)

单位:万元

预算科目	决算数	预算科目	决算数
本年收入合计	281,179	本年支出合计	1,107,002
上级补助收入	786,955	上解上级支出	18,836
返还性收入	18,822	一般性转移支付	11,079
增值税和消费税税收返还收入	17,065	体制上解支出	10,924
所得税基数返还收入	1,159	出口退税专项上解支出	155
成品油价格和税费改革税收返还收入	598	成品油价格和税费改革专项上解支出	
其他税收返还收入		专项转移支付	7,757
一般性转移支付收入	445,447	专项上解支出	7,757
体制补助收入		计划单列市上解省支出	
均衡性转移支付收入	99,630		
革命老区及民族和边境地区转移支付收入	1,235		
县级基本财力保障机制奖补资金收入	29,096		
结算补助收入	28,865		
化解债务补助收入			
资源枯竭型城市转移支付补助收入	29,231		
企业事业单位划转补助收入			
成品油价格和税费改革转移支付补助收入			
基层公检法司转移支付收入	10,030		
义务教育等转移支付收入	10,218		
基本养老保险和低保等转移支付收入	116,017		
新型农村合作医疗等转移支付收入	28,510		
农村综合改革转移支付收入	4,902		
产粮(油)大县奖励资金收入	7,766		
重点生态功能区转移支付收入	156		
固定数额补助收入	79,791		
其他一般性转移支付收入			
专项转移支付收入	322,686		
省补助计划单列市收入			
接受其他地区援助收入		援助其他地区支出	
债务(转贷)收入	199,146	债务还本支出	182,797
		增设预算周转金	
		拨付国债转贷资金数	
国债转贷收入		国债转贷资金结余	4
国债转贷资金上年结余	4		
国债转贷转补助			
上年结余	81,246		
调入预算稳定调节基金		安排预算稳定调节基金	13,090
调入资金	59,416	调出资金	
1.政府性基金调入	29,685	年终结余	86,217
2.国有资本经营调入		其中:本级	63,087
3.其他调入	29,731	减:结转下年的支出	86,217
		其中:本级	63,087
		净结余	
		其中:本级	
收入总计	1,407,946	支出总计	1,407,946

2015年度辽源市(本级)一般公共预算收支决算总表(一)

单位:万元

预算科目	调整预算数	决算数	预算科目	调整预算数	决算数
一、税收收入	62,600	61,382	一、一般公共服务支出	31,561	30,695
增值税	5,983	6,120	二、外交支出		
其中:改征增值税	674	623	三、国防支出	1,755	1,755
营业税	7,327	9,926	四、公共安全支出	36,631	35,695
企业所得税	5,770	6,561	五、教育支出	49,987	47,083
企业所得税退税			六、科学技术支出	6,089	6,089
个人所得税	1,658	2,014	七、文化体育与传媒支出	9,124	9,089
资源税	220	168	八、社会保障和就业支出	150,627	146,050
城市维护建设税	6,600	7,904	九、医疗卫生与计划生育支出	31,340	30,341
房产税	3,770	3,755	十、节能环保支出	23,865	18,383
印花税	520	541	十一、城乡社区支出	70,781	46,941
城镇土地使用税	17,144	18,718	十二、农林水支出	31,600	24,339
土地增值税	1,250	-1,002	十三、交通运输支出	11,681	10,921
车船税	1,700	1,917	十四、资源勘探信息等支出	13,641	11,707
耕地占用税	1,800	70	十五、商业服务业等支出	3,554	3,295
契税	8,858	4,690	十六、金融支出	1,039	1,039
烟叶税			十七、援助其他地区支出		
其他税收收入			十八、国土海洋气象等支出	8,744	8,092
二、非税收入	100,092	96,590	十九、住房保障支出	70,378	67,118
专项收入	7,577	7,817	二十、粮油物资储备支出	7,094	6,756
行政事业性收费收入	16,536	13,787	二十一、预备费		
罚没收入	12,045	5,356	二十二、其他支出	9,355	371
国有资本经营收入	11,533	27,482	二十三、债务付息支出	6,455	6,455
国有资源(资产)有偿使用收入	51,986	41,573	二十四、债务发行费用支出		
其他收入	415	575			
本 年 收 入 合 计	162,692	157,972	本 年 支 出 合 计	575,301	512,214

2015年度辽源市(本级)一般公共预算收支决算总表(二)

单位:万元

预算科目	决算数	预算科目	决算数
本年收入合计	157,972	本年支出合计	512,214
上级补助收入	333,987	上解上级支出	5,174
返还性收入	9,904	一般性转移支付	4,053
增值税和消费税税收返还收入	8,994	体制上解支出	3,980
所得税基数返还收入	645	出口退税专项上解支出	73
成品油价格和税费改革税收返还收入	265	成品油价格和税费改革专项上解支出	
其他税收返还收入		专项转移支付	1,121
一般性转移支付收入	186,018	专项上解支出	1,121
体制补助收入		计划单列市上解省支出	
均衡性转移支付收入	30,412		
革命老区及民族和边境地区转移支付收入			
县级基本财力保障机制奖补资金收入	158		
结算补助收入	20,661		
化解债务补助收入			
资源枯竭型城市转移支付补助收入	29,231		
企业事业单位划转补助收入			
成品油价格和税费改革转移支付补助收入			
基层公检法司转移支付收入	2,539		
义务教育等转移支付收入	1,317		
基本养老保险和低保等转移支付收入	78,735		
新型农村合作医疗等转移支付收入	6,728		
农村综合改革转移支付收入			
产粮(油)大县奖励资金收入			
重点生态功能区转移支付收入			
固定数额补助收入	18,048		
其他一般性转移支付收入	-1,811		
专项转移支付收入	138,065		
省补助计划单列市收入			
接受其他地区援助收入		援助其他地区支出	
债务(转贷)收入	150,518	债务还本支出	136,208
		增设预算周转金	
		拨付国债转贷资金数	
国债转贷收入		国债转贷资金结余	4
国债转贷资金上年结余	4		
国债转贷转补助			
上年结余	59,427		
调入预算稳定调节基金		安排预算稳定调节基金	
调入资金	14,779	调出资金	
1.政府性基金调入	8,591	年终结余	63,087
2.国有资本经营调入		其中:本级	63,087
3.其他调入	6,188	减:结转下年的支出	63,087
		其中:本级	63,087
		净结余	
		其中:本级	
收入总计	716,687	支出总计	716,687

2015年度辽源市区县合计一般公共预算收支决算总表(一)

单位:万元

预算科目	调整预算数	决算数	预算科目	调整预算数	决算数
一、税收收入	85,134	63,532	一、一般公共服务支出	48,345	46,708
增值税	8,048	5,349	二、外交支出		
其中:改征增值税	2,524	1,999	三、国防支出	536	536
营业税	23,525	21,564	四、公共安全支出	30,513	29,868
企业所得税	11,686	10,601	五、教育支出	129,948	127,189
企业所得税退税			六、科学技术支出	1,797	1,767
个人所得税	2,146	1,971	七、文化体育与传媒支出	8,868	8,823
资源税	1,380	485	八、社会保障和就业支出	130,675	126,894
城市维护建设税	2,700	1,726	九、医疗卫生与计划生育支出	72,818	71,974
房产税	2,160	2,301	十、节能环保支出	15,091	14,745
印花税	2,340	1,140	十一、城乡社区支出	24,827	23,851
城镇土地使用税	1,440	998	十二、农林水支出	100,930	93,425
土地增值税	12,800	7,467	十三、交通运输支出	10,741	10,595
车船税	1,500	1,720	十四、资源勘探信息等支出	15,947	14,166
耕地占用税	6,161	1,337	十五、商业服务业等支出	2,859	2,702
契税	9,248	6,873	十六、金融支出	240	205
烟叶税			十七、援助其他地区支出		
其他税收收入			十八、国土海洋气象等支出	5,582	5,537
二、非税收入	49,340	59,675	十九、住房保障支出	14,204	12,595
专项收入	5,918	3,306	二十、粮油物资储备支出	3,698	2,909
行政事业性收费收入	9,252	9,941	二十一、预备费		
罚没收入	11,335	5,911	二十二、其他支出	29	29
国有资本经营收入	9,447	22,844	二十三、债务付息支出	270	270
国有资源(资产)有偿使用收入	10,038	17,197	二十四、债务发行费用支出		
其他收入	3,350	476			
本 年 收 入 合 计	134,474	123,207	本 年 支 出 合 计	617,918	594,788

2015年度辽源市区县合计一般公共预算收支决算总表(二)

单位:万元

预算科目	决算数	预算科目	决算数
本年收入合计	123,207	本年支出合计	594,788
上级补助收入	452,968	上解上级支出	13,662
返还性收入	8,918	一般性转移支付	7,026
增值税和消费税税收返还收入	8,071	体制上解支出	6,944
所得税基数返还收入	514	出口退税专项上解支出	82
成品油价格和税费改革税收返还收入	333	成品油价格和税费改革专项上解支出	
其他税收返还收入		专项转移支付	6,636
一般性转移支付收入	259,429	专项上解支出	6,636
体制补助收入		计划单列市上解省支出	
均衡性转移支付收入	69,218		
革命老区及民族和边境地区转移支付收入	1,235		
县级基本财力保障机制奖补资金收入	28,938		
结算补助收入	8,204		
化解债务补助收入			
资源枯竭型城市转移支付补助收入			
企业事业单位划转补助收入			
成品油价格和税费改革转移支付补助收入			
基层公检法司转移支付收入	7,491		
义务教育等转移支付收入	8,901		
基本养老保险和低保等转移支付收入	37,282		
新型农村合作医疗等转移支付收入	21,782		
农村综合改革转移支付收入	4,902		
产粮(油)大县奖励资金收入	7,766		
重点生态功能区转移支付收入	156		
固定数额补助收入	61,743		
其他一般性转移支付收入	1,811		
专项转移支付收入	184,621		
省补助计划单列市收入			
接受其他地区援助收入		援助其他地区支出	
债务(转贷)收入	48,628	债务还本支出	46,589
		增设预算周转金	
		拨付国债转贷资金数	
国债转贷收入		国债转贷资金结余	
国债转贷资金上年结余			
国债转贷转补助			
上年结余	21,819		
调入预算稳定调节基金		安排预算稳定调节基金	13,090
调入资金	44,637	调出资金	
1.政府性基金调入	21,094	年终结余	23,130
2.国有资本经营调入		其中:本级	23,130
3.其他调入	23,543	减:结转下年的支出	23,130
		其中:本级	23,130
		净结余	
		其中:本级	
收入总计	691,259	支出总计	691,259

2015年度东丰县一般公共预算收支决算总表(一)

单位:万元

预算科目	调整预算数	决算数	预算科目	调整预算数	决算数
一、税收收入	34,300	26,767	一、一般公共服务支出	21,406	20,279
增值税	3,180	2,219	二、外交支出		
其中:改征增值税		993	三、国防支出	140	140
营业税	13,300	8,923	四、公共安全支出	14,090	13,475
企业所得税	4,520	5,869	五、教育支出	56,218	54,550
企业所得税退税			六、科学技术支出	397	397
个人所得税	800	676	七、文化体育与传媒支出	4,655	4,645
资源税	260	15	八、社会保障和就业支出	50,967	49,558
城市维护建设税	1,500	807	九、医疗卫生与计划生育支出	32,199	32,057
房产税	500	476	十、节能环保支出	6,574	6,550
印花税	700	333	十一、城乡社区支出	13,659	13,323
城镇土地使用税	740	394	十二、农林水支出	46,872	40,729
土地增值税	3,400	3,106	十三、交通运输支出	5,161	5,161
车船税	900	960	十四、资源勘探信息等支出	5,432	4,337
耕地占用税	1,000	760	十五、商业服务业等支出	2,101	1,983
契税	3,500	2,229	十六、金融支出	235	200
烟叶税			十七、援助其他地区支出		
其他税收收入			十八、国土海洋气象等支出	3,013	3,008
二、非税收入	21,200	29,789	十九、住房保障支出	4,448	3,553
专项收入	3,918	1,925	二十、粮油物资储备支出	2,995	2,246
行政事业性收费收入	2,602	2,111	二十一、预备费		
罚没收入	3,795	2,510	二十二、其他支出		
国有资本经营收入	8,647	21,938	二十三、债务付息支出	109	109
国有资源(资产)有偿使用收入	2,188	1,134	二十四、债务发行费用支出		
其他收入	50	171			
本年收入合计	55,500	56,556	本年支出合计	270,671	256,300

2015年度东丰县一般公共预算收支决算总表(二)

单位:万元

预算科目	决算数	预算科目	决算数
本年收入合计	56,556	本年支出合计	256,300
上级补助收入	191,344	上解上级支出	5,296
返还性收入	4,103	一般性转移支付	3,763
增值税和消费税税收返还收入	4,011	体制上解支出	3,742
所得税基数返还收入	-93	出口退税专项上解支出	21
成品油价格和税费改革税收返还收入	185	成品油价格和税费改革专项上解支出	
其他税收返还收入		专项转移支付	1,533
一般性转移支付收入	113,056	专项上解支出	1,533
体制补助收入		计划单列市上解省支出	
均衡性转移支付收入	34,798		
革命老区及民族和边境地区转移支付收入	643		
县级基本财力保障机制奖补资金收入	12,646		
结算补助收入	1,365		
化解债务补助收入			
资源枯竭型城市转移支付补助收入			
企业事业单位划转补助收入			
成品油价格和税费改革转移支付补助收入			
基层公检法司转移支付收入	3,375		
义务教育等转移支付收入	4,252		
基本养老保险和低保等转移支付收入	18,106		
新型农村合作医疗等转移支付收入	9,955		
农村综合改革转移支付收入	1,591		
产粮(油)大县奖励资金收入	4,532		
重点生态功能区转移支付收入	156		
固定数额补助收入	21,277		
其他一般性转移支付收入	360		
专项转移支付收入	74,185		
省补助计划单列市收入			
接受其他地区援助收入		援助其他地区支出	
债务(转贷)收入	23,620	债务还本支出	23,120
		增设预算周转金	
		拨付国债转贷资金数	
国债转贷收入		国债转贷资金结余	
国债转贷资金上年结余			
国债转贷转补助			
上年结余	13,347		
调入预算稳定调节基金		安排预算稳定调节基金	13,090
调入资金	27,310	调出资金	
1.政府性基金调入	14,888	年终结余	14,371
2.国有资本经营调入		其中:本级	14,371
3.其他调入	12,422	减:结转下年的支出	14,371
		其中:本级	14,371
		净结余	
		其中:本级	
收入总计	312,177	支出总计	312,177

2015年度东辽县一般公共预算收支决算总表(一)

单位:万元

预算科目	调整预算数	决算数	预算科目	调整预算数	决算数
一、税收收入	21,028	16,666	一、一般公共服务支出	16,014	15,504
增值税	3,428	1,974	二、外交支出		
其中:改征增值税	2,500	706	三、国防支出	72	72
营业税	4,460	6,000	四、公共安全支出	10,191	10,161
企业所得税	5,440	3,141	五、教育支出	50,266	49,175
企业所得税退税			六、科学技术支出	560	530
个人所得税	800	450	七、文化体育与传媒支出	3,679	3,644
资源税	900	302	八、社会保障和就业支出	39,173	37,374
城市维护建设税	1,200	919	九、医疗卫生与计划生育支出	32,186	31,484
房产税	600	836	十、节能环保支出	5,831	5,509
印花税	200	183	十一、城乡社区支出	9,940	9,300
城镇土地使用税	700	604	十二、农林水支出	49,283	47,921
土地增值税	500	746	十三、交通运输支出	4,426	4,280
车船税	600	760	十四、资源勘探信息等支出	4,826	4,140
耕地占用税	1,200	65	十五、商业服务业等支出	695	656
契税	1,000	686	十六、金融支出	5	5
烟叶税			十七、援助其他地区支出		
其他税收收入			十八、国土海洋气象等支出	1,757	1,717
二、非税收入	18,840	23,202	十九、住房保障支出	7,497	7,092
专项收入	2,000	1,379	二十、粮油物资储备支出	703	663
行政事业性收费收入	5,300	4,737	二十一、预备费		
罚没收入	3,840	1,370	二十二、其他支出		
国有资本经营收入			二十三、债务付息支出	161	161
国有资源(资产)有偿使用收入	5,000	15,695	二十四、债务发行费用支出		
其他收入	2,700	21			
本年收入合计	39,868	39,868	本年支出合计	237,265	229,388

2015年度东辽县一般公共预算收支决算总表(二)

单位:万元

预算科目	决算数	预算科目	决算数
本年收入合计	39,868	本年支出合计	229,388
上级补助收入	179,850	上解上级支出	4,687
返还性收入	2,343	一般性转移支付	2,773
增值税和消费税税收返还收入	2,145	体制上解支出	2,752
所得税基数返还收入	50	出口退税专项上解支出	21
成品油价格和税费改革税收返还收入	148	成品油价格和税费改革专项上解支出	
其他税收返还收入		专项转移支付	1,914
一般性转移支付收入	102,746	专项上解支出	1,914
体制补助收入		计划单列市上解省支出	
均衡性转移支付收入	26,846		
革命老区及民族和边境地区转移支付收入	592		
县级基本财力保障机制奖补资金收入	13,335		
结算补助收入	1,698		
化解债务补助收入			
资源枯竭型城市转移支付补助收入			
企业事业单位划转补助收入			
成品油价格和税费改革转移支付补助收入			
基层公检法司转移支付收入	2,619		
义务教育等转移支付收入	3,619		
基本养老保险和低保等转移支付收入	16,899		
新型农村合作医疗等转移支付收入	9,305		
农村综合改革转移支付收入	2,027		
产粮(油)大县奖励资金收入	3,234		
重点生态功能区转移支付收入			
固定数额补助收入	23,102		
其他一般性转移支付收入	-530		
专项转移支付收入	74,761		
省补助计划单列市收入			
接受其他地区援助收入		援助其他地区支出	
债务(转贷)收入	21,975	债务还本支出	20,436
		增设预算周转金	
		拨付国债转贷资金数	
国债转贷收入		国债转贷资金结余	
国债转贷资金上年结余			
国债转贷转补助			
上年结余	7,505		
调入预算稳定调节基金		安排预算稳定调节基金	
调入资金	13,190	调出资金	
1.政府性基金调入	5,267	年终结余	7,877
2.国有资本经营调入		其中:本级	7,877
3.其他调入	7,923	减:结转下年的支出	7,877
		其中:本级	7,877
		净结余	
		其中:本级	
收入总计	262,388	支出总计	262,388

2015年度辽源市龙山区一般公共预算收支决算总表(一)

单位:万元

预算科目	调整预算数	决算数	预算科目	调整预算数	决算数
一、税收收入	19,300	15,221	一、一般公共服务支出	6,960	6,960
增值税	850	758	二、外交支出		
其中:改征增值税		267	三、国防支出	165	165
营业税	4,090	4,782	四、公共安全支出	4,526	4,526
企业所得税	1,396	1,146	五、教育支出	13,712	13,712
企业所得税退税			六、科学技术支出	199	199
个人所得税	330	381	七、文化体育与传媒支出	257	257
资源税	5	2	八、社会保障和就业支出	20,236	20,236
城市维护建设税			九、医疗卫生与计划生育支出	4,816	4,816
房产税	900	836	十、节能环保支出	2,495	2,495
印花税	800	461	十一、城乡社区支出	793	793
城镇土地使用税			十二、农林水支出	2,967	2,967
土地增值税	6,000	3,289	十三、交通运输支出	899	899
车船税			十四、资源勘探信息等支出	5,261	5,261
耕地占用税	2,111	366	十五、商业服务业等支出	46	46
契税	2,818	3,200	十六、金融支出		
烟叶税			十七、援助其他地区支出		
其他税收收入			十八、国土海洋气象等支出	115	115
二、非税收入	4,700	2,825	十九、住房保障支出	622	622
专项收入		2	二十、粮油物资储备支出		
行政事业性收费收入	650	563	二十一、预备费		
罚没收入	1,700	1,800	二十二、其他支出		
国有资本经营收入			二十三、债务付息支出		
国有资源(资产)有偿使用收入	2,250	336	二十四、债务发行费用支出		
其他收入	100	124			
本年收入合计	24,000	18,046	本年支出合计	64,069	64,069

2015年度辽源市龙山区一般公共预算收支决算总表(二)

单位:万元

预算科目	决算数	预算科目	决算数
本 年 收 入 合 计	18,046	本 年 支 出 合 计	64,069
上级补助收入	45,492	上解上级支出	2,908
返还性收入	1,605	一般性转移支付	332
增值税和消费税税收返还收入	1,231	体制上解支出	292
所得税基数返还收入	374	出口退税专项上解支出	40
成品油价格和税费改革税收返还收入		成品油价格和税费改革专项上解支出	
其他税收返还收入		专项转移支付	2,576
一般性转移支付收入	26,940	专项上解支出	2,576
体制补助收入		计划单列市上解省支出	
均衡性转移支付收入	4,401		
革命老区及民族和边境地区转移支付收入			
县级基本财力保障机制奖补资金收入	1,751		
结算补助收入	3,117		
化解债务补助收入			
资源枯竭型城市转移支付补助收入			
企业事业单位划转补助收入			
成品油价格和税费改革转移支付补助收入			
基层公检法司转移支付收入	804		
义务教育等转移支付收入	749		
基本养老保险和低保等转移支付收入	1,073		
新型农村合作医疗等转移支付收入	1,778		
农村综合改革转移支付收入	990		
产粮(油)大县奖励资金收入			
重点生态功能区转移支付收入			
固定数额补助收入	11,160		
其他一般性转移支付收入	1,117		
专项转移支付收入	16,947		
省补助计划单列市收入			
接受其他地区援助收入		援助其他地区支出	
债务(转贷)收入	1,433	债务还本支出	1,433
		增设预算周转金	
		拨付国债转贷资金数	
国债转贷收入		国债转贷资金结余	
国债转贷资金上年结余			
国债转贷转补助			
上年结余			
调入预算稳定调节基金		安排预算稳定调节基金	
调入资金	3,439	调出资金	
1.政府性基金调入	939	年终结余	
2.国有资本经营调入		其中:本级	
3.其他调入	2,500	减:结转下年的支出	
		其中:本级	
		净结余	
		其中:本级	
收 入 总 计	68,410	支 出 总 计	68,410

2015年度辽源市西安区一般公共预算收支决算总表(一)

单位:万元

预算科目	调整预算数	决算数	预算科目	调整预算数	决算数
一、税收收入	10,506	4,878	一、一般公共服务支出	3,965	3,965
增值税	590	398	二、外交支出		
其中:改征增值税	24	33	三、国防支出	159	159
营业税	1,675	1,859	四、公共安全支出	1,706	1,706
企业所得税	330	445	五、教育支出	9,752	9,752
企业所得税退税			六、科学技术支出	641	641
个人所得税	216	464	七、文化体育与传媒支出	277	277
资源税	215	166	八、社会保障和就业支出	20,299	19,726
城市维护建设税			九、医疗卫生与计划生育支出	3,617	3,617
房产税	160	153	十、节能环保支出	191	191
印花税	640	163	十一、城乡社区支出	435	435
城镇土地使用税			十二、农林水支出	1,808	1,808
土地增值税	2,900	326	十三、交通运输支出	255	255
车船税			十四、资源勘探信息等支出	428	428
耕地占用税	1,850	146	十五、商业服务业等支出	17	17
契税	1,930	758	十六、金融支出		
烟叶税			十七、援助其他地区支出		
其他税收收入			十八、国土海洋气象等支出	697	697
二、非税收入	4,600	3,859	十九、住房保障支出	1,637	1,328
专项收入			二十、粮油物资储备支出		
行政事业性收费收入	700	2,530	二十一、预备费		
罚没收入	2,000	231	二十二、其他支出	29	29
国有资本经营收入	800	906	二十三、债务付息支出		
国有资源(资产)有偿使用收入	600	32	二十四、债务发行费用支出		
其他收入	500	160			
本年收入合计	15,106	8,737	本年支出合计	45,913	45,031

2015年度辽源市西安区一般公共预算收支决算总表(二)

单位:万元

预算科目	决算数	预算科目	决算数
本年收入合计	8,737	本年支出合计	45,031
上级补助收入	36,282	上解上级支出	771
返还性收入	867	一般性转移支付	158
增值税和消费税税收返还收入	684	体制上解支出	158
所得税基数返还收入	183	出口退税专项上解支出	
成品油价格和税费改革税收返还收入		成品油价格和税费改革专项上解支出	
其他税收返还收入		专项转移支付	613
一般性转移支付收入	16,687	专项上解支出	613
体制补助收入		计划单列市上解省支出	
均衡性转移支付收入	3,173		
革命老区及民族和边境地区转移支付收入			
县级基本财力保障机制奖补资金收入	1,206		
结算补助收入	2,024		
化解债务补助收入			
资源枯竭型城市转移支付补助收入			
企业事业单位划转补助收入			
成品油价格和税费改革转移支付补助收入			
基层公检法司转移支付收入	693		
义务教育等转移支付收入	281		
基本养老保险和低保等转移支付收入	1,204		
新型农村合作医疗等转移支付收入	744		
农村综合改革转移支付收入	294		
产粮(油)大县奖励资金收入			
重点生态功能区转移支付收入			
固定数额补助收入	6,204		
其他一般性转移支付收入	864		
专项转移支付收入	18,728		
省补助计划单列市收入			
接受其他地区援助收入		援助其他地区支出	
债务(转贷)收入	1,600	债务还本支出	1,600
		增设预算周转金	
		拨付国债转贷资金数	
国债转贷收入		国债转贷资金结余	
国债转贷资金上年结余			
国债转贷转补助			
上年结余	967		
调入预算稳定调节基金		安排预算稳定调节基金	
调入资金	698	调出资金	
1.政府性基金调入		年终结余	882
2.国有资本经营调入		其中:本级	882
3.其他调入	698	减:结转下年的支出	882
		其中:本级	882
		净结余	
		其中:本级	
收入总计	48,284	支出总计	48,284

2015年度通化市一般公共预算收支决算总表(一)

单位:万元

预算科目	调整预算数	决算数	预算科目	调整预算数	决算数
一、税收收入	563,370	566,531	一、一般公共服务支出	158,142	157,926
增值税	52,360	46,485	二、外交支出		
其中:改征增值税	1,720	6,503	三、国防支出	2,286	2,286
营业税	106,455	94,150	四、公共安全支出	108,380	107,710
企业所得税	61,526	66,527	五、教育支出	353,304	348,004
企业所得税退税			六、科学技术支出	47,998	47,010
个人所得税	16,179	15,983	七、文化体育与传媒支出	54,766	52,609
资源税	3,917	2,429	八、社会保障和就业支出	407,855	398,885
城市维护建设税	29,394	28,538	九、医疗卫生与计划生育支出	185,265	179,217
房产税	21,863	22,546	十、节能环保支出	82,271	74,247
印花税	5,370	4,955	十一、城乡社区支出	239,596	232,433
城镇土地使用税	26,554	26,379	十二、农林水支出	253,260	241,304
土地增值税	55,070	43,271	十三、交通运输支出	74,469	73,741
车船税	14,036	14,569	十四、资源勘探信息等支出	108,307	105,696
耕地占用税	80,758	125,971	十五、商业服务业等支出	20,917	20,917
契税	86,955	71,767	十六、金融支出	562	562
烟叶税	2,272	2,300	十七、援助其他地区支出		
其他税收收入	661	661	十八、国土海洋气象等支出	74,519	73,880
二、非税收入	238,546	214,733	十九、住房保障支出	142,997	138,476
专项收入	29,754	28,406	二十、粮油物资储备支出	26,631	26,631
行政事业性收费收入	52,101	35,930	二十一、预备费		
罚没收入	31,267	30,866	二十二、其他支出	5,027	4,455
国有资本经营收入	35,621	36,084	二十三、债务付息支出	16,623	16,623
国有资源(资产)有偿使用收入	88,652	82,103	二十四、债务发行费用支出		
其他收入	1,151	1,344			
本年收入合计	801,916	781,264	本年支出合计	2,363,175	2,302,612

2015年度通化市一般公共预算收支决算总表(二)

单位:万元

预算科目	决算数	预算科目	决算数
本年收入合计	781,264	本年支出合计	2,302,612
上级补助收入	1,351,997	上解上级支出	58,743
返还性收入	71,537	一般性转移支付	45,032
增值税和消费税税收返还收入	54,837	体制上解支出	44,909
所得税基数返还收入	15,758	出口退税专项上解支出	123
成品油价格和税费改革税收返还收入	942	成品油价格和税费改革专项上解支出	
其他税收返还收入		专项转移支付	13,711
一般性转移支付收入	683,382	专项上解支出	13,711
体制补助收入		计划单列市上解省支出	
均衡性转移支付收入	118,870		
革命老区及民族和边境地区转移支付收入	16,828		
县级基本财力保障机制奖补资金收入	39,943		
结算补助收入	49,233		
化解债务补助收入			
资源枯竭型城市转移支付补助收入	20,414		
企业事业单位划转补助收入			
成品油价格和税费改革转移支付补助收入			
基层公检法司转移支付收入	17,406		
义务教育等转移支付收入	19,852		
基本养老保险和低保等转移支付收入	197,151		
新型农村合作医疗等转移支付收入	47,255		
农村综合改革转移支付收入	11,894		
产粮(油)大县奖励资金收入	9,902		
重点生态功能区转移支付收入	1,135		
固定数额补助收入	133,499		
其他一般性转移支付收入			
专项转移支付收入	597,078		
省补助计划单列市收入			
接受其他地区援助收入		援助其他地区支出	
债务(转贷)收入	254,116	债务还本支出	179,319
		增设预算周转金	
		拨付国债转贷资金数	
国债转贷收入		国债转贷资金结余	
国债转贷资金上年结余			
国债转贷转补助			
上年结余	80,446		
调入预算稳定调节基金		安排预算稳定调节基金	
调入资金	133,414	调出资金	
1.政府性基金调入	62,606	年终结余	60,563
2.国有资本经营调入		其中:本级	25,259
3.其他调入	70,808	减:结转下年的支出	60,563
		其中:本级	25,259
		净结余	
		其中:本级	
收入总计	2,601,237	支出总计	2,601,237

2015年度通化市(本级)一般公共预算收支决算总表(一)

单位:万元

预算科目	调整预算数	决算数	预算科目	调整预算数	决算数
一、税收收入	43,941	44,198	一、一般公共服务支出	34,397	34,397
增值税	11,355	11,357	二、外交支出		
其中:改征增值税	40	1,126	三、国防支出	574	574
营业税	6,959	6,981	四、公共安全支出	35,606	35,606
企业所得税	6,495	6,504	五、教育支出	56,406	55,444
企业所得税退税			六、科学技术支出	14,592	14,592
个人所得税	1,599	1,623	七、文化体育与传媒支出	21,847	21,845
资源税			八、社会保障和就业支出	97,869	95,839
城市维护建设税	8,666	8,666	九、医疗卫生与计划生育支出	31,611	26,259
房产税	2,374	2,574	十、节能环保支出	30,296	24,488
印花税	693	693	十一、城乡社区支出	43,819	41,113
城镇土地使用税	3,610	3,610	十二、农林水支出	21,338	16,344
土地增值税	40	40	十三、交通运输支出	23,896	23,861
车船税	111	111	十四、资源勘探信息等支出	15,444	13,910
耕地占用税	1,614	1,614	十五、商业服务业等支出	7,392	7,392
契税	425	425	十六、金融支出	134	134
烟叶税			十七、援助其他地区支出		
其他税收收入			十八、国土海洋气象等支出	7,139	7,139
二、非税收入	26,680	26,393	十九、住房保障支出	42,735	40,900
专项收入	8,947	8,944	二十、粮油物资储备支出	789	789
行政事业性收费收入	12,119	11,587	二十一、预备费		
罚没收入	3,314	3,314	二十二、其他支出	1,819	1,818
国有资本经营收入	500	500	二十三、债务付息支出	7,827	7,827
国有资源(资产)有偿使用收入	1,205	1,453	二十四、债务发行费用支出		
其他收入	595	595			
本 年 收 入 合 计	70,621	70,591	本 年 支 出 合 计	495,530	470,271

2015年度通化市(本级)一般公共预算收支决算总表(二)

单位:万元

预算科目	决算数	预算科目	决算数
本年收入合计	70,591	本年支出合计	470,271
上级补助收入	268,670	上解上级支出	-5,529
返还性收入	23,013	一般性转移支付	9,216
增值税和消费税税收返还收入	17,578	体制上解支出	9,204
所得税基数返还收入	5,160	出口退税专项上解支出	12
成品油价格和税费改革税收返还收入	275	成品油价格和税费改革专项上解支出	
其他税收返还收入		专项转移支付	-14,745
一般性转移支付收入	127,767	专项上解支出	-14,745
体制补助收入		计划单列市上解省支出	
均衡性转移支付收入	14,523		
革命老区及民族和边境地区转移支付收入			
县级基本财力保障机制奖补资金收入	13		
结算补助收入	11,320		
化解债务补助收入			
资源枯竭型城市转移支付补助收入			
企业事业单位划转补助收入			
成品油价格和税费改革转移支付补助收入			
基层公检法司转移支付收入	2,446		
义务教育等转移支付收入	1,119		
基本养老保险和低保等转移支付收入	71,925		
新型农村合作医疗等转移支付收入	4,097		
农村综合改革转移支付收入	246		
产粮(油)大县奖励资金收入			
重点生态功能区转移支付收入	104		
固定数额补助收入	25,871		
其他一般性转移支付收入	-3,897		
专项转移支付收入	117,890		
省补助计划单列市收入			
接受其他地区援助收入		援助其他地区支出	
债务(转贷)收入	122,549	债务还本支出	75,840
		增设预算周转金	
		拨付国债转贷资金数	
国债转贷收入		国债转贷资金结余	
国债转贷资金上年结余			
国债转贷转补助			
上年结余	38,187		
调入预算稳定调节基金		安排预算稳定调节基金	
调入资金	65,844	调出资金	
1.政府性基金调入	38,570	年终结余	25,259
2.国有资本经营调入		其中:本级	25,259
3.其他调入	27,274	减:结转下年的支出	25,259
		其中:本级	25,259
		净结余	
		其中:本级	
收入总计	565,841	支出总计	565,841

2015年度通化市区县合计一般公共预算收支决算总表(一)

单位:万元

预算科目	调整预算数	决算数	预算科目	调整预算数	决算数
一、税收收入	519,429	522,333	一、一般公共服务支出	123,745	123,529
增值税	41,005	35,128	二、外交支出		
其中:改征增值税	1,680	5,377	三、国防支出	1,712	1,712
营业税	99,496	87,169	四、公共安全支出	72,774	72,104
企业所得税	55,031	60,023	五、教育支出	296,898	292,560
企业所得税退税			六、科学技术支出	33,406	32,418
个人所得税	14,580	14,360	七、文化体育与传媒支出	32,919	30,764
资源税	3,917	2,429	八、社会保障和就业支出	309,986	303,046
城市维护建设税	20,728	19,872	九、医疗卫生与计划生育支出	153,654	152,958
房产税	19,489	19,972	十、节能环保支出	51,975	49,759
印花税	4,677	4,262	十一、城乡社区支出	195,777	191,320
城镇土地使用税	22,944	22,769	十二、农林水支出	231,922	224,960
土地增值税	55,030	43,231	十三、交通运输支出	50,573	49,880
车船税	13,925	14,458	十四、资源勘探信息等支出	92,863	91,786
耕地占用税	79,144	124,357	十五、商业服务业等支出	13,525	13,525
契税	86,530	71,342	十六、金融支出	428	428
烟叶税	2,272	2,300	十七、援助其他地区支出		
其他税收收入	661	661	十八、国土海洋气象等支出	67,380	66,741
二、非税收入	211,866	188,340	十九、住房保障支出	100,262	97,576
专项收入	20,807	19,462	二十、粮油物资储备支出	25,842	25,842
行政事业性收费收入	39,982	24,343	二十一、预备费		
罚没收入	27,953	27,552	二十二、其他支出	3,208	2,637
国有资本经营收入	35,121	35,584	二十三、债务付息支出	8,796	8,796
国有资源(资产)有偿使用收入	87,447	80,650	二十四、债务发行费用支出		
其他收入	556	749			
本 年 收 入 合 计	731,295	710,673	本 年 支 出 合 计	1,867,645	1,832,341

2015年度通化市区县合计一般公共预算收支决算总表(二)

单位:万元

预算科目	决算数	预算科目	决算数
本年收入合计	710,673	本年支出合计	1,832,341
上级补助收入	1,083,327	上解上级支出	64,272
返还性收入	48,524	一般性转移支付	35,816
增值税和消费税税收返还收入	37,259	体制上解支出	35,705
所得税基数返还收入	10,598	出口退税专项上解支出	111
成品油价格和税费改革税收返还收入	667	成品油价格和税费改革专项上解支出	
其他税收返还收入		专项转移支付	28,456
一般性转移支付收入	555,615	专项上解支出	28,456
体制补助收入		计划单列市上解省支出	
均衡性转移支付收入	104,347		
革命老区及民族和边境地区转移支付收入	16,828		
县级基本财力保障机制奖补资金收入	39,930		
结算补助收入	37,913		
化解债务补助收入			
资源枯竭型城市转移支付补助收入	20,414		
企业事业单位划转补助收入			
成品油价格和税费改革转移支付补助收入			
基层公检法司转移支付收入	14,960		
义务教育等转移支付收入	18,733		
基本养老保险和低保等转移支付收入	125,226		
新型农村合作医疗等转移支付收入	43,158		
农村综合改革转移支付收入	11,648		
产粮(油)大县奖励资金收入	9,902		
重点生态功能区转移支付收入	1,031		
固定数额补助收入	107,628		
其他一般性转移支付收入	3,897		
专项转移支付收入	479,188		
省补助计划单列市收入			
接受其他地区援助收入		援助其他地区支出	
债务(转贷)收入	131,567	债务还本支出	103,479
		增设预算周转金	
		拨付国债转贷资金数	
国债转贷收入		国债转贷资金结余	
国债转贷资金上年结余			
国债转贷转补助			
上年结余	42,259		
调入预算稳定调节基金		安排预算稳定调节基金	
调入资金	67,570	调出资金	
1.政府性基金调入	24,036	年终结余	35,304
2.国有资本经营调入		其中:本级	35,304
3.其他调入	43,534	减:结转下年的支出	35,304
		其中:本级	35,304
		净结余	
		其中:本级	
收入总计	2,035,396	支出总计	2,035,396

2015年度通化县一般公共预算收支决算总表(一)

单位:万元

预算科目	调整预算数	决算数	预算科目	调整预算数	决算数
一、税收收入	81,163	70,101	一、一般公共服务支出	19,110	18,987
增值税	8,809	5,483	二、外交支出		
其中:改征增值税	500	700	三、国防支出	111	111
营业税	19,127	10,602	四、公共安全支出	10,031	10,031
企业所得税	5,358	8,749	五、教育支出	46,907	46,907
企业所得税退税			六、科学技术支出	3,847	3,847
个人所得税	2,413	1,872	七、文化体育与传媒支出	7,088	7,058
资源税	1,348	566	八、社会保障和就业支出	33,885	33,805
城市维护建设税	1,744	1,221	九、医疗卫生与计划生育支出	30,417	30,217
房产税	1,001	1,341	十、节能环保支出	2,778	2,778
印花税	707	459	十一、城乡社区支出	29,837	29,808
城镇土地使用税	1,930	1,480	十二、农林水支出	37,575	37,575
土地增值税	10,369	739	十三、交通运输支出	12,345	12,345
车船税	451	432	十四、资源勘探信息等支出	10,248	10,188
耕地占用税	14,797	34,836	十五、商业服务业等支出	2,582	2,582
契税	13,109	2,321	十六、金融支出	177	177
烟叶税			十七、援助其他地区支出		
其他税收收入			十八、国土海洋气象等支出	2,576	2,576
二、非税收入	35,972	33,416	十九、住房保障支出	8,147	8,147
专项收入	5,800	3,690	二十、粮油物资储备支出	3,283	3,283
行政事业性收费收入	5,513	862	二十一、预备费		
罚没收入	2,322	1,815	二十二、其他支出	8	
国有资本经营收入	7,492	16,668	二十三、债务付息支出	156	156
国有资源(资产)有偿使用收入	14,845	10,374	二十四、债务发行费用支出		
其他收入		7			
本年收入合计	117,135	103,517	本年支出合计	261,108	260,578

2015年度通化县一般公共预算收支决算总表(二)

单位:万元

预算科目	决算数	预算科目	决算数
本年收入合计	103,517	本年支出合计	260,578
上级补助收入	133,313	上解上级支出	10,937
返还性收入	8,220	一般性转移支付	8,030
增值税和消费税税收返还收入	4,835	体制上解支出	7,999
所得税基数返还收入	3,301	出口退税专项上解支出	31
成品油价格和税费改革税收返还收入	84	成品油价格和税费改革专项上解支出	
其他税收返还收入		专项转移支付	2,907
一般性转移支付收入	63,022	专项上解支出	2,907
体制补助收入		计划单列市上解省支出	
均衡性转移支付收入	8,765		
革命老区及民族和边境地区转移支付收入	402		
县级基本财力保障机制奖补资金收入	5,495		
结算补助收入	6,683		
化解债务补助收入			
资源枯竭型城市转移支付补助收入			
企业事业单位划转补助收入			
成品油价格和税费改革转移支付补助收入			
基层公检法司转移支付收入	2,125		
义务教育等转移支付收入	2,239		
基本养老保险和低保等转移支付收入	16,607		
新型农村合作医疗等转移支付收入	6,605		
农村综合改革转移支付收入	1,327		
产粮(油)大县奖励资金收入			
重点生态功能区转移支付收入	114		
固定数额补助收入	12,660		
其他一般性转移支付收入			
专项转移支付收入	62,071		
省补助计划单列市收入			
接受其他地区援助收入		援助其他地区支出	
债务(转贷)收入	6,398	债务还本支出	2,825
		增设预算周转金	
		拨付国债转贷资金数	
国债转贷收入		国债转贷资金结余	
国债转贷资金上年结余			
国债转贷转补助			
上年结余	590		
调入预算稳定调节基金		安排预算稳定调节基金	
调入资金	31,052	调出资金	
1.政府性基金调入	10,856	年终结余	530
2.国有资本经营调入		其中:本级	530
3.其他调入	20,196	减:结转下年的支出	530
		其中:本级	530
		净结余	
		其中:本级	
收入总计	274,870	支出总计	274,870

2015年度集安市一般公共预算收支决算总表(一)

单位:万元

预算科目	调整预算数	决算数	预算科目	调整预算数	决算数
一、税收收入	44,065	43,865	一、一般公共服务支出	16,299	16,299
增值税	3,808	3,810	二、外交支出		
其中:改征增值税	626	629	三、国防支出	269	269
营业税	14,512	13,929	四、公共安全支出	9,640	9,640
企业所得税	4,697	4,671	五、教育支出	36,944	35,978
企业所得税退税			六、科学技术支出	1,833	1,833
个人所得税	4,766	4,694	七、文化体育与传媒支出	10,222	8,222
资源税	89	100	八、社会保障和就业支出	39,047	38,998
城市维护建设税	4,401	4,357	九、医疗卫生与计划生育支出	17,329	17,329
房产税	1,307	1,329	十、节能环保支出	6,741	6,541
印花税	280	295	十一、城乡社区支出	24,932	23,537
城镇土地使用税	531	564	十二、农林水支出	28,756	25,201
土地增值税	4,820	4,962	十三、交通运输支出	4,703	4,503
车船税	492	496	十四、资源勘探信息等支出	16,107	15,600
耕地占用税	1,317	1,318	十五、商业服务业等支出	6,560	6,560
契税	3,045	3,340	十六、金融支出	26	26
烟叶税			十七、援助其他地区支出		
其他税收收入			十八、国土海洋气象等支出	2,261	2,261
二、非税收入	20,491	20,530	十九、住房保障支出	981	981
专项收入	2,981	3,695	二十、粮油物资储备支出	314	314
行政事业性收费收入	2,231	2,336	二十一、预备费		
罚没收入	5,448	5,601	二十二、其他支出	2,581	2,192
国有资本经营收入	6,427	7,857	二十三、债务付息支出	5,464	5,464
国有资源(资产)有偿使用收入	3,037	674	二十四、债务发行费用支出		
其他收入	367	367			
本年收入合计	64,556	64,395	本年支出合计	231,009	221,748

2015年度集安市一般公共预算收支决算总表(二)

单位:万元

预算科目	决算数	预算科目	决算数
本年收入合计	64,395	本年支出合计	221,748
上级补助收入	140,792	上解上级支出	6,408
返还性收入	5,272	一般性转移支付	4,766
增值税和消费税税收返还收入	4,167	体制上解支出	4,721
所得税基数返还收入	1,033	出口退税专项上解支出	45
成品油价格和税费改革税收返还收入	72	成品油价格和税费改革专项上解支出	
其他税收返还收入		专项转移支付	1,642
一般性转移支付收入	84,949	专项上解支出	1,642
体制补助收入		计划单列市上解省支出	
均衡性转移支付收入	18,072		
革命老区及民族和边境地区转移支付收入	13,567		
县级基本财力保障机制奖补资金收入	4,569		
结算补助收入	8,074		
化解债务补助收入			
资源枯竭型城市转移支付补助收入			
企业事业单位划转补助收入			
成品油价格和税费改革转移支付补助收入			
基层公检法司转移支付收入	2,559		
义务教育等转移支付收入	2,489		
基本养老保险和低保等转移支付收入	15,227		
新型农村合作医疗等转移支付收入	5,237		
农村综合改革转移支付收入	748		
产粮(油)大县奖励资金收入			
重点生态功能区转移支付收入	264		
固定数额补助收入	14,143		
其他一般性转移支付收入			
专项转移支付收入	50,571		
省补助计划单列市收入			
接受其他地区援助收入		援助其他地区支出	
债务(转贷)收入	32,349	债务还本支出	21,100
		增设预算周转金	
		拨付国债转贷资金数	
国债转贷收入		国债转贷资金结余	
国债转贷资金上年结余			
国债转贷转补助			
上年结余	8,778		
调入预算稳定调节基金		安排预算稳定调节基金	
调入资金	12,203	调出资金	
1.政府性基金调入	7,409	年终结余	9,261
2.国有资本经营调入		其中:本级	9,261
3.其他调入	4,794	减:结转下年的支出	9,261
		其中:本级	9,261
		净结余	
		其中:本级	
收入总计	258,517	支出总计	258,517

2015年度柳河县一般公共预算收支决算总表(一)

单位:万元

预算科目	调整预算数	决算数	预算科目	调整预算数	决算数
一、税收收入	80,391	87,913	一、一般公共服务支出	22,240	22,240
增值税	5,206	4,076	二、外交支出		
其中:改征增值税		887	三、国防支出		
营业税	17,557	14,504	四、公共安全支出	12,692	12,692
企业所得税	2,823	3,806	五、教育支出	43,651	43,651
企业所得税退税			六、科学技术支出	9,019	9,019
个人所得税	998	922	七、文化体育与传媒支出	3,020	3,020
资源税	900	353	八、社会保障和就业支出	42,593	42,593
城市维护建设税	2,000	1,846	九、医疗卫生与计划生育支出	24,188	24,188
房产税	1,100	1,090	十、节能环保支出	6,225	6,225
印花税	600	448	十一、城乡社区支出	29,352	28,752
城镇土地使用税	1,000	813	十二、农林水支出	57,119	57,119
土地增值税	2,000	1,879	十三、交通运输支出	9,115	9,115
车船税	750	699	十四、资源勘探信息等支出	12,432	12,432
耕地占用税	26,000	48,722	十五、商业服务业等支出	1,511	1,511
契税	17,189	6,459	十六、金融支出	57	57
烟叶税	2,268	2,296	十七、援助其他地区支出		
其他税收收入			十八、国土海洋气象等支出	8,541	8,541
二、非税收入	26,100	11,743	十九、住房保障支出	5,468	5,468
专项收入	1,417	2,541	二十、粮油物资储备支出	992	992
行政事业性收费收入	17,283	2,184	二十一、预备费		
罚没收入	5,000	3,561	二十二、其他支出	34	34
国有资本经营收入	2,200	3,079	二十三、债务付息支出	128	128
国有资源(资产)有偿使用收入	200	344	二十四、债务发行费用支出		
其他收入		34			
本 年 收 入 合 计	106,491	99,656	本 年 支 出 合 计	288,377	287,777

2015年度柳河县一般公共预算收支决算总表(二)

单位:万元

预算科目	决算数	预算科目	决算数
本年收入合计	99,656	本年支出合计	287,777
上级补助收入	184,048	上解上级支出	5,286
返还性收入	4,313	一般性转移支付	4,979
增值税和消费税税收返还收入	3,199	体制上解支出	4,977
所得税基数返还收入	977	出口退税专项上解支出	2
成品油价格和税费改革税收返还收入	137	成品油价格和税费改革专项上解支出	
其他税收返还收入		专项转移支付	307
一般性转移支付收入	105,388	专项上解支出	307
体制补助收入		计划单列市上解省支出	
均衡性转移支付收入	28,644		
革命老区及民族和边境地区转移支付收入	2,061		
县级基本财力保障机制奖补资金收入	7,725		
结算补助收入	7,675		
化解债务补助收入			
资源枯竭型城市转移支付补助收入			
企业事业单位划转补助收入			
成品油价格和税费改革转移支付补助收入			
基层公检法司转移支付收入	2,881		
义务教育等转移支付收入	4,320		
基本养老保险和低保等转移支付收入	16,972		
新型农村合作医疗等转移支付收入	8,309		
农村综合改革转移支付收入	3,086		
产粮(油)大县奖励资金收入	3,424		
重点生态功能区转移支付收入	155		
固定数额补助收入	20,136		
其他一般性转移支付收入			
专项转移支付收入	74,347		
省补助计划单列市收入			
接受其他地区援助收入		援助其他地区支出	
债务(转贷)收入	17,247	债务还本支出	8,329
		增设预算周转金	
		拨付国债转贷资金数	
国债转贷收入		国债转贷资金结余	
国债转贷资金上年结余			
国债转贷转补助			
上年结余	808		
调入预算稳定调节基金		安排预算稳定调节基金	
调入资金	233	调出资金	
1.政府性基金调入		年终结余	600
2.国有资本经营调入		其中:本级	600
3.其他调入	233	减:结转下年的支出	600
		其中:本级	600
		净结余	
		其中:本级	
收入总计	301,992	支出总计	301,992

2015年度辉南县一般公共预算收支决算总表(一)

单位:万元

预算科目	调整预算数	决算数	预算科目	调整预算数	决算数
一、税收收入	49,981	56,625	一、一般公共服务支出	20,855	20,855
增值税	5,614	4,191	二、外交支出		
其中:改征增值税	480	465	三、国防支出		
营业税	9,300	9,134	四、公共安全支出	11,823	11,823
企业所得税	4,055	4,699	五、教育支出	44,243	44,243
企业所得税退税			六、科学技术支出	3,588	3,588
个人所得税	1,120	1,589	七、文化体育与传媒支出	4,451	4,451
资源税	330	160	八、社会保障和就业支出	48,731	48,731
城市维护建设税	1,450	1,315	九、医疗卫生与计划生育支出	22,095	22,095
房产税	1,490	1,621	十、节能环保支出	15,814	15,814
印花税	500	470	十一、城乡社区支出	31,862	31,862
城镇土地使用税	800	1,229	十二、农林水支出	35,084	34,619
土地增值税	3,000	810	十三、交通运输支出	10,942	10,942
车船税	7,351	7,950	十四、资源勘探信息等支出	7,778	7,778
耕地占用税	7,500	9,951	十五、商业服务业等支出	1,659	1,659
契税	7,471	13,506	十六、金融支出		
烟叶税			十七、援助其他地区支出		
其他税收收入			十八、国土海洋气象等支出	3,950	3,509
二、非税收入	27,149	20,504	十九、住房保障支出	6,871	6,871
专项收入	2,873	1,800	二十、粮油物资储备支出	3,268	3,268
行政事业性收费收入	2,551	6,557	二十一、预备费		
罚没收入	1,922	3,314	二十二、其他支出	148	100
国有资本经营收入	19,002	7,980	二十三、债务付息支出	160	160
国有资源(资产)有偿使用收入	800	693	二十四、债务发行费用支出		
其他收入	1	160			
本 年 收 入 合 计	77,130	77,129	本 年 支 出 合 计	273,322	272,368

2015年度辉南县一般公共预算收支决算总表(二)

单位:万元

预算科目	决算数	预算科目	决算数
本年收入合计	77,129	本年支出合计	272,368
上级补助收入	195,645	上解上级支出	6,836
返还性收入	7,550	一般性转移支付	5,421
增值税和消费税税收返还收入	7,047	体制上解支出	5,416
所得税基数返还收入	356	出口退税专项上解支出	5
成品油价格和税费改革税收返还收入	147	成品油价格和税费改革专项上解支出	
其他税收返还收入		专项转移支付	1,415
一般性转移支付收入	91,143	专项上解支出	1,415
体制补助收入		计划单列市上解省支出	
均衡性转移支付收入	16,604		
革命老区及民族和边境地区转移支付收入	423		
县级基本财力保障机制奖补资金收入	8,540		
结算补助收入	959		
化解债务补助收入			
资源枯竭型城市转移支付补助收入			
企业事业单位划转补助收入			
成品油价格和税费改革转移支付补助收入			
基层公检法司转移支付收入	2,586		
义务教育等转移支付收入	3,495		
基本养老保险和低保等转移支付收入	28,451		
新型农村合作医疗等转移支付收入	7,657		
农村综合改革转移支付收入	2,690		
产粮(油)大县奖励资金收入	3,227		
重点生态功能区转移支付收入	379		
固定数额补助收入	16,132		
其他一般性转移支付收入			
专项转移支付收入	96,952		
省补助计划单列市收入			
接受其他地区援助收入		援助其他地区支出	
债务(转贷)收入	18,749	债务还本支出	14,200
		增设预算周转金	
		拨付国债转贷资金数	
国债转贷收入		国债转贷资金结余	
国债转贷资金上年结余			
国债转贷转补助			
上年结余	1,461		
调入预算稳定调节基金		安排预算稳定调节基金	
调入资金	1,374	调出资金	
1.政府性基金调入	1,374	年终结余	954
2.国有资本经营调入		其中:本级	954
3.其他调入		减:结转下年的支出	954
		其中:本级	954
		净结余	
		其中:本级	
收入总计	294,358	支出总计	294,358

2015年度梅河口市一般公共预算收支决算总表(一)

单位:万元

预算科目	调整预算数	决算数	预算科目	调整预算数	决算数
一、税收收入	183,961	183,961	一、一般公共服务支出	22,450	22,450
增值税	12,692	12,692	二、外交支出		
其中:改征增值税		1,651	三、国防支出	1,332	1,332
营业税	32,582	32,582	四、公共安全支出	17,732	17,732
企业所得税	34,764	34,764	五、教育支出	93,629	90,769
企业所得税退税			六、科学技术支出	11,058	11,058
个人所得税	4,044	4,044	七、文化体育与传媒支出	5,534	5,534
资源税	536	536	八、社会保障和就业支出	114,209	114,209
城市维护建设税	7,254	7,254	九、医疗卫生与计划生育支出	40,586	40,586
房产税	7,252	7,252	十、节能环保支出	18,550	16,942
印花税	1,275	1,275	十一、城乡社区支出	47,512	47,512
城镇土地使用税	10,951	10,951	十二、农林水支出	56,160	56,132
土地增值税	30,625	30,625	十三、交通运输支出	9,808	9,808
车船税	1,529	1,529	十四、资源勘探信息等支出	36,250	36,250
耕地占用税	8,765	8,765	十五、商业服务业等支出	1,011	1,011
契税	31,031	31,031	十六、金融支出	68	68
烟叶税			十七、援助其他地区支出		
其他税收收入	661	661	十八、国土海洋气象等支出	12,772	12,772
二、非税收入	97,160	97,159	十九、住房保障支出	61,790	60,912
专项收入	5,315	5,315	二十、粮油物资储备支出	17,985	17,985
行政事业性收费收入	11,326	11,326	二十一、预备费		
罚没收入	12,361	12,361	二十二、其他支出	173	47
国有资本经营收入			二十三、债务付息支出	1,162	1,162
国有资源(资产)有偿使用收入	68,108	68,108	二十四、债务发行费用支出		
其他收入	50	49			
本 年 收 入 合 计	281,121	281,120	本 年 支 出 合 计	569,771	564,271

2015年度梅河口市一般公共预算收支决算总表(二)

单位:万元

预算科目	决算数	预算科目	决算数
本年收入合计	281,120	本年支出合计	564,271
上级补助收入	290,632	上解上级支出	14,638
返还性收入	11,974	一般性转移支付	11,904
增值税和消费税税收返还收入	10,783	体制上解支出	11,904
所得税基数返还收入	964	出口退税专项上解支出	
成品油价格和税费改革税收返还收入	227	成品油价格和税费改革专项上解支出	
其他税收返还收入		专项转移支付	2,734
一般性转移支付收入	147,669	专项上解支出	2,734
体制补助收入		计划单列市上解省支出	
均衡性转移支付收入	29,156		
革命老区及民族和边境地区转移支付收入	375		
县级基本财力保障机制奖补资金收入	9,265		
结算补助收入	2,814		
化解债务补助收入			
资源枯竭型城市转移支付补助收入			
企业事业单位划转补助收入			
成品油价格和税费改革转移支付补助收入			
基层公检法司转移支付收入	2,902		
义务教育等转移支付收入	4,842		
基本养老保险和低保等转移支付收入	46,726		
新型农村合作医疗等转移支付收入	13,636		
农村综合改革转移支付收入	3,096		
产粮(油)大县奖励资金收入	3,251		
重点生态功能区转移支付收入	119		
固定数额补助收入	31,487		
其他一般性转移支付收入			
专项转移支付收入	130,989		
省补助计划单列市收入			
接受其他地区援助收入		援助其他地区支出	
债务(转贷)收入	56,824	债务还本支出	52,136
		增设预算周转金	
		拨付国债转贷资金数	
国债转贷收入		国债转贷资金结余	
国债转贷资金上年结余			
国债转贷转补助			
上年结余	6,848		
调入预算稳定调节基金		安排预算稳定调节基金	
调入资金	1,121	调出资金	
1.政府性基金调入	1,121	年终结余	5,500
2.国有资本经营调入		其中:本级	5,500
3.其他调入		减:结转下年的支出	5,500
		其中:本级	5,500
		净结余	
		其中:本级	
收入总计	636,545	支出总计	636,545

2015年度通化市东昌区一般公共预算收支决算总表(一)

单位:万元

预算科目	调整预算数	决算数	预算科目	调整预算数	决算数
一、税收收入	57,854	57,854	一、一般公共服务支出	12,187	12,187
增值税	2,906	2,906	二、外交支出		
其中:改征增值税		971	三、国防支出		
营业税	5,637	5,637	四、公共安全支出	5,452	4,782
企业所得税	2,535	2,535	五、教育支出	17,125	16,973
企业所得税退税			六、科学技术支出	2,106	1,373
个人所得税	1,085	1,085	七、文化体育与传媒支出	611	593
资源税	19	19	八、社会保障和就业支出	17,932	12,751
城市维护建设税	2,872	2,872	九、医疗卫生与计划生育支出	11,676	11,396
房产税	5,191	5,191	十、节能环保支出	504	120
印花税	1,038	1,038	十一、城乡社区支出	8,051	7,681
城镇土地使用税	5,260	5,260	十二、农林水支出	7,314	6,275
土地增值税	3,799	3,799	十三、交通运输支出	1,768	1,275
车船税	2,922	2,922	十四、资源勘探信息等支出	4,399	4,399
耕地占用税	12,654	12,654	十五、商业服务业等支出	99	99
契税	11,936	11,936	十六、金融支出	100	100
烟叶税			十七、援助其他地区支出		
其他税收收入			十八、国土海洋气象等支出	16,524	16,522
二、非税收入	3,196	3,191	十九、住房保障支出	283	283
专项收入	1,661	1,661	二十、粮油物资储备支出		
行政事业性收费收入	663	663	二十一、预备费		
罚没收入	641	641	二十二、其他支出	260	260
国有资本经营收入			二十三、债务付息支出	192	192
国有资源(资产)有偿使用收入	98	98	二十四、债务发行费用支出		
其他收入	133	128			
本 年 收 入 合 计	61,050	61,045	本 年 支 出 合 计	106,583	97,261

2015年度通化市东昌区一般公共预算收支决算总表(二)

单位:万元

预算科目	决算数	预算科目	决算数
本年收入合计	61,045	本年支出合计	97,261
上级补助收入	51,489	上解上级支出	15,192
返还性收入	6,615	一般性转移支付	574
增值税和消费税税收返还收入	4,173	体制上解支出	546
所得税基数返还收入	2,442	出口退税专项上解支出	28
成品油价格和税费改革税收返还收入		成品油价格和税费改革专项上解支出	
其他税收返还收入		专项转移支付	14,618
一般性转移支付收入	23,757	专项上解支出	14,618
体制补助收入		计划单列市上解省支出	
均衡性转移支付收入	1,607		
革命老区及民族和边境地区转移支付收入			
县级基本财力保障机制奖补资金收入	2,390		
结算补助收入	7,795		
化解债务补助收入			
资源枯竭型城市转移支付补助收入			
企业事业单位划转补助收入			
成品油价格和税费改革转移支付补助收入			
基层公检法司转移支付收入	1,105		
义务教育等转移支付收入	915		
基本养老保险和低保等转移支付收入	747		
新型农村合作医疗等转移支付收入	995		
农村综合改革转移支付收入	155		
产粮(油)大县奖励资金收入			
重点生态功能区转移支付收入			
固定数额补助收入	6,561		
其他一般性转移支付收入	1,487		
专项转移支付收入	21,117		
省补助计划单列市收入			
接受其他地区援助收入		援助其他地区支出	
债务(转贷)收入		债务还本支出	78
		增设预算周转金	
		拨付国债转贷资金数	
国债转贷收入		国债转贷资金结余	
国债转贷资金上年结余			
国债转贷转补助			
上年结余	5,211		
调入预算稳定调节基金		安排预算稳定调节基金	
调入资金	4,108	调出资金	
1.政府性基金调入	2,794	年终结余	9,322
2.国有资本经营调入		其中:本级	9,322
3.其他调入	1,314	减:结转下年的支出	9,322
		其中:本级	9,322
		净结余	
		其中:本级	
收入总计	121,853	支出总计	121,853

2015年度通化市二道江区一般公共预算收支决算总表(一)

单位:万元

预算科目	调整预算数	决算数	预算科目	调整预算数	决算数
一、税收收入	22,014	22,014	一、一般公共服务支出	10,604	10,511
增值税	1,970	1,970	二、外交支出		
其中:改征增值税	74	74	三、国防支出		
营业税	781	781	四、公共安全支出	5,404	5,404
企业所得税	799	799	五、教育支出	14,399	14,039
企业所得税退税			六、科学技术支出	1,955	1,700
个人所得税	154	154	七、文化体育与传媒支出	1,993	1,886
资源税	695	695	八、社会保障和就业支出	13,589	11,959
城市维护建设税	1,007	1,007	九、医疗卫生与计划生育支出	7,363	7,147
房产税	2,148	2,148	十、节能环保支出	1,363	1,339
印花税	277	277	十一、城乡社区支出	24,231	22,168
城镇土地使用税	2,472	2,472	十二、农林水支出	9,914	8,039
土地增值税	417	417	十三、交通运输支出	1,892	1,892
车船税	430	430	十四、资源勘探信息等支出	5,649	5,139
耕地占用税	8,111	8,111	十五、商业服务业等支出	103	103
契税	2,749	2,749	十六、金融支出		
烟叶税	4	4	十七、援助其他地区支出		
其他税收收入			十八、国土海洋气象等支出	20,756	20,560
二、非税收入	1,798	1,797	十九、住房保障支出	16,722	14,914
专项收入	760	760	二十、粮油物资储备支出		
行政事业性收费收入	415	415	二十一、预备费		
罚没收入	259	259	二十二、其他支出	4	4
国有资本经营收入			二十三、债务付息支出	1,534	1,534
国有资源(资产)有偿使用收入	359	359	二十四、债务发行费用支出		
其他收入	5	4			
本 年 收 入 合 计	23,812	23,811	本 年 支 出 合 计	137,475	128,338

2015年度通化市二道江区一般公共预算收支决算总表(二)

单位:万元

预算科目	决算数	预算科目	决算数
本年收入合计	23,811	本年支出合计	128,338
上级补助收入	87,408	上解上级支出	4,975
返还性收入	4,580	一般性转移支付	142
增值税和消费税税收返还收入	3,055	体制上解支出	142
所得税基数返还收入	1,525	出口退税专项上解支出	
成品油价格和税费改革税收返还收入		成品油价格和税费改革专项上解支出	
其他税收返还收入		专项转移支付	4,833
一般性转移支付收入	39,687	专项上解支出	4,833
体制补助收入		计划单列市上解省支出	
均衡性转移支付收入	1,499		
革命老区及民族和边境地区转移支付收入			
县级基本财力保障机制奖补资金收入	1,946		
结算补助收入	3,913		
化解债务补助收入			
资源枯竭型城市转移支付补助收入	20,414		
企业事业单位划转补助收入			
成品油价格和税费改革转移支付补助收入			
基层公检法司转移支付收入	802		
义务教育等转移支付收入	433		
基本养老保险和低保等转移支付收入	496		
新型农村合作医疗等转移支付收入	719		
农村综合改革转移支付收入	546		
产粮(油)大县奖励资金收入			
重点生态功能区转移支付收入			
固定数额补助收入	6,509		
其他一般性转移支付收入	2,410		
专项转移支付收入	43,141		
省补助计划单列市收入			
接受其他地区援助收入		援助其他地区支出	
债务(转贷)收入		债务还本支出	4,811
		增设预算周转金	
		拨付国债转贷资金数	
国债转贷收入		国债转贷资金结余	
国债转贷资金上年结余			
国债转贷转补助			
上年结余	18,563		
调入预算稳定调节基金		安排预算稳定调节基金	
调入资金	17,479	调出资金	
1.政府性基金调入	482	年终结余	9,137
2.国有资本经营调入		其中:本级	9,137
3.其他调入	16,997	减:结转下年的支出	9,137
		其中:本级	9,137
		净结余	
		其中:本级	
收入总计	147,261	支出总计	147,261

2015年度白山市一般公共预算收支决算总表(一)

单位:万元

预算科目	调整预算数	决算数	预算科目	调整预算数	决算数
一、税收收入	317,145	304,001	一、一般公共服务支出	120,346	118,868
增值税	33,105	26,668	二、外交支出		
其中:改征增值税	1,780	3,595	三、国防支出	1,549	1,549
营业税	64,281	51,137	四、公共安全支出	87,885	85,314
企业所得税	19,794	19,171	五、教育支出	208,245	207,268
企业所得税退税			六、科学技术支出	8,236	8,006
个人所得税	8,811	8,185	七、文化体育与传媒支出	25,533	25,013
资源税	12,301	6,632	八、社会保障和就业支出	323,504	314,810
城市维护建设税	16,798	13,118	九、医疗卫生与计划生育支出	119,987	118,351
房产税	9,843	9,970	十、节能环保支出	40,505	38,462
印花税	2,954	2,266	十一、城乡社区支出	191,902	190,988
城镇土地使用税	12,200	10,172	十二、农林水支出	217,164	211,829
土地增值税	14,977	7,488	十三、交通运输支出	62,071	61,830
车船税	3,948	5,187	十四、资源勘探信息等支出	27,526	25,082
耕地占用税	93,206	126,805	十五、商业服务业等支出	9,665	9,635
契税	24,927	17,091	十六、金融支出	513	508
烟叶税			十七、援助其他地区支出		
其他税收收入		111	十八、国土海洋气象等支出	15,417	14,802
二、非税收入	146,140	143,964	十九、住房保障支出	120,831	117,142
专项收入	21,294	17,206	二十、粮油物资储备支出	2,190	1,758
行政事业性收费收入	37,546	42,581	二十一、预备费		
罚没收入	17,278	11,740	二十二、其他支出	21,899	21,899
国有资本经营收入	25,591	18,811	二十三、债务付息支出	2,364	2,364
国有资源(资产)有偿使用收入	41,891	51,475	二十四、债务发行费用支出		
其他收入	2,540	2,151			
本 年 收 入 合 计	463,285	447,965	本 年 支 出 合 计	1,607,332	1,575,478

2015年度白山市一般公共预算收支决算总表(二)

单位:万元

预算科目	决算数	预算科目	决算数
本 年 收 入 合 计	447,965	本 年 支 出 合 计	1,575,478
上级补助收入	1,033,720	上解上级支出	39,881
返还性收入	23,490	一般性转移支付	28,124
增值税和消费税税收返还收入	19,673	体制上解支出	27,655
所得税基数返还收入	2,588	出口退税专项上解支出	469
成品油价格和税费改革税收返还收入	1,229	成品油价格和税费改革专项上解支出	
其他税收返还收入		专项转移支付	11,757
一般性转移支付收入	617,876	专项上解支出	11,757
体制补助收入		计划单列市上解省支出	
均衡性转移支付收入	133,931		
革命老区及民族和边境地区转移支付收入	44,041		
县级基本财力保障机制奖补资金收入	28,329		
结算补助收入	29,600		
化解债务补助收入			
资源枯竭型城市转移支付补助收入	34,364		
企业事业单位划转补助收入			
成品油价格和税费改革转移支付补助收入			
基层公检法司转移支付收入	16,411		
义务教育等转移支付收入	10,882		
基本养老保险和低保等转移支付收入	138,139		
新型农村合作医疗等转移支付收入	22,543		
农村综合改革转移支付收入	9,479		
产粮(油)大县奖励资金收入			
重点生态功能区转移支付收入	36,934		
固定数额补助收入	114,001		
其他一般性转移支付收入	-778		
专项转移支付收入	392,354		
省补助计划单列市收入			
接受其他地区援助收入		援助其他地区支出	
债务(转贷)收入	207,750	债务还本支出	155,402
		增设预算周转金	
		拨付国债转贷资金数	
国债转贷收入		国债转贷资金结余	
国债转贷资金上年结余			
国债转贷转补助			
上年结余	29,404		
调入预算稳定调节基金		安排预算稳定调节基金	
调入资金	83,776	调出资金	
1.政府性基金调入	32,572	年终结余	31,854
2.国有资本经营调入		其中:本级	2,900
3.其他调入	51,204	减:结转下年的支出	31,854
		其中:本级	2,900
		净结余	
		其中:本级	
收 入 总 计	1,802,615	支 出 总 计	1,802,615

2015年度白山市(本级)一般公共预算收支决算总表(一)

单位:万元

预算科目	调整预算数	决算数	预算科目	调整预算数	决算数
一、税收收入	53,186	41,273	一、一般公共服务支出	26,735	26,735
增值税	8,498	8,336	二、外交支出		
其中:改征增值税	500	525	三、国防支出	1,300	1,300
营业税	5,188	4,485	四、公共安全支出	26,786	26,786
企业所得税	5,638	3,681	五、教育支出	24,437	23,907
企业所得税退税			六、科学技术支出	3,019	3,019
个人所得税	1,950	3,419	七、文化体育与传媒支出	6,159	6,016
资源税	5,500	2,814	八、社会保障和就业支出	56,582	56,582
城市维护建设税	7,720	6,099	九、医疗卫生与计划生育支出	12,884	12,884
房产税	4,000	3,727	十、节能环保支出	3,208	3,208
印花税	1,120	751	十一、城乡社区支出	46,708	46,708
城镇土地使用税	5,072	3,794	十二、农林水支出	23,444	22,335
土地增值税	5,057	1,708	十三、交通运输支出	13,214	13,214
车船税	510	521	十四、资源勘探信息等支出	9,583	9,583
耕地占用税	1,406	252	十五、商业服务业等支出	2,602	2,602
契税	1,527	1,686	十六、金融支出	11	11
烟叶税			十七、援助其他地区支出		
其他税收收入			十八、国土海洋气象等支出	3,059	3,059
二、非税收入	28,730	32,902	十九、住房保障支出	16,959	15,841
专项收入	6,580	6,128	二十、粮油物资储备支出	737	737
行政事业性收费收入	10,000	9,634	二十一、预备费		
罚没收入	5,000	5,112	二十二、其他支出		
国有资本经营收入		-14	二十三、债务付息支出	104	104
国有资源(资产)有偿使用收入	6,150	11,986	二十四、债务发行费用支出		
其他收入	1,000	56			
本 年 收 入 合 计	81,916	74,175	本 年 支 出 合 计	277,531	274,631

2015年度白山市(本级)一般公共预算收支决算总表(二)

单位:万元

预算科目	决算数	预算科目	决算数
本年收入合计	74,175	本年支出合计	274,631
上级补助收入	188,639	上解上级支出	7,016
返还性收入	7,634	一般性转移支付	1,855
增值税和消费税税收返还收入	6,193	体制上解支出	1,838
所得税基数返还收入	856	出口退税专项上解支出	17
成品油价格和税费改革税收返还收入	585	成品油价格和税费改革专项上解支出	
其他税收返还收入		专项转移支付	5,161
一般性转移支付收入	123,319	专项上解支出	5,161
体制补助收入		计划单列市上解省支出	
均衡性转移支付收入	20,373		
革命老区及民族和边境地区转移支付收入	9		
县级基本财力保障机制奖补资金收入	60		
结算补助收入	18,885		
化解债务补助收入			
资源枯竭型城市转移支付补助收入	34,364		
企业事业单位划转补助收入			
成品油价格和税费改革转移支付补助收入			
基层公检法司转移支付收入	2,039		
义务教育等转移支付收入	575		
基本养老保险和低保等转移支付收入	27,233		
新型农村合作医疗等转移支付收入			
农村综合改革转移支付收入	654		
产粮(油)大县奖励资金收入			
重点生态功能区转移支付收入			
固定数额补助收入	19,495		
其他一般性转移支付收入	-368		
专项转移支付收入	57,686		
省补助计划单列市收入			
接受其他地区援助收入		援助其他地区支出	
债务(转贷)收入	71,502	债务还本支出	68,410
		增设预算周转金	
		拨付国债转贷资金数	
国债转贷收入		国债转贷资金结余	
国债转贷资金上年结余			
国债转贷转补助			
上年结余	4,828		
调入预算稳定调节基金		安排预算稳定调节基金	
调入资金	13,813	调出资金	
1.政府性基金调入	6,481	年终结余	2,900
2.国有资本经营调入		其中:本级	2,900
3.其他调入	7,332	减:结转下年的支出	2,900
		其中:本级	2,900
		净结余	
		其中:本级	
收入总计	352,957	支出总计	352,957

2015年度白山市区县合计一般公共预算收支决算总表(一)

单位:万元

预算科目	调整预算数	决算数	预算科目	调整预算数	决算数
一、税收收入	263,959	262,728	一、一般公共服务支出	93,611	92,133
增值税	24,607	18,332	二、外交支出		
其中:改征增值税	1,280	3,070	三、国防支出	249	249
营业税	59,093	46,652	四、公共安全支出	61,099	58,528
企业所得税	14,156	15,490	五、教育支出	183,808	183,361
企业所得税退税			六、科学技术支出	5,217	4,987
个人所得税	6,861	4,766	七、文化体育与传媒支出	19,374	18,997
资源税	6,801	3,818	八、社会保障和就业支出	266,922	258,228
城市维护建设税	9,078	7,019	九、医疗卫生与计划生育支出	107,103	105,467
房产税	5,843	6,243	十、节能环保支出	37,297	35,254
印花税	1,834	1,515	十一、城乡社区支出	145,194	144,280
城镇土地使用税	7,128	6,378	十二、农林水支出	193,720	189,494
土地增值税	9,920	5,780	十三、交通运输支出	48,857	48,616
车船税	3,438	4,666	十四、资源勘探信息等支出	17,943	15,499
耕地占用税	91,800	126,553	十五、商业服务业等支出	7,063	7,033
契税	23,400	15,405	十六、金融支出	502	497
烟叶税			十七、援助其他地区支出		
其他税收收入		111	十八、国土海洋气象等支出	12,358	11,743
二、非税收入	117,410	111,062	十九、住房保障支出	103,872	101,301
专项收入	14,714	11,078	二十、粮油物资储备支出	1,453	1,021
行政事业性收费收入	27,546	32,947	二十一、预备费		
罚没收入	12,278	6,628	二十二、其他支出	21,899	21,899
国有资本经营收入	25,591	18,825	二十三、债务付息支出	2,260	2,260
国有资源(资产)有偿使用收入	35,741	39,489	二十四、债务发行费用支出		
其他收入	1,540	2,095			
本年收入合计	381,369	373,790	本年支出合计	1,329,801	1,300,847

2015年度白山市区县合计一般公共预算收支决算总表(二)

单位:万元

预算科目	决算数	预算科目	决算数
本年收入合计	373,790	本年支出合计	1,300,847
上级补助收入	845,081	上解上级支出	32,865
返还性收入	15,856	一般性转移支付	26,269
增值税和消费税税收返还收入	13,480	体制上解支出	25,817
所得税基数返还收入	1,732	出口退税专项上解支出	452
成品油价格和税费改革税收返还收入	644	成品油价格和税费改革专项上解支出	
其他税收返还收入		专项转移支付	6,596
一般性转移支付收入	494,557	专项上解支出	6,596
体制补助收入		计划单列市上解省支出	
均衡性转移支付收入	113,558		
革命老区及民族和边境地区转移支付收入	44,032		
县级基本财力保障机制奖补资金收入	28,269		
结算补助收入	10,715		
化解债务补助收入			
资源枯竭型城市转移支付补助收入			
企业事业单位划转补助收入			
成品油价格和税费改革转移支付补助收入			
基层公检法司转移支付收入	14,372		
义务教育等转移支付收入	10,307		
基本养老保险和低保等转移支付收入	110,906		
新型农村合作医疗等转移支付收入	22,543		
农村综合改革转移支付收入	8,825		
产粮(油)大县奖励资金收入			
重点生态功能区转移支付收入	36,934		
固定数额补助收入	94,506		
其他一般性转移支付收入	-410		
专项转移支付收入	334,668		
省补助计划单列市收入			
接受其他地区援助收入		援助其他地区支出	
债务(转贷)收入	136,248	债务还本支出	86,992
		增设预算周转金	
		拨付国债转贷资金数	
国债转贷收入		国债转贷资金结余	
国债转贷资金上年结余			
国债转贷转补助			
上年结余	24,576		
调入预算稳定调节基金		安排预算稳定调节基金	
调入资金	69,963	调出资金	
1.政府性基金调入	26,091	年终结余	28,954
2.国有资本经营调入		其中:本级	28,472
3.其他调入	43,872	减:结转下年的支出	28,954
		其中:本级	28,472
		净结余	
		其中:本级	
收入总计	1,449,658	支出总计	1,449,658

2015年度抚松县一般公共预算收支决算总表(一)

单位:万元

预算科目	调整预算数	决算数	预算科目	调整预算数	决算数
一、税收收入	87,701	91,465	一、一般公共服务支出	20,185	19,963
增值税	7,026	6,119	二、外交支出		
其中:改征增值税		928	三、国防支出		
营业税	24,597	20,645	四、公共安全支出	14,972	13,895
企业所得税	4,881	4,454	五、教育支出	50,452	50,452
企业所得税退税			六、科学技术支出	1,328	1,120
个人所得税	1,899	1,639	七、文化体育与传媒支出	4,935	4,920
资源税	323	189	八、社会保障和就业支出	62,132	61,980
城市维护建设税	2,534	2,316	九、医疗卫生与计划生育支出	26,194	26,166
房产税	1,338	1,534	十、节能环保支出	10,171	10,043
印花税	535	474	十一、城乡社区支出	68,457	68,352
城镇土地使用税	2,812	2,495	十二、农林水支出	54,369	54,020
土地增值税	5,597	822	十三、交通运输支出	10,168	10,168
车船税	607	695	十四、资源勘探信息等支出	2,953	2,061
耕地占用税	30,394	48,887	十五、商业服务业等支出	781	781
契税	5,158	1,196	十六、金融支出	213	213
烟叶税			十七、援助其他地区支出		
其他税收收入			十八、国土海洋气象等支出	2,356	2,208
二、非税收入	30,817	27,053	十九、住房保障支出	14,442	14,442
专项收入	5,124	3,630	二十、粮油物资储备支出	95	95
行政事业性收费收入	2,571	1,187	二十一、预备费		
罚没收入	6,021	2,578	二十二、其他支出		
国有资本经营收入	15,694	15,112	二十三、债务付息支出	327	327
国有资源(资产)有偿使用收入	1,097	3,837	二十四、债务发行费用支出		
其他收入	310	709			
本 年 收 入 合 计	118,518	118,518	本 年 支 出 合 计	344,530	341,206

2015年度抚松县一般公共预算收支决算总表(二)

单位:万元

预算科目	决算数	预算科目	决算数
本年收入合计	118,518	本年支出合计	341,206
上级补助收入	213,709	上解上级支出	9,704
返还性收入	4,184	一般性转移支付	8,514
增值税和消费税税收返还收入	3,528	体制上解支出	8,188
所得税基数返还收入	527	出口退税专项上解支出	326
成品油价格和税费改革税收返还收入	129	成品油价格和税费改革专项上解支出	
其他税收返还收入		专项转移支付	1,190
一般性转移支付收入	130,405	专项上解支出	1,190
体制补助收入		计划单列市上解省支出	
均衡性转移支付收入	29,381		
革命老区及民族和边境地区转移支付收入	5,507		
县级基本财力保障机制奖补资金收入	7,179		
结算补助收入	1,572		
化解债务补助收入			
资源枯竭型城市转移支付补助收入			
企业事业单位划转补助收入			
成品油价格和税费改革转移支付补助收入			
基层公检法司转移支付收入	2,853		
义务教育等转移支付收入	2,753		
基本养老保险和低保等转移支付收入	36,851		
新型农村合作医疗等转移支付收入	5,856		
农村综合改革转移支付收入	2,330		
产粮(油)大县奖励资金收入			
重点生态功能区转移支付收入	9,148		
固定数额补助收入	27,811		
其他一般性转移支付收入	-836		
专项转移支付收入	79,120		
省补助计划单列市收入			
接受其他地区援助收入		援助其他地区支出	
债务(转贷)收入	13,079	债务还本支出	11,200
		增设预算周转金	
		拨付国债转贷资金数	
国债转贷收入		国债转贷资金结余	
国债转贷资金上年结余			
国债转贷转补助			
上年结余	2,089		
调入预算稳定调节基金		安排预算稳定调节基金	
调入资金	18,039	调出资金	
1.政府性基金调入	3,241	年终结余	3,324
2.国有资本经营调入		其中:本级	2,842
3.其他调入	14,798	减:结转下年的支出	3,324
		其中:本级	2,842
		净结余	
		其中:本级	
收入总计	365,434	支出总计	365,434

2015年度靖宇县一般公共预算收支决算总表(一)

单位:万元

预算科目	调整预算数	决算数	预算科目	调整预算数	决算数
一、税收收入	32,245	34,227	一、一般公共服务支出	12,584	11,957
增值税	3,666	2,808	二、外交支出		
其中:改征增值税		504	三、国防支出	93	93
营业税	10,311	8,309	四、公共安全支出	8,685	8,512
企业所得税	3,162	4,872	五、教育支出	21,168	21,168
企业所得税退税			六、科学技术支出	643	628
个人所得税	412	494	七、文化体育与传媒支出	2,461	2,381
资源税	1,486	573	八、社会保障和就业支出	24,775	23,458
城市维护建设税	1,240	987	九、医疗卫生与计划生育支出	11,384	11,205
房产税	588	955	十、节能环保支出	7,917	7,242
印花税	275	333	十一、城乡社区支出	13,305	12,720
城镇土地使用税	462	615	十二、农林水支出	25,484	24,217
土地增值税	373	860	十三、交通运输支出	8,043	7,902
车船税	249	254	十四、资源勘探信息等支出	3,500	2,885
耕地占用税	8,000	11,974	十五、商业服务业等支出	516	516
契税	2,021	1,193	十六、金融支出	35	30
烟叶税			十七、援助其他地区支出		
其他税收收入			十八、国土海洋气象等支出	1,698	1,589
二、非税收入	14,015	10,224	十九、住房保障支出	17,442	14,926
专项收入	2,555	2,419	二十、粮油物资储备支出	463	103
行政事业性收费收入	5,981	6,586	二十一、预备费		
罚没收入	1,546	891	二十二、其他支出	19,926	19,926
国有资本经营收入		21	二十三、债务付息支出	93	93
国有资源(资产)有偿使用收入	3,515	141	二十四、债务发行费用支出		
其他收入	418	166			
本 年 收 入 合 计	46,260	44,451	本 年 支 出 合 计	180,215	171,551

2015年度靖宇县一般公共预算收支决算总表(二)

单位:万元

预算科目	决算数	预算科目	决算数
本年收入合计	44,451	本年支出合计	171,551
上级补助收入	117,443	上解上级支出	4,885
返还性收入	1,530	一般性转移支付	3,049
增值税和消费税税收返还收入	1,107	体制上解支出	3,032
所得税基数返还收入	327	出口退税专项上解支出	17
成品油价格和税费改革税收返还收入	96	成品油价格和税费改革专项上解支出	
其他税收返还收入		专项转移支付	1,836
一般性转移支付收入	68,277	专项上解支出	1,836
体制补助收入		计划单列市上解省支出	
均衡性转移支付收入	21,526		
革命老区及民族和边境地区转移支付收入	3,110		
县级基本财力保障机制奖补资金收入	6,590		
结算补助收入	7,068		
化解债务补助收入			
资源枯竭型城市转移支付补助收入			
企业事业单位划转补助收入			
成品油价格和税费改革转移支付补助收入			
基层公检法司转移支付收入	2,744		
义务教育等转移支付收入	1,639		
基本养老保险和低保等转移支付收入	2,346		
新型农村合作医疗等转移支付收入	2,808		
农村综合改革转移支付收入	1,168		
产粮(油)大县奖励资金收入			
重点生态功能区转移支付收入	4,867		
固定数额补助收入	14,141		
其他一般性转移支付收入	270		
专项转移支付收入	47,636		
省补助计划单列市收入			
接受其他地区援助收入		援助其他地区支出	
债务(转贷)收入	17,991	债务还本支出	8,202
		增设预算周转金	
		拨付国债转贷资金数	
国债转贷收入		国债转贷资金结余	
国债转贷资金上年结余			
国债转贷转补助			
上年结余	4,626		
调入预算稳定调节基金		安排预算稳定调节基金	
调入资金	8,791	调出资金	
1.政府性基金调入	2,713	年终结余	8,664
2.国有资本经营调入		其中:本级	8,664
3.其他调入	6,078	减:结转下年的支出	8,664
		其中:本级	8,664
		净结余	
		其中:本级	
收入总计	193,302	支出总计	193,302

2015年度长白县一般公共预算收支决算总表(一)

单位:万元

预算科目	调整预算数	决算数	预算科目	调整预算数	决算数
一、税收收入	21,926	21,926	一、一般公共服务支出	12,845	12,299
增值税	2,085	2,085	二、外交支出		
其中:改征增值税		223	三、国防支出	31	31
营业税	2,685	2,685	四、公共安全支出	12,148	10,829
企业所得税	943	943	五、教育支出	20,814	20,538
企业所得税退税			六、科学技术支出	1,361	1,354
个人所得税	420	420	七、文化体育与传媒支出	3,587	3,335
资源税	192	192	八、社会保障和就业支出	32,582	32,228
城市维护建设税	594	594	九、医疗卫生与计划生育支出	8,064	7,609
房产税	597	597	十、节能环保支出	5,355	5,192
印花税	119	119	十一、城乡社区支出	23,989	23,824
城镇土地使用税	464	464	十二、农林水支出	26,480	25,579
土地增值税	420	420	十三、交通运输支出	5,610	5,595
车船税	182	182	十四、资源勘探信息等支出	2,101	1,949
耕地占用税	12,830	12,830	十五、商业服务业等支出	394	364
契税	395	395	十六、金融支出	9	9
烟叶税			十七、援助其他地区支出		
其他税收收入			十八、国土海洋气象等支出	2,925	2,640
二、非税收入	10,183	10,183	十九、住房保障支出	3,544	3,489
专项收入	1,381	1,381	二十、粮油物资储备支出	70	70
行政事业性收费收入	612	612	二十一、预备费		
罚没收入	1,306	1,306	二十二、其他支出	1,403	1,403
国有资本经营收入	3,677	3,677	二十三、债务付息支出	388	388
国有资源(资产)有偿使用收入	3,059	3,059	二十四、债务发行费用支出		
其他收入	148	148			
本 年 收 入 合 计	32,109	32,109	本 年 支 出 合 计	163,700	158,725

2015年度长白县一般公共预算收支决算总表(二)

单位:万元

预算科目	决算数	预算科目	决算数
本年收入合计	32,109	本年支出合计	158,725
上级补助收入	119,257	上解上级支出	3,565
返还性收入	1,631	一般性转移支付	2,445
增值税和消费税税收返还收入	1,481	体制上解支出	2,431
所得税基数返还收入	59	出口退税专项上解支出	14
成品油价格和税费改革税收返还收入	91	成品油价格和税费改革专项上解支出	
其他税收返还收入		专项转移支付	1,120
一般性转移支付收入	75,691	专项上解支出	1,120
体制补助收入		计划单列市上解省支出	
均衡性转移支付收入	16,845		
革命老区及民族和边境地区转移支付收入	22,192		
县级基本财力保障机制奖补资金收入	2,842		
结算补助收入	526		
化解债务补助收入			
资源枯竭型城市转移支付补助收入			
企业事业单位划转补助收入			
成品油价格和税费改革转移支付补助收入			
基层公检法司转移支付收入	2,204		
义务教育等转移支付收入	1,009		
基本养老保险和低保等转移支付收入	10,538		
新型农村合作医疗等转移支付收入	1,769		
农村综合改革转移支付收入	1,523		
产粮(油)大县奖励资金收入			
重点生态功能区转移支付收入	4,770		
固定数额补助收入	11,427		
其他一般性转移支付收入	46		
专项转移支付收入	41,935		
省补助计划单列市收入			
接受其他地区援助收入		援助其他地区支出	
债务(转贷)收入	21,776	债务还本支出	16,000
		增设预算周转金	
		拨付国债转贷资金数	
国债转贷收入		国债转贷资金结余	
国债转贷资金上年结余			
国债转贷转补助			
上年结余	4,865		
调入预算稳定调节基金		安排预算稳定调节基金	
调入资金	5,258	调出资金	
1.政府性基金调入	2,574	年终结余	4,975
2.国有资本经营调入		其中:本级	4,975
3.其他调入	2,684	减:结转下年的支出	4,975
		其中:本级	4,975
		净结余	
		其中:本级	
收入总计	183,265	支出总计	183,265

2015年度临江市一般公共预算收支决算总表(一)

单位:万元

预算科目	调整预算数	决算数	预算科目	调整预算数	决算数
一、税收收入	44,500	43,390	一、一般公共服务支出	13,711	13,661
增值税	3,100	2,337	二、外交支出		
其中:改征增值税		532	三、国防支出	20	20
营业税	5,000	3,933	四、公共安全支出	10,859	10,859
企业所得税	1,900	2,666	五、教育支出	33,339	33,315
企业所得税退税			六、科学技术支出	1,212	1,212
个人所得税	1,800	558	七、文化体育与传媒支出	5,313	5,313
资源税	2,000	1,030	八、社会保障和就业支出	46,528	46,445
城市维护建设税	1,200	878	九、医疗卫生与计划生育支出	22,208	21,956
房产税	850	749	十、节能环保支出	7,335	7,328
印花税	260	148	十一、城乡社区支出	15,205	15,146
城镇土地使用税	1,000	996	十二、农林水支出	54,261	54,002
土地增值税	1,800	665	十三、交通运输支出	11,836	11,751
车船税	350	351	十四、资源勘探信息等支出	5,402	4,617
耕地占用税	20,500	28,183	十五、商业服务业等支出	2,945	2,945
契税	4,740	896	十六、金融支出		
烟叶税			十七、援助其他地区支出		
其他税收收入			十八、国土海洋气象等支出	1,939	1,866
二、非税收入	18,988	18,943	十九、住房保障支出	21,033	21,033
专项收入	1,500	1,183	二十、粮油物资储备支出	615	543
行政事业性收费收入	3,500	10,067	二十一、预备费		
罚没收入	1,500	1,150	二十二、其他支出	500	500
国有资本经营收入	6,000	14	二十三、债务付息支出	126	126
国有资源(资产)有偿使用收入	6,200	6,145	二十四、债务发行费用支出		
其他收入	288	384			
本 年 收 入 合 计	63,488	62,333	本 年 支 出 合 计	254,387	252,638

2015年度临江市一般公共预算收支决算总表(二)

单位:万元

预算科目	决算数	预算科目	决算数
本年收入合计	62,333	本年支出合计	252,638
上级补助收入	174,410	上解上级支出	4,848
返还性收入	2,427	一般性转移支付	4,004
增值税和消费税税收返还收入	2,201	体制上解支出	3,962
所得税基数返还收入	68	出口退税专项上解支出	42
成品油价格和税费改革税收返还收入	158	成品油价格和税费改革专项上解支出	
其他税收返还收入		专项转移支付	844
一般性转移支付收入	91,067	专项上解支出	844
体制补助收入		计划单列市上解省支出	
均衡性转移支付收入	19,820		
革命老区及民族和边境地区转移支付收入	10,297		
县级基本财力保障机制奖补资金收入	5,137		
结算补助收入	1,580		
化解债务补助收入			
资源枯竭型城市转移支付补助收入			
企业事业单位划转补助收入			
成品油价格和税费改革转移支付补助收入			
基层公检法司转移支付收入	2,189		
义务教育等转移支付收入	1,708		
基本养老保险和低保等转移支付收入	27,429		
新型农村合作医疗等转移支付收入	3,010		
农村综合改革转移支付收入	2,143		
产粮(油)大县奖励资金收入			
重点生态功能区转移支付收入	5,180		
固定数额补助收入	12,464		
其他一般性转移支付收入	110		
专项转移支付收入	80,916		
省补助计划单列市收入			
接受其他地区援助收入		援助其他地区支出	
债务(转贷)收入	4,816	债务还本支出	2,400
		增设预算周转金	
		拨付国债转贷资金数	
国债转贷收入		国债转贷资金结余	
国债转贷资金上年结余			
国债转贷转补助			
上年结余	2,500		
调入预算稳定调节基金		安排预算稳定调节基金	
调入资金	17,576	调出资金	
1.政府性基金调入	1,910	年终结余	1,749
2.国有资本经营调入		其中:本级	1,749
3.其他调入	15,666	减:结转下年的支出	1,749
		其中:本级	1,749
		净结余	
		其中:本级	
收入总计	261,635	支出总计	261,635

2015年度白山市江源区一般公共预算收支决算总表(一)

单位:万元

预算科目	调整预算数	决算数	预算科目	调整预算数	决算数
一、税收收入	50,561	43,695	一、一般公共服务支出	24,222	24,189
增值税	5,685	3,489	二、外交支出		
其中:改征增值税	600	417	三、国防支出	105	105
营业税	8,500	7,548	四、公共安全支出	9,756	9,756
企业所得税	2,000	1,696	五、教育支出	29,322	29,315
企业所得税退税			六、科学技术支出	193	193
个人所得税	1,400	1,108	七、文化体育与传媒支出	1,637	1,637
资源税	2,300	1,707	八、社会保障和就业支出	69,707	62,919
城市维护建设税	2,000	1,400	九、医疗卫生与计划生育支出	16,018	15,296
房产税	1,200	1,055	十、节能环保支出	5,034	4,564
印花税	400	275	十一、城乡社区支出	12,340	12,340
城镇土地使用税	1,300	1,102	十二、农林水支出	17,753	17,753
土地增值税	1,100	2,044	十三、交通运输支出	13,048	13,048
车船税	400	299	十四、资源勘探信息等支出	2,613	2,613
耕地占用税	15,576	14,488	十五、商业服务业等支出	2,201	2,201
契税	8,700	7,373	十六、金融支出	245	245
烟叶税			十七、援助其他地区支出		
其他税收收入		111	十八、国土海洋气象等支出	2,125	2,125
二、非税收入	21,168	25,613	十九、住房保障支出	31,325	31,325
专项收入	3,054	1,791	二十、粮油物资储备支出	210	210
行政事业性收费收入	3,072	1,953	二十一、预备费		
罚没收入	1,545	471	二十二、其他支出	13	13
国有资本经营收入			二十三、债务付息支出	1,080	1,080
国有资源(资产)有偿使用收入	13,291	20,896	二十四、债务发行费用支出		
其他收入	206	502			
本年收入合计	71,729	69,308	本年支出合计	238,947	230,927

2015年度白山市江源区一般公共预算收支决算总表(二)

单位:万元

预算科目	决算数	预算科目	决算数
本 年 收 入 合 计	69,308	本 年 支 出 合 计	230,927
上级补助收入	130,743	上解上级支出	9,479
返还性收入	4,078	一般性转移支付	7,995
增值税和消费税税收返还收入	3,514	体制上解支出	7,942
所得税基数返还收入	394	出口退税专项上解支出	53
成品油价格和税费改革税收返还收入	170	成品油价格和税费改革专项上解支出	
其他税收返还收入		专项转移支付	1,484
一般性转移支付收入	89,195	专项上解支出	1,484
体制补助收入		计划单列市上解省支出	
均衡性转移支付收入	18,986		
革命老区及民族和边境地区转移支付收入	245		
县级基本财力保障机制奖补资金收入	4,243		
结算补助收入	1,137		
化解债务补助收入			
资源枯竭型城市转移支付补助收入			
企业事业单位划转补助收入			
成品油价格和税费改革转移支付补助收入			
基层公检法司转移支付收入	3,307		
义务教育等转移支付收入	1,924		
基本养老保险和低保等转移支付收入	31,827		
新型农村合作医疗等转移支付收入	3,557		
农村综合改革转移支付收入	850		
产粮(油)大县奖励资金收入			
重点生态功能区转移支付收入	6,064		
固定数额补助收入	17,055		
其他一般性转移支付收入			
专项转移支付收入	37,470		
省补助计划单列市收入			
接受其他地区援助收入		援助其他地区支出	
债务(转贷)收入	60,520	债务还本支出	31,700
		增设预算周转金	
		拨付国债转贷资金数	
国债转贷收入		国债转贷资金结余	
国债转贷资金上年结余			
国债转贷转补助			
上年结余	8,830		
调入预算稳定调节基金		安排预算稳定调节基金	
调入资金	10,725	调出资金	
1.政府性基金调入	10,725	年终结余	8,020
2.国有资本经营调入		其中:本级	8,020
3.其他调入		减:结转下年的支出	8,020
		其中:本级	8,020
		净结余	
		其中:本级	
收 入 总 计	280,126	支 出 总 计	280,126

2015年度白山市浑江区一般公共预算收支决算总表(一)

单位:万元

预算科目	调整预算数	决算数	预算科目	调整预算数	决算数
一、税收收入	27,026	28,025	一、一般公共服务支出	10,064	10,064
增值税	3,045	1,494	二、外交支出		
其中:改征增值税	680	466	三、国防支出		
营业税	8,000	3,532	四、公共安全支出	4,679	4,677
企业所得税	1,270	859	五、教育支出	28,713	28,573
企业所得税退税			六、科学技术支出	480	480
个人所得税	930	547	七、文化体育与传媒支出	1,441	1,411
资源税	500	127	八、社会保障和就业支出	31,198	31,198
城市维护建设税	1,510	844	九、医疗卫生与计划生育支出	23,235	23,235
房产税	1,270	1,353	十、节能环保支出	1,485	885
印花税	245	166	十一、城乡社区支出	11,898	11,898
城镇土地使用税	1,090	706	十二、农林水支出	15,373	13,923
土地增值税	630	969	十三、交通运输支出	152	152
车船税	1,650	2,885	十四、资源勘探信息等支出	1,374	1,374
耕地占用税	4,500	10,191	十五、商业服务业等支出	226	226
契税	2,386	4,352	十六、金融支出		
烟叶税			十七、援助其他地区支出		
其他税收收入			十八、国土海洋气象等支出	1,315	1,315
二、非税收入	22,239	19,046	十九、住房保障支出	16,086	16,086
专项收入	1,100	674	二十、粮油物资储备支出		
行政事业性收费收入	11,810	12,542	二十一、预备费		
罚没收入	360	232	二十二、其他支出	57	57
国有资本经营收入	220	1	二十三、债务付息支出	246	246
国有资源(资产)有偿使用收入	8,579	5,411	二十四、债务发行费用支出		
其他收入	170	186			
本年收入合计	49,265	47,071	本年支出合计	148,022	145,800

2015年度白山市浑江区一般公共预算收支决算总表(二)

单位:万元

预算科目	决算数	预算科目	决算数
本年收入合计	47,071	本年支出合计	145,800
上级补助收入	89,519	上解上级支出	384
返还性收入	2,006	一般性转移支付	262
增值税和消费税税收返还收入	1,649	体制上解支出	262
所得税基数返还收入	357	出口退税专项上解支出	
成品油价格和税费改革税收返还收入		成品油价格和税费改革专项上解支出	
其他税收返还收入		专项转移支付	122
一般性转移支付收入	39,922	专项上解支出	122
体制补助收入		计划单列市上解省支出	
均衡性转移支付收入	7,000		
革命老区及民族和边境地区转移支付收入	2,681		
县级基本财力保障机制奖补资金收入	2,278		
结算补助收入	-1,168		
化解债务补助收入			
资源枯竭型城市转移支付补助收入			
企业事业单位划转补助收入			
成品油价格和税费改革转移支付补助收入			
基层公检法司转移支付收入	1,075		
义务教育等转移支付收入	1,274		
基本养老保险和低保等转移支付收入	1,915		
新型农村合作医疗等转移支付收入	5,543		
农村综合改革转移支付收入	811		
产粮(油)大县奖励资金收入			
重点生态功能区转移支付收入	6,905		
固定数额补助收入	11,608		
其他一般性转移支付收入			
专项转移支付收入	47,591		
省补助计划单列市收入			
接受其他地区援助收入		援助其他地区支出	
债务(转贷)收入	18,066	债务还本支出	17,490
		增设预算周转金	
		拨付国债转贷资金数	
国债转贷收入		国债转贷资金结余	
国债转贷资金上年结余			
国债转贷转补助			
上年结余	1,666		
调入预算稳定调节基金		安排预算稳定调节基金	
调入资金	9,574	调出资金	
1.政府性基金调入	4,928	年终结余	2,222
2.国有资本经营调入		其中:本级	2,222
3.其他调入	4,646	减:结转下年的支出	2,222
		其中:本级	2,222
		净结余	
		其中:本级	
收入总计	165,896	支出总计	165,896

2015年度白城市一般公共预算收支决算总表(一)

单位:万元

预算科目	调整预算数	决算数	预算科目	调整预算数	决算数
一、税收收入	254,436	236,146	一、一般公共服务支出	134,209	127,712
增值税	32,980	26,009	二、外交支出		
其中:改征增值税	2,972	4,703	三、国防支出	1,002	1,002
营业税	68,946	70,440	四、公共安全支出	81,208	81,106
企业所得税	21,680	21,554	五、教育支出	291,969	288,870
企业所得税退税			六、科学技术支出	9,800	9,443
个人所得税	8,110	8,341	七、文化体育与传媒支出	33,164	32,363
资源税	11,123	11,196	八、社会保障和就业支出	361,995	358,920
城市维护建设税	16,824	15,267	九、医疗卫生与计划生育支出	178,262	175,309
房产税	7,304	7,017	十、节能环保支出	110,989	97,217
印花税	2,675	2,772	十一、城乡社区支出	160,644	145,416
城镇土地使用税	13,044	12,164	十二、农林水支出	452,610	433,535
土地增值税	21,013	20,879	十三、交通运输支出	94,818	93,479
车船税	5,890	5,842	十四、资源勘探信息等支出	30,161	28,120
耕地占用税	15,355	9,793	十五、商业服务业等支出	10,196	10,122
契税	26,955	22,652	十六、金融支出	346	246
烟叶税	2,537	2,220	十七、援助其他地区支出		
其他税收收入			十八、国土海洋气象等支出	37,692	16,744
二、非税收入	191,165	165,663	十九、住房保障支出	109,222	95,426
专项收入	16,113	19,082	二十、粮油物资储备支出	23,156	22,161
行政事业性收费收入	41,093	49,000	二十一、预备费		
罚没收入	17,466	22,914	二十二、其他支出	4,753	4,653
国有资本经营收入	19,695	1,033	二十三、债务付息支出	8,673	8,673
国有资源(资产)有偿使用收入	88,508	66,889	二十四、债务发行费用支出		
其他收入	8,290	6,745			
本 年 收 入 合 计	445,601	401,809	本 年 支 出 合 计	2,134,869	2,030,517

2015年度白城市一般公共预算收支决算总表(二)

单位:万元

预算科目	决算数	预算科目	决算数
本年收入合计	401,809	本年支出合计	2,030,517
上级补助收入	1,557,275	上解上级支出	35,264
返还性收入	26,150	一般性转移支付	21,849
增值税和消费税税收返还收入	22,190	体制上解支出	21,496
所得税基数返还收入	2,583	出口退税专项上解支出	353
成品油价格和税费改革税收返还收入	1,377	成品油价格和税费改革专项上解支出	
其他税收返还收入		专项转移支付	13,415
一般性转移支付收入	724,897	专项上解支出	13,415
体制补助收入		计划单列市上解省支出	
均衡性转移支付收入	174,567		
革命老区及民族和边境地区转移支付收入	20,521		
县级基本财力保障机制奖补资金收入	60,975		
结算补助收入	20,165		
化解债务补助收入			
资源枯竭型城市转移支付补助收入			
企业事业单位划转补助收入			
成品油价格和税费改革转移支付补助收入			
基层公检法司转移支付收入	16,985		
义务教育等转移支付收入	24,715		
基本养老保险和低保等转移支付收入	150,734		
新型农村合作医疗等转移支付收入	45,271		
农村综合改革转移支付收入	16,511		
产粮(油)大县奖励资金收入	27,679		
重点生态功能区转移支付收入	9,823		
固定数额补助收入	156,951		
其他一般性转移支付收入			
专项转移支付收入	806,228		
省补助计划单列市收入			
接受其他地区援助收入		援助其他地区支出	
债务(转贷)收入	167,781	债务还本支出	96,974
		增设预算周转金	
		拨付国债转贷资金数	
国债转贷收入		国债转贷资金结余	
国债转贷资金上年结余			
国债转贷转补助			
上年结余	46,081		
调入预算稳定调节基金	8,741	安排预算稳定调节基金	
调入资金	85,420	调出资金	
1.政府性基金调入	24,910	年终结余	104,352
2.国有资本经营调入		其中:本级	66,624
3.其他调入	60,510	减:结转下年的支出	104,352
		其中:本级	66,624
		净结余	
		其中:本级	
收入总计	2,267,107	支出总计	2,267,107

2015年度白城市(本级)一般公共预算收支决算总表(一)

单位:万元

预算科目	调整预算数	决算数	预算科目	调整预算数	决算数
一、税收收入	75,235	64,153	一、一般公共服务支出	40,927	35,406
增值税	12,998	7,396	二、外交支出		
其中:改征增值税	20	1,062	三、国防支出	802	802
营业税	8,967	13,648	四、公共安全支出	24,293	24,243
企业所得税	6,222	5,797	五、教育支出	27,826	25,939
企业所得税退税			六、科学技术支出	4,424	4,284
个人所得税	2,798	3,098	七、文化体育与传媒支出	5,866	5,519
资源税	124	88	八、社会保障和就业支出	99,411	99,181
城市维护建设税	7,261	6,640	九、医疗卫生与计划生育支出	28,982	26,732
房产税	3,996	3,172	十、节能环保支出	64,757	57,723
印花税	1,136	1,136	十一、城乡社区支出	80,221	67,561
城镇土地使用税	7,671	6,715	十二、农林水支出	54,685	40,509
土地增值税	3,671	4,003	十三、交通运输支出	15,532	15,253
车船税	1,285	1,314	十四、资源勘探信息等支出	12,409	11,170
耕地占用税	8,534	3,322	十五、商业服务业等支出	984	934
契税	10,222	7,575	十六、金融支出	190	90
烟叶税	350	249	十七、援助其他地区支出		
其他税收收入			十八、国土海洋气象等支出	12,293	6,096
二、非税收入	61,985	59,955	十九、住房保障支出	40,420	26,680
专项收入	6,462	8,103	二十、粮油物资储备支出	4,245	3,521
行政事业性收费收入	21,936	24,859	二十一、预备费		
罚没收入	5,235	6,047	二十二、其他支出	28	28
国有资本经营收入	18,958	792	二十三、债务付息支出	5,835	5,835
国有资源(资产)有偿使用收入	5,883	18,791	二十四、债务发行费用支出		
其他收入	3,511	1,363			
本年收入合计	137,220	124,108	本年支出合计	524,130	457,506

2015年度白城市(本级)一般公共预算收支决算总表(二)

单位:万元

预算科目	决算数	预算科目	决算数
本年收入合计	124,108	本年支出合计	457,506
上级补助收入	302,621	上解上级支出	6,350
返还性收入	10,272	一般性转移支付	976
增值税和消费税税收返还收入	8,337	体制上解支出	973
所得税基数返还收入	1,718	出口退税专项上解支出	3
成品油价格和税费改革税收返还收入	217	成品油价格和税费改革专项上解支出	
其他税收返还收入		专项转移支付	5,374
一般性转移支付收入	105,797	专项上解支出	5,374
体制补助收入		计划单列市上解省支出	
均衡性转移支付收入	28,329		
革命老区及民族和边境地区转移支付收入	2		
县级基本财力保障机制奖补资金收入	1,069		
结算补助收入	16,160		
化解债务补助收入			
资源枯竭型城市转移支付补助收入			
企业事业单位划转补助收入			
成品油价格和税费改革转移支付补助收入			
基层公检法司转移支付收入	2,867		
义务教育等转移支付收入	559		
基本养老保险和低保等转移支付收入	54,059		
新型农村合作医疗等转移支付收入	4,763		
农村综合改革转移支付收入	1,690		
产粮(油)大县奖励资金收入	2,295		
重点生态功能区转移支付收入			
固定数额补助收入	-6,233		
其他一般性转移支付收入	237		
专项转移支付收入	186,552		
省补助计划单列市收入			
接受其他地区援助收入		援助其他地区支出	
债务(转贷)收入	106,936	债务还本支出	60,732
		增设预算周转金	
		拨付国债转贷资金数	
国债转贷收入		国债转贷资金结余	
国债转贷资金上年结余			
国债转贷转补助			
上年结余	24,704		
调入预算稳定调节基金	8,741	安排预算稳定调节基金	
调入资金	24,102	调出资金	
1.政府性基金调入	8,873	年终结余	66,624
2.国有资本经营调入		其中:本级	66,624
3.其他调入	15,229	减:结转下年的支出	66,624
		其中:本级	66,624
		净结余	
		其中:本级	
收入总计	591,212	支出总计	591,212

2015年度白城市区县合计一般公共预算收支决算总表(一)

单位:万元

预算科目	调整预算数	决算数	预算科目	调整预算数	决算数
一、税收收入	179,201	171,993	一、一般公共服务支出	93,282	92,306
增值税	19,982	18,613	二、外交支出		
其中:改征增值税	2,952	3,641	三、国防支出	200	200
营业税	59,979	56,792	四、公共安全支出	56,915	56,863
企业所得税	15,458	15,757	五、教育支出	264,143	262,931
企业所得税退税			六、科学技术支出	5,376	5,159
个人所得税	5,312	5,243	七、文化体育与传媒支出	27,298	26,844
资源税	10,999	11,108	八、社会保障和就业支出	262,584	259,739
城市维护建设税	9,563	8,627	九、医疗卫生与计划生育支出	149,280	148,577
房产税	3,308	3,845	十、节能环保支出	46,232	39,494
印花税	1,539	1,636	十一、城乡社区支出	80,423	77,855
城镇土地使用税	5,373	5,449	十二、农林水支出	397,925	393,026
土地增值税	17,342	16,876	十三、交通运输支出	79,286	78,226
车船税	4,605	4,528	十四、资源勘探信息等支出	17,752	16,950
耕地占用税	6,821	6,471	十五、商业服务业等支出	9,212	9,188
契税	16,733	15,077	十六、金融支出	156	156
烟叶税	2,187	1,971	十七、援助其他地区支出		
其他税收收入			十八、国土海洋气象等支出	25,399	10,648
二、非税收入	129,180	105,708	十九、住房保障支出	68,802	68,746
专项收入	9,651	10,979	二十、粮油物资储备支出	18,911	18,640
行政事业性收费收入	19,157	24,141	二十一、预备费		
罚没收入	12,231	16,867	二十二、其他支出	4,725	4,625
国有资本经营收入	737	241	二十三、债务付息支出	2,838	2,838
国有资源(资产)有偿使用收入	82,625	48,098	二十四、债务发行费用支出		
其他收入	4,779	5,382			
本年收入合计	308,381	277,701	本年支出合计	1,610,739	1,573,011

2015年度白城市区县合计一般公共预算收支决算总表(二)

单位:万元

预算科目	决算数	预算科目	决算数
本 年 收 入 合 计	277,701	本 年 支 出 合 计	1,573,011
上级补助收入	1,254,654	上解上级支出	28,914
返还性收入	15,878	一般性转移支付	20,873
增值税和消费税税收返还收入	13,853	体制上解支出	20,523
所得税基数返还收入	865	出口退税专项上解支出	350
成品油价格和税费改革税收返还收入	1,160	成品油价格和税费改革专项上解支出	
其他税收返还收入		专项转移支付	8,041
一般性转移支付收入	619,100	专项上解支出	8,041
体制补助收入		计划单列市上解省支出	
均衡性转移支付收入	146,238		
革命老区及民族和边境地区转移支付收入	20,519		
县级基本财力保障机制奖补资金收入	59,906		
结算补助收入	4,005		
化解债务补助收入			
资源枯竭型城市转移支付补助收入			
企业事业单位划转补助收入			
成品油价格和税费改革转移支付补助收入			
基层公检法司转移支付收入	14,118		
义务教育等转移支付收入	24,156		
基本养老保险和低保等转移支付收入	96,675		
新型农村合作医疗等转移支付收入	40,508		
农村综合改革转移支付收入	14,821		
产粮(油)大县奖励资金收入	25,384		
重点生态功能区转移支付收入	9,823		
固定数额补助收入	163,184		
其他一般性转移支付收入	-237		
专项转移支付收入	619,676		
省补助计划单列市收入			
接受其他地区援助收入		援助其他地区支出	
债务(转贷)收入	60,845	债务还本支出	36,242
		增设预算周转金	
		拨付国债转贷资金数	
国债转贷收入		国债转贷资金结余	
国债转贷资金上年结余			
国债转贷转补助			
上年结余	21,377		
调入预算稳定调节基金		安排预算稳定调节基金	
调入资金	61,318	调出资金	
1.政府性基金调入	16,037	年终结余	37,728
2.国有资本经营调入		其中:本级	37,728
3.其他调入	45,281	减:结转下年的支出	37,728
		其中:本级	37,728
		净结余	
		其中:本级	
收 入 总 计	1,675,895	支 出 总 计	1,675,895

2015年度洮南市一般公共预算收支决算总表(一)

单位:万元

预算科目	调整预算数	决算数	预算科目	调整预算数	决算数
一、税收收入	37,101	37,291	一、一般公共服务支出	20,141	20,141
增值税	3,258	3,649	二、外交支出		
其中:改征增值税	969	701	三、国防支出		
营业税	14,749	15,280	四、公共安全支出	10,678	10,678
企业所得税	3,770	4,559	五、教育支出	42,164	42,164
企业所得税退税			六、科学技术支出	2,394	2,394
个人所得税	1,172	955	七、文化体育与传媒支出	11,554	11,554
资源税	29	76	八、社会保障和就业支出	83,234	83,234
城市维护建设税	2,070	1,931	九、医疗卫生与计划生育支出	34,553	34,553
房产税	693	709	十、节能环保支出	12,655	12,655
印花税	368	413	十一、城乡社区支出	17,144	17,037
城镇土地使用税	1,691	1,617	十二、农林水支出	92,116	92,116
土地增值税	2,185	3,182	十三、交通运输支出	13,271	13,271
车船税	834	1,112	十四、资源勘探信息等支出	11,785	11,785
耕地占用税	1,955	319	十五、商业服务业等支出	2,170	2,170
契税	4,269	3,449	十六、金融支出	5	5
烟叶税	58	40	十七、援助其他地区支出		
其他税收收入			十八、国土海洋气象等支出	1,016	1,016
二、非税收入	31,887	31,597	十九、住房保障支出	18,009	18,009
专项收入	2,987	3,270	二十、粮油物资储备支出	7,091	7,091
行政事业性收费收入	3,200	3,918	二十一、预备费		
罚没收入	2,300	2,390	二十二、其他支出	4,339	4,339
国有资本经营收入			二十三、债务付息支出	1,575	1,575
国有资源(资产)有偿使用收入	23,400	21,519	二十四、债务发行费用支出		
其他收入		500			
本 年 收 入 合 计	68,988	68,888	本 年 支 出 合 计	385,894	385,787

2015年度洮南市一般公共预算收支决算总表(二)

单位:万元

预算科目	决算数	预算科目	决算数
本年收入合计	68,888	本年支出合计	385,787
上级补助收入	302,165	上解上级支出	3,755
返还性收入	4,415	一般性转移支付	2,645
增值税和消费税税收返还收入	4,095	体制上解支出	2,595
所得税基数返还收入	211	出口退税专项上解支出	50
成品油价格和税费改革税收返还收入	109	成品油价格和税费改革专项上解支出	
其他税收返还收入		专项转移支付	1,110
一般性转移支付收入	138,583	专项上解支出	1,110
体制补助收入		计划单列市上解省支出	
均衡性转移支付收入	39,049		
革命老区及民族和边境地区转移支付收入	2,685		
县级基本财力保障机制奖补资金收入	12,863		
结算补助收入	1,512		
化解债务补助收入			
资源枯竭型城市转移支付补助收入			
企业事业单位划转补助收入			
成品油价格和税费改革转移支付补助收入			
基层公检法司转移支付收入	3,379		
义务教育等转移支付收入	5,841		
基本养老保险和低保等转移支付收入	29,819		
新型农村合作医疗等转移支付收入	10,344		
农村综合改革转移支付收入	2,445		
产粮(油)大县奖励资金收入	5,910		
重点生态功能区转移支付收入			
固定数额补助收入	24,816		
其他一般性转移支付收入	-80		
专项转移支付收入	159,167		
省补助计划单列市收入			
接受其他地区援助收入		援助其他地区支出	
债务(转贷)收入	6,424	债务还本支出	1,572
		增设预算周转金	
		拨付国债转贷资金数	
国债转贷收入		国债转贷资金结余	
国债转贷资金上年结余			
国债转贷转补助			
上年结余	134		
调入预算稳定调节基金		安排预算稳定调节基金	
调入资金	13,610	调出资金	
1.政府性基金调入	5,100	年终结余	107
2.国有资本经营调入		其中:本级	107
3.其他调入	8,510	减:结转下年的支出	107
		其中:本级	107
		净结余	
		其中:本级	
收入总计	391,221	支出总计	391,221

2015年度大安市一般公共预算收支决算总表(一)

单位:万元

预算科目	调整预算数	决算数	预算科目	调整预算数	决算数
一、税收收入	52,318	51,229	一、一般公共服务支出	14,929	14,556
增值税	9,200	8,621	二、外交支出		
其中:改征增值税	1,150	1,234	三、国防支出		
营业税	12,000	12,393	四、公共安全支出	11,877	11,837
企业所得税	6,120	5,387	五、教育支出	67,296	66,811
企业所得税退税			六、科学技术支出	1,008	993
个人所得税	1,020	1,024	七、文化体育与传媒支出	4,430	4,156
资源税	8,350	8,525	八、社会保障和就业支出	62,549	61,379
城市维护建设税	3,500	2,994	九、医疗卫生与计划生育支出	43,356	42,653
房产税	608	727	十、节能环保支出	12,747	6,374
印花税	400	477	十一、城乡社区支出	17,870	16,479
城镇土地使用税	540	822	十二、农林水支出	74,669	72,644
土地增值税	4,200	4,050	十三、交通运输支出	40,501	39,441
车船税	500	676	十四、资源勘探信息等支出	3,733	3,066
耕地占用税	1,500	1,362	十五、商业服务业等支出	1,522	1,510
契税	2,980	2,969	十六、金融支出	146	146
烟叶税	1,400	1,202	十七、援助其他地区支出		
其他税收收入			十八、国土海洋气象等支出	16,518	1,767
二、非税收入	18,100	19,189	十九、住房保障支出	16,022	16,022
专项收入	2,900	3,150	二十、粮油物资储备支出	2,371	2,335
行政事业性收费收入	6,300	9,394	二十一、预备费		
罚没收入	1,650	3,266	二十二、其他支出		
国有资本经营收入			二十三、债务付息支出	429	429
国有资源(资产)有偿使用收入	7,250	3,376	二十四、债务发行费用支出		
其他收入		3			
本年收入合计	70,418	70,418	本年支出合计	391,973	362,598

2015年度大安市一般公共预算收支决算总表(二)

单位:万元

预算科目	决算数	预算科目	决算数
本年收入合计	70,418	本年支出合计	362,598
上级补助收入	281,785	上解上级支出	10,216
返还性收入	4,086	一般性转移支付	8,584
增值税和消费税税收返还收入	3,724	体制上解支出	8,415
所得税基数返还收入	39	出口退税专项上解支出	169
成品油价格和税费改革税收返还收入	323	成品油价格和税费改革专项上解支出	
其他税收返还收入		专项转移支付	1,632
一般性转移支付收入	137,136	专项上解支出	1,632
体制补助收入		计划单列市上解省支出	
均衡性转移支付收入	33,101		
革命老区及民族和边境地区转移支付收入	5,660		
县级基本财力保障机制奖补资金收入	15,978		
结算补助收入	-618		
化解债务补助收入			
资源枯竭型城市转移支付补助收入			
企业事业单位划转补助收入			
成品油价格和税费改革转移支付补助收入			
基层公检法司转移支付收入	3,164		
义务教育等转移支付收入	4,938		
基本养老保险和低保等转移支付收入	29,952		
新型农村合作医疗等转移支付收入	8,176		
农村综合改革转移支付收入	2,188		
产粮(油)大县奖励资金收入	4,495		
重点生态功能区转移支付收入	101		
固定数额补助收入	30,065		
其他一般性转移支付收入	-64		
专项转移支付收入	140,563		
省补助计划单列市收入			
接受其他地区援助收入		援助其他地区支出	
债务(转贷)收入	32,925	债务还本支出	14,412
		增设预算周转金	
		拨付国债转贷资金数	
国债转贷收入		国债转贷资金结余	
国债转贷资金上年结余			
国债转贷转补助			
上年结余	14,258		
调入预算稳定调节基金		安排预算稳定调节基金	
调入资金	17,215	调出资金	
1.政府性基金调入	9,469	年终结余	29,375
2.国有资本经营调入		其中:本级	29,375
3.其他调入	7,746	减:结转下年的支出	29,375
		其中:本级	29,375
		净结余	
		其中:本级	
收入总计	416,601	支出总计	416,601

2015年度镇赉县一般公共预算收支决算总表(一)

单位:万元

预算科目	调整预算数	决算数	预算科目	调整预算数	决算数
一、税收收入	38,264	38,264	一、一般公共服务支出	25,920	25,920
增值税	3,945	3,945	二、外交支出		
其中:改征增值税	833	833	三、国防支出		
营业税	12,058	12,058	四、公共安全支出	15,823	15,823
企业所得税	3,038	3,038	五、教育支出	48,769	48,269
企业所得税退税			六、科学技术支出	1,003	1,003
个人所得税	1,057	1,057	七、文化体育与传媒支出	3,154	3,154
资源税	2,483	2,483	八、社会保障和就业支出	36,283	36,283
城市维护建设税	1,558	1,558	九、医疗卫生与计划生育支出	21,772	21,772
房产税	886	886	十、节能环保支出	3,722	3,722
印花税	290	290	十一、城乡社区支出	25,409	24,409
城镇土地使用税	1,696	1,696	十二、农林水支出	73,672	73,672
土地增值税	5,111	5,111	十三、交通运输支出	7,699	7,699
车船税	884	884	十四、资源勘探信息等支出	774	774
耕地占用税	940	940	十五、商业服务业等支出	641	641
契税	3,589	3,589	十六、金融支出	5	5
烟叶税	729	729	十七、援助其他地区支出		
其他税收收入			十八、国土海洋气象等支出	5,095	5,095
二、非税收入	29,626	29,626	十九、住房保障支出	11,047	11,047
专项收入	2,143	2,143	二十、粮油物资储备支出	4,294	4,294
行政事业性收费收入	3,816	3,816	二十一、预备费		
罚没收入	4,825	4,825	二十二、其他支出	286	286
国有资本经营收入			二十三、债务付息支出	610	610
国有资源(资产)有偿使用收入	14,063	14,063	二十四、债务发行费用支出		
其他收入	4,779	4,779			
本年收入合计	67,890	67,890	本年支出合计	285,978	284,478

2015年度镇赉县一般公共预算收支决算总表(二)

单位:万元

预算科目	决算数	预算科目	决算数
本年收入合计	67,890	本年支出合计	284,478
上级补助收入	214,966	上解上级支出	9,567
返还性收入	3,907	一般性转移支付	6,403
增值税和消费税税收返还收入	3,299	体制上解支出	6,393
所得税基数返还收入	126	出口退税专项上解支出	10
成品油价格和税费改革税收返还收入	482	成品油价格和税费改革专项上解支出	
其他税收返还收入		专项转移支付	3,164
一般性转移支付收入	113,426	专项上解支出	3,164
体制补助收入		计划单列市上解省支出	
均衡性转移支付收入	24,854		
革命老区及民族和边境地区转移支付收入	4,874		
县级基本财力保障机制奖补资金收入	11,117		
结算补助收入	651		
化解债务补助收入			
资源枯竭型城市转移支付补助收入			
企业事业单位划转补助收入			
成品油价格和税费改革转移支付补助收入			
基层公检法司转移支付收入	3,283		
义务教育等转移支付收入	4,341		
基本养老保险和低保等转移支付收入	16,777		
新型农村合作医疗等转移支付收入	6,720		
农村综合改革转移支付收入	6,671		
产粮(油)大县奖励资金收入	7,569		
重点生态功能区转移支付收入	1,265		
固定数额补助收入	25,849		
其他一般性转移支付收入	-545		
专项转移支付收入	97,633		
省补助计划单列市收入			
接受其他地区援助收入		援助其他地区支出	
债务(转贷)收入	2,424	债务还本支出	2,837
		增设预算周转金	
		拨付国债转贷资金数	
国债转贷收入		国债转贷资金结余	
国债转贷资金上年结余			
国债转贷转补助			
上年结余	1,500		
调入预算稳定调节基金		安排预算稳定调节基金	
调入资金	11,602	调出资金	
1.政府性基金调入		年终结余	1,500
2.国有资本经营调入		其中:本级	1,500
3.其他调入	11,602	减:结转下年的支出	1,500
		其中:本级	1,500
		净结余	
		其中:本级	
收入总计	298,382	支出总计	298,382

2015年度通榆县一般公共预算收支决算总表(一)

单位:万元

预算科目	调整预算数	决算数	预算科目	调整预算数	决算数
一、税收收入	35,500	28,125	一、一般公共服务支出	19,106	18,546
增值税	2,980	1,853	二、外交支出		
其中:改征增值税		550	三、国防支出	125	125
营业税	17,120	12,703	四、公共安全支出	12,537	12,537
企业所得税	1,250	1,806	五、教育支出	60,129	60,129
企业所得税退税			六、科学技术支出	306	306
个人所得税	400	588	七、文化体育与传媒支出	6,419	6,419
资源税	50	6	八、社会保障和就业支出	46,564	46,533
城市维护建设税	1,400	1,168	九、医疗卫生与计划生育支出	29,185	29,185
房产税	600	799	十、节能环保支出	14,485	14,485
印花税	300	253	十一、城乡社区支出	14,406	14,406
城镇土地使用税	1,000	820	十二、农林水支出	116,577	116,577
土地增值税	5,000	3,136	十三、交通运输支出	14,244	14,244
车船税	1,500	913	十四、资源勘探信息等支出	604	494
耕地占用税	900	2,284	十五、商业服务业等支出	3,636	3,636
契税	3,000	1,796	十六、金融支出		
烟叶税			十七、援助其他地区支出		
其他税收收入			十八、国土海洋气象等支出	2,695	2,695
二、非税收入	45,500	22,404	十九、住房保障支出	16,422	16,422
专项收入	850	1,676	二十、粮油物资储备支出	3,613	3,613
行政事业性收费收入	4,700	6,428	二十一、预备费		
罚没收入	2,800	5,668	二十二、其他支出	100	
国有资本经营收入			二十三、债务付息支出	224	224
国有资源(资产)有偿使用收入	37,150	8,632	二十四、债务发行费用支出		
其他收入					
本 年 收 入 合 计	81,000	50,529	本 年 支 出 合 计	361,377	360,576

2015年度通榆县一般公共预算收支决算总表(二)

单位:万元

预算科目	决算数	预算科目	决算数
本年收入合计	50,529	本年支出合计	360,576
上级补助收入	299,530	上解上级支出	4,510
返还性收入	1,602	一般性转移支付	3,026
增值税和消费税税收返还收入	1,413	体制上解支出	2,905
所得税基数返还收入	75	出口退税专项上解支出	121
成品油价格和税费改革税收返还收入	114	成品油价格和税费改革专项上解支出	
其他税收返还收入		专项转移支付	1,484
一般性转移支付收入	137,874	专项上解支出	1,484
体制补助收入		计划单列市上解省支出	
均衡性转移支付收入	35,726		
革命老区及民族和边境地区转移支付收入	5,342		
县级基本财力保障机制奖补资金收入	15,290		
结算补助收入	1,361		
化解债务补助收入			
资源枯竭型城市转移支付补助收入			
企业事业单位划转补助收入			
成品油价格和税费改革转移支付补助收入			
基层公检法司转移支付收入	3,231		
义务教育等转移支付收入	5,714		
基本养老保险和低保等转移支付收入	19,436		
新型农村合作医疗等转移支付收入	8,688		
农村综合改革转移支付收入	2,310		
产粮(油)大县奖励资金收入	4,504		
重点生态功能区转移支付收入	8,457		
固定数额补助收入	27,784		
其他一般性转移支付收入	31		
专项转移支付收入	160,054		
省补助计划单列市收入			
接受其他地区援助收入		援助其他地区支出	
债务(转贷)收入	19,072	债务还本支出	17,421
		增设预算周转金	
		拨付国债转贷资金数	
国债转贷收入		国债转贷资金结余	
国债转贷资金上年结余			
国债转贷转补助			
上年结余	69		
调入预算稳定调节基金		安排预算稳定调节基金	
调入资金	14,108	调出资金	
1.政府性基金调入		年终结余	801
2.国有资本经营调入		其中:本级	801
3.其他调入	14,108	减:结转下年的支出	801
		其中:本级	801
		净结余	
		其中:本级	
收入总计	383,308	支出总计	383,308

2015年度白城市洮北区一般公共预算收支决算总表(一)

单位:万元

预算科目	调整预算数	决算数	预算科目	调整预算数	决算数
一、税收收入	16,018	17,084	一、一般公共服务支出	13,186	13,143
增值税	599	545	二、外交支出		
其中:改征增值税		323	三、国防支出	75	75
营业税	4,052	4,358	四、公共安全支出	6,000	5,988
企业所得税	1,280	967	五、教育支出	45,785	45,558
企业所得税退税			六、科学技术支出	665	463
个人所得税	1,663	1,619	七、文化体育与传媒支出	1,741	1,561
资源税	87	18	八、社会保障和就业支出	33,954	32,310
城市维护建设税	1,035	976	九、医疗卫生与计划生育支出	20,414	20,414
房产税	521	724	十、节能环保支出	2,623	2,258
印花税	181	203	十一、城乡社区支出	5,594	5,524
城镇土地使用税	446	494	十二、农林水支出	40,891	38,017
土地增值税	846	1,397	十三、交通运输支出	3,571	3,571
车船税	887	943	十四、资源勘探信息等支出	856	831
耕地占用税	1,526	1,566	十五、商业服务业等支出	1,243	1,231
契税	2,895	3,274	十六、金融支出		
烟叶税			十七、援助其他地区支出		
其他税收收入			十八、国土海洋气象等支出	75	75
二、非税收入	4,067	2,892	十九、住房保障支出	7,302	7,246
专项收入	771	740	二十、粮油物资储备支出	1,542	1,307
行政事业性收费收入	1,141	585	二十一、预备费		
罚没收入	656	718	二十二、其他支出		
国有资本经营收入	737	241	二十三、债务付息支出		
国有资源(资产)有偿使用收入	762	508	二十四、债务发行费用支出		
其他收入		100			
本 年 收 入 合 计	20,085	19,976	本 年 支 出 合 计	185,517	179,572

2015年度白城市洮北区一般公共预算收支决算总表(二)

单位:万元

预算科目	决算数	预算科目	决算数
本年收入合计	19,976	本年支出合计	179,572
上级补助收入	156,208	上解上级支出	866
返还性收入	1,868	一般性转移支付	215
增值税和消费税税收返还收入	1,322	体制上解支出	215
所得税基数返还收入	414	出口退税专项上解支出	
成品油价格和税费改革税收返还收入	132	成品油价格和税费改革专项上解支出	
其他税收返还收入		专项转移支付	651
一般性转移支付收入	92,081	专项上解支出	651
体制补助收入		计划单列市上解省支出	
均衡性转移支付收入	13,508		
革命老区及民族和边境地区转移支付收入	1,958		
县级基本财力保障机制奖补资金收入	4,658		
结算补助收入	1,099		
化解债务补助收入			
资源枯竭型城市转移支付补助收入			
企业事业单位划转补助收入			
成品油价格和税费改革转移支付补助收入			
基层公检法司转移支付收入	1,061		
义务教育等转移支付收入	3,322		
基本养老保险和低保等转移支付收入	691		
新型农村合作医疗等转移支付收入	6,580		
农村综合改革转移支付收入	1,207		
产粮(油)大县奖励资金收入	2,906		
重点生态功能区转移支付收入			
固定数额补助收入	54,670		
其他一般性转移支付收入	421		
专项转移支付收入	62,259		
省补助计划单列市收入			
接受其他地区援助收入		援助其他地区支出	
债务(转贷)收入		债务还本支出	
		增设预算周转金	
		拨付国债转贷资金数	
国债转贷收入		国债转贷资金结余	
国债转贷资金上年结余			
国债转贷转补助			
上年结余	5,416		
调入预算稳定调节基金		安排预算稳定调节基金	
调入资金	4,783	调出资金	
1.政府性基金调入	1,468	年终结余	5,945
2.国有资本经营调入		其中:本级	5,945
3.其他调入	3,315	减:结转下年的支出	5,945
		其中:本级	5,945
		净结余	
		其中:本级	
收入总计	186,383	支出总计	186,383

2015年度松原市一般公共预算收支决算总表(一)

单位:万元

预算科目	调整预算数	决算数	预算科目	调整预算数	决算数
一、税收收入	328,622	302,749	一、一般公共服务支出	143,731	140,937
增值税	51,357	40,490	二、外交支出		
其中:改征增值税	4,750	6,044	三、国防支出	3,545	2,946
营业税	74,153	76,900	四、公共安全支出	103,689	100,893
企业所得税	18,844	19,702	五、教育支出	340,561	325,241
企业所得税退税			六、科学技术支出	2,220	2,099
个人所得税	8,755	8,564	七、文化体育与传媒支出	35,242	29,417
资源税	58,186	44,260	八、社会保障和就业支出	277,194	274,065
城市维护建设税	25,435	23,478	九、医疗卫生与计划生育支出	185,631	180,611
房产税	11,236	11,559	十、节能环保支出	71,016	57,464
印花税	4,114	4,156	十一、城乡社区支出	151,728	147,704
城镇土地使用税	15,289	15,352	十二、农林水支出	356,043	305,845
土地增值税	16,847	16,815	十三、交通运输支出	96,098	92,955
车船税	10,068	10,125	十四、资源勘探信息等支出	28,898	26,539
耕地占用税	6,586	4,955	十五、商业服务业等支出	8,262	8,170
契税	27,252	26,070	十六、金融支出	189	189
烟叶税	500	323	十七、援助其他地区支出		
其他税收收入			十八、国土海洋气象等支出	82,076	45,752
二、非税收入	181,072	199,334	十九、住房保障支出	69,396	52,415
专项收入	32,387	33,616	二十、粮油物资储备支出	41,734	28,357
行政事业性收费收入	42,695	47,659	二十一、预备费		
罚没收入	21,122	19,775	二十二、其他支出	2,395	1,395
国有资本经营收入			二十三、债务付息支出	6,268	6,268
国有资源(资产)有偿使用收入	83,861	94,974	二十四、债务发行费用支出		
其他收入	1,007	3,310			
本 年 收 入 合 计	509,694	502,083	本 年 支 出 合 计	2,005,916	1,829,262

2015年度松原市一般公共预算收支决算总表(二)

单位:万元

预算科目	决算数	预算科目	决算数
本年收入合计	502,083	本年支出合计	1,829,262
上级补助收入	1,338,223	上解上级支出	67,076
返还性收入	29,869	一般性转移支付	42,809
增值税和消费税税收返还收入	25,233	体制上解支出	42,555
所得税基数返还收入	3,255	出口退税专项上解支出	254
成品油价格和税费改革税收返还收入	1,381	成品油价格和税费改革专项上解支出	
其他税收返还收入		专项转移支付	24,267
一般性转移支付收入	677,165	专项上解支出	24,267
体制补助收入		计划单列市上解省支出	
均衡性转移支付收入	142,960		
革命老区及民族和边境地区转移支付收入	16,899		
县级基本财力保障机制奖补资金收入	72,748		
结算补助收入	22,383		
化解债务补助收入			
资源枯竭型城市转移支付补助收入			
企业事业单位划转补助收入			
成品油价格和税费改革转移支付补助收入			
基层公检法司转移支付收入	15,816		
义务教育等转移支付收入	32,019		
基本养老保险和低保等转移支付收入	87,558		
新型农村合作医疗等转移支付收入	62,998		
农村综合改革转移支付收入	15,776		
产粮(油)大县奖励资金收入	45,972		
重点生态功能区转移支付收入	671		
固定数额补助收入	161,365		
其他一般性转移支付收入			
专项转移支付收入	631,189		
省补助计划单列市收入			
接受其他地区援助收入		援助其他地区支出	
债务(转贷)收入	144,004	债务还本支出	89,861
		增设预算周转金	
		拨付国债转贷资金数	
国债转贷收入		国债转贷资金结余	110
国债转贷资金上年结余	110		
国债转贷转补助			
上年结余	67,460		
调入预算稳定调节基金	9,586	安排预算稳定调节基金	43,039
调入资金	144,536	调出资金	
1.政府性基金调入	72,205	年终结余	176,654
2.国有资本经营调入		其中:本级	47,403
3.其他调入	72,331	减:结转下年的支出	176,654
		其中:本级	47,403
		净结余	
		其中:本级	
收入总计	2,206,002	支出总计	2,206,002

2015年度松原市(本级)一般公共预算收支决算总表(一)

单位:万元

预算科目	调整预算数	决算数	预算科目	调整预算数	决算数
一、税收收入	96,010	96,901	一、一般公共服务支出	48,395	47,221
增值税	8,003	8,014	二、外交支出		
其中:改征增值税	1,713	1,722	三、国防支出	2,376	2,326
营业税	19,247	19,757	四、公共安全支出	39,157	39,047
企业所得税	5,727	5,869	五、教育支出	52,898	51,583
企业所得税退税			六、科学技术支出	757	687
个人所得税	3,127	3,158	七、文化体育与传媒支出	7,185	7,185
资源税	6,701	6,403	八、社会保障和就业支出	42,784	41,117
城市维护建设税	14,243	14,377	九、医疗卫生与计划生育支出	30,074	27,968
房产税	5,124	5,184	十、节能环保支出	43,959	39,569
印花税	1,631	1,649	十一、城乡社区支出	87,443	86,769
城镇土地使用税	9,208	9,223	十二、农林水支出	55,472	42,405
土地增值税	5,286	5,288	十三、交通运输支出	34,651	33,892
车船税	4,135	4,216	十四、资源勘探信息等支出	22,209	21,092
耕地占用税	950	951	十五、商业服务业等支出	1,532	1,501
契税	12,628	12,812	十六、金融支出	101	101
烟叶税			十七、援助其他地区支出		
其他税收收入			十八、国土海洋气象等支出	13,777	5,958
二、非税收入	87,942	86,551	十九、住房保障支出	36,029	23,249
专项收入	18,474	19,626	二十、粮油物资储备支出	10,431	10,357
行政事业性收费收入	17,020	17,957	二十一、预备费		
罚没收入	9,078	9,346	二十二、其他支出	250	50
国有资本经营收入			二十三、债务付息支出	2,369	2,369
国有资源(资产)有偿使用收入	42,979	38,986	二十四、债务发行费用支出		
其他收入	391	636			
本 年 收 入 合 计	183,952	183,452	本 年 支 出 合 计	531,849	484,446

2015年度松原市(本级)一般公共预算收支决算总表(二)

单位:万元

预算科目	决算数	预算科目	决算数
本年收入合计	183,452	本年支出合计	484,446
上级补助收入	251,694	上解上级支出	17,869
返还性收入	7,687	一般性转移支付	6,321
增值税和消费税税收返还收入	5,346	体制上解支出	6,231
所得税基数返还收入	2,057	出口退税专项上解支出	90
成品油价格和税费改革税收返还收入	284	成品油价格和税费改革专项上解支出	
其他税收返还收入		专项转移支付	11,548
一般性转移支付收入	64,433	专项上解支出	11,548
体制补助收入		计划单列市上解省支出	
均衡性转移支付收入	12,052		
革命老区及民族和边境地区转移支付收入			
县级基本财力保障机制奖补资金收入	101		
结算补助收入	23,465		
化解债务补助收入			
资源枯竭型城市转移支付补助收入			
企业事业单位划转补助收入			
成品油价格和税费改革转移支付补助收入			
基层公检法司转移支付收入	2,266		
义务教育等转移支付收入	3,532		
基本养老保险和低保等转移支付收入	5,818		
新型农村合作医疗等转移支付收入	5,369		
农村综合改革转移支付收入			
产粮(油)大县奖励资金收入	202		
重点生态功能区转移支付收入			
固定数额补助收入	31,985		
其他一般性转移支付收入	-20,357		
专项转移支付收入	179,574		
省补助计划单列市收入			
接受其他地区援助收入		援助其他地区支出	
债务(转贷)收入	109,801	债务还本支出	79,388
		增设预算周转金	
		拨付国债转贷资金数	
国债转贷收入		国债转贷资金结余	
国债转贷资金上年结余			
国债转贷转补助			
上年结余	16,687		
调入预算稳定调节基金	5,125	安排预算稳定调节基金	2,756
调入资金	65,103	调出资金	
1.政府性基金调入	47,513	年终结余	47,403
2.国有资本经营调入		其中:本级	47,403
3.其他调入	17,590	减:结转下年的支出	47,403
		其中:本级	47,403
		净结余	
		其中:本级	
收入总计	631,862	支出总计	631,862

2015年度松原市区县合计一般公共预算收支决算总表(一)

单位:万元

预算科目	调整预算数	决算数	预算科目	调整预算数	决算数
一、税收收入	232,612	205,848	一、一般公共服务支出	95,336	93,716
增值税	43,354	32,476	二、外交支出		
其中:改征增值税	3,037	4,322	三、国防支出	1,169	620
营业税	54,906	57,143	四、公共安全支出	64,532	61,846
企业所得税	13,117	13,833	五、教育支出	287,663	273,658
企业所得税退税			六、科学技术支出	1,463	1,412
个人所得税	5,628	5,406	七、文化体育与传媒支出	28,057	22,232
资源税	51,485	37,857	八、社会保障和就业支出	234,410	232,948
城市维护建设税	11,192	9,101	九、医疗卫生与计划生育支出	155,557	152,643
房产税	6,112	6,375	十、节能环保支出	27,057	17,895
印花税	2,483	2,507	十一、城乡社区支出	64,285	60,935
城镇土地使用税	6,081	6,129	十二、农林水支出	300,571	263,440
土地增值税	11,561	11,527	十三、交通运输支出	61,447	59,063
车船税	5,933	5,909	十四、资源勘探信息等支出	6,689	5,447
耕地占用税	5,636	4,004	十五、商业服务业等支出	6,730	6,669
契税	14,624	13,258	十六、金融支出	88	88
烟叶税	500	323	十七、援助其他地区支出		
其他税收收入			十八、国土海洋气象等支出	68,299	39,794
二、非税收入	93,130	112,783	十九、住房保障支出	33,367	29,166
专项收入	13,913	13,990	二十、粮油物资储备支出	31,303	18,000
行政事业性收费收入	25,675	29,702	二十一、预备费		
罚没收入	12,044	10,429	二十二、其他支出	2,145	1,345
国有资本经营收入			二十三、债务付息支出	3,899	3,899
国有资源(资产)有偿使用收入	40,882	55,988	二十四、债务发行费用支出		
其他收入	616	2,674			
本 年 收 入 合 计	325,742	318,631	本 年 支 出 合 计	1,474,067	1,344,816

2015年度松原市区县合计一般公共预算收支决算总表(二)

单位:万元

预算科目	决算数	预算科目	决算数
本 年 收 入 合 计	318,631	本 年 支 出 合 计	1,344,816
上级补助收入	1,086,529	上解上级支出	49,207
返还性收入	22,182	一般性转移支付	36,488
增值税和消费税税收返还收入	19,887	体制上解支出	36,324
所得税基数返还收入	1,198	出口退税专项上解支出	164
成品油价格和税费改革税收返还收入	1,097	成品油价格和税费改革专项上解支出	
其他税收返还收入		专项转移支付	12,719
一般性转移支付收入	612,732	专项上解支出	12,719
体制补助收入		计划单列市上解省支出	
均衡性转移支付收入	130,908		
革命老区及民族和边境地区转移支付收入	16,899		
县级基本财力保障机制奖补资金收入	72,647		
结算补助收入	-1,082		
化解债务补助收入			
资源枯竭型城市转移支付补助收入			
企业事业单位划转补助收入			
成品油价格和税费改革转移支付补助收入			
基层公检法司转移支付收入	13,550		
义务教育等转移支付收入	28,487		
基本养老保险和低保等转移支付收入	81,740		
新型农村合作医疗等转移支付收入	57,629		
农村综合改革转移支付收入	15,776		
产粮(油)大县奖励资金收入	45,770		
重点生态功能区转移支付收入	671		
固定数额补助收入	129,380		
其他一般性转移支付收入	20,357		
专项转移支付收入	451,615		
省补助计划单列市收入			
接受其他地区援助收入		援助其他地区支出	
债务(转贷)收入	34,203	债务还本支出	10,473
		增设预算周转金	
		拨付国债转贷资金数	
国债转贷收入		国债转贷资金结余	110
国债转贷资金上年结余	110		
国债转贷转补助			
上年结余	50,773		
调入预算稳定调节基金	4,461	安排预算稳定调节基金	40,283
调入资金	79,433	调出资金	
1.政府性基金调入	24,692	年终结余	129,251
2.国有资本经营调入		其中:本级	129,251
3.其他调入	54,741	减:结转下年的支出	129,251
		其中:本级	129,251
		净结余	
		其中:本级	
收 入 总 计	1,574,140	支 出 总 计	1,574,140

2015年度前郭县一般公共预算收支决算总表(一)

单位:万元

预算科目	调整预算数	决算数	预算科目	调整预算数	决算数
一、税收收入	71,345	72,150	一、一般公共服务支出	26,871	26,679
增值税	13,020	15,367	二、外交支出		
其中:改征增值税	1,700	1,732	三、国防支出	85	85
营业税	17,091	17,214	四、公共安全支出	11,162	11,162
企业所得税	4,900	5,171	五、教育支出	69,042	67,454
企业所得税退税			六、科学技术支出	447	447
个人所得税	2,000	2,156	七、文化体育与传媒支出	6,344	5,644
资源税	19,000	16,799	八、社会保障和就业支出	55,171	54,848
城市维护建设税	3,700	3,851	九、医疗卫生与计划生育支出	34,216	34,164
房产税	2,150	2,374	十、节能环保支出	5,119	4,246
印花税	600	706	十一、城乡社区支出	34,007	32,988
城镇土地使用税	1,600	1,383	十二、农林水支出	93,141	79,960
土地增值税	2,200	2,073	十三、交通运输支出	39,029	39,029
车船税	1,510	1,686	十四、资源勘探信息等支出	2,627	2,458
耕地占用税	900	919	十五、商业服务业等支出	956	956
契税	2,674	2,451	十六、金融支出	53	53
烟叶税			十七、援助其他地区支出		
其他税收收入			十八、国土海洋气象等支出	13,039	1,769
二、非税收入	34,051	36,731	十九、住房保障支出	5,410	5,410
专项收入	3,850	4,352	二十、粮油物资储备支出	7,243	6,571
行政事业性收费收入	11,021	11,361	二十一、预备费		
罚没收入	3,100	3,218	二十二、其他支出	1,135	335
国有资本经营收入			二十三、债务付息支出	3,254	3,254
国有资源(资产)有偿使用收入	16,080	17,552	二十四、债务发行费用支出		
其他收入		248			
本 年 收 入 合 计	105,396	108,881	本 年 支 出 合 计	408,351	377,512

2015年度前郭县一般公共预算收支决算总表(二)

单位:万元

预算科目	决算数	预算科目	决算数
本年收入合计	108,881	本年支出合计	377,512
上级补助收入	281,028	上解上级支出	23,789
返还性收入	9,663	一般性转移支付	18,307
增值税和消费税税收返还收入	8,811	体制上解支出	18,143
所得税基数返还收入	504	出口退税专项上解支出	164
成品油价格和税费改革税收返还收入	348	成品油价格和税费改革专项上解支出	
其他税收返还收入		专项转移支付	5,482
一般性转移支付收入	145,415	专项上解支出	5,482
体制补助收入		计划单列市上解省支出	
均衡性转移支付收入	15,060		
革命老区及民族和边境地区转移支付收入	12,150		
县级基本财力保障机制奖补资金收入	12,488		
结算补助收入	-1,131		
化解债务补助收入			
资源枯竭型城市转移支付补助收入			
企业事业单位划转补助收入			
成品油价格和税费改革转移支付补助收入			
基层公检法司转移支付收入	2,832		
义务教育等转移支付收入	6,629		
基本养老保险和低保等转移支付收入	27,822		
新型农村合作医疗等转移支付收入	14,217		
农村综合改革转移支付收入	7,551		
产粮(油)大县奖励资金收入	12,528		
重点生态功能区转移支付收入	486		
固定数额补助收入	31,976		
其他一般性转移支付收入	2,807		
专项转移支付收入	125,950		
省补助计划单列市收入			
接受其他地区援助收入		援助其他地区支出	
债务(转贷)收入	30,391	债务还本支出	7,141
		增设预算周转金	
		拨付国债转贷资金数	
国债转贷收入		国债转贷资金结余	
国债转贷资金上年结余			
国债转贷转补助			
上年结余	4,034		
调入预算稳定调节基金	4,461	安排预算稳定调节基金	7,823
调入资金	18,309	调出资金	
1.政府性基金调入	1,300	年终结余	30,839
2.国有资本经营调入		其中:本级	30,839
3.其他调入	17,009	减:结转下年的支出	30,839
		其中:本级	30,839
		净结余	
		其中:本级	
收入总计	447,104	支出总计	447,104

2015年度长岭县公共财政收支决算总表(一)

单位:万元

预算科目	调整预算数	决算数	预算科目	调整预算数	决算数
一、税收收入	42,116	38,607	一、一般公共服务支出	22,990	22,306
增值税	5,044	4,382	二、外交支出		
其中:改征增值税	837	827	三、国防支出	845	296
营业税	14,228	13,385	四、公共安全支出	20,010	19,525
企业所得税	3,117	3,253	五、教育支出	78,859	72,937
企业所得税退税			六、科学技术支出	309	269
个人所得税	818	874	七、文化体育与传媒支出	8,423	4,119
资源税	3,935	3,504	八、社会保障和就业支出	47,045	46,973
城市维护建设税	1,592	1,629	九、医疗卫生与计划生育支出	41,918	40,973
房产税	762	776	十、节能环保支出	7,952	3,865
印花税	618	510	十一、城乡社区支出	10,305	8,745
城镇土地使用税	426	379	十二、农林水支出	78,124	70,034
土地增值税	4,911	4,918	十三、交通运输支出	9,996	7,862
车船税	1,073	1,034	十四、资源勘探信息等支出	1,858	1,213
耕地占用税	2,036	534	十五、商业服务业等支出	1,996	1,935
契税	3,556	3,429	十六、金融支出		
烟叶税			十七、援助其他地区支出		
其他税收收入			十八、国土海洋气象等支出	35,470	31,946
二、非税收入	17,884	17,287	十九、住房保障支出	8,213	7,882
专项收入	3,269	3,478	二十、粮油物资储备支出	4,611	4,204
行政事业性收费收入	3,410	2,644	二十一、预备费		
罚没收入	3,017	2,497	二十二、其他支出	34	34
国有资本经营收入			二十三、债务付息支出	205	205
国有资源(资产)有偿使用收入	8,027	8,445	二十四、债务发行费用支出		
其他收入	161	223			
本 年 收 入 合 计	60,000	55,894	本 年 支 出 合 计	379,163	345,323

2015年度长岭县一般公共预算收支决算总表(二)

单位:万元

预算科目	决算数	预算科目	决算数
本年收入合计	55,894	本年支出合计	345,323
上级补助收入	299,964	上解上级支出	5,679
返还性收入	2,171	一般性转移支付	2,981
增值税和消费税税收返还收入	1,920	体制上解支出	2,981
所得税基数返还收入	93	出口退税专项上解支出	
成品油价格和税费改革税收返还收入	158	成品油价格和税费改革专项上解支出	
其他税收返还收入		专项转移支付	2,698
一般性转移支付收入	172,835	专项上解支出	2,698
体制补助收入		计划单列市上解省支出	
均衡性转移支付收入	49,604		
革命老区及民族和边境地区转移支付收入	3,399		
县级基本财力保障机制奖补资金收入	24,283		
结算补助收入	-32		
化解债务补助收入			
资源枯竭型城市转移支付补助收入			
企业事业单位划转补助收入			
成品油价格和税费改革转移支付补助收入			
基层公检法司转移支付收入	3,647		
义务教育等转移支付收入	7,983		
基本养老保险和低保等转移支付收入	17,997		
新型农村合作医疗等转移支付收入	15,586		
农村综合改革转移支付收入	1,831		
产粮(油)大县奖励资金收入	12,527		
重点生态功能区转移支付收入			
固定数额补助收入	35,933		
其他一般性转移支付收入	77		
专项转移支付收入	124,958		
省补助计划单列市收入			
接受其他地区援助收入		援助其他地区支出	
债务(转贷)收入		债务还本支出	949
		增设预算周转金	
		拨付国债转贷资金数	
国债转贷收入		国债转贷资金结余	
国债转贷资金上年结余			
国债转贷转补助			
上年结余	27,531		
调入预算稳定调节基金		安排预算稳定调节基金	9,768
调入资金	12,170	调出资金	
1.政府性基金调入	11,848	年终结余	33,840
2.国有资本经营调入		其中:本级	33,840
3.其他调入	322	减:结转下年的支出	33,840
		其中:本级	33,840
		净结余	
		其中:本级	
收入总计	395,559	支出总计	395,559

2015年度乾安县一般公共预算收支决算总表(一)

单位:万元

预算科目	调整预算数	决算数	预算科目	调整预算数	决算数
一、税收收入	61,125	37,000	一、一般公共服务支出	17,262	17,168
增值税	19,200	7,555	二、外交支出		
其中:改征增值税		443	三、国防支出	157	157
营业税	7,041	6,149	四、公共安全支出	14,918	14,918
企业所得税	1,680	1,707	五、教育支出	39,408	38,246
企业所得税退税			六、科学技术支出	298	298
个人所得税	800	687	七、文化体育与传媒支出	5,876	5,796
资源税	23,000	12,878	八、社会保障和就业支出	31,532	31,439
城市维护建设税	4,600	2,098	九、医疗卫生与计划生育支出	25,910	25,130
房产税	440	576	十、节能环保支出	7,102	3,974
印花税	215	248	十一、城乡社区支出	6,073	5,818
城镇土地使用税	305	446	十二、农林水支出	52,024	43,653
土地增值税	1,000	1,014	十三、交通运输支出	3,103	2,998
车船税	800	879	十四、资源勘探信息等支出	603	535
耕地占用税	800	1,549	十五、商业服务业等支出	393	393
契税	1,244	1,214	十六、金融支出	20	20
烟叶税			十七、援助其他地区支出		
其他税收收入			十八、国土海洋气象等支出	14,904	2,113
二、非税收入	12,875	30,041	十九、住房保障支出	5,494	3,598
专项收入	2,074	2,091	二十、粮油物资储备支出	4,712	1,916
行政事业性收费收入	6,144	11,890	二十一、预备费		
罚没收入	1,427	1,431	二十二、其他支出	127	127
国有资本经营收入			二十三、债务付息支出	196	196
国有资源(资产)有偿使用收入	3,075	13,603	二十四、债务发行费用支出		
其他收入	155	1,026			
本 年 收 入 合 计	74,000	67,041	本 年 支 出 合 计	230,112	198,493

2015年度乾安县一般公共预算收支决算总表(二)

单位:万元

预算科目	决算数	预算科目	决算数
本年收入合计	67,041	本年支出合计	198,493
上级补助收入	163,039	上解上级支出	12,195
返还性收入	3,101	一般性转移支付	11,587
增值税和消费税税收返还收入	2,911	体制上解支出	11,587
所得税基数返还收入	117	出口退税专项上解支出	
成品油价格和税费改革税收返还收入	73	成品油价格和税费改革专项上解支出	
其他税收返还收入		专项转移支付	608
一般性转移支付收入	81,879	专项上解支出	608
体制补助收入		计划单列市上解省支出	
均衡性转移支付收入	17,761		
革命老区及民族和边境地区转移支付收入	530		
县级基本财力保障机制奖补资金收入	9,749		
结算补助收入	-1,943		
化解债务补助收入			
资源枯竭型城市转移支付补助收入			
企业事业单位划转补助收入			
成品油价格和税费改革转移支付补助收入			
基层公检法司转移支付收入	2,485		
义务教育等转移支付收入	2,854		
基本养老保险和低保等转移支付收入	12,386		
新型农村合作医疗等转移支付收入	6,038		
农村综合改革转移支付收入	2,488		
产粮(油)大县奖励资金收入	5,088		
重点生态功能区转移支付收入	185		
固定数额补助收入	24,208		
其他一般性转移支付收入	50		
专项转移支付收入	78,059		
省补助计划单列市收入			
接受其他地区援助收入		援助其他地区支出	
债务(转贷)收入	322	债务还本支出	303
		增设预算周转金	
		拨付国债转贷资金数	
国债转贷收入		国债转贷资金结余	
国债转贷资金上年结余			
国债转贷转补助			
上年结余	1,580		
调入预算稳定调节基金		安排预算稳定调节基金	7,692
调入资金	18,320	调出资金	
1.政府性基金调入	742	年终结余	31,619
2.国有资本经营调入		其中:本级	31,619
3.其他调入	17,578	减:结转下年的支出	31,619
		其中:本级	31,619
		净结余	
		其中:本级	
收入总计	250,302	支出总计	250,302

2015年度扶余市一般公共预算收支决算总表(一)

单位:万元

预算科目	调整预算数	决算数	预算科目	调整预算数	决算数
一、税收收入	27,180	27,024	一、一般公共服务支出	16,332	15,693
增值税	2,840	2,310	二、外交支出		
其中:改征增值税		704	三、国防支出		
营业税	11,000	12,670	四、公共安全支出	12,503	10,440
企业所得税	1,120	1,631	五、教育支出	63,164	57,944
企业所得税退税			六、科学技术支出	221	210
个人所得税	560	450	七、文化体育与传媒支出	6,249	5,508
资源税	750	531	八、社会保障和就业支出	56,823	55,909
城市维护建设税	1,300	1,445	九、医疗卫生与计划生育支出	37,399	36,262
房产税	610	605	十、节能环保支出	6,348	5,274
印花税	300	347	十一、城乡社区支出	11,416	10,900
城镇土地使用税	900	520	十二、农林水支出	55,746	51,180
土地增值税	1,400	1,571	十三、交通运输支出	7,850	7,708
车船税	1,000	1,143	十四、资源勘探信息等支出	1,181	821
耕地占用税	1,400	857	十五、商业服务业等支出	3,081	3,081
契税	3,500	2,621	十六、金融支出	15	15
烟叶税	500	323	十七、援助其他地区支出		
其他税收收入			十八、国土海洋气象等支出	2,439	2,236
二、非税收入	20,820	21,445	十九、住房保障支出	13,178	11,204
专项收入	2,220	1,412	二十、粮油物资储备支出	14,737	5,309
行政事业性收费收入	3,500	2,220	二十一、预备费		
罚没收入	3,500	2,792	二十二、其他支出	849	849
国有资本经营收入			二十三、债务付息支出	244	244
国有资源(资产)有偿使用收入	11,600	14,958	二十四、债务发行费用支出		
其他收入		63			
本 年 收 入 合 计	48,000	48,469	本 年 支 出 合 计	309,775	280,787

2015年度扶余市一般公共预算收支决算总表(二)

单位:万元

预算科目	决算数	预算科目	决算数
本年收入合计	48,469	本年支出合计	280,787
上级补助收入	249,091	上解上级支出	6,547
返还性收入	1,928	一般性转移支付	2,714
增值税和消费税税收返还收入	1,584	体制上解支出	2,714
所得税基数返还收入	8	出口退税专项上解支出	
成品油价格和税费改革税收返还收入	336	成品油价格和税费改革专项上解支出	
其他税收返还收入		专项转移支付	3,833
一般性转移支付收入	156,381	专项上解支出	3,833
体制补助收入		计划单列市上解省支出	
均衡性转移支付收入	42,986		
革命老区及民族和边境地区转移支付收入	820		
县级基本财力保障机制奖补资金收入	20,452		
结算补助收入	1,111		
化解债务补助收入			
资源枯竭型城市转移支付补助收入			
企业事业单位划转补助收入			
成品油价格和税费改革转移支付补助收入			
基层公检法司转移支付收入	3,389		
义务教育等转移支付收入	7,473		
基本养老保险和低保等转移支付收入	20,300		
新型农村合作医疗等转移支付收入	16,527		
农村综合改革转移支付收入	2,156		
产粮(油)大县奖励资金收入	12,857		
重点生态功能区转移支付收入			
固定数额补助收入	29,133		
其他一般性转移支付收入	-823		
专项转移支付收入	90,782		
省补助计划单列市收入			
接受其他地区援助收入		援助其他地区支出	
债务(转贷)收入	3,490	债务还本支出	2,068
		增设预算周转金	
		拨付国债转贷资金数	
国债转贷收入		国债转贷资金结余	110
国债转贷资金上年结余	110		
国债转贷转补助			
上年结余	16,498		
调入预算稳定调节基金		安排预算稳定调节基金	15,000
调入资金	15,842	调出资金	
1.政府性基金调入	10,140	年终结余	28,988
2.国有资本经营调入		其中:本级	28,988
3.其他调入	5,702	减:结转下年的支出	28,988
		其中:本级	28,988
		净结余	
		其中:本级	
收入总计	333,500	支出总计	333,500

2015年度松原市宁江区一般公共预算收支决算总表(一)

单位:万元

预算科目	调整预算数	决算数	预算科目	调整预算数	决算数
一、税收收入	30,846	31,067	一、一般公共服务支出	11,881	11,870
增值税	3,250	2,862	二、外交支出		
其中:改征增值税	500	616	三、国防支出	82	82
营业税	5,546	7,725	四、公共安全支出	5,939	5,801
企业所得税	2,300	2,071	五、教育支出	37,190	37,077
企业所得税退税			六、科学技术支出	188	188
个人所得税	1,450	1,239	七、文化体育与传媒支出	1,165	1,165
资源税	4,800	4,145	八、社会保障和就业支出	43,839	43,779
城市维护建设税		78	九、医疗卫生与计划生育支出	16,114	16,114
房产税	2,150	2,044	十、节能环保支出	536	536
印花税	750	696	十一、城乡社区支出	2,484	2,484
城镇土地使用税	2,850	3,401	十二、农林水支出	21,536	18,613
土地增值税	2,050	1,951	十三、交通运输支出	1,469	1,466
车船税	1,550	1,167	十四、资源勘探信息等支出	420	420
耕地占用税	500	145	十五、商业服务业等支出	304	304
契税	3,650	3,543	十六、金融支出		
烟叶税			十七、援助其他地区支出		
其他税收收入			十八、国土海洋气象等支出	2,447	1,730
二、非税收入	7,500	7,279	十九、住房保障支出	1,072	1,072
专项收入	2,500	2,657	二十、粮油物资储备支出		
行政事业性收费收入	1,600	1,587	二十一、预备费		
罚没收入	1,000	491	二十二、其他支出		
国有资本经营收入			二十三、债务付息支出		
国有资源(资产)有偿使用收入	2,100	1,430	二十四、债务发行费用支出		
其他收入	300	1,114			
本 年 收 入 合 计	38,346	38,346	本 年 支 出 合 计	146,666	142,701

2015年度松原市宁江区一般公共预算收支决算总表(二)

单位:万元

预算科目	决算数	预算科目	决算数
本 年 收 入 合 计	38,346	本 年 支 出 合 计	142,701
上级补助收入	93,407	上解上级支出	997
返还性收入	5,319	一般性转移支付	899
增值税和消费税税收返还收入	4,661	体制上解支出	899
所得税基数返还收入	476	出口退税专项上解支出	
成品油价格和税费改革税收返还收入	182	成品油价格和税费改革专项上解支出	
其他税收返还收入		专项转移支付	98
一般性转移支付收入	56,222	专项上解支出	98
体制补助收入		计划单列市上解省支出	
均衡性转移支付收入	5,497		
革命老区及民族和边境地区转移支付收入			
县级基本财力保障机制奖补资金收入	5,675		
结算补助收入	913		
化解债务补助收入			
资源枯竭型城市转移支付补助收入			
企业事业单位划转补助收入			
成品油价格和税费改革转移支付补助收入			
基层公检法司转移支付收入	1,197		
义务教育等转移支付收入	3,548		
基本养老保险和低保等转移支付收入	3,235		
新型农村合作医疗等转移支付收入	5,261		
农村综合改革转移支付收入	1,750		
产粮(油)大县奖励资金收入	2,770		
重点生态功能区转移支付收入			
固定数额补助收入	8,130		
其他一般性转移支付收入	18,246		
专项转移支付收入	31,866		
省补助计划单列市收入			
接受其他地区援助收入		援助其他地区支出	
债务(转贷)收入		债务还本支出	12
		增设预算周转金	
		拨付国债转贷资金数	
国债转贷收入		国债转贷资金结余	
国债转贷资金上年结余			
国债转贷转补助			
上年结余	1,130		
调入预算稳定调节基金		安排预算稳定调节基金	
调入资金	14,792	调出资金	
1.政府性基金调入	662	年终结余	3,965
2.国有资本经营调入		其中:本级	3,965
3.其他调入	14,130	减:结转下年的支出	3,965
		其中:本级	3,965
		净结余	
		其中:本级	
收 入 总 计	147,675	支 出 总 计	147,675

2015年度延边朝鲜族自治州一般公共预算收支决算总表(一)

单位:万元

预算科目	调整预算数	决算数	预算科目	调整预算数	决算数
一、税收收入	579,936	495,944	一、一般公共服务支出	281,906	278,105
增值税	70,424	53,434	二、外交支出		
其中:改征增值税	7,720	9,879	三、国防支出	2,409	2,299
营业税	189,329	153,164	四、公共安全支出	165,402	164,292
企业所得税	75,829	64,374	五、教育支出	402,316	396,828
企业所得税退税			六、科学技术支出	31,514	31,426
个人所得税	18,510	19,336	七、文化体育与传媒支出	80,644	80,112
资源税	11,672	9,877	八、社会保障和就业支出	477,248	464,579
城市维护建设税	61,432	48,766	九、医疗卫生与计划生育支出	197,913	195,241
房产税	17,725	17,728	十、节能环保支出	263,740	259,572
印花税	5,674	5,113	十一、城乡社区支出	246,514	243,460
城镇土地使用税	10,264	9,350	十二、农林水支出	411,705	406,338
土地增值税	41,763	34,632	十三、交通运输支出	89,501	87,368
车船税	8,710	9,145	十四、资源勘探信息等支出	58,623	53,834
耕地占用税	9,767	13,024	十五、商业服务业等支出	51,832	51,522
契税	54,987	54,656	十六、金融支出	440	440
烟叶税	3,850	3,345	十七、援助其他地区支出		
其他税收收入			十八、国土海洋气象等支出	26,001	19,016
二、非税收入	390,450	437,120	十九、住房保障支出	216,395	213,645
专项收入	66,876	58,759	二十、粮油物资储备支出	11,444	11,005
行政事业性收费收入	47,747	59,437	二十一、预备费		
罚没收入	26,110	32,085	二十二、其他支出	77,935	77,328
国有资本经营收入	72,877	75,766	二十三、债务付息支出	2,189	2,189
国有资源(资产)有偿使用收入	135,632	191,236	二十四、债务发行费用支出		
其他收入	41,208	19,837			
本年收入合计	970,386	933,064	本年支出合计	3,095,671	3,038,599

2015年度延边朝鲜族自治州一般公共预算收支决算总表(二)

单位:万元

预算科目	决算数	预算科目	决算数
本 年 收 入 合 计	933,064	本 年 支 出 合 计	3,038,599
上级补助收入	2,073,468	上解上级支出	85,298
返还性收入	98,987	一般性转移支付	62,193
增值税和消费税税收返还收入	85,989	体制上解支出	60,595
所得税基数返还收入	11,665	出口退税专项上解支出	1,598
成品油价格和税费改革税收返还收入	1,333	成品油价格和税费改革专项上解支出	
其他税收返还收入		专项转移支付	23,105
一般性转移支付收入	949,223	专项上解支出	23,105
体制补助收入		计划单列市上解省支出	
均衡性转移支付收入	133,332		
革命老区及民族和边境地区转移支付收入	120,362		
县级基本财力保障机制奖补资金收入	46,228		
结算补助收入	44,244		
化解债务补助收入			
资源枯竭型城市转移支付补助收入	37,315		
企业事业单位划转补助收入			
成品油价格和税费改革转移支付补助收入			
基层公检法司转移支付收入	26,097		
义务教育等转移支付收入	22,359		
基本养老保险和低保等转移支付收入	241,989		
新型农村合作医疗等转移支付收入	41,279		
农村综合改革转移支付收入	12,511		
产粮(油)大县奖励资金收入	3,968		
重点生态功能区转移支付收入	42,887		
固定数额补助收入	178,631		
其他一般性转移支付收入	-1,979		
专项转移支付收入	1,025,258		
省补助计划单列市收入			
接受其他地区援助收入		援助其他地区支出	
债务(转贷)收入	238,378	债务还本支出	179,200
		增设预算周转金	
		拨付国债转贷资金数	
国债转贷收入		国债转贷资金结余	50
国债转贷资金上年结余	50		
国债转贷转补助			
上年结余	17,875		
调入预算稳定调节基金		安排预算稳定调节基金	8,460
调入资金	105,844	调出资金	
1. 政府性基金调入	32,391	年终结余	57,072
2. 国有资本经营调入		其中:本级	24,252
3. 其他调入	73,453	减:结转下年的支出	57,072
		其中:本级	24,252
		净结余	
		其中:本级	
收 入 总 计	3,368,679	支 出 总 计	3,368,679

2015年度延边朝鲜族自治州(本级)一般公共预算收支决算总表(一)

单位:万元

预算科目	调整预算数	决算数	预算科目	调整预算数	决算数
一、税收收入	24,769	20,330	一、一般公共服务支出	43,073	42,011
增值税	11,437	9,817	二、外交支出		
其中:改征增值税			三、国防支出	1,393	1,393
营业税	125		四、公共安全支出	40,771	40,771
企业所得税	12,264	10,506	五、教育支出	26,745	26,662
企业所得税退税			六、科学技术支出	14,567	14,567
个人所得税			七、文化体育与传媒支出	38,814	38,814
资源税			八、社会保障和就业支出	37,265	26,917
城市维护建设税	20		九、医疗卫生与计划生育支出	27,147	27,147
房产税			十、节能环保支出	127,721	127,659
印花税	5	7	十一、城乡社区支出	4,614	4,454
城镇土地使用税	36		十二、农林水支出	84,216	83,651
土地增值税	169		十三、交通运输支出	31,146	30,640
车船税			十四、资源勘探信息等支出	18,064	13,500
耕地占用税	230		十五、商业服务业等支出	6,410	6,409
契税	483		十六、金融支出	284	284
烟叶税			十七、援助其他地区支出		
其他税收收入			十八、国土海洋气象等支出	13,507	6,862
二、非税收入	82,968	71,160	十九、住房保障支出	59,252	59,252
专项收入	16,718	16,153	二十、粮油物资储备支出	3,582	3,582
行政事业性收费收入	9,000	18,025	二十一、预备费		
罚没收入	12,000	12,560	二十二、其他支出	706	450
国有资本经营收入	20,000	16,025	二十三、债务付息支出	46	46
国有资源(资产)有偿使用收入	8,750	2,382	二十四、债务发行费用支出		
其他收入	16,500	6,015			
本 年 收 入 合 计	107,737	91,490	本 年 支 出 合 计	579,323	555,071

2015年度延边朝鲜族自治州(本级)一般公共预算收支决算总表(二)

单位:万元

预算科目	决算数	预算科目	决算数
本年收入合计	91,490	本年支出合计	555,071
上级补助收入	455,044	上解上级支出	642
返还性收入	42,461	一般性转移支付	422
增值税和消费税税收返还收入	38,176	体制上解支出	352
所得税基数返还收入	3,991	出口退税专项上解支出	70
成品油价格和税费改革税收返还收入	294	成品油价格和税费改革专项上解支出	
其他税收返还收入		专项转移支付	220
一般性转移支付收入	91,005	专项上解支出	220
体制补助收入		计划单列市上解省支出	
均衡性转移支付收入	15,512		
革命老区及民族和边境地区转移支付收入	10,353		
县级基本财力保障机制奖补资金收入			
结算补助收入	11,753		
化解债务补助收入			
资源枯竭型城市转移支付补助收入			
企业事业单位划转补助收入			
成品油价格和税费改革转移支付补助收入			
基层公检法司转移支付收入	2,850		
义务教育等转移支付收入	337		
基本养老保险和低保等转移支付收入			
新型农村合作医疗等转移支付收入			
农村综合改革转移支付收入	641		
产粮(油)大县奖励资金收入			
重点生态功能区转移支付收入			
固定数额补助收入	24,913		
其他一般性转移支付收入	24,646		
专项转移支付收入	321,578		
省补助计划单列市收入			
接受其他地区援助收入		援助其他地区支出	
债务(转贷)收入	20,240	债务还本支出	15,340
		增设预算周转金	
		拨付国债转贷资金数	
国债转贷收入		国债转贷资金结余	
国债转贷资金上年结余			
国债转贷转补助			
上年结余	14,455		
调入预算稳定调节基金		安排预算稳定调节基金	6,835
调入资金	20,911	调出资金	
1.政府性基金调入	10,525	年终结余	24,252
2.国有资本经营调入		其中:本级	24,252
3.其他调入	10,386	减:结转下年的支出	24,252
		其中:本级	24,252
		净结余	
		其中:本级	
收入总计	602,140	支出总计	602,140

2015年度延边朝鲜族自治州区县合计一般公共预算收支决算总表(一)

单位:万元

预算科目	调整预算数	决算数	预算科目	调整预算数	决算数
一、税收收入	555,167	475,614	一、一般公共服务支出	238,833	236,094
增值税	58,987	43,617	二、外交支出		
其中:改征增值税	7,720	9,879	三、国防支出	1,016	906
营业税	189,204	153,164	四、公共安全支出	124,631	123,521
企业所得税	63,565	53,868	五、教育支出	375,571	370,166
企业所得税退税			六、科学技术支出	16,947	16,859
个人所得税	18,510	19,336	七、文化体育与传媒支出	41,830	41,298
资源税	11,672	9,877	八、社会保障和就业支出	439,983	437,662
城市维护建设税	61,412	48,766	九、医疗卫生与计划生育支出	170,766	168,094
房产税	17,725	17,728	十、节能环保支出	136,019	131,913
印花税	5,669	5,106	十一、城乡社区支出	241,900	239,006
城镇土地使用税	10,228	9,350	十二、农林水支出	327,489	322,687
土地增值税	41,594	34,632	十三、交通运输支出	58,355	56,728
车船税	8,710	9,145	十四、资源勘探信息等支出	40,559	40,334
耕地占用税	9,537	13,024	十五、商业服务业等支出	45,422	45,113
契税	54,504	54,656	十六、金融支出	156	156
烟叶税	3,850	3,345	十七、援助其他地区支出		
其他税收收入			十八、国土海洋气象等支出	12,494	12,154
二、非税收入	307,482	365,960	十九、住房保障支出	157,143	154,393
专项收入	50,158	42,606	二十、粮油物资储备支出	7,862	7,423
行政事业性收费收入	38,747	41,412	二十一、预备费		
罚没收入	14,110	19,525	二十二、其他支出	77,229	76,878
国有资本经营收入	52,877	59,741	二十三、债务付息支出	2,143	2,143
国有资源(资产)有偿使用收入	126,882	188,854	二十四、债务发行费用支出		
其他收入	24,708	13,822			
本 年 收 入 合 计	862,649	841,574	本 年 支 出 合 计	2,516,348	2,483,528

2015年度延边朝鲜族自治州区县合计一般公共预算收支决算总表(二)

单位:万元

预算科目	决算数	预算科目	决算数
本年收入合计	841,574	本年支出合计	2,483,528
上级补助收入	1,618,424	上解上级支出	84,656
返还性收入	56,526	一般性转移支付	61,771
增值税和消费税税收返还收入	47,813	体制上解支出	60,243
所得税基数返还收入	7,674	出口退税专项上解支出	1,528
成品油价格和税费改革税收返还收入	1,039	成品油价格和税费改革专项上解支出	
其他税收返还收入		专项转移支付	22,885
一般性转移支付收入	858,218	专项上解支出	22,885
体制补助收入		计划单列市上解省支出	
均衡性转移支付收入	117,820		
革命老区及民族和边境地区转移支付收入	110,009		
县级基本财力保障机制奖补资金收入	46,228		
结算补助收入	32,491		
化解债务补助收入			
资源枯竭型城市转移支付补助收入	37,315		
企业事业单位划转补助收入			
成品油价格和税费改革转移支付补助收入			
基层公检法司转移支付收入	23,247		
义务教育等转移支付收入	22,022		
基本养老保险和低保等转移支付收入	241,989		
新型农村合作医疗等转移支付收入	41,279		
农村综合改革转移支付收入	11,870		
产粮(油)大县奖励资金收入	3,968		
重点生态功能区转移支付收入	42,887		
固定数额补助收入	153,718		
其他一般性转移支付收入	-26,625		
专项转移支付收入	703,680		
省补助计划单列市收入			
接受其他地区援助收入		援助其他地区支出	
债务(转贷)收入	218,138	债务还本支出	163,860
		增设预算周转金	
		拨付国债转贷资金数	
国债转贷收入		国债转贷资金结余	50
国债转贷资金上年结余	50		
国债转贷转补助			
上年结余	3,420		
调入预算稳定调节基金		安排预算稳定调节基金	1,625
调入资金	84,933	调出资金	
1.政府性基金调入	21,866	年终结余	32,820
2.国有资本经营调入		其中:本级	32,820
3.其他调入	63,067	减:结转下年的支出	32,820
		其中:本级	32,820
		净结余	
		其中:本级	
收入总计	2,766,539	支出总计	2,766,539

2015年度延吉市一般公共预算收支决算总表(一)

单位:万元

预算科目	调整预算数	决算数	预算科目	调整预算数	决算数
一、税收收入	202,409	197,628	一、一般公共服务支出	46,979	46,979
增值税	16,275	16,417	二、外交支出		
其中:改征增值税	5,500	4,997	三、国防支出	425	425
营业税	59,084	59,779	四、公共安全支出	24,764	24,764
企业所得税	15,000	13,906	五、教育支出	89,053	89,027
企业所得税退税			六、科学技术支出	6,633	6,568
个人所得税	9,680	10,109	七、文化体育与传媒支出	6,774	6,774
资源税	80	57	八、社会保障和就业支出	72,089	72,029
城市维护建设税	47,300	36,695	九、医疗卫生与计划生育支出	35,793	35,793
房产税	9,100	9,437	十、节能环保支出	64,140	63,417
印花税	2,300	1,970	十一、城乡社区支出	116,362	115,962
城镇土地使用税	2,400	2,325	十二、农林水支出	36,298	36,209
土地增值税	13,000	13,709	十三、交通运输支出	11,208	10,648
车船税	4,250	4,504	十四、资源勘探信息等支出	10,280	10,200
耕地占用税	1,850	1,824	十五、商业服务业等支出	11,465	11,465
契税	22,000	26,816	十六、金融支出		
烟叶税	90	80	十七、援助其他地区支出		
其他税收收入			十八、国土海洋气象等支出	1,740	1,740
二、非税收入	72,974	77,755	十九、住房保障支出	26,987	26,987
专项收入	29,461	23,576	二十、粮油物资储备支出	484	394
行政事业性收费收入	13,150	9,304	二十一、预备费		
罚没收入	4,200	4,338	二十二、其他支出	29	29
国有资本经营收入		1,496	二十三、债务付息支出	686	686
国有资源(资产)有偿使用收入	14,000	35,851	二十四、债务发行费用支出		
其他收入	12,163	3,190			
本 年 收 入 合 计	275,383	275,383	本 年 支 出 合 计	562,189	560,096

2015年度延吉市一般公共预算收支决算总表(二)

单位:万元

预算科目	决算数	预算科目	决算数
本年收入合计	275,383	本年支出合计	560,096
上级补助收入	270,382	上解上级支出	28,183
返还性收入	24,276	一般性转移支付	23,398
增值税和消费税税收返还收入	21,506	体制上解支出	23,218
所得税基数返还收入	2,542	出口退税专项上解支出	180
成品油价格和税费改革税收返还收入	228	成品油价格和税费改革专项上解支出	
其他税收返还收入		专项转移支付	4,785
一般性转移支付收入	98,438	专项上解支出	4,785
体制补助收入		计划单列市上解省支出	
均衡性转移支付收入	13,780		
革命老区及民族和边境地区转移支付收入	7,228		
县级基本财力保障机制奖补资金收入	8,448		
结算补助收入	1,767		
化解债务补助收入			
资源枯竭型城市转移支付补助收入			
企业事业单位划转补助收入			
成品油价格和税费改革转移支付补助收入			
基层公检法司转移支付收入	2,680		
义务教育等转移支付收入	6,324		
基本养老保险和低保等转移支付收入	30,316		
新型农村合作医疗等转移支付收入	9,939		
农村综合改革转移支付收入	4,871		
产粮(油)大县奖励资金收入			
重点生态功能区转移支付收入	4,519		
固定数额补助收入	22,672		
其他一般性转移支付收入	-14,106		
专项转移支付收入	147,668		
省补助计划单列市收入			
接受其他地区援助收入		援助其他地区支出	
债务(转贷)收入	92,710	债务还本支出	70,210
		增设预算周转金	
		拨付国债转贷资金数	
国债转贷收入		国债转贷资金结余	
国债转贷资金上年结余			
国债转贷转补助			
上年结余	1,119		
调入预算稳定调节基金		安排预算稳定调节基金	1,625
调入资金	22,613	调出资金	
1.政府性基金调入	13,439	年终结余	2,093
2.国有资本经营调入		其中:本级	2,093
3.其他调入	9,174	减:结转下年的支出	2,093
		其中:本级	2,093
		净结余	
		其中:本级	
收入总计	662,207	支出总计	662,207

2015年度图们市一般公共预算收支决算总表(一)

单位:万元

预算科目	调整预算数	决算数	预算科目	调整预算数	决算数
一、税收收入	13,846	14,128	一、一般公共服务支出	13,758	13,758
增值税	2,580	2,112	二、外交支出		
其中:改征增值税	340	304	三、国防支出	40	40
营业税	5,220	5,602	四、公共安全支出	9,680	9,680
企业所得税	2,528	2,422	五、教育支出	21,761	21,761
企业所得税退税			六、科学技术支出	507	507
个人所得税	328	444	七、文化体育与传媒支出	4,362	4,362
资源税	10	10	八、社会保障和就业支出	37,772	37,772
城市维护建设税	600	718	九、医疗卫生与计划生育支出	10,367	10,367
房产税	520	561	十、节能环保支出	10,573	10,573
印花税	120	186	十一、城乡社区支出	5,754	5,754
城镇土地使用税	290	332	十二、农林水支出	20,005	19,860
土地增值税	250	363	十三、交通运输支出	13,268	13,268
车船税	270	245	十四、资源勘探信息等支出	1,215	1,215
耕地占用税			十五、商业服务业等支出	2,091	2,091
契税	1,100	1,094	十六、金融支出	10	10
烟叶税	30	39	十七、援助其他地区支出		
其他税收收入			十八、国土海洋气象等支出	511	511
二、非税收入	9,747	9,465	十九、住房保障支出	7,686	7,686
专项收入	971	1,301	二十、粮油物资储备支出	762	762
行政事业性收费收入	2,097	1,815	二十一、预备费		
罚没收入	570	917	二十二、其他支出	9,082	9,082
国有资本经营收入	1,500	1,580	二十三、债务付息支出	100	100
国有资源(资产)有偿使用收入	4,180	3,693	二十四、债务发行费用支出		
其他收入	429	159			
本年收入合计	23,593	23,593	本年支出合计	169,304	169,159

2015年度图们市一般公共预算收支决算总表(二)

单位:万元

预算科目	决算数	预算科目	决算数
本 年 收 入 合 计	23,593	本 年 支 出 合 计	169,159
上级补助收入	136,174	上解上级支出	9,374
返还性收入	4,466	一般性转移支付	2,856
增值税和消费税税收返还收入	3,909	体制上解支出	2,705
所得税基数返还收入	484	出口退税专项上解支出	151
成品油价格和税费改革税收返还收入	73	成品油价格和税费改革专项上解支出	
其他税收返还收入		专项转移支付	6,518
一般性转移支付收入	85,148	专项上解支出	6,518
体制补助收入		计划单列市上解省支出	
均衡性转移支付收入	14,645		
革命老区及民族和边境地区转移支付收入	11,203		
县级基本财力保障机制奖补资金收入	4,324		
结算补助收入	12,393		
化解债务补助收入			
资源枯竭型城市转移支付补助收入			
企业事业单位划转补助收入			
成品油价格和税费改革转移支付补助收入			
基层公检法司转移支付收入	2,533		
义务教育等转移支付收入	974		
基本养老保险和低保等转移支付收入	24,552		
新型农村合作医疗等转移支付收入	1,882		
农村综合改革转移支付收入	1,117		
产粮(油)大县奖励资金收入			
重点生态功能区转移支付收入	1,704		
固定数额补助收入	12,664		
其他一般性转移支付收入	-2,843		
专项转移支付收入	46,560		
省补助计划单列市收入			
接受其他地区援助收入		援助其他地区支出	
债务(转贷)收入	6,550	债务还本支出	4,400
		增设预算周转金	
		拨付国债转贷资金数	
国债转贷收入		国债转贷资金结余	
国债转贷资金上年结余			
国债转贷转补助			
上年结余	91		
调入预算稳定调节基金		安排预算稳定调节基金	
调入资金	16,670	调出资金	
1.政府性基金调入	495	年终结余	145
2.国有资本经营调入		其中:本级	145
3.其他调入	16,175	减:结转下年的支出	145
		其中:本级	145
		净结余	
		其中:本级	
收 入 总 计	183,078	支 出 总 计	183,078

2015年度龙井市一般公共预算收支决算总表(一)

单位:万元

预算科目	调整预算数	决算数	预算科目	调整预算数	决算数
一、税收收入	21,450	14,043	一、一般公共服务支出	16,805	16,805
增值税	1,550	1,458	二、外交支出		
其中:改征增值税		328	三、国防支出	86	86
营业税	9,850	6,282	四、公共安全支出	11,336	11,336
企业所得税	1,480	1,382	五、教育支出	25,485	25,485
企业所得税退税			六、科学技术支出	926	926
个人所得税	920	317	七、文化体育与传媒支出	3,922	3,922
资源税	340	193	八、社会保障和就业支出	50,575	50,550
城市维护建设税	800	822	九、医疗卫生与计划生育支出	14,411	14,411
房产税	380	340	十、节能环保支出	3,798	3,798
印花税	160	198	十一、城乡社区支出	13,296	13,296
城镇土地使用税	330	224	十二、农林水支出	29,546	29,546
土地增值税	2,300	595	十三、交通运输支出	2,464	2,464
车船税	260	319	十四、资源勘探信息等支出	718	718
耕地占用税	860	281	十五、商业服务业等支出	1,937	1,870
契税	1,890	1,560	十六、金融支出	5	5
烟叶税	330	72	十七、援助其他地区支出		
其他税收收入			十八、国土海洋气象等支出	744	744
二、非税收入	11,463	18,870	十九、住房保障支出	19,617	19,617
专项收入	1,220	1,273	二十、粮油物资储备支出	569	569
行政事业性收费收入	2,450	3,529	二十一、预备费		
罚没收入	1,240	787	二十二、其他支出	1,726	1,726
国有资本经营收入	3,135	857	二十三、债务付息支出	267	267
国有资源(资产)有偿使用收入	2,140	10,675	二十四、债务发行费用支出		
其他收入	1,278	1,749			
本 年 收 入 合 计	32,913	32,913	本 年 支 出 合 计	198,233	198,141

2015年度龙井市一般公共预算收支决算总表(二)

单位:万元

预算科目	决算数	预算科目	决算数
本年收入合计	32,913	本年支出合计	198,141
上级补助收入	162,573	上解上级支出	3,809
返还性收入	3,499	一般性转移支付	2,813
增值税和消费税税收返还收入	3,251	体制上解支出	2,734
所得税基数返还收入	162	出口退税专项上解支出	79
成品油价格和税费改革税收返还收入	86	成品油价格和税费改革专项上解支出	
其他税收返还收入		专项转移支付	996
一般性转移支付收入	98,760	专项上解支出	996
体制补助收入		计划单列市上解省支出	
均衡性转移支付收入	19,333		
革命老区及民族和边境地区转移支付收入	15,315		
县级基本财力保障机制奖补资金收入	4,456		
结算补助收入	2,675		
化解债务补助收入			
资源枯竭型城市转移支付补助收入			
企业事业单位划转补助收入			
成品油价格和税费改革转移支付补助收入			
基层公检法司转移支付收入	3,131		
义务教育等转移支付收入	1,391		
基本养老保险和低保等转移支付收入	31,730		
新型农村合作医疗等转移支付收入	2,717		
农村综合改革转移支付收入	940		
产粮(油)大县奖励资金收入			
重点生态功能区转移支付收入	2,838		
固定数额补助收入	16,919		
其他一般性转移支付收入	-2,685		
专项转移支付收入	60,314		
省补助计划单列市收入			
接受其他地区援助收入		援助其他地区支出	
债务(转贷)收入	24,093	债务还本支出	20,903
		增设预算周转金	
		拨付国债转贷资金数	
国债转贷收入		国债转贷资金结余	50
国债转贷资金上年结余	50		
国债转贷转补助			
上年结余	110		
调入预算稳定调节基金		安排预算稳定调节基金	
调入资金	3,256	调出资金	
1.政府性基金调入	1,946	年终结余	92
2.国有资本经营调入		其中:本级	92
3.其他调入	1,310	减:结转下年的支出	92
		其中:本级	92
		净结余	
		其中:本级	
收入总计	222,995	支出总计	222,995

2015年度和龙市一般公共预算收支决算总表(一)

单位:万元

预算科目	调整预算数	决算数	预算科目	调整预算数	决算数
一、税收收入	26,095	20,876	一、一般公共服务支出	15,710	15,508
增值税	4,425	2,612	二、外交支出		
其中:改征增值税	400	431	三、国防支出	110	
营业税	6,100	5,497	四、公共安全支出	14,364	14,020
企业所得税	4,320	2,235	五、教育支出	29,460	28,517
企业所得税退税			六、科学技术支出	472	467
个人所得税	800	827	七、文化体育与传媒支出	4,268	3,937
资源税	2,100	1,321	八、社会保障和就业支出	54,017	52,107
城市维护建设税	1,700	1,003	九、医疗卫生与计划生育支出	17,562	16,207
房产税	800	755	十、节能环保支出	13,050	10,147
印花税	250	284	十一、城乡社区支出	23,168	20,949
城镇土地使用税	800	742	十二、农林水支出	37,935	36,039
土地增值税	700	383	十三、交通运输支出	4,214	3,169
车船税	450	445	十四、资源勘探信息等支出	7,207	7,076
耕地占用税	1,400	2,886	十五、商业服务业等支出	3,684	3,453
契税	1,900	1,456	十六、金融支出		
烟叶税	350	430	十七、援助其他地区支出		
其他税收收入			十八、国土海洋气象等支出	1,069	1,069
二、非税收入	21,220	26,439	十九、住房保障支出	13,794	11,044
专项收入	2,000	1,543	二十、粮油物资储备支出	1,071	740
行政事业性收费收入	3,000	2,217	二十一、预备费		
罚没收入	1,000	1,249	二十二、其他支出	423	180
国有资本经营收入			二十三、债务付息支出	188	188
国有资源(资产)有偿使用收入	14,821	18,560	二十四、债务发行费用支出		
其他收入	399	2,870			
本 年 收 入 合 计	47,315	47,315	本 年 支 出 合 计	241,766	224,817

2015年度和龙市一般公共预算收支决算总表(二)

单位:万元

预算科目	决算数	预算科目	决算数
本年收入合计	47,315	本年支出合计	224,817
上级补助收入	181,335	上解上级支出	4,527
返还性收入	3,633	一般性转移支付	4,054
增值税和消费税税收返还收入	3,262	体制上解支出	4,054
所得税基数返还收入	304	出口退税专项上解支出	
成品油价格和税费改革税收返还收入	67	成品油价格和税费改革专项上解支出	
其他税收返还收入		专项转移支付	473
一般性转移支付收入	107,038	专项上解支出	473
体制补助收入		计划单列市上解省支出	
均衡性转移支付收入	19,854		
革命老区及民族和边境地区转移支付收入	16,240		
县级基本财力保障机制奖补资金收入	4,776		
结算补助收入	1,277		
化解债务补助收入			
资源枯竭型城市转移支付补助收入			
企业事业单位划转补助收入			
成品油价格和税费改革转移支付补助收入			
基层公检法司转移支付收入	3,066		
义务教育等转移支付收入	1,646		
基本养老保险和低保等转移支付收入	33,529		
新型农村合作医疗等转移支付收入	3,200		
农村综合改革转移支付收入	717		
产粮(油)大县奖励资金收入			
重点生态功能区转移支付收入	6,406		
固定数额补助收入	16,942		
其他一般性转移支付收入	-615		
专项转移支付收入	70,664		
省补助计划单列市收入			
接受其他地区援助收入		援助其他地区支出	
债务(转贷)收入	7,343	债务还本支出	5,334
		增设预算周转金	
		拨付国债转贷资金数	
国债转贷收入		国债转贷资金结余	
国债转贷资金上年结余			
国债转贷转补助			
上年结余			
调入预算稳定调节基金		安排预算稳定调节基金	
调入资金	15,634	调出资金	
1.政府性基金调入		年终结余	16,949
2.国有资本经营调入		其中:本级	16,949
3.其他调入	15,634	减:结转下年的支出	16,949
		其中:本级	16,949
		净结余	
		其中:本级	
收入总计	251,627	支出总计	251,627

2015年度汪清县一般公共预算收支决算总表(一)

单位:万元

预算科目	调整预算数	决算数	预算科目	调整预算数	决算数
一、税收收入	49,070	36,660	一、一般公共服务支出	25,144	25,144
增值税	4,250	1,824	二、外交支出		
其中:改征增值税		403	三、国防支出	75	75
营业税	15,700	10,507	四、公共安全支出	13,791	13,791
企业所得税	9,040	6,794	五、教育支出	37,081	37,081
企业所得税退税			六、科学技术支出	636	636
个人所得税	880	843	七、文化体育与传媒支出	7,355	7,355
资源税	1,000	901	八、社会保障和就业支出	53,380	53,380
城市维护建设税	1,425	882	九、医疗卫生与计划生育支出	21,236	21,236
房产税	650	584	十、节能环保支出	9,341	9,244
印花税	290	296	十一、城乡社区支出	11,196	11,196
城镇土地使用税	1,380	992	十二、农林水支出	59,941	59,758
土地增值税	5,800	4,052	十三、交通运输支出	5,023	5,023
车船税	500	586	十四、资源勘探信息等支出	1,924	1,924
耕地占用税	855	238	十五、商业服务业等支出	2,896	2,896
契税	6,300	7,077	十六、金融支出	10	10
烟叶税	1,000	1,084	十七、援助其他地区支出		
其他税收收入			十八、国土海洋气象等支出	1,886	1,821
二、非税收入	26,735	29,281	十九、住房保障支出	13,046	13,046
专项收入	2,510	2,775	二十、粮油物资储备支出	1,159	1,159
行政事业性收费收入	1,800	1,283	二十一、预备费		
罚没收入	1,450	2,899	二十二、其他支出	100	100
国有资本经营收入	11,000	12,216	二十三、债务付息支出	178	178
国有资源(资产)有偿使用收入	9,975	9,951	二十四、债务发行费用支出		
其他收入		157			
本 年 收 入 合 计	75,805	65,941	本 年 支 出 合 计	265,398	265,053

2015年度汪清县一般公共预算收支决算总表(二)

单位:万元

预算科目	决算数	预算科目	决算数
本年收入合计	65,941	本年支出合计	265,053
上级补助收入	199,207	上解上级支出	3,542
返还性收入	3,121	一般性转移支付	3,203
增值税和消费税税收返还收入	2,921	体制上解支出	3,147
所得税基数返还收入	73	出口退税专项上解支出	56
成品油价格和税费改革税收返还收入	127	成品油价格和税费改革专项上解支出	
其他税收返还收入		专项转移支付	339
一般性转移支付收入	119,486	专项上解支出	339
体制补助收入		计划单列市上解省支出	
均衡性转移支付收入	16,039		
革命老区及民族和边境地区转移支付收入	8,879		
县级基本财力保障机制奖补资金收入	6,872		
结算补助收入	1,968		
化解债务补助收入			
资源枯竭型城市转移支付补助收入	16,661		
企业事业单位划转补助收入			
成品油价格和税费改革转移支付补助收入			
基层公检法司转移支付收入	2,964		
义务教育等转移支付收入	2,713		
基本养老保险和低保等转移支付收入	33,283		
新型农村合作医疗等转移支付收入	4,590		
农村综合改革转移支付收入	1,378		
产粮(油)大县奖励资金收入	114		
重点生态功能区转移支付收入	6,752		
固定数额补助收入	18,190		
其他一般性转移支付收入	-917		
专项转移支付收入	76,600		
省补助计划单列市收入			
接受其他地区援助收入		援助其他地区支出	
债务(转贷)收入	13,942	债务还本支出	11,600
		增设预算周转金	
		拨付国债转贷资金数	
国债转贷收入		国债转贷资金结余	
国债转贷资金上年结余			
国债转贷转补助			
上年结余			
调入预算稳定调节基金		安排预算稳定调节基金	
调入资金	1,450	调出资金	
1.政府性基金调入	356	年终结余	345
2.国有资本经营调入		其中:本级	345
3.其他调入	1,094	减:结转下年的支出	345
		其中:本级	345
		净结余	
		其中:本级	
收入总计	280,540	支出总计	280,540

2015年度安图县一般公共预算收支决算总表(一)

单位:万元

预算科目	调整预算数	决算数	预算科目	调整预算数	决算数
一、税收收入	37,220	18,920	一、一般公共服务支出	16,857	16,857
增值税	2,952	1,457	二、外交支出		
其中:改征增值税		401	三、国防支出	40	40
营业税	19,980	6,964	四、公共安全支出	12,179	12,179
企业所得税	6,348	1,652	五、教育支出	28,082	28,082
企业所得税退税			六、科学技术支出	385	385
个人所得税	320	699	七、文化体育与传媒支出	3,024	3,024
资源税	500	358	八、社会保障和就业支出	37,735	37,735
城市维护建设税	1,000	720	九、医疗卫生与计划生育支出	17,198	17,198
房产税	600	401	十、节能环保支出	2,878	2,878
印花税	500	236	十一、城乡社区支出	6,290	6,290
城镇土地使用税	500	293	十二、农林水支出	34,393	34,393
土地增值税	1,300	778	十三、交通运输支出	5,368	5,368
车船税	500	347	十四、资源勘探信息等支出	3,193	3,193
耕地占用税	970	3,670	十五、商业服务业等支出	3,603	3,603
契税	1,700	1,318	十六、金融支出	5	5
烟叶税	50	27	十七、援助其他地区支出		
其他税收收入			十八、国土海洋气象等支出	1,057	1,057
二、非税收入	15,580	29,207	十九、住房保障支出	12,288	12,288
专项收入	1,770	1,879	二十、粮油物资储备支出	564	564
行政事业性收费收入	3,800	1,964	二十一、预备费		
罚没收入	1,000	1,885	二十二、其他支出	10,903	10,885
国有资本经营收入	4,880	20,078	二十三、债务付息支出	108	108
国有资源(资产)有偿使用收入	3,330	814	二十四、债务发行费用支出		
其他收入	800	2,587			
本 年 收 入 合 计	52,800	48,127	本 年 支 出 合 计	196,150	196,132

2015年度安图县一般公共预算收支决算总表(二)

单位:万元

预算科目	决算数	预算科目	决算数
本年收入合计	48,127	本年支出合计	196,132
上级补助收入	146,962	上解上级支出	7,188
返还性收入	2,287	一般性转移支付	3,177
增值税和消费税税收返还收入	2,153	体制上解支出	3,085
所得税基数返还收入	86	出口退税专项上解支出	92
成品油价格和税费改革税收返还收入	48	成品油价格和税费改革专项上解支出	
其他税收返还收入		专项转移支付	4,011
一般性转移支付收入	89,162	专项上解支出	4,011
体制补助收入		计划单列市上解省支出	
均衡性转移支付收入	14,211		
革命老区及民族和边境地区转移支付收入	12,237		
县级基本财力保障机制奖补资金收入	5,531		
结算补助收入	1,503		
化解债务补助收入			
资源枯竭型城市转移支付补助收入			
企业事业单位划转补助收入			
成品油价格和税费改革转移支付补助收入			
基层公检法司转移支付收入	2,863		
义务教育等转移支付收入	2,007		
基本养老保险和低保等转移支付收入	21,066		
新型农村合作医疗等转移支付收入	4,108		
农村综合改革转移支付收入	1,020		
产粮(油)大县奖励资金收入	100		
重点生态功能区转移支付收入	6,892		
固定数额补助收入	17,304		
其他一般性转移支付收入	320		
专项转移支付收入	55,513		
省补助计划单列市收入			
接受其他地区援助收入		援助其他地区支出	
债务(转贷)收入	8,013	债务还本支出	7,455
		增设预算周转金	
		拨付国债转贷资金数	
国债转贷收入		国债转贷资金结余	
国债转贷资金上年结余			
国债转贷转补助			
上年结余	34		
调入预算稳定调节基金		安排预算稳定调节基金	
调入资金	7,657	调出资金	
1.政府性基金调入	621	年终结余	18
2.国有资本经营调入		其中:本级	18
3.其他调入	7,036	减:结转下年的支出	18
		其中:本级	18
		净结余	
		其中:本级	
收入总计	210,793	支出总计	210,793

2015年度珲春市一般公共预算收支决算总表(一)

单位:万元

预算科目	调整预算数	决算数	预算科目	调整预算数	决算数
一、税收收入	100,979	85,863	一、一般公共服务支出	40,545	40,545
增值税	15,452	6,887	二、外交支出		
其中:改征增值税	1,480	1,549	三、国防支出	40	40
营业税	37,750	31,114	四、公共安全支出	17,668	17,668
企业所得税	8,575	9,115	五、教育支出	66,811	66,811
企业所得税退税			六、科学技术支出	791	791
个人所得税	2,318	2,061	七、文化体育与传媒支出	5,460	5,460
资源税	4,630	6,039	八、社会保障和就业支出	40,446	40,374
城市维护建设税	3,975	3,434	九、医疗卫生与计划生育支出	22,446	22,446
房产税	2,648	2,326	十、节能环保支出	11,493	11,298
印花税	1,071	925	十一、城乡社区支出	46,564	46,564
城镇土地使用税	2,495	2,138	十二、农林水支出	30,347	28,993
土地增值税	8,650	9,907	十三、交通运输支出	7,799	7,799
车船税	1,180	1,161	十四、资源勘探信息等支出	13,158	13,158
耕地占用税	1,250	549	十五、商业服务业等支出	7,356	7,356
契税	10,985	10,207	十六、金融支出	15	15
烟叶税			十七、援助其他地区支出		
其他税收收入			十八、国土海洋气象等支出	1,660	1,660
二、非税收入	102,792	117,908	十九、住房保障支出	44,074	44,074
专项收入	5,339	5,004	二十、粮油物资储备支出	1,071	1,071
行政事业性收费收入	5,000	5,024	二十一、预备费		
罚没收入	3,000	2,500	二十二、其他支出	54,795	54,795
国有资本经营收入	16,862	19,732	二十三、债务付息支出	411	411
国有资源(资产)有偿使用收入	65,126	83,642	二十四、债务发行费用支出		
其他收入	7,465	2,006			
本年收入合计	203,771	203,771	本年支出合计	412,950	411,329

2015年度珲春市一般公共预算收支决算总表(二)

单位:万元

预算科目	决算数	预算科目	决算数
本年收入合计	203,771	本年支出合计	411,329
上级补助收入	211,670	上解上级支出	13,153
返还性收入	3,938	一般性转移支付	10,714
增值税和消费税税收返还收入	3,292	体制上解支出	9,999
所得税基数返还收入	499	出口退税专项上解支出	715
成品油价格和税费改革税收返还收入	147	成品油价格和税费改革专项上解支出	
其他税收返还收入		专项转移支付	2,439
一般性转移支付收入	95,647	专项上解支出	2,439
体制补助收入		计划单列市上解省支出	
均衡性转移支付收入	9,148		
革命老区及民族和边境地区转移支付收入	31,985		
县级基本财力保障机制奖补资金收入	4,385		
结算补助收入	8,645		
化解债务补助收入			
资源枯竭型城市转移支付补助收入			
企业事业单位划转补助收入			
成品油价格和税费改革转移支付补助收入			
基层公检法司转移支付收入	3,150		
义务教育等转移支付收入	2,620		
基本养老保险和低保等转移支付收入	8,881		
新型农村合作医疗等转移支付收入	4,564		
农村综合改革转移支付收入	1,137		
产粮(油)大县奖励资金收入			
重点生态功能区转移支付收入	3,579		
固定数额补助收入	20,244		
其他一般性转移支付收入	-2,691		
专项转移支付收入	112,085		
省补助计划单列市收入			
接受其他地区援助收入		援助其他地区支出	
债务(转贷)收入	33,067	债务还本支出	27,430
		增设预算周转金	
		拨付国债转贷资金数	
国债转贷收入		国债转贷资金结余	
国债转贷资金上年结余			
国债转贷转补助			
上年结余	232		
调入预算稳定调节基金		安排预算稳定调节基金	
调入资金	4,793	调出资金	
1.政府性基金调入	4,111	年终结余	1,621
2.国有资本经营调入		其中:本级	1,621
3.其他调入	682	减:结转下年的支出	1,621
		其中:本级	1,621
		净结余	
		其中:本级	
收入总计	453,533	支出总计	453,533

2015年度敦化市一般公共预算收支决算总表(一)

单位:万元

预算科目	调整预算数	决算数	预算科目	调整预算数	决算数
一、税收收入	104,098	87,496	一、一般公共服务支出	63,035	60,498
增值税	11,503	10,850	二、外交支出		
其中:改征增值税		1,466	三、国防支出	200	200
营业税	35,520	27,419	四、公共安全支出	20,849	20,083
企业所得税	16,274	16,362	五、教育支出	77,838	73,402
企业所得税退税			六、科学技术支出	6,597	6,579
个人所得税	3,264	4,036	七、文化体育与传媒支出	6,665	6,464
资源税	3,012	998	八、社会保障和就业支出	93,969	93,715
城市维护建设税	4,612	4,492	九、医疗卫生与计划生育支出	31,753	30,436
房产税	3,027	3,324	十、节能环保支出	20,746	20,558
印花税	978	1,011	十一、城乡社区支出	19,270	18,995
城镇土地使用税	2,033	2,304	十二、农林水支出	79,024	77,889
土地增值税	9,594	4,845	十三、交通运输支出	9,011	8,989
车船税	1,300	1,538	十四、资源勘探信息等支出	2,864	2,850
耕地占用税	2,352	3,576	十五、商业服务业等支出	12,390	12,379
契税	8,629	5,128	十六、金融支出	111	111
烟叶税	2,000	1,613	十七、援助其他地区支出		
其他税收收入			十八、国土海洋气象等支出	3,827	3,552
二、非税收入	46,971	57,035	十九、住房保障支出	19,651	19,651
专项收入	6,887	5,255	二十、粮油物资储备支出	2,182	2,164
行政事业性收费收入	7,450	16,276	二十一、预备费		
罚没收入	1,650	4,950	二十二、其他支出	171	81
国有资本经营收入	15,500	3,782	二十三、债务付息支出	205	205
国有资源(资产)有偿使用收入	13,310	25,668	二十四、债务发行费用支出		
其他收入	2,174	1,104			
本年收入合计	151,069	144,531	本年支出合计	470,358	458,801

2015年度敦化市一般公共预算收支决算总表(二)

单位:万元

预算科目	决算数	预算科目	决算数
本 年 收 入 合 计	144,531	本 年 支 出 合 计	458,801
上级补助收入	310,121	上解上级支出	14,880
返还性收入	11,306	一般性转移支付	11,556
增值税和消费税税收返还收入	7,519	体制上解支出	11,301
所得税基数返还收入	3,524	出口退税专项上解支出	255
成品油价格和税费改革税收返还收入	263	成品油价格和税费改革专项上解支出	
其他税收返还收入		专项转移支付	3,324
一般性转移支付收入	164,539	专项上解支出	3,324
体制补助收入		计划单列市上解省支出	
均衡性转移支付收入	10,810		
革命老区及民族和边境地区转移支付收入	6,922		
县级基本财力保障机制奖补资金收入	7,436		
结算补助收入	2,263		
化解债务补助收入			
资源枯竭型城市转移支付补助收入	20,654		
企业事业单位划转补助收入			
成品油价格和税费改革转移支付补助收入			
基层公检法司转移支付收入	2,860		
义务教育等转移支付收入	4,347		
基本养老保险和低保等转移支付收入	58,632		
新型农村合作医疗等转移支付收入	10,279		
农村综合改革转移支付收入	690		
产粮(油)大县奖励资金收入	3,754		
重点生态功能区转移支付收入	10,197		
固定数额补助收入	28,783		
其他一般性转移支付收入	-3,088		
专项转移支付收入	134,276		
省补助计划单列市收入			
接受其他地区援助收入		援助其他地区支出	
债务(转贷)收入	32,420	债务还本支出	16,528
		增设预算周转金	
		拨付国债转贷资金数	
国债转贷收入		国债转贷资金结余	
国债转贷资金上年结余			
国债转贷转补助			
上年结余	1,834		
调入预算稳定调节基金		安排预算稳定调节基金	
调入资金	12,860	调出资金	
1.政府性基金调入	898	年终结余	11,557
2.国有资本经营调入		其中:本级	11,557
3.其他调入	11,962	减:结转下年的支出	11,557
		其中:本级	11,557
		净结余	
		其中:本级	
收 入 总 计	501,766	支 出 总 计	501,766

2015年度长白山管委会一般公共预算收支决算总表(一)

单位:万元

预算科目	调整预算数	决算数	预算科目	调整预算数	决算数
一、税收收入	18,457	19,376	一、一般公共服务支出	18,631	16,724
增值税	219	213	二、外交支出		
其中:改征增值税		114	三、国防支出	144	144
营业税	6,600	5,722	四、公共安全支出	10,421	9,717
企业所得税	1,704	1,651	五、教育支出	14,867	13,710
企业所得税退税			六、科学技术支出	104	74
个人所得税	384	706	七、文化体育与传媒支出	9,743	6,774
资源税	50	77	八、社会保障和就业支出	11,918	7,722
城市维护建设税	700	662	九、医疗卫生与计划生育支出	9,631	7,477
房产税	1,700	1,485	十、节能环保支出	6,922	5,599
印花税	300	285	十一、城乡社区支出	59,193	56,016
城镇土地使用税	600	547	十二、农林水支出	22,828	16,709
土地增值税	1,200	1,407	十三、交通运输支出	1,777	1,584
车船税	200	225	十四、资源勘探信息等支出	515	460
耕地占用税	300	-88	十五、商业服务业等支出	4,394	4,255
契税	4,500	6,484	十六、金融支出		
烟叶税			十七、援助其他地区支出		
其他税收收入			十八、国土海洋气象等支出	3,371	3,033
二、非税收入	15,450	15,980	十九、住房保障支出	24,139	16,658
专项收入	1,280	1,399	二十、粮油物资储备支出		
行政事业性收费收入	870	947	二十一、预备费		
罚没收入	400	669	二十二、其他支出	321	321
国有资本经营收入	800	800	二十三、债务付息支出	197	197
国有资源(资产)有偿使用收入	11,900	12,048	二十四、债务发行费用支出		
其他收入	200	117			
本 年 收 入 合 计	33,907	35,356	本 年 支 出 合 计	199,116	167,174

2015年度长白山管委会一般公共预算收支决算总表(二)

单位:万元

预算科目	决算数	预算科目	决算数
本年收入合计	35,356	本年支出合计	167,174
上级补助收入	103,279	上解上级支出	2,735
返还性收入	394	一般性转移支付	6
增值税和消费税税收返还收入	372	体制上解支出	
所得税基数返还收入		出口退税专项上解支出	6
成品油价格和税费改革税收返还收入	22	成品油价格和税费改革专项上解支出	
其他税收返还收入		专项转移支付	2,729
一般性转移支付收入	71,644	专项上解支出	2,729
体制补助收入		计划单列市上解省支出	
均衡性转移支付收入	13,580		
革命老区及民族和边境地区转移支付收入	1,702		
县级基本财力保障机制奖补资金收入	3,262		
结算补助收入	39,577		
化解债务补助收入			
资源枯竭型城市转移支付补助收入			
企业事业单位划转补助收入			
成品油价格和税费改革转移支付补助收入			
基层公检法司转移支付收入	441		
义务教育等转移支付收入	639		
基本养老保险和低保等转移支付收入	652		
新型农村合作医疗等转移支付收入	428		
农村综合改革转移支付收入	1,297		
产粮(油)大县奖励资金收入			
重点生态功能区转移支付收入	2,365		
固定数额补助收入	8,263		
其他一般性转移支付收入	-562		
专项转移支付收入	31,241		
省补助计划单列市收入			
接受其他地区援助收入		援助其他地区支出	
债务(转贷)收入	34,544	债务还本支出	4,984
		增设预算周转金	
		拨付国债转贷资金数	
国债转贷收入		国债转贷资金结余	
国债转贷资金上年结余			
国债转贷转补助			
上年结余	15,366		
调入预算稳定调节基金	4,800	安排预算稳定调节基金	8,497
调入资金	21,987	调出资金	
1.政府性基金调入	6,078	年终结余	31,942
2.国有资本经营调入		其中:本级	31,942
3.其他调入	15,909	减:结转下年的支出	31,942
		其中:本级	31,942
		净结余	
		其中:本级	
收入总计	215,332	支出总计	215,332

2016吉林财政年鉴

第五部分

CHAPTER5

全省国民经济和社会发展统计资料

Statistical Data On National Economic And Social Development Of The Province

国民经济和社会发展总量与速度指标

指标	总量指标					
	1995年	2000年	2005年	2010年	2014年	2015年
人口与就业(万人)						
年底总人口	2550.87	2681.7	2716	2746.6	2752.38	2753.32
男性人口	1302.78	1372.8	1386.9	1391.39	1391.05	1390.45
女性人口	948.09	1308.9	1329.1	1355.21	1361.33	1362.87
城镇人口		1331.8	1426.5	1465.58	1508.58	1522.76
乡村人口		1349.9	1289.5	1281.02	1243.8	1230.56
就业人员数	1270.77	1164.02	1238.9	1311.6	1447.17	1480.6
城镇就业	622.7	523	553.7	577.8	689.2	720.38
职工人数	520.38	329.91	257.94	259.51	315.64	308.13
城镇失业人数	7.76	23	27.6	22.65	23.2	23.9
宏观经济						
国民核算(亿元)						
地区生产总值	1137.23	1951.51	3620.27	8667.58	13803.14	14063.13
第一产业	303.99	398.73	625.61	1050.15	1524.01	1596.28
第二产业	475.22	768.89	1580.83	4506.31	7286.59	7005.71
第三产业	358.02	783.89	1413.83	3111.12	4992.54	5461.14
人均地区生产总值(元)	4402	7351	13348	31599	50160	51086
固定资产投资(亿元)						
全社会固定资产投资	341.85	586.86	1802.41	9621.77	11339.62	12705.29
固定资产投资(不含农户)	311.55	554.11	1699.33	7925.72	11107.94	12508.59
房地产开发投资	35.64	63.52	195.73	921.01	1030.13	924.24
住宅投资	21.36	39.98	145.49	731.73	732.47	648.81
财政(亿元)						
一般预算全口径财政收入	117.5	184	418.6	1206.03	2188.55	2144
地方财政收入	63.28	103.83	207.1	602.41	1203.38	1229.35
财政支出	120.9	260.67	631.1	1787.25	2193.25	3217.1
物价总指数(上年=100)						
商品零售价格总指数	114.2	98	101.1	104.1	101.2	99.8
居民消费价格总指数	115.2	98.6	101.5	103.7	102	101.7
工业生产者购进价格指数		106.8	107	108.6	99.2	96.6
工业生产者出厂价格指数		105.1	104.3	105.2	99.1	95.3
能源(万吨标准煤)						
能源生产总量	2512.9	1885.6	2574.3	4790.8	3364.8	3015.5
能源消费总量	3954.2	3527.7	5258.5	8172.8	8483.4	8027.7
利用外资(亿美元)						
签订利用外资协议额	17.58	8.54	9.42	14.06	15.55	11.94
实际利用外资额	9.02	4.94	11.51	41.65	76.53	85.72

国民经济和社会发展总量与速度指标

指标	速度指标(%)								
	指数(2015年以下列各年为100)					平均增长速度			
	1995年	2000年	2005年	2010年	2014年	1996–2000年	2001–2005年	2006–2010年	2011–2015年
人口与就业(万人)									
年底总人口	107.9	102.7	101.4	100.2	100	1	0.3	0.2	0.05
男性人口	106.7	101.3	100.3	99.9	100	1.1	0.2	0.06	-0.01
女性人口	143.7	104.1	102.5	100.6	100.1	6.6	0.3	0.4	0.1
城镇人口		114.3	106.7	103.9	100.9		1.4	0.5	0.8
乡村人口		91.2	95.4	96.1	98.9		-0.9	-0.1	-0.8
就业人员数	116.5	127.2	119.5	112.9	102.3	-1.7	1.2	1.1	2.5
城镇就业	115.7	137.7	130.1	124.7	104.5	-3.4	1.1	0.9	4.5
职工人数	59.2	93.4	119.5	118.7	97.6	-8.7	-4.8	0.1	3.5
城镇失业人数	308	103.9	86.6	105.5	103	24.3	3.7	-3.9	1.1
宏观经济									
国民核算(亿元)									
地区生产总值	827.5	518.9	312.8	156.3	106.3	9.8	10.7	14.9	9.3
第一产业	280.7	217	155.3	126.2	104.8	5.3	6.9	4.2	4.8
第二产业	1328.7	688.6	382.4	163.7	105.2	14	12.5	18.5	10.4
第三产业	875.9	496.5	307	155.8	108.4	11.5	10.6	14.5	9.3
人均地区生产总值(元)	776.9	500.7	308.2	155.6	106.3	9.2	10.2	14.6	9.2
固定资产投资(亿元)									
全社会固定资产投资	3716.6	2165	704.9	132	112				
固定资产投资(不含农户)	4015	2257.4	736.1	157.8	112.6				
房地产开发投资	2593.3	1455	472.2	100.4	89.7				
住宅投资	3037.5	1622.8	445.9	88.7	88.6				
财政(亿元)									
一般预算全口径财政收入	1824.7	1165.2	512.2	177.8	98	9.4	17.9	23.6	12.2
地方财政收入	1942.7	1184	593.6	204.1	102.2	10.4	14.8	23.8	15.3
财政支出	2661	1234.2	509.8	180	146.7	16.6	19.3	23.1	12.5
物价总指数(上年=100)									
商品零售价格总指数									
居民消费价格总指数									
工业生产者购进价格指数									
工业生产者出厂价格指数									
能源(万吨标准煤)									
能源生产总量	120	159.9	117.1	62.9	89.6	-5.6	6.4	13.2	-8.8
能源消费总量	203	227.6	152.7	98.2	94.6	-2.3	8.3	9.2	-0.4
利用外资(亿美元)									
签订利用外资协议额	67.9	139.8	126.8	84.9	76.8	-13.4	2	8.3	-3.2
实际利用外资额	950.3	1735.2	744.7	205.8	112	-11.5	18.4	29.3	15.5

国民经济和社会发展总量与速度指标

指标	总量指标					
	1995年	2000年	2005年	2010年	2014年	2015年
农业						
乡村劳动力(万人)	631.11	641	685.2	733.8	757.95	760.22
农林牧渔业总产值(亿元)	490.28	609.4	1050.5	1850.28	2763.01	2880.62
主要农产品产量(万吨)						
粮食	1992.4	1638	2581.2	2842.5	3532.8	3647.04
玉米	1478.5	993.2	1815	2004	2733.5	2805.73
水稻	296.9	374.8	478	568.5	587.6	630.1
大豆	63.08	120.3	130.2	86.57	37.4	29.03
薯类	34.8	49.1	75.89	75.49	55.7	59.47
油料	25.55	38.96	54.45	70.44	79.7	76.42
水果	27.97	48.62	66.2	65.08	58.9	53.4
肉类总产量	134.54	247.94	310	238.9	261.94	260.2
奶类	11.32	15	30	44.6	49.31	52.33
水产品	11.06	14.01	11.89	16.6	19.01	19.52
工业						
工业总产值(亿元)	1434.16	1679.91	3791.96	13098.35	23540.95	23056.58
轻工业	472.08	368.62	783.43	3405.16	7214.64	7779.68
重工业	962.08	1311.29	3008.53	9693.19	16326.31	15276.9
利润总额(亿元)	-1.93	85.58	141	843.21	1445.89	1208.47
主要工业产品产量						
汽车(万辆)	18.92	32.52	52.24	167.42	255.03	224.88
原煤(万吨)	2644.31	1636.71	2487.23	5190.02	3099.43	2622.46
原油(万吨)	342.73	348.46	522.52	702.33	663.93	665.48
天然气(亿立方米)	1.83	2.05	5.4	13.67	22.28	19.4
发电量(亿千瓦小时)	284.6	313.5	412.08	594.4	753.93	716
钢(万吨)	115.93	159.31	459.97	827.17	1264.77	1066.81
成品钢材(万吨)	88.21	141.7	478.62	875.8	1412.21	1152.45
水泥(万吨)	678.46	758.9	1598.5	3974.6	4663.7	4041.09
建筑业						
建筑业增加值(亿元)	39.05	64.83	91.97	583.87	891.4	927.06
房屋建筑施工面积(万平方米)	1311	2209	3166	5901	13993	12237
房屋建筑竣工面积(万平方米)	755	1440	1745	4273	7372	5603

国民经济和社会发展总量与速度指标

指标	速度指标(%)								
	指数(2015年以下列各年为100)					平均增长速度			
	1995年	2000年	2005年	2010年	2014年	1996–2000年	2001–2005年	2006–2010年	2011–2015年
农业									
乡村劳动力(万人)	120.5	118.6	110.9	103.6	100.3	-0.1	-0.6	-8.4	0.7
农林牧渔业总产值(亿元)	369.7	283.3	169.8	125.2	104.3	5.4	10.7	6.3	4.6
主要农产品产量(万吨)									
粮食	183	222.7	141.3	128.3	103.2	-3.8	9.5	1.9	5.1
玉米	189.8	282.5	154.6	140	102.6	-7.6	12.8	2	7
水稻	212.2	168.1	131.8	110.8	107.2	4.8	5	3.5	2.1
大豆	46	24.1	22.3	33.5	77.6	13.8	1.6	-7.8	-19.6
薯类	170.9	121.1	78.4	78.8	106.8	7.1	9.1	-0.1	-4.7
油料	299.1	196.1	140.3	108.5	95.9	8.8	6.9	5.3	1.6
水果	190.9	109.8	80.7	82.1	90.7	11.7	6.4	-0.3	-3.9
肉类总产量	193.4	104.9	83.9	108.9	99.3	13	4.6	-5.1	1.7
奶类	462.3	348.9	174.4	117.3	106.1	5.8	14.9	8.3	3.2
水产品	176.5	139.3	164.2	117.6	102.7	4.8	-3.2	6.9	3.3
工业									
工业总产值(亿元)	1607.7	1372.5	608	176	97.9	3.2	17.7	28.1	12
轻工业	1648	2110.5	993	228.5	107.8	-4.8	16.3	34.2	18
重工业	1587.9	1165	507.8	157.6	93.6	6.4	18.1	26.4	9.5
利润总额(亿元)		1412.1	857.1	143.3	83.6		10.5	43	7.5
主要工业产品产量									
汽车(万辆)	1188.6	691.5	430.5	134.3	88.2	11.4	9.9	26.2	6.1
原煤(万吨)	99.2	160.2	105.4	50.5	84.6	-9.1	8.7	15.8	-12.8
原油(万吨)	194.2	191	127.4	94.8	100.2	0.3	8.4	6.1	-1.1
天然气(亿立方米)	1060.1	946.3	359.3	141.9	87.1	2.3	21.4	20.4	7.3
发电量(亿千瓦小时)	251.6	228.4	173.8	120.5	95	2	5.6	7.6	3.8
钢(万吨)	920.2	669.6	231.9	129	84.3	6.6	23.6	12.5	5.2
成品钢材(万吨)	1306.5	813.3	240.8	131.6	81.6	9.9	27.6	12.8	5.6
水泥(万吨)	595.6	532.5	252.8	101.7	86.6	2.3	16.1	20	0.3
建筑业									
建筑业增加值(亿元)	2374	1430	1008	158.8	104	10.7	7.2	44.7	9.7
房屋建筑施工面积(万平方米)	933.4	554	386.5	207.4	87.5	11	7.5	13.3	15.7
房屋建筑竣工面积(万平方米)	742.1	389.1	321.1	131.1	76	13.8	3.9	19.6	5.6

国民经济和社会发展总量与速度指标

指标	总量指标					
	1995年	2000年	2005年	2010年	2014年	2015年
交通运输						
货物周转量(亿吨公里)	497.31	612.04	708.25	1391.94	1861.54	1579.31
铁路	420.23	406.21	506.68	595.9	509.81	371.16
公路	76	85.64	98.75	683.14	1190.78	1051.22
水运	1.07	0.27	0.43	1.27	1.38	0.59
旅客周转量(亿人公里)	177.11	206.67	266.02	511.31	472.63	483.57
铁路	125.52	129.82	151.85	205.93	250.95	252.22
公路	51.48	76.79	92.79	269.58	173.27	177.82
水运	0.11	0.06	0.09	0.2	0.25	0.27
邮电通信业						
邮电业务总量(亿元)	21.22	116.35	285.81	652.7	328.16	389.43
函件(万件)	15333	9500	6300	9319	3034	1923
报刊期发数(万份)	473	443	190	186	197	187
固定电话用户(万户)	108	260	769	595	575	572
移动电话用户(万户)	8	203	916	1805	2612	2604
国内贸易						
社会消费品零售总额(亿元)	494.82	833.52	1470.26	3504.92	6080.9	6646.46
对外经济贸易和旅游						
进出口总额(亿美元)	27.14	25.54	65.28	168.46	263.78	189.38
进口额	12.96	13.12	40.61	123.7	206	142.85
出口额	14.19	12.42	24.67	44.76	57.78	46.53
接待入境旅游人数(万人次)	15.61	27.27	37.32	82.01	137.69	148.1
教育、文化						
教育						
专任教师数(万人)						
普通高等学校	1.5	1.75	2.81	3.4	3.85	3.92
高中阶段			2.43	4.7	5.11	5
初中阶段			7.14	6.77	7.44	7.3
小学	15.27	15.03	13.77	12.45	10.01	9.68
在校学生数(万人)						
普通高等学校	10.08	17.53	40.73	54.43	61.83	63.27
高中阶段			67.23	76.53	56.58	54.05
初中阶段			109.2	82.5	62.29	59.55
小学	269.03	241.59	162.52	144.46	126.88	127.98

国民经济和社会发展总量与速度指标

指标	速度指标(%)								
	指数(2015年以下列各年为100)					平均增长速度			
	1995年	2000年	2005年	2010年	2014年	1996–2000年	2001–2005年	2006–2010年	2011–2015年
交通运输									
货物周转量(亿吨公里)	317.6	258	223	113.5	84.8	4.2	3	14.5	2.6
铁路	88.3	91.4	73.3	62.3	72.8	-0.7	4.5	3.3	-9
公路	1383.2	1227.5	1064.5	153.9	88.3	2.4	2.9	47.2	9
水运	55.1	218.5	137.2	46.5	42.8	-24.1	9.8	24.2	-14.2
旅客周转量(亿人公里)	273	234	181.8	94.6	102.3	3.1	5.2	14	-1.1
铁路	200.9	194.3	166.1	122.5	100.5	0.7	3.2	6.3	4.1
公路	345.4	231.6	191.6	66	102.6	8.3	3.9	23.8	-8
水运	245.5	450	300	135	108	-11.4	8.4	17.3	6.2
邮电通信业									
邮电业务总量(亿元)	1835.2	334.7	136.3	59.7	118.7	40.5	19.7	18	-9.8
函件(万件)	12.5	20.2	30.5	20.6	63.4	-9.1	-7.9	8.1	-27.1
报刊期发数(万份)	39.5	42.2	98.4	100.5	94.9	-1.3	-15.6	-0.4	0.1
固定电话用户(万户)	530.6	220	74.4	96.1	99.5	19.3	24.2	-5	-0.8
移动电话用户(万户)	32550	1282.8	284.3	144.3	99.7	90.9	35.2	14.5	7.6
国内贸易									
社会消费品零售总额(亿元)	1343.2	797.4	452.1	189.6	109.3	11	11.9	19	13.7
对外经济贸易和旅游									
进出口总额(亿美元)	697.8	741.5	290.1	112.4	71.8	-1.2	20.6	20.9	2.4
进口额	1102.2	1088.8	351.8	115.5	69.3	0.2	25.4	25	2.9
出口额	327.9	374.6	188.6	104	80.5	-2.6	14.7	12.7	0.8
接待入境旅游人数(万人次)	948.8	543.1	396.8	180.6	107.6	11.8	6.5	17.1	12.5
教育、文化									
教育									
专任教师数(万人)									
普通高等学校	261.3	224	139.5	115.3	101.8	3.1	9.9	3.9	2.9
高中阶段			205.8	106.4	97.8			14.1	1.2
初中阶段			102.2	107.8	98.1			-1.1	1.5
小学	63.4	64.4	70.3	77.8	96.7	-0.3	-1.7	-2	-4.9
在校学生数(万人)									
普通高等学校	627.7	360.9	155.3	116.2	102.3	11.7	18.4	6	3.1
高中阶段			80.4	70.6	95.5			2.6	-6.7
初中阶段			54.5	72.2	95.6			-5.5	-6.3
小学	47.6	53	78.7	88.6	100.9	-2.1	-7.6	-2.3	-2.4

国民经济和社会发展总量与速度指标

指标	总量指标					
	1995年	2000年	2005年	2010年	2014年	2015年
文化						
出版数量						
图书(亿册)	1.16	0.81	1.28	2.26	2.55	2.48
杂志(亿册)	0.52	0.55	0.69	1.11	0.95	0.84
报纸(亿份)	4.79	5.53	9.73	9.91	9.26	8.12
科技						
授权专利数(件)				4343	6696	8878
技术市场成交额(亿元)				18.8	28.2	26.5
家庭、生活、卫生						
城镇居民家庭平均每户人口(人)	3.21	3.12	2.94	2.82	2.67	2.67
农村居民家庭平均每户人口(人)	4.02	3.9	3.68	3.46	3.19	3.17
居住						
城镇人均居住面积(平方米)	8.92	11.24	19.07	28.41	28.15	28.6
农村人均居住面积(平方米)	16.07	17.72	20.1	22.88	26.2	26.95
生活						
城镇常住居民人均可支配收入(元)	3174.84	4810	8690.62	15411.47	23217.82	24900.86
农村常住居民人均可支配收入(元)	1609.6	2022.5	3263.99	6237.44	10780.12	11326.17
城乡居民储蓄存款余额(亿元)	726.28	1515.85	2798.06	5147.26	8556.71	9543.8
职工工资总额(亿元)	221	265	377	763	1590	1719
从业人员平均工资(元)	4430	7924	14409	29399	46516	51558
卫生						
卫生机构(个)	3891	3323	8755	9532	19891	20619
医院与卫生院(个)	1415	1392	1380	1346	1355	1391
卫生技术人员(万人)	13.42	13.2	12.57	13.84	15.14	15.91
医生	5.61	5.97	5.64	6.21	6.32	6.73
医疗床位数(万张)	9.66	8.93	8.77	11.51	14.11	14.47
医院、卫生院	8.41	8.05	8.21	10.65	13.2	13.54
城市市政建设、灾害						
自来水全年供水总量(万立方米)	146139	150924	154409	100743	86207	106202
城市排水管道长度(公里)	2962	3935	5086	7738	9870	10319
人工煤气供气量(万立方米)	28768	15508	13755	16727	12827	7945
生活清运垃圾(万吨)	594	640	580	499	505	490
交通事故发生数(起)	5117	14091	9659	4438	2792	2801
交通事故损失(万元)	1947	4548	4468	2666	3447	3207
农业受灾面积(万公顷)	233	366.2	176.5	85.2	195.6	84.6

国民经济和社会发展总量与速度指标

指标	速度指标(%)								
	指数(2015年以下列各年为100)					平均增长速度			
	1995年	2000年	2005年	2010年	2014年	1996-2000年	2001-2005年	2006-2010年	2011-2015年
文化									
出版数量									
图书(亿册)	213.8	306.2	193.8	109.7	97.3	-6.9	9.6	12	1.9
杂志(亿册)	161.5	152.7	121.7	75.7	88.4	1.1	4.6	10	-5.4
报纸(亿份)	169.5	146.8	83.5	81.9	87.7	2.9	12	-0.4	-3.9
科技									
授权专利数(件)				204.4	132.6				15.4
技术市场成交额(亿元)				141	94				7.1
家庭、生活、卫生									
城镇居民家庭平均每户人口(人)	83.2	85.6	90.8	94.7	100	-0.6	-1.2	-0.8	-1.1
农村居民家庭平均每户人口(人)	78.9	81.3	86.1	91.6	99.4	-0.6	-1.2	-1.2	-1.7
居住									
城镇人均居住面积(平方米)	320.6	254.4	150	100.7	101.6	5.8	16.3	8.3	0.1
农村人均居住面积(平方米)	167.7	152.1	134.1	117.8	102.9	2	2.6	2.6	3.3
生活									
城镇常住居民人均可支配收入(元)	784.3	517.7	286.5	161.6	107.2	8.7	12.6	12.1	10.1
农村常住居民人均可支配收入(元)	703.7	560	347	181.6	105.1	4.7	10	13.8	12.7
城乡居民储蓄存款余额(亿元)	1314.1	629.6	341.1	185.4	111.5	15.9	13	13	13.1
职工工资总额(亿元)	777.8	648.7	456	225.3	108.1	3.7	7.3	15.1	17.6
从业人员平均工资(元)	1163.8	650.7	357.8	175.4	110.8	12.3	12.7	15.3	11.9
卫生									
卫生机构(个)	529.9	620.5	235.5	216.3	103.7	-3.1	21.4	1.7	16.7
医院与卫生院(个)	98.3	99.9	100.8	103.3	102.7	-0.3	-0.2	-0.5	0.7
卫生技术人员(万人)	118.6	120.5	126.6	115	105.1	-0.3	-1	1.9	2.8
医生	120	112.7	119.3	108.4	106.5	1.3	-1.1	1.9	1.6
医疗床位数(万张)	149.8	162	165	125.7	102.6	-1.6	-0.4	5.6	4.7
医院、卫生院	161	168.2	164.9	127.1	102.6	-1	-3.5	5	4.9
城市市政建设、灾害									
自来水全年供水总量(万立方米)	72.7	70.4	68.8	105.4	123.2	0.6	0.5	-8.2	1.1
城市排水管道长度(公里)	342.3	262.2	202.9	133.4	104.5	30.6	5.3	8.8	5.9
人工煤气供气量(万立方米)	27.6	51.2	57.8	47.5	61.9	-14.9	-3.7	-1.4	-13.8
生活清运垃圾(万吨)	82.5	76.6	84.5	98.2	97	-1.5	-1.9	-3	-0.4
交通事故发生数(起)	54.7	19.9	29	63.1	100.3	22.5	-7.3	-14.4	-8.8
交通事故损失(万元)	164.7	70.5	71.8	120.3	93	18.5	-0.4	-9.8	3.8
农业受灾面积(万公顷)	36.3	23.1	47.9	99.3	43.3	9.5	-13.6	-13.6	-0.1

国民经济主要比例关系

指标	2014年		2015年	
	绝对数	构成(%)	绝对数	构成(%)
全部从业人员(万人)	1447.2	100	1480.6	100
第一产业	533.6	36.9	525.17	35.5
第二产业	344.3	23.8	342.76	23.2
第三产业	569.3	39.2	612.67	41.3
地区生产总值(亿元)	13803.14	100	14063.13	100
第一产业	1524.01	11	1596.28	11.4
第二产业	7286.59	52.8	7005.71	49.8
第三产业	4992.54	36.2	5461.14	38.8
全社会固定资产投资(亿元)	11339.62	100	12705.29	100
建筑安装工程	6692.8	59	7430.64	58.5
设备、工器具购置	3790.05	33.4	4298.03	33.8
其他费用	856.77	7.6	976.62	7.7
工业总产值(亿元)	23540.95	100	23056.58	100
轻工业	7214.64	30.6	7779.68	33.7
重工业	16326.31	69.4	15276.9	66.3
农林牧渔业总产值(亿元)	2763.01	100	2880.62	100
农业	1343.54	48.6	1400.38	48.6
林业	104.43	3.8	109.82	3.8
牧业	1195.02	43.3	1244.87	43.2
渔业	40.13	1.4	39.91	1.4
货运量(万吨)	53023	100	47900	100
铁路	5761	10.9	4071	8.5
公路	41830	78.9	38708	80.8
水运	407	0.8	193	0.4
客运量(万人)	35464	100	36894	100
铁路	6935	19.6	7158	19.4
公路	27866	78.6	29013	78.6
民航	461	1.3	536	1.5
水运	202	0.6	188	0.5
社会消费品零售总额(亿元)	6080.9	100	6646.46	100
城镇	5385.3	88.6	5870.17	88.3
乡村	695.6	11.4	776.29	11.7
地方财政收入占地区生产总值的比重(%)		8.7		8.7
全社会固定资产投资占地区生产总值的比重(%)		82.2		90.3

历年地区生产总值

单位:亿元

年份	地区生产总值	第一产业	第二产业	工业	建筑业	第三产业	人均生产总值(元)
1978	81.98	23.98	42.96	40.34	2.62	15.04	381
1979	91.12	25.34	49.22	44.56	4.66	16.56	417
1980	98.59	27.24	52.24	47.42	4.82	19.11	445
1981	111.16	34.31	56.53	51.29	5.24	20.32	496
1982	121.67	38.4	60.36	54.21	6.15	22.91	538
1983	150.14	56.74	65.38	58.75	6.63	28.02	658
1984	174.39	60.04	80.46	72.1	8.36	33.89	760
1985	200.44	55.74	97.21	85.29	11.92	47.49	868
1986	227.15	64.35	104.3	91.28	13.02	58.5	977
1987	297.49	80.57	139.36	123.49	15.87	77.56	1269
1988	368.67	92.59	173.57	155.12	18.45	102.51	1559
1989	391.65	80.53	181.02	164.09	16.93	130.1	1636
1990	425.28	124.99	182.15	163.82	18.33	118.14	1746
1991	463.47	120.47	203.02	181.71	21.31	139.98	1878
1992	558.06	130.82	257.01	227.17	29.84	170.23	2246
1993	718.58	156.05	351.03	308.1	42.93	211.5	2826
1994	937.73	259.4	396.91	354.7	42.21	281.42	3657
1995	1137.23	303.99	475.22	413.85	61.37	358.02	4402
1996	1346.79	376.01	537.05	471.34	65.71	433.73	5178
1997	1464.34	368.16	566.97	495.1	71.87	529.21	5591
1998	1577.05	429.5	585.65	504.12	81.53	561.9	5983
1999	1682.07	423.48	654.52	552.34	102.18	604.07	6382
2000	1951.51	398.73	768.89	655.68	113.21	783.89	7351
2001	2120.35	409.1	852.51	724.73	127.78	858.74	7893
2002	2348.54	446.17	943.49	803.53	139.96	958.88	8714
2003	2662.08	488.15	1098.44	930.81	167.63	1075.49	9854
2004	3122.01	568.69	1329.68	1143.95	185.73	1223.64	11537
2005	3620.27	625.61	1580.83	1363.94	216.89	1413.83	13348
2006	4275.12	672.76	1915.29	1659.29	256	1687.07	15720
2007	5284.69	783.8	2475.45	2170.74	304.71	2025.44	19383
2008	6426.1	916.72	3097.12	2688.37	408.75	2412.26	23521
2009	7278.75	980.57	3541.92	3054.6	487.32	2756.26	26595
2010	8667.58	1050.15	4506.31	3929.31	577	3111.12	31599
2011	10568.83	1277.44	5611.48	4917.95	693.53	3679.91	38460
2012	11939.24	1412.11	6376.77	5582.48	794.29	4150.36	43415
2013	13046.4	1466.74	6871.96	6059.28	840.75	4707.7	47428
2014	13803.14	1524.01	7286.59	6424.88	891.4	4992.54	50160
2015	14063.13	1596.28	7005.71	6112.05	927.06	5461.14	51086

2015年各市县生产总值

单位:万元

市、县	各市县生产总值	农林牧渔业	工业	建筑业	批发和零售业	交通运输仓储及邮政业	住宿和餐饮业	信息传输、计算机服务、和软件业	金融业	房地产业	租赁和商务服务业
长春市	55300345	3516371	23563187	4256186	5510846	2615071	1076209	1751784	2372720	1274492	2165149
榆树市	4055378	1068342	729178	342660	334958	549327	83128	29627	67117	68714	37034
德惠市	4050499	733003	1251046	347006	308026	249988	33992	24440	26570	59713	2673
农安县	4055037	977949	844699	357297	325822	304539	95947	28425	273595	76135	1290
吉林市	23941860	2639515	9476809	1439420	1931133	1649640	557041	580418	851262	1123537	502254
桦甸市	2556656	449196	1275357	105595	140011	118723	44077	37423	25557	64918	38696
蛟河市	1968643	378335	782476	149129	116688	137268	50348	19622	40270	58322	6991
磐石市	2448576	491405	858822	172780	158929	282249	57377	20254	76232	72821	32382
舒兰市	1953201	572150	495023	109325	194662	127871	27273	22612	73304	89008	16424
永吉县	1029548	214676	299802	118184	73574	77896	18989	6519	21893	43558	5520
四平市	12332487	3266429	5002028	355782	713387	491073	351490	270153	283295	284228	80145
公主岭市	4431017	1068029	1642397	161474	282556	250757	30108	103374	97549	186097	64270
梨树县	2330043	972437	686256	12720	96868	144628	47124	45172	8515	60939	8157
伊通满族自治县	1672525	559693	537010	55900	152327	93232	22974	9737	23554	60622	8235
双辽市	1693881	472522	795617	17400	88750	84245	33988	20104	7537	27383	8781
辽源市	7266404	613912	3892435	298146	532641	294248	175006	124357	210360	220647	60806
东丰县	1901098	343747	990366	31055	165148	90360	61579	21745	62890	35877	1485
东辽县	1504009	231053	884665	34416	47853	68347	17399	54728	50333	20816	867
通化市	10012129	986127	4537546	582497	1107834	608694	186628	230116	253486	381572	211518
梅河口市	3254232	276298	1373140	219696	336750	188001	128140	58764	78603	112235	25377
集安市	1020839	98285	366409	59580	123996	132355	29913	27912	57597	31973	3952
通化县	1319308	97166	641696	74998	52942	47406	36162	31460	17986	25704	40898
辉南县	1010039	200054	290801	138470	113488	54947	35062	13226	22426	60119	8169
柳河县	935132	201811	407897	29299	41027	34449	13114	8354	53276	33800	5803

2015年各市县生产总值

单位:万元

市、县	各市县生产总值	农林牧渔业	工业	建筑业	批发和零售业	交通运输仓储及邮政业	住宿和餐饮业	信息传输、计算机服务、和软件业	金融业	房地产业	租赁和商务服务业
白山市	6685521	630389	3591786	199354	460802	272523	249819	111219	245673	137417	156557
临江市	978651	82413	521012	7979	31674	46913	30891	7747	10085	20844	1940
抚松县	1769861	236871	867788	20137	141912	66517	107558	14242	43957	88868	7985
靖宇县	686994	75280	378022	11621	38479	25739	24223	4307	3577	13644	2226
长白朝鲜族自治县	386747	50738	179996	8053	13998	16510	14001	11560	10045	9778	3497
松原市	16373003	2917565	6484461	956438	1422839	991944	476293	251431	380280	400034	155422
长岭县	3001048	813535	1060194	72800	262663	168769	60824	42824	56983	76811	34204
前郭尔罗斯蒙古族自治县	3382243	806603	1106758	104254	336410	199419	144059	53749	95718	90813	43359
乾安县	1980347	249800	1140956	79157	119135	85005	32903	23525	29388	33703	21195
扶余市	3575094	856271	1233082	96253	354909	352785	81096	56938	82770	97157	11117
白城市	6996822	1218937	3031075	154890	496110	221067	145046	160636	216942	356889	96177
洮南市	1395378	284341	538590	92438	88391	65543	14585	39086	30845	54225	24058
大安市	1418453	204215	778945	23000	51020	38800	10778	25195	23617	29425	72259
镇赉县	1355421	282698	605156	11000	66951	17853	34200	25520	34558	62533	28824
通榆县	1198485	221099	415117	5446	69678	41136	46041	35186	25518	64646	36844
延边朝鲜族自治州	8588402	765619	3880347	374499	967028	417882	224094	121927	310377	291449	161037
延吉市	3094730	58306	1176680	111708	384156	236084	160118	123231	120289	114741	93790
图们市	437406	18595	216844	31766	29984	16900	10007	7194	25532	18596	1090
敦化市	1760678	316928	760468	71147	204204	42522	52145	15699	57160	53911	4539
龙井市	389718	49406	119909	31038	21372	15693	10115	8603	20471	15826	5673
珲春市	1412608	58351	939223	57869	58742	66290	26112	14022	15237	50423	5791
和龙市	556015	64263	303737	32345	10854	27823	7757	6763	25457	10941	2355
汪清县	664733	119213	262138	48762	38286	15945	13799	11619	32005	23136	8206
安图县	682493	80503	199153	37048	48810	42552	17545	7856	24638	35662	69173

2015年各市县生产总值

单位:万元

市、县	科学研究、技术服务和地质勘查业	水利、环境和公共设施管理业	居民服务和其他服务业	教育	卫生和社会工作	文化、体育和娱乐业	公共管理、社会保障和社会组织	第一产业	第二产业	第三产业	人均生产总值(元)
长春市	909997	198696	1167444	2013672	797276	723189	1388056	3432410	27709805	24158130	73324
榆树市	24495	30375	70848	146975	117580	184526	170494	1049965	1071523	1933890	34795
德惠市	3587	2621	914610	34706	9907	19048	29563	715515	1598052	1736932	43270
农安县	4673	9993	369457	159389	122104	22455	81268	949828	1201996	1903213	35154
吉林市	225540	99098	475374	950232	683541	161611	595435	2525626	10875208	10541026	56076
桦甸市	6932	5549	50773	52585	40608	38764	61892	435216	1375850	745590	57551
蛟河市	4757	10117	47775	56382	33996	16472	59695	365640	928569	674434	44567
磐石市	6048	4858	45321	80612	23851	9413	55222	468648	1020975	958953	48487
舒兰市	5289	8311	59731	55707	36247	10454	49810	548996	604348	799857	30485
永吉县	3036	5646	24585	59553	19732	2268	34117	201074	417986	410488	30325
四平市	73078	58211	161368	299845	295000	75745	271230	3172812	5344789	3814886	37714
公主岭市	32642	22409	125361	130526	79653	73288	80527	1026614	1803871	1600532	42180
梨树县	12127	17741	48299	51390	49258	11987	56425	947299	693486	689258	33358
伊通满族自治县	10928	12259	41276	37580	18094	9931	19173	546363	592480	533682	36681
双辽市	7541	5996	32510	33681	21982	2912	32932	463622	811152	419107	45781
辽源市	9507	8021	310857	122363	68030	47588	277480	608977	4172876	2484551	59855
东丰县	1799	2050	10122	18551	10891	9182	44251	342564	1019910	538624	47527
东辽县	1673	2166	3972	31550	16782	4125	33264	228125	916798	359086	43632
通化市	51195	23752	119517	221760	131221	54329	324337	924120	5120043	3967966	45171
梅河口市	22348	13716	65634	115665	57524	44517	137824	253240	1592836	1408156	54432
集安市	1611	2742	15253	23663	11750	12445	21403	95825	425989	499025	47087
通化县	26872	35270	29887	45345	52063	55054	8399	96589	715090	507629	54971
辉南县	6135	2789	10892	13943	12752	6613	20153	185812	429268	394959	29533
柳河县	348	2530	14703	21531	25927	11941	29322	186675	437196	311261	25411

2015年各市县生产总值

单位:万元

市、县	科学研究、技术服务和地质勘查业	水利、环境和公共设施管理业	居民服务和其他服务业	教育	卫生和社会工作	文化、体育和娱乐业	公共管理、社会保障和社会组织	第一产业	第二产业	第三产业	人均生产总值(元)
白山市	16774	18849	106648	150044	129647	54034	153986	624005	3791140	2270376	53136
临江市	8062	8558	107315	40270	28694	11948	12306	82071	528991	367589	58990
抚松县	3673	25282	42392	31479	15430	10227	45543	235091	887925	646845	59193
靖宇县	5501	2017	14147	20010	13659	3053	51489	73928	389643	223423	49071
长白朝鲜族自治县	2939	3687	3582	14080	7729	5299	31255	50438	185533	150776	47452
松原市	85239	45494	458947	411335	242194	79298	613789	2850136	7216246	6306621	58841
长岭县	16061	11177	80494	69277	38198	11365	124869	803515	1132994	1064539	47201
前郭尔罗斯蒙古族自治县	23452	18834	90953	90118	55217	22364	100163	782727	1176258	1423258	58516
乾安县	2250	6475	37541	33009	19600	5852	60853	243100	1220113	517134	71986
扶余市	9257	4698	74629	84847	49678	3862	125745	834495	1324711	1415888	49318
白城市	25049	226358	109885	119318	114578	91210	212655	1181450	3185965	2629407	35571
洮南市	2335	4898	30138	35638	29436	4487	56344	266947	631028	497403	32610
大安市	1499	3197	31534	27274	23279	29474	44942	200809	801945	415699	35631
镇赉县	8000	4646	33257	42906	21534	5373	70412	281986	616156	457279	49333
通榆县	2292	16880	35678	58115	24486	14095	86228	219593	420563	558329	32835
延边朝鲜族自治州	58599	22261	116012	278126	156716	60484	381945	752497	4254846	3581059	40118
延吉市	50954	14259	58718	119720	86912	53708	131356	55417	1288388	1750925	57455
图们市	848	1735	12146	12780	7995	1838	23556	18427	248610	170369	36511
敦化市	4542	5944	13075	48245	31612	9270	69267	311491	831615	617572	37330
龙井市	4287	2284	3630	31590	21760	3430	24631	48876	150947	189895	23534
珲春市	5354	6094	16893	27123	6346	4387	54351	57489	997092	358027	62639
和龙市	1370	2990	3571	19822	7930	2197	25840	63242	336082	156691	30695
汪清县	1907	3398	2658	29479	14090	12586	27506	118253	310900	235580	29015
安图县	4465	4811	4353	25878	11884	2986	65176	79288	236201	367004	33003

2015年各市县生产总值指数

单位:%

市、县	各市县生产总值	农林牧渔业	工业	建筑业	批发和零售业	交通运输仓储及邮政业	住宿和餐饮业	信息传输、计算机服务、和软件业	金融业	房地产业	租赁和商务服务业
长春市	106.5	104.9	103.4	108	107.7	102.1	109.1	112.3	118.6	104.7	111.8
榆树市	106	104.9	105.6	107.1	108.6	95.9	107.8	126.4	129.6	106.3	112.3
德惠市	107	105.9	111.3	85.2	104.6	103.3	103.8	115.9	112.8	105.4	114.6
农安县	107.8	104.5	108.7	102.6	108.2	103.8	107.2	106.8	130.3	105	122.6
吉林市	106.4	104.8	106.2	108.8	105.4	102.8	108.5	109.1	120.5	104.7	106.2
桦甸市	104.6	105.2	103.9	107.6	105.5	100.3	111.4	92.7	114.8	100.3	86.5
蛟河市	107.7	105.2	107.9	114.3	105.6	101.9	105.9	113.5	113.7	102.5	124
磐石市	105.1	105	105.9	103.7	106.1	102.1	107	95.1	113	89.9	102.8
舒兰市	108.1	105.3	111.7	118	105.2	101.4	108	107.6	123.6	96.7	107.6
永吉县	105.8	105.1	111.9	93.6	105.3	101.1	109.4	111.5	126.4	96.5	115.6
四平市	106.4	105.1	106.3	104.6	107.1	108.2	105.4	113	111.4	106.4	112.5
公主岭市	108.3	105.2	110.9	107.8	111.7	103.5	110.8	108.9	126.1	97.6	114.1
梨树县	107.7	103.3	111.8	125.3	113.6	103	110.6	112	115	106.6	113.4
伊通满族自治县	104.6	106.4	99.2	138.5	111.9	104.4	101.5	107.8	112.5	104.5	109.7
双辽市	106.4	106.9	107.5	110.8	87.6	102.4	102.6	106.8	118.3	106.6	106.9
辽源市	107	105.3	108.2	86.3	106.5	108	109.6	104.5	110.5	109.5	111.5
东丰县	108	110	111.9	47.9	106.5	112.1	108.9	111.5	112.8	106.8	109.9
东辽县	107.3	104.3	109	82.7	111	107.2	113	106.6	108	106.1	110
通化市	107.2	104.5	109.3	98.7	105.5	102.3	108.9	110	119.3	103.4	106
梅河口市	108.3	105	111.2	100.6	107.7	100.7	103.5	122.9	118.7	104.2	109.6
集安市	107.2	103.9	109.3	90.5	105.8	104.5	106.6	109	119.3	107.5	124.3
通化县	107.2	102.3	109.2	93.7	104.2	102.1	102.4	105.6	120.4	105	109
辉南县	107.5	104.7	110.2	104.5	110.8	102.6	110.9	106.5	108.3	106.3	111.7
柳河县	106.9	103.7	109.5	90.7	108.3	101.6	90.7	104	117.1	103.5	109.7

2015年各市县生产总值指数

单位:%

市、县	各市县生产总值	农林牧渔业	工业	建筑业	批发和零售业	交通运输仓储及邮政业	住宿和餐饮业	信息传输、计算机服务、和软件业	金融业	房地产业	租赁和商务服务业
白山市	107.1	105.3	108.7	87.4	106.6	100.5	111.2	112.9	119.7	85.8	120.2
临江市	107	105.5	110.2	26.3	108.5	104.3	107.2	127.1	104.1	105.1	122.7
抚松县	107.2	106	106.2	72.2	112.4	110.8	110.5	115	110.2	107.2	113.6
靖宇县	107.5	103.6	108.6	101.9	111	105.1	108.6	109.7	106.1	97.8	107.9
长白朝鲜族自治县	106.7	98.4	109.9	104.2	106.5	106.4	107.4	106	112.7	100.4	106.2
松原市	106.3	105.1	106	102.8	106.8	102.3	108.6	118.6	125.8	95.1	117.7
长岭县	107.5	105.4	107.4	100.1	106.1	109.6	108.3	109.7	141.8	105.1	109.7
前郭尔罗斯蒙古族自治县	104.8	105.4	104.5	98	105	103.8	104.8	137.5	118.6	104.4	97.3
乾安县	105.2	102.7	104.3	129	107.8	101.5	107	105.9	126.5	104.3	109.4
扶余市	104.9	104.9	102.1	114.7	107.2	104.9	106.1	107.4	134.2	106.6	107.4
白城市	107.3	104.5	107.3	110.3	106.9	92.9	109.7	109.3	123.4	114.1	109.9
洮南市	107.6	106.6	108.6	109.9	107.6	108.4	106.9	102	109.2	105.9	103
大安市	107.8	104.5	109.6	111.8	112.1	99.5	116.7	111	107.6	95.2	107.4
镇赉县	107.4	104.5	108.7	112.9	111	92.3	113	108.5	112.7	109	108.5
通榆县	107.3	104.6	107.1	122	109.8	103.1	111.2	104.5	123.1	128.1	101
延边朝鲜族自治州	107	104.7	108.5	107.7	107.6	101.4	107.2	111.1	115.3	97.9	115.6
延吉市	106.9	104.5	104.6	102.9	106.6	109.3	112.6	107.3	114.2	110.3	106.7
图们市	107	104.7	107	104.8	103	103.4	107.4	107.6	107.1	111.5	107.6
敦化市	107.8	104.4	108.7	114.2	104.4	103.3	111.5	104.8	113.3	109	109.6
龙井市	106.8	104.2	106.9	105	109.3	107.6	108.1	107.9	108.8	105.5	108.3
珲春市	108	104.3	108.9	93	106.1	109	113.3	117	115.1	108.6	103.5
和龙市	106.6	104.7	107.1	109.9	106.7	104.2	112.5	110.1	109.5	85.9	106
汪清县	107.2	104.6	105.7	120.8	108.4	104.5	105.8	109.4	110	105.5	106.8
安图县	107.1	104.6	108.9	103.9	112.7	106.2	108.8	103.1	119.9	83.5	107.7

2015年各市县生产总值指数

单位:%

市、县	科学研究、技术服务和地质勘查业	水利、环境和公共设施管理业	居民服务和其他服务业	教育	卫生和社会工作	文化、体育和娱乐业	公共管理、社会保障和社会组织	第一产业	第二产业	第三产业	人均生产总值
长春市	107.5	107.5	113.8	116.7	115.7	111.9	105.1	105	104.1	109.8	106.4
榆树市	105.6	103.6	116.9	108.5	105.3	127.1	105.3	105	106	106.5	105.8
德惠市	109.2	109.2	114.5	109.1	107.1	116.8	104.9	106	104.8	109.8	107.3
农安县	105.6	107.7	114.7	102.8	102.1	125.8	103.4	104.5	107	110.1	107.7
吉林市	91.8	106.2	108.4	111.8	116.2	113.8	95	105	106.5	106.8	106.8
桦甸市	110.5	111	92.5	134.7	127.3	114.8	111.1	105.4	104.1	105.2	106
蛟河市	111.2	117.6	103.1	115.9	116.8	116.4	110.9	105.3	108.8	107.3	108.3
磐石市	93.2	94.4	124.4	114.2	110	89	104.8	105.4	105.9	103.9	105.1
舒兰市	110.3	110.3	107.6	110.3	110.3	107.6	110.3	105.3	112.7	106.3	109.2
永吉县	103	113	105.9	106.3	108.9	94.3	112.5	105.1	106.3	105.6	106.1
四平市	104.5	102.5	111.1	106.9	107.4	106	108.2	105.1	106.2	107.8	106.8
公主岭市	121	86.4	114.1	108.1	107.8	114.2	100.5	105.2	110.6	107.7	109
梨树县	101	111.6	112	110.2	114	111.1	122	103.4	111.9	109.7	112.3
伊通满族自治县	106.9	106.9	111.2	106.9	106.9	109.7	106.9	106	100.9	108.3	104.9
双辽市	104	103.7	104	111.1	108.4	100.2	108.5	107.1	107.6	102.4	106.4
辽源市	111.1	106.5	110	114.6	111.5	106.8	105.1	105.3	106.6	108.4	107.6
东丰县	114.9	121.2	109.5	116.8	107.6	119	104.9	110	106.9	108.9	108
东辽县	111.4	117.4	110.9	110.4	114.3	107.2	110.8	104.8	107.6	108.5	108.9
通化市	108.8	113.8	106.5	109.8	113.9	109.2	105.2	105.2	108	106.5	107.5
梅河口市	103.6	106	112.5	104.5	104.8	115.9	106.6	104.9	109.6	107.4	108.3
集安市	103.6	107	113.5	120	119.1	113.1	109.5	103.8	106.1	108.8	107.9
通化县	110.7	111.5	107.2	109.6	110.5	110	112.9	102.3	107.2	108.2	107.2
辉南县	105.4	105.6	108.4	109.2	106	106.6	108.7	104.6	108.3	107.9	107.8
柳河县	113	112.9	109.7	113	113	109.7	108.5	103.2	108.2	107.5	107.4

2015年各市县生产总值指数

单位: %

市、县	科学研究、技术服务和地质勘查业	水利、环境和公共设施管理业	居民服务和其他服务业	教育	卫生和社会工作	文化、体育和娱乐业	公共管理、社会保障和社会组织	第一产业	第二产业	第三产业	人均生产总值
白山市	125.2	105.8	119.4	105.3	105	118.5	104.4	105.3	107.3	107.3	107.9
临江市	112.8	131.9	105.6	104.2	117	122.2	112.5	105.5	106.5	108.2	108
抚松县	105.1	136	106.5	109.9	107.1	113.3	108.2	105.9	104.9	110.9	107.7
靖宇县	107.3	107.5	108.7	107	106.5	107.2	106.9	103.6	108.4	107.1	107.5
长白朝鲜族自治县	105.9	107.2	106.1	107.8	106.2	106.4	105.6	98.4	109.7	106.4	107.6
松原市	108.2	110.5	115.1	109.1	110.8	108.9	107.7	105.1	105.6	108	107.3
长岭县	109.7	109.7	109.7	105.9	110.1	108.5	112.5	105.4	106.8	109.7	107.2
前郭尔罗斯蒙古族自治县	85.2	104.1	78.6	102.1	106.8	112.8	114.3	105.4	104.2	105.1	104.4
乾安县	99.3	99.4	109.4	99.4	99.3	109.4	98.4	102.7	105.7	105.1	110.3
扶余市	102.8	102.9	107.3	103.5	102.6	107.4	102.2	105	103	106.8	94.6
白城市	106.4	107.4	110	106.8	108.5	108.2	107.6	104.5	107.4	108.3	108
洮南市	110.8	111.9	103.9	105.7	111.5	106.8	106.8	104.6	108.8	107.8	109.3
大安市	108.3	115.9	111.6	100.7	101.3	116.9	98.2	104.5	109.6	105.6	109.6
镇赉县	103	103	108.5	103	103	108.5	103	104.5	108.8	106.9	109.6
通榆县	109	107	102.5	105	107	103	107	104.6	107.3	108.6	108.8
延边朝鲜族自治州	103.7	97	107.6	102.8	101.8	107.8	102	104.6	108.4	105.6	107.3
延吉市	107.5	107.6	108.3	108.3	114.2	118.3	105.1	104.6	104.4	109.1	105.8
图们市	111.9	111.9	107.6	112.1	111.6	107.3	111.8	104.6	106.7	107.6	108.4
敦化市	103.8	104.3	109.6	108	105.9	109.8	114.3	104.3	109.2	107.7	108.3
龙井市	105.1	108.2	107.5	107.5	108.3	108.3	107.3	104.2	106.5	107.8	108.6
珲春市	102.5	106.9	105.1	118.4	90	108.6	107.6	104.3	107.9	108.9	107.5
和龙市	109.6	110.3	110.3	111.9	105.5	101.5	105	104.6	107.3	105.8	108
汪清县	103	108.5	108.6	109.7	108.8	107	107.7	104.6	107.7	107.8	108.7
安图县	86.6	83.4	110.9	103.4	109.3	117.8	113.7	104.3	108.2	107	108.2

2015年城市社会经济基本情况

	长春市		吉林市		四平市		辽源市	
	全市	市区	全市	市区	全市	市区	全市	市区
一、土地面积及水资源								
行政区域土地面积(平方公里)	20594	4789	27711	3774	14382	1076	5140	432
其中:居住用地面积	185	144	104	58	57	23	34	28
公共设施用地面积	50	46	16	10	10	4	3	2
工业用地面积	117	106	66	55	25	11	12	9
水资源总量(万立方米)	244400		529200		104600		47700	
二、人口与就业(万人)								
(一)人口								
城镇人口	358.16		223.05		119.56		58.54	
(二)从业人员期末人数(城镇)	126.06	113.42	40.02	26.39	19.81	7.63	12.75	9.36
第一产业(农、林、牧、渔业)	1.24	0.42	0.99	0.09	0.8	0.13	0.25	0.02
第二产业	60.84	57.64	18.59	13.62	5.87	2.57	7.06	6.37
(1)采矿业	1.02	1.02	1.14	0	0.12	0.08	2.04	2.01
(2)制造业	38.25	36.02	12.18	9.74	3.17	1.4	4.02	3.53
(3)电力、燃气及水的生产和供应业	6.63	6.22	1.37	0.92	0.78	0.4	0.43	0.36
(4)建筑业	14.94	14.38	3.9	2.96	1.8	0.69	0.57	0.47
第三产业	63.98	55.37	20.44	12.68	13.14	4.93	5.44	2.97
(1)批发和零售业	5.94	5.34	1.08	0.78	0.73	0.31	0.25	0.14
(2)交通运输、仓储及邮政业	5.16	4.76	1.06	0.69	0.69	0.3	0.31	0.22
(3)住宿和餐饮业	1.76	1.73	0.22	0.2	0.09	0.05	0.03	0.02
(4)信息传输、软件和信息技术服务业	3.61	3.46	0.58	0.54	0.52	0.34	0.18	0.14
(5)金融业	4.62	4.16	1.18	0.89	0.85	0.36	0.48	0.33
(6)房地产业	3.38	3.25	0.72	0.54	0.3	0.12	0.2	0.14
(7)租赁和商业服务业	3.22	3.15	0.32	0.23	0.03	0.01	0.06	0.05
(8)科学研究和技术服务业	4.29	4.11	0.69	0.48	0.52	0.2	0.15	0.09
(9)水利、环境和公共设施管理业	2.82	2.39	1.22	0.76	0.71	0.37	0.23	0.13
(10)居民服务、修理和其他服务业	1.22	1.21	0.04	0.02	0.04	0.01	0.02	0.01
(11)教育	12.45	9.09	5.04	2.56	3.65	0.98	1.34	0.51
(12)卫生和社会工作	5.91	4.97	2.82	1.66	2.12	0.88	0.69	0.33
(13)文化、体育和娱乐业	1.69	1.54	0.28	0.22	0.24	0.06	0.1	0.06
(14)公共管理、社会保障和社会组织	7.9	6.21	5.17	3.1	2.66	0.94	1.42	0.8
(15)国际组织								
城镇私营和个体从业人员(人)	1777064	1510400	810737	449511	393849	124598	235208	141893
城镇登记失业人员数(人)	70148	55029	29267	18754	10676	3140	11867	8448
三、综合经济(万元)								
(一)财政(万元)								
公共财政支出	7657246	6092326	3665378	2188535	2211062	728245	1107002	621314
文化体育与传媒支出	137187	117343	66354	48199	28966	6919	17912	9623
城乡社区事务支出	1735633	1615054	377969	259175	196994	48124	70792	48169
交通运输支出	194504	142335	83675	47498	48868	11396	21516	12075
住房保障支出	199826	132809	185565	132119	84251	40205	79713	69068
(二)金融(万元)								
年末金融机构各项存款余额	98486300	91259403	24688234	20758842	10644422	3915041	4581614	2843509
其中:居民储蓄存款余额	37927800	32148083	15825757	10788700	7885183	2833512	3386635	1943788
年末金融机构各项贷款余额	89351400	82569264	16984912	11960793	9314965	3380773	3537426	2130154
(三)保险								
保费收入	1616557		716855		345051		152276	
其中:财产险	606194		163537		93624		28058	
人身险	1010363		553318		251427		124218	
赔款、给付	554224		222921		105691		35839	
其中:财产险	334902		79807		47655		12292	
人身险	219322		143114		58036		23547	
四、工业								
规模以上工业法人企业								
(一)企业个数(个)	1340	912	1073	485	564	223	316	163
(1)内资企业	1180	760	1042	463	548	214	309	157
其中:国有企业	16	11	17	10	8	5	2	1
私营企业	625	429	735	280	266	50	230	101

2015年城市社会经济基本情况

	通化市		白山市		松原市		白城市	
	全市	市区	全市	市区	全市	市区	全市	市区
一、土地面积及水资源								
行政区域土地面积(平方公里)	15612	746	17505	2736	21089	1250	25759	2578
其中:居住用地面积	42	18	33	20	31	16	43	12
公共设施用地面积	7	4	4	2	8	4	8	3
工业用地面积	7	5	8	6	11	7	21	12
水资源总量(万立方米)	407500		697000		134100		252600	
二、人口与就业(万人)								
(一)人口								
城镇人口	116.05		91.67		112.34		84.84	
(二)从业人员期末人数(城镇)	28.07	15.02	17.83	9.66	26.06	11.39	20.77	9.51
第一产业(农、林、牧、渔业)	0.44	0.01	1.96	0.44	2.05	0.07	2.29	0.84
第二产业	15.74	10.48	6.98	4.62	11.88	6.83	4.46	2.07
(1)采矿业	0.73	0.06	2.83	2.53	5	4.8	0.04	0
(2)制造业	11.75	9.23	2.48	1.02	4.31	1.17	2.44	1.11
(3)电力、燃气及水的生产和供应业	0.74	0.37	0.7	0.31	0.86	0.15	0.57	0.2
(4)建筑业	2.52	0.82	0.97	0.77	1.72	0.71	1.41	0.76
第三产业	11.88	4.53	8.89	4.59	12.12	4.5	14.02	6.6
(1)批发和零售业	0.79	0.31	0.32	0.22	0.7	0.31	0.66	0.39
(2)交通运输、仓储及邮政业	0.62	0.35	0.38	0.25	0.66	0.16	0.53	0.13
(3)住宿和餐饮业	0.12	0.05	0.06	0.05	0.22	0.06	0.12	0.07
(4)信息传输、软件和信息技术服务业	0.46	0.28	0.24	0.2	0.3	0.27	0.3	0.17
(5)金融业	0.99	0.6	0.61	0.43	0.78	0.45	0.89	0.52
(6)房地产业	0.43	0.19	0.16	0.1	0.25	0.1	0.22	0.11
(7)租赁和商业服务业	0.26	0.11	0.5	0.28	0.15	0.08	0.15	0.07
(8)科学研究和技术服务业	0.38	0.13	0.2	0.12	0.3	0.09	0.57	0.43
(9)水利、环境和公共设施管理业	0.54	0.14	0.28	0.2	0.63	0.29	1.06	0.41
(10)居民服务、修理和其他服务业	0.16	0.11	0.03	0.02	0.12	0.1	0.42	0.4
(11)教育	2.48	0.68	1.7	0.7	3.15	0.86	3.32	1.45
(12)卫生和社会工作	1.31	0.48	0.89	0.44	1.4	0.39	1.48	0.72
(13)文化、体育和娱乐业	0.23	0.11	0.27	0.07	0.2	0.1	0.15	0.07
(14)公共管理、社会保障和社会组织	3.11	1.02	3.25	1.5	3.27	1.22	4.15	1.66
(15)国际组织								
城镇私营和个体从业人员(人)	354812	99009	288902	121091	351655	104018	192491	83526
城镇登记失业人员数(人)	8400	2610	12365	6842	12940	5560	13006	4607
三、综合经济(万元)								
(一)财政(万元)								
公共财政支出	2302612	695870	1575478	651358	1829262	627147	2030517	637078
文化体育与传媒支出	52609	24324	25013	9064	29417	8350	32363	7080
城乡社区事务支出	232433	70962	190988	70946	147704	89253	145416	73085
交通运输支出	73741	27028	61830	26414	92955	35358	93479	18824
住房保障支出	138476	56097	117142	63252	52415	24321	95426	33926
(二)金融(万元)								
年末金融机构各项存款余额	10403324	3661680	6217593	3134578	9355695	3706381	6498640	2644298
其中:居民储蓄存款余额	7212460	2192458	4159864	2127985	5903139	2385838	3839214	1619016
年末金融机构各项贷款余额	6616889	2507276	4280433	2696118	8090108	2037960	6059946	1909294
(三)保险								
保费收入	336458		251541		289064		194505	
其中:财产险	64690		37054		77216		49859	
人身险	271768		214487		211848		144646	
赔款、给付	72321		53966		81312		43760	
其中:财产险	27760		16673		39882		20327	
人身险	44561		37293		41430		23433	
四、工业								
规模以上工业法人企业								
(一)企业个数(个)	596	138	382	133	615	166	321	103
(1)内资企业	574	134	364	129	607	161	302	96
其中:国有企业	7	2	1		8	2	1	1
私营企业	258	20	140	27	250	37	97	25

2015年城市社会经济基本情况

	长春市		吉林市		四平市		辽源市	
	全市	市区	全市	市区	全市	市区	全市	市区
(2)港、澳、台商投资企业	24	23	11	7	9	7	3	2
(3)外商投资企业	136	129	20	15	7	2	4	4
(二)工业总产值(当年价)(万元)	85963907	76430173	31009923	18901813	22054588	7819913	14526333	9185718
(1)内资企业	72753059	63758874	28955331	17647548	20826661	7553626	14023038	8700310
其中:国有企业	37482846	36784053	1011166	881124	342467	322140	79500	73369
私营企业	10543834	7001993	14878508	6487584	8183074	1766234	9981743	5292919
(2)港、澳、台商投资企业	3569723	3529033	988542	793805	831532	236128	289625	271738
(3)外商投资企业	9641125	9142266	1066050	460460	396395	30159	213670	213670
五、交通运输、通讯与能源								
(一)交通运输								
铁路旅客运量(万人)	3231		1260		801		54	
铁路货物运量(万吨)	360		1439		214		150	
公路客运量(全社会)(万人)	8594		4096		3554		1006	
公路货运量(全社会)(万吨)	10300		5167		7600		1673	
水运客运量(全社会)(万人)	30		87.8		12.4			
水运货运量(全社会)(万吨)	71							
民用航空客运量(万人)	433							
民用航空货邮运量(吨)	77794							
沿海港口货物吞吐量(规模以上)(万吨)								
内河港口货物吞吐量(规模以上)(万吨)								
公路里程(公里)	22824		14768		9298		4577	
境内高速公路里程(公里)	382		360		382		151	
(二)邮电通信								
年末邮政局(所)数(处)	205	86	143	56	108	20	49	7
邮政业务收入(万元)	166501		59997		35793		14609	
电信业务收入(万元)	688551		261254		159827		62004	
固定电话年末用户数(万户)	121.8		90.04		43.45		27	
移动电话年末用户数(万户)	1080.9		398.25		282.56		117	
其中:3G移动电话用户	517.53		213.92		133.39		53.65	
互联网宽带接入用户数(万户)	106		72.77		36.24		17.68	
(三)能源电力								
规模以上工业能源消费量(万吨标准煤)	983		1381		378		256	
全社会用电量(万千瓦时)	1929273	1421374	1475064	979313	578408	196921	211357	
其中:工业用电	1013788	733616	1124345	797786	336828	108055	138131	
城乡居民生活用电	330176	210833	170306	78102	111819	23457	42134	
六、贸易、外经与旅游								
(一)贸易								
限额以上批发零售贸易业商品销售总额(万元)	15551721	15199606	6974017	6184632	2808296	857695	604937	375241
限额以上批发零售企业数(法人数)(个)	540	477	414	224	171	58	64	45
其中:零售业	332	307	284	170	131	54	53	41
限额以上批发零售贸易业企业财务								
年末从业人数(万人)	5.01	4.39	1.67	1.16	0.66	0.21	0.5	0.2
流动资产合计(万元)	6604992	6289626	2013404	1268430	938153	125160	448555	96262
固定资产合计(万元)	1487191	1418168	391479	287315	256010	102832	138433	70966
主营业务收入(万元)	12569971	12224892	6419709	5631461	2598441	908997	568243	307294
主营业务成本(万元)	11396941	11084676	5908536	5246041	2227033	792446	484847	260859
主营业务税金及附加(万元)	103992	102303	55400	44420	34586	31273	14215	10743
本年应交增值税(万元)	150962	151189	52743	46651	18097	15902	4448	4127
利润总额(万元)	216145	206968	135118	88533	145696	69464	20913	4195
(二)外经								
货物进口额(海关数)(万美元)	1207213		44488		33355		12295	
货物出口额(海关数)(万美元)	192773		61578		3310		15150	
外商直接投资合同项目(个)	30		2	1			2	1
当年实际使用外资额(万美元)	520520		104830	36356	26000	12650	29500	20000
(三)旅游								
入境游客人数(含一日游游客)(人)	430600		104512		4838		367	
其中:外国人	339600		63577		4808		367	
港、澳、台同胞	90100		40935					
国际旅游(外汇)收入(万美元)	31850		4157		136		15	

2015年城市社会经济基本情况

	通化市		白山市		松原市		白城市	
	全市	市区	全市	市区	全市	市区	全市	市区
(2)港、澳、台商投资企业	5	1	6	1	3	1	5	3
(3)外商投资企业	17	3	12	3	5	4	14	4
(二)工业总产值(当年价)(万元)	21450859	9933905	14073646	6110781	20823379	6085885	6596518	1935057
(1)内资企业	20231772	9791579	13158068	5918778	20484343	5825892	5673000	1223329
其中:国有企业	46242	9439	30698		233627	34412	346	346
私营企业	6080630	388166	5121331	1423229	7405484	1323699	1858296	295943
(2)港、澳、台商投资企业	363204	108731	419815	97053	51748	3267	52405	25690
(3)外商投资企业	855883	33595	495763	94950	287288	256726	871113	686038
五、交通运输、通讯与能源								
(一)交通运输								
铁路旅客运量(万人)	319		145		356		431	
铁路货物运量(万吨)	601		110		150		220	
公路客运量(全社会)(万人)	2673		1852		3020		1581	
公路货运量(全社会)(万吨)	2084		1009		5811		1446	
水运客运量(全社会)(万人)	24.9		9.25		14.5		1.07	
水运货运量(全社会)(万吨)					91		26	
民用航空客运量(万人)	4		25					
民用航空货邮运量(吨)	249		1720					
沿海港口货物吞吐量(规模以上)(万吨)								
内河港口货物吞吐量(规模以上)(万吨)							12	
公路里程(公里)	7100		6753		12269		10392	
境内高速公路里程(公里)	314		140		366		219	
(二)邮电通信								
年末邮政局(所)数(处)	114	19	62	9	96	38	87	20
邮政业务收入(万元)	34442		23691		23336		19500	
电信业务收入(万元)	120237		70591		135536		100400	
固定电话年末用户数(万户)	53		38.21		38.33		36.69	
移动电话年末用户数(万户)	185		111.9		263.16		176.24	
其中:3G移动电话用户	94.06		59.97		95.88		90.53	
互联网宽带接入用户数(万户)	34.63		20.4		29.46		26.74	
(三)能源电力								
规模以上工业能源消费量(万吨标准煤)	624		309		324		152	
全社会用电量(万千瓦时)	508203	198210	339481	206191	516406	356643	399511	
其中:工业用电	351831	148861	229607	155608	324428	268416	233084	
城乡居民生活用电	83358	30842	58079	27851	85586	31124	79048	
六、贸易、外经与旅游								
(一)贸易								
限额以上批发零售贸易业商品销售总额(万元)	3029156	1931172	591802	479022	2187451	888921	1259004	1062735
限额以上批发零售企业数(法人数)(个)	189	70	53	25	81	28	50	17
其中:零售业	131	52	48	22	62	21	31	11
限额以上批发零售贸易业企业财务								
年末从业人数(万人)	1	524644	0.43	0.26	0.55	0.32	0.37	0.22
流动资产合计(万元)	922286	132878	108585	66093	1391837	231993	1086116	157842
固定资产合计(万元)	247372	1880771	88316	71893	174182	134475	111688	73581
主营业务收入(万元)	2987159	1612576	523069	413657	2176545	884599	1249700	1052422
主营业务成本(万元)	2637918	42971	462487	369498	1996449	805576	1154560	968079
主营业务税金及附加(万元)	51615	36303	12399	10902	19848	18217	15145	15038
本年应交增值税(万元)	42845	50867	25303	25113	13706	10057	9454	9346
利润总额(万元)	71407		11525	2408	83957	10913	11997	8840
(二)外经								
货物进口额(海关数)(万美元)	38000		8562		204		3144	
货物出口额(海关数)(万美元)	25094		21755		14068		9180	
外商直接投资合同项目(个)	3		3		3	1	8	5
当年实际使用外资额(万美元)	43085	14137	26840	7387	35108	4500	15907	10427
(三)旅游								
入境游客人数(含一日游游客)(人)	199018		48044		24800		15073	
其中:外国人	196789		39369		12207		7727	
港、澳、台同胞	2229		8675		12593		7346	
国际旅游(外汇)收入(万美元)	4356		2122		1270		429	

2015年城市社会经济基本情况

	长春市		吉林市		四平市		辽源市	
	全市	市区	全市	市区	全市	市区	全市	市区
七、固定资产投资								
(一)固定资产投资								
固定资产投资(不含农户)(万元)	43274731	35778611	25429349	16217042	7998139	2673922	5983300	3240994
其中:房地产开发投资	5060231	4812288	1393617	1147472	246936	39920	163608	119770
全年新增固定资产(万元)	34420980	27728296	26918445	16217042	6624338	2290122	4836904	3051654
(二)房地产								
商品房销售面积(万平方米)	810.71	782.87	223.08	168.44	46.29	8.52	34.17	32.48
其中:住宅	713.18	687.71	204.93	153.95	38.27	6.82	32.72	31.09
其中:别墅、高档公寓	33.4	33.4	1.58	1.58			2	2
商品房销售额(万元)	5342083	5247559	1053094	886190	175552	34558	116909	111768
其中:住宅	4512852	4430427	925264	776484	137724	26698	105104	100353
其中:别墅、高档公寓	393245	393245	19914	19914			2240	2240
待售面积(万平方米)	570.13	507.19	234.85	183.79	44.27	17.31	120.7	100.13
八、教育、科技、文化与卫生								
(一)教育								
普通高等学校数(所)	37	37	8	8	4	4	1	1
普通高等学校专任教师数(人)	26383	26383	5715	5715	2278	2278	332	332
普通高等学校在校学生数(人)	426081	426081	104873	104873	38353	38353	5794	5794
(二)科技								
专利申请受理量(项)	10184		2178		458		179	
专利申请授权量(项)	5979		1411		327		113	
其中:发明	1831		174		45		19	
(三)文化								
体育场馆数(个)	64	62	62	20	9	2	4	2
剧场、影剧院数(个)	35	30	5	4	2	1	2	2
公共图书馆图书总藏量(千册)	4631	4310	2290	1671	698	498	405	266
订销报刊杂志累计份数(千份)	92588	61032	45003	24319	25411	9205	10379	5793
广播节目综合人口覆盖率(%)	100	100	98.09	100	100	100	96.5	100
电视节目综合人口覆盖率(%)	100	100	96.84	100	100	100	97	100
有线电视入户率(%)	66.89	83.67	62.79	80.93	47.88	51.5	50.52	57.77
(四)卫生								
医院、卫生院床位数(张)	45787	37374	24449	15322	13754	6493	5655	2714
医生数(执业医师+执业助理医师)(人)	20571	16378	11499	7267	6721	2394	2791	1569
九、人民生活								
(一)居民收支(元)								
工资性收入		16345		17987		17322		17267
经营净收入		1279		1987		2796		3240
财产净收入		2547		1688		1278		669
转移净收入		8920		7314		6975		6833
城镇居民人均可支配收入		29090		28977		28371		28009
城镇居民人均消费支出		23231		21365		18438		21894
其中:(1)食品烟酒		5545		5295		4612		5797
(2)衣着		1891		1853		1814		2912
(3)居住		5183		4080		3655		2557
(4)生活用品及服务		1313		1120		1401		1322
(5)交通和通信		3082		3301		2524		3896
(6)教育、文化和娱乐		3085		2361		2110		2768
(7)医疗保健		2543		2656		1781		1568
(8)其他用品及服务		661		699		541		1073
(二)居民生活								
每百户居民家庭拥有量								
(1)家用汽车(辆)		28		28		28		17
(2)消毒碗柜(台)		6		3		2		
(3)洗碗机(台)		2		1		50		
(4)固定电话(部)		61		54		240		1
(5)移动电话(部)		233		231		72		32
其中:接入互联网		128		85		92		209

2015年城市社会经济基本情况

	通化市		白山市		松原市		白城市	
	全市	市区	全市	市区	全市	市区	全市	市区
七、固定资产投资								
(一)固定资产投资								
固定资产投资(不含农户)(万元)	9640251	1919501	6314605	2709264	12864514	4424241	6599440	1581601
其中:房地产开发投资	632000	165631	145226	66131	502647	308016	275879	228198
全年新增固定资产(万元)	7371895	1220183	5875634	2644035	11807768	3493535	5223140	1037620
(二)房地产								
商品房销售面积(万平方米)	148.96	55.53	18.37	8.71	55.01	22.89	14.83	0.52
其中:住宅	115.17	39.62	15.79	7.71	48.23	21.22	11.36	0.39
其中:别墅、高档公寓			0.12	0.12	0.32	0.32	0.21	0.21
商品房销售额(万元)	570427	229047	50159	28019	232794	108809	33340	3117
其中:住宅	383094	137997	40175	22778	187120	98882	20834	2198
其中:别墅、高档公寓			401	401	1884	1884	1431	1431
待售面积(万平方米)	214.25	99.8	105.81	56.26	130.56	96.63	9.85	3.8
八、教育、科技、文化与卫生								
(一)教育								
普通高等学校数(所)	1	1	1	1	1	1	3	3
普通高等学校专任教师数(人)	802	802	250	250	507	507	1086	1086
普通高等学校在校学生数(人)	12598	12598	1516	1516	2890	2890	19800	19800
(二)科技								
专利申请受理量(项)	436		215		371		262	
专利申请授权量(项)	275		105		201		161	
其中:发明	62		17		17		17	
(三)文化								
体育场馆数(个)	9	3	7	2	7	3	12	6
剧场、影剧院数(个)	1		2	1	1	1	4	2
公共图书馆图书总藏量(千册)	884	333	845	236	773	292	521	274
订销报刊杂志累计份数(千份)	24731	8659	19332	9121	24097	12533	15556	5850
广播节目综合人口覆盖率(%)	98.82	98.04	88.8	90.3	98.14	99.21	99.27	100
电视节目综合人口覆盖率(%)	99.22	99.95	95.3	94	98.94	99	99.94	100
有线电视入户率(%)	69.16	92.21	78.3	71.3	46.74	63.29	40.34	54.66
(四)卫生								
医院、卫生院床位数(张)	12257	4224	7781	4307	8450	3386	7042	2758
医生数(执业医师+执业助理医师)(人)	5728	1532	3482	1655	5440	1914	4555	1553
九、人民生活								
(一)居民收支(元)								
工资性收入		15629		19605		20296		20054
经营净收入		3828		2113		2673		2727
财产净收入		1611		1299		1617		928
转移净收入		7362		5404		4364		2965
城镇居民人均可支配收入		28430		28420		28950		26674
城镇居民人均消费支出		19807		18920		21159		18577
其中:(1)食品烟酒		6182		5294		4800		4586
(2)衣着		2323		2746		2469		1917
(3)居住		3538		3121		3998		3255
(4)生活用品及服务		1010		1042		1295		1015
(5)交通和通信		2032		2011		2764		3145
(6)教育、文化和娱乐		1969		1675		2257		2056
(7)医疗保健		1869		2484		2823		1985
(8)其他用品及服务		583		546		753		617
(二)居民生活								
每百户居民家庭拥有量								
(1)家用汽车(辆)		7		12		36		21
(2)消毒碗柜(台)		1				4		2
(3)洗碗机(台)						3		
(4)固定电话(部)		59		42		50		17
(5)移动电话(部)		197		221		251		221
其中:接入互联网		39		77		78		146

2015年城市社会经济基本情况

	长春市		吉林市		四平市		辽源市	
	全市	市区	全市	市区	全市	市区	全市	市区
(6)计算机(台)		74		86		85		44
其中:接入互联网		64		77		95		78
(7)电冰箱(柜)(台)		97		94		106		75
(8)彩色电视机(台)		111		107		8		96
(9)中高档乐器(架)		5		4		31		100
(10)照相机(架)		37		44		10		3
(11)摄像机(架)		6		9		96		25
(12)洗衣机(台)		100		95		31		10
城镇居民人均住房建筑面积(平方米)		29		30		149531		96
十、社会保障								
城镇职工基本养老保险参保人数(人)	2042021	1722645	650679	429670	251018	69287	255711	25
城镇居民社会养老保险参保人数(人)	1864403	394262	1043440	255248	595671	235278	338147	182291
城镇职工基本医疗保险参保人数(人)	1614800	1396361	946391	610216	563108	249011	264006	33601
城镇居民社会医疗保险参保人数(人)	2459101	1945270	1418862	836121	791018	114432	347050	185905
失业保险参保人数(人)	952861	800343	417350	300299	192989	127183	77857	234033
工伤保险参保人数(人)	1380095	1275662	817604	658551	320188	107126	205075	49427
生育保险参保人数(人)	1133324	1000783	552344	382649	285131	58	156211	133750
社会福利院数(个)	519	364	253	161	116	3018	121	101793
社会福利院床位数(张)	37743	26435	23093	14009	10083	81	7097	91
社区服务设施数(个)	414	376	275	207	136	100	41	4807
城市社区综合服务设施覆盖率(%)	100	100	100	100	100	22946	100	30
城市居民最低生活保障人数(人)	120530	51149	106029	47320	61498	17	62609	100
十一、公共管理								
(一)事故								
交通事故死亡人数(人)	542	312	170	84	105	30	61	42230
交通事故损失额(万元)	1747	1540	147	47	74	1	33	27
火灾事故死亡人数(人)	7	4	1	1	4		1	16
火灾事故损失额(万元)	2510	1517	609	109	258	61	201	70
(二)社会治安								
刑事案件立案数(起)	5958	3646	3356	1563	2488	397	892	422
罪犯人数(人)	6322	4318	4376	2026	2832	437	717	469
其中:青少年人数(年龄14-25周岁)	1180	764	390	169	14	13	34	13
十二、市政公用事业								
(一)基础设施								
城市维护建设资金支出(万元)	611360	550262	104034	76000	58485	31255	70421	32653
售水量(万吨)	55437	26064	31791	25918	10326	5815	5342	1875
供气总量 (人工煤气、天然气)(万立方米)		50075		34328		3154		1507
其中:家庭用量		24026		4228		2310		40
用气人口(人)		365		112		51		11
液化石油气供气总量(吨)		37743		32913		2230		2064
其中:家庭用量		7634		6800		2130		1002
用液化气人口(人)		32		14		11		34
(二)公共交通								
年末实有公共汽(电)车营运车辆数(辆)		4852		1300		337		395
全年公共汽(电)车客运总量(万人次)		71684		26041		5238		5298
年末实有出租汽车数(辆)		15401		5259		3062		1201
轨道交通线路长度(公里)		64						
轨道交通客运总量(万人次)		7661						
十三、环境保护								
工业废气排放量(万立方米)	21146982		22935079		9241901		5860650	
工业二氧化硫产生量(吨)	137383		182591		63723		36702	
工业氮氧化物产生量(吨)	142051		105985		46470		18579	
工业烟(粉)尘产生量(吨)	3717363		2934920		1683520		866698	
工业重金属产生量(吨)	1		1		1		2	
工业重金属排放量(吨)					1			
一般工业固体废物综合利用率(%)	96.5		57.9		83.99		88.65	
污水处理率(%)	91.52		91.84		82.53		81.8	
污水处理厂集中处理率(%)	90		91.84		82.53		81.8	
生活垃圾无害化处理率(%)	100		72.86		40.7		100	
空气质量达到及好于二级的天数(天)	237		240		233		278	

2015年城市社会经济基本情况

	通化市		白山市		松原市		白城市	
	全市	市区	全市	市区	全市	市区	全市	市区
(6)计算机(台)		63		76		90		72
其中:接入互联网		62		75		81		64
(7)电冰箱(柜)(台)		89		99		102		97
(8)彩色电视机(台)		110		102		104		100
(9)中高档乐器(架)		9		3		6		2
(10)照相机(架)		24		21		27		19
(11)摄像机(架)		3		7		13		3
(12)洗衣机(台)		99		101		100		97
城镇居民人均住房建筑面积(平方米)		29		26		30		36
十、社会保障								
城镇职工基本养老保险参保人数(人)	546989	231922	214729	97716	353637	184604	175786	70399
城镇居民社会养老保险参保人数(人)	291803	132518	175449	67591	129442	57518	472839	71502
城镇职工基本医疗保险参保人数(人)	1154812	15854	429263	229227	404043	222891	372167	134207
城镇居民社会医疗保险参保人数(人)	671245	238749	539031	287131	502000	19908	298042	166200
失业保险参保人数(人)	145076	76391	115442	50300	161635	100579	109359	50655
工伤保险参保人数(人)	305289	166178	295011	153664	345470	209073	246690	63000
生育保险参保人数(人)	273973	111646	235234	129009	315144	134402	280310	64060
社会福利院数(个)	161	66	48	29	140	66	80	16
社会福利院床位数(张)	8751	1094	3761	2422	6118	3367	5781	959
社区服务设施数(个)	100	46	85	52	104	60	411	246
城市社区综合服务设施覆盖率(%)	100	100	100	100	100	100	100	100
城市居民最低生活保障人数(人)	69926	20597	92603	44731	52067	23192	69767	22414
十一、公共管理								
(一)事故								
交通事故死亡人数(人)	81	13	77	46	60	17	34	8
交通事故损失额(万元)	72	5	41	18	36	15	25	12
火灾事故死亡人数(人)								
火灾事故损失额(万元)	532	43	410	201	280	111	777	508
(二)社会治安								
刑事案件立案数(起)	2186	560	952	382	2046	597	1074	316
罪犯人数(人)	2482	500	1313	579	2469	518	1517	423
其中:青少年人数(年龄14-25周岁)	149	4	59	5	95	67	191	75
十二、市政公用事业								
(一)基础设施								
城市维护建设资金支出(万元)	121200	29346	74816	49088	31792	6449	152055	114056
售水量(万吨)	9615	2747	5513	2990	11918	4779	3002	1640
供气总量 (人工煤气、天然气)(万立方米)		3752		498		8030		2201
其中:家庭用量		2575		240		2204		200
用气人口(人)		41		10		34		6
液化石油气供气总量(吨)		2037		4215		6434		5004
其中:家庭用量		1300		3585		6434		5000
用液化气人口(人)		5		23		14		21
(二)公共交通								
年末实有公共汽(电)车营运车辆数(辆)		398		338		546		234
全年公共汽(电)车客运总量(万人次)		7780		3442		9360		2300
年末实有出租汽车数(辆)		1503		1402		2177		1815
轨道交通线路长度(公里)								
轨道交通客运总量(万人次)								
十三、环境保护								
工业废气排放量(万立方米)	22872273		3789875		6158853		5425405	
工业二氧化硫产生量(吨)	58489		79327		42728		37714	
工业氮氧化物产生量(吨)	34866		22439		23121		21245	
工业烟(粉)尘产生量(吨)	1430439		1254067		721348		729702	
工业重金属产生量(吨)							2	
工业重金属排放量(吨)								
一般工业固体废物综合利用率(%)	88.89		46.56		99.39		70.4	
污水处理率(%)	89.8		79.32		95.9		80.03	
污水处理厂集中处理率(%)	89.8		79.32		95.9		80.03	
生活垃圾无害化处理率(%)	97.82		26.99		95.75		84.51	
空气质量达到及好于二级的天数(天)	278		265		290		284	

历年全社会固定资产投资额

单位: 亿元

年份	投资总额	国有经济	集体经济	个体经济	其他经济	城镇投资	房地产投资	农村投资
1978	18.2	15.6	1.9	0.7		16.2		2
1979	19.5	17.2	1.6	0.8		17.9		1.7
1980	20.9	17.7	2	1.3		18.6		2.2
1981	21	17.1	2.3	1.7		18.4		2.6
1982	27.5	22.1	2.4	3.1		23.7		3.8
1983	29.3	22	3.4	4		24.2		5.1
1984	40.9	25.5	2.2	13.3		28.3		12.7
1985	62.2	37.4	4.4	20.4		41.5		20.7
1986	63.4	42.1	4.4	16.9		47.2		16.2
1987	77	54	6.4	16.7		59.8		17.2
1988	93	67.8	7.3	18		76.3		16.8
1989	80.1	58.1	4.3	17.7		65.1		15
1990	93.5	66.9	2.8	23.8		72.8	6.5	20.7
1991	114	85.6	6	22.4		92	7.7	21.9
1992	151.1	121.7	12.2	17.2		129.1	14.3	22
1993	253.6	207.7	23.4	22.6		223.8	29.6	29.8
1994	302.5	249.5	25.7	27.3		268.8	42.5	33.7
1995	341.9	279.8	21.2	40.9		294.9	35.6	46.9
1996	394.6	321.8	24.6	48.1		338.4	30.2	56.2
1997	364.5	295.1	32.9	36.5		311.4	25.3	53.2
1998	420.9	350.3	38.6	32		369.2	36.4	51.7
1999	498.8	414.6	42.5	41.7		437.9	53	60.9
2000	586.9	308.4	43.5	52.1	182.9	514.4	63.5	72.5
2001	679.7	373.5	26.2	70.8	209.2	606.7	93	73
2002	808	349.8	25.8	79.2	353.2	724.5	116.8	83.5
2003	969	416.4	32.1	87.4	433.1	872.9	139.2	96.1
2004	1171.6	452.3	51.8	87.4	579.9	1061.9	162.5	109.7
2005	1802.4	892.3	85.4	117.8	706.9	1642.6	195.7	159.8
2006	2804.3	1176.8	28.5	113.5	1485.5	2366.1	310.2	438.2
2007	4003.2	1129.1	70.2	153.4	2650.5	3340.2	490.1	663
2008	5608.2	1804.4	88.7	184.7	3530.4	4592.5	640.8	1015.7
2009	7259.5	1927.1	100.5	212.2	5019.7	5959	756.7	1300.5
2010	9621.8	2820.1	141.8	252.8	6407.1	7925.7	921	1696.1
2011	7441.7	1752.4	62.2	1263.2	4363.9	6507.3	1195.4	934.4
2012	9511.6	2191	82.2	367	6871.4	8354.4	1310	1157.2
2013	9979.3	2478.7	59.9	382.4	7058.3	8607.4	1252.4	1371.8
2014	11339.6	2616.4	87.5	401.6	8234.1		1030.1	
2015	12705.3	3031.1	93.6	309.8	9270.7		924.2	

历年职工工资总额、平均工资和指数

年份	工资总额(万元)	国有单位	城镇集体单位	平均工资(元)	国有单位	城镇集体单位	平均实际工资指数(以上年100)	国有单位
1978	214393	176392	38001	651	712	467		104.6
1979	234639	189914	44725	700	753	539	105.7	104
1980	275684	219028	56656	763	827	588	103.2	104
1981	298349	232138	66211	770	840	611	99.3	100
1982	323142	250121	73021	799	863	637	99.6	98.6
1983	340615	259049	81566	823	881	680	98.6	97.7
1984	393211	292467	100635	927	1008	751	108.8	110.5
1985	474432	352057	122217	1081	1175	880	105.7	105.7
1986	556845	417486	139173	1221	1333	974	106.6	107
1987	644136	484259	159616	1366	1491	1088	104	104
1988	789012	595701	192919	1630	1771	1311	99.2	98.7
1989	870776	662084	207837	1755	1914	1388	91.9	99.2
1990	951989	734882	215591	1888	2068	1456	102.6	103
1991	1063309	816534	243947	2045	2233	1596	101.4	101.1
1992	1220550	945410	264870	2308	2526	1759	104.2	105.7
1993	1423561	1109906	281071	2701	2974	1952	103.4	104
1994	1887916	1509813	314723	3666	3997	2568	110.2	109.1
1995	2210027	1809128	318902	4430	4803	3032	104.9	104.3
1996	2636962	2164775	364074	5370	5765	3752	112.6	111.9
1997	2745277	2214025	353209	5664	6017	3813	101.7	100.6
1998	2465545	1967822	268404	6551	6814	4778	116.6	114.1
1999	2532839	1969551	242057	7158	7368	5000	111.5	110.3
2000	2649607	2037696	234537	7924	8121	5501	112.2	111.8
2001	2775443	2102269	222532	8771	9043	5765	109.3	109.9
2002	3005549	2251039	209872	9990	10369	6411	114.5	115.2
2003	3215531	2298500	224936	11081	11124	8018	109.6	106
2004	3500716	2460166	192450	12431	12540	7504	107.8	108.3
2005	3774008	2597306	183772	14409	14566	8735	114.2	114.4
2006	4310888	2916500	192231	16583	17118	9787	113.5	115.9
2007	5287046	3612104	178673	20513	21688	11135	118	120.9
2008	6014107	4067347	186024	23486	24754	12761	108.9	108.6
2009	6781647	4406877	204827	26230	27523	14443	111.6	111.1
2010	7626800	4922713	228316	29399	30661	17060	108.1	107.4
2011	9190240	5721524	236846	34197	35216	25718	110.6	109.2
2012	11072962	6686141	273291	38407	39335	29506	109.6	109
2013	14766085	7900621	252572	42846	45618	34570	108.4	112.7
2014	15899035	8348348	250681	46516	49267	37351	106.4	105.9
2015	17186936	9247062	260430	51558	56032	40955	109	111.8

2015年各市县农林牧渔总产值

单位:万元

市、县	农林牧渔业总产值	农业	林业	牧业	渔业	农林牧渔业总产值指数
全省	28806158	14003751	1098211	12448681	399064	104.3
长春市	6495784	3214298	35252	3021298	55344	106.2
市区	1371866	681102	7278	621676	19878	251.3
农安县	1785899	850461	10793	866860	12559	105.7
榆树市	1964809	1067224	7358	833898	11643	106.1
德惠市	1373210	615511	9823	698864	11264	107.5
吉林市	4888698	2508702	123617	1964323	87666	105.4
市区	979906	500039	11129	397078	27954	101.3
永吉县	434111	255756	14962	138045	5918	107.4
蛟河市	749063	463121	29114	220635	15503	108.8
桦甸市	850141	456584	37675	313295	7889	105.7
舒兰市	999223	438899	22987	481111	15874	105.8
磐石市	876254	394303	7750	414159	14528	105.8
四平市	5608918	2210628	101271	3185945	15144	109.7
市区	311562	114054	2527	186765	5416	101.5
梨树县	1717472	706679	73340	908046	1757	108.4
伊通满族自治县	884575	224349	791	643111	2994	112.9
公主岭市	1881609	877443	11563	945545	3808	110.5
双辽市	813700	288103	13050	502478	1169	108.6
辽源市	1102579	457930	26194	603430	6622	106.8
市区	66010	27209	930	36359	187	95
东丰县	633715	247816	14564	366354	3131	105.7
东辽县	402854	182905	10700	200717	3304	110.9
通化市	1749592	907404	97857	592494	45130	105.2
市区	105224	35895	3171	63726	496	108.2
通化县	173529	96287	13983	51355	9727	105.7
辉南县	350728	182714	4036	133698	8082	102.2
柳河县	431202	223159	59466	110142	3607	104.6
梅河口市	513194	239198	5743	215444	12046	105
集安市	175715	130151	11458	18129	11172	104.2

2015年各市县农林牧渔总产值

单位:万元

市、县	农林牧渔业总产值	农业	林业	牧业	渔业	农林牧渔业总产值指数
白山市	1092523	740022	141709	170367	31008	105.3
市区	318388	176599	61556	66408	9823	108.3
抚松县	402534	304102	40159	43323	12650	105.7
靖宇县	136745	89073	10576	31689	3617	107.1
长白朝鲜族自治县	86961	65563	9872	10109	817	90.8
临江市	147895	104685	19546	18838	4101	106.1
松原市	4997758	3068800	54553	1672216	92313	106.8
市区	301416	222451	7532	52992	11430	109.1
前郭尔罗斯蒙古族自治县	1358317	759395	17000	511913	35409	106.2
长岭县	1413472	888866	8098	494104	3764	109.2
乾安县	460512	313023	5583	121214	7360	103.6
扶余市	1464041	885065	16340	491993	34350	105.7
白城市	2357875	1533176	68873	618671	56846	106.8
市区	443333	344654	10383	82574	436	106.1
镇赉县	559155	321794	21251	171329	27569	104.6
通榆县	409632	263337	10989	111865	6229	110.5
洮南市	552637	350184	10302	155583	8374	102
大安市	393118	253207	15948	97320	14238	114.8
延边朝鲜族自治州	1410561	1015003	170392	188623	17881	104.7
延吉市	95612	66352	4580	20275	311	104.6
图们市	33766	23848	1410	8022	218	104.8
敦化市	555028	417483	54100	66215	9200	104.8
珲春市	111076	77165	10641	19160	2910	104.6
龙井市	84898	58530	3330	21610	698	105
和龙市	140384	84070	34877	19510	627	104.7
汪清县	224790	164980	42750	13015	2555	104.6
安图县	165007	122575	18704	20816	1362	104.4

社会消费品零售总额

单位:万元

项目	2013年	2014年	2015年
社会消费品零售总额	54264253	60808998	66464584
一、按销售地区分			
城镇的零售额	48067966	53853046	58701719
乡村的零售额	6196287	6955952	7762866
二、按行业分			
批发、零售贸易业	48038108	54004584	58836807
限额以上	20902831	21667828	23209629
限额以下及个体户	27135277	32336756	35627178
住宿和餐饮业	6226146	6804414	7627778
星级(限额以上)企业	1643615	1425507	1517812
星级以外(限额以下)企业和个体户	4582531	5378907	6109966

城镇居民家庭人均可支配收入及总支出

单位:元

指标	2014年	2015年
一、可支配收入	23217.82	24900.86
(一)工资性收入	13658.22	14791.8
(二)经营净收入	2628.49	2655.45
(三)财产净收入	1238.05	1368.49
(四)转移净收入	5693.06	6085.12
二、非收入所得	836.96	681.77
三、借贷性所得	877.01	443.46
四、总支出	23308.75	24240.44
(一)消费支出	17156.14	17972.62
(二)生产经营费用支出	1458.06	1752.59
(三)财产性支出	25.4	37.79
(四)转移性支出	950.89	1130.41
(五)部分商业保险支出	100.68	121.1
(六)购置资产及非经常性转移支出	3006.38	2682.21
(七)借贷性支出	611.2	543.72

各地区城镇常住居民人均可支配收入

单位:元

地区	2010年	2011年	2012年	2013年	2014年	2015年
全省	15411.47	17796.57	20208.04	22274.6	23217.82	24900.86
长春	17921.86	20487.3	22969.68	26033.88	23908	29090
吉林	16935.74	19559.62	22067.56	25937.07	22437	28977
四平	16458.96	18482.92	21387.28	25529.89	20894	28371
辽源	16665.02	18757.39	21251.75	25378.75	20780	28009
通化	16703.81	18903.81	21627.28	25635.6	20857	28430
白山	16356.04	18482.87	21282	25554.52	18288	28420
松原	16800	19226.97	21703.51	25933.41	20810	28950
白城	15904.24	17813.61	20154.31	24290.61	18150	26674
延边	17456.26	19557.71	22013.35	25810.63	19830	28500

各地区城镇常住居民人均消费支出

单位:元

地区	2010年	2011年	2012年	2013年	2014年	2015年
全省	11679.04	13010.63	14613.53	15932.31	17156.14	17972.62
长春	14400.4	16328.45	17863.01	21928.87	19204.07	23231.01
吉林	13223.21	13506.18	14856.23	17659.63	15885.23	21365.43
四平	10830.85	11290.75	12712.5	14924.81	14015.51	18438.15
辽源	11608.13	12854.95	14077.28	19790.62	14901.86	21893.65
通化	10940.48	12460.14	13746.75	16240.42	15285.46	19506.9
白山	10722.41	11739.3	13344.87	15995.33	10691.06	18919.97
松原	12500.98	14481.49	15672.4	18268.46	14754.49	21159.34
白城	10509.21	12389.88	13080.74	17570.17	11883.05	18576.53
延边	14663.41	15527.95	17946.14	21951.5	14452.72	25398.58

农民家庭平均每人现金支出

单位:元

指标	2014年	2015年
现金支出	18065.82	18406.08
一、现金消费支出	6750.45	7292.18
二、生产经营现金费用支出	6556.4	7248.69
(一)第一产业经营现金费用支出	5979.9	6583.05
1.农业	4491.8	4895.48
2.林业	54.39	21.25
3.牧业	1423.88	1654.76
4.渔业	9.82	11.56
(二)第二产业经营现金费用支出	78.18	90.76
1.采矿业	30.23	0.17
2.制造业	46.84	81.13
3.电力、热力、燃气及水生产和供应业		0.08
4.建筑业	1.1	9.38
(三)第三产业经营现金费用支出	498.32	574.88
1.批发和零售业	261.51	358.12
2.交通运输、仓储和邮政业	79.54	97.93
3.住宿和餐饮业	19.78	20.7
4.房地产业	2.55	
5.租赁和商务服务业	0.5	0.05
6.居民服务、修理和其他服务业	31.11	20.92
7.其他	17.39	14.3
8.农林牧渔服务业	85.94	62.87
三、现金财产性支出	10.76	9.3
(一)生活贷款利息支出	9.23	7.34
(二)其他财产性支出	1.53	1.97
四、现金转移性支出	221.5	194.84
(一)个人所得税	0.17	0.23
(二)社会保障支出	148.77	138.55
(三)外来从业人员寄给家人的支出		
(四)赡养支出	47.42	40.3
(五)其他转移性支出	25.14	15.75
五、部分商业保险支出	40.05	57.06
(一)意外伤害保险	3.88	5.6
(二)商业医疗保险(含大病保险)	13.11	20.8
(三)其他非储蓄性商业保险	15.48	13.81
(四)其他储蓄性商业保险	7.59	16.84
六、购置资产及非经常性转移支出	3428.46	2713.09
(一)购置资产支出	1619.3	997.67
(二)非经常性转移支出	1809.16	1715.42
七、借贷性支出	1058.2	890.91
(一)存入储蓄款	220.81	147.7
(二)借出款	22.77	31.16
(三)归还借款	557.06	450.47
(四)购买有价证券	6.54	
(五)其他投资支出	0.82	
(六)归还住房贷款	18.71	21.42
(七)归还汽车贷款	5.27	3.94
(八)归还教育贷款		
(九)归还其他贷款	218.4	230.98
(十)其他借贷支出	7.82	5.25

农民家庭平均每人现金收入

单位:元

指标	2014年	2015年
现金收入(未扣除生产费用)	16374	17125
一、现金工资性收入	1935.16	2093.75
二、现金经营性收入	12945.91	13647.85
(一)第一产业现金经营收入	11965.66	12367.41
1.农业	9813.57	9947.27
2.林业	64.75	40.72
3.牧业	2075.29	2373.16
4.渔业	12.05	6.26
(二)第二产业现金经营收入	147.11	193.9
1.采矿业	72.51	0.04
2.制造业	67.33	170.27
3.电力、热力、燃气及水生产和供应业		
4.建筑业	7.27	23.59
(三)第三产业现金经营收入	833.14	1086.55
1.批发和零售业	343.17	490.29
2.交通运输、仓储和邮政业	158.28	222.61
3.住宿和餐饮业	36.83	41.51
4.房地产业		
5.租赁和商务服务业	2.25	2.05
6.居民服务、修理和其他服务业	60.82	73.62
7.其他	36.85	45.94
8.农林牧渔服务业	194.94	210.52
三、现金财产性收入	192.64	207.94
(一)利息收入	38.05	29.56
(二)红利收入	0.5	0.5
(三)储蓄性保险收益	0.05	0.48
(四)转让承包土地经营权租金收入	113.03	146.7
(五)出租房屋财产性净收入	8.14	6.39
(六)出租机械、专利、版权等资产的净收入	9.87	17.1
(七)其他财产性收入	22.99	7.2
四、现金转移性收入	1300.29	1175.59
(一)养老金或离退休金	204.2	280.66
(二)社会救济和补助	32.57	28.93
(三)政策性生活补贴	15.6	20.37
(四)家庭外出从业人员寄回带回收入	399.55	265.62
(五)赡养收入	114.29	91.14
(六)其他转移性收入	13.11	13.67
(七)现金政策性惠农补贴	520.97	475.19

分项目财政收入

单位：万元

项目	2013年	2014年	2015年
全口径财政收入	20866439	21885505	21439919
地方级财政收入	11569616	12033843	12293549
一、税收收入	8564084	8844028	8671214
增值税	1195806	1397805	1344337
营业税	2450939	2287794	2420483
企业所得税	1218580	1432180	1349221
个人所得税	280592	349236	341058
资源税	147811	133869	99986
城市维护建设税	665748	596705	631321
房产税	228925	239608	276051
印花税	117963	118836	104624
城镇土地使用税	276401	330732	306041
土地增值税	404120	484745	361542
车船使用税	94400	111312	130769
耕地占用税	661320	569779	632072
契税	808148	780034	663526
烟叶税	13331	11311	9337
其他税收收入		82	846
二、非税收入	3005532	3189815	3622335
国有资产经营收益	221882	240335	280167
行政性收费收入	849676	863739	777906
罚没收入	408702	345718	313324
专项收入	514009	476290	941067
国有资源(资产)有偿使用收入	866279	1129627	1221043
其他收入	144984	134106	88828

地方项目公共财政支出

单位：万元

项目	2013年	2014年	2015年
支出总计	27448114	29132468	32170995
一般公共服务	2673093	2535001	2471280
国防	60791	51842	53934
公共安全	1477974	1546255	1688662
教育	4220946	4071041	4775745
科学技术	372231	364479	413929
文化体育与传媒	565462	611571	730066
社会保障和就业	3601343	3901986	4622815
医疗卫生与计划生育	1815110	2064415	2458138
节能环保	1268326	1403017	1177034
城乡社区事务	2142460	2732923	3418580
农林水事务	3182647	3086795	4086102
交通运输	1700467	2291050	1918276
资源勘探电力信息等事务	1010144	995793	1272577
商业服务业等事务	244507	282960	286772
金融监管等事务支出	104723	186163	55440
援助其他地区支出	22167	25872	26714
国土资源气象等事务	297882	297671	386982
住房保障支出	1391355	1372994	1359064
粮油物资储备事务	498702	552772	492884
国债还本付息支出	574024	601232	237097
其他支出	223760	156636	238904

分级地方公共财政收入

单位: 万元

项目	2013年	2014年	2015年
收入合计	11569616	12033843	12293549
省级	2493329	2672244	3077338
地级	4425639	4536693	4486967
县级	4017110	4406333	4348864
乡镇级	633538	418573	380380
一、税收收入	8564084	8844028	8671214
省级	2071287	2238366	2338429
地级	3183248	3267444	3142487
县级	2692333	2934558	2842114
乡镇级	617216	403660	348184
增值税	1195806	1397805	1344337
省级	469284	555455	553511
地级	415353	463359	456715
县级	255532	317351	301932
乡镇级	55637	61640	32179
营业税	2450939	2287794	2420483
省级	1093208	1074573	1211840
地级	458850	402807	446398
县级	718987	714938	658958
乡镇级	179894	95476	103287
企业所得税	1218580	1432180	1349221
省级	413241	485937	457086
地级	474638	576454	519851
县级	281328	330709	335745
乡镇级	49373	39080	36539
个人所得税	280593	349236	341058
省级	86118	112071	109489
地级	96513	130782	121027
县级	79159	95797	102783
乡镇级	18803	10586	7759
二、非税收收入	3005532	3189815	3622335
省级	422042	433878	738909
地级	1242391	1269249	1344480
县级	1324777	1471775	1506750
乡镇级	16322	14913	32196

分级公共财政支出

单位：万元

项目	2013年	2014年	2015年
支出合计	27448114	29132468	32170995
省级	6036294	6547798	6586665
地级	7630247	8151918	9237533
县级	12776299	13446505	15222930
乡镇级	1005274	986247	1123867
一般公共服务	2673093	2535001	2471280
省级	555971	548741	414747
地级	705083	630515	690539
县级	1166534	1101208	1083073
乡镇级	245505	254537	282921
教育	4220946	4071041	4775745
省级	862133	839965	992761
地级	843480	637170	774862
县级	2471762	2527273	2922401
乡镇级	43571	66633	85721
科学技术	372231	364479	413929
省级	122839	128194	177443
地级	147830	144948	147588
县级	100889	88744	81583
乡镇级	673	2593	7315
社会保障和就业	3601899	3901986	4622815
省级	489826	421002	297725
地级	1058868	1172638	1470760
县级	1987770	2236848	2776152
乡镇级	65435	71498	78178
医疗卫生与计划生育	1815110	2064415	2458138
省级	176351	227391	250366
地级	438915	446142	550225
县级	1195297	1375793	1639121
乡镇级	4547	15089	18426
节能环保	1268326	1403017	1177034
省级	115732	214972	126788
地级	477854	505869	551624
县级	657701	663352	482353
乡镇级	17039	18824	16269
农林水	3182647	3086795	4086102
省级	1006063	838272	1304173
地级	308413	272093	444914
县级	1537645	1627731	1973365
乡镇级	330526	348699	363650

2016吉林财政年鉴

第六部分
CHAPTER6

财经法规制度选编

Compilation Of Financial Regulation System

吉林省中小企业和民营经济发展基金管理暂行办法

吉财企[2015]116号

第一章 总 则

第一条 按照省委省政府《关于突出发展民营经济的意见》(吉发[2013]5号),为加快我省中小企业和民营经济发展,省财政通过创新财政资金投入方式,设立吉林省中小企业和民营经济发展基金(以下简称中小民营基金)。为规范中小民营基金管理,制定本办法。

第二条 基金来源:省级预算安排的资金,中小民营基金的投资收益,闲置资金存放银行或购买国债所得的利息收益,个人、企业或社会机构无偿捐赠的资金等。

第三条 中小民营基金是由政府设立并按市场化方式运作的政策性基金。按照"政府引导、科学决策、市场运作、防范风险、滚动发展"的原则,通过参股股权投资企业(基金)等方式发挥财政资金的杠杆效应,引导社会资本投资处于种子期、初创期、早中期等阶段的中小企业和民营企业,以及支持科技成果转化、参股融资性担保公司等,推进全省中小企业和民营经济发展。

第二章 机构职责

第四条 省财政厅为中小民营基金的主管部门,会同省工信厅、科技厅负责研究审定中小民营基金投资方案、开展绩效评价等。成立中小民营基金管理中心,作为中小民营基金的受托管理日常办事机构,履行出资人职责,负责中小民营基金的具体管理运营。省财政厅负责中小民营基金的日常事务工作,履行出资人职责;省工信厅、科技厅等部门负责建立健全行业投资项目备选库,为参股子基金提供项目信息查询和对接服务,并监督子基金投向,但不干预子基金具体投资业务和投资项目的确定。

第五条 省财政厅会同相关部门通过协调会议等方式,主要审议下列事项:

(一)审定中小民营基金的投资方案;

(二)审定中小民营基金退出方案;

(三)审定中小民营基金年度执行情况报告;

(四)对中小民营基金运作情况实施监督和绩效评价;

(五)协调指导中小民营基金管理中心的运营管理;

(六)需要审定的其他重大事项。

第六条 中小民营基金管理中心的职责:

(一)组织项目征集、评审工作,提出中小民营基金投资项目尽职调查报告和中小民营基金出资建议及中小民营基金退出方案;

(二)代行出资人职责,向子基金及省政府确定或报经省政府同意的投资项目派驻出资人代

表,参与重大事项决策等;

(三)提交经注册会计师审计的《中小民营基金年度会计报告》和《中小民营基金年度执行情况报告》;

(四)会同省有关部门,指导、协调参与国家有关部门设立基金的对接、投资合作;

(五)负责对投资项目的监管和绩效评价;

(六)运用省级有关部门的项目库信息平台,为子基金提供项目信息查询和项目对接服务。

第七条 中小民营基金管理中心应将中小民营基金和管理中心运行费实行分账核算。

第八条 根据国家、省有关规定和工作业务需要,适时成立基金投资公司。基金投资公司成立后,中小民营基金管理中心代行出资人职责等相应事项,由基金投资公司承担、办理。公司运行费和绩效奖励参照同行业水平确定。

第三章 投入方式

第九条 中小民营基金投入的方式,以参股设立子基金投资方式为主,也可以根据实际情况采取参股中小民营企业、融资性担保公司等方式。中小民营基金在投资的项目中参股不控股。

第十条 参股设立子基金额度比例原则上不低于中小民营基金总额的60%。通过面向全国公开征集方式选择子基金管理机构。

第十一条 子基金管理机构应具备以下基本条件:

(一)在中国大陆境内注册的股权投资管理机构(投资企业)可以作为申请者,向中小民营基金管理中心申请设立子基金。多家股权投资管理机构拟共同发起设立子基金的,应推举一家机构作为申请者。申请者应当确定一家股权投资管理机构作为拟设立子基金的管理机构;

(二)有较强的资金募集能力,有固定的营业场所和与其业务相适应的软硬件设施;

(三)具有国家规定的基金管理资质,管理团队稳定,专业性强,具有良好的职业操守和信誉;

(四)有健全的股权投资管理、风险控制流程和财务管理制度,规范的项目遴选机制和投资决策机制,能够为被投资企业提供创业辅导、管理咨询等增值服务;

(五)原则上经营管理的股权投资规模不低于3亿元,注册资本不低于2 000万元,且近2年取得不低于同行业平均回报率的盈利水平;

(六)至少有3名具备3年以上股权投资基金管理工作经验的专职高级管理人员,至少主导过3个以上股权投资的成功案例;

(七)机构及其工作人员无违法违纪等不良纪录。

第十二条 设立子基金,还应满足下列要求:

(一)子基金应在吉林省注册;

(二)有明确的产业投资领域或明确科技成果转化为主要业务;

(三)募集资金总额原则上在5 000万元以上,中小民营基金原则上出资额不超过子基金总额的30%,子基金管理机构对子基金认缴出资额不低于2%,所有投资者以货币形式出资;

(四)原则上主要投资于吉林省企业,具体比例经协商后在协议、章程中明确;

(五)子基金的投资原则上不超过被投资企业总股权的30%;对一个企业股权投资的资金总额,原则上不超过该子基金总额的20%;

(六)除子基金管理机构和中小民营基金管理中心外,其他单个出资人出资额原则上不低于1 000万元;

(七)主要发起人(或合伙人)、子基金管理机构已基本确定,并草签发起人协议、子基金章程或合伙协议、委托管理协议;其他出资人(或合伙人)已落实,并保证资金按约定及时足额到位;

(八)中小民营基金与其他出资人的资金应当同步到位,共享收益,共担风险;

(九)子基金投资项目的存续期限原则上不超过5年,确需超过5年的,经中小民营基金管理中心报主管部门批准,可适当延长;

(十)子基金由中小民营基金管理中心选择托管银行。

第十三条 参股中小民营企业对象为:拥有自主知识产权、具备较高创新水平(包括技术创新和商业模式创新)和较强市场竞争力、有较好潜在经济效益和社会效益或有望形成产业规模的初创期、早中期中小、民营企业,且设立的子基金未投资的项目(企业),中小民营基金可直接以股权形式投资。对单个项目(企业)的投资原则上不超过被投资企业总股本的20%;投资期限原则上不超过5年。

第十四条 市县政府出资设立的采取市场化方式运作的同类基金,申请中小民营基金入股的,条件可适当放宽。

第十五条 中小民营基金对国家设立的相关基金在我省参股子基金的,可以通过跟进投资或按照国家相关基金的要求进行配套入股。

第四章 投资运作

第十六条 对通过公开征集到的设立子基金等申请方案,由中小民营基金管理中心初审后,组织行业、科技、会计、法律等相关领域专家和相关部门的代表组成评审委员会,对上报的方案进行独立评审。对通过评审的项目,由中小民营基金管理中心对拟参股子基金等项目进行尽职调查和入股谈判(或委托中介机构、专业投资公司),形成尽职调查报告和中小民营基金出资建议,报协调会议审定。中小民营基金管理中心与审定的子基金管理机构及其他投资者签订投资协议、公司章程,注册成立子基金等公司。

第十七条 子基金可按章程或合伙协议约定向子基金管理机构支付管理费用。年度管理费用原则上按照子基金实收注册资本或实际到位出资额的1%~2.5%确定,具体比例在委托管理协议中明确。

第十八条 中小民营基金管理中心应与其他出资人在子基金章程或合伙协议中约定,中小民营基金以其出资额为限,对子基金债务承担责任。

第十九条 中小民营基金管理中心应与其他出资人在子基金章程或合伙协议中约定,当子基金清算出现亏损时,首先由子基金管理机构以其对子基金的出资额承担亏损,剩余部分由中小民营基金和其他出资人按出资比例承担。

第二十条 中小民营基金可采取公开市场出售、协议转让、回购、清算等方式退出,具体以协议、章程为准。退出时,除按规定价格退出的,应当聘请符合资格的资产评估专业机构,对所持股权进行评估,作为确定退出价格的重要参考。成立后的子基金及其他参股投资项目,依据章程或协议约定进行股权投资、管理和退出。有下述情况之一的,中小民营基金管理中心可无需其他出资人同意,选择中止合作:

(一)签订合作协议超过1年,未按约定程序和时间要求完成子基金设立手续的;

(二)子基金设立1年以后,未开展业务的;

(三)子基金未按章程或合伙协议约定投资或开展业务的;

(四)投资、业务领域和阶段不符合规定的;

(五)子基金管理机构发生实质性变化的。

第二十一条 中小民营基金可对业绩回报率较高的子基金管理机构、其他合作方等实施业绩奖励。业绩奖励采取"先回本后分利"的原则,在各出资人收回对基金实缴出资额的前提下,原则上将中小民营基金增值收益的20%奖励给子基金管理机构。为体现政府资金的政策性要求,中小民营基金可根据子基金投资领域、投资阶段、风险程度等,给予其他社会出资人适当让利,并由中小民营基金管理中心在子基金章程或合伙协议中约定。

第五章 风险控制与管理监督

第二十二条 子基金管理机构、被参股企业每季度向中小民营基金管理中心提交《季度运行报告》及《季度会计报告》,并于每个会计年度结束后4个月内提交经注册会计师审计的《年度会计报告》、《年度执行情况报告》。

第二十三条 中小民营基金及参股子基金资金应当委托商业银行进行托管。托管银行按照托管协议,负责资产保管、资金拨付和结算等日常工作,并对投资活动进行动态监管,每季度向中小民营基金管理中心提交监管报告。

第二十四条 省财政厅根据年度预算安排,将资金拨付中小民营基金管理中心的托管银行,实行专户管理。中小民营基金管理中心和其他出资人按照投资协议,将认缴资金同步拨付到子基金的托管银行。中小民营基金退出收回的原始投资和获得的投资收益,直接进入托管银行中小民营基金户，继续用于中小民营基金的滚动投资发展。

第二十五条 托管银行应当具备以下条件：

（一）全国性商业银行在吉林省有分支机构，与我省有良好的合作基础；

（二）设有专门的托管部门和人员；

（三）具备安全保管和办理托管业务的设施设备及信息技术系统；

（四）有完善的托管业务流程制度和内部稽核监控及风险控制制度；

（五）最近3年无重大违法违规记录。

第二十六条 子基金不得从事贷款、股票、期货、房地产、企业债券、金融衍生品等投资，不得对外赞助、捐赠，不得进行承担无限连带责任的对外投资，以及国家法律法规禁止从事的业务。闲置资金只能存放银行或者购买国债，可在保本、安全前提下，与银行协商收益最大化存款方式。

第二十七条 中小民营基金管理中心要加强对子基金等投资项目的监管，密切跟踪其经营和财务状况，防范财务风险。中小民营基金管理中心不干预子基金日常运作，但对子基金的使用出现违法违规和偏离政策导向等情况时，可行使一票否决权，并按协议终止与子基金管理机构的合作。

第二十八条 子基金管理机构在完成对子基金的70%资金投资之前，原则上在吉林省不得募集其他股权投资基金。

第二十九条 中小民营基金管理中心于每个会计年度结束后5个月内，向省财政厅和相关部门提交经注册会计师审计的《中小民营基金年度会计报告》和《中小民营基金年度执行情况报告》。

第三十条 成立后的基金投资公司，要研究建立、健全内部投资（投资退出）决策程序、风险管控、财务管理、绩效管理等制度、办法。

第三十一条 中小民营基金管理中心要接受省审计厅的审计或省财政厅的检查。

第三十二条 省财政厅会同相关部门负责定期对中小民营基金投资运行情况进行绩效评价。

第三十三条 对中小民营基金运作中的弄虚作假骗取基金投资，或不按规定用途使用、截留挪用、挥霍浪费中小民营基金等违法违规行为，按国家有关法律法规处理。

第六章 附 则

第三十四条 本办法由省财政厅负责解释。

第三十五条 本办法自印发之日起施行。

吉林省电采暖试点项目奖补资金管理办法

吉财建[2015]433号

第一章 总 则

第一条 为加强我省电采暖试点项目奖补资金管理，提高资金使用效益，根据《吉林省人民政府办公厅关于印发吉林省电采暖试点工作方案的通知》（吉政办明电[2015]12号）、《吉林省电采暖试点项目管理暂行办法》（吉能电力联[2015]115号）及省级财政资金管理相关规定，结合我省实际，制定本办法。

第二条 本办法所称电采暖试点项目奖补资金（以下简称“奖补资金”）是指省级财政预算安排的，专项用于奖励补助实施电采暖试点项目建设的资金。

第三条 为了明确责任，充分调动各市县积极性，奖补资金采取以奖代补方式，实行专项转移支付。

第四条 奖补资金管理遵循统筹兼顾，公开、公平、公正，突出重点，注重绩效的原则。

第二章 管理职责

第五条 奖补资金由省财政厅、省能源局共同管理。

省财政厅主要职责：负责建立健全试点项目奖补资金管理办法；对奖补资金预算申请进行审核和批复，拨付资金；对奖补资金实施财政监督。

省能源局主要职责：负责申请设立试点项目奖补资金的前期论证和风险评估；配合财政部门建立健全奖补资金管理制度办法，提出奖补资金分配建议和奖补资金支出计划；对试点项目奖补资金进行跟踪问效。

第三章 奖补范围及标准

第六条 奖补范围：电采暖试点项目发热设备等设施、电力线路及变压器改造等附属设备等支出；电采暖宣传展厅项目（试点期间）包括展厅建设、展品购置等支出；省政府批准与电采暖试点项目改造相关的其他支出。

第七条 奖补标准：电采暖试点项目按实际完成投资额的15%给予奖补；电采暖宣传展厅及其他支出项目实行定额奖补。

第四章 资金的申请及拨付

第八条 对确定的电采暖试点项目，省财政按照年度预算安排和年度建设计划，采取先预拨、后清算的方式，将奖补资金拨付市县财政部门。

为支持市县加快电采暖试点项目建设进度，省财政先预拨60%的奖补资金，其余资金清算后拨付。

第九条 项目建成后，按照试点项目管理暂行办法要求，由当地主管部门负责组织考核，省级主管部门统一组织综合考核后，依据考核结果予以清算。

第五章 资金的监督与检查

第十条 市县财政部门要切实加强项目资金的管理，严格按照试点项目建设进度拨付奖补资金，确保奖补资金专款专用。奖补资金的使用单位要自觉接受和配合审计、财政、监察机关的监督检查。

第十一条 对弄虚作假，冒领或者截留、挪用项目资金的单位和个人，依照《财政违法行为处罚处分条例》（国务院令第427号）和有关法律法规规定处理，情节严重的取消试点项目资格，收回已拨付的奖补资金并追究试点项目单位法人及相关当事人的法律责任。

第六章 附 则

第十二条 本办法由省财政厅、省能源局等部门负责解释。

第十三条 本办法自印发之日起执行。

吉林省省级交通发展资金管理暂行办法

吉财建[2015]759号

第一章 总 则

第一条 为了加强和规范省级交通建设资金的使用管理,提高资金使用效益,促进交通运输事业发展,根据《财政部关于印发中央对地方成品油价格和税费改革转移支付办法的通知》(财预[2009]14号)、《财政部关于规范成品油价格和税费改革资金管理有关问题的通知》(财预[2009]351号)等文件和省级预算管理相关规定,结合我省现行交通管理体制和发展实际,制定本办法。

第二条 本办法所称省级交通发展资金是指中央和省财政预算安排的,用于全省交通建设和养护支出的资金,主要包括中央成品油税费改革转移支付资金、省级财政预算资金。

第三条 省财政厅和省交通运输厅负责对省级交通发展资金进行统一管理。

第四条 省级交通发展资金应按照"统筹安排、科学管理、规范透明、注重绩效"的原则进行管理和使用。

第二章 资金使用范围和支持方式

第五条 省级交通发展资金主要用于全省交通项目建设和养护支出,具体支出范围:

(一)高速公路:纳入国家和省交通运输行业规划范围的高速公路项目建设支出。

(二)普通干线公路:纳入国家和省交通运输行业规划范围的普通干线公路项目建设支出。

(三)农村公路(含桥梁):主要包括农村公路路基路面、桥梁、隧道、渡口等基础设施支出。

(四)运输设施(备):主要包括客货运基础设施、设备,必要的城市公交设施等支出。

(五)信息化建设:经省发展和改革委员会立项批复并经省信息化领导小组办公室审核后的交通信息化建设支出。

(六)公路甩挂运输省级试点项目:纳入省级甩挂运输试点的运输企业和站场经营企业实施方案中甩挂作业站场建设或改造、甩挂运输车辆更新购置等支出。

(七)养护项目:主要包括小修保养工程、养护改建和大中修及预防性养护工程、危险桥隧改造、公路安全生命防护工程、灾害防治工程、绿美化工程等和应急抢险、服务设施及公路管理机构事业发展等项目支出。

(八)水运项目。

(九)交通建设规划战略研究、前期工作费。

(十)偿还金融机构贷款。

(十一)符合国家和省交通投资方向的其他项目。

第六条 农村公路(含桥梁)采取定额补助、小修保养工程采取因素分配方式补助,其余主要采用项目直接补助方式予以支持。

第三章 管理职责

第七条 省财政厅在省级交通发展资金管理方面的主要职责:

(一)按照预算资金管理的有关规定,筹措安排省级交通发展资金;

(二)负责组织省级交通发展资金支出预算的编制和执行,审核批复资金预算;

(三)会同省交通运输厅根据情况变化调整完善资金管理制度办法;

(四)对省级交通发展资金的使用实施财政监督。

第八条 省交通运输厅在省级交通发展资金

管理方面的主要职责：

（一）配合省财政厅调整完善资金管理制度办法；

（二）负责按照有关规定，提出省级交通发展资金安排意见，并下达计划；

（三）制定项目实施管理流程，明确资金使用责任主体，完善管理机制；

（四）按规定对省级交通发展资金提出绩效目标并实施绩效评价；

（五）对省级交通发展资金的使用情况和项目进展情况进行调度统计和日常跟踪检查，发现问题及时纠正；

（六）按规定做好信息公开工作。

第四章 资金申报与审核

第九条 省级项目，由省交通运输厅会同省财政厅，于每年7月底前发布下一年度项目资金申报指南，明确申报范围、申报时间、具体支持方式和相关要求。

第十条 市县项目，由市县交通运输部门会同财政部门依据申报指南组织编制项目，并对项目申报材料的真实性和合法性进行审核把关，在规定的时间内上报省交通运输厅和省财政厅。省直项目，由省直有关单位依据申报指南组织编制项目，并在规定的时间内上报省交通运输厅和省财政厅。项目申报材料包括：申请文件、前期工作批复、有关证明材料及项目申报指南要求的其他材料。

第十一条 省交通运输厅对申报的交通建设项目进行审核筛选，提出资金安排建议，经省财政厅审核后，联合行文报省政府审定。

第五章 资金拨付和使用

第十二条 对确定的省级交通发展资金支持项目，由省财政厅按照国库支付制度有关规定拨付资金。省级项目资金，直接拨付省级有关单位；市县项目资金，拨付有关市县财政局。

第十三条 省直单位和市县相关部门应当严格执行专项资金支出预算，按照批准的专项资金使用计划和内容组织实施；不得无故滞留、拖延资金拨付；不得擅自超预算调整工作任务，扩大开支范围。确需变更项目内容或调整预算的，应按程序报批。

第十四条 省级交通发展资金专款专用，不得挤占挪用。不得用于补充各级主管部门管理经费和工作经费。

第十五条 专项资金使用计划确定后，项目单位要及时组织项目实施，无特殊原因，3个月内仍未按要求启动实施项目的，省财政厅会同省交通运输厅将对所拨资金予以收回，按有关程序另行安排。

第十六条 省级交通发展资金，原则上要在当年全部下达拨付，无特殊原因，逾期未下达的，省财政参照结余结转资金有关规定办理。

第六章 监督管理

第十七条 任何单位和个人违反本办法规定，取消项目补助资格，并按照《财政违法行为处罚处分条例》（国务院令第427号）等法律法规的规定予以处理。

第十八条 按照政府信息公开的有关规定，各级交通运输部门要建立健全资金信息公开机制，不断细化公开内容，主动接受社会监督。

第十九条 按照《吉林省人民政府关于推进预算绩效管理的意见》（吉政发[2011]36号）和《吉林省预算绩效管理办法（试行）》（吉财预[2011]600号）有关规定，对省级交通发展资金实行绩效管理（具体办法另行制定）。

第七章 附则

第二十条 本办法由省财政厅和省交通运输厅负责解释。

第二十一条 本办法自发布之日起执行。此前有关规定与本办法不一致的，以本办法为准。项目资金涉及国家投资且国家有明确管理办法的，从其规定。

吉林省高速公路建设融资贴息资金管理暂行办法

吉财建[2015]881号

第一章 总 则

第一条 为进一步推进全省高速公路建设,规范新建高速公路项目省级贴息资金管理,提高财政资金使用效益,根据省政府办公厅《关于加快推进高速公路建设的意见》(吉政办发[2015]66号)等有关规定,制定本办法。

第二条 本办法所称高速公路建设项目,是指"十三五"期间新建、改扩建的国家和省级高速公路网项目。

第三条 本办法所称高速公路建设融资,是指"十三五"期间,吉高集团通过银行贷款方式筹集的国家级高速公路网项目建设资金,以及市县政府为落实省级高速公路网项目征地拆迁及资本金等使用的地方政府债券转贷资金。

第四条 本办法所称高速公路建设融资贴息资金(简称贴息资金),是指省级预算安排,专项用于高速公路建设项目融资的贴息资金。

第二章 贴息政策

第五条 贴息标准。使用银行贷款资金,省财政按贷款期限内人民银行公布的当期基准利率予以贴息;使用地方政府债券转贷资金,按债券当期发行利率予以贴息。

第六条 贴息期限。自2016年1月1日起,对符合本办法规定的高速公路建设项目,在运营期开始后,给予10年贴息。

第三章 贴息资金申报

第七条 每年10月30日前,申报单位按照规定提出下年度贴息资金申请。使用地方政府债券转贷资金的,由市县财政部门会同交通运输主管部门向省财政提出贴息资金申请;使用银行贷款资金的,由省交通运输厅向省财政提出贴息资金申请。

第八条 申请材料包括:申请文件、银行贷款合同、省财政拨付地方政府债券资金预算通知、省财政与市县财政签订的债券转贷协议等。

第四章 贴息资金拨付

第九条 省财政对贴息资金申请进行审核,将全年贴息资金列入下年度省级预算。

第十条 省人代会批准省级预算后,省财政一次性拨付贴息资金。对吉高集团的贴息资金,由省财政直接拨付至省交通运输厅,再由省交通运输厅拨付至吉高集团;对市县地方政府债券转贷贴息的资金,由省财政直接归还并告知相关市县财政部门。

第五章 监督管理

第十一条 省财政将委托评审机构对贴息资金的使用情况进行检查,对发现的问题及时处理。

第十二条 贴息资金必须专款专用。获得省级贴息资金的项目单位,要自觉接受和配合审计、监察等部门监督检查。对违反规定,骗取、截留、挪用贴息资金的,依照《财政违法行为处罚处分条例》(国务院令第427号)的规定进行处理。

第六章 附 则

第十三条 本办法由省财政厅负责解释。

第十四条 本办法自2016年1月1日起执行。

2016吉林财政年鉴

第七部分
CHAPTER7

吉林财政大事记

The Events Of Jilin Finance

吉林财政大事记

1月

5日 刘长龙厅长参加蒋超良省长主持长吉新区组建筹备工作座谈会。

6日 杨海廷副厅长参加全国安全生产电视电话会议;周仁杰总会计师参加研究正榆1亿只鸡项目建设有关工作专题会议;王振副厅长随同王化文副省长向蒋超良省长汇报企业退休人员养老金有关情况;王慧群副厅长参加财政部下派挂职干部对接会。

7日 刘长龙厅长、杨海廷副厅长、张宝政副巡视员向马俊清常务副省长汇报改革及调资有关情况;王振副厅长到财政部汇报工作。

8日 刘长龙厅长参加省委理论学习中心组2015年第1次集体学习会。

12日 刘长龙厅长上午参加省委2015年第1次常委会议,下午参加省政府2015年第1次常务会议;杨海廷副厅长参加机关事业单位养老制度改革和工资调整通气会;周仁杰总会计师参加国家对吉林省2014年度打击侵权假冒违法犯罪活动绩效现场考核会议。

13日 刘长龙厅长随同蒋超良省长到安图县就农村党建联系点和扶贫开发工作调研;王振副厅长参加研究国华集团返还、补发拖欠工资事宜专题会。

14日 王慧群副厅长参加创新重点领域投融资机制鼓励社会投资专题会议;孙玉刚副厅长参加吉林省司法体制改革扩大试点工作动员会议;张宝政副巡视员参加研究热电联产企业供采暖用热临时价格补贴有关问题专题会议。

16日 刘长龙厅长上午参加省政府2015年第2次常务会议,下午参加省委全委(扩大)会议。

17日 刘长龙厅长参加全省安全生产工作视频会议暨省安全生产委员会2015年第一次全体会议;王振副厅长参加全国资产管理工作座谈会;王慧群副厅长参加土地督察整改核实工作对接会议。

18日 张宝政副巡视员参加省珠协常务理事扩大会议。

19日 刘长龙厅长参加省政府十二届五次全体会议和研究东北亚国际金融投资集团股份有限公司组建专题会议;杨海廷副厅长上午参加吉林省青年科技奖表彰大会,下午参加吉林省招生委员会2015年第一次会议;王慧群副厅长参加研究长吉新区建设方案有关工作会议。

20日 刘长龙厅长上午参加省委全面深化改革领导小组第六次全体会议,下午参加省政府与人大代表座谈会和巴音朝鲁书记与北汽集团会见活动。

21日 刘长龙厅长上午参加省政府与政协委员及各民主党派、工商联负责人议政协商会，下午参加省委2015年第2次常委会议和省委老干部局工资政策座谈会；张宝政副巡视员参加省委老干部局工资政策座谈会。

26日 雒鹏飞主任、周仁杰总会计师参加吉林省农村工作会议；王振副厅长到财政部参加政府债务管理工作会议；王慧群副厅长参加全国财政经建工作会议。

27日 刘长龙厅长参加蒋超良省长与中发集团董事局主席戴浩会见活动；王振副厅长随同谷春立副省长到长春光机所调研；董靖华专员参加全省强化“两个责任”和落实党风廉政建设责任制检查。

28日 刘长龙厅长上午参加省纪委十届四次全体会议，下午参加全国财政反腐倡廉建设工作会议和研究财政组织收入有关工作专题会议；杨海廷副厅长参加全国财政反腐倡廉建设工作会议和研究财政组织收入有关专题工作会议；雒鹏飞主任、周仁杰总会计师、王振副厅长、孙玉刚副厅长、张宝政副巡视员参加全国财政反腐倡廉建设工作会议；董靖华专员上午参加省纪委十届四次全体会议，下午参加全国财政反腐倡廉建设工作会议。

29日 刘长龙厅长上午向马俊清副省长汇报省级预算安排情况，下午参加省委2015年第3次常委会议；杨海廷副厅长向马俊清副省长汇报省级预算安排情况；董靖华专员参加全省强化“两个责任”和落实党风廉政建设责任制检查。

30日 刘长龙厅长参加省政府2015年第3次常务会议和长吉产业创新发展示范区建设协调推进组第1次会议；周仁杰总会计师到财政部汇报工作；董靖华专员参加全省强化“两个责任”和落实党风廉政建设责任制检查；张宝政副巡视员参加全省信访工作会议。

2月

2日 杨海廷副厅长上午参加预决算报告预审会，下午参加研究高校迁建有关问题专题会议。

3日 刘长龙厅长参加研究公务用车改革有关工作会议。

4日 杨海廷副厅长参加拟任代表大会期间会议副秘书长和各组负责人会议；王慧群副厅长参加研究高校设立总会计师有关问题专题会。

5日 雒鹏飞主任向隋忠诚副省长汇报农发工作；王慧群副厅长参加贯彻落实对口支援西藏工作20周年电视电话会议精神工作会议。

6日 刘长龙厅长上午参加全省财政工作视频会议，下午参加研究省级领导干部待遇有关工作专题会议；杨海廷副厅长上午参加全省财政工作视频会议，下午参加全省“扫黄打非”工作电视电话会议；雒鹏飞主任、周仁杰总会计师参加全省财政工作视频会议；王振副厅长上午参加全省财政工作视频会议，下午参加研究森工集团、吉煤集团医院和消防队分离移交有关事项专题会议；董靖华专员参加全省财政工作视频会议；王慧群副厅长参加研究解决政府投资工程项目拖欠农民工工资有关问题专题会议；孙玉刚副厅长、张宝政副巡视员参加全省财政工作视频会议。

9日 刘长龙厅长上午参加省十二届人大第四次会议、国务院第三次廉政工作会议，下午参加《吉林省人民政府、中国银行股权有限公司战略合作协议》签署仪式活动；杨海廷副厅长参加省十二届人大第四次会议；周仁杰总会计师参加省政协十一届三次会议；董靖华专员参加落实“两个责任”和党风廉政建设责任制情况检查汇报会；张宝政副巡视员到长春市、吉林市对解决政府投资工程项目拖欠农民工工资问题相关工作落实情况开展实地督查。

10日 王振副厅长、王慧群副厅长参加省政协十一届三次会议。

11日 雒鹏飞主任到岔路河食品园区踏查农发项目；董靖华专员参加全省春节期间公款送礼、公款吃喝及滥发财物等突出问题集中突击检查工作。

15日 刘长龙厅长参加经济和生态文明体制改革专项小组第四次会议；王慧群副厅长参加国

家发改委召开的国家重大工程电视电话会议。

16日 刘长龙厅长参加吉林省各界2015年春节团拜会。

25日 刘长龙厅长上午参加全省推进新一轮振兴发展落实年动员大会,下午参加省政府2015年第4次常务会议。

26日 刘长龙厅长上午参加省委理论学习中心组2015年第2次集体学习,下午参加省委全面深化改革领导小组第七次全体会议和吉林省政府系统第三次廉政工作视频会谈。

27日 杨海廷副厅长参加研究高校设立总会计师有关问题会议;王振副厅长参加省人社厅向王化文副省长汇报有关事宜专题会议。

28日 周仁杰总会计师参加部署对各市(州)政府开展2014年度实行最严格水资源管理制度考核工作专题会议;王振副厅长、张宝政副巡视员参加省人社厅向王化文副省长汇报工资及养老等有关事宜专题会议。

3月

2日 董靖华专员参加全省纪检监察机关查办案件工作会议。

3日 王振副厅长参加首台套重大技术装备保险补偿机制试点工作电视电话会议。

4日 刘长龙厅长陪同巴音朝鲁书记、蒋超良省长参加与国家开发银行董事长、行长会见活动。

5日 张宝政副厅长参加国家开发银行棚户区改造贷款座谈会。

6日 刘长龙厅长陪同蒋超良省长拜会中国人民银行周小川行长;杨海廷副厅长参加落实国家审计署土地专项审计整改工作会议。

9日 杨海廷副厅长参加盘活财政存量资金加快预算支出进度工作视频会议;雒鹏飞主任到财政部农发办汇报工作;王振副厅长参加省遥感卫星及应用产业发展推进组专题会议。

11日 杨海廷副厅长参加全省经济运行分析会;雒鹏飞主任向隋忠诚副省长汇报农发工作。

12日 刘长龙厅长随同巴音朝鲁书记、蒋超良省长到北京市参加省政府与中国民生投资股份有限公司政企战略合作协议签署仪式;周仁杰总会计师参加2015年全省春季森林草原防火和造林绿化工作视频会议;王慧群副厅长到财政部汇报工作。

13日 雒鹏飞主任陪同隋忠诚副省长到永吉县调研。

16日 刘长龙厅长参加传达全国两会精神会议;王慧群副厅长参加长吉产业创新发展示范区专题会议。

17日 刘长龙厅长、杨海廷副厅长上午参加听取省财政厅有关情况汇报专题会议,下午参加省政府党组会议;周仁杰总会计师参加全国国有林场和国有林区改革工作电视电话会议;王振副厅长参加听取省财政厅有关情况汇报专题会议;张宝政副厅长参加省直机关老同志咨询津补贴有关问题座谈会。

18日 刘长龙厅长上午参加省委2015年第5次常委会议,下午参加省政府2015年第5次常务会议。

19日 刘长龙厅长、杨海廷副厅长、雒鹏飞主任、周仁杰总会计师、王振副厅长、董靖华专员、王慧群副厅长、张宝政副厅长、孙玉刚巡视员参加厅领导班子述职大会;孙玉刚巡视员参加省司法体制改革试点工作专题协调会。

20日 雒鹏飞主任、董靖华专员、张宝政副厅长、孙玉刚巡视员参加"长白山论坛·学习习近平总书记系列重要讲话精神"专题报告会;周仁杰总会计师在河南省漯河市参加全国春季农业生产暨森林草原防火工作会议。

23日 刘长龙厅长、杨海廷副厅长参加全省经济运行分析会。

24日 刘长龙厅长上午参加长吉产业创新发展示范区建设协调推进组会议,下午参加工业经济运行分析座谈会。

25日 刘长龙厅长到财政部汇报工作;王振副厅长参加国家发改委经济形势调研座谈会;董靖华专员参加关于开展落实中央八项规定精神纠正"四风"情况督查调研座谈会。

26日 周仁杰总会计师上午参加研究养老产

业基金有关事宜会议，下午参加研究气象现代化工作会。

27日 杨海廷副厅长随同巴音朝鲁书记到公主岭市、梅河口市调研；张宝政副厅长参加省直住房公积金常委会2015年全体会议。

30日 刘长龙厅长参加研究支持当前经济发展的相关措施工作会议；雒鹏飞主任到云南省昆明市参加全国农发办主任业务培训班；周仁杰总会计师到北京市参加东北及内蒙古重点国有林区全面停止天然林商业性采伐部署工作会议。

31日 刘长龙厅长参加省委2015年第6次常委会议；张宝政副厅长参加经济和生态文明体制改革领导小组牵头单位负责人会议。

4月

1日 张宝政副厅长参加党的建设制度改革领导小组牵头单位负责人会议。

2日 周仁杰总会计师参加第十届中国—东北亚博览会执委会第一次会议暨长春新闻发布会、贯彻落实深化供销合作社综合改革决定电视电话会议；王慧群副厅长参加吉林省大气、重点流域与重金属污染防治规划2014年度实施情况汇报会。

3日 刘长龙厅长、杨海廷副厅长、周仁杰总会计师、董靖华专员、王慧群副厅长、张宝政副厅长参加传达中央有关文件精神会议；孙玉刚巡视员参加全省进一步推进户籍制度改革工作视频会议。

7日 刘长龙厅长随同蒋超良省长到一汽集团调研；周仁杰总会计师到公主岭市参加全省农村土地承包经营权确权登记颁证经验交流现场会；王振副厅长参加关于精准调控稳定经济增长相关问题部分省直部门座谈会；王慧群副厅长参加吉林省2015年全国劳动模范和先进工作者推荐评选工作领导小组全体会议。

8日 刘长龙厅长上午参加省政府2015年第6次常务会议，下午参加省委全面深化改革领导小组第8次全体会议；董靖华专员到北京市参加新任省级纪委派驻纪检组长培训班。

9日 周仁杰总会计师参加研究大成集团发展重组债务有关工作会议；王慧群副厅长到北京市参加全国财政学会换届暨财政科研工作会议。

10日 刘长龙厅长上午参加东北三省经济形势座谈会，下午参加省委全委扩大会议。

13日 刘长龙厅长参加落实李克强总理在东北三省经济形势座谈会上讲话精神专题汇报会；周仁杰总会计师参加研究国有林区改革调研有关工作会议；张宝政副厅长参加同级审计见面会。

14日 刘长龙厅长参加全国涉农资金专项整治行动电视电话会议；杨海廷副厅长参加部署2015年争取国家对吉林省转移支付工作会议；周仁杰总会计师参加全国涉农资金专项整治行动电视电话会议；王慧群副厅长参加研究龙嘉机场二期建设现场办公会；张宝政副厅长到延边州接待重庆专员办领导。

15日 刘长龙厅长、杨海廷副厅长参加第一季度经济运行分析会；周仁杰总会计师到内蒙古自治区通辽市参加东北四省区节水增粮行动工程技术及管理培训班；王慧群副厅长参加清理规范税收优惠政策后续工作布置会。

17日 刘长龙厅长上午参加省政府2015年第7次常务会议、省安全生产委员会2015年第二次会议，下午随同蒋超良省长到长春光机所调研；孙玉刚巡视员参加研究办公用房、“三公”经费等事项工作会议。

18日 杨海廷副厅长参加全国人大常委会职业教育法执法检查座谈会。

20日 刘长龙厅长上午参加研究省煤业集团生产经营及转型发展有关问题专题会议，下午参加省委2015年第8次常委会议；雒鹏飞主任接待亚行项目检查团；周仁杰总会计师到福建省厦门市参加全国财政支农政策培训班。

21日 刘长龙厅长参加研究大成集团脱困重组有关问题专题会议；王振副厅长参加研究利用博奥生物集团研究成果开展遗传性耳聋基因筛查有关问题会议。

22日 刘长龙厅长上午参加推进全省投资和

重大项目建设专题会议,下午参加部分省直部门党委(党组)落实党风廉政建设主体责任座谈会、会见国家开发银行董事长胡怀邦及住建部部长陈政高活动;王振副厅长到福建省厦门市参加全国财政社保工作会议;董靖华专员参加部分省直部门党委(党组)落实党风廉政建设主体责任座谈会。

23日 刘长龙厅长参加省委理论学习中心组2015年第3次集体(扩大)学习会。

24日 刘长龙厅长参加全省涉农资金专项整治行动视频会议;杨海廷副厅长参加研究高校人事代理有关问题会议、研究化解延边大学债务有关问题会议;周仁杰总会计师参加全省涉农资金专项整治行动视频会议。

27日 刘长龙厅长随同蒋超良省长到白山市、通化市调研;杨海廷副厅长参加全省医药健康产业推进组工作会议;周仁杰总会计师参加引领吉林省企业依托管理创新全面提升竞争力调研座谈会;董靖华专员参加全省强化监督执纪问责深入纠正"四风"工作会议;王慧群副厅长参加以"四个全面"战略布局为统领深化习近平总书记系列重要讲话精神学习培训示范班;张宝政副厅长参加研究关于支持长吉产业创新发展示范区建设若干意见和长东北新区总体方案专题会议。

28日 杨海廷副厅长参加省文化体制改革和文化产业发展工作领导小组办公室2015年工作部署会议;王振副厅长参加研究大成集团生产启动和资产重组有关问题专题会议。

29日 王振副厅长参加国务院医改领导小组2015年深化医药卫生体制改革工作电视电话会议;董靖华专员参加省政府组成部门案件工作汇报调度会;王慧群副厅长上午参加全省城市规划建设工作座谈会,下午参加以"四个全面"战略布局为统领深化习近平总书记系列重要讲话精神学习培训示范班;张宝政副厅长参加财政预算安排奖励经费使用情况专项检查工作方案研究会议。

30日 张宝政副厅长参加"十三五"规划编制领导小组成员单位会议。

5月

4日 周仁杰总会计师参加研究粮食直补资金使用有关工作专题会。

5日 刘长龙厅长参加省委2015年第10次常委会议;王振副厅长到长客股份公司调研;张宝政副厅长到财政部监督局汇报工作。

6日 刘长龙厅长上午参加财税体制改革调研座谈会,下午参加1510接待任务座谈会;杨海廷副厅长参加财税体制改革调研座谈会;王振副厅长参加研究机关事业单位养老保险有关问题会议;张宝政副厅长到江苏省镇江市参加全国财政监督工作会议。

7日 杨海廷副厅长参加2015年全国普通高校招生考试安全工作视频会议;王振副厅长参加研究2015年医改重点工作安排专题会;王慧群副厅长参加地下综合管廊建设试点省座谈会。

8日 刘长龙厅长参加省政府2015年第8次常务会议;杨海廷副厅长参加省政府发行2015年地方债券及调整预算方案初审会;王振副厅长参加研究大成集团生产启动和基金重组专题会;王慧群副厅长参加地下管廊建设试点省专题研究会。

11日 刘长龙厅长上午参加全省"三严三实"专题党课暨动员部署会议,下午参加财税收入调度会;杨海廷副厅长、雒鹏飞主任、周仁杰总会计师、王振副厅长、董靖华专员、王慧群副厅长、张宝政副厅长参加全省"三严三实"专题党课暨动员部署会议。

12日 刘长龙厅长参加全国推进简政放权、放管结合、职能转变工作电视电话会议;王慧群副厅长参加国务院2014年度节能目标责任评价考核组与省政府交换意见会议;张宝政副厅长参加省委保密委员会全体(扩大)会议和全省保密工作会议。

13日 刘长龙厅长参加研究支持医药健康产业发展相关措施专题会;杨海廷副厅长上午参加全省组织收入工作会议,下午参加贯彻落实全国推进简政放权、放管结合、职能转变工作电视电话会议精神调度会;周仁杰总会计师参加东北虎、豹保护工作座谈会。

15日　刘长龙厅长参加省委2015年第11次常委会议；王振副厅长参加全省国有企业分离办社会职能试点工作会议。

18日　杨海廷副厅长到内蒙古自治区呼和浩特市参加全国国库工作会议；周仁杰总会计师参加全省玉米深加工企业座谈会。

19日　刘长龙厅长上午参加省政府党组“三严三实”专题党课暨专题教育动员部署会议，下午参加全省经济运行调度分析会；雒鹏飞主任接待云南省财政厅农发项目考察组；王振副厅长参加全国就业创业工作电视电话会议；张宝政副厅长到湖南省长沙市参加全国财政综合工作会议。

20日　刘长龙厅长上午参加推进简政放权、放管结合、职能转变工作专题会议，下午到财政部协调地方政府债券发行有关问题；王振副厅长上午参加研究通钢集团稳增长专题会议，下午到财政部协调地方政府债券发行有关问题。

21日　王慧群副厅长参加《关于加强和改进新形势下民族工作的实施意见》征求意见会议。

22日　刘长龙厅长参加研究公车改革有关工作专题会议。

25日　刘长龙厅长上午参加省十二届人大常委会第十七次会议，下午参加研究公务用车制度改革有关问题专题会议；王振副厅长参加研究解决吉煤经营困难、森工集团停伐、鑫达钢铁停产复工有关工作会议；王慧群副厅长参加研究工业企业用电政策精准调控专题会议。

26日　刘长龙厅长上午参加省财政厅“三严三实”专题党课暨专题教育动员部署会，下午参加省委全面深化改革领导小组第九次全体会议；杨海廷副厅长到延吉市陪同财政部综合司督查综合实训基地建设整改情况；雒鹏飞主任、周仁杰总会计师、王振副厅长、董靖华专员、王慧群副厅长、张宝政副厅长参加省财政厅“三严三实”专题党课暨专题教育动员部署会。

27日　刘长龙厅长、王慧群副厅长参加研究《支持长吉产业创新发展示范区建设的若干意见》专题会议。

28日　王慧群副厅长到财政部汇报工作；张宝政副厅长参加廉政教育专题讲座。

29日　杨海廷副厅长参加省政府推进职能转变协调小组各专题组、功能组协调会；周仁杰总会计师参加研究长春农博会筹备有关事宜专题会；王振副厅长到财政部汇报工作；董靖华专员、张宝政副厅长参加集中开展纠正“四风”系列行动工作进展情况汇报会。

6月

1日　杨海廷副厅长参加研究彩票资金审计整改工作会议；周仁杰总会计师参加全国政协委员视察团关于小型农田水利建设情况座谈会；王振副厅长参加研究机关事业单位养老改革事宜专题会、吉林省贯彻国务院23号文件具体实施意见专题会；张宝政副厅长参加全省贯彻落实国务院重大政策情况重点督查工作视频会议。

2日　刘长龙副厅长上午参加省政府2015年第9次常务会议，下午参加经济运行调度分析会；雒鹏飞主任到长岭县、乾安县调研农发工作。

3日　刘长龙厅长参加省委2015年常委议军会议、省委2015年第12次常委会议；周仁杰总会计师参加省防汛抗旱指挥部2015年第一次全体会议暨全省防汛抗旱工作视频会议；王振副厅长参加“两校五所”成果转化基金进展情况调度会。

4日　刘长龙厅长随同巴音朝鲁书记、蒋超良省长参加全省重大项目推进工作巡检活动。

8日　刘长龙厅长上午参加吉林省民族工作会议暨第六次民族团结进步表彰大会，下午随同巴音朝鲁书记、蒋超良省长参加全省重大项目推进工作巡检活动；王慧群副厅长参加全省城市地下综合管廊建设座谈会。

9日　王振副厅长参加“两所五校”成果转化基金进展情况调度会。

10日　刘长龙厅长参加国务院第八督查组反馈会议；杨海廷副厅长到财政部汇报工作。

15日　王振副厅长参加解决工业稳增长、促发展存在问题专题会议。

16日 雒鹏飞主任参加农发工作廉政风险防控落实情况座谈会;周仁杰总会计师接待国家涉农资金整治督导组。

17日 刘长龙厅长到省地税局调研。

18日 刘长龙厅长参加1~5月份经济运行分析调度会;王慧群副厅长参加全省推进城市地下综合管廊建设专题会。

19日 刘长龙厅长、王振副厅长参加研究经济下行情况下吉林省民生有关问题专题会议。

23日 雒鹏飞主任接待世行项目检查团。

24日 周仁杰总会计师接待全国工商联"一会一活动"代表;王振副厅长参加部署全省中东呼吸综合征疫情联防联控工作会议。

25日 王振副厅长参加落实加快高速宽带网络建设推进网络提速降费工作专题会议。

26日 刘长龙厅长参加研究全省城市地下综合管廊建设专题会议。

29日 雒鹏飞主任向隋忠诚副省长汇报工作;张宝政副厅长到北京市参加财政系统内部控制工作培训班。

30日 刘长龙厅长上午参加省人大预算法培训班开班仪式,下午参加全省上半年主要经济数据预测专题会议;杨海廷副厅长参加财政部地方政府债券亚行支援项目研究报告专家评审会;周仁杰总会计师参加研究玉米临储政策有关工作会议。

7月

1日 杨海廷副厅长参加省政府推进职能转变协调小组第一次全体会议;周仁杰总会计师参加研究玉米临储政策有关工作会议;张宝政副厅长参加财政系统内部控制工作培训班。

2日 王慧群副厅长参加地下综合管廊融资座谈会。

6日 周仁杰总会计师接待财政部农研会会长、秘书长及专题调研组。

7日 刘长龙厅长参加中共吉林省委理论学习中心组2015年第7次集体(扩大)学习会暨深入学习贯彻中央统战工作会议精神专题报告会。

8日 刘长龙厅长陪同省领导会见首都机场集团总经理刘雪松一行。

9日 刘长龙厅长参加省政府2015年第10次常务会议;周仁杰总会计师到内蒙古自治区锡林浩特市参加财政部草原奖补工作会;董靖华专员参加部分派驻机构负责人座谈会;王慧群副厅长参加渔业油价补贴政策调整视频会议。

10日 刘长龙厅长上午参加落实全国优秀县委书记表彰会议精神,推动县域加快发展工作会议,下午参加研究东博会接待标准关问题会议。

13日 刘长龙厅长参加省委全面深化改革领导小组第十次全体会议。

14日 刘长龙厅长上午参加研究落实省委推动县域加快发展会议精神及扶贫攻坚工作专题会议,下午参加研究上半年经济运行情况专题会议;杨海廷副厅长参加研究上半年经济运行情况专题会议;王慧群副厅长参加研究《国家支持东北老工业基地重大措施征求意见稿》专题会议。

15日 刘龙厅长上午参加省政府2015年第11次常务会议,下午参加加强财政预算监管工作座谈会;杨海廷副厅长参加加强财政预算监管工作座谈会;王慧群副厅长参加国家2014年度碳排放目标责任考核省政府汇报会、研究松原灌区工程等水利工程建设问题专题会议;张宝政副厅长参加经济体制和生态文明体制专项改革领导小组会议。

16日 王慧群副厅长参加国家2014年度碳排放目标责任考核组与省政府交换意见会议;张宝政副厅长到辽源市出席全省第二十四届珠心算比赛。

20日 刘长龙厅长到北京市参加《全国城市综合管廊建设试点省合作框架协议》签署仪式;周仁杰总会计师到北京市参加财政部、中国会计报社"互联网+会计"研讨会;董靖华专员参加全省纪检监察机关纪律审查工作交流会议。

21日 刘长龙厅长参加省委常委扩大会议。

22日 刘长龙厅长参加省政府2015年第12次常务会议和省安全生产委员会2015年第3次会义;周仁杰总会计师参加国务院参事调研座谈

会；王慧群副厅长到江西省南昌市参加全国财政经建工作会议。

23日 刘长龙厅长参加老工业基地振兴重大项目推进组(省直)调度会；杨海廷副厅长参加省十二届人大财经委财政决算报告预审会和2015上半年经济形势分析会；周仁杰总会计师参加中央农村工作小组研究粮食收储政策座谈会。

24日 刘长龙厅长上午参加省政府十二届六次全体会议，下午参加省委2015年第15次常委会议；周仁杰总会计师参加中央农村工作小组调研农业农村工作座谈会；王慧群副厅长参加研究领导干部报告个人有关事项会议。

27日 刘长龙厅长参加研究省直机关所属企业解除劳动关系人员上访问题会议。

28日 杨海廷副厅长参加省十二届人大常委会第十八次会议第一次全体会议；王振副厅长上午参加7月份工业生产运行调度会，下午参加吉林省双拥工作领导小组会议。

29日 刘长龙厅长参加省十二届人大常委会第十八次会议第二次全体会议、全国财政工作视频会议；杨海廷副厅长、雒鹏飞主任、周仁杰总会计师、王振副厅长、王慧群副厅长参加全国财政工作视频会议；董靖华专员参加省直派驻机构纪律审查业务培训班；张宝政副厅长参加吉林省“十三五”规划建议起草工作领导小组第一次会议。

30日 刘长龙厅长上午参加1～7月份经济运行调度分析会，下午参加省政府领导与人大代表座谈会；杨海廷副厅长参加省十二届人大常委会第十八次会议第三次全体会议；王振副厅长参加吉林省中试中心建设汇报会。

31日 刘长龙厅长参加省政府领导与政协委员及省级各民主党派、工商联负责人议政协商会议；周仁杰总会计师参加财政支持农业信贷担保体系建设工作电视电话会议；王振副厅长参加玉米秸秆膨化机及膨化饲料推广应用专题会；张宝政副厅长向财政部调研组汇报吉林省财税体制改革进展情况及农业可持续发展情况。

8月

3日 杨海廷副厅长参加推进政府职能转变协调小组第一次调度会；张宝政副厅长陪同财政部调研组到吉林市和长春市九台区调研。

4日 刘长龙厅长参加关于深入贯彻落实习近平总书记重要讲话精神加快吉林老工业基地振兴发展决定起草情况专题会议；周仁杰总会计师参加研究支持人工增雨新型智能化火箭装备资金有关工作会议；王振副厅长参加全省装备制造和国际产能合作重点项目推进工作动员会。

5日 刘长龙厅长上午参加省政府2015年第13次常务会议，下午参加研究落实国务院关于发行专项建设债券支持重点领域项目建设等问题会议；王慧群副厅长参加研究落实国务院关于发行专项建设债券支持重点领域项目建设等问题会议；张宝政副厅长参加全省司法体制改革试点工作推进会议。

6日 王振副厅长参加省国企负责人薪酬制度改革工作领导小组会议。

7日 刘长龙厅长参加全省投资和重大项目建设第二次调度推进专题会议；张宝政副厅长参加司法体制改革工作座谈会。

10日 刘长龙厅长参加省委2015年第16次常委会议。

12日 刘长龙厅长参加研究通钢集团生产经营有关工作会议；王振副厅长参加2015年省残工委全体会议；张宝政副厅长参加部署全省县以下机关建立职务与职级并行制度、乡镇机关事业单位工作人员实行乡镇工作补贴工作视频会议。

13日 雒鹏飞主任陪同国家审计署同志到吉林市、永吉县调研农发项目；王振副厅长参加研究县级公立医院综合改革配套政策专题会；董靖华专员到四平市调研。

14日 王慧群副厅长参加全省地下综合管廊建设调度会。

15日 刘长龙厅长参加《正义审判：一二战后国际军事法庭审判战犯纪实》展览开幕式。

17日 刘长龙厅长参加研究光刻机项目产业化问题专题会议；王振副厅长参加全省推进居家

养老服务社会化工作座谈会;王慧群副厅长参加全省安全生产工作紧急视频会议;张宝政副厅长参加全省法院院长座谈会。

18日 刘长龙厅长参加省委2015年第17次常委会议;雒鹏飞主任接待国家农发办主任调研组;王振副厅长上午参加全国行业协会商会与行政机关脱钩电视电话会议,下午参加落实稳增长促改革调结构惠民生防风险审计问题整改工作专题会;张宝政副厅长参加全国青少年毒品预防教育工作视频会议。

19日 刘长龙厅长、王慧群副厅长参加研究交通融资工作专题会;杨海廷副厅长参加高校长白山学者评审工作会议;王振副厅长参加全省2015年警地联合卫生应急演练观摩活动;张宝政副厅长参加省人大常委会听取省政府有关部门民族工作情况汇报会。

20日 刘长龙厅长参加吉林省委十届五次全体会议;周仁杰总会计师参加省人大检查组听取有关部门贯彻实施《农民专业合作社法》情况汇报会。

21日 刘长龙厅长参加省委统战工作会议第一次全体会;张宝政副厅长参加省委统战工作会议。

24日 张宝政副厅长参加实施质量强省战略联席会议第三次全体会议。

25日 张宝政副厅长参加有关司法体制改革试点工作协调会。

26日 刘长龙厅长参加省政府2015年第14次常务会议;王振副厅长参加医改专题会议;王慧群副厅长参加研究生态保护红线划定专题会议;张宝政副厅长陪同中珠协领导到延边、四平、长春地区调研。

28日 刘长龙厅长参加省委全面深化改革领导小组第十一次全体会议;王振副厅长参加推进吉林省农村金融改革试验区建设有关工作专题会议。

9月

1日 刘长龙厅长参加2016年省级预算编制工作会议;杨海廷副厅长上午参加2016年省级预算编制工作会议,下午参加省委、省政府代表团赴西藏有关事宜专题会议;王振副厅长参加财政部政府和社会资金合作(PPP)示范项目督导会议;王慧群副厅长参加研究地下综合管廊融资贷款有关事宜专题会议;张宝政副厅长参加省司法体制改革试点工作领导小组2015年第5次会议。

2日 刘长龙厅长参加1~8月份经济运行分析调度会;杨海廷副厅长参加研究“四张清单一张网”有关工作专题会议。

6日 周仁杰总会计师参加全省新农村建设现场会议;王振副厅长随同马俊清副省长到一汽调研。

8日 刘长龙厅长到中央党校学习;杨海廷副厅长陪同省领导到西藏地区考察慰问;王慧群副厅长参加落实“一个意见、三个办法”部署会暨2015年人才工作重点任务调度会议;张宝政副厅长参加研究审计署关于存量资金未盘活问题专题会议。

9日 周仁杰总会计师参加吉林省蔬菜价格异常波动有关情况专题会议。

14日 周仁杰总会计师参加省十二届人大常委会第二十次会议第一次全体会议和第二次全体会议。

15日 杨海廷副厅长参加省十二届人大常委会第二十次会议第三次全体会议;周仁杰总会计师上午参加全省秋季森林防火工作视频会议,下午参加研究对朝援助工作会议;董靖华专员参加对《中国共产党廉洁自律准则》和《中国共产党纪律条例》征求意见专题会议;王慧群副厅长参加全省城市地下综合管廊建设工作有关问题专题会议。

16日 杨海廷副厅长参加省十二届人大常委会第二十次会议第四次全体会议;周仁杰总会计师参加国有林场林区改革工作有关问题专题会议;王慧群副厅长参加全国人大常委会民族区域自治法执法检查组听取吉林省情况汇报会。

17日 周仁杰总会计师参加美国白蛾防控进展情况专题会议;张宝政副厅长到辽源地区督查

保障性安居工程建设进展情况。

18日 杨海廷副厅长参加省政府2015年第15次常务会议和松花江流域综合治理工程规划专题会议；雒鹏飞主任参加全省财政系统学习贯彻新预算法视频专题讲座；周仁杰总会计师参加吉林省会计领军人才培养工程企业类四期开学典礼；王振副厅长、董靖华专员、王慧群副厅长、张宝政副厅长参加全省财政系统学习贯彻新预算法视频专题讲座。

21日 周仁杰总会计师参加全国政协教科文卫体委来吉林省调研座谈会；王慧群副厅长参加工业企业用电量相关情况专题会议；张宝政副厅长到吉林地区督查保障性安居工程建设进展情况。

22日 杨海廷副厅长参加巴音朝鲁书记、蒋超良省长与中航工业集团董事长林左鸣会见活动；雒鹏飞主任到财政部农发办汇报工作；王振副厅长参加全省国资国企改革工作有关问题专题会议；王慧群副厅长参加调度工业用电会议精神落实情况专题会。

23日 杨海廷副厅长参加“职业教育发展”座谈会；王慧群副厅长参加市属监狱上划有关问题专题会议。

24日 刘长龙厅长到长春市政府与长春市领导磋商财政收入有关事宜；杨海廷副厅长上午参加研究安排明年全省经济工作专题会议，下午参加省委全面深化改革领导小组第12次会议，会后到长春市政府与长春市领导磋商财政收入有关事宜；张宝政副厅长参加省政协十一届十一次常委会议。

25日 杨海廷副厅长参加调度9月份及第三季度经济运行情况专题会。

28日 杨海廷副厅长参加分析前三季度经济运行情况研究部署下一步稳增长工作专题会议和研究“十三五”交通筹融资机制改革有关问题专题会议。

29日 雒鹏飞主任参加“十三五”农业科研项目规划专家评审会；王慧群副厅长参加吉林省公益诉讼工作启动仪式；张宝政副厅长参加吉林省全面推开县级公立医院综合改革工作电视电话会议。

30日 王振副厅长参加大成集团脱困重组问题专题会议；张宝政副厅长参加“吉林省暨长春市向烈士敬献花篮仪式”。

10月

8日 周仁杰总会计师参加研究粮食收储工作专题会议；王振副厅长参加研究残疾人两项补贴政策有关工作专题会议。

9日 董靖华专员参加中组部井冈山干部学院新任厅局级干部党性教育专题培训班；张宝政副厅长参加市属监狱上划省管有关问题专题会议。

10日 王振副厅长参加帮助长光公司解决问题专题会议；张宝政副厅长上午参加全国棚户区改造工作电视电话会议，下午参加吉林省军区工程建设项目和房地产资源管理专项整治军地协调议会。

12日 周仁杰总会计师上午参加省人大常委会视察全省新农村建设情况视察组会议，下午参加研究明年人工增雨有关工作专题会。

13日 周仁杰总会计师参加玉米深加工行业补贴专题会议。

14日 杨海廷副厅长陪同财政部刘昆副部长一行在长春市、吉林市调研；王振副厅长参加民政部社会救助治理专项督查反馈会；王慧群副厅长陪同财政部刘昆副部长一行在长春市、吉林市调研。

15日 王振副厅长参加省委全面深化改革领导小组第十三次全体会议；张宝政副厅长参加省委2015年第22次常委会议。

16日 周仁杰总会计师参加争取国家支持吉林省开发开放相关重点事项专题会议；张宝政副厅长参加全省棚户区改造工作视频会议。

19日 杨海廷副厅长参加省政府2015年第16次常务会议、省“十三五”规划建议起草工作领导小组第二次会议；王振副厅长参加残疾人两项补贴有关工作专题会。

21日 杨海廷副厅长参加省委全面深化改革领导小组第14次全体会议;雒鹏飞主任到吉林市昌邑区调研农发工作;周仁杰总会计师参加研究国有林区、国有林场改革有关工作会议。

22日 王慧群副厅长参加民生实事落实情况座谈会;张宝政副厅长参加省委党的群团工作会议。

23日 周仁杰总会计师到吉林地区开展专题调研;王振副厅长到四平地区开展专题调研;张宝政副厅长参加深化平安吉林建设工作会议。

26日 杨海廷副厅长到通化地区开展专题调研;雒鹏飞主任到松原地区、白城地区开展专题调研;周仁杰总会计师到延边地区开展专题调研;王慧群副厅长到白山地区开展专题调研;张宝政副厅长到长春地区开展专题调研。

29日 周仁杰总会计师到湖南省长沙市参加财政扶贫开发专题座谈会。

30日 杨海廷副厅长上午参加“十三五”全省交通运输发展有关问题专题会议,下午参加传达党的十八届五中全会精神会议;张宝政副厅长参加全省冬春火灾防控暨社会福利机构消防安全专项治理动员部署视频会议。

11月

2日 刘长龙厅长在中央党校学习;杨海廷副厅长上午参加省政府2015年第18次常务会议,下午参加10月份经济运行调度分析会。

3日 杨海廷副厅长参加省政府推进职能转变协调小组第3次调度会议;周仁杰总会计师参加国有林区、国有林场改革有关工作会议;王慧群副厅长参加研究调度老工业基地振兴重点项目建设情况专题会议。

4日 杨海廷副厅长参加省委2015年第23次常委会议;王振副厅长到财政部汇报工作;王慧群副厅长参加综合性审计整改专题会议;张宝政副厅长参加听取人才工作“一个意见、三个办法”任务推进落实情况汇报会。

5日 杨海廷副厅长参加省委全面深化改革领导小组第15次会议。

6日 杨海廷副厅长、王慧群副厅长参加城市公交车成品油价格补贴政策调整加快新能源汽车推广应用视频会;周仁杰总会计师参加东北地区秋粮收储工作座谈会。

9日 王振副厅长上午参加研究养老保险资金有关问题专题会议,下午参加省深化医药卫生体制改革领导小组专题会议;王慧群副厅长参加全省交通运输重大项目调度会;张宝政副厅长参加省人大财经委会议。

10日 雒鹏飞主任、王振副厅长、张宝政副厅长参加中央宣讲团党的十八届五中全会精神报告会。

12日 杨海廷副厅长参加全省投资和重大项目建设第三次调度推进专题会议。

13日 周仁杰总会计师参加水利资金审计问题整改和推进全省水利工程建设约谈会议。

16日 王振副厅长参加“东盟案件”善后处置专题协调会议;张宝政副厅长参加研究供热企业环保补贴工作会议。

17日 张宝政副厅长参加2015年第6次司法体制改革试点工作领导小组会议。

18日 杨海廷副厅长参加省十二届人大常委会第二十一次会议第二次全体会议;王振副厅长参加研究残疾人两项补贴落实有关工作专题会;张宝政副厅长参加2015年度各市(州)长白山开发区及扩权强县试点市党(工)委书记抓基层党建工作述职评议会议。

19日 杨海廷副厅长参加第二次全国教育信息化工作电视电话会议;周仁杰总会计师参加省人大社会主义新农村建设专题询问会议;王振副厅长参加研究卫星发展和长光公司贷款贴息等事宜专题会。

20日 杨海廷副厅长参加省委2015年第26次常委会议;董靖华专员参加《中国共产党巡视工作条例》专题辅导会。

24日 杨海廷副厅长参加省委十届六次全体会议;刘晓峰副巡视员到财政部参加地方预算管理座谈会。

25日 杨海廷副厅长参加省委十届六次全体

会议；周仁杰总会计师参加研究飞鹤乳业奶山羊项目建设专题会。

26日 张宝政副厅长到财政部汇报工作；张志林副巡视员上午参加国务院质量工作考核汇报会，下午参加“一带一路”境外安全保障会议。

27日 王慧群副厅长上午参加研究秸秆综合利用相关政策落实工作会议，下午参加农林水、水污染防治及保障性安居工程资金使用情况审计见面会。

30日 杨海廷副厅长参加11月份经济指标预计完成情况调度会；张宝政副厅长参加棚户区改造国开行二期贷款协调会。

12月

1日 杨海廷副厅长参加党员领导干部会议；周仁杰总会计师参加全国异地扶贫搬迁工作电视电话会议；张宝政副厅长参加棚户区改造二期专项贷款工作推进会。

2日 周仁杰总会计师参加研究全省扶贫开发工作有关问题会议；王振副厅长在北京市参加国家中小企业发展基金工作会议；董靖华专员参加《中国共产党廉洁自律准则》和《中国共产党纪律处分条例》第一期专题培训班。

3日 杨海廷副厅长参加省政府2015年第19次常务会议；王振副厅长在北京市参加国家中小企业发展基金工作会议。

4日 杨海廷副厅长参加省委全面深化改革领导小组第十六次全体会议；周仁杰总会计师参加研究提高农村金融服务水平工作会议；王振副厅长上午参加研究通钢集团有关工作专题会，下午参加全省机关事业单位养老保险制度改革工作视频会议。

7日 杨海廷副厅长参加全省对口支援工作暨援藏援疆工作领导小组会议；周仁杰总会计师参加全民推进脱贫攻坚实施意见协调会；张宝政副厅长参加社会体制改革专项小组会议。

8日 王振副厅长参加国务院农民工工作督查汇报会；张宝政副厅长参加国家禁毒委员会督导检查组汇报会；刘晓峰副巡视员参加省深化医药卫生体制改革领导小组专题会议。

9日 王振副厅长参加吉林省反假货币工作联席会议；王慧群副厅长参加研究创新驱动工作专题会。

10日 杨海廷副厅长参加省政府2015年第20次常务会议；雒鹏飞主任参加农业综合开发业务培训班；周仁杰总会计师参加脱贫攻坚实施意见协调会；王振副厅长参加国务院农民工工作督查交换意见会；周仁杰总会计师、王振副厅长、董靖华专员、张宝政副厅长在省廉政教育基地参观学习。

11日 王振副厅长上午参加听取人社厅有关工作汇报专题会，下午参加研究吉德集团组建工作会议。

14日 杨海廷副厅长上午参加11月份经济运行调度分析会，下午参加研究乡村教师支持计划专题会；周仁杰总会计师参加全国农垦改革发展电视电话会议。

15日 杨海廷副厅长参加省委2015年第29次常委会议；雒鹏飞主任到山东省烟台市参加全国农发办主任座谈会；张宝政副厅长参加全省精神文明建设工作暨精神文明建设先进集体表彰大会。

16日 杨海廷副厅长参加吉林省扶贫开发工作会议；周仁杰总会计师参加全国扶贫开发金融服务工作电视电话会议；王振副厅长参加省深化医药卫生体制改革专题会。

17日 王振副厅长上午参加全国双拥模范城（县）汇报会，下午参加研究通钢集团有关问题会议。

18日 董靖华专员参加全省财政系统纪检监察工作座谈会。

21日 杨海廷副厅长向高广滨副省长汇报财政情况；周仁杰总会计师参加研究明年农村土地确权颁证登记工作；王慧群副厅长参加“三严三实”民主生活会前征求意见座谈会。

22日 王慧群副厅长参加党员领导干部会议。

23日 张宝政副厅长参加县乡人大工作和建

设协调会。

24日 杨海廷副厅长参加省政府2015年第21次常务会议;王振副厅长参加全省安全生产工作紧急视频会议。

25日 杨海廷副厅长参加省委2015年第31次常委会议;王振副厅长参加全省国有企业负责人薪酬制度改革工作视频会议;王慧群副厅长参加全省高速公路项目建设推进会。

28日 杨海廷副厅长参加全国财政工作会议;周仁杰总会计师参加吉林省经济工作会议和城市工作会议。

29日 雒鹏飞主任参加《中国共产党廉洁自律准则》和《中国共产党纪律处分条例》集中培训;王振副厅长参加研究沈铁职工医保资金划转有关工作会议。

30日 周仁杰总会计师参加研究粮食收储有关工作专题会;王振副厅长参加省医改领导小组专题会议;张宝政副厅长参加吉林省打击治理电信网络新型违法犯罪工作联席会议第一次会议和"十三五"规划纲要建议座谈会。

31日 王振副厅长参加省委全面深化改革领导小组第十七次全体会议。

第八部分

CHAPTER8

吉林省财政厅厅级处级干部名单

Name List Of Cadres Of Chief Of Jilin Province Finance Bureau

吉林省财政厅厅级 处级干部名单

厅领导班子

厅　　长　　刘长龙
副 厅 长　　杨海廷
农发办主任　　雒鹏飞
总 会 计 师　　周仁杰
副 厅 长　　王　振
纪检监察组组长　董靖华
副 厅 长　　王慧群
　　张宝政(2015年3月任现职)
巡 视 员　　邱连文(2015年2月退休)
　　孙玉刚(2015年6月退休)
副 巡 视 员　　刘晓峰(2015年10月任现职)
　　张志林(2015年11月任现职)

厅机关

●办公室

主　任　　刘　波(2015年12月任现职)
副主任　　张洪波(2015年12月任现职)
副主任　　刘贵清(2015年12月任现职)

●综合处

处　长　　刘大鹏
副处长　　崔　伟
副处长　　王宇恒

●法制处

处　长　　聂春艳

●行政审批办公室

主　任　　徐少宏

●税政关税处

处　长　　闫金城
副处长　　胡绍奎
副处长　　吕　伟

●预算处(吉林省财政预算绩效管理办公室)

处　长　　赵凌军(2015年12月任现职)
副主任　　葛　辉(2015年12月任现职)
副处长　　曹敬伟(2015年12月任现职)
副处长　　李井双(2015年12月任现职)

●国库处

处　长　　宋敬革(2015年12月任现职)
副处长　　李秀艳(2015年12月任现职)
副处长　　赵　鹏(2015年12月任现职)

●政法处

处　长　　于长春(2015年12月任现职)
副处长　　谷　亮(2015年12月任现职)
副处长　　崔洪亮(2015年12月任现职)

●党政群团处

处　长　　张　言(2015年12月任现职)

副处长　于传斗(2015年12月任现职)
副处长　钱宪辉(2015年12月任现职)

●教科文处(省直文化企业国有资产监督管理办公室)

处　长　刘晓明(2015年12月任现职)
主　任　张静波
副处长　田志龙

●经济建设处

处　长　刘　勇(2015年12月任现职)
副处长　焦继国(2015年12月任现职)
副处长　邹文博(2015年12月任现职)

●农业处

处　长　王学志(2015年12月任现职)
副处长　张焕伟
副处长　王培伦(2015年12月任现职)

●社会保障处

处　长　杨升荣
副处长　刘福民(2015年12月任现职)

●粮食贸易处

处　长　王　平(2015年12月任现职)
副处长　杨春杰(2015年12月任现职)

●产业发展处

处　长　倪春喜
副处长　王东辉(2015年12月任现职)

●国有资产处

处　长　陈向东
副处长　常　预

●债务处(吉林省政府性债务管理工作领导小组办公室)

处　长　梅亚娟(2015年12月任现职)
副处长　岳喜财(2015年12月任现职)

●金融处

处　长　陈志德(2015年12月任现职)
副处长　王书东(2015年12月任现职)

●会计处(省会计专业技术资格考试工作办公室)

处　长　王文玉(2015年12月任现职)
主　任　侯克兴(2015年12月任现职)
副处长　刘贺家
副处长　王丙全

●监督检查局

局　长　李剑平
副局长　杨　利
副局长　吕　英

●政府采购管理工作办公室

主　任　李　铮
副主任　鄂秀丽

●内部审计处

处　长　刘玉勤
副处长　李少丹(2015年12月任现职)

●乡镇财政处

处　长　郑良伟
副处长　王　新

●人事处

处　长　刘本杰(2015年12月任现职)

副处长　陈　彬
副处长　王铁城
副处长　王晶泉

●老干部处

处　长　程长生
副处长　甘　霖

●机关党委

专职副书记　江长新(正处长级)
(2015年12月任现职)

●省纪委派驻财政厅纪检监察组

厅直事业单位

●农业综合开发办公室

主　任　雒鹏飞(副厅长级,党组成员)
副主任　梁代良(正处长级)
副主任　王铁男(正处长级)
副主任　张茂平(正处长级)
综合处处长　施晓冬
资金管理处处长　刘永兴
副处长　张秀艳
世行项目管理处处长　刘君华
副处长　王永顺
农发基金项目管理处长　廉　洪
副处长　蒋淑荣
土地治理项目管理处处长　王明田
副处长　孙　健
农业产业化项目管理处处长　孙林红(2015年12月任现职)
副处长　刘　凯
党总支专职副书记　王炳信(正处长级)

●财税信息中心

主　任　纪洪江
副主任　金忠威
副主任　李义武

●机关服务中心

主　任　崔志强(2015年12月任现职)
党总支书记　王文东(2015年12月任现职)
副主任　王宏宇
副主任　齐荣辉

●注册会计师管理中心

主　任　范中艳(2015年12月任现职)
党支部书记　张立山(2015年12月任现职)
副主任　张　尧(2015年12月任现职)
副主任　王志强(2015年12月任现职)
副主任　吕孝武(2015年12月任现职)
副主任　贾宜宏(2015年12月任现职)

●罚没管理工作办公室

主　任　李小青(2015年12月任现职)
副主任　李　响

●财政科学研究所

所　长　张依群
副所长　张　波

●水利建设基金管理办公室

主　任　张庆春

●财政投资评审中心

主　任　张荣生
副主任　邵洪海

●债务管理服务中心

主　任　齐　建
副主任　郈广志
副主任　于志才

●农业综合开发评审中心

主　任　　赵宝利
副主任　　崔显凯

●会计人员服务中心

主　任　　王　喆
副主任　　常忠利
副主任　　王跃英(2015年12月任现职)

●财政票据监管中心

主　任　　张生杰(2015年12月任现职)
副主任　　赵洪奎

●预算编审中心(吉林省财政预算绩效管理中心)

主　任　　贾文哲(2015年12月任现职)
副主任　　赵秀丽

●财政监督检查工作办公室

主　任　　王福义
副主任　　刘芳洲

●国库支付中心(吉林省工资统一发放管理办公室)

主　任　　于明辉(2015年4月任现职)
副主任　　许蔓莉(2015年4月任现职)

●省直机关会计核算中心

主　任　　倪曙光(2015年4月任现职)

●社会保障资金管理中心

主　任　　柳　松(2015年12月任现职)
副主任　　宁宝山

●中小企业和民营经济发展基金管理中心(吉林省财政厅政府和社会资本合作中心)

主　任　　董凤双(2015年12月任现职)
副主任　　宋维波(2015年12月任现职)

●吉林财税干部休养所

副所长　　张　利

厅属社团

●注册会计师协会

秘书长　　范中艳
副秘书长　　王志强
副秘书长　　贾宜宏

●资产评估协会

秘书长　　张立山
副秘书长　　张　尧

●珠算协会

秘书长　　李伟滨

厅属企业

●吉林省股权基金投资有限公司

董事长　　汤庆贵(2015年8月任现职)
总经理　　张继东(2015年8月任现职)
监事长　　李喜芳(2015年8月任现职)
副总经理　　王伟东(2015年8月任现职)

●吉林省农业信贷担保有限公司

董事长　　山昌文(2015年12月任现职)
监事长　　常凤春(2015年12月任现职)